"忠介千秋"系列之二

山河作证

李厚恩 著

中国海洋大学出版社

·青岛·

图书在版编目(CIP)数据

山河作证 / 李厚恩著. —青岛：中国海洋大学出版社，2017.12

ISBN 978-7-5670-1667-5

Ⅰ.①山… Ⅱ.①李… Ⅲ.①历史事件—山东—明代 Ⅳ.①K295.2

中国版本图书馆 CIP 数据核字(2017)第 327119 号

出版发行	中国海洋大学出版社		
社　　址	青岛市香港东路 23 号	邮政编码	266071
出 版 人	杨立敏		
网　　址	http://www.ouc-press.com		
电子信箱	cbsebs@ouc.edu.cn		
订购电话	0532—82032573(传真)		
责任编辑	郭周荣	电　　话	0532—85902469
印　　制	日照报业印刷有限公司		
版　　次	2018 年 1 月第 1 版		
印　　次	2018 年 1 月第 1 次印刷		
成品尺寸	185 mm×260 mm		
印　　张	25		
字　　数	520 千		
印　　数	1～2000		
定　　价	79.00 元		

发现印装质量问题，请致电 0633—8221365，由印刷厂负责调换。

一种新的历史叙事方式

　　李厚恩先生的《山河作证》延续了他的前一部著作《碧血浸江淮》的写作手法，留给我印象最深的一点是，全书聚焦于一个正史记载极为简略、语焉不详的小事件，揭示孔有德反叛大明朝廷的前因后果，在叙述这一事件始末的过程中，串连起整个明王朝走向覆灭的历史进程以及这一进程背后的深层社会政治经济军事原因，这是不同于以往所见的一种新的历史叙事方式、一种新的历史解读方式。我名之为"系事体"。

　　传统的历史叙事方式，主要有两种。一种是纪传体，典型代表是司马迁的《史记》，此后的《汉书》是纪传体断代史，以后的二十四史之正史，每一朝代所修的上一朝代的历史，都是纪传体断代史。另一种是编年体，司马光是这一历史编撰方式的开创者，他修撰的《资治通鉴》是一部叙事长达1300多年的编年体通史。

　　除这两种传统的历史叙事方法之外，黄仁宇的《万历十五年》仅以平平常常的没有大事件发生的明朝万历十五年（1587年）为聚焦点，娓娓道来，揭示大明王朝由盛转衰的历史发展趋势，颇为新颖，饶有趣味。李厚恩先生的《山河作证》与《万历十五年》具有异曲同工之妙，围绕孔有德在山东造反这个事件，以叙述这一事件的起事、发展及覆灭过程为贯穿线索，全景式地描述明朝社会方方面面的人物事件和社会现象，立足于史实，揭示大明王朝走向覆灭的历史必然性与深层原因，这就有了管中窥豹、以小见大、由表及里的效果，不愧为一种富有启发的历史叙事方式。

　　一切历史叙事都是叙事者思想的表达，或者说以自己的思想为内在灵魂，对历史过程进行精神性重构，我乐意看到厚恩先生依据自己的思想，精神性重构这一历史进程，更乐意看到这一历史叙事方式所体现出来的厚恩先生独到的史识视角。

　　是为序。

崔茂新

2017 年 11 月

（作者为曲阜师范大学文学院教授）

自 序

世间有些事,正如最新一期《时代周刊》上所载《教皇方济各和新罗马帝国》中伊丽莎白·迪亚斯所说:"历史有时候会因为一些微小的事物而发生转折,比如一颗子弹,一张间谍的模糊照片。"一百多年前,射向萨拉热窝街头斐迪南大公的子弹,诱发了导致数千万人丧生的第一次世界大战;十年前,一个北非突尼斯街头小商贩被执法人员打死引爆了"阿拉伯之春",余波至今未平……这种现象被称为"蝴蝶效应"。

2015年11月4日,窗外风雨大作,翻阅着邑人周铭旗所撰《即墨县乡土志》,寥寥数行字引起我的关注:"王协中,万历岁贡,官新城训导。崇祯四年,登兵破新城,协中死之。赠国子监学记录。祀忠义祠。"顺着"崇祯四年,登兵破新城"这个线索一步步探究,迷雾层层拨开,一件小事诱发的一起重大历史事件渐渐浮出了水面,这个发轫于齐鲁大地、影响到全国的历史事件持续发酵,终于将史上最强硬的王朝终结,也对东亚历史长河的走向产生了巨大影响!

日升日落,江河奔涌,国事蹉跎!事件尽管已经过去了将近400年,几多兴衰,几许沉浮,依然值得回味。而对其的研究实在有限,仅有的也往往失之于整体把握,使之至今依然埋藏着一些不为人知的秘密;以之为题材的文学作品往往注重其曲折的故事情节,却疏于挖掘其对社会对人生的启发意义,而这恰恰是后人应该从中领悟的。

作为一部历史题材著作,本书希望告诉你一个发源于齐鲁、波及华夏万里河山的大事件;告诉你中国史上一个强硬的中原王朝,一步步悲壮走向终点的背后真相;告诉你那些在国家危亡之间,以血肉之躯捍卫民族与人格尊严的不屈灵魂;还原一个真正的"还珠格格",以及一个背叛者,他的前世今生、荣辱沉浮、心路历程。

李厚恩

2017年11月

目　录

上　卷

夕阳下的莱州湾湿地

第一章　齐鲁喋血

艰苦的跋涉

时光的镜头徐徐拉回到1631年，也就是明崇祯四年（后金天聪五年）、越南德隆三年、日本宽永八年。这年秋七月二十七日，明清两军生死攸关的大凌河之战打响。

在明朝山东北部，一支队伍蜿蜒数里迎风冒雪行进在渤海莱州湾畔。光秃秃的盐碱地上覆盖着一层白花花的盐，这种被文人墨客尊称为"玉洁冰鲜"的东西裹挟在一阵紧似一阵的北风里，打的人脸生疼。已经收割过的棉花地，空留高矮不齐的棉秸枯立在那里，在寒风中瑟瑟发抖。

这条人流组成的河默默在深秋的鲁北大地游动。队伍由三部分人组成：一部分是徒步且手持火铳和长枪的步兵，他们大都穿着窄袖子长及齐膝盖、内实以棉花的红胖袄；马上的骑兵多穿着灰色对襟战袍；队伍的末尾是驾驭马拉炮车的军士。将士的山字甲闪闪泛着清白的光芒，这支红白灰相间的队伍就这么向着西北方向前进。面前不远就是汩汩流淌的沙河，他们携带辎重、远途跋涉多日，已经离开老营300里，马上就走出莱州地界进入青州地界，但是情况依然不乐观。

几名参随刚从前方回来，对一名骑马的中年男子大声禀报，寒风传来他们时断时续的谈话，"什么也没有"，"糟透了"。中年男子抬起头看了看灰暗的天空，神色凝重地挥了挥手，队伍继续缓慢前进。他就是这支队伍的主宰、登州镇步兵左营参将孔有德。

孔有德，字瑞图，原籍山东，辽宁盖州卫（今盖州）人，幼年读书不多，成年后在辽东铁岭煤矿当工。如没有明万历四十七年（1619）那场萨尔浒之战，也许他一辈子也就是个矿工。后金崛起打乱了辽东百姓的生活。万历四十六年（1618），辽东总兵李成梁原家奴努尔哈赤在四月十三日以"七大恨"誓师，扯起"大金"旗号。次年，趁明党争激烈、防务松弛，借助萨尔浒之战余威攻城略地，先抚顺，而清河堡，而沈阳……经过一系列的战争，努尔哈赤统一了大部分女真部落建立后金政权。建州女真的崛起是16世纪末世界历史上的一件大事，它改变了中国局势，影响了地缘政治版图。

万事有天命，时势造英雄。家乡盖州卫被后金占领，汉人或杀或逃或为奴，孔有德矿工干不成了就跟随其父在铁岭参加反后金起义。起义失败后流亡辽东各地，后在明广宁军（九边重镇之一）谋到一个低级军职。明天启元年（1621），后金占领辽阳，孔有德、孔有性兄弟及乡亲耿仲明、耿仲裕兄弟转投敌驻节东江镇的平辽总兵官毛文龙麾下。后来孔有德、耿仲明、尚可喜三人形成命运共同体，合称"辽东三矿徒"。

孔有德何以从辽东到胶东？这与一笔历史旧账"袁崇焕杀毛文龙"有关。

有"辽东三杰"之称的明熹宗之师、蓟辽督师孙承宗有词：

云叶才生雨，楼外铁马嘶风。报急水，小河东。飞一箭青骢。

倚天剑破长风浪，小结画影腾空。

漫道是，长杨词赋，细柳豪雄，匆匆。

脱跳荡，惊帆缕满，走躞蹀、蟠花带松。

有渝海、堪凭洗恨，看今日、喋血玄菟，痛饮黄龙。

鸭江醅发，鹿岛苹开，谁是元功。

该词通篇描摹风景，只有最后"鸭江醅发，鹿岛苹开，谁是元功"点出主旨，赞毛文龙以数百疲卒开镇东江的壮举。

毛文龙（1576—1629），字振南，一名毛伯龙，祖籍山西太平（今襄汾），生于浙江钱塘（今杭州）。历仕万历、泰昌、天启、崇祯四朝，官至东江镇总兵官、左都督，开创抗击后金的东江镇敌后根据地（治所在今朝鲜椵岛）。辖区理论上包括辽河以东的沦陷区，拥有黄渤海东北部各岛，辽东半岛南端、黄骨岛堡、宽甸堡以及朝鲜境内铁山、昌城等据点。

从天启到崇祯年间，东江明军以上述地区为根据地频繁袭击后金后方。

天启三年（1623），收复金州、旅顺、望海堡、红嘴堡。九月，率部攻打后金故都赫图阿拉外围，取得了"牛毛寨大捷""乌鸡关大捷"。十月，再命张盘收复复州、永宁。

天启四年七月，取得"分水岭大捷"。

天启五年一月，收复旋城、传铁峪城。

崇祯元年十月，争取后金汉族将军刘兴祚归正，派耿仲明、曲承恩等深入后金要塞萨尔浒，"斩级三千，擒生六十九人"，大胜而归。

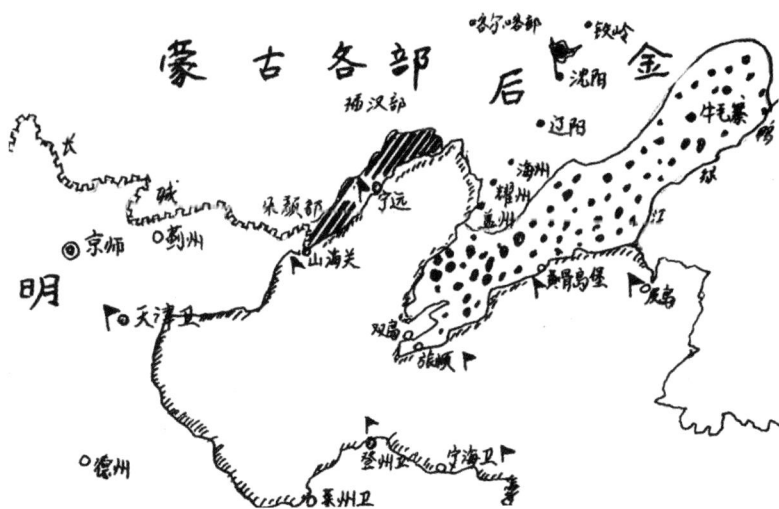

明末辽东军事形势图（著者根据史料绘制）

特别是天启七年(1627)"丁卯之役",皇太极明修栈道派遣方金纳九人使团前往宁远与辽东巡抚袁崇焕议和迷惑明朝,暗度陈仓派镶蓝旗主阿敏、降将李永芳等率大军攻东江,要把明朝插在背上的这根刺拔除以解心腹之患,谁知毛文龙指挥东江镇"五战五胜",后金军丢盔卸甲。这一战既保卫了明东江镇和朝鲜政权,又重创了后金主力,打击了其咄咄逼人的势头,毛部一时被誉为"海上长城",袁可立、董其昌、钱谦益等都曾赞颂过毛文龙。

爱他的人说他是天使;恨他的人说他是魔鬼。毛文龙功劳虽大,但负面评价生前就不绝于耳。天启三年(1623)十月,明熹宗朱由校说:"巡抚金都御史袁可立厥治行劳哉,赐汝朱提文蟒。汝嘉而毛帅骄愎不协,盅于兵,满蒲、昌城袭报用敢献功。"毛文龙为人骄横、事多浮夸,所部"军纪败坏,不听指挥,冒领军饷,骚扰地方"。毛文龙在登莱巡抚袁可立扶持下屡建奇功加秩晋阶,始恃功自傲,克扣军饷,贩卖禁物,每年浪费的军饷无法计算,有时还对命令阳奉阴违。恩人袁可立奉命登岛清点兵力,他竟盅惑言官群起攻之。毛部因此引起明廷上下忧虑,崇祯帝召蓟辽督师、兵部尚书袁崇焕廷对,袁崇焕以"能用则用、不能用则斩之"上报,崇祯帝默默无言,于是出现了下面一幕:

崇祯元年(1628)五月,袁崇焕以阅兵为名携参将谢尚政等到达双岛(今辽宁大连金州区西南海中),毛文龙前来会面,设宴饮酒行乐每每到半夜。期间,袁崇焕提出商议的几个问题:设立东江镇监司,更改军营制度,劝毛离职返乡,两人都不相容,崇焕杀机益坚。

六月五日,袁崇焕邀请毛文龙来双岛姑子庵观看射箭(一说在山上设了帷帐),伏兵庵外。毛文龙来后亲随一概被挡在外边。袁崇焕借故诘问文龙,文龙不服抗辩,袁崇焕高声呵斥,让人扒下其帽子和袍带捆了起来。毛文龙仍很倔强,袁督师抽出尚方剑,责其十二大罪:

1. 大将领兵在外,不受文官监视;

2. 欺骗君主,杀降兵和难民假冒战功;

3. 上书说在登州驻兵取南京易如反掌,大逆不道;

4. 克扣饷银,侵占军粮;

5. 擅自在皮岛开设马市;

6. 私畜部曲,部将大都姓毛(根据袁崇焕事后给崇祯帝的报告说,毛部连老带幼一起算有四万七千人,兵二万八千人,假称十万,擅自设将领千人);

7. 劫掠商船,自做盗贼;

8. 强娶民女,上行下效;

9. 驱使难民盗窃人参,不从的将其饿死;

10. 拜魏忠贤为父,用车送贿赂进京;

11. 铁山一战丧师,掩败为功;

12.设镇八年，不能收复寸土。(《明史·袁崇焕传》)

袁崇焕当场给毛文龙戴上"坐地观望,姑息养敌"的帽子,以尚方剑将其首级砍下来。事后,他还命人用棺材收殓掩埋,收毛之敕印、尚方剑,令副将陈继盛代为掌管;又出银犒劳军士,传檄安抚东江各岛。第二天,袁督师用肉酒祭奠毛文龙,说:"昨天杀你是朝廷法令;今天祭奠你是出于同僚的感情",说完当场

双岛海域(在今辽宁大连旅顺口区双岛湾街道辖区)

落泪。遂清点东江兵额剔除冒名,官兵28000人分拨四协(旅),任用毛文龙之子毛承祚、副将陈继盛、参将徐敷奏、游击刘光祚为协将,而以陈继盛领之。毛文龙死前作为左都督(左军都督府辖山东、辽东、浙江三都司)也佩有崇祯帝所赐尚方剑,但被斩时其麾下官兵却慑于督师威严没人敢动。

关于毛文龙被斩后崇祯帝的反映,史料记载互相矛盾,例如《明季北略》记载:"辽民苦虐于北,时欲窜归中朝,归路甚艰,百计疾走,数日方抵关,(毛)文龙必掩杀之,以充虏报功,是其大恶。又骄恣,所上事多浮举,索饷又过多,朝论多疑而厌之,以方握重兵,又居海岛中,莫能难也。崇焕初斩文龙,上甚喜,嘉谕倍至。"《纲鉴易知录》则记载,听到毛文龙的死讯,(崇祯帝)"意殊骇,念文龙已死,遂暴其罪以安崇焕心"。两种记载,一个说龙颜大开、一个说龙颜大怒,究竟哪一个才是真相?

辽宁丹东大鹿岛毛文龙碑亭

毛文龙死去时,辽东烽火漫天,北方赤地千里,暴动四处蔓延,国家处于紧要关头,辽东牵一发而动全身,袁督师在此问题上确有草率之处。毛文龙所部军纪不彰冒饷冒功是实情,但毛部深入敌后素称后金心腹之患,他的死对明朝是一大损失。东江镇与朝鲜互为表里,与关宁及胶东互为犄角,有东江镇在后金何敢孤军南下? 这是问题的一方面,还有始料未及的另一面,东江镇军队围绕岛帅建立,官兵上下

形成人身依附关系,一担主帅出现变故军队往往群龙无首。东汉董卓死后部将李傕、郭汜一度播祸京城就是实例。

袁崇焕处死毛文龙,东江旧部分作四协,消除了割据危险但是军心大乱;刘兴治在皮

岛叛乱杀陈继盛,明廷不得不派黄龙带兵登岛镇压。参将孔有德原是毛文龙旧部,他不服新任东江镇总兵黄龙统辖,将出路寄托到胶东登州。天启初年,后金占据辽东大部,一水之隔的胶东半岛成了前线。明廷"三方布置",在山东巡抚之外设立登莱巡抚、驻节登州(今蓬莱),在胶东聚集重兵。孔有德、耿仲明、李九成、李应元等毛文龙旧部自辽东纷纷不辞而别,漂洋过海投到登莱巡抚孙元化部下,品其资历,孔有德为步兵左营参将。

世间万物皆有两面。岛将来投为孙元化送上一批能打硬仗的官兵,还将一些坏习气带到了山东,登州附近从此不得安宁:前天少头猪,今天少只鸡,明天邻村姑娘会莫名其妙失踪,当地百姓不胜其扰。对岛兵的坏印象一传十十传百传遍了山东,搞得辽东兵与当地关系越来越差,在登州要塞中也产生了辽东兵与山东兵、浙江兵的矛盾,这是孙元化始料未及的。一把火要烧起来需三个条件,一是柴火,二是空气,三是火种。孔有德的辽兵充当了柴火,恶劣的军民关系充当了空气,而火种就是一天紧似一天的关宁形势。

崇祯四年(1631)七月二十七日,因为明朝新筑的大凌河城(今凌海)对后金构成威胁,生死攸关的大凌河之战打响,后金国主皇太极率武力前来围攻,辽东前锋总兵祖大寿(挂征辽前锋将军印)受困大凌河城内,兼辽东后方基地职能的胶东受命增援。就在这种情况下登莱巡抚孙元化派孔有德部增援大凌河。

孔有德部携带火器等装备走得慢,一天下来只前进30里,而他们似乎主观上也不想急于赶路,在青州新城境内逗留了很长时间,辽东大凌河还远在天边。军情十万火急,他们走的并不是滨海近路而是一条靠南的路,队伍过了莱州沙河就离开海岸奔青州方向,沿昌邑—寿光—新城—济阳一线取正西而行。在济南府北部临邑折向东北向着德州、沧州、天津而来。他们为什么不取近路反而舍近求远?有以下三个原因。

其一,此路是济南通向登莱的官道,道路比较宽阔,路面覆以黄沙,路边有杨柳,交通条件比较好。其二,方便物资供给。俗话说"兵马未动粮草先行",历代王朝初期政治清明,国泰民安,军队一般可足量补给,秦、汉、唐、明前期军队战斗力都很强;而每每到了末期,政治腐败民生凋敝,军队衣食一落千丈,如何谈得上打胜仗?800人的队伍每天消耗粮草惊人,很快吃光了携带的军粮,于是按照明末行军的惯例走到哪里吃到哪里,美其名曰"就食"。此时明军各地的后勤保障体系渐次瓦解,正在镇压山陕起义的明军同样缺衣少粮!选择这条路远了几百里但一路临近济南、青州、德州等大市镇方便物资供给。这条线路也一定经过了登莱巡抚许可并有公文移送地方。可是事情并不是孔有德他们想象的那样,沿路州县无力接待,沿途百姓关门闭户。其三,这支队伍存在严重思想问题。当初接到援辽之命,孙元化急令孔有德率兵三千走海路登陆辽东抄袭大凌河后路,孔有德一下海就遇到了从远东刮来的第一场大风,于是借口战船逆风行进艰难退了回来。孙元化大怒,复令孔有德领八百骑由陆路赶赴辽东。孔有德不敢不从命,但部下对这次救援十分消极。天启以来,他们的家乡辽东沦为敌占区,妻离子散,家破人亡,差不多人人都有悲凉的故事。好不容易在东江镇找到了个栖身之所,也打了几个胜仗,有的升了千总、有的升了百户、有的置了家室;岛帅毛文龙一死,从陈继盛、刘兴治到黄龙,主帅换了几任,岛内人心涣散,他们不服新岛帅黄龙的管辖脱离东江投奔登州,谁知一声令下又要被驱赶参加辽东大凌河之战,以故人人都在盘算活下来的机会能有几成。

《孙子兵法》开宗明义:"兵者,国之大事。"面对这样的军情,以这样的队伍在如此恶劣的环境下要完成这样的重大任务,联系到事件后来的发展走向,这难道不是一种宿命?八百名辽东兵就在这样的情况下携带着威力惊人的火器,一路缓慢向辽东推进。

明军中普遍装备的佛郎机炮

明代发明的行军伙食(穿孔烧饼便于随军携带)

气候变化与王朝兴替、社会发展紧密相关。2012 年 2 月,一些国际权威气候专家指出全球气候变暖已经停止并开始转冷,《每日邮报》宣称:2012 年的寒冬显示"小冰河期"再次来临,预言有待检验。众所周知,上一次 13—17 世纪的"小冰河期"(恰恰陪伴了整个明朝)给人类带来一次大浩劫。据说在严重时期,欧洲陷入大瘟疫,北欧挪威、瑞典一半人口在饥荒中丧生;北纬 6 度～9 度距赤道不远的埃塞俄比亚一度白雪皑皑,北美洲碧波荡漾的苏必利尔湖湖面一度结冰。此时,明朝广袤的国土大寒大旱,农作物严重歉收,社会动乱频频……

崇祯四年(1631)十月末,北方已天寒地冻。登州参将孔有德带着 800 多人走出山东到达河间府陵县(今德州陵城区),前方是河间景州吴桥县,距大凌河还有 1300 多里,这样的行军速度,他们大约要过了崇祯五年春节才能走到目的地,实际上,他们所不知道的是大凌河之战已接近尾声。

大凌河位于辽宁省西部,全长 398 公里,汇入渤海,是辽宁西部最大河流。大凌河又是古代沟通中原与东北的交通孔道,齐桓公北伐山戎,魏武帝征讨乌桓,前燕主慕容儁入主中原,北齐文宣帝高洋攻打契丹,隋唐平定高句丽,均以大凌河谷为主道。大凌河城位于今辽宁凌海市一带大凌河之畔,修筑于锦州以东 30 里大凌河沿岸台地之上,明军在袁崇焕、赵率教等指挥下击败努尔哈赤取得"宁远大捷"后,于天启七年(1627)三月所抢筑(未完工)。大凌河城与锦州城、中左所城合称辽西三城,扼守辽西走廊的北部咽喉是关外防务链条上的重要一环,也是后金入关的必经之路,战略位置十分重要。

《明熹宗实录》载,明军若要固辽就必修此城,而后金要想攻明则必拆此城。袁崇焕在世时双方对凌河城争夺就你来我往、两建两拆。崇祯二年(1629),袁崇焕击退皇太极解京都之围后,魏忠贤余党反过来以"擅杀岛帅""与虏议和""市米资敌"等罪名弹劾袁崇焕,皇太极又趁机实施反间计,"他(崇祯帝)相信了谣言,于1630年9月22日在北京杀了他最有才能的将领袁崇焕"。(《剑桥中国明代史》)

袁崇焕先斩后奏杀毛文龙值得商榷;一年后,崇祯帝杀袁崇焕更是犯下一个万劫不复的错误。反间计成功的消息传到盛京,皇太极和满洲上层一片欢呼。袁崇焕含冤而死的第二年,皇太极发动了大凌河之战。

七月二十七日,皇太极从沈阳出发,渡辽河,拉开大战序幕。

八月一日,皇太极兵分两路压向大凌河城。

八月六日,两路大军会于城下,大凌河之战正式打响。

汲取了宁远之战的教训,后金军采取围而不攻、围城打援的方式,对付缺乏粮食的明军祖大寿部。

几乎就在登莱出兵增援、孔有德部刚刚上路的同时,明军松山守军两千前来增援失败。总兵官吴襄(吴三桂之父)、总兵官宋伟率锦州兵两次来救均败。九月二十四日,张春率四万明军来援,因为风向突变火攻功亏一篑,张春被俘,全军覆没。明军四次增援均以失败告终,大凌河城中粮尽,"炊骨析骸,古所未闻"。延至当年十一月初九,饥饿的明军出城投降,大凌河就此失守。

仗已经败了。兵部向登州镇发出增援之命后似乎忘记了这支援军的存在,假若这八百援军按时到达是否能改变战局? 难以断言。孔有德他们继续一路"就食"向大凌河方向移动,十月二十七日离开陵县进入毗邻的吴桥县。

吴桥,地处京、津、济南之间为南北交通要道。昔日大禹治水,天下始九州:冀州、兖州、青州、徐州、扬州、荆州、豫州、梁州和雍州,吴桥属兖州。春秋战国时,属齐国。秦灭齐,吴桥属齐郡。西汉初,吴桥分为安县、重平县,分属青州平原郡、幽州渤海郡……此后,吴桥就在河北、山东之间交互隶属。到了明代,吴桥县隶属京师北直隶河间府景州。今人知道吴桥大都是通过诞生在民生艰难岁月中的独门绝活——杂技!

崇祯四年(1631)的吴桥也在民生凋敝的深渊挣扎,青壮年大都征了兵,有的战死异乡,土地开始抛荒。万历帝当政四十八年常年不上朝,万历四十六年(1618)明廷因"辽事"加派"辽饷",每亩加银三厘五毫,第二年再加三厘五毫,第三年又加二厘,前后"三加"即每亩加征银九厘,"辽饷"每年征银520万两。在大凌河之战的前一年(1630),崇祯帝为挽救辽东又加征"辽饷",每亩加征银三厘,这样每亩加征银合计达十二厘之多,后来又加"练饷""剿饷","三饷"加派,民不堪命,"虏情""匪患"不见缓解。

孔有德部就在这个时候来到了吴桥县。军队保家卫国,地方有义务提供保障。但是当孔部进入县城,发现县中百姓家家闭户,商埠关门打烊,地方官府也无人出来过问他们的食宿。仔细追究也不能全怪吴桥,连年灾害加上"三饷"加派,府库空空如也,百姓一贫如洗,加上孔有德部一路"就食"与地方摩擦不断,难怪百姓对"辽东兵"避之唯恐不及。

这年冬天吴桥的第一场雪伴随着这群不速之客从天而降。雪借风势肆虐乾坤,一天的工夫掩埋了道路。部队断了粮,也缺乏木炭和喂马的草料,官兵倾营四出搜刮粮草,一时间古老的吴桥大地上，犬吠声、哀求声、哭叫声响彻雪夜。几个辽东兵就在这个风雪之夜闯入吴桥一处庄园抢来一只鸡吃、顺带殴打了庄户，这种事情对他们来说司空见惯。由于被抢的绝大多数都是无权无势的百姓，以前并没有惹出什么大事。

可是这一次吃鸡的士兵惹上了大麻烦，这次冒犯的这个庄园不是寻常人家，而是东林成员、明朝大臣王象春的庄园。王象春家族就是声震海内的仕宦望族"新城王氏"，明清两朝诞生了王重光、王之垣、王象乾、王象晋、王象春、王士禄、王士禛等名人，光进士就出了30多位，举人、廪生、太学生数不胜数。

王象春（1578—1632），著名文学家王士禛（王渔洋）从祖，明末著名诗人，籍贯为山东新城（今桓台新城镇）。万历三十八年（1610）中探花，和后来的文坛领袖钱谦益同年。历任大理寺评事、兵部员外郎、工部员外郎、南京吏部考功郎。钱谦益在《列朝诗集小传》中说，王象春的性格"雅负性气，刚肠疾恶，扼腕抵掌，抗论士大夫邪正，党论异同，虽在郎署，咸指目之，以为能人党魁也"，因刚直和锋芒毕露免官回籍。万历四十三年（1615）故乡新城灾乱不宁，王象春变卖田产辗转沂蒙、徐州、兖州等地。次年，在济南大明湖南岸百花洲购得"后七子"之李攀龙旧居为家，又筑"问山亭"以自娱，因此自称济南人。王象春家五世皆为进士，王象春之兄王象晋是浙江布政使，王象晋就是王士禛祖父。

明东林党人、山东诗人王象春

"四世宫保"坊①

过路客军不知王家背景，无意中抢了其庄园里的一只鸡，庄园家仆还挨了打，因此连忙告诉东家。所谓打狗也要看主人，东家一听大怒，要求孔有德按照军规惩处肇事兵卒。古代军规由三国的"七禁令五十四斩"发展沿用为"十七禁律五十四斩"。

其一：闻鼓不进，闻金不止，旗举不起，旗按不伏，此谓悖军，犯者斩之。

其二：呼名不应，点时不到，违期不至，动改师律，此谓慢军，犯者斩之。

其三：夜传习斗，怠而不报，更筹违慢，声号不明，此谓懈军，犯者斩之。

其四：多出怨言，怒其主将，不听约束，更教难制，此谓构军，犯者斩之。

---

① "四世宫保"坊坐落在淄博市桓台县新城镇城南村，明神宗朱翊钧敕命建于万历四十七年（1619），表彰兵部尚书王象乾之功。

其五：扬声笑语，蔑视禁约，驰突军门，此谓轻军，犯者斩之。

其六：所用兵器，弓弩绝弦，箭无羽镞，剑戟不利，旗帜凋敝，此谓欺军，犯者斩之。

其七：谣言诡语，捏造鬼神，假托梦寐，大肆邪说，蛊惑军士，此谓淫军，犯者斩之。

其八：好舌利齿，妄为是非，调拨军士，令其不和，此谓谤军，犯者斩之。

其九：所到之地，凌虐其民，如有逼淫妇女，此谓奸军，犯者斩之。

其十：窃人财物，以为己利，夺人首级，以为己功，此谓盗军，犯者斩之。

其十一：军民聚众议事，私进帐下，探听军机，此谓探军，犯者斩之。

其十二：或闻所谋，及闻号令，漏泄于外，使敌人知之，此谓背军，犯者斩之。

其十三：调用之际，结舌不应，低眉俯首，面有难色，此谓狠军，犯者斩之。

其十四：出越行伍，搀前越后，言语喧哗，不遵禁训，此谓乱军，犯者斩之。

其十五：托伤作病，以避征伐，捏伤假死，因而逃避，此谓诈军，犯者斩之。

其十六：主掌钱粮，给赏之时阿私所亲，使士卒结怨，此谓弊军，犯者斩之。

其十七：观寇不审，探贼不详，到不言到，多则言少，少则言多，此谓误军，犯者斩之。

可见古代军规不仅严酷且自由裁量权很大，抢鸡的兵违犯了第九条"所到之地，凌虐其民"和第十条"窃人财物，以为己利"，都是死罪！孔有德知道了王家的背景后肯定十分吃惊——前任兵部尚书王象乾就是王家的，自己不过是个参将，在"王半朝"面前就是个芝麻官。证据确凿，孔有德不得不查出犯事之兵"穿箭游营"：即先用军棍责打，然后在犯人耳朵上插上箭捆绑游街，这是仅次于斩首的重刑。执法官牵着挨了军棍后又被五花大绑的犯兵踩着咯咯作响的冰雪游营，营内鸦雀无声，围观士卒多数对他们寄予同情。

惹不起的新城王氏

几名辽兵被"穿箭游营"，事后感到无比窝囊：老子出生入死吃一只鸡算什么？他们越想越怒火中烧，于是结伙到庄园打死了那个与他们发生冲突的庄户，事态骤然升级！

"王半朝"王家更不干了，抢了一只鸡要"穿箭游营"，那么害死一条命又该如何处分？新账旧账一起算，王家必欲擒杀犯事之兵。孔部诚然军纪败坏，但赴援大凌河却是极其重要的军情，沿途官员百姓给予保障也是分内之事，没有任何资料显示闲居在家的王象春参与了纠纷，而王象春之子王与文却一纸诉状将孔部官兵告到山东抚按处要求严惩。

无巧不成书，孔有德的上司、登莱巡抚孙元化参加万历四十年（1612）乡试的主考官就是王象春，王象春自然与孙元化有师生关系，不要说孔有德，就连孙元化都要让王家三分。现在学生下属的下属抢了老师家的鸡还打死了老师家仆，老师之子要求严惩理所当然。

王士禛书法扇面

孔有德坐困吴桥,遇到了天启投军以来的最大麻烦。外面大雪纷飞,营内愁绪万端,事情牵涉到上司,不仅自己的一官半职恐怕不保,搞不好还要身陷囹圄。他像一匹落入陷阱的狼,急于解套,援助大凌河之事已抛诸脑后。正在他举棋不定,一名叫作李九成的不速之客来到吴桥孔有德军营。

李九成,辽东人,中年抗金辗转投到东江镇毛文龙部下。毛文龙死后,李九成携子李应元也投奔登州孙元化,孙元化授其参将之职。李九成是一员悍将,手提两把战刀杀人如割菜,在辽东没有少杀建州人;他又是沾染兵痞习气的老江湖,"今朝有酒今朝醉",是个心狠手辣的主。李九成为何赶到吴桥?原来就在几个月前,登莱巡抚孙元化派遣李九成去塞上买战马。李九成拿了银子到了塞上。"久在樊笼里,复得返自然",塞上风光让他一时忘记了使命,他逃脱了上司羁縻又有大把银子,天天胡吃海喝昼赌夜嫖。等到归期临近,方才意识到抚台大人交给的任务没完成,而买马钱已经挥霍告罄。返回路上,李九成为编说辞蒙混过关苦苦冥思。刚好走到吴桥附近,恰恰遇到战友孔有德和他的儿子李应元自登州赴援到达这里,李九成就匆匆赶来会合。

孔有德将纠纷之事和盘托出,李九成此前通过李应元对士卒心态摸得一清二楚,故意激将孔有德:"杀了犯事士卒如何?"孔有德说:"军心不服,更难统驭。"

李九成又问:"不杀士卒又当如何?"孔有德说:"王家不依不饶,过不了朝廷这道坎,这都是吴桥县不给粮草惹的乱子。"

李九成绕开话题单刀直入:"追究带兵不严之责,你这是死定了!大司马(兵部尚书王象晋)出自王家,抚台大人也是王家门生,你自忖如何能有活路?"

孔有德愤然赌气说:"大将军(毛文龙)功名卓卓,犹且不免,我辈死固晚矣!"(《四王全传·孔有德》)李九成一拍大腿:"此时不反更待何时!"听到李九成暗号,在门外的李应元、李尚友、陈继功、曹得功等将校一齐闯进来,向孔有德鼓噪:"欺人太甚!""将军,反了罢!"

孔有德反心遂决,这是该部到达吴桥后第四天的事。

　　奉旨赴援路八千,同室操戈为哪般? 疲卒不计辽西危,国仇家恨弃一边。崇祯四年 (1631)十月三十日,明军据守的大凌河城在后金重重包围下只剩下最后十天时光,北国 一声霹雳,明登州镇参将孔有德率八百援兵携武器反于吴桥,东方朔的老家陵县成为他 们下手的第一个目标。

　　事情都是有因有果,如果早知道事情会闹到这样一种局面,吴桥县令毕自寅断不至 拿不出几天粮草,他不劳军并不仅仅是因为孔部纪律差名声不好,而是有深层原因:毕自 寅的淄川毕家与辽东兵在三年前震惊朝野的"宁远事变"中结下梁子。

　　吴桥县令毕自寅,故乡淄川县 万家庄(今淄博市周村区王村镇), 在家排行老六,科举出身,官至南 京户部主事,有《留计东归赠言》存 世。其父毕木生有八子:毕自耕、 毕自耘、毕自慎、毕自严、毕自裕、 毕自寅、毕自强、毕自肃。八兄弟 出了两进士、一举人、两贡生、两秀 才。其中,四子毕自严做到户部尚 书;八子毕自肃进士出身,做到都 察院右佥都御史、辽东巡抚。听到 辽东兵来到吴桥,毕自寅陷入沉

辽宁北镇鼓楼①

思,想起三年前任辽东巡抚的弟弟毕自肃的死,他皱紧了眉头……

　　毕自寅八弟毕自肃是万历四十四年(1616)进士,"丰质伟干,性沉毅果决,多大略"。 (乾隆《淄川县志》)他历任知县、礼部主事并提督会同馆、宁前道参议。天启六年(1626), 锦州等城因秋雨坍塌,毕自肃身先士卒突击抢修,两个月修复了五座城,晋升宁前兵备副 使。次年,在宁锦之战中协助袁崇焕守城有功,加封太仆寺少卿。崇祯元年(1628)正月 十七日,升任右佥都御史、辽东巡抚,扛起关宁防务重任。但七月二十五日的"宁远事变" 彻底改变了他的人生。

　　这年,宁远守军拖欠粮饷四个月,计有买马款、军械款、赏金、月饷53万余两银。外 患严重,内乱不休,洪武起自民间沐雨栉风所创的明朝一度"治隆唐宋""远迈汉唐",此时 到了内外交困的地步。卫所制已名存实亡,官军主要靠临时招募,鱼龙混杂,良莠不齐, 朝廷四个月不发饷,这些人能不闹事吗?

　　毕自肃连疏告急,时任户部尚书就是毕自肃之兄毕自严。弟弟领兵在外、哥哥主政 在内,一母同胞断无刁难之理,何况辽东军团的战略地位无人不知,奈何户部却无银可

---

　　① 辽宁北镇鼓楼原是辽代显州城南门,明辽东总兵李成梁的点将台,素有"幽州重地,冀北严疆"之美誉,也是 明宁远军抗击建州女真南下的重镇。

拨。因为欠饷，七月二十日，蓟门驻军"由于饥饿索饷鼓噪，焚抢火药"。"按下葫芦起来瓢"，蓟门还没有处理好，更加重要的宁前道又出了大乱子。

九次上疏没有讨到一文银子，毕自肃极其焦虑，在锦州上奏崇祯帝说：辽东之结局无期，而给养装备不足，哪里还谈得上"养分外之精神，致敌忾之果敢？"墨迹未干，辕门大哗，川湖士兵恨长官阅四月不关饷，以杨正朝、张思顺为首到广武营秘密歃血会盟、串联哗变，事态迅速蔓延到其余十三营，数万官兵起而响应。哗变官兵涌入衙门将巡抚毕自肃（军政长官）、总兵官朱梅（军事主官）、通判张世荣（副官）、推官苏涵淳（军法处长）等拉出捆绑，囚禁在谯楼上（一说鼓楼），逼迫长官发饷。

广宁崇兴寺双塔①

当时场面混乱之极，巡抚衙门的银库里没有银子。"哗变官兵情绪激昂，乱喊乱骂，乱打乱抢"，对军政官员手捶棍打恶语谩骂，毕自肃满脸流血，伤势严重。"衙门里面的敕书、旗牌、文卷、符验等，散碎狼藉，荡然无存。"

到任不久的兵备副使郭广站出来，用身体护住受伤的毕巡抚同哗变士兵谈判，保证尽快发放拖欠兵饷。郭广筹措银子两万两，兵士嫌少；又向商民借贷三万两银子分发下去……分完银两，哗变官兵依旧亢奋，不回军营乱走乱窜，郭广等趁乱救出毕自肃护送到广宁中左所（塔山堡）。督师袁崇焕星夜兼程赶赴宁远与郭广拟定对策。他们宽宥了兵变首恶杨正朝、张思顺以安叛兵，令充前锋自赎；斩从犯十五名；斩中军吴国琦，罢免了一批军官。都司程大乐统辖的一营兵，没有哗变，予以奖励。叛兵俯首听命，兵变就此平定。

《明史·袁崇焕传》载：

> 川、湖兵戍宁远者，以缺饷四月大噪……崇焕以八月初抵关……宥首恶张正朝、张思顺，令捕十五人戮之市；斩知谋中军吴国琦，责参将彭簪古，黜都司左良玉等四人。发正朝、思顺前锋立功，世荣、涵淳以贪虐致变，亦斥之。独都司程大乐一营不从变，特为奖励。

毕自肃忠诚勤恭，性情刚烈。事发后愤愧交加呵斥乱卒，军卒打伤了他；搜查毕的卧室，见口袋空空，军卒"始有悔悟之心"。变兵岂知张居正竭力推动的改革已被葬送，社会资源多被大小"魏忠贤"攫为私有，国家生机被内忧外患耗尽。毕自肃认为兵变是自己治

---

① 到过广宁古城的人，很远就可看见东北角的崇兴寺双塔。传说这里原来有三位美丽的仙女化为的三座白塔。后来飞走了一座，剩下现有的两座，人们称呼"双塔寺"。

军无方、辜负了朝廷,兵变后第13天含恨写下"谢罪疏"自杀。其兄毕自严欲哭无泪,三疏请保留弟弟生前官职,未准,于是搜集其巡抚辽东的文稿,编成《抚辽荣语》以兹纪念。如此,一母同胞的吴桥知县毕自寅如何能够平心静气?

"宁远兵变"不啻是"登莱兵变"的前奏兼导火索。《明史·庄烈帝纪一》载,(崇祯四年八月)"丁未,大清兵围祖大寿于大凌城……(闰十一月)丁卯,登州游击(应为参将)孔有德率师援辽,次吴桥反"。军队是什么?军队就是执行政治任务的武装集团。这样一个集团,其单个成员或者耕种荒野,或者街市贩卖,或者搭桥架屋,或者江湖献技,或者寺庙寄身,泯然众人,但是他们一旦以某种政治理念聚结在一起就能呼风唤雨、洗涤江河。明登州镇步兵左营800官兵由国家保卫者一夜蜕变为"祸害"。自孙元化为登莱巡抚,"元化既在辽久,每言辽人可用",于是辽人凡来投者一概收之。一旦有缺,"多以辽人补伍,朝夕训练,养成精锐"。毛文龙死后,义子耿仲明、李九成、孔有德等脱离本镇聚集登州,被忠厚迟钝的孙元化尊为上宾。孙元化大言:"复辽土宜用辽人,固辽人宜得辽将",但岂料"此辈素犷悍贪婪,不知法度,观登州为金穴,欲得而甘心焉,非一朝一夕。"(毛霦《平叛记》)大家都知道《伊索寓言》中农夫与蛇的故事,孙元化养了一群狼又没有驯狼的本领。辽东巡抚方一藻发现苗头,曾经上疏提醒:"东岛(东江镇)地处一隅,一二偏将可供哨探之用。(今)乃大帅虚设,群小交聚,不尽送宇内金钱,不残尽东省黎庶未已也!"

举起叛变之旗,对首领位子孔有德和李九成互相推让,兵变前两人都是参将,与耿仲明、毛承禄等曾是毛文龙义子,因李九成素以彪悍闻名且比孔有德年纪大,因此尊李九成为首,以孔有德为副,李应元、李尚友、陈继功、曹得功等五十余名为大小头目,指挥权主要掌握在孔有德手中。一个棘手问题摆在他们面前,辽东不必再去,那么向何处去?一个现成目标是近在咫尺的吴桥,但经过侦查发现吴桥县城严阵以待。于是向北"略东光,至南皮"。南皮知县、即墨人蓝再茂面对大兵压境挺身而出,"单骑谕解之","南皮得安"。(《即墨县乡土志》)蓝再茂靠什么说服了孔有德,至今还是一个谜!

孔、李意识到北上必然惊动京津官军,而他们没有足够力量抗衡,于是决定沿着来路打回去,先占领登州。登州镇与辽东隔海相望,位置险要,贮备丰富,且他们熟悉当地情况,进可以战退可以守。徐鸿儒之变局促在鲁西被镇压,对于鲁北和胶东来说,永乐十八年(1420)唐赛儿起义,正德年间(1506—1521)的刘六、刘七起义,都已是遥远记忆。一百多年平安无事,官员百姓和卫所之兵也早已习惯了和平生活,孰料这种局面被突然打破,河海之滨再兴干戈杀伐!

"白莲督院"

陵县在孔有德部猝然打击下首先倒下,第二个轮到济南以北的临邑。消息很快传到省会济南,山东巡按王道纯以十万火急飞报巡抚余大成。余大成得知叛乱后的第一反应,认为这是天方夜谭,复函王道纯说:"一块土之兵,不宜作邹鲁之哄。"王道纯目瞪口呆,再报,余大成干脆托病不出。当时孔有德部人数不多,如果果断镇压,有望迅速平定。巡抚守土有责,遇事岂可掩耳盗铃乎?

余大成,万历间进士,江宁人,"不知兵"却任兵部职方司主事。崇祯二年(1629)冬,后金皇太极举兵犯京,崇祯帝听信谗言将督师袁崇焕下狱,祖大寿率"关宁铁骑"撤回辽西。据说余大成入诏狱与袁崇焕谈话拿到了亲笔信方劝回祖大寿军。后来他和魏忠贤党人一起参与了对忠臣刘一燝的围攻,又因事忤逆魏忠贤被削籍,崇祯帝亲书"清执"二字赐他,何为"清执"? 就是固执而已。

陵县、临邑相继被攻破,孔部叛兵劫持官吏、抢掠府库,打开监狱放任人犯四处逃窜("所破诸县皆劫库纵囚川")。余大成这才如梦方醒,派遣抚标中军沈廷谕、参将陶廷钂率官军数千前去镇压,两军战于阮城店。山东兵"承平日久,武备废弛,将士骄怯,略无斗志",人数虽多但不敌孔有德八百辽东兵,一战即溃。济南府辖下商河、齐东、德平、青城等县纷纷陷入叛军之手。叛军打下一地并不久留,沿途搜斩官吏、戕害士民、奸淫掳掠,伴随着一路节节胜利,将成百上千的亡命徒纳入队伍,短短半个月由起初八百人迅速膨胀到数千人。闻听阮城店大败,济南巡抚衙门里的余大成忧惧异常,下令山东官军避免正面对阵叛军,冀望于招抚,日日诵经祈祷,时议讥为"白莲督院"。

十二月初七,叛军到达王象春的故乡新城。新城就是今淄博桓台,明代属于济南府。南有本府长山、邹平,北有青州府高苑、博兴。其西北的本府商河、齐东、德平、青城(今高青西)等县,已经一一沦陷。一场大难即将降临新城。

康熙十三年(1674)秋,大学者顾炎武书约新城诗人、王象春外孙徐夜游黄山。徐夜贫病交加,未能成行,但以《九日得顾宁人书约游黄山》记此事:"故国千年恨,他乡九日心。山陵余涕泪,风雨罢登临。异县传书远,经时怨别深。陶潜寓下意,谁复继高心。"

民国《重修新城县志》记载着那段沉重往事:崇祯四年(1631)十一月,县城出现了不祥之兆,抬头看天,"日中有黑子,环晕数重,作背反逆之状"。每到夜晚,荒鸡争鸣,月亮之上,朦朦胧胧中隐约似乎可分辨出一座残破的城郭,貌似冒着黑色的烟雾……岂冥冥之中果有神明为灾难示警?王象春之子得罪了孔有德的士兵,孔部怀着仇恨杀气腾腾直奔新城。新城本来不设防,知县秦三辅(陕西三原人)、训导王协中(山东即墨人)部署士民登城而守。王家阖族知道大祸临头,纷纷加入守城行列。王象春兄弟王象复(原保定府同知)谢职回新城养病遇到此难,从病床上一跃而起,大呼:"我家世受国恩,不可去且先去以为民望,令长其谁与守?"王象复之子王与夔也慷慨陈词:"必死守无二!"将家人武装起来交给知县指挥。

秦三辅、王协中部署未定,叛军向城垣发起攻击。一时城内外枪炮、喊杀声大作,处处浓烟滚滚;叛军屡次进攻,民兵屡屡击退。叛军爬城至城堞,守卫者发炮抗击,一炮打死了孔部一名校尉。相持良久。但临时拼凑的守城队伍终究抵不过富有经验的叛军,加上民兵火药渐尽,城垣最终被攻破。知县秦三辅、训导王协中均被杀害。在包围圈内的新城王家一门数十口皆死。年仅二十岁的王与夔被执,对叛军说:击毙你们大王的就是我！"贼怒,遂与父俱遇害"。原兵部尚书、太子太师王象乾(总督宣大、山西军务期间屡次击退后金来犯)兵变前刚刚去世,在新城的全家老小都在劫难逃。除王象复、王与夔、张俨然、张蔚然、张爝然、耿弘炜、王好书、贾进忠、张允扬、郝真素、毕问学、王与瓒诸人,"县役王可泽等二十余人,居民韩福、焦茂材等三百七十二人,仆从侯有功等十七人皆随知县秦三辅死李九

桓台(古新城)马踏湖

成之变。或战或没或受戮,无一降者",这就是"桓台辛未之难"。

　　王象春躲到邹平长白山遥望家园毁灭,次年郁郁而死。《明史》对降清人员多有曲笔,但也不得不记载了孔有德叛明后戕害山东民众的恶行:"孔有德……所部……纠众数千,掠临邑,凌商河,残齐东,围德平,破新城,恣焚杀甚酷。"(《明史·孔有德传》)山东战火熊熊,巡抚余大成命叛军东归沿途州府,承诺只要他们回撤登州,一律不予追究。余大成派人持信见孔、李二人,晓之以理。孔部原是一支陆战精锐,装备了火铳和数目不详的佛郎机(Falconetto)——一种威力强劲的速射炮。二人对于余大成来使以礼相待,回信言起兵迫不得已,回登州就受招抚,一面对巡抚说好话,一面沿途扫荡州县。为制造恐怖气氛,他们放言:"杀山东兵如切菜,虽数十万,无奈我何!"

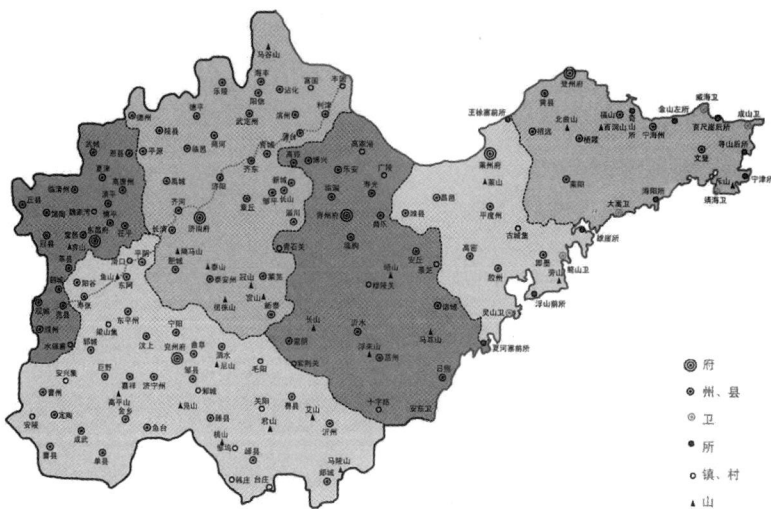

明代山东政区图(出自谭其骧《中国历史地图集》)①

---

① 山东六府:东昌、济南、兖州、青州、莱州、登州,孔有德之变中唯一没有遭灾的只兖州一府。

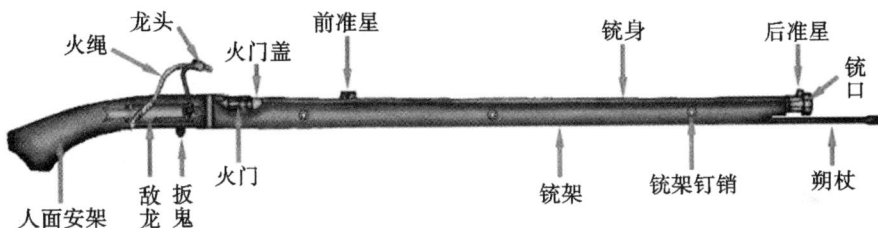

火绳　龙头　火门盖　前准星　铳身　后准星　铳口

人面安架　敌龙　扳鬼　火门　铳架　铳架钉销　朔杖

明戚继光部改进和大量装备的火铳①

左军都督府山东都司麾下，星罗棋布排列着济南卫、登州卫、青州左卫、莱州卫、宁海卫、安东卫、灵山卫、鳌山卫、大嵩卫、威海卫、成山卫、靖海卫，以及胶州千户所、诸城千户所、海阳千户所、雄崖千户所、浮山前千户所、夏河寨前千户所、福山中前千户所、奇山千户所、寻山后千户所、百尺崖后千户所、王徐寨前千户所等。兴盛之时拥有数万大军，屡次击斩倭寇平定民变。正德（1506—1521）以来，国势渐衰，不停抽调大兵赴蓟

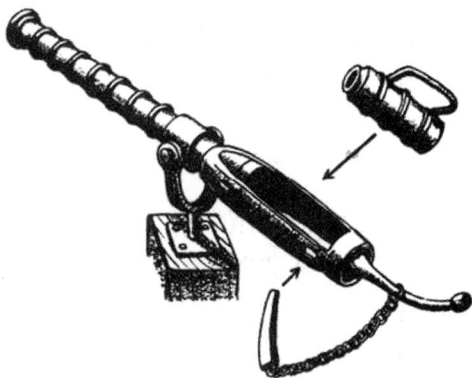

明朝自葡萄牙引进的轻型火炮佛郎机

州、宣府、大同、延绥，先抽班军，继之以戍卒，再后来屯田兵也不能幸免。但官兵目睹孔部暴行无不填膺，保家卫国守土有责，他们在统兵将领领导下集结了数千精锐兵力配备了新式火器，在孔部回师要道设置包围圈。

冬天的傍晚来得早，太阳早早躲进云雾身后。刮了几天大风飘下几场冻雪，青州府境北海边天际线模糊不清，几座连绵起伏的山包上，野蒿、荆棘、酸枣树丛在风中瑟瑟发抖，一条道路像一条长蛇盘旋于山丘间，弯弯曲曲地伸向莱州、登州。山包中隐藏着3000多名山东兵。手中的火铳已经上膛，弓箭手、步兵也布置到位，雪亮的战刀在草丛中闪烁着寒光，十多门长相敦实的虎蹲炮围成一个半圈，黑黢黢的炮口指向叛军必经的隘口。虎蹲炮是戚继光军中常用的火器，射程一里，50门虎蹲炮两轮齐射一般便可炸毁对方城墙。突然，远方升起了一股股黑烟，空气里传来焦煳味——这是一路烧杀淫掠的叛军接近的信号！山东兵偃旗息鼓，紧紧盯着山下道路。

不到半个时辰，大张旗鼓的孔有德队伍撞上了山东兵的伏击圈。就在主将即将下令开炮的时候，一名省城的信使匆匆来到军中，传山东巡抚余大成令：孔部就抚有望，沿途不得违命攻击！闻听此令，冒着严寒守候在此多日的卫所官兵个个沮丧，叛军不费一枪一弹经过了北海埋伏圈，平叛机会再一次溜走。

---

① 火铳又称鸟铳，是一种燧发枪，为16～17世纪明朝军队普遍装备，基本结构与现代步枪没有质的差别。

回师！回师！

明以武功立国，其军源于江淮，当时称"红军"，后世为了区别另一支军队称其"红巾军"。

从元顺帝至正十二年(1352)朱元璋加入濠州义旅到南明永历三十七年(1683)九月明郑在台湾降下军旗，这支军队一直驰骋在华夏大地。长达331年漫长岁月，这支由滁阳王郭子兴、明太祖朱元璋一手缔造，致力"驱逐胡虏、恢复中华"的军队，横扫陈友谅六十万大军于鄱阳湖，大败张士诚于江浙，定国祚于应天(今南京)，誓师北上收复中原，逐蒙元于大漠，荡平云贵川黔，又南伐琼崖西出昆仑，羁縻青藏收抚安南，略定库页扬威海疆，光复神州万里山河！

永乐至宣德间，郑和下西洋。正德间，蓄谋已久的宁王朱宸濠举兵十万反叛，王阳明仅仅用了43天一举平定。日本"倭寇"集团残害东南，戚继光抗倭天下闻名。万历间日本军阀丰臣秀吉觊觎大陆，明军协助朝鲜发起壬辰卫国战争肩并肩将其赶下大洋……

峥嵘岁月，几多辉煌。特别值得回味的是"土木堡之变"后京营尽失，瓦剌长驱包围北京，于谦等临时纠集起来的明军以少胜多将瓦剌打得落花流水，粉碎了再造"靖康之役"的美梦！而到了天启、崇祯间，明军却呈现直线滑落的态势，原因何在？历朝历代，军队与人民是鱼与水的关系，鱼离开水就不能存活。笔者认为这一趋势首先是因为赖以生存的社会环境发生了变化。

1. 民生凋敝、财政崩溃，是明末军事大滑坡的经济原因

传统中国社会是农耕文明社会，王朝建立之初人口较少，国家平均授田轻徭薄赋，百姓生活过得去。每到王朝中后期，人口繁衍，资源短缺，达官贵胄、豪门地主则利用水旱灾害、巧取豪夺等手段，无情剥夺他人土地，拥有"鸟飞不过之田"，百姓却"无立锥之地"，社会矛盾逐步激化，民变兵变随之而来，矛盾发展到顶点就只能改朝换代……中国不断循环的历史周期律，就这样围绕着土地展开。

进入明中叶以来，社会形势发生巨大变化。由于天灾频频、财政状况日趋恶化以及官吏腐败现象的加剧，普通百姓的负担日益加重。"土木堡之变"后，明朝政府的军费开支急剧增加。进入天启、崇祯时期(1621—1644)，"三饷加派"，天灾人祸使农民根本无钱交纳赋税，封建赋税收入锐减，但是上层利益集团仍然花天酒地、大肆挥霍，国家面临空前危机。

崇祯二年(1629)三月，户部尚书毕自严疏言："诸边年例自辽饷外，为银三百二十七万八千有奇。今蓟(州)、密(云)诸镇节省三十三万，尚应二百九十四万八千。统计京边岁入之数，田赋百九十六万二千，盐课百十一万三千，关税十六万一千，杂税十万三千，事例约二十万，凡三百二十六万五千有奇，而道负相沿，所入不满二百万，即尽充边饷尚无赢余。"

户部尚书毕自严亮了王朝的家底：崇祯二年时，国家一年的收入不过200万两白银，

而军费支出却达到了326.5万两白银,国家的收入光给边防军发饷都不够……在这种情况下,军饷久拖不发,士兵无米下锅的情况就不难理解了。害死了他弟弟毕自肃的"宁远兵变",就是在这么一种环境下产生的。

2. 军制崩溃、军人逃亡,是明末军事大滑坡的制度原因

明代是封建专制登峰造极的朝代,继承发展了宋代"居重驭轻"的军事原则,创立了高度集权的明代军制。军政权和军令权相分离:军令权由皇帝直接掌管,业务上归兵部,兵部奉皇帝之名下达出兵之令、平时并不掌握军队;军政权归五军都督府,五军都督府平时指挥、训练部队,但没有兵部的命令无权调动一兵一卒参战——这样一来,兵部与五军都督府互相牵制,军权归于皇帝。每当遇到战事,兵部承旨调兵,并秉承皇帝意见任命总兵官、发给印信指挥作战,再派中央代表称"监军"监视之;战事完毕,总兵官和监军都解除职务归还印信,士兵归还原卫所。这样一来兵不识将将不识兵,防止将领拥兵自重。

明军主要由"京营"和"卫所"两部分组成。京营分五军营、三千营、神机营三大营,明初兵力30万。卫所军就是野战军和地方军,"自京师达于郡县,皆立卫所。外统之都司,内统于五军都督府"。《明史·兵志一》)编制每卫5600人,置正三品卫指挥使统领;每卫辖五户所,每千户所有兵1120人,指挥官称千户,正五品,授予武德将军;千户所下辖10个百户所,每百户所有兵112人,指挥官为百户,正六品,加昭信校尉;百户所下辖2个总旗,每总旗下又辖5个小旗,一小旗10名士兵。按永乐时卫所数目推算,当时全国内外卫493个,每卫法定为5600人,理论上全国总兵力共276万余人。但这只是编制数额。以山东几个沿海卫为例:每卫辖五千户所,鳌山卫、灵山卫均只有3个千户所,安东卫最多时达到过5个卫,但很快就抽调两个挪作他用。因此实际兵额从来没有达到法定编制数额。合计明朝卫所军及"九边重镇"为代表的边军,在80万~150万之间,加上京营在内全国养兵100万~200万。就不到一个亿的人口基数来说这个数量已经不少了。为了维持如此一支庞大的军队,明朝付出了沉重代价。

京营坐拥全国精锐,京营和卫所之间以京营为核心"强干弱枝""居重驭轻",另一方面也互相牵制,"使京师之兵足以制诸道,则无外乱;合诸道之兵足以当京师,则无内变"。(《曲洧旧闻》卷九)"京营"和"卫所"之间还有一个交流转换机制就是"班军"。每年春秋两季轮番抽调河南、山东、大宁、中都的卫所军进京执勤称为"班军",以外军补充京营加强首都防卫。

这样一个制度看似很完善,有效避免了武将专权、藩镇做大,但军政与军令分离带来的后果是军队的战斗力下降,就是这个制度使经济繁盛的宋朝军事日益积贫积弱。

"洪武四年(1371),士卒之数,二十万七千八百有奇",京营所至,四夷臣服。永乐由南京移都北京,京营依旧有数十万劲旅。由盛而衰的分水岭就是明正统十四年(1449)"土木堡之变",蒙古瓦剌部首领也先大举进兵,朱祁镇在宦官王振怂恿下亲征。八月至大同闻前线战败决定回师,退至土木堡被包围,英宗被俘,王振被杀,兵部尚书邝野等66名大臣战死,"土木之难,京军没几尽",京营走向衰败。"土木堡之变"后重建京营,"额军

尚三十八万有奇",实际辉煌不再。

"景帝用于谦为兵部尚书……于诸营选胜兵十万。英宗复辟,谦死,团营罢。宪宗立,复之,增为十二。成化(间)……帝在位久,京营特注意,然缺伍至七万五千有奇"。

"武宗即位,十二营锐卒仅六万五百余人,稍弱者二万五千而已……武宗崩……按籍三十八万有奇,而存者不及十四万,中选者仅二万余。"

"世宗立,是时额兵十万七千余人,而存者仅半。"严嵩破坏军队导致战败,明廷拿兵部尚书丁汝夔当替罪羊。丁汝夔绑赴刑场一路大呼"严嵩误我!"

万历二十九年(1601),俺答入寇,京军满打满算只有五六万人,"驱出城门,皆流涕不敢前,诸将领亦相顾变色"。

明《出警入跸图》①局部

崇祯帝朱由检即位,"而择材力者为天子亲军……帝屡旨训练,然日不过二三百人,未昏遂散。营兵十万幸抽验不及,玩愒侥罚者无算"。崇祯十七年(1644),李自成兵临北京,京营能打仗的兵不过三千人。("贼长驱犯阙,守陴者仅内操之三千人,京师遂陷。"《明史》《崇祯实录》《明代兵制初探》等)

京营如此,外军如何? 明代外军有三大制:卫所制、军户制、屯田制。明代军制与现代军制比较大致有下列对应关系(如下表所示)。

明代与现代军制比较一览表

序号	明代	现代(以《中国国防白皮书》公布的军队为例)
1	五军都督府:①中、左、右、前、后军都督府;②指挥官分别称中都督、左都督、右都督、前都督、后都督	七个大军区;海军;空军;第二炮兵:指挥官为"司令员";上将、中将军衔②
2	各行省都指挥使司:如"左军都督府"下属的三个都司——浙江都司、山东都司、辽东都司,简称"都司",指挥官为"都指挥使"	18个集团军;各省军区;3个舰队:指挥官为"军长、司令员";中将、少将军衔

① 《出警入跸图》分为"出警图""入跸图",描绘明神宗朱翊钧由北京城德胜门出发到90里外天寿山谒陵及返回的情景。

② 今后设立陆军司令部,大军区或改为东部战区、西部战区、南部战区、北部战区、中部战区五个战区;按照五大方向划分的思路与明代五军都督府有类似之处。

（续表）

序号	明代	现代（以《中国国防白皮书》公布的军队为例）
3	营：永乐年间设立。称为"某某营"，如："登州营"。是都指挥使司的派出机构、一营管辖数卫日常军政事务；辖制兵力数万	无
4	卫：①分为京卫、外卫，编制兵力5600人；②称为"某某卫"，如："定辽左卫、金山卫、天津卫、贵州卫、威海卫"；③指挥官为指挥使，简称"某卫指挥"，世袭正三品，授昭勇将军	师\旅\警备区\军分区：指挥官为"师长、旅长、司令员"；少将、大校军衔；师兵力12000人左右；旅5000左右
5	千户所（分为守御千户所、备御千户所）：①编制兵力1120人。②称为"某某千户所"，如："蒲壮千户所、雄崖千户所"。③指挥官为世袭正千户、正五品，授武德将军	团：指挥官为"团长"、上校、中校军衔；兵力3000人左右
6	百户：①兵力112人；②指挥官为百户、正六品，授昭信校尉	营：指挥官为"营长"、少校、中校军衔；兵力500人左右
7		连：指挥官为"连长"、少校、上尉军衔；兵力100人左右
8	总旗：指挥官为"总旗"、正七品；兵力50人	排：指挥官为"排长"、少尉、中尉军衔；兵力30人左右
9	小旗：指挥官为"小旗"、从七品；兵力10人	班：指挥官为"班长"、上士军衔；兵力10人左右

［根据《明史》（奴儿干都司、乌斯藏都司不在其列）、《中国国防白皮书》等］

　　关于卫所制，《明史·兵志一》开宗明义："明以武功定天下，革元旧制，自京师达于郡县，皆立卫所。外统之都司，内统于五军都督府。"为保持兵员和供给又出台屯田制和军户制。屯田制即仿效汉代先在边塞卫所后在内地卫所推行屯田，希望做到朱元璋说的"养兵百万，要令不费百姓一粒米"。洪武初年规定各卫所"量留军士守城，余悉令屯田"，每军种地50亩为一分。永乐间定出屯田各制度，大抵边地卫所军士三分守城七分屯种；内地卫所二分守城八分屯种。规定屯田军"每军田一分，正粮十二石，收贮屯仓，听本军支用；余粮十二石，给本卫官军体粮"。为了让屯军安心生产，规定官员不许侵暴士卒，不许私役军人，屯军逃亡则处罚卫所官员。朱元璋曾下令北边屯军自东胜至大宁每年向他报告一次禾苗长势。明初全国军屯土地约有90多万顷，军屯成效最显著；永乐时，"屯田米常溢三分之一"，军饷粮草基本自给。为源源不断输送兵源，明代将全国人口一分为二，部分为民、部分为军，实行军户制度。明代军士皆另立户籍，身份世袭。军丁一旦逃亡或其户死绝，即派人到原籍"勾补"，是为军户制度。卫所制、屯田制、军户制及班军制，在明初发挥了相当的作用。这些行之有效的制度后来是怎样失效的呢？

明世宗朱厚熜，1521—1566 年
在位，年号嘉靖

民以食为天，军队也不例外；"想让马儿跑不让马吃草"，这是亘古没有的道理。明军没落首先源于屯田制破坏。明初每名军士授田 50 亩，随着年代推移军户繁衍，土地不能无限增加，生产越来越不够消费。更可怕的是豪门与将领肆意侵占屯田。《明实录》载，宣德五年（1430），天津右卫指挥吕升阿附武定侯郭玹，夺官军屯田 1090 亩送给郭玹。万历年间（1573—1620）京郊畿辅一带军田被皇室、成国公朱允祯等占去 9600 余顷。崇祯间（1628—1644），孙传庭查得西安四卫本来有屯军 2.4 万顷，结果"田归豪右，军尽虚籍"，这些被侵占的耕地大都是田肥水美的好地。此类事例不胜枚举。（陈表义、谭式玫《明代军制建设原则及军事的衰败》）与洪武时代相比，万历时屯田数生生减少 24 万 9000 余顷，曾经自给自足的军粮变的远远不够，导致明朝财政压力激增。

明世宗朱厚熜永陵①

天启元年（1621），户部答复给事中赵时用：我大明建国之初军队自给自足，没有"京运"一说（京运指从京调运军需物资供应边防）。永乐十年（1412），辽东镇每年屯田收获

---

① 永陵坐落于北京昌平区明十三陵之阳翠岭南麓，是明世宗朱厚熜及陈氏、方氏、杜氏三位皇后的合葬陵寝。嘉靖初年（1521—1566），修建包括永陵在内的"两宫七陵"，曾役使京军 7 万，耗用白银 800 万两，历时六年多方才完成。

粮食71万6100余石,基本上可以养活该镇九万余名官兵,"京运"每年才1万石。而到了隆庆初年,辽东镇军屯每年收获粮食27万石,减少了将近三分之二,其他边镇、卫、所也大体如此。一处缺额户部有办法补助,到处如此只能剜肉补疮。领不到粮饷的士卒成批逃亡,有的墩堡烽燧在编军人逃的一个不剩。在营的兵也不安心,每月给将官交纳200～300余文钱,不操不点外出搞副业;有的将官甚至故意放纵士兵逃跑然后吃空饷,官兵各得其所,凡此种种使全国军营"半属空虚"。查查军籍有兵,一旦遇上战事无兵可调。明廷也不是不知道危害,为了制止缺额,明初采行"垜集令":洪熙元年遣吏部侍郎黄宗载清理天下军卫("清军");正统初年整理军籍;嘉靖初年严厉实施"捕亡令"。但到天启、崇祯年间,什么办法都不能起死回生。

3.权贵占役、腐败坏军,是明末军事大滑坡的社会原因

国家养兵是为了保家卫国。可是和平时代,营造皇陵、宫室、城池、要塞等国家大型工程不可避免要占用很大兵力,皇室、贵胄、高官、将领也多数想利用士兵为自己牟取私利。《明史·兵志一》载:"卫所之兵疲于番上,京师之旅困于占役。"《琅琊漫钞》载,成化间,保国公朱永掌十二团营(京军),"役兵治私第"。一次宫廷演戏,滑稽演员扮儒生诵道"四千兵散楚歌声",另一名演员连忙纠正说是"六千兵散",两人争执不休,后来那扮儒生的演员慢声解释:"尔不知耶,二千在保国公家盖房!"加上京营军官"多世胄纨绔(子弟),平时占役营军,以空名支响,临操则肆集市人,呼舞博笑而已",故京营战斗力日益衰落,李自成兵临京师,官兵"闻炮声掩耳,马未驰辄坠"。这样的军队怎么能打仗呢?

笔者诗曰:万仞宫阙起苍穹,神游九泉亦仙境。巍巍梓宫流溢彩,应是官兵血染成。皇室带头,上行下效,京军如此地方兵可想而知。例如,出镇长城独石口的宦官监军弓胜远到云州置立庄田、调拨军士管理播种。镇守云南的都督袁宁夺官军屯田1000余亩,强迫被夺田地的屯兵替他耕种,真是"用老王的拳头捣老王的眼!"全国各级衙门官员普遍役使军士盖房治第营缮运输,多则几千少则百八。至于山东、河南一带的班军,赴京后也大量用于苦役,嘉靖初,各种工役占用班军四万六千人。《典故纪闻》此事愈演愈烈,弘治十七年(1504),大学士李东阳上疏:"京城修造,前后相仍,做工军士,累力赔钱,每遇班操,宁死不赴。"

贪污腐化蔓延到明军勤务的方方面面。《明臣奏议》等记载:关内外的将领为了贪污想出许多办法:有的用市民冒充士兵应付朝廷查核;有的把士兵从这个兵营转移到那个兵营应付点验;有的以家人冒充士兵领饷。一处军队被侵吞饷银动辄几万、十几万甚至几十万两,导致全军军饷远远超出一国财政收入,岛帅毛文龙被杀就与所部连年贪污巨款有关。原属军马场的草场大都被贵族官僚侵占,残存的军马场管理混乱导致部队缺马严重。嘉靖末年,延绥镇原额2.9万匹,只剩1.3万匹;宁夏镇原额2.4万匹,剩1.2万匹;甘肃镇原额2.7万匹,存1.8万匹;固原镇原额3.5万匹,仅剩8000匹;四镇合计不到编制一半。明初沿海卫所战船配置很齐全,"每百户设船一,每千户所船十,每卫五所,共船五十"。到嘉靖间"浙、闽海防久隳,战船、哨船十存一二",北方沿海同样如此。管军器

制造的官员通过克扣物料钱大肆中饱私囊,造出的盔甲"中不掩心,下不遮脐,叶多不坚,袖长压臂,全不合式"。头盔粗制滥造,不是太轻就是太重。弓箭射不过数十步。刀尤短小,亦无锋。火炮时而哑火时而炸膛。

4.重文轻武、军籍低贱,是明末军事大滑坡的文化原因

正如史学家马自树在《明代军队由尊到卑的变化》中所说,军队在社会中处于什么样的地位是至关重要的。地位太高往往"骄赛自态"尾大不掉;地位太卑又会"人耻为军"窥败衰弱。电影《徐九经升官记》演绎王爷侯爷斗法,安国侯因是开国元勋对皇帝的亲兄弟"并肩王"都敢分庭抗礼。《明史·蓝玉传》记载了一个现实版的"安国侯"。明初,元朝残余势力盘踞漠北,明军大将蓝玉率兵十五万出大宁,大败北元于捕鱼儿海,杀俘元主次子地保奴以下十万,元主及太子天保奴等仅以身免。太祖将蓝玉比作李靖再世,晋凉国公,蓝玉便日渐骄横,多收义子庄奴,巧取豪夺扰乱地方,侵占东昌府大量民田,巡按御史来查问,他一怒之下将御史赶跑。带兵北征夜间路过长城喜峰口,按制关门不能夜间开启,他"纵兵毁关入",恃功不法的事太多,最终被"族诛"乃罢。

明初,武人以开国征战之功社会地位很高。洪武三年(1371)晋封六位国公全为武臣(魏国公徐达、韩国公李善长、郑国公常茂、曹国公李文忠、宋国公冯胜、卫国公邓愈),汤和等28位将军被封为侯,朱元璋还颁给"丹书铁券",而娇宠过分就会出现蓝玉这样敢跟皇权斗法的将军。

太祖朱元璋告诫后人:"处太平毋忘战。"正因为太明白枪杆子重要,明代皇帝对武将历来不放心。魏武帝、梁武帝、隋文帝故事不必说,赵匡胤黄袍加身距明朝建立才四百余年,明代皇帝耳熟能详,为了替继承人消弭威胁,朱元璋走向蓝玉案的反面,制造胡惟庸、李善长案对宿将大开杀戒。太祖死后不到两年,朱棣在幽州造反,太祖的法定继承人建文帝竟然无勇将可派;到"靖难之役"结束,开国勋臣更是一朝皆空,明代军人的社会地位也随即逐步滑落。

一曰军籍低贱,民女耻嫁。

明初太祖听说有的军人业余搞点娱乐节目,下令:一经发现,唱戏的割了舌头,蹴鞠的卸了脚去,这不是随便说说。军户制度规定,军人一人病故,其家中兄弟替补;民户的女儿,可嫁民户也可嫁军户;军户的女儿只能嫁给军人。明代"人以籍为定""役皆永充",各色人分为军(承应军差)、民(纳粮当差)、匠(造作营建)、灶(煮盐)等户籍,在"军民匠灶"四户中军户最苦,军丁世代为兵,民女一般都不愿与之婚媾。

明初军队有四种成分:从征、归附、谪发、籍选。从征是跟随朱元璋打天下的子弟兵;归附是收降其他义军和元军;谪发是罪犯充军;籍选是"垛民为兵"拔之编户。随着时间推移从征、归附渐渐消亡,籍选不作为兵源主流只是权宜之计,唯有谪发随着时间推移有增无减。顾炎武在《天下郡国利病书》中说,明代"谪发"犯罪的人为军,每县都有千名乃至数千名,一县数千,全国一千余县,犯罪充军少说也达百万,而且一旦遭成世代为兵,明军渐渐变成一支由"谪发"罪人及其子孙为主力构成的大军。

弘治进士胡世宁任江西兵备副使时，为官清廉，疾恶如仇，以宁王朱宸濠反状上疏（宸濠后来果然反叛），结果被逮入锦衣卫狱，"减死戍辽东"。他亲身经历了充军辽东所受到的非人待遇。

《胡端敏公奏议》卷五《陈言边务请弊疏》载：

在京编发辽东充军之人，俱监在府，半年有余，积至二十，方差一官一舍管解。其所差官舍，先揭债银五十两使用干差，本利倍还，而又欲多取肥家，皆出此二十人之身。军犯临发，经历司既打送行棍二三十。官舍领解出城，沿路停歇，逐日吊打，使其痛苦哀号。亲邻送者皆不忍见，为卖房产、揭债银，随路追送军解，沿途守等。每五七日才至通州，一两月才至山海关，必欲足其取盈之数。内有窃盗充军者，放令墟市，掏摸财物以与之。其间军被打死、军妻被奸者不可枚举。其军到彼，不久多死。

根据他的回忆：在京编发辽东充军者，都是被监押在军府牢狱中半年以上，等待凑足了 20 人，管事者才派遣一名官员一名差役解送。官差先借上本利倍还的高利贷五十两银，名义是用于行程，由这二十名充军者分摊。充军者临出发，经历司一概打送行棍二三十。领解出城，沿路停歇，官差天天吊打这些充军者，使其痛苦哀号，亲邻送行者都不忍见他们受苦，卖了房屋，借了高利贷，随路追送，沿途守候，向官员差役送上银子，求得被充军的亲友少受点罪。

沿路官差故意走得很慢，北京到通州近在咫尺，每每要走五到七天，一两个月才到山海关，目的是榨干军犯及其亲友们最后一滴血，"必欲足其取盈之数"。还有的官差故意放出有偷盗前科的充军者到沿途繁华集镇偷盗，他们则远远监视；偷到财物一律上交，换得少受皮肉之苦。军犯途中被借故殴打致死、军犯妻子被官差奸淫者，不可枚举。充军者即使千辛万苦到达辽东，多数不久也会死去……读来真是一部充军发配者的血泪史！除了少数罪大恶极的分子，充军者多数是犯了打架斗殴、还不起债、忤逆权贵等小错。处境悲惨如此还怎么指望他们去打仗呢？充军者遭遇罄竹难书，其他军户每况愈下，军人社会地位一落千丈，以至于明朝天下"人耻为军"。

二曰文臣典军，重文抑武。

与军籍低贱相伴的是"重文抑武"和"中官监军"，严重打击了明军各级将领的积极性和主动性。为了压制军队，以文臣指挥武将，这就是"重文抑武"政策。一般来说，文官领军在现代民主政治下不是问题而是一种大趋势，但在天下安危集于帝王一身的封建威权体制中，很容易导致军队羸弱。重文抑武来自宋朝，原称"重文教，轻武事"（《续资治通鉴长编》卷一八），出于对唐朝后期藩镇割据的预防，从它降生的一天起就带给汉族王朝以耻辱——由"杯酒释兵权"开始，高梁河战役、双歧沟战役、宋辽"澶渊之盟"、河曲之战、好水川之战……割地赔款，丧师失地。这个前朝政策被明朝视为宝贝，目的只有维护皇权，维护一家一姓江山就可以了。

明代文臣作统帅始于明英宗朱祁镇正统初年，靖运伯王骥以兵部尚书督师征麓川始以"总督军务"入衔。从此文臣统率武臣领兵成为定制。文官作统帅只要有才能,也无不可。问题是派出做统帅的文官往往是些只知作威作福的庸才,压制武臣贻误大事。这种以文抑武的措施,易挫伤武官积极性,造成指挥混乱。明人韩邦寄曾说:"近者每一交锋,即遣一使,而使者又不晓国体军机,多在罗织其罪,必去之以自尊崇。"与登莱兵变有关系的孙承宗,也曾一针见血地指出:"以将用兵,而以文臣招练。以将临阵,而以文官指发。以武略备边,而日增置文官于幕。以边任经、抚,而日问战守于朝,此极弊也。"(《明史·孙承宗传》)

三曰宦官监军,弊病百出。

宦官作为皇帝的家奴,人格与生理机能多不健全,是一种腐朽势力的代表。他们一朝大权在手便狐假虎威。朱元璋鉴于宦官干政的历史教训,制铁牌禁令悬于宫中,永远不准内臣预政典兵。建文帝朱允炆即位,管理宦官依然极严,有的宦官怀恨在心。1402年春,燕王朱棣长途奔袭兵临长江,

明十三陵蜡像馆"土木堡之变"场景

宦官偷偷渡江给朱棣透露建文政权的秘密,导致朱允炆败亡。朱棣对宦官心存感激,派遣宦官顾成、韩观、何福分别出镇贵州、广西、宁夏诸边,又选宦官作随员、赐给公侯衮服,位列诸将以上。明军置京营三大营五军营、三千营和神机营,又命宦官监军。(《明通鉴》)明英宗当政,典兵宦官王振为所欲为导致"土木堡之变",京营覆没皇帝被俘,于谦作《岳忠武王祠》痛批:"匹马南来渡浙河,汴城宫阙远嵯峨。中兴诸将谁降敌,负国奸臣主议和。黄叶古祠寒雨积,清山荒冢白云多。如何一别朱仙镇,不见将军奏凯歌?"

明末顽疾难治,万历进士余继登《典故纪闻》中的记载也说明了宦官的破坏力:明宣宗朝,驻守交趾(今越南北部河内一代,明时属于中国)的参政冯贵善于用人,曾经训练了五百名地方兵,个个骁勇善战,冯贵对待他们如同兄弟。每当冯贵率领他们讨贼,所向披靡,无不成功。后来宦官马骥骥借口强词夺理,将冯贵的这五百兵剥夺。冯贵失去了精兵,如同苍鹰失去翅膀,与贼战辄不利,最终败亡。先有文官做统帅,复有宦官做监军,兵不习将,将不识兵,从此明军"虎贲之师"就如同被阉割。

1449年秋,瓦剌首领也先攻入山西大同。明英宗朱祁镇(1427—1464)受宦官王振操纵,不顾大臣反对,倾30万(号称50万)精锐大军亲征,至大同后动摇,退至土木堡被围,大溃。京营尽毁。辎重、宫嫔全为瓦剌所有,英国公张辅、泰宁侯陈瀛、驸马都尉井源、平乡伯陈怀、襄城伯李珍、遂安伯陈埙、修武伯沈荣、都督梁成、都督王贵、尚书王佐、尚书邝埜、学士曹鼐、学士张益、侍郎丁铉、侍郎王永和、副都御史邓棨等皆战死,开国世勋为之一空。明英宗朱祁镇盘膝而坐不久被俘,王振为护卫将军樊忠所锤杀,这是明王朝转入

衰落的标志。

以上这一切都是孔有德兵变的大环境，没有孔有德也会有赵有德、钱有德出现。当然孔有德叛变还与现代管理学提出的"破窗效应"有关。"破窗效应"认为一扇窗户破了若不及时修理，用不了多久其他窗户也会被打破，明末频频兵变十分符合这种效应。且看《明世宗实录》所记嘉靖元年(1522)的宣府兵变：

> 宣、大两镇连岁凶荒，军粮久缺，米价腾贵。宣府镇守大监于教场操练，一军鼓噪求粮，几至为变。巡抚都御史李铎上其状。大同巡抚杨志学亦言，本镇军民缺食，公私匮竭，强悍聚众为盗贼，肆行劫掠。北虏近边，住牧警报日闻，乞亟为议处。下户部议，于二镇量增月粮折色每石一两，按月支给，候麦熟停止。又请如前议，动支没官银二十万，作速运赴各镇，趁时粜买米豆与折银相兼支放。仍发太仓银六万两，分委司属于该镇召□籴买。巡抚等官设法宫运，以备主客兵马支用。其镇守总兵占种地土尽行退出。编入屯田。召种办纳子粒通行。陕西、辽东各边一体行从之。

接到巡抚都御史李铎等急报，朝廷怕事态扩展，"于二镇量增月粮折色，每石一两"，又"动支没官银二十万，作速运赴该镇"，极力满足乱兵需要。两年之后，大同兵变。乱兵杀死巡抚张文锦、参将贾鉴，控制大同。嘉靖十四年(1535)辽东兵变。变兵殴打辽东巡抚吕经、都指挥刘尚德、指挥李钱等，烧毁公文档案，焚掠公署府库，放出狱中犯人，"将封建纲常法纪践踏无遗"。

当局平时对士兵牛羊畜之，一旦造反，无不惊惧失色，一再让步，力求息事宁人。"登莱兵变"之前的"宁远兵变"中，变兵非法囚禁殴打辽东巡抚毕自肃、总兵官朱梅等大员，事后主犯仅仅"令其充前锋立功自赎"，乱兵的要求基本都被满足。这样处理影响很坏，将领更加指挥不动士兵；士兵认为只要胆子够大就行，以致后来兵哗如潮！

冰冻三尺，非一日之寒。国事日败，

在研究地图的明将

天灾频频，民情汹涌，矿众施暴，南倭北虏，盐徒抗法，兵连祸结，边事恶化，朝臣却陷于派系分化攻讦不休。明神宗痴迷于炼丹；明熹宗乐于当一个木匠，对来奏事者应答千篇一律——"朕知道了"。山东巡抚余大成以为这次兵变跟以往大同小异，恰恰犯下了大错。

崇祯四年(1631)腊月初一，齐鲁北海狼烟滚滚。"十二月丙子"，在阮城店击败济南官军，孔有德大张旗鼓一路东进，沿途劫掠城市村镇，强迫壮年男子加入叛乱，将青年女子掠进营中，不从者格杀勿论。山东巡抚余大成在伏击圈内放跑了叛军，一心一意要招抚。从孔部叛乱山东已有七八处州县被攻破，看到纸再也包不住火，余大成不得不上疏告变,另修书送登莱巡抚孙元化,随后自带山东兵数千追踪叛军东下。

　　登莱巡抚驻节的登州府城蓬莱北临浩渺渤海,南依昆嵛山脉,素以"人间仙境"闻名于世。公元前133年汉武帝刘彻东巡,"于此望海中蓬莱山,因筑城以为名"。唐贞观八年(634),始置蓬莱镇。唐中宗神龙三年(707),登州治所移蓬莱,辖蓬莱县、黄县、文登县、牟平县。明洪武九年(1376)登州升登州府。城北丹崖山的东麓就是"舳舻相接,奴酋胆寒"的蓬莱水城,又名"备倭城"。自万历年间后金崛起战事不断,辽东汉人渡海避难登州是上岸之地。总兵官毛文龙自领偏师开府"东江镇",朝廷每年拨付军饷80万两都从登州送到皮岛。毛文龙部在东北地区通过种种渠道搞到的人参、貂皮都从这里运到中原牟利。《崇祯长编》载:"自万历戊午以来,辽人渡海,避处各岛及诸州县间,毛文龙号召为一军,岁饷八十万,皆从登州达皮岛中。而辽地一切参貂之属,潜市中土者,亦由登地内输。"这一切使登州一天天繁荣起来,朝鲜李民宬出使明朝过此地,眼前景象繁荣无比——"峰顶通望处,逐设烟墩。屯田农幕,处处相望。商船战舰之抛泊近岸者,不知其数。"(《敬亭集》)

　　登莱巡抚孙元化终于得知部下兵变的确切消息。辕门外寒风凛冽,火炉的炭火劲烧,跳动的火苗映红了这个50岁的上海人微胖的脸。驿卒递上山东关于本镇孔部叛变的军情,孙元化皱起眉头,随手转给副手张焘,张焘匆匆看完又转给署理总兵张可大。孙元化十分困惑:当年耿仲明、李九成、孔有德漂洋过海前来,他收留了他们,授孔有德参将、所部编入一等主力,先进火器优先装备;每有非议,孙元化一概不听。素待孔有德不薄,何以反叛? 孙元化绞尽脑汁想不出个所以然,说:"是不是别处散兵冒充登州兵作乱?"("谓必别处逃兵借口于登兵也。")仅仅过了两三天,孔有德进兵胶东的消息再次传到登州,某地被烧光,某地被劫掠,孙元化这才不得不相信孔有德造反的事实,但他心底颇为自信:孔有德一定能够招抚。

　　孙元化命令沿途州县不作正面抵抗,"贼遂得安意长驱,无敢一矢加遗者"。巡抚大人一声令下,几名信使驰出登州府城向西奔去。信中他对孔有德说,率部回登州,一切都好商量。叛军对孙元化的招抚一概表示接受,的确也是一路向着登州而来,他们忍饥挨饿的日子一去不返,肆意凌虐沿路官民士商,过上了梦寐以求的日子。过了昌邑就是莱州府,那可是一座大城。孔有德和李九成都在东江镇复杂严酷的斗争环境中经受锻炼,但他跟李九成狂热嗜杀不同,善于冷静观察,然后决定。叛军与山东官军也只交了一次手,但他丝毫没有懈怠,他知道终究有一天会遇到真正的敌手,利用这段时间要尽量麻痹朝廷扩充实力。"拿下登莱! 让朝廷瞧一瞧,谁也不能小觑了我们!"他和李九成、李应元这样鼓舞部下。

　　很快,一条自南向北流淌的河横在他们面前,这是发源于莱州东南的沙河,附近有沙河镇,扼进出胶东半岛北线咽喉,为古今兵家必争之地。两个月前路过清水荡漾,此时河上结了坚冰。叛军人马拉成几行纵队踩在沙河冰面上,过了整整大半天。

　　五十里外的莱州府已经黑云压城,它将步陵县、商河、青城、齐东、新城、昌邑的后尘

朱万年画像

吗？叛军头领李九成建议直取，孔有德则修书三封，一封派人渡海到辽东联络旅顺、皮岛、广鹿岛一带昔日战友毛承禄等，一封派人潜行回登州联络登州镇某部中军耿仲明、参将陈光福，一封写给老相识莱州知府朱万年。

"伙计，该来的终于来了！"刚毅矍铄的莱州知府朱万年一口气读完孔有德来函，淡定地对同僚说。朱万年（？—1631），字鹤南，贵州黎平人，万历三十七年（1609）举人，历任山东定陶知县、北京中城兵马司指挥、户部河南司主事、户部员外郎、户部郎中等。孔有德说回师途径莱州要求进城休整，但朱万年并不是一无所知。

孔有德为登州参将，朱万年由京调任莱州知府，一文一武同受登莱巡抚孙元化节制，朱万年对孔有德并不陌生。孔有德率军增援大凌河经过莱州时，朱万年为其洗尘。宴会之后朱万年对本府同僚预言孔有德有谋叛迹象，嘱咐预做准备，果不其然。

莱州城戒严，四千官兵登城严阵以待。朱万年对来使说：请回去告诉孔将军，莱城狭小，城蹙民困，大军安顿不下，进城就不必了！孔有德在城南虎头崖听到回话，脸一会儿红一会儿白。李九成坚持要攻城，李应元、陈继功也摩拳擦掌，孔有德通过多次与朱万年打交道知道其绝非等闲之辈，加上探子来报莱州城防严整，何况前方还有更重要的登州城需要攻打。望着高大坚实的莱州城，李九成恶狠狠射出一箭，道："等我荡平登州再来算账！"叛军浩浩荡荡绕过府城向北方继续进军！他们离登州只剩最后200里。

戚继光《过文登营》曰：

冉冉双幡度海涯，晓烟低护野人家。谁将春色来残堞，独有天风送短笳。

水落尚存秦代石，潮来不见汉时槎。遥知夷岛浮天际，未敢忘危负年华。

山东巡抚余大成、登莱巡抚孙元化坐视叛军日益壮大，叛军步步逼近、进军登州已经不可阻挡。

"归来吧！""只要回归本镇，既往不咎！"这是腊月以来孙元化反复强调的两句话。他坚信对待孔有德、李九成不薄，相信孔有德只要回到身边一定会讲明实情求得宽宥。而且他已经得知首辅周延儒、兵部侍郎刘宇烈都倾向于招抚，于是拿起巡抚大印，"移檄郡县，不许截杀"。他都"移檄"了哪些州县？

崇祯三年（1630）六月，他接第七任登莱巡抚，管辖两府三直隶州十县、三营十一卫。

两府：莱州府、登州府。

三直隶州（类今县级市）：平度州、胶州（以上莱州府），宁海州（登州府）。

十县：即墨、高密、潍县、昌邑（以上莱州府），招远、黄县、栖霞、莱阳、福山、文登（以上登州府）。

三营:登州营、文登营、即墨营。

十一卫:安东卫、灵山卫、鳌山卫、大嵩卫(以上归即墨营辖制)、靖海卫、成山卫、威海卫、宁海卫(以上文登营)、登州卫、莱州卫、青州卫(以上登州营)。

上述地域内各千户所、百户所。

移檄叛军必经之路昌邑、掖县、黄县等地官府不要抵抗,助手张焘一切听命,世袭南京羽林左卫千户起家的登州总兵官张可大看法却与孙元化不同。孔有德投登州后,名义上也是张可大的部下,张可大比较了解孔有德等人,故不大相信他们接受招抚的话。叛军越过沙河,张可大南下阻击,提兵来到莱州东北七十里朱桥驿,接到孙元化之信说:"抚局已定。"张可大还是觉得不可靠,率军又进至黄县西南五十里黄山馆驿,再一次接到孙元化退兵的命令,张可大只好后撤,叛军更为猖狂。

《明史·余大成传》载:

元化因遣大成书,曰:"抚局已就,我兵不得往东一步,以致坏事。"大成如其戒而止,元化亦师次黄山馆而返。

《崇祯实录》卷四载:

(崇祯四年十二月)庚辰,登莱总兵官张可大至朱桥驿。值孙元化还登州,言抚事已定,可毋西行,盖信其不反也。可大叩其详,始知叵测。可大仍西行,元化竟檄止之。

明崇祯五年(1632)正月十一日,叛军围黄县。黄县今烟台龙口,秦代置县属胶东郡。《史记·秦始皇本纪》记载,秦始皇二十八年(前219),秦始皇巡海经过黄县、腄县,游成山,登之罘山。数千年沧桑变幻,给这块土地增添了神秘和魅力。胶东有顺口溜做"黄县嘴子""蓬莱腿子""掖县鬼子",分别褒奖三个地方的人嘴甜、勤快、有本领。

黄县这样的小县守备薄弱城防平时靠团练民壮。因为临时有警,平时不驻兵的黄县这次匆匆开来三百老弱之兵,带兵者为莱州营参将张其功和王徐寨所守备熊奋渭,知县吴世扬也会集邑中父老子弟"登陴拒守"。今人赵术经的《370年前黄城的一场惨剧》一文还原了黄县之战:

烟台龙口(原黄县)南山风景区

1632年的正月十三日,黄城经历了一次惨绝人寰的屠戮。

明朝登州府游击将军孔有德和偏将李九成背叛朝廷,兴兵作乱。崇祯五年正月十一日率兵包围黄城。当时,城中空虚,兵力极弱。巡抚余大成为了阻滞叛军西去,派莱州营参将张其功、王徐寨守备熊奋渭率三百老弱兵协助守黄（县）。知县吴世扬"集邑中父老子弟登陴拒守"。熊奋渭和黄县训导姜梦豸守东门，黄县主簿盖瑾守南门，黄县县丞张国辅与告老家居的石泉原县令王皋门守西门。激战两昼夜，于13日晨终寡不敌众被攻破南门。吴世扬投井死（《明史》记"世扬骂贼死"），姜梦豸"亲冒矢石，身被数箭。"张其功"犹奋臂大呼，持刀斫杀贼十二三人，贼蜂拥上，力竭，遂为贼执，肢解之"。熊奋渭"力战中枪死"。我八世祖赵五典也于战斗中被难，守城军民尽被杀害，妇女、儿童也不得幸免。

2002年3月1日《龙口日报》提及此事时说：

军民守城，悲壮惨烈，感天动地。当日，"积雪数尺，风吹天黯，日色惨白无光"。

黄县之战叛军以数十门火炮轰击城垣，炮响过处砖石俱为粉末。激战两昼夜，黄县城池被破，"守城军民尽被杀害，妇女、儿童也不得幸免"。当时场景何等惨烈！《明史·朱万年传》也记载："其陷黄县，知县吴世扬骂贼死，黄县知县、县丞、守备、参将全部被杀。"黄县城破后山东巡抚余大成以纵贼之名革职戴罪、后被流放。孔部逼近登州，恐怖的气氛在胶东蔓延，登州向何处去？天才的文渊阁大学士徐光启想不到他和弟子千辛万苦所推动的练兵造炮，竟会收获如此的苦果。

徐光启、孙元化的新军事革命

谈到西学东渐国人不由自主会想起洋务运动、五四运动。但早在上古时期，东西方文化交流就已开涓涓细流，至秦汉、魏晋、南北朝时期络绎不绝，唐宋时期一度达到相当水平，但近代以来系统观照和吸纳西方文明的第一人，当属徐光启。发源于中国的火器和火药技术到明代后期已落后于西方，徐光启和孙元化的新军事革命就从引进西方先进军事装备开始。

徐光启（1562—1633），字子先，号玄扈，明南直隶省松江府上海县人，进士、翰林院庶吉士，崇祯朝礼部尚书兼文渊阁大学士、内阁次辅。他毕生致力于科学研究，译有《几何原本》《泰西水法》等，编纂《农政全书》等，为17世纪中西文化交流做出了重要贡献。病逝后，崇祯帝赠太子太保、少保，谥文定。

老子曾经说："失道而后德，失德而后仁，失仁而后义，失义而后礼。夫礼者，忠信之薄，而乱之首。"（《道德经》）"道德仁义礼"这五个方面是道的最高级，没有道还有德，没有德还有仁，没有仁则还有义，义没有了还有礼，礼没了则天下大乱！礼是社会秩序和行为规范。礼法，是维护社会正常运转的最后防线。如果"道德仁义"一旦不存在了，"礼"就被剥去了灵魂，仅靠礼法规范很难长期维系一个社会。放眼三百五十年前的明末正处在这样礼乐崩坏的动荡中。中华民族历来有一个传统：每当民族处于生死攸关的紧要关头总会有一批仁人志士勇敢地站出来探索救国救民的道路，而徐光启正是这样的一个人。

万历二十五年（1581）八月某一天，南直隶松江府上海县笼罩在茫茫秋雨中。一位身材颀长单薄的学子形单影只，肩上担着行李、手里打着油纸伞，一擦一滑行走在江岸泥泞的小路上，他就是来自乔家浜畔九间楼 19 岁的书生徐光启。天下着雨，他流着泪，分不清是雨水还是泪水打湿了衣襟——他要去金山卫贡院参加乡试，而母亲卧病在床，家里已经断了炊……

徐氏祖居苏州，后迁至上海。徐光启参加卫籍考试，因此祖上应是军户，不知从何时起丢掉武器，拿起锄头在乔家浜畔安家。徐光启中秀才后娶本县处士吴小溪之女为妻，考场屡试不中，以教书的微薄所得糊口。期间祖母卒去，父母年过半百身体不好加上水灾频频光顾，家道每况愈下。万历十六年（1588），徐光启和同乡董其昌、张鼎、陈继儒一起结伙出去闯荡……入翰林院之前，一直以教书为业，足迹涉及家乡上海、南直隶当涂、广东韶州、广西浔州等地。期间他在南京由耶稣会士罗如望受洗加入天主教，教名保禄（Paul）。

明代杰出的政治家、科学家、军事改革家徐光启

幼年的困苦如影随形影响了他的一生——以悲天悯人的眼睛看世界。即便日后飞黄腾达身居台阁他也未曾改变初衷，而后来加入耶稣会更让他的自律蒙上一层殉道士一样的色彩。多年后耶稣会派驻明朝的葡籍传教士伏若望（João Froes）在《徐保禄进士行实》中说："保禄拥有很多基督般的美德，这些美德与天主教徒的品性完全符合。他敬爱神父，热切希望福音得到推广，他比一般教徒对自己的要求更加严格。"冒雨赶考的徐光启以这样一种悲情的方式开启了自己的学业和仕途。此行不负所望，一举考中第一。

万历二十五年（1597），徐光启因考官焦竑赏识以顺天府解元中举。万历三十二年（1604），徐光启中进士。后考选翰林院庶吉士，历任礼部侍郎、礼部尚书、文渊阁大学士、内阁次辅。徐光启为官清廉，一生过着清贫的生活，死后家无余财。昔日他出生的地方上海乔家浜畔"九间楼"（今上海黄浦区老城厢小东门乔家路 234～244 号），一幢朱红色木墙的二层小楼包围在菜摊、小店中，能证实"九间楼"身份的唯有徐光启逝世 350 周年时上海市文管会立的石碑。

上海交通大学江晓原在《回到明朝看徐光启》一书中总结徐光启一生事功，计有五项：引进推广番薯；编纂《农政全书》；与利玛窦合作译《几何原本》；组织编纂《崇祯历书》；练兵造炮引进新式炮兵。

徐光启通过军事革新使明代一度落后的火炮技术终于跟上世界潮流。徐光启长期投入极大精力，以军事革新应对"建房"与"倭寇""匪患"三面夹击。

一曰"正兵"，就是整顿军政、提高官兵素养。在通州练兵时，他上奏十条建议。万历四十七年（1619），他亲自拟定《选练条格》——明军的士兵操典，并按照这个操典督练了

**上海徐光启纪念馆内展出的
明代军队的火炮**

4655名士兵。他积极招募葡萄牙军人教练新军,辽东、登莱等地都有一定数量的葡萄牙军人帮助训练明朝政府军,甚至直接参加战斗。

二曰"守城",就是加强工事、提高防御能力。由于明后金萨尔浒之战,陕西、山西农民边兵大暴动,西南奢崇明、安邦彦叛乱以来,明军三面受敌、机动兵力严重不足,明朝政府被迫采取了战略守势。在徐光启的大力倡导下,孙承宗、熊廷弼、袁崇焕、赵率教等先后缮垣建堡、经营辽东,修建千里边墙、数十座城池、一百余座墩台。熊廷弼还提出"三方布置"策:在广宁(今辽宁北镇)厚集步骑以牵制后金主力;在天津与登、莱(今蓬莱、莱州)各设巡抚,置舟师,乘机入辽南;在东面联合朝鲜从后方打击后金;在山海关设经略,节制三方。"三方布置"之策加上与大明附属国朝鲜王国的有效联合,曾经卓有成效地牵制了后金军。

三曰"造炮"。中国兵器经历了冷兵器时期、冷热兵器并用时期、热兵器时期三个阶段。唐末出现了火器。南宋出现了火枪、火炮。元代依照南宋突火枪制成第一代金属管形射击火器火铳。明朝时期,火器继续发展。明朝在京设立了中国第一支热兵器部队——火器营,与当时的五军营、三千营合称"京军三大营"。国学大师陈寅恪认为:"火攻之法……实为明清兴亡之一大关键。"徐光启开启的以科技引进和研发为核心的新军事革命,是明朝后期军事改革的关键环节。明军以步兵为主,骑兵为辅,后金刚好倒了过来。明军与后金的战斗中,长驱野战后金军占优,凭借坚城大炮攖城而守后金军不如明军。

孙元化和徐光启一样,都主张学以致用,并且都受洗为基督徒。他们从西洋传教士利玛窦那里得知中国火器已经落后于西方佛朗机和雷飞炮,欣喜地以为解除边患的药方找到了——那就是用先进火器装备明军。然而直到明代,火炮还停留在宋代的水平:筒管里填塞火药,凭着目测发射,命中精度很差,装填耗时很长,炮弹爆炸威力有限,灵活性上还不如弓箭。孙元化便对西洋火炮进行了精心的研究,运用所掌握的数学知识,写出了《西洋神机》,他第一次提出了统规(测量火炮仰角度的仪器)的概念与使用的方法,以及药包的制作方式。同时配合徐光启翻译了测量距离的方式。这一切,都让孙元化成为独一无二的火炮制造和弹道学的专家。徐光启、李之藻、孙元化和焦勖等,积极学习和仿效西方火器理论和技术,并仿制出红夷炮等威力强大的火器。

改进同时要引进,缺少资金怎么办?徐光启、孙元化带头捐资,选派副总兵张焘下澳门从葡萄牙人手中取得红夷大炮11门,其中威力最大的两门火炮出自天主教友李芝藻捐赠。孙元化亲自把这11门大炮督运到辽东宁远,安置在经他精确计算设置的炮台上,火炮装上便于转动的支架增加了射击覆盖范围。从万历四十八年(1620)开始徐光启继续主持引进西洋火炮,先后引进世界最先进的大口径火炮40余门。同时,明朝聘用了一大批外国军官和士兵来华训练出一批优秀的炮手。祖宽、祖大寿、吴三桂、黄龙、张焘等军事将领都曾经在孙元化手下带兵。检验徐光启军事改革成果的时机很快即降临。

"宁远之战"中明军使用的红夷大炮,据考证是英国舰炮变种

天启六年(1626)正月二十五日,后金大汗努尔哈赤率铁骑8万(号称13万),以锐不可当之势渡过辽河,围攻宁远。防守者是袁崇焕指挥的不足1万明朝守军。时努尔哈赤67岁,已驰骋疆场40多年,对手袁崇焕是个初登战场的书生。袁崇焕在孙元化等帮助下组织军民坚壁清野,协力共守,铲除奸细。努尔哈赤麾师攻城,随着袁崇焕一声令下,城头布列的18门红夷大炮及其他火炮连续发出震耳欲聋的炮声。明军凭坚城用大炮杀伤1.7万人,打得后金军尸横遍野……

努尔哈赤被明军开花弹击伤,败退途中叹道:"我自25岁用兵以来,战无不胜,攻无不可,唯宁远一战,惨败而归。"不久,伤势复发逝于瑷鸡堡。为什么说他被明军火炮击伤?《明史》为清廷所编不会记载,但在其他文史资料中能找到印证。明兵部尚书蓟辽经略高第战后奏报:"奴贼攻宁远,炮毙一大头目,用红布包裹,众贼抬去。"《石匮书后集》的记载更具体:"炮过处,打死北骑无算,并及黄龙幕,伤一裨王。北骑谓出兵不利,以皮革裹尸,号哭奔去。"因为一大群后金兵抬走了用红布包裹的人一路上又哭又号,明军远远看到以为"炮毙"。国家清史编纂委员会主任戴逸教授持有同样的观点。

为什么说打伤他的是开花弹?当时明军红夷大炮备有三个弹种:实心弹、霰弹、开花弹。实心弹多由铁铅铸造,少数也用石块磨成,主要用于洞穿城墙工事,射程虽远但杀伤威力不大(除非直接命中),而人员一旦被实心弹命中非死即残。努尔哈赤并没有肢体断裂,可以排除实心弹。霰弹是当时野战炮的大威力弹种,由数升铅铁小丸构成,射击时可形成弹幕杀伤力大。但霰弹有一个致命弱点:射程一般不超一里,大汗不会设营在如此接近城墙的地方。因此,只有开花弹才是"真凶"。开花弹是铁壳,射程远、威力大。当时应是一枚开花弹落在努尔哈赤附近,他被弹片和冲击波击伤久治不愈。19世纪左宗棠征西路上重新发现了300年前明军所遗开花弹,其时开花弹失传已久,左宗棠唯有仰天长叹……

遏十余万之强虏,振八九年之积颓。"宁远之战"是萨尔浒之战后明军的一次重大胜利,挫败了努尔哈赤夺占辽西和山海关的企图,重新树立了明朝战胜后金的信心,明熹宗大喜过望:"此七八年来所绝无,深足为封疆吐气!"努尔哈赤死后,其子皇太极一心雪耻。明天启七年(1627)五月初六,皇太极以明朝在锦州、大凌河、小凌河筑城屯田破坏议和为辞,亲率数万大军攻击宁锦防线。清军渡过大凌河围攻锦州,袁崇焕派兵增援以牵制。后金军未能攻下锦州便转而攻打宁远。明军在城头密排巨炮,总兵官满桂出城接战引诱后金军进入大炮射程,然后猛烈轰击,后金军再一次死伤枕藉仓皇撤退,这就是"宁锦大捷"。依托徐光启等人引进的西洋火炮,袁崇焕指挥明军一改颓势,两战两捷屡败后金,军事改革初见成效,"但因为魏忠贤阉党余孽作祟和朝廷官僚机构互相推诿牵掣,军饷器械都不给予充分支持,并将他尚未练成的部队强行调往前线,终使他练兵的努力不了了之"。(江晓原《回到明朝看徐光启》)

孔有德兵变前夕的崇祯四年(1631)十月,徐光启上奏朝廷提出建立"车营"的计划,这一想法得到崇祯帝赞许。明廷批准的新军建设方略规划先建 15 个营、兵力 6 万人。每营 4000 人,配备 120 辆双轮车、120 辆炮车、60 辆粮车,共计战车 300 辆;西洋火炮 10 门,中炮 80 门,鹰铳 100 门,鸟铳 1200 门,以此提高大炮机动性,充分发挥火力优势。这一装甲机动军团在当时令人生畏。另外,这一方略不仅仅限于装备革新,对于新军的训练教育、人事等都做了通盘考虑。由于财力所限,徐光启建议以登莱巡抚孙元化所属部队为基本力量首先组建一营,由孙元化负责,然后逐步铺开。这一先进的装甲机动军团一旦建成可保北疆数十年无虞,而登莱兵变使这一计划落空。(王前山《胎死腹中的明末火药化军队》)军事成败往往不仅仅是军事问题,追根溯源,假如没有吴桥这场大雪就不会有一只鸡的纠纷,也就没有突如其来的孔有德兵变,新军事变革或许就将逐步铺开,明朝或可借此渡过难关。但是历史没有假设,崇祯四年(1631)冬发生的这件事破坏了明朝的建军进程。

登州之战

胶东人

湛蓝蓝黄海水,弯曲曲五龙河。

黑黢黢昆嵛山,金灿灿山菊花。

黄橙橙野苦菜,白花花地瓜干。

苦哂哂老黄酒,硬邦邦胶辽话。

恶煞煞山流海贼,大辣辣那胶东人。

(著者 2015 年 12 月 15 日写作中有感而作)

黄永玉水浒画《武植》

　　俗话说："冤有头债有主。"画家黄永玉曾在《人民日报》"大地"副刊发过两幅漫画：一幅是潘金莲交叉双腿斜坐在椅子上、一幅爱咋地咋地的样子，题"写书的施耐庵也不饶，你一个宋朝的小女子如何活得了"；一幅是武大郎挑着担子卖烧饼，筐子里坐着小武松，题"冤有头来债有主，长大报仇是二武"。崇祯四年（1632）十一月二十二日，天刚蒙蒙亮，登州南门朝天门出现了来历不明的人员，探头探脑。日上三竿，南门外响起了铳声，少量骑兵出现在门外，被守卫城门之兵驱离——孔有德部逼近、登州四门戒严。这是叛军先头到达的信号。须臾，枪声四起，烟尘蔽日，"贼抵登州"屯兵城南五里神密山。其神密山者即今庙山，山西有蓬莱殡仪馆，北有烈士陵园，东面是由钟楼南路延伸出来的213号省道直抵莱西。登莱巡抚孙元化终于等到了他所等待的人——但不是以他所希望的方式。孙元化和胶东人做梦也没有想到，孔有德、李九成等对颠沛中收留了他们的人为何要如此恩将仇报。

　　回师之路如此顺利令"都元帅"李九成心花怒放，副帅孔有德感慨万千，昔为镇将今为叛逆，自己举兵既是被逼无奈也是蓄谋已久，但既然举兵反叛，他就要大干一场。他的老上司登莱巡抚孙元化被逼上了梁山。

　　军事重镇登州（府治蓬莱县城兼登州卫、登州镇）背山面海，扼守京津门户，隔海与山海关、宁远、旅顺、朝鲜、日本遥遥相望，战略位置十分重要。明初武皇帝命汤和、徐辉祖等巡海遍置卫所，此地设登州卫。明末设登莱巡抚于登州卫，与关宁、天津互为椅角。登莱巡抚袁可立曾在此操练水师。民族英雄戚继光祖上就是登州卫指挥使，他袭职进署都指挥佥事，后来南下闽浙建立"戚家军"备倭，北御边墙配合辽东总兵官李成梁屡败强敌，写下《纪效新书》《练兵实纪》。如果不是张居正逝世后他失去靠山被陷害早亡，本来他可以有更大作为，故黎东方评价："郑和、于谦、张居正、戚继光、郑成功，都是千古不朽的豪杰。"

　　孙元化坐守登州，登州城密布火炮；府城北隅登州水城也有炮台护卫，城中内港小海停泊战船，朝鲜国赠送孙元化的40艘战船正泊在港内。叛军兵临城下，孙元化可用兵力有几何？登州附近有明军约两万,受其节制的东江镇有岛兵两万多;登莱两府诸卫零星散布弱兵数万,合计登莱巡抚麾下兵力七八万。此时可用的兵力只有登州府(登州卫、登州镇)之兵。

孙元化明军 步骑炮混合约两万。其中,步兵一万六、骑兵四千。指挥官:孙元化、张焘、张可大。装备:红夷大炮二十余门、西洋炮三百门、小炮不计其数。城中的守军,主要有三部分组成:

一是张可大指挥的"步兵右营"数千名浙江兵。由军中诗人、登州总兵张可大率领,这是一支有着"戚家军"传统的军队,曾经创造了百战百胜的战绩和高达十余万级的斩级记录,被誉为"16~17世纪东亚最强军队"。戚继光已经去世43年,这支源出"戚家军"的部队,战斗力已经非昔比,但依然保持了一定战斗力。

戚继光《送李小山归蓬莱诗》[1]

二是张焘麾下"步兵左营"数千名辽东兵。他们与叛军孔有德部系出同门。装备精良,作风凶狠,军纪不好。孔有德的亲密战友——登州营中军官耿仲明、都司陈光福等,都出自这支部队,并担任重要领导职务。

三是数千名胶东地方兵。番号为"团操左、右营""某卫""某所"等。团操就是团练,基干民兵,形同正兵。登州周边的卫所军,一部分被登莱巡抚孙元化整编,加入了登州营的主力部队。其中的一千人地方军,刚刚从宁海卫、威海卫等地赶过来增援府城,一起参与了战斗。一大批乡绅如张瑶等人,也组织了家丁参加守城。

另外还有一支四十多名葡萄牙炮兵教官组成的外籍军官团。他们是明朝重金聘请前来教授明军操作西方火器的,负责指导"炮队左、右营"。加上朝鲜国提供的四十条战船,就为守军增添了一丝国际化特色。孙元化节制的东江镇和诸卫所或没有发动,或远水难解近渴没有发挥作用。

孔有德叛军 步骑炮兵混合人数在万人以上。指挥官:孔有德、李九成。叛军以孔有德本部八百辽兵为核心,除此之外,有叛军回师登州途中收编的辽兵,部分俘获的山东兵,辅之以沿途抓获的壮丁、混入的社会盲流、沿途攻打监狱释出的亡命徒……林林总总、五花八门。装备多为冷兵器,也拥有数目不少的火器。

可见,无论从城防设施还是兵员素质来看,登州守军明显占优。光是登州数百门火

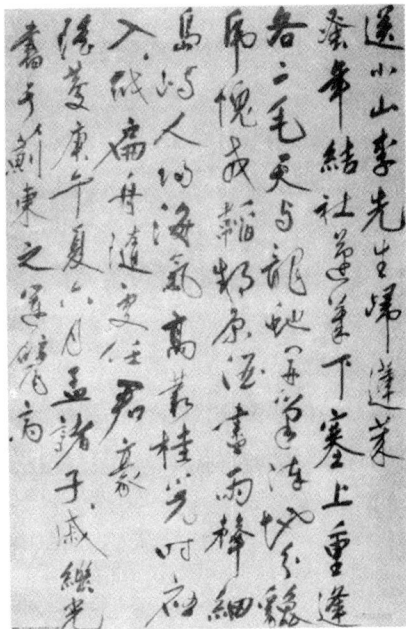

---

[1] 《送李小山归蓬莱诗》纸本,今藏山西省博物院。这首七言律诗,赠友人李小山,书于隆庆四年(1570)。全诗如下:盖年结社蓬莱下,塞上重逢各二毛。天与龙蛇并笔阵,地分貔虎愧戎韬。朔原酒尽雨声细,岛屿人归海气高。丛桂芳时应入戏,扁舟随处任君豪。

炮包括西洋18磅舰炮改头换面而来的红夷大炮,射击精度高威力大,登州城可谓固若金汤,而登州开战后不久却发生了不可思议的事情。

战事一触即发。孙元化在府城内原"登州卫指挥使"衙门改造而成的登莱巡抚辕门中排兵布阵,手头可用兵力虽然不少,但适合野战的主要是浙兵与辽兵。他将其组成两个军团:张可大指挥的浙江兵,就是所谓的"南兵"组成第一军团,负责打头阵;张焘指挥的辽东兵为第二军团,负责掩护和支援,其他为守城军。《平叛记》云:"孙元化命标将张焘率辽兵驻城外,总兵张可大亦拨南兵拒战。"张焘奉命带兵到城外安营扎寨与城防互成掎角,与张可大军互相支援,战术颇为得当。孙元化还不死心,再三派人联络孔有德,希望他们回心转意,但都没有得到回应。

西门夜攻。一天傍晚,寒鸦群从四面八方一起飞临登州城南神密山麓,在叶落后只剩下枝杈光秃秃的槐树,柞树林中发出轧轧之声,听得人心慌。"乌鸦头上过,无灾必有祸",近郊有的乡民逃离,剩下的家家关门闭户。登州府街道、村落、市井几乎空无一人,唯有城头垛口的守兵默默伫立。夜色渐深,乌鸦也沉寂下来。黑漆漆的夜空中寒星闪烁,间或有巡街和换岗守军来往通行的口令声、更夫敲打梆子声,剩下就只有西北冻塬刮来的寒风在半空怒号。

突然,城西门迎恩门方向人声鼎沸、马鸣萧萧,继之传来几声炮响,孔有德部开始攻城! 明军和葡萄牙炮兵教官各自匍匐在西门炮位上,注视着城下黑黢黢的人海涌动过来,装填好的大炮用规尺瞄准。2000尺,1500尺,1000尺,600尺……城头将校一声令下:"放——!"首发开花弹划出一道猩红色的弧线在叛军人群中炸响。随后,城头万炮放列齐轰。城下叛军还没有靠近护城河就被打的狼奔豕突,像六月的麦子一片片倒下。叛军的炮火也响了,道道火光射向城垣,坚固的城垛不断腾起浓烟,不断有人中弹倒下。迎恩门城楼和城墙内外浓烟滚滚、直冲云霄,战火映红了大半个夜空。城上军士都经过葡萄牙教官训练,凭借地利和火器越战越勇,各式大炮和火铳如同演习一般打得又准又狠,城外叛军士卒叫苦不迭、四处躲藏,甫及安身,头顶上霰弹、开花弹又一颗颗呼啸而至……

于是,西门的夜攻失败了。

1631年腊月的北京。回顾这一年,明廷棋局暗淡:山陕农民起义声势正盛,满洲后金又围陷关外大凌河,主将祖大寿诈降牺牲了副将何可纲仅以身免;秋天刚了大帅袁崇焕,孔有德军卒突然哗变,山东巡抚余大成起初的决策无异于扬汤止沸,叛乱如野火遇干草在齐鲁大地上熊熊燃烧……登州被围朝廷受到震动,再不有所惩戒威信何在? 登州兵在离京畿如此之近的地方闹起了兵变,而且他们携带最先进的武器,谁敢说他们不会袭击京津? 而且他们的确一度进军南皮和沧州。面对危局,寝食不安的崇祯帝朱由检召大臣廷议,江苏宜兴人周延儒的态度十分关键。20岁中状元、时年38岁的内阁首辅周延儒靠机智敏慧登位,少年得志,办事专横,这时正在和内阁次辅温体仁斗法。58岁的浙江南浔人温体仁早就觊觎内阁首辅之位,而他却更是一个卑鄙之人。

周延儒亲近东林,从感情上与徐光启接近。孔有德部是登莱巡抚孙元化的兵马,登莱巡抚孙元化又是徐光启学生,为了对付温体仁这只老狐狸,周延儒极力拉拢徐光启,孙元化自然受到器重。带兵主将部下叛变是一件严重的事情,周延儒要想办法保住孙元化。廷议结果:山东巡抚余大成、登莱巡抚孙元化均"镌三级"戴罪立功。对孔有德这支乱军是招抚还是围剿?廷议模棱两可。老奸巨猾的次辅温体仁作壁上观,既不说"剿"也不说"抚",就等着首辅周延儒出错。

孙元化"镌三级留用",登州官兵百姓惶惶不安。康熙《登州府志》载:"崇祯三年夏,以关宁道孙元化为防院,移关宁辽兵携妻子自天津驾船抵登州。改登镇为副总兵,命张可大以正总兵管副总兵事,调墙子路参将黄龙为海外总兵,掌征辽总兵印。四年秋,调登州辽兵援大凌河,十一月发兵西行。"孙元化调到胶东一年就身处险境。"金无足赤,人无完人",他作为徐光启弟子、才华横溢的科技人才,让他引进技术打造火器最为相宜,让他到京干兵部侍郎主持整军也未尝不可,但让他出任登莱巡抚等于是放到火上烤。他非袁崇焕袁可立这样的统帅之才,缺乏知人之明和驾驭能力,手下将领固然善战,却早已失却对王朝的忠诚。

再战登州。急于奔袭拿下登州的叛军,经过春节前一场"西门夜战"没有捞到好处反而吃了大亏;小规模尝试都被守军击退,于是双方陷于对峙。如果部署得当登州城可保无虞。对峙的双方在剑拔弩张中吃完了过年的饺子。崇祯五年正月初二战事重开,必欲斗个你死我活,毛霦《平叛记》载:这一次,叛军没有选择攻城,而是与城外的两支明军驳火。为巩固城防孙元化将张焘部和张可大部均派出城外驻扎。张可大的步兵右营浙江兵和张焘步兵左营辽兵汇合起来,与孔有德叛军大战于城东。这是一场火器的对阵,徐光启告诉我们这种步骑炮兵联合作战的野战打法:"每一营用双轮车百二十辆,粮车六十辆,共三百辆。西洋火炮十六位,中炮八十位,鹰铳一百门,鸟铳一千二百门,战士两千人,队兵二千人,甲胄及执把器械。凡军中所需,一一各具……行列为阵,止则为营。遇大敌,先以大小武器更迭击之;敌用火器,则为法以围之;敌在近,则我步兵以出击之;若铁骑来,直以炮击之,亦可以步兵击之。"(《钦奉明旨敷陈愚见疏》)早在洪武二十一年(1388)三月,明将沐英率军于云南麓川平定思伦发所部时,就采用三排铳兵齐射,这可能是历史上首次在战争中使用连射火器的战术,比欧洲早了 200 年左右,也早了日本一百几十年。日本名将织田信长 1575 年在长筱之战用 3000 名火器炮手配置三个梯队大胜军阀武田胜赖带领的精锐骑兵,而此时明军战术已发展到五排铳兵轮替齐射。

相对宽阔的登州城东门外成为战场。叛军分为三营,李九成为前锋,孔有德和李应元各领一军为左右翼,自东往西席卷而来。双方先以炮战打乱对方队形,于是炮声阵阵、硝烟四起,除了各自给对方造成一定死伤并没有收到奇效。于是叛军骑兵在前步兵在后向前冲。

守军浙江火器兵排成了前后五层在中间,步兵在后,炮兵、骑兵在左右,考验他们的时候到了。昔日一座城里生活一个锅里吃饭一片屋檐下接水的友军,今天各为其主要斧钺相向拼个你死我活。总兵张可大威严地立在中军位置,手扶军刀目视前方,官兵千万双眼睛紧盯数百丈开外的黑压压的叛军人墙,一里开外的土埠上孔有德也在紧张地注视的前方战况。

人浪冲到五百步距离,守军佛郎机开始发射,冲在最前面的人不断中炮倒下,但是人浪继续向前;听到游击的预备射击口令,第一排数百名火枪手齐刷刷举起了鸟嘴铳,这种以熟铁作管所制的步枪在上午的阳光下熠熠生辉……

距离只剩下一百步(约合 156 米),射击口令终于发出,士兵们手中的鸟嘴铳一齐发射,铅弹弹幕以恐怖的声音呼啸着飞向敌阵,叛军骑兵立即人仰马翻……第一排的士兵发射完毕迅速退到后面另组队列,而早已荷枪实弹的第二排数百士兵,一同扣动了扳机,弹幕又呼啸着飞向叛军步骑兵;第二波发射完毕退后,第三排士兵的枪又响了……在五排火枪兵的轮番不停地齐射下,李九成的先头部队已经稀稀落落,冰冻的大地上,横七竖八躺着叛军的马匹、伤兵和尸体……

猝然遇到打击的叛军先头部队,死的死伤的伤;活着的开始匍匐在地上,坚持不多久,也慢慢往后挪动。"不得后退、退者格杀勿论!"悍将李九成按捺不住焦急,骑在马上双手各持短铳跃下小土埠,一边大喊着径直驰向本队,本队骑兵纷纷也跟着这个大佬飞跑起来,径直冲击浙兵。李九成冲在前面不顾身边伤亡,短铳左右开火、弹无虚发,浙兵应声个个倒下,战斗进入白热化。徐光启筹建的第一支火器营模范部队就包括了叛乱的孔有德步兵左营,这实在是明人之大不幸。

张焘第二军团在稍微靠后的位置。中军耿仲明、都司陈光福也在这支军中。这群人心情更加复杂,对方就是自己的辽东老乡,父亲、兄弟、亲戚、朋友就在对方行列中,听着熟悉的乡音,大家五味杂陈。

双方单兵相接,张可大的浙兵开始发挥力量。这支拥有"戚家军"血脉的队伍训练有素,叛军阵脚开始紊乱,败象初步显现,只要再施加压力他们可能就会垮掉。叛军形势十分不利,张焘感到立功的时机已到,立在马上威严地扫视他的部下,举起了军刀,向左一指向右一指,然后用力挥向正前方高喊:"杀敌!"千万匹战马卷起了蔽日烟尘嘶鸣着前进,大地在马蹄的践踏下发出轰鸣……

正当张可大、张焘即将击溃叛军的时候,怪异的事情出现了,在明军后方响起呐喊:"败了……败了……我军败了……"

张焘正在发愣,所部攻击顿挫。喊话的正是耿仲明、陈光福等数百辽兵,关键时刻他们丢掉武器在战场上乱窜乱冲,一路大叫"我军败了"。随即,辽东兵纷纷加入行列,丢掉武器自行撤退,有的直接向叛军投降,反过来攻击浙兵,局势一片混乱,战场的形势猝然逆转,张可大浙兵在迟疑中遭到前后夹击。

一切都在计划之中!孔有德在高地上看得逶亮,阴沉的脸微微露出笑容,吩咐李应元出击。李应元率领本部加入战斗。张焘辽兵多半就地向叛军老乡投降,调转方向打浙兵。浙兵大溃。张可大、张焘带领少数亲兵杀出重围逃回登州城,原本压在前沿打头阵的浙兵被几乎全歼,"戚家军"血脉就此消亡。

蓬莱阁①及水城出口

三战登州。特洛伊城在被毁灭 2814 年后,同样的命运降落到中国大明朝登州城头上。崇祯五年(1632)正月初二,叛乱的登州镇左营参将孔有德部经过艰苦战斗,大胜明军于城东,斩首数百级,击毙游击、都司以下官兵上千人,接受投诚辽东兵数千人,俘获数千人。登州明军机动兵力消灭大半。兵败时,登莱巡抚孙元化就在东门观战,看到情况紧急,连忙下令开城收拢军队。明军溃兵蜂拥而来、夺门而入,将领张可大、张焘等都在其中。一时间,城外的枪炮声、喊杀声,城门下的怒骂声、呵斥声,伤兵的哀求声、呻吟声,军器的碰撞声交织在一起,场面简直乱成了一锅粥。

孔有德的军队紧紧咬住了溃兵队伍,意图一鼓作气跟随着溃兵浑水摸鱼冲进城去。登州城对叛军上下都是一个巨大的诱惑——城里有府库、有珠宝、有粮食、有肉、有暖和屋子,还有女人,有他们需要的一切。眼看叛军距离城门越来越近了,千钧一发之际,城头上的大炮和火铳一起响了,冲到护城河附近的叛军被击退,还没有来得及进城的小股浙兵遭到两面火力夹击也都阵亡了。

城上官兵看着这样凄惨的景象无不骇然。不容他们多想,叛军的炮火就劈头盖脑打来,空中箭镞遮天蔽日,叛军再次攻城⋯⋯经过几番鏖战,守军依托大炮击退了叛军的扑城,守住了城垣。

据记载,登州古城呈方形,城高池深,"周长十一里,面积八平方公里,城墙高三丈五尺,厚两丈",外包砖石,内实泥土,外有护城河,城门四座,东门宜春门(亦称春生门),南门朝天门,西门迎恩门,北门镇海门。城门楼皆为三层檐,俗称"三滴水"。登州明军虽野战失利,守住城垣还是比较有把握的,原因在于:城垣高大坚固难以攀缘,守军兵力充足。虽然城外两只劲旅一支被歼灭,一支逃散,但城内守军还有八九千人,民兵三四千人。城防经营多年,府城水城相依,从数吨重的红夷大炮、"神威大将军"炮到火铳、箭弩、滚木、礌石、桐油、火把一应俱全;指挥体系完整。贮粮比较充足。如果采取正确而果断的措

---

① 蓬莱阁虎踞丹崖,与武汉黄鹤楼、岳阳岳阳楼、南昌滕王阁并称古代"四大名楼"。

施,登州府城坚持打上一年半载是没有问题的。

斜阳西垂,硝烟散尽。傍晚时分,城门外居然又浩浩荡荡来了一群人,足足有数百人之多。城上守军们不敢相信自己的眼睛,城下自称是登州镇逃散士兵,衣衫褴褛,军容不整,有的还挂了彩。守门军士按律闭门不纳,他们就聚在城外大声喧哗。"不可放其进来",守城的士兵和民壮议论纷纷,有的说该放进来,有的说不能放进来。此事报到了登莱巡抚孙元化那里,抚台说岂有不纳之理? 于是这数百人统统进了城。登州决策层又犯下一个致命的错误。

城头烽火不曾灭,疆场征战何时歇? 杀气朝朝冲塞门,胡风夜夜吹边月。下半夜四更天,一把火突然升起在登州城中,紧随其后就是城外连珠炮响,放进城内的辽东兵撕掉绷带,夺下兵器,杀声震天……城内布满孔有德奸细,有军官、有商旅、有士卒,内应四起,天翻地覆。杜承功、曹德纯等15名辽东老兵以突袭夺下东门,迎接李九成、孔有德,带队的是中军耿仲明、都司陈光福。《清史稿·孔有德传》载:"明年(1632)正月,(孔有德)率众迳至登州,仲明与都司陈光福及杜承功、曹德纯、吴进兴等十五人为内应,夕举火,导有德入自东门,城遂陷。"山东兵和外籍教官坚强不屈,守住城垛、炮台和鼓楼不停射击……孔有德、李九成相继随军开进登州东门"春生门",时间已是五更。这是发生在正月初三凌晨的事情。

闻听东门告警,登莱巡抚孙元化驰马赶往,炮火不断轰击着摇摇欲坠的街坊,身上的紫色官袍落满尘土,叛军迎面蜂拥而至,身边的卫士死的死伤的伤,他无限悲凉涌上心头,于是跳下马,对着自己咽喉举起军刀……

孙元化在自己脖子上划了一刀,血流倒地,尚未毙命。恰好孔有德率领人马到达此地,见状立即命人收了孙元化的刀说:"抚台大人受惊了!"孔有德下马行礼,孙元化瞋目视之。孔有德安排手下为孙元化包伤,孙元化被众人簇拥而去。孙元化以下总兵官张焘、登州道宋光兰、辽海监军道王徵、分巡道王梅等高官数十被俘,只有总兵官张可大退入水城固守。王徵后来回忆:"初三之夜,内溃外应而城破矣! 叛将不肯加害,且令兵士卫守。少刻,则孙抚台乘马而至,见城已破,辄自刎仆地。叛兵细搜征身,恐亦自刎,防范愈严。"

府城黑烟滚滚,叛军到处抢劫奸淫,街衢上横七竖八到处是人畜尸体,登州变成了一座活地狱! 登州卫指挥栾巨金及广大登州卫世官没有一人投降,都在与叛军激烈巷战。世官即世袭官职,明代武官总兵官以下的指挥佥事、指挥使、千户、百户等都是世袭。《皇明四朝成仁录》记载,栾巨金,号泾阳,世袭登州卫指挥使,分管团操左营。叛军逼近登州,城内三百辽兵谋迎孔有德,傍晚聚在一座庙中被巡守发现报给栾巨金。栾巨金当时手头兵少,临时增兵又来不及,乃将手头一百多名步兵以三十名为单位分成几路沿巷合围,吩咐官兵边进军边大声报数、故意用大数而且报的颠三倒四,叛兵搞不清外边究竟有多少人马一时被震慑住,这时官兵推门进来摁倒了带头者,剩下的辽兵束手就擒。战事不利,栾巨金曾经慷慨地说:"登州的灾难来了,我们世官世受国恩,只有拼死报国。"正月初三叛军进城，栾巨金率领登州卫官兵浴血奋战，寡不敌众，率家人一起自杀，死后被明廷追赠世袭都指挥使、祀忠孝祠。而登州世官从都指挥佥事到千户百户"亦无一从叛贼者"。

登州士绅也奋起抵抗，张瑶一家可为代表。张瑶是蓬莱人，天启五年（1625）进士，始任开封府推官，执法公平"吏民畏如神"。崇祯四年（1631）张瑶被选拔任吏部官员。由于他没有送礼，吏科左给事中宋鸣梧"力援"一个叫宋玫的人，改放张瑶为某府同知。张瑶得知真相后上疏举报，反遭吏部尚书闵洪学与宋鸣梧合伙诬陷，贬

佚名《徐显卿宦迹图·玉堂亲篆图》①

河州判官。一气之下张瑶就在登莱兵变这年弃职回登州赋闲，数月后登州被围。北风凛冽，雕刻胶东人坚毅；大海宽阔，孕育胶东人豁达。《明史·张瑶传》记载："李九成等逼登州，（张）瑶率家众登陴拒守。城陷，瑶犹挥石奋击。贼拥执之，大骂不屈，被杀。"道光《蓬莱县志》记载，张瑶家人在城陷后，妻齐氏陪着张瑶一起到东园井边，手中牵着两子四桂、五桂，身后跟着两女静姑、贞姑，齐氏搂着四个儿女与张瑶诀别说："此吾母子死所也，君宜自为谋。"说完先投了下去，四个孩子跟着母亲都投了下去。"城复淘井，尸僵立，面如生。"张瑶之弟张璪早亡，弟媳在城陷后被执也不屈而死。张瑶死后被明廷追赠光禄少卿。

还有以陆若汉为首的葡萄牙军官团，在登州遽然陷入战斗。他们首次参加保卫明朝的战斗发生在"己巳之变"。崇祯元年（1628），通过大学士徐光启、两广总督李逢节、王尊德的努力，明与澳葡达成协议：葡人献大铜铳3门、大铁铳7门、鹰嘴铳30门，助明廷对抗后金，由军官公沙·的西劳（Conzalves Teixeira Correa）率一支有印度人、非洲黑人的葡萄牙部队北上支援，明廷支付葡兵丰厚报酬。次年十月初二，他们行至济宁遇到兵部使节。得知后金军取道蒙古攻打北京，该部于是携带重炮星夜兼程，十一月二十三日行至京南涿州城，得知北京被围。葡萄牙部队将大炮拉上涿州城施行火力演示，炮声一响声震十里，满洲兵闻声止步。徐光启赞扬说，后金"去京师而不攻，环涿州而不攻，皆畏铳也"。

---

① 此图现藏北京故宫博物院，描写万历进士徐显卿在翰林院办公。《徐显卿宦迹图》用一组绘画表现了徐显卿的一生。

河北涿州八景之"双塔晴烟"①

　　孙元化调任登莱巡抚,徐光启将精通西洋火器的将领王徵、张焘、葡萄牙军官公沙·的西劳、陆若汉等相继调往登州,经过葡萄牙炮手训练,明军战力明显提升,不断按照新思路练兵铸炮筹饷,登州就此成为明朝军事变革策源地。崇祯四年(1631)五月,孙元化部署张焘和公沙·的西劳等参加皮岛之战,大胜后金。张焘事后称颂:"……职令西人统领公沙·的西劳等,用辽船架西洋神炮,冲击正面;令各官兵尽以三眼鸟枪,骑架三板唬船,四面攻打,而西人以西炮打□□□筑墙。计用神器十九次,约打死贼六七百……神炮诸发,虏阵披靡,死伤甚众……此海外从来一大捷。"崇祯五年(1632)正月,叛军围攻登州,陆若汉等葡萄牙教官40余人也在城中,他们遵从孙元化号令以西洋大炮还击孔部,岂料辽东诸将竟为内应。在激战中,统领公沙·的西劳"立于城上,一手执灯,一手向叛兵发炮。其叛兵遂向执灯之目标放箭,箭中心胸,遂在士兵前倒地,不幸箭已穿透胸部",第二天牺牲。还有西劳经、鲁末略、拂朗亚兰达、方斯谷、额弘略、恭撒录、安尼、阿弥额尔、萨琼、安多、兀若望、伯多录等葡萄牙教官12人战死,15人身负重伤。56岁的长官陆若汉不愿做俘虏,率3名还活着的战友从20米高的城墙上一跃而下,但积雪救了他们的命,他们奇迹般逃到北京。被俘的十多名外籍军人后来被释放。(黄一农《天主教徒孙元化与明末传华的西洋火炮》)

　　明廷褒扬这些外籍军人:公沙·的西劳追赠参将(同卫指挥使);副统领鲁未略赠游击(同卫指挥佥事);铳师拂朗亚兰达赠守备(同千户);方斯谷、额弘略等则各赠把总;每名牺牲者给家属银十两,其余诸人各给银十两,令陆若汉遣送回澳门,并请再拣选数十人入京教铳。陆若汉十年操劳付诸东流,加上受了伤,不久就死了。

　　巴笃里《中华耶稣会史》记:

----

　　①　在晴朗的天日,双塔顶部周围能看到几缕青烟。有诗记:"丰碑犹自纪金辽,双塔凌增逼九霄。佛火不明铃语寂,晴烟几缕逐飘。"1927年,傅作义部与奉系军阀张学良部大战,城内繁华街市尽成焦土,只有双塔保存下来。

此事之发生,乃因三千士兵,在若干官吏辖境内,所受待遇恶劣……孙元化与的西劳各率士卒,出而抗拒,终于不支。在极短时期中,居民为免祸起见,乃开城而降。渠等(元化与的西劳所部)虽奋勇抵抗,但亦徒使城中人增加死亡而已,况其中葡人之数亦复不少,于是陆若汉乃偕炮手三名,自城上一跃而下,直奔北京。

登州府城枪炮声渐渐沉寂下来,府城就此陷落。但是在府城以北海边的胶东水师基地还在杀声震天,原来是都督同知、总兵官张可大率领少量浙江兵和部分水师,依托要塞顽强抵抗。张可大名列《中国军事人物辞典》,其《七律·书边事》言志曰:"无端小草出登坛,壮士徒歌易水寒。枉把全师轻一掷,遂将宿将尽三韩。"

张可大(1580—1632),字观甫,南京人,家住南京中华门东张家衙,世袭南京羽林左卫千户。张家人才辈出,其父为名将张如兰。张可大以武进士出身,历任浙江都司、游击、参将、副总兵,南京锦衣卫都指挥使。

张可大生活在明末,黑白颠倒正道不行,然而他行高志洁、英略过人。一是勤政爱民。守卫舟山时,海潮入侵,他为百姓建水闸蓄淡水滋育千亩粮田,百姓给水闸起名"张公闸"。守卫瓜州严厉治盗,一度肆虐的江洋大盗几乎绝迹。二是廉洁自律。税监官鲁保去世,巡抚李三才命张可大登记鲁家财产,鲁家以重金贿赂,可大拒之不受。大学士叶向高路过仪真(今仪征)闻之称奇,见过可大后赞叹:"此人不只是良将,而且是良吏。"三是坚守底线。张可大任南京锦衣

"震旦第一佛国"摩崖石刻①

卫都指挥使期间,刑部主事欧阳晖诗中有一句"阴霾国事非",扬州知府刘铎书将其写在扇子上无意中赠送给了他人。别有用心的人牵强附会密告魏忠贤,魏忠贤借此逮欧、刘入南京诏狱。张可大知道这实质是迫害,他冒着巨大风险约束部下不准动刑,暗捐俸禄接济两人,还妥善安置其家属不受辱。《明史·张可大传》载:"……可大约束旗尉,捐俸助之,卜室处其妻子。"当时魏忠贤权倾朝野,许多人拜在门下,唯有张可大不屑。阉党倒台后张可大被委以重任,崇祯元年(1628)出任登州副总兵官,率领浙江兵一部移师蓬莱支援辽东。张可大呕心沥血研究海防,绘制《海防图说》,率军讨平莱阳白莲教暴动和东江镇将领刘兴治兵变,积极支持徐光启、孙元化练兵,是明末难得的人才。

崇祯二年(1629)十月"己巳之变",张可大火速率军进京勤王、镇守西直门、广宁门,升都督同知。崇祯四年(1631),他在登州刚刚接到诰命,晋升南京右都督金书南京左府兼督池河、浦口二军。还没有来得及赴任,"登莱兵变"爆发。他自觉留下与叛军血战、就

---

① 张可大在宁绍参将任内题于浙江普陀山几宝岭。

在即将获胜的时候他的浙江兵被背后袭击……府城已破,水城危急,他伫立在水城敌楼高处指挥抵御,其一家都在水城。张可大整顿残余,以炮台为核心辅之以强弩、礌石一次次击退进攻,试图固守待援。水城的激战又持续了两天,叛军集中火力在正月四日轰塌了水城,朝廷的援兵杳无踪影。

蓬莱"登州水城"的戚继光塑像①

张可大先把印信交给部将,命突出重围交还朝廷。然后来到地垒,委托弟弟张可度和儿子张怡"奉母太夫人匿民间"。对其妾陈氏告以实情,陈氏贪生涕泣,可大挥泪斩之。来到太平楼正衣冠,题壁曰:"崇祯五年正月四日,山东总兵张可大尽节于此",写完掷笔自缢于太平楼……

雁去声留,水去山留;斯人已去,浩气长留。水城陷落标志着登州全部沦入孔有德手中。南京右军都督府右都督张可大、登州知府吴维城、原开封府推官在乡士绅张瑶等数千人死难,海防同知贾名杰、蓬莱知县秦世英等数百官被杀被俘。

叛军掳获明"旧兵六千人、周边州县、卫所援兵千人、战马三千匹、饷银十万两、红夷大炮二十多门,西洋炮三百多门,其余火器、甲仗不可胜数,皆为贼有。掳获居民男女数十万,杀劫淫污,备及惨酷"。也有史料说,孔部攻占登州"共屠登民,甚惨","驱城中居民出东门外,尽杀之,壕堑皆平"。东江镇总兵官黄龙家眷原都在登州,城破时一家倾覆。

登州抗金基地毁于一旦,明军损失惨重,更严重的是中西交流的萌芽被掐断,徐光启等发动的新军事革命胎死腹中,第一支带有试验性质的西式重炮部队中途夭折,先进火炮技术落入孔有德叛军手中,教训极其沉重。登州军民英勇抵抗付出惨重代价;但高级将领尤其是登莱巡抚孙元化难辞其咎,他本有机会平叛却都任其像沙子一样溜走,最应该受到拷问的是孔、耿、李诸叛将。

毛霦著《平叛记》载:

(崇祯四年十一月)二十二日,贼抵登州。贼至登,驻兵城南神密山(今名庙山)。孙元化命标将张焘率辽兵驻城外,总兵张可大亦拨南兵拒战。时犹再四遣人招安,贼不听。夜攻城西,炮击却之。

壬申(崇祯)五年春正月初二,我师及贼战于城东,败绩。我师与贼战,南兵方胜,张焘所率辽兵遽引退,南兵遂败,杀伤殆尽。焘部兵半降贼。初三日,贼破登州。总兵张可

---

① 塑像背后就是明末爱国将领张可大牺牲的太平楼。

大、乡绅张瑶死之。

　　素兵降贼者复诈来归,城内士民咸言不可。当事者许之。于是贼俱混入。中军耿仲明、都司陈光福等密谋内应。是夜举火,有德等遂从东门入,城陷。元化方在城头,引刀自刭不死,为贼拥去。

　　登州道宋光兰、监军道王徵暨府县官皆为贼掳。惟有总兵张可大自缢于水城(太平楼),乡绅张瑶骂贼遇害,妻子皆赴井死。是时尚有旧兵六千人、援兵千人、马三千四、饷银十万、红夷大炮二十余位、西洋炮三百位,其余火器、甲仗不可胜数,皆为贼有。居民男女数十万,杀劫淫污,备及惨酷。

　　当年投奔胶东孔有德与耿仲明谈话,话题还是围绕毛文龙。孔有德悲观地说:"大将军功名卓卓,犹且不免,我辈死固晚矣!"耿仲明也感慨:"大将军要合义旅,跋涉荒陬,出万死以复疆宇,而卒之冤死。我与若直几上肉耳,可郁郁久居此乎!"可知反叛之心早有。但说他们必定叛乱也不正确,假如袁崇焕尚存、袁可立在职他们也未必敢轻举妄动。

　　陷登州后,李九成、孔有德组成一个军政权,部署营伍伪授官爵,大肆搜索民间金帛女子分配士兵,用缴获来的巡抚关防檄取胶东州县饷银,还拿出万两白银招纳其他叛军。这个伪政权骨干包括:一是起事"有功"人员,如李九成之子李应元、李尚友、陈继功、曹得功等五十余名校尉;二是献城"有功"的耿仲明、陈光福、杜承功、曹德纯、吴进兴等十五名校尉,这些人分别被委任以总兵、参将、游击等伪职,抢掠瓜分,干劲十足。

　　那么谁来做"都元帅"呢?《平叛记》载,以原官阶年龄推举李九成为"都元帅",以孔有德为副,耿仲明称"都督"。李九成外号"三大王",擅长鸟铳,枪法"可择人命中"。时人说:"虽孔有德肇乱于吴桥,而造谋桀骜,为众逆之所推戴者,李九成实居孔有德之右。"在叛军回师胶东中,"其挺身率贼,抗我王师,凶恶至极"。可知李九成确是首脑。孔有德为原任主官,却以"九成父子材武,且有首事之勋"而让先。这就应了那句古话:"盗亦有道"。

　　中国古代任何一个封建王朝,无论是受命于天的,一条军棍打出来的,抢了人家孤儿寡母……只要上台一段时间之后,都会自觉不自觉高高举起礼法秩序的大旗,而不顾当年是如何登大位的。所以到了清代,如何记载这次兵变成了

蓬莱戚家"父子总督"坊①

————————————

　　① 戚继光的戚家祠堂和戚家"父子总督"坊,位于蓬莱城府前街中段。戚家祠堂为三进院落家庙式建筑,单檐硬山砖石木结构。明崇祯八年(1635年),戚继光辞世30年后,明朝在建州女真的猛烈打击下奄奄一息,这才想起南征北讨、镇守北陲16年的戚继光。朝廷敕建表功祠,追谥武毅公敕建。清康熙四十六年(1707)重修。1985年再修。

一个问题。褒扬孔有德叛变？这是鼓励臣子造反。批判其叛变明朝？这是打自己嘴巴。汉族大学士张廷玉以及编修们在修《明史》时肯定大费周章。《明史·庄烈帝纪》记载事变，不提杀戮，只提孔有德。其他清代文献多称孔有德为都元帅、李九成为副元帅，并且指出孔有德、耿仲明叛变时原均任参将，"此或因九成早死，且孔、耿二人在降清之后飞黄腾达，而遭阿谀者蓄意窜改所致"。《明史》尽管如此，方志也不例外。康熙《新城县志》记载叛军陷城杀戮后只称带头者是"李九成等"，而未敢言及孔有德。

刚下登州，孔有德、李九成要拥立孙元化称王，表示只要抚台肯勠力同心，孔有德等俯首听命。孙元化作为一介儒生对此断然拒绝：要么杀了我，要么放了我。孔有德等虽杀人不眨眼，但私下颇重江湖情谊，他和李九成都觉得孙元化对他们有恩，当初离开东江投奔登州是孙元化收留他们。他们发动兵变，孙元化晓谕沿途州县不予以抵抗，这样的"恩人"杀之不祥。

孔有德跟孙元化提了一个要求，要孙元化亲自写信给余大成传话：只要将登州一府划给我们，那么一切都好商量（"畀以登州一郡，则解"）。这分明是缓兵之计，孙元化写了信。

一个寒风刺骨的清晨，水城内小海的坚冰被凿开，水门缓缓被开启，一条破船载着得到释放的孙元化、张焘、宋光兰、王徵等及食物淡水，悄然驶离登州水城，目的地是1300里外的天津。众人回望大陆，丹崖山依旧耸立，宾日普照二楼比肩，战后登州处处残垣断壁，他们这一行人前途渺茫。

东江故人来

欧亚大陆东端的胶东和辽东如两只有力的胳臂环抱着太平洋西岸陆缘海——渤海。如将渤海看作一个少女，庙岛群岛就是她的项链，30多座岛屿就像30多颗珍珠撒落在辽宁老铁山至山东蓬莱109公里长的海峡中。今天的庙岛群岛，风光旖旎，物产富饶，民风淳朴，四万多长岛人过着安乐祥和的渔家生活。而实际上，渤海因扼守京津门户，自古至今历来是海防重地。

崇祯四年（1631）冬，渤海沸腾起来。海西，辽西走廊大凌河之战余焰灼人；海南，登莱兵变战火呈燎原之势；海东，就是明平辽总兵官黄龙的根据地东江镇。陆上的战火烧到了海上，与海上潜滋暗长的反叛火种交汇，互相助力，熊熊燃烧！

昙花一现的东江镇是怎么出现的呢？这要从明朝与后金的战争说起。

明朝与后金的战争是一场大规模的民族战争。天启元年（1621）五月，广宁巡抚王化贞手下"练兵游击"毛文龙在辽东失守后，率部下毛承禄、尤景和等197人深入敌后，吸收辽东流民参军，收复了辽东到朝鲜沿海大部区域，占据了渤海大部海岛，开辟了第二战场。毛文龙将总部设于鸭绿江口东数百里的西朝鲜湾皮岛（今朝鲜椵岛），因为皮岛又名"东江"，故明政府设"东江镇"，以毛文龙为平辽总兵官加平辽将军，佩尚方剑，其军称"东江军"。

明东江军来源：①广宁军旧部197人；②吸收流民四千多人；③天启二年（1622）十二

月后,兵部历次从海上调来福建兵、江淮兵一万六千人,整编为两万人。最多时,"东江军"约有四万人,半在皮岛,半置外岛。该镇由创始至结束存在了16年,活动地域北达长白山,南至登莱,西及旅顺,东抵朝鲜。经济上除了军队自搞创收,每年还消耗军饷数十万两白银。"辽东三矿徒"孔有德、耿仲

长岛望夫礁

明、尚可喜均投在该军下。崇祯二年(1629),毛文龙被袁崇焕以尚方剑斩杀,点验皮岛驻军尚有二万八千,袁崇焕将其分为四个协(旅),委任毛承禄(文龙义子)、陈继盛、刘兴治、徐敷奏为指挥官,以陈继盛代总指挥。对毛文龙治下"东江军"功过是非,以及该不该杀毛文龙,至今争论不休。我们聚焦的是毛文龙之后的"东江军"。

崇祯二年(1629)冬,"己巳之变"。明军抗敌形势急转直下。皇太极率军绕道蒙古草原入长城、逼京师,用离间计借崇祯帝之手杀死了明朝的"中流砥柱"袁崇焕。这一形势对辽东人,特别是东江镇的辽东人震动很大。朝鲜国王李倧就痛心地说:"盖岛中之民,皆旧日辽东人也,十年海岛,宁无郁郁之心,日望恢复辽东,还归故土,而今则贼(指后金)入关内,还土之望永绝。"(《朝鲜李朝实录·仁祖大王实录》)

毛文龙部具有鲜明的部曲特点,将校数百都被文龙收为"义子""义孙",一旦主将被杀谁也轻易不受外人指挥,加上能够震慑东江镇的袁崇焕也被杀去,朝廷驭人乏术,军心更加浮动。1630年春,东江镇副将刘兴治在皮岛叛乱杀死以副总兵代理总兵的陈继盛及官员21人,纵兵"放舟长山岛,大肆杀掠,岛去登州四十里"。在北京以北永平赴援登莱总兵官张可大奉命急忙回防。"帝用廷栋言,趣可大还登州。"刘兴治之乱朝廷骇然,但鞭长莫及只能予以默认,就在首鼠两端的刘兴治一面假意跟明廷请罪、一面勾搭皇太极的时候,明朝决定调辽东籍的关宁都督佥事黄龙到皮岛整顿"东江军",黄龙因此来到东江镇。

《明史·黄龙传》记载,黄龙,辽东人,其祖上或为江西人,万历年间生人。黄龙从军初以小校之职征战辽东,累功升参将。崇祯四年(1631)春,黄龙率军收复"己巳之变"中被后金攻陷的滦州,功居第一升副总兵、都督佥事、恩荫副千户。毛文龙死后,黄龙被荐出任平辽总兵官,奉命去皮岛接管东江军,皮岛此时已经暗流汹涌。

阳春三月,万物复苏,各种各样的奇花异草,铺满了皮岛的山坡、沟崖。刘兴治听说黄龙要来皮岛为帅,惊惧异常,不仅"岛主"做不成,而且新总兵官一到他勾结后金的阴谋就可能大白于天下!刘兴治于是决定铤而走险,拉队伍公然叛变降后金。但是他的第二次兵变支持者不多反对者不少,甚至弟弟刘兴基也公然唱反调。气急败坏的刘兴治"先杀将校之不与己者,又欲尽除岛众不从者",大庭广众之下杖责弟弟刘兴基、擒杀沈世魁不果,于是杀了沈世魁的家人,这样一来火拼不可避免。副将张焘、参将沈世魁等联合起

来在三月里一个夜间调兵悄悄包围刘兴治辕门,举火为号,将刘兴治及叛乱分子斩杀无遗。东江镇将张焘和沈世魁的夜袭,结束了这次长达一年的兵变事件。刘兴治等人叛变投敌开启了登莱兵变的先河,而这时孔有德等人就在其军中。"近朱者赤,近墨者黑",他们就是刘兴治的好学生。

崇祯三年(1630)夏,黄龙渡海正式到任东江,掌征辽总兵官。毛

长岛海滨风景旅游区——月牙湾①

文龙旧部孔有德、耿仲明、李九成不服管辖,纷纷不辞而别泛海去山东投登莱巡抚孙元化。孙元化来者不拒,盖孙元化自视韩信也!

崇祯四年(1631)七月二十七日大凌河之战打响。八月中,孔有德接到赴援任务,战友耿仲明留在登州。他们留在东江镇中的旧部出了岔子,一个叫作李梅的耿仲明部下走私外国被总兵官黄龙发现("通洋事觉"),牵涉到耿仲明。

毛文龙为了多要军饷不仅需缴纳一半左右的回扣,还需另外大量进贡给阉党,于是强迫流民上山挖人参,还跟海外勾结走私;孙元化虽没有大肆走私,但结交首辅周延儒等也用了大批貂皮人参。

黄龙逮住耿仲明死党李梅,经审问李梅原是个马仔,背后大鳄是耿仲明,黄龙不依不饶;耿仲明远在登州,其弟耿仲裕正在黄龙军中做都司,闻声作乱。十月里一天,耿仲裕率部假索饷为名围总兵衙门,黄龙没有防备竟被耿仲裕这个小都司绑了,"拥至演武场,折股去耳鼻,将杀之"。(《明史·黄龙传》)

营长打断军长的腿割了军长耳朵鼻子还要杀死军长,这不是赤裸裸的叛变吗?事发后由于不同意耿仲裕胡来,东江将领纷纷站出来制止,尚可喜之兄尚可义出兵救下总兵黄龙。重新掌控了局势的黄龙于是以军法捕杀耿仲裕,上疏要调查耿仲明罪行。孙元化袒护耿仲明、反弹劾黄龙克扣军饷导致哗变。崇祯帝命令两面都查,尤其指使"核仲明主使状",这是崇祯四年(1631)十一月上旬的事情。

得知走私案发、兄弟为此毙命,耿仲明在登州心情郁闷,真是天无绝人之路,孔有德于十一月二十七日在河间府吴桥反叛,一路烧杀淫掠并派人约他和旧日弟兄一起造反,耿仲明、陈光福等一拍即合。反叛势力由涓涓细流汇成一股滔滔洪流,涤荡这个多事之秋。

崇祯五年正月里登州城下出现了不可思议的一幕幕:

---

① 长岛海滨风景旅游区位于山东省烟台市长岛县,是海岛国家地质公园、中国十大最美海岛、最佳避暑胜地和重点风景名胜区,有月牙湾、九丈崖、望夫礁、仙境源等名胜。这里是1621—1637年明东江镇根据地之一。

登州城防部署情况，叛军摸得一清二楚。正月初二，登州东门外大战，浙江兵被他们合伙包了饺子。初二傍晚，耿仲明安排亲信士卒冒充溃兵欺骗守军进城做卧底。正月初三下半夜，耿仲明、陈光福安排亲信士卒攻克城门、举火为号迎接叛军，一举拿下原本固若金汤的登州城！

耿仲明一伙就是登州城内的特洛伊木马。可惜登莱巡抚孙元化既无害人之心、又无防人之心，客观上帮了孔有德们的忙。"(耿)仲明遂偕孔有德反，以陷登州，招岛中诸将"，打下登州占领府库得饷银十万两。而登州当时是潍河以东山东最大城市，市井繁荣，民间富庶。掠夺民间又进账数十万白银，叛军扩张十万。派出专使带着白银万两到东江镇的各个城堡、各个海岛，到处煽风点火。

"伙计们！大明朝已经是秋后之瓜，大家都起来造反吧！"叛军到处散播仇恨的火种。旅顺副将陈有时先叛，广鹿岛副将毛承禄也叛，辽东半岛沿岸的鹿岛、石城岛"兵民皆叛"，光陈有时就有能战之兵八千。

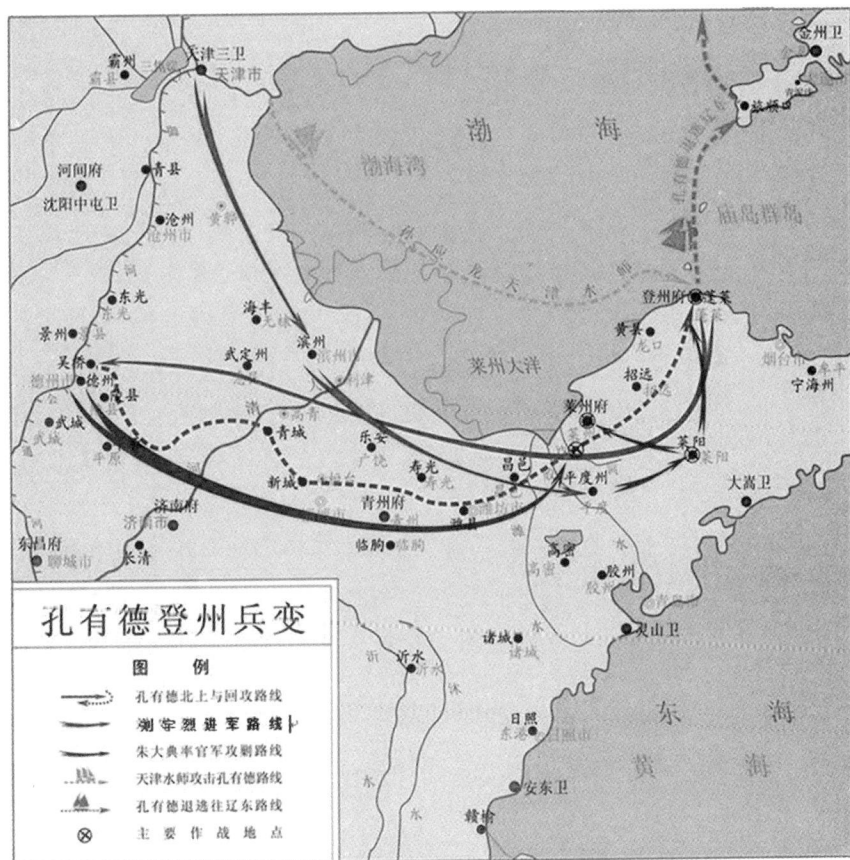

1631—1633年明朝登州镇步兵左营参将孔有德所部兵变经过示意图①

---

① 出自《山东省历史地图集·军事》，此图标示孔有德投降后金路径有误，应该是黄海的绿路江口而不是营口湾。

东江镇就此完了吗？一心要复家国之仇的总兵官黄龙团结东江镇各派力量，率先向叛军宣战。他汲取教训，严防奸细，先安定皮岛大本营，然后派遣部将尚可喜、金声桓等分路抚定海上诸岛，抵抗者攻克之，动摇者晓之以理，迷途者以大义责备之，文武并用，分化瓦解。然后他不顾伤痛顶风冒雪，亲自巡视东江镇各地，"慰商民，诛叛党，纵火焚其舟"，大破陈有时于旅顺，斩杀叛军一千余级，迫使陈有时仓皇率领残部七千泛海跑到登州投靠孔、李。孔有德派遣石尽忠假持黄妻刘氏的金簪为信物，试图说降已攻抵长山岛的黄龙，但黄龙不受威胁，依旧进兵力歼叛党。

后来，登州战事处于白热化的阶段，叛军高成友又占据旅顺阻断了明军关宁、天津两个方向的援军海路，黄龙立即命令东江镇游击李维鸾、游击尚可喜联兵赶跑了高成友，并在旅顺驻扎军队，长山列岛海路得以畅通。后来，明军增援部队通过这里源源不断被输送到登莱平叛前线，黄龙的功劳毋庸置疑！

"借词于风汛，卸罪于波涛"

这次兵变刚刚事发，朝廷起初并不知情。从天启年间开始帝国天灾人祸、危机逐步加深，兵变此起彼伏。崇祯帝登基第一年，参与兵变人员更多、爆发位置更加危险的"宁远事变"不是也平定了吗？变兵一路向东距离帝国心脏越来越远，因此朝野对这次兵变虽不能说置若罔闻，起码是不够重视。等到纸包不住火，余大成报告上来时，朝廷指示余大成、孙元化相机办理。等到叛军兵临登州朝廷才认真起来，将余大成、孙元化各降三级。其实，中枢根本不相信登州会丢掉，也不相信孙元化镇不住孔有德、李九成。

崇祯五年(1632)正月，登州终于失陷。消息传到北京，舆论一片哗然。登州不是有十万大军吗？西洋大炮为什么不发威？余大成、孙元化到底干什么去了？朝廷不得不将登莱巡抚孙元化撤职，代之以谢琏。三月初，失魂落魄的孙元化、张焘等人取道天津，回到京师立被下"诏狱"，就是恐怖的锦衣卫镇抚司监狱。

正在此时，山东巡抚余大成的上疏也到了崇祯帝手中。孙元化被叛军释放前曾修书一封给山东巡抚余大成替孔有德捎信：只要把登州割让给叛军，叛军就息兵。既然要就抚那还要地盘干什么？这分明是叛军要分庭抗礼。余大成不假思索将此诏转而照抄上疏皇帝，白纸黑字写着："界以登州一郡，则解。"

崇祯帝读到"界以登州一郡，则解"，"大怒"，命"革大成职，而以从治代"。山东巡抚余大成撤职后也被锦衣卫逮治到京下诏狱，浙江海盐人徐从治和湖广监利人谢琏走马上任，诏令新任山东巡抚徐从治和新任登莱巡抚谢琏一起进驻莱州共同平叛。与此同时，监察御史宋贤和萧奕辅交章弹劾孙元化等人。

广东道监察御史宋贤第一个站出来批评，上疏指向兵变两位责任人：原山东巡抚余大成、原登莱巡抚孙元化。在痛批余大成诵经念佛坐待祸乱蔓延后，他又严厉批评孙元化：

……登莱抚臣孙元化侵饷纵兵，贪秽已极。其所辖士卒，数月间一逞于江东，则剿截主将;再逸于济南,则攻陷城池,皆法之所不赦者。

第二个上疏弹劾的言官是广西道试御史、广东东莞人萧奕辅,他在指责孙元化放纵孔有德的同时,矛头对准了孙元化的助手、炮兵专家张焘。副将张焘在东江镇镇压刘兴治之乱有功,因懂得火器技术被孙元化调到登州。登莱兵变后他跟在孙元化身后无所作为,带辽东兵控不住部队,结果临阵一败涂地,连累张可大浙江兵也吃了败仗。萧御史说:

登兵劫掠陵县、临邑,破城缚官罄库放狱,士民被害惨不忍言。领兵官孔有德等启萌始祸,自有常刑;而抚臣孙元化实司调度,乃任其流毒内地,威令不行,节制无法,是酿乱也!张焘援(大)凌(河)无一人一骑至者,为之卸罪于波涛、借词于风汛,是欺君也!岛帅黄龙、张可大等或剥军致变、或营求内调,而犹欲留镇岛兵、领节东海,是庇奸误国也!元化坐拥节钺,身负数罪,顾悠悠忽忽安危何藉,国事其何赖焉?乞立正其失律欺罔之罪,庶军政肃而人心知警,封疆幸甚!(《崇祯长编》卷五十四)

萧奕辅直斥张焘"卸罪于波涛,借词于风汛",意思是文过饰非,对失败负有很大责任。听说登州失陷,朝野无不义愤填膺,孙元化等岂有活路?

围绕如何对付孔有德叛军,朝廷内部分成三派。一派心存侥幸,试图主张招抚挽救孙元化。这一派以内阁首辅周延儒为首、兵部尚书熊明遇为副,孙元化老师、内阁大学士徐光启暗中襄助,朝中与他们亲近的革新派和东林党人都希望如此。一派幸灾乐祸,借机潜攻周延儒,要求借此废止东江、登州两镇。这一派由周延儒的政敌、内阁次辅温体仁挂帅。他们试图利用这一事件,瓦解具有东林党背景的大学士周延儒的势力。一派要求坚决消灭叛军,特别是在京的山东籍军政官员听闻家乡遭受兵灾,个个痛心疾首。所以从一开始,在对待"登莱兵变"上就留下了党争的影子。朝廷争论不休,放任山东糜烂。

孔有德首攻莱州

山雨欲来风满楼。就在登州水城陷落前一天的一月十三日,叛军一部打下了黄县,控制了登州府周边,大肆扩军,旅顺副将陈有时更以七千兵泛海而来,短短时间叛军扩充为五万多人。"既得陇,复望蜀",孔有德等在盛宴款待陈有时的同时研究了下一步计划。

李九成站在胶东城廓地形图前慷慨陈词,"欲取天下必先取登莱,欲要取登莱……"说到这,他两只贼眉大眼咕噜一转,粗大手指再次戳向地图。由于被他不断地戳击地图的这个位置终于破了。

"莱州! 须先取莱州!"看到李九成迫不及待,孔有德露出笑容,议论逐步达成一致。叛军首脑会商确定先取莱州,然后向东南推进,以逆时针方向攻克高密、平度、胶州、即墨、莱阳、文登,一统半岛割据一方。会后留下耿仲明以数千兵守登州,其余人马携带大炮浩浩荡荡下莱州。

胶东半岛重心今在半岛南侧黄海之滨,以其拥有 900 余万人口的国际化城市青岛。

而宋元以来,胶东半岛重心长期在半岛北侧,因胶东两府治都在渤海方向。打下莱州对叛军有几大利好:一是胶东两府之一登州已在囊中,再取莱州扼住胶东咽喉,扩大叛军政治影响,是抚是战都占据主动;二是莱州作为一个中心城市和农副产品集散地具有较大的经济价值;三是报一个月前叛军回师路过莱州、知府朱万年闭城不纳之仇。叛军首脑会商计定先取莱州,然后向东南以逆时针方向攻克高密、平度、胶州、即墨、莱阳、栖霞、文登、威海,一统半岛,割据一方,以逸待劳,规取天下。正如辽东巡抚方一藻所说——这伙人"不尽送宇内金钱,不残尽东省黎庶未已也"。(《国榷》卷九二)

在付出巨大代价、交了不菲学费后,明廷总算认真起来,三箭齐发向胶东调兵。第一支援军是约五千人的京畿军,以通州镇总兵杨御蕃、天津镇总兵王洪率领。第二支是朝廷就近征发的山东卫所军。谕令文登营、即墨营火速出兵登州平叛。除了这两路陆军,北面海岛上的东江镇总兵官黄龙也接到命令从海上进攻登州叛军,这就是第三路援军。黄龙水军一度攻克南长山岛抵达登州城北海域,可惜他没有足够的步兵无力登陆,以地利之便率先到达登州城的平叛部队是署理登州总兵官的宁海卫副将吴安邦部。他们的行动成了莱州大战爆发前的插曲。

宁海卫设立在宁海州(今烟台市牟平区),在登州府城以东200里,以养马岛闻名遐迩,是洪武年间山东境内最早设立的卫所之一,也是永乐年间以后文登营辖制四卫之一。登莱兵变之前宁海卫的防务归登州镇副将吴安邦。关于吴安邦出击叛军,《明史》附在《余大成传》之后:"登州总兵可大死,以副将吴安邦代之,安邦尤怯钝。奉令屯宁海,规取登州。仲明扬言以城降,安邦信之,离城二十五里而军。中军徐树声薄城被擒,安邦走还宁海。"

登莱镇总兵张可大在水城战死后,明廷以登州副将吴安邦代理该镇总兵,然而用非其人。吴安邦"尤怯钝",提兵3000长驱200里来到登州城下。兵家作战素来讲究"知己知彼"。他的兵力与装备与登州城内的叛军不可同日而语,而他似乎并不知情。叛军"都督"耿仲明,派人到吴安邦军中,扬言要举城投降,让吴安邦前去"喝茶",吴安邦信以为真,安心地把部队驻扎到离登州城25里的地方,然后派遣参谋长徐树声(职"中军")带领一队先去接洽。徐树声一行方"薄城",一声炮响伏兵四起,徐树声等束手就擒。然后叛军直逼宁海卫大营,吴安邦大为惊恐拔营一溜烟跑回宁海卫。宁海卫、威海卫兵力薄弱,装备很差,这时只要孔有德兵锋一指,他们都自身难保。孔有德正瞄准了莱州无暇东顾,而且没把这些卫所放在眼里,认为只要打下莱州府这些卫所州县必然举旗投降。

正月二十九日,京、津援军分别从北京通州和天津出发,走了20天越过莱州抵达莱州东北80里新城镇,在此遭遇叛军主力。

杨御蕃率通州兵、王洪率天津兵一起与叛军接战。叛军有骑兵五千名、步卒万余;官军骑兵不足一千、步卒不足四千,兵力对此为一比三。且官军经过千里长途跋涉疲惫不堪、又饥又饿,叛军却是在登州吃饱喝足以逸待劳。

双方先以携带的红夷炮射击,一时间炮声隆隆,本来应该用于四川、山西、陕西和关宁的利器,现在用来做汉人的自相残杀……炮击过后,叛军骑兵和步兵在火器掩护下发起凌厉攻势,王洪的天津兵先被击败,天津兵抛弃了重炮、星散四溃。叛军缴获了天津兵的火器再攻打杨御蕃军,杨御蕃军奋力抵抗但终于被打败,五千人死的死逃的逃,仅剩主将杨御蕃率亲军三百人突围而走,且战且退进了莱州城。此时在登州北面的大海里,黄龙的增援军队登不了陆地,也被击退了。莱州城大会战之前,明军三路援军均以失败告终。

莱州已经危若累卵,援兵已经断绝!还有谁能救救莱州?!

胶东地区,栖霞昆嵛屋脊一线可称为农业文化区,胶州即墨乳山文登东部沿海一线可称为渔盐文化区,蓬莱黄县掖县为代表的内海沿线可称为商业文化区,莱州就在这条古典商业文化区内。现在,我们就把目光聚焦1632年早春的莱州,它已被重重包围。

莱州,古称掖县,"掖"最早见于《战国策》:"(齐襄王)益封安平君(田单)夜邑万户",夜邑在《说苑》中作掖邑,以掖水(今南阳河)得名。莱州之名始于隋朝。莱州位于山东省东北部,烟台市西部,西临渤海莱州湾。自战国时期起,莱州就是历代州、郡、府、县治所,为"海右名郡、齐东重镇"。明代莱州府,莱州府府治掖县,府、县同城辖平度州、胶州两个直隶州和掖、潍、昌邑、高密、即墨五县。莱州城周九里,高三丈五尺,厚两丈四尺,砖石城墙,护城河深两丈,应该说,形制比登州府城蓬莱县稍小一点。府、县衙署规模宏大。有东莱书院、北海书院、城隍庙、东关天齐庙、西门里县文庙、东门里府文庙、北关十五殿、南关两公寺、火神阁、东北隅千佛阁等数十座精神文化设施。最高建筑鼓楼状似天安门,登楼俯瞰,全城景色可以一览无余。

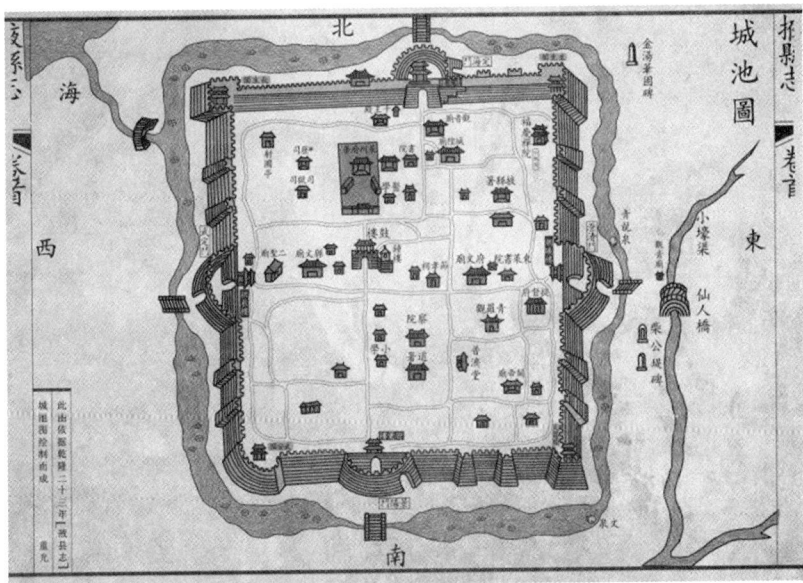

乾隆二十三年(1758)莱州府城池图①

---

① 古代莱州名人很多,宋朝宰相吕蒙正之吕氏一门三相,莱州还是绰号"狗肉将军""混世魔王"的奉系军阀张宗昌(1881—1932,字效坤)的故乡。就在莱州人毛纪为三朝元老的明朝,出过105位进士,时有"明代莱州半朝官"的说法。

孔有德、李九成发动兵变，一个关系千万人生命的重担压在了贵州黎平人、莱州知府朱万年肩头，他如何保全"海右名郡，齐东大都"，保全大明帝国已残破的名声？

朱万年（约1590—1632），字鹤南，贵州黎平府人。祖籍安徽庐州府无为州太平乡，远祖朱福随太祖渡江南下升职世袭百户，二世朱隆任职黎平府境五开卫，后代繁衍在此。至今黔东南苗族侗族自治州黎平县还流传着一个朱万年的故事：

传说朱万年自幼聪慧机敏、名显于乡。黎平府第一个进士也是侗族第一位进士龙起雷闻之不服，有意要考考他。有一次，朱万年路过龙起雷门前，被龙起雷拦住强要与之对联。

龙起雷吟出上联："朱万年，年灾月厄。"这是戏谑之语。

朱万年脱口而出："龙起雷，雷劈火烧！"

龙起雷闻之十分惊奇，事后感叹说："小子功名在我之上，可惜寿不终也。"龙起雷后来担任了正四品南京大理寺少卿，而朱万年则被追授正三品太常寺卿，果然在其之上。

万历三十七年（1609），朱万年中举登仕，历任山东定陶知县，北京中城兵马司指挥、户部河南司主事、户部员外郎、户部郎中、山东莱州知府。朱万年来自云贵山中，性格如同燕赵之士慷慨侠义，以天下为己任，且有超前眼光和过人洞察力，往往在别人没有意识的时候发现问题。他从一介知县干起，因勤劳能干被选拔进了帝国的心脏，从首都警察部队的中城兵马司指挥（五城兵马司指挥之一，正六品），又因颇具理财的能力平调进户部，从主事干到员外郎（从五品），又从员外郎干到郎中。明制，户部下设浙江、江西、湖广、陕西、广东、山东、福建、河南、山西、四川、广西、贵州、云南十三清吏司，各司设郎中一人到三人不等，主其事，正五品。中国古代著名的哲学家、政治家、军事家管仲曾经说："君之所慎者三，一曰德不当其位，二曰功不当其禄，三曰能不当其官。此三本者，治乱之原也。"（《管子·立政》）用人要德、功、能三者皆备，以德为先，管仲开启了先河。朱万年正是一个难得的德、功、能三者皆备的人才。

无论在山东还是北京为官，他一贯忠于职守、精于谋划，使得每一件事情都能安排的妥妥帖帖、名实相符。他这样一个人，生活在任何时代都能开拓一片局面。可是他所在的时代尽管他满腔热血、一心报国，但是国家大事日益偏离，从万历到崇祯，除了万历帝初期任用张居正为相的十年以及崇祯帝刚刚登基的前两年社会还有一些起色，其他大部分时间党争纷扰，外患日甚，官场钻营，民不聊生。尤其是当朱万年亲眼目睹魏忠贤之流横行朝堂，杨涟左光斗等一批批的忠义之士死于非命，他十分痛心。

每每酒酣，他对官场同僚说："生作奇男子，死为烈丈夫，吾辈不当如是耶！"

崇祯五年元宵节刚过，登州到莱州官道烟尘蔽日，已打下登州府和黄县城的叛军在"都元帅"李九成率领下马不停蹄南下莱州。与此同时一支官军也在由济南府沿着官道急匆匆赶往莱州，带队的是新任山东巡抚徐从治和登莱巡抚谢琏，他们奉旨共赴莱州，肩并肩指挥平叛作战。崇祯五年（1632）二月初一，两位巡抚前脚刚刚踏进莱州，叛军后脚就包围了莱州，"（二月）初三日，叛军至，在城四周扎营十多处"，旷日持久的莱州围城战正式开打。

无论是叛军阵营还是莱州军民谁都没有预料得到莱州之战会相持那么久、打得那么惨！

（1）明朝方面：莱州府、莱州卫骑兵九百骑，步兵不足四千人，通州镇援兵三百人，合计正规军不足五千。另有团练民兵一部。装备为中式自制炮、佛郎机轻型炮共数十门。其他火枪、鸟嘴铳、三眼铳等以及弓弩、炮石无算。

古代箭镞

指挥官：

山东巡抚徐从治；登莱巡抚谢琏；通州镇副总兵官杨御蕃；京营神机营参将彭有谟；莱州知府朱万年。

包围圈外还有天津镇总兵官王洪、保定镇总兵官刘国柱，新城镇大败后他们一口气撤到昌邑，所部大多溃散，他们成了光杆司令。

（2）叛军方面：骑兵五千人，步兵一万多人，大炮一百余门，其他火器、弓弩、攻城器械无算。

指挥官：

登州伪军政府"都元帅"李九成（原明军登州镇参将）；"副元帅"孔有德（原明登州镇参将、叛变部队主官）；"都督"耿仲明（原明登州镇游击）；"总兵官"李应元（原明登州镇千总）；"总兵官"陈有时（原明东江镇副将、原驻旅顺）；"总兵官"毛承禄（原明东江镇副将、原驻广鹿岛）。

叛军与明军相比，步兵1∶2，骑兵1∶5，炮兵1∶3，叛军都占了明显优势。尤其重要的是孔有德本人及其将领多数在辽东久经沙场，不仅具有丰富的作战经验而且养成了冷酷嗜血的性格，非徐从治、谢琏他们一帮文官可比。自从去冬闰十一月二十七日吴桥起事，叛军一路披靡，攻必克，战必胜，陵县、临邑、商河、新城、齐东……没有哪座城池逃脱厄运，就连兵多将广城坚炮利的明军大本营登州也仅用了十几天就城破。趁着大胜之威一举拿下莱州府，扫荡胶东称霸一方看上去是必然！当然叛军也有弱点，他们的核心是岛兵，长于游击但野战攻坚能力稍差。罗马不是一天建成的，莱州也是如此。莱州城修葺多代十分坚固，天启二年（1622）朝鲜正使吴允谦来中原朝拜，在《楸滩朝天日录》中记载："（六月）初十日，晴，自朱桥到莱州府，六十里。午时，到南城外店舍，城堞比登州尤高，壁筑整整如削。"更重要的是，莱州府军民一体众志成城，莱州官军虽少但做了数个月的充分准备，其组织者就是知府朱万年。

军界有句俗话——"平时多流汗、战时少流血"。兵变前孔有德带兵经过莱州，知府朱万年根据其言谈举止察觉其情绪有异，且预料战事一起莱州府必然不免，告诉身边人预为防备。得到兵变消息，朱万年立即发动莱州军民加强城防，决心与城共存亡。

第一，制定守城制度。此时城内人心惶惶，多欲逃难，为了防止逃亡引发连锁反应，制订守城规则25条，于叛军到达府境之前的崇祯四年（1631），十二月十三日就早早公布于众,其中郑重申明:"既住此城,就应与此城共安危,无论权贵豪门,敢有动摇民心者,本府决不与之俱生!"

第二,加强城防军力。收集兵力,握紧拳头。朱万年根据莱州的现有兵力,做了守城部署,并在极短的时间内,将府城周边海防、要地的守军全部调入城内共同守城。

第三,实行"战时经济"。朱万年加紧储备粮草,在叛军到达前,千方百计地动员城内缙绅百姓,凡在城外有粮草者火速运入城内,城内一粮一草不许运出城外。一天,官府集中城内殷实之家于城隍庙,晓以守城大义,公布捐助粮、银措施,登记义助数目,少者公议再加。大难面前,地主、士绅无不从命。

第四,严防"第五梯队"。采取各种措施安定城内社会秩序,对城内居民逐户清查,人口登记造册,按十家为一牌进行编制,牌内有行动异常者共同举首,实行连坐。严格防火救火措施,严禁聚饮聚赌、聚众喧哗。夜间清街设岗,以防奸细寻机起事。

第五,巩固城防设施。朱万年还组织民夫在城外毁庙阁,在城门楼前垒高墙,在城垛上置箭帘,在四城楼、四角楼各置红夷大炮,在城垛下堆雷石、备钩叉,把一座府城部署得井然有序,如同铜墙铁壁。

第六,发动士绅百姓。组织了民兵武装参加守城。城内青壮年编派城头以充垛夫,全城共计1778垛,每垛5人轮流包干,手持木棍日夜值守。为防敌人夜间偷城,每5垛置一小灯,每10垛置一大灯,用长杆引索挑出城外。这样就把五千正规军从一般的守卫任务中解脱出来,极大减轻了正规军的压力,组成了有力的机动部队,寻机歼灭来犯之敌。

当时莱州城内鱼龙混杂,情况十分复杂。正在朱万年紧锣密鼓部署城防之时,南门守兵急匆匆来报:有人不听制止,欲闯南门哨卡强行出城。朱万年驰马赶到现场,只见一行贵胄及其家丁携带细软正要出城,守城官兵按照守城之约劝阻,他们依仗家庭背景深厚,根本不听劝阻。一打听是京城某妃子的家眷(一说某尚书家人)。

莱州府城不是别处,是必须死守的地方。朱万年意识到任其逃亡,城内达官贵人必然闻风而动,仗还没有打人心就乱了。他亮明身份,向对方晓以利害,对方不听坚持要走。

朱万年上前一步拦在道路中央,指着城门说:"告示清清楚楚:既住此城,就应与此城共安危",说着,他抽出佩剑,高声说:"无论何人擅自逃离动摇民心本府决不与之俱生,你等要走,就从我的身上踏过去吧!"

贵人一家见势不妙,只好返回,一城人心遂定。

朱万年此举与孙元化在登州的懈怠形成鲜明对照。二月初,钦差监军中官翟升巡视城防,见防御甚为得力,称赞:"都人咸称公之才,以今观之,殆不虚也。"两位巡抚、两位中官的到来进一步稳定了民心,但他们初来乍到多数事务还要依靠知府朱万年。如果京畿援军不溃于新城而加入莱州城防,那么战局也许会大有改观,岂料新城之战一败涂地,通州副总兵杨御蕃想起此事十分懊悔。朱万年安慰杨御蕃说:"杨将军不必懊悔,我部以一当十,莱州守兵足矣!"

"二月二,龙抬头,吃糖豆……"只有顽童不知忧愁,依然在家门口捉对嬉戏。崇祯五年(1632)二月初三日,叛军骑兵五千、步兵万余将莱州府包围,上百位大炮瞄准了千年古城高高错落的垛口。叛军首脑给莱州城内的徐从治致信老调重弹,要求徐从治、谢琏立即献城投降,遭到断然拒绝。清晨春寒料峭,金色阳光洒向胶东大地,将一切都涂上了金子。南门"景扬门"飞檐谯楼上毛纪手书的四个大字"云峰拱秀"熠熠生辉。城厢周边可能阻挡射界河视线的树木房舍等障碍物已被莱州守军清除的一干二净,只有瓦砾堆和新鲜泥土,还有光秃秃的树桩泛着金色,暴露在早晨的阳光下……

李九成、孔有德麾师攻城。一发发铅铸或石质的实心弹飞出叛军阵地,带着恐怖的呜呜声响轰击景扬门和城墙,城墙中弹发出巨响,高大的砖墙烟尘腾空、立即凿出或大或小的洞,被打中的城垛不断垮塌,硝烟蔽日弥漫四野,日光为之昏暗不明。

除谯楼和两翼角楼上的瞭望哨,莱州守卫者都埋伏在距离垛口较远的安全位置按兵不动,聆听着前方惊心动魄的爆炸声,感受着脚下城砖的颤动。良久,谯楼上发出了信号。游击、守备等向所部下令"就位",身披战甲的莱州兵跃出隐蔽处,一路躲避着硝烟飞石涌上了城墙上的甬道,然后纷纷奔向自己指定的位置,驭炮手数人一伙,将大炮慢慢也推到了炮位,就像平时操练的一样。

此刻,城外的火力并没有减弱。官兵透过垛口射击孔望去,城外密密麻麻的叛军人马如过河之蟹漫山遍野而来。先轻松越过了南城门外不远处的一条名叫"小壕渠"的小河(从莱州古地图查考分析其发源于城东,明代曾经流过莱州南门外,今天该水系情况待考),人浪又逼近了二道河,就是宽大的护城河。这时,叛军炮火开始减弱——此即将登城之征兆。叛军士卒踏上护城河沿,突然河岸上发生了一连串爆炸,烈焰泥土腾起,叛军士兵踏了雷阵——石雷、陶雷、铁雷——雷响过处,人马仆地。这时的明军,普遍装备了数目惊人的地雷,而且有了早期水雷"水底雷"和"混江龙"等。深深的护城河刚刚解冻,一片泥泞。后面的大队人马在头目的威逼下,踩着前锋死伤者纷纷继续前进,很快淹没了河岸,将云梯一端插入两丈河底,借助云梯已经有数百人已经爬上了护城河。

炮轰过的城头仍然冒着土黄色的烟,但静静伫立。陆陆续续为乱弹飞石击中而倒毙的士兵,被民壮默默抬走。朱万年、杨御蕃此时已悄然莅临城楼,他们的身边,还伴着一位白衣秀士。城上官兵紧盯着城下不远处的人浪,前膛炮炮口下倾,炮筒内塞实棉絮以免落弹,碗口铳、鸟嘴铳、手铳、"一窝蜂",大小火器都对准了敌军,这一炮口下倾直瞄直射的新奇炮战之法出自明军增援部队的彭有谟将军。

正月里的新城野战,孔有德叛军动用红夷大炮五门和大将军三百余门,而官军配置有大炮三十余门,其中二十四门竟然炸膛,可知当时许多官兵仍不熟悉新式火炮的操作,此一状况直到五年二月彭有谟率三百名川兵入援后大有改善。彭氏的火炮知识可能源出曾同样驻守旅顺之张焘,他首先列出各种火炮所应用硝、黄和灰的比例,然后将火药以纸每斤作一包,避免忙中生错。由于守城时炮口需朝下发射,彭将军要求炮手在放入炮弹之后以废纸或旧絮、旧毯塞紧炮膛,如此便无坠脱之虞。

大家肌肉紧绷焦急等待,中军焦急地等杨副总兵发话,只有杨御蕃从容不迫,当看到城根与护城河之间终于挤满手执云梯的叛军，杨御蕃坚定地举起了右拳……看上去死气沉沉的城墙刹那间如同一头怪兽发威，天崩地裂！枪炮声大作，万道狱火飞向人浪，城下无处躲藏血肉横飞，不到一刻，爬上护城河的人几乎没有一名囫囵着逃离。

莱州古城墙①

叛军的大炮又沉闷地响了，炮手们满头大汗，却对攻城无济于事。

莱州城垛口到护城河约百米，是嘉靖年间自西方引进的火绳枪发挥威力的较佳距离。府城守备森严，官兵士气高涨，打起仗来以一当十，从南门景扬门移兵西门武定门，再移定北门定海门，再移东门澄清门，处处高墙坚垒，别说进城，就连瓮城的门都没有摸到，大大出乎孔有德他们的意料。叛军一次次的猛烈攻势均被击退，在莱州城下遗尸成百上千，这是他们起兵反叛以来第一次受挫。

孔有德、李九成的如意算盘落空了，一样的兵在不一样的将手中表现可以完全不一样，从亚历山大和孙膑的时代起就是如此。攻击顿挫，李九成在南门外大营中十分懊恼，将酒瓶子摔得叮当响，孔有德的头脑也冷静下来。正面进攻困难很大，莱州城墙厚15米，光是城墙就高13米，城墙上还有两米高的"护墙"，还有谯楼、角楼、瓮城……关键是这一次，城中的叛军奸细内应都被限制起来，破登州城的故技难以重演。孔有德决定从长计议，叛军在府城四周扎营围困消耗守军意志和力量，部分人马开始分兵南下，攻击莱州府属的平度州城。

陈所闻与平度保卫战

平度北凭大泽，南拥沃野，西据胶莱，东依沽河，历来为胶东咽喉。历史上平度和即

---

① 莱州原有四门：东城门曰澄清门，西城门曰武定门，南城门曰景扬门，北城门曰定海门。各门飞檐谯楼，四隅皆修角楼。城下池深二丈，阔四丈余。

墨两地渊源深厚。周灵王五年(前567),齐将晏弱破莱之棠邑(在今平度境内)虏莱共公,莱国并入齐国,始建即墨邑,地在今平度古岘镇大朱毛村("即墨故城")。此时即墨邑发展成为齐国陪都和胶东政治经济文化中心,时称:"齐有即墨之饶,而联袂挥汗与临淄并夸殷盛。"秦汉设有胶东郡、胶东国,辖制胶东半岛全境,郡、国的行政中心都在即墨故城。东汉后,降为一个县。隋文帝开皇十六年(596)因古墨水河消失地利不再,即墨县城南迁到今址——马山之东、淮涉河畔。从开皇十六年到2015年已有1419年,平度和即墨这才分了家,因此要区别平度市古岘镇的"即墨故城"和今即墨的"即墨古城"。在魏晋南北朝和宋金元时期,相对先进的中原王朝先后两次遭到经济文化相对落后的草原部落的南侵,平度与北方的多数州县一样都遭受了两次重大兵灾,每一次时间都延续了几个世纪,唐人詹琲作诗说:"忆昔永嘉际,中原板荡年。衣冠坠涂炭,舆辂染腥膻。国势多危厄,宗人苦播迁。南来频洒泪,渴骥每思泉。"这就导致明初,不得不大量迁播人口补充胶东。

17世纪,中原汉族政权再一次出现了严重内讧。泰昌元年(1620)即位的明熹宗朱由校在位七年,成了权阉魏忠贤的傀儡,满洲人夺去了辽东,陕北农民被逼造反,政府军屡屡哗变,明朝走进深渊。完颜阿骨打的女真族后人建立的"后金"因此有机会逐鹿中原,延续岳飞和完颜兀术的陈年旧事。而在建州女真到达前,一个汉人带着一帮汉人组成的军队扫荡了平度。

崇祯五年(1632)二月十五日,平度州衙。知州陈所闻一早起来就有一件大事要做——紧急召集乡饮耆老及士绅。匆匆洗脸过餐,他和师爷、衙役一起来到衙门口,这里已如约集聚了很多人。《平度州志》载:"陈所闻,字审之,北直隶文安县(今河北文安)人,举人出身",去年秋来任知州,还不到半年就遇上了大事。

脚下刚刚化冻的泥土,被早春的寒风吹得四处飞扬。

平度千佛阁①

陈所闻作揖道:"乡亲们!乡亲们!"嘈杂的人群终于平静下来,大家都翘首望着他。"登州的贼兵就要来平度了!"人群慌乱骚动起来,大家七嘴八舌。陈所闻定了定神,恳切地说:"乡亲们,叛军是来跟朝廷作对的,你们是无辜的!可如果你们不走,就会跟着遭殃,这对你们没有好处!趁着贼人还没到来,请快快出城逃命去吧!"

廪生窦启先看着白发苍苍的

① 平度千佛阁,明代天启年间(1621—1627)始建,崇祯五年(1632)毁于兵灾,清顺治四年(1647)及1992年重修。阁基是天启间遗物,阁楼上石柱及木结构梁柱等多是清顺治年间的旧物。

陈所闻说:"大人,我们都走了,您怎么办?"

陈所闻说:"我是平度知州,守土有责,城在我在,城亡我亡,与城共命也。"

窦启先不肯离去要阖家守城,在其强烈要求下陈所闻只好答应。看着无辜百姓出城门逃命,陈所闻松了一口气。

陈所闻检视手下,兵单将寡。平度名义为胶东咽喉,但是城池无险可守,明平度汛"额设马兵二十二名,守兵五十六名,营书一名",其中守城兵合计41名,设1名正六品千总。"平度汛"下设二墩九拨二十四铺。二墩,即灰埠墩和独埠墩,每墩五人兵共10人。白沙拨、兰底拨、新河拨等九拨,每拨两三兵共20人。二十四铺共有官兵58名,满打满算不过158人,真正的战兵百人,其他就靠民防团练。(道光《重修平度州志·兵防》)莱州府城被围,州县有救援之责,平度自顾不暇,盘点兵丁乡勇不到千人,火器不多,多数只有旧式兵器。陈所闻与千总一起将总旗、小旗、捕头、民壮首领召集起来歃血为盟,分守四门。

红彤彤的太阳升起来,到了辰时(大约9点)城外人喧马鸣,俄而孔有德部到达。锋利无比的箭镞飞蝗般从天而降,炮声由远及近震动城郭,叛军开始攻城。陈所闻指挥兵民奋力抵御。激战中,叛军自城外发射的炮弹连续击中了平度在天启年间(1621—1627)刚建起的东关千佛阁,木质阁楼瞬间变成了大火球,噼噼啪啪燃烧起来,浓烟覆盖了半座城。陈所闻毫不畏惧,"亲操矢石,率众射杀",守城兵民以劣势装备阻击,火药用尽就用礌石砸、近身肉搏,一次次将登城的叛军打下城头。

从二月十五日上午激战到中午,又战到下午,由于力量对比悬殊守卫者渐渐不支,到酉时(黄昏)城陷。陈所闻手执短刀,与进城的叛军继续巷战,身上多处受伤而死。

占领者实施屠城,平度血流成河。明初以来建设了230多年的州城大半被毁,主要建筑如官署、学庙、寺观等都毁于一旦。火烧州城之后,叛军四处奸淫掳掠。《平度州志》记载,当时死于叛军手中"有姓氏可考"的妇女就达数百名,《平度志要》载:城东南三十里处一村庄,村民屠戮殆尽,只有两名异性男女侥幸存活,才得延续该村人种。"叛军杀上了瘾,甚至一直杀到胶莱河畔一个名叫窝铺村(平度南40里,高密东北20里)的村庄,由此可见其荼毒范围之广",平度文史专家李树如此叙述当时的惨状。

那么孔有德与平度究竟有何深仇大恨?这与他的身世有关。在《明史》中,孔有德称为"辽东人,字瑞图,祖籍铁岭,矿工出身"。但天启间出任广西巡按、崇祯年间出任左副都御史的山东平度人贾毓祥在上疏中称,孔有德家"世为平度崔氏家奴",孔有德幼年可能生活在平度,他的仇恨与母亲做过乳母有关。沿着明人贾毓祥的线索,平度人王琳珺等人经过研究解开了这个谜。

这里的崔家就是赫赫有名的崔世荣、崔澍家族。崔世荣为元昭武将军,其子崔澍奋勇击杀元奸相阿合马,自此衣冠相继称"胶水崔氏",元明清五百多年间科甲隆盛。

王琳珺等认为,孔有德幼年一家曾经生活在平度(胶东、辽东自古百姓来往频繁),其母在孔有德幼年进崔家供奉主人,"想起母亲有奶不给自己吃,却用来哺育崔家的孩子,孔有德就越想越恨,于是从小就发誓,将来自己发达之时要灭掉崔家"。叛军攻城甚急,崔家得到要杀他们的消息,连夜从北城墙下阴沟里逃出,到城外白果园村躲过一劫。孔有德叛军在平度荼毒了长达半年之久,平度的经济文化遭到严重破坏,久久不能恢复。(《城市信报》2013 年 3 月相关报道)

《明史·孔有德传》说,孔有德"生于盖州"值得商榷,其很可能就生在山东。幼年屈辱的经历,少年在关东下矿挖煤的劳苦,再后来家乡被后金占领……他早年的经历刻骨铭心。正如艾青自己所说:"是在被冷落,被歧视的环境中成长的。"目前"三藩四王"其他人都有画像留世,唯孔有德没有。有的文章在介绍他时所附的石雕像实是北京公主坟附近的石像生,与孔有德本人无关。孔有德存世的遗物很少,他的一份手迹写于崇祯二年(1629)——正值袁崇焕阅军皮岛斩毛文龙那年,孔有德正在毛部,作为毛文龙义孙改名毛有诗。

刻有孔有德笔迹的砚台①

他的经历出身超出很多人的想象,据滕绍箴《三藩史略》研究:孔有德,祖籍山东曲阜,"至圣之裔"。后"少遭乱流离",徙居辽阳。他自称生于至圣先师孔子的后裔,但恐怕很早已经是远支,幼年家境贫寒没有机会读书,"不识字",开始连自己的姓名也不会写,后来做军官历练多年仅仅粗通文墨,戎马一生却无一诗半赋存世。天启元年(1621),后金占领辽阳,孔有德同其兄孔有性及耿仲明、耿仲裕兄弟得到通明的后金南四卫总兵刘爱塔帮助,投奔明东江镇总兵官毛文龙。孔有德虽文化程度不高却很机智,"便辟多智,善言语,颇类文龙",得到毛文龙赏识。其"躯干伟长,善骑射,工击刺,一时武才,无出其右者",与毛文龙义子毛承禄关系密切("文龙犹子毛承禄者相善"),"文龙比嬖之,以为亲将",命作"戎校",授予内丁都司掌管警卫营("典内兵"),赐名毛永诗。

明军战报《东江塘报》记载了孔有德的战功:"内丁都司毛永诗(即孔有德)等报称:奉差带兵伏于小铁山地方。本月二十二日,有贼二百余骑,西来哨探,小的躲藏山坳,贼过赶出,乱放枪炮,打死数十。小的追上斩首九颗,活擒牛录一名卜赤打哈。"报告有斩首和活擒,战果比较可信。仅仅过了六七年,孔有德累功升参将,提升速度很快。关于他从东江到登莱的详细经过:一说,毛文龙被处斩后袁崇焕"散其部曲",将孔、耿调往山东隶属孙元化,孔"郁郁"不乐。又一说,孔有德等对袁崇焕指定的代理总兵官、东江副将陈继盛不满,自投山东,不是派遣,详细情形无从考证。不管怎么说,当他回到祖籍山东,腐朽的明朝正江河日下,明亡清兴的滔滔洪流裹挟他走上一条不归之路。

---

① 砚上刻有"斯砚所磨,以俟天命"字样,落款为"崇祯二年夏孔有德"。

他的对手陈所闻是万历十三年(1585)举人,崇祯四年(1631)任平度州知州,《平度州志》和《州守陈公崇祀名宦序》都说陈所闻手执短刀力战而死。《明史·秦三辅等传》说:"知州陈所闻自缢死"。明廷赠其太常卿、荫一子为监生;乾隆间清廷谥陈所闻"节愍",入祀名宦祠。另外,平度官员房增伟本"已升迁,未行",参战殉国。廪生窦启先和夫人韩氏双双为国捐躯,敕建"义节双超"坊,莱阳诗人宋玫为其感动写有《节义双超传》。陈所闻牺牲后遗骸未能归葬河北,而与后来抗清牺牲的老乡卢弘胤(署平度知州)及房增伟埋在一起,清代一直"渴葬"城东门外东岳庙之阴,今荷花湾西南角,1936年县人隆重迁葬城东迎春台下(今平度市体育场处),尚庆翰撰《殉难陈、卢、房三公迁葬记》,十余年后墓与碑皆毁,今仅存卢弘胤残碑一截,藏平度市博物馆。

铁打的莱州

忆观沧海过东莱,日照三山迤逦开。

——苏轼《再和二首其一》

莱州还在叛军重重围困中,二月中旬经过一天的战斗,平度这座小城被孔有德拿下,孔有德留置一部守平度,分兵攻打四方,一支军队一度打到了胶州城北80里窝铺村(今属平度万家镇),距离即墨也很近了。孔有德派遣另一支部队携带攻城利器挥师北上,攻打"半岛陆路旱码头"莱阳。但是砖筑的莱阳城却不同于土筑的平度城,城池坚固,地形复杂,易守难攻,古往今来多次使进攻一方铩羽而归,最近的一次是1947年12月的"莱阳战役",也是守城成功。由于一再分兵,叛军攻击力减弱。大兵压境,莱阳知县梁衡在莱阳大姓姜氏、宋氏之名士姜泻里、宋继澄等人支持下凭借各种有利条件一举击溃了叛军,保全了莱阳。故《莱阳县志》记载:"(崇祯)五年,孔有德分兵围莱阳,知县梁衡击走之"。

胶东卫所浴血抵抗。崇祯五年(1632)三月,三万平方公里的胶东大地一片狼藉。登州府的蓬莱、黄县、福山、栖霞、招远等县和莱州府的平度州均已陷入叛军之手,登州府的宁海州、莱阳、文登和莱州府的即墨、胶州、高密、潍县、昌邑,则狼烟滚滚、一夕数惊。莱州府被则重重包围。

山东沿海三大营登州营、文登营、即墨营节制的沿海卫所,按照每卫5600人、每千户所1120人的满员编制,应有兵力10

春回胶东①

---

①　图中村落原为山东雄崖守御千户所城。

万以上,但此时都远远不满编制。如宁海(在牟平境)有 2400 人,鳌山卫(在即墨境)有 2306 人,小一点的卫只有千余人,由于官员占役、军户逃亡,卫所军早已十不存二三。自从万历(1573—1620)以来频频从鳌山卫、灵山卫、大嵩卫、威海卫等调兵,或去宣府、大同,或去宁远,或泛海去辽东、朝鲜,而边患一日甚于一日。

以鳌山卫雄崖守御千户所为例,这里额兵 858 名,设置正千户李王两姓、副千户陈韩陆三姓分掌军事屯田。实际上屯田军也不能免于远征。据张永福、陈广岭等考证,现在该所军户后裔中以屯田正千户、武德将军王相尧后人人数最少。《王氏家谱》载,其七世祖王应安、王守金等 20 人作为雄崖所世军常年驻守张家口、古北口、大同、杀虎口、雁门关一带,因战事激烈大多阵亡。他们阵亡后因路途遥远,官府无法运回灵柩,有的将其头发剪下,有的将头盔、衣甲等遗物号名送回原籍,以头发、衣甲代尸,族人见头发、衣甲,哀号不已,双手托着遗物,呼名叫喊,扎俑接发、穿衣,代尸安葬。八世祖中的王凤荣、王凤官等 30 人常年扼守长城一带,也大部相继殉国。孤寡支撑门户,母子相依为命,每逢军粮、抚恤银送来,瞩物思人,举家号啕……万历朝兵部尚书、即墨人黄嘉善赞曰:"忠哉,王氏家族世世代代为明室江山尽热血。"

卫所军尽管羸弱,但家乡的危机激发出了他们的血性。平度州失陷前后他们在各自统兵官率领下组织了对孔有德部顽强而悲壮的抵抗。卫所官兵的英勇抵抗在民间久久流传。除完全不设防的招远县城放弃抵抗,其他各城在被占领前都发生了时间长短不一的激烈战斗,官员及守军鲜有存活。莱州、平度、莱阳各地及各卫所的抵抗阻遏了叛军的进展,为明廷调兵征讨赢得了宝贵时间,尤其是炮火中巍然屹立的莱州城成为明朝在这次凶险诡异的登莱大战中一面不倒的旗帜,最终成就了"铁打的莱州"之美名!

雁门关防御前沿之山西朔州明代长城①

前所未有的炮战。莱州就像传说中"冥府里的三头狗"一样死死咬住叛军不放,令孔有德芒刺在背。为了拔掉这根刺,叛军头目"都元帅"李九成,"副元帅"孔有德,"总兵官"陈有时、毛承禄、陈光福,"副将"李应元等等齐聚莱州城下,唯"都督"耿仲明留在登州筹备粮饷搬运大炮。叛军打下平度后留置少数兵力征粮扩军,大部迅速回师,集中了空前优势的兵力再攻莱州。新技术也帮了他们的忙,叛军以牛车运大炮去莱州,每门炮皆重二三千斤,各用牛四头。这些大炮相当沉重,但叛军搬运游刃有余,他们已熟稔滑轮技术。辽海监军道王徵早在天启七年(1627)前就出版了《远西奇器图说录最》,其中详细记

---

① 朔州市新广武村明长城残缺的城楼。这段长城是目前我国最长的一段未经任何修复的明长城。

载了西洋举重之法。

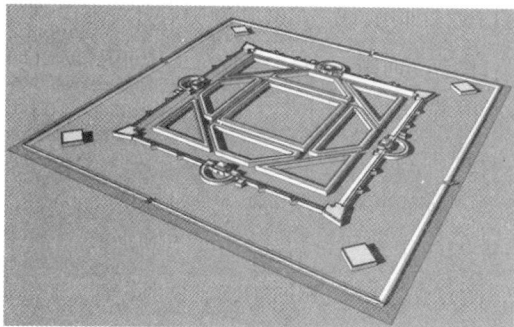

《城守筹略》提供的明末要塞设计图①

二十多门红夷大炮和三百多门大将军炮投入莱州战场。红夷大炮"一发五、六里",所用"铁子"大者如升小者如拳,各重六至十二斤,射程远远超过了大将军炮,而且由于弹丸速度高,动能必然加倍,破坏力实在惊人。而且更要命的是这些炮手很多经过了登州外籍军官公沙·的西劳等的训练,使用了规尺等设备,"对城攻打,准如设的""城垛尽倾,守垛者无处站立"。这些本来预备用于抗金前线的大杀器,被这样用来作汉人自残。莱州城也有各式火炮一百多门,数量和火力力均逊色于叛军,但是守军居高临下又有城垣依托,弥补了火炮口径小射程近的不足;而且守军也有一流的炮兵专家——神机营参将彭有谟指导操炮技术。这些因素凑在一起,使得崇祯五年(1632)三月在胶东演出了地狱之火的大碰撞,形成了一场空前的大炮战。

胶东之春来临,天气渐渐热起来,数万叛军脱去冬装,十余营垒将莱州城围在中间,近400门大炮分番发射掩护攻城;守军在团练壮丁的支援下奋力抵抗;呐喊声、枪炮声、墙倒屋塌声在莱州城下日复一日;一轮轮的炮战将城墙四门内外树木屋舍扫荡无存,城内到处瓦砾。但是无论叛军使用强攻还是偷袭,炮战还是肉搏,莱州依旧岿然不动。城内兵民众志成城。关键是有主心骨徐从治、谢琏、朱万年等。徐从治,字仲华,1572年生于浙江嘉兴府海盐县。传说母亲在生下他之前,梦见神人"舞戈于庭,寤而生"。万历丁卯科他中进士,以桐城知县始,在官场起起落落,累官济南知府,政绩突出升山东按察副使、巡按兖东,协助总兵杨肇基(杨御蕃之父)平定徐鸿儒之乱,升山东右布政使。因与山东巡抚王惟俭不合告病归,不久复起为道员。1631年冬孔有德部在登莱兵变后,山东巡抚余大成檄徐从治监军,从治驰赴莱州而登州已陷。大成被削籍遂擢徐从治为都察院右副都御史、山东巡抚。

登莱巡抚谢琏的故乡——湖广荆州府监利县今貌②

---

① 要塞边长约200米,四角铳台每台标配大铳6门,三角敌台、空心敌台及城墙上配各种中小型火器(大中型佛狼机铳,各种轻炮、鸟铳、爆炸性火器如万人敌等),冷兵器若干。城墙建筑材质为条石、城砖、三合土、糯米汁等。城墙高2丈,底阔4丈。

② 监利位于在洪湖、洞庭湖、长江之间,是典型的鱼米之乡。

谢琏,字韶石,又字君实,号韦齐,湖广荆州府监利人。明神宗万历丙辰年(1616)中进士。1631年贵州发生叛乱谢琏领兵镇抚,三个月连挫叛军十八寨,贵州悉平。1632年登州失陷,他与徐从治一起临危受命,以都察院右佥都御史巡抚登莱。山东巡抚、登莱巡抚共处一城,奉皇帝之命共同指挥平叛,时年徐从治62岁,谢琏48岁。

徐从治、谢琏、朱万年、杨御蕃分守四门、日夜巡视,与将士同甘共苦。他们一面指挥守军奋战,一面发动城内百姓对城垣随毁随修,抢修不及就列木为栅,配置火器密集防守,将突入者消灭。叛军在城墙根下多处挖洞掏穴妄图隧攻,徐从治等组织民兵对穴掘濠,悬瓷缸或铁器于内令盲人静听以察远近,一旦听到叛军接近,隧道中的盲人立即判断出方位和远近,守军以逸待劳严守洞口痛击,或从城上缒兵向穴内投火灌水毙敌于洞穴中。叛军用刀斧劈凿城门,守军官兵冒死坐于悬楼之上用火器弓弩射杀之。

一计不成再施一计,李九成和孔有德在莱州城外筑起高高的墩台与城墙比肩,将大炮拉上墩台炮轰城内,城墙虽然多次轰塌但随毁随修,叛军终不能登城。

朱万年抓住叛军疲敝的时机出其不意攻其不备,二月十九日夜,从南门发三十名死士借着浓重夜色掩护悄悄摸向叛军,斩敌首三级,获战利品一宗,等到叛军发觉组织反扑,守军已胜利而归。次日夜晚,徐从治、杨御蕃如法炮制组织五百精壮一冲南关、一冲西关,叛军被杀得丢盔弃甲。《明史·徐从治传》载:"贼益攻莱,荜元化所制西洋大炮,日穴城,城多颓。从治等投火灌水,穴者死无算。使死士时出掩击之,毁其炮台,斩获多。"此后守军

明代大炮配用石质实心弹①

经常组织多种形式的出击扰得叛军日夜不宁。"都元帅"李九成闻听大怒,他要一劳永逸解决问题。

二月二十三日傍晚,星月半垂,城东北角突发一声巨响,莱州城地动山摇。叛军事先在城东北角地下挖成隧道,垛集了数千斤火药点燃了引信,城墙震塌两丈许,早已埋伏在附近的叛军蜂拥而上⋯⋯危急时刻,知府朱万年驰马赶往现场组织抵抗,神机营参将彭有谟身先士卒,率官兵死战不退,一夜击退敌人猛攻三次、偷袭无数,叛军积尸于城濠,濠水为之断流,叛军依旧没有破城。第二天一早,朱万年率莱州士民敲锣打鼓给彭有谟送去慰问,大大鼓舞了守军士气。接着朱万年又发动工匠和民壮连续奋战六昼夜,轰塌的城墙修复如故。激战多日,莱州府库中仍有万历年间收贮的硝黄数万斤,但因每天炮弹消耗甚大,生铁存量出现不足,朱万年遂于三月下旬在城内募集金属数千斤,最多时每天

---

　　① 实心弹有铅铸、铁铸、石质三种,以大将军炮或红夷大炮发射,用来洞穿城防工事。另有霰弹和开花弹用来对付密集人群。

以工匠五十多人轮班铸弹，因铁不足有时也铸铜弹，通常仅足一日之需，虽然"石弹不能透木及远"，仍令石工继续削圆石备用。

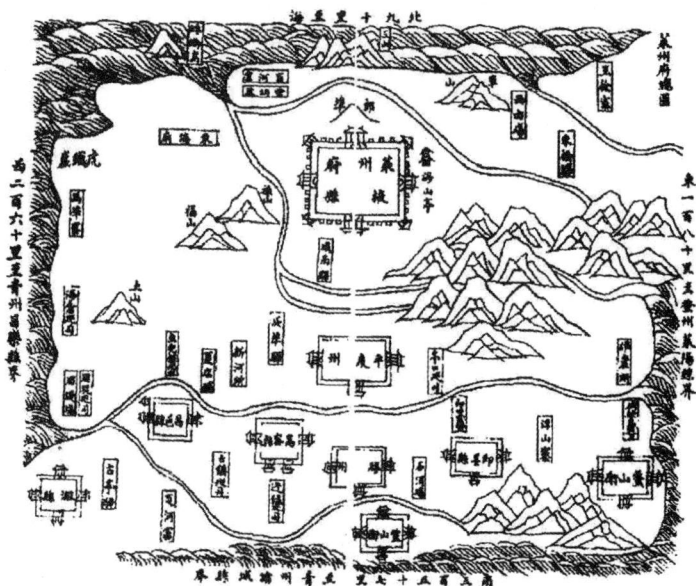

明代莱州府境图(万历《莱州府志》)①

崇祯五年(1632)三月下旬，莱州城岿然不动，叛军攻城次数渐渐稀疏起来，孔有德无计可施，命叛军在四周扎营长期围困，每天以大炮游击城内消磨守城者意志，逐步消耗城内粮弹储备，最终以拖待变，反正在登州缴获明军的物资充足，粮食弹药供给源源不断，时间在他们一边。

刘宇烈视师

你是天才或者VIP，
没啥了不起。
我们都将深埋六英尺的地底，
我们都会得到应得的归宿。

----

① 其一，地图将"莱州府境"画成正方形，四面清楚标注出"四至"：东一百八十里至登州莱阳县境；南三百五十七里至青州诸城县境；西二百六十里至青州昌乐县境；北九十里至海。其二，自东方开始，该图依次标出：雄崖所、栲栳岛寨、鳌山卫、浮山寨、即墨县、夏河寨、灵山卫、胶州、高密县、昌邑县、潍县、平度州、新河所、古亭寨、海沧巡(检)司、马埠寨、宁海卫、灶河寨、王徐寨等。其三，该图清楚标出原莱州府城、各县城、各驻军卫城的形制：莱州府城、灵山卫城、鳌山卫城、潍县城均有东西南北四座城门，府城四城角还有角楼；平度城、胶州城、即墨城均有东西南三个城门；高密城东西南三面有四个城门，其南城墙开两门；昌邑县东一西二共开三门，南北皆无门。其四，原莱州府城南门景运门城楼大梁上，以鎏金大字列出莱州府所有州县。直隶州二：平度、胶州；县五：掖县(府治)、潍县、昌邑、高密、即墨。20世纪古城破坏严重。随着城市发展先填了北城濠修建文化路，又将西濠沟盖在了楼下，1987年发碹填平东壕沟建雕塑公园，从此古城印记再难觅。

> 我如此言语，
>
> 但有人升天堂，
>
> 有人下地狱。
>
> ——俄罗斯农民诗人维克托尔（Volokolamsk）

　　莱州危急，明廷派出的山东巡抚徐从治和登莱巡抚谢琏竟一起被围在莱州城内。莱州正在激烈攻防，包围圈外的莱州以西发生了"昌邑会师"和"沙河会战"两件事。

　　此前与叛军的新城野战失利，保定总兵刘国柱、天津总兵王洪丢失了基本部队和所有装备一口气跑到昌邑。受命署理山东总兵官的原通州副总兵杨御蕃率部一两千人苦战两天最终剩下三百人撤入莱州城。五千京畿援军灰飞烟灭，援军指挥体系也垮掉了。如果放在现在即便统帅部被围还可以通过无线电等遥控部队，但当时没有这样的通讯条件。莱州被围的铁桶一般，包围圈外的明军失败后群龙无首。为了解决这一问题朝廷只好另起炉灶在包围圈外另行组织了一个领导班子："廷议更设总督一人，以兵部右侍郎刘宇烈任之。调蓟门、四川兵，统以总兵邓玘，调密云兵，统以副将牟文绥，以右布政使杨作楫监之，往援莱。"（《明史·徐从治传》）于是兵部右侍郎刘宇烈走马出任山东总督。兵部侍郎俗称"小司马"，山东一省在原有的两位巡抚之外又冒出一位总督，从这时起到莱州之战结束参战明军就分成了莱州城防和增援解围两个部，在两条战线同时作战。

　　崇祯亲临廷议，议定：调北京附近的蓟门兵和四川兵，以总兵官邓玘统领；调北京附近密云兵，以副将牟文绥统领，另以右布政使杨作楫为监军。调山东兵以山东巡按御史王道纯统领；调"义勇""新兵"等名号之兵上胶东前线，遣将领刘泽清、刘永昌等率领；为防止不守纪律不听调遣，特派宦官吕直、军事法官汪惟效监督战事。

　　崇祯五年（1632）三月，刘宇烈、杨作楫等及监视中官吕直，巡按御史王道纯，还有义勇副将刘泽清，新兵参将刘永昌、朱廷禄，监纪推官汪惟效等齐集昌邑——这座北海县城一下子来了无数将领和命官，昌邑俨然取代昔日登州成为平叛大营。三月二十七日，兵部右侍郎、山东总督刘宇烈在昌邑誓师进兵，目标莱州。

　　旌旗猎猎，金光闪闪，大将出征，气势非凡。邓玘、刘国柱、王洪、刘泽清各率领所部，拔营前驱。步骑炮兵共二万五千人，这都是地地道道的正规军，士气非常旺盛。全军官兵都竖起耳朵，呼呼的春风中传来军律：

　　"凡你们的耳，只听金鼓，眼只看旗帜，夜看高招双灯，如某色旗竖起点动，便是某营兵收拾，听候号头行营出战。不许听人口说的言语擅起擅动。"

　　"若旗帜金鼓不动，就是主将口说要如何，也不许依从；就是天神来口说要如何，也不许依从，只是一味看旗鼓号令。兵看各营把总的，把总看中军的。如擂鼓该进，就是前面有水有火，若擂鼓不住，便往水里火里也要前去。"

　　"如鸣金该退，就是前面有金山银山，若金鸣不止，也要依令退回。肯是这等，大家共作一个眼，共作一个耳，共作一个心，有何贼不可杀，何功不可立？"（戚继光《纪效新书》）

　　官军大张旗鼓浩浩荡荡踩着松软的大地东进,蹚过漫滩四流的沙河——就是孔有德两次蹚过的那同一条河流。四月初一,明军前锋抵沙河驿(今莱州市沙河镇),在这里与孔有德的前卫不期而遇。稍一接触,官军逮了孔部一个"舌头"陈文才,得知叛军此地防守不严,其精锐主力都在莱州城。此时官军"气甚盛",本应一鼓作气冲破最后50里以解莱州之围,而且第二天崇祯帝遣宦官护送六门红夷大炮也运至沙河阵前,就在这大好形势下主帅刘宇烈却莫名其妙地下令在沙河驿就地安营,一连12天停滞不前!

　　刘宇烈都在干什么呢,难道不知莱州处于危险之中吗?原来,刘宇烈虽然以兵部副长官出任救援,却根本"无筹略",每天聚集十来个将领在一起商量如何招抚,还以和平使命为借口放跑了俘虏陈文才。兵熊熊一个将熊熊一窝。春秋战国时期"曹刿论战"时曾说:"夫战,勇气也。一鼓作气,再而衰,三而竭。"带兵主将顿兵于始皇巡游古道不思进取,全军官兵都看在眼里,如果事情能和平解决谁还愿亲冒矢石?于是"诸师懦怯",由昌邑誓师时的"气甚盛"渐渐变为消极避战,又加上刘宇烈不谙军事,设营不分掎角,更为失败埋下伏笔。陈文才回到叛军中就将所见所闻禀报孔有德,"贼尽得我虚实,益以抚愚我",叛军不仅知道了明军增援部队的实力,而且摸清了他们的心态,于是将计就计,一面派人假装与之谈判,暗地里派出一支奇兵绕到了明军大营后方,一把火烧毁了大军辎重。

　　四月十二日,明兵静静站在沙河岸边,看着后方粮草被焚,浓烟滚滚,弹药爆炸发出的爆燃之声一会儿似惊天霹雳,一会儿犹如过年的爆竹,军心大乱!刘宇烈害怕起来,以失职之罪一连撤掉三个将领,严令各部守住营地并要自行解决后勤给养,自己却带几个随从撤下全军鞋底抹油——开溜了。他一口气越过昌邑逃到青州。大势已去,总兵官邓玘无奈计划半夜撤军,但消息不胫而走,所部刚刚一移动,"敌人乘虚而入,大败"。

　　四月十三日,叛军尾追邓玘,所部不能立足,撤退演变成最坏的兵溃,辎重悉为叛军缴获,士兵多为叛军所俘,莱州解围化为泡影。这次不战兵溃损失了明军蓟镇、四川两地兵力甚多,"屋漏偏逢连天雨",这恰恰是日后镇压"流贼"、抵抗"北房"所急需的军事力量。

　　总兵官王洪、刘国柱开始第二次逃跑,一口气逃往潍县;邓玘逃往稍近一些的昌邑城;义勇副将刘泽清在莱州城附近迎击了叛军,激战中本人被打伤两个指头,所部被击溃逃往平度方向;只有将军杨作揖保全了部队。总兵官王洪、刘国柱、邓玘带领的三支骨干力量均告大败,消息塘报进京朝廷再次一片哗然:诸臣摇头叹息有之(如首辅周延儒);暗暗高兴有之(如次辅温体仁);惊惧失色有之(如兵部尚书熊明遇);斥责怒骂有之(如鲁籍京官刘重庆等);暗暗叫苦有之(如大学士徐光启、刘一燝等)。而大司马熊明遇看到官军大败,招抚之心益坚,故《明史·余大成传》说:"三将既败,举朝哗然,而明遇见官军不可用,抚议益坚。"沙河兵败除因刘宇烈不谙兵事性格懦弱,还有两点值得一提:

　　一为指导思想使然。首辅周延儒为保全孔有德所部便于为孙元化开脱,嘱托兵部尚书熊明遇能剿就剿能抚就抚、以抚为上。兵部侍郎刘宇烈作为熊的代言人从头到尾加以执行,因为只有招抚成功,首辅周延儒跟次辅温体仁的内斗才不致落下风,而徐光启出于保护门生自然乐见其成。

　　二为腐败干扰。孔有德使出了软硬两手：一手战场上毫不留情、一手暗地里收买贿赂。有的分析指出：就在胶东激战莱州被围的关口，孔有德通过线人以"金珠、参貂"暗贿结交兵部，博取同情。某些人不顾莱州安危迟迟不肯发兵，不得不发兵了还是主张招安了事。是何人接受了叛军的贿赂？史料当然不会载其名，又为后代留下一个千古之谜。

　　更为甚者，莱州被围期间兵部多次派特使入城为叛军求抚，并不止一次指责徐从治、朱万年等不该出击激怒叛军。刘宇烈率军解围大败，反上奏朝廷力主招安。莱州局势越来越严峻，告急文书雪片般飞往京师，无论莱州军民如何望眼欲穿，解围依然遥遥无期。官军这次进军莱州从昌邑誓师到四月十三日沙河兵败只有短短半个月，被俘的人员和武器物资进一步为叛军输了血，崇祯帝亲自调拨的六门威力巨大的红夷炮也为叛军缴获，三天后这些大炮出现在莱州城下，给莱州军民留下惨痛的记忆！

莱州的牌坊①

　　孔有德兵变，山东巡按王道纯第一个报告上级并组织抵抗。二月奉旨进驻莱州，叛军派人说项，道纯不为所动，焚书斩使驰疏朝廷：叛贼每天都用招抚为辞愚弄我们，第一次讲抚六城陷落，第二次讲抚登州城破，第三次讲抚黄县丢失，第四次讲抚莱州被围。不停讲抚而我军屡遭挫败，这样下去还有什么力量再战？盼望朝廷速发大军，拯救这片危在旦夕的土地。"一抚而六城陷，再抚而登州亡，三抚而黄县失，今四抚而莱州被围"，血淋淋的现实仍然没有唤醒某些朝臣，王道纯反遭大司马熊明遇公开责难。

　　熊明遇、刘宇烈命兵部主事张国臣"赞画"东莱。张国臣也是辽人，欣然受命。先派

---

　　①　古代莱州有旌表坊、功名坊、记事坊、节妇坊等牌坊64座。

废将金一鲸去叛军中打探消息,不久张国臣也进入叛军议和,派金一鲸进莱州报告徐从治:"局势很好、很好!他们不久就可以招抚,千万不要出兵坏了和局(毋出兵坏抚局)。"与叛军浴血战斗近两个月,接替余大成出任山东巡抚的徐从治和朱万年、杨御蕃目睹了叛军的残暴行径,徐从治发现自从金一鲸"三进敌营",每次谈判后叛军攻击反而变本加厉,看穿叛军和议是假。他喝退金一鲸,派遣密使三次进京上疏崇祯帝说贼寇不能招抚,最后一次约发生在四月中旬,措辞一次比一次悲壮恳切。

徐从治疏言:"莱州城被围已有五十天,形势异常危险,我方军民日夜都在盼望援兵,援兵迟迟没有盼来,我知道一定是被安抚的事情耽误了。张国臣写信给我,抄录了诏书和兵部告示,我这才知道兵部已将张国臣的安抚之议上达天听。张国臣乡土观念浓厚,他跟孔有德一样是辽东人,狠心欺君而丧土。当初派金一鲸进敌营,何尝出现过叛军停兵不攻城的事?如果敌人真的停止攻击,或稍稍退兵,我军有什么理由不乐意招抚他们呢?张国臣借口招抚为敌人解围,敌人利用招抚作缓兵之计。"从治又道:"废将金一鲸接受敌人贿赂,对我军增援部队谎称敌人有数万大军,不可轻易进兵;对我军守城将领谎称敌人用西洋炮攻打城池将要失陷,全靠他招抚敌人才没有攻打。金一鲸三次进入敌营,每次进入敌人攻击更加迅猛,而张国臣却说敌人的进攻是因我用绳索坠部队下城反击招致敌人的报复。这是让敌人随心所欲地攻击我军,而我军不能向敌人放一箭,难道我们就要像孙元化断送登州那样断送莱州,然后才能完成张国臣所说的招抚大业吗?"

他回顾平叛作战的关键环节:"当敌人经过青州,余大成拥精兵三千,剿灭敌人是比较容易的。孙元化写信给余大成说:'敌人已投降了,你的军队不要向东进军了。'余大成于是停止不再追击,使敌人蔓延开来。现在贼寇视我等为孙元化,我方有人替敌人解释说吴桥事发是有原因的,他们一路上不动用武力没有杀人,听到诏书就停止了抢劫等等,说得好听,这样的假话想要骗谁?!朝廷之中充斥着张国臣等人散布的谎言,他们一定是说一纸合约胜过十万兵,增援之兵迟迟不到,我就知道是这个缘故了。"最后对五十天以来的奇怪战事他压抑不住悲愤,沉痛地倾诉:"徐某即使是死了,也要变成厉鬼杀贼,绝不敢用招抚来欺骗圣上,不敢延误国事以失封疆!"

· 此信终成徐从治绝笔:

莱城被围五十日,危如累卵。日夜望援兵,卒不至,知必为抚议误矣。国臣致书臣,内抄诏旨并兵部谕帖,乃知部臣已据国臣报,达圣听。夫国臣桑梓情重,忍欺圣明而陷封疆。其初遣一鲸入贼营,何尝有止兵不攻之事?果止兵,或稍退舍,臣等何故不乐抚?特国臣以抚为贼解,而贼实借抚为缓兵计。一鲸受贼贿,对援师则诳言贼数万,不可轻进;对诸将则诳言贼用西洋炮攻,城将陷矣,赖我招抚,贼即止攻。夫一鲸三入贼营,每入,贼攻益急。而国臣乃云贼嗔我缒城下击,致彼之攻。是使贼任意攻击,我不以一矢加遗,如元化断送登城,然后可成国臣之抚耶?当贼过青州,大成拥兵三千,剿贼甚易。元化遗书谓"贼已就抚，尔兵毋东"，大成遂止勿追，致贼延蔓。今贼视臣等犹元化，乃为贼解，曰吴桥激变有因也，一路封刀不杀也，闻天子诏遂止攻掠也。将谁欺！盈庭中国臣妄报，必谓一纸书贤于十万兵，援师不来，职是故矣。臣死当为厉鬼以杀贼，断不敢以抚谩至尊，淆国是，误封疆，而戕生命也。

如此重要的一道上疏被截留，崇祯帝没有看到，莱州更加命悬一线。四月十六日下午，叛军携沙河战胜之威猛攻，刚刚缴获的红夷大炮也被利用，危城莱州地动山摇。山东巡抚徐从治冒着枪林弹雨在城西南隅指挥作战，城外叛军发射的一发炮弹突然落在徐从治身边，鲜血染红了土地，他倒下了再也没有起来，时年60周岁。山东巡抚徐从治的死让莱州城内军民悲痛万分，一城将士都哭了。

刘宇烈的援军沙河惨败，叛军解除了后顾之忧，集中力量攻打莱州府城，《平叛记》记载，莱州城内外一度"百炮齐射、炮矢如雨"。盘点胶东几大战事：齐国与莱子国之争，燕国乐毅伐齐，宋金唐岛湾水战，明军常遇春攻胶东之战，胶东卫所抗倭，之前从来没有出现过五六百门大炮对阵的场景。

徐从治阵亡，城防日益困难。山东在南京的士子因家乡遭灾，联疏弹劾兵部右侍郎、山东总督刘宇烈，并奏请增加戡乱兵力，于是兵部又调北京附近的昌平兵3000，以昌平总兵陈洪范统率。刘宇烈2.5万名大兵尚不济事，3000昌平兵能有何作为？原来陈洪范跟辽东兵关系不错，熊明遇笃信陈洪范能够利用私人关系招抚孔有德和李九成。临行前熊明遇谆谆告诫陈洪范："洪范，去吧，去吧！孔有德等人是可以招抚的！"陈洪范走后，熊明遇每天翘首以盼，期盼在某个清晨他一觉醒来出现奇迹——陈洪范带着孔有德、李九成前来负荆请罪。

存在幻想的大有人在。天津镇将孙应龙的自告奋勇又为平叛平添了插曲。登莱镇燃起战火，东江镇已经出力，天津镇作为"三方布置"的一方责无旁贷。镇将孙应龙昔日在辽东与耿仲明有点交情，或许是不忍生灵涂炭，或许是不甘寂寞，孙应龙对他的上司、天津巡抚郑宗周保证："仲明兄弟与我有交情，我能叫他把孔有德、李九成捆绑送过来！"他如此有信心，郑宗周信以为真，当即拨给他2000兵泛海去登州找耿仲明。耿仲明听说

戏剧《姊妹易嫁》剧照①

---

① 蒲松龄《聊斋志异》"姊妹易嫁"故事发生在莱州，说张姓人家把长女许配给毛公为妻，然而长女嫌毛公是牧牛人的儿子，宁死不嫁。张老无奈，不得不由豪爽的次女代为出嫁。后来毛公考中进士居宰相，长女则嫁一大户浪荡公子，夫亡家败，悔恨中削发为尼。《姊妹易嫁》的毛公原型即为莱州人毛纪，官至首辅。原莱州四门匾额为毛纪所题。

这事,派人用匣子装了一颗人头送给孙应龙说:"这是孔有德的头。"见了"孔有德的头",孙应龙扬帆启程。

五月渤海风平浪静,孙应龙率战船和2000天津兵浩浩荡荡驶到登州外海。耿仲明连忙派人驾船引导,穿过水门天桥,次第进入水城小港,原先因登州之战战船被焚毁而空旷的水城小港一时又拥挤起来。耿仲明率领大小头目亲自迎候、礼节备至。

"孙将军,别来无恙!"耿仲明看到孙应龙舍舟登陆,上前鞠躬行礼。孙应龙起先有点忐忑,在见到笑容可掬的耿仲明后放下心来,咧开嘴笑了……

耿仲明以鼓乐将其迎入水城。杯盘罗列,山珍美味,酒过三巡,耿仲明站起来敬酒,突然将杯子一摔,高喊一声:"拿下!"

话音刚落,钢刀架上了孙应龙的脖子。可怜他糊里糊涂地送命不说,还连累2000天津兵一起受累!缺少战船的叛军得到一大批巨舰,愈发嚣张。

崇祯五年的风景

崇祯五年(1632)春夏之交,年轻的皇帝朱由检坐在深宫紫禁城一脸的惆怅。皇帝宝座击鼓传花一般传到他手里已传了16任皇帝。今天似乎公认他从哥哥朱由校手中接过一个烂摊子。登上帝位,他振作精神节俭勤政,力图扭转江河日下的局面。他就位的前两年,帝国在他手里确实发生了一系列可喜的变化。

一曰剪除大奸,毁《三朝要典》。

天启间,封建专制走向腐朽极致。明熹宗宠信其乳母客氏,魏忠贤与客氏勾结形成"客魏集团",借其手控制熹宗。随后,魏忠贤阉党势力控制了东厂、锦衣卫和三法司并四处渗透,"内阁六部,四方总督,巡抚遍置死党"。阉党之祸基本上消耗掉了朝廷进步力量,导致政权运转失灵,是导致明朝灭亡的主要原因之一,甚至是主要中的主要。其他原因如自然灾害、万历懒政、君臣不和、后金崛起、农民起义也都发挥了助力。

崇祯帝早年在野,举国皆知阉党为害,他早有耳闻。他登基后立即迫使魏忠贤自杀,处死客氏,逮治阉党,魏忠贤侄子魏良卿、客氏子侯国兴俱伏诛。特别是禁毁《三朝要典》象征意义重大。《三朝要典》又称《三大政纪》,由阉党人员顾秉谦、黄立极、冯铨等编撰。天启六年(1626)四

洪武通宝　　　　　　　万历通宝

月初十,阉党人员、给事中霍维华上疏数千字,抨击刘一璟、韩炉、孙慎行、张问达、周嘉谟、王之采、杨涟、左光斗、周朝瑞、袁化中、魏大中、顾大章等著名的东林党人,全盘推翻"梃击案""红丸案""移宫案"的正确结论。魏忠贤在霍维华上疏的基础上开馆纂修有关万历、泰昌、天启年间三大案的《三朝要典》作为陷害东林党人的法理依据,试图从历史的

角度将阉党迫害东林党的事实一笔勾销。崇祯帝登基不久，毅然下旨销毁《三朝要典》，象征着与过去的错误路线决裂。大清建国后，《三朝要典》的邪恶也引起了北京城新主人的警惕，清廷军机处在禁毁《三朝要典》的上疏中指出：该书借"梃击、红丸、移宫"三案"罗织正士，献媚客魏，中间颠倒是非，天良灭绝……应请销毁"。

二曰解放东林，廓开言路。

朱元璋认为，治国首要在治吏。明代后期的吏治积累了太多问题以至逆向淘汰，正直之士挂冠而去，奸邪小人攀附竞进。崇祯帝继位之初，赠恤冤臣，杨涟、左光斗等得到平反；一大批正直人士如前南京吏部侍郎钱龙锡、礼部侍郎李标、礼部尚书来宗道、吏部侍郎杨景辰、礼部侍郎周道登、少詹事刘鸿训俱礼部尚书兼东阁大学士，"预机务"。朝廷上下看到了复兴的希望。

三曰压制宦官，改变政风。

朱元璋以宦官乱政为鉴，曾说："汉唐末世皆为宦官败蠹不可拯救。"（《明太祖宝训》）他特地在内宫铁牌镌刻"内臣不得干预政事，预者斩"。这样的制度其在位时就出了问题，宦官屡被委以重任，如到边疆主持茶马贸易。明成祖朱棣因在"靖难之役"中得到宦官的有力支持，干脆将祖训丢弃一边，大规模任用宦官监军、搞经济，从此宦官干政绵延不绝，到天启间司礼监秉笔太监魏忠贤的权力达到顶峰。崇祯帝继位，"鉴魏忠贤祸败，尽撤诸方镇守中官，委任大臣"，将设置于边防要地、监视统兵大将的宦官监军一律裁撤。"崇祯元年（1628）春正月辛巳，诏内臣非奉命不得出禁门。"（《明史·庄烈帝纪一》）这一度压制了宦官干政势头。

明末铮臣杨涟①

四曰留心边务，整顿军备。

为了对付内忧边患，崇祯帝起初努力提拔功臣。因魏忠贤排挤不得封赏的袁崇焕立升"兵部尚书兼任右副都御史，督师蓟辽、兼督登莱、天津军务"，担负抗金重任。崇祯元年（1628）七月癸酉又"召对廷臣及袁崇焕于平台"。就在这次重要的台对中，他得到袁崇焕"五年复辽东"的承诺，大喜过望，立授尚方剑，这也为袁崇焕诛杀毛文龙以及袁崇焕被怀疑为内奸被冤杀埋下了伏笔。

崇祯帝兢兢业业，每天天不亮就上朝办公，经常为了国事废寝忘食。无奈国事积重难返，尤其是"崇祯新政"在顶层设计上就存在致命缺陷：他的治国路径是"法古"，即效法开国皇帝朱元璋的路线，"这是传统中国政治革新的一贯路线，即假托一个可以效法的政

---

① 杨涟，明代湖广应山（今属湖北广水）人，东林党人，天启五年（1625）任左副都御史，因弹劾魏忠贤二十四大罪，被诬陷"受贿一万两"，历经拷打，惨死狱中；崇祯帝予以平反昭雪，赠太子太保、兵部尚书，谥"忠烈"。

治楷模,赋以权力安全、效率等原则因素,并以民意基础、官声评价和意识形态的宣传导向,设计出后世历代政治运行的指南针、试金石"。这种"法古"哲学为封建专制提供了合法性的群体心理支撑。孰料时移世易,原有的社会结构、权力布局、内外环境和社会承受能力也不同了,照搬太祖做法又怎么可行呢?"因袭旧制或重造旧体制权威的风险更为巨大",他的新政失败是注定的。(曹英《南辕北辙的崇祯新政管窥》)明末积弊难返,需要力挽狂澜,但崇祯帝勇气有余智慧不足,加上多疑轻断、刚愎自用,以致登基以来的新气象很快消失,朝廷很快沉疴泛起。

沉疴之一:党争再起。党争一旦形成,势必形成"城门失火殃及池鱼"的溢出效应,是非对错往往成了次要问题,门户之见左右政务。我们必须搞清楚,明代的"党争"更近似于原始门派斗争,政争两方不一定有明确的政治纲领和成型的组织架构。崇祯五年(1632),朝廷围绕首辅的位置已经再次形成了东林党人与阉党余孽的尖锐对立。东林党人及其支持的内阁首辅周延儒,正在和阉党余孽暗中助力的大奸温体仁暗中斗法。政权内部矛盾重重,真正忧国忧民客观看待问题又拥有一定发言权的朝臣日益处于危险之中……

泰昌通宝　　　　　　天启通宝　　　　　　崇祯通宝

沉疴之二:宦官回流。宦官出镇是封建皇权的产物,指皇帝亲信宦官被派往边镇或内省协助和监督文武将吏镇守地方,具体分两种——监视太监和总、分监中官。监视太监职比监察巡视科道,总、分监中官职比总督、巡抚,类似于二战东线战场斯大林派往苏军各方面军的"大本营政治代表",与方面军总司令同级,对首长有监视之权。如果用人得当,宦官出镇对于监督强化边防和行政管理体系确有一定效果。例如,在镇压这次孔有德兵变过程中,宦官监军高起潜发挥了积极作用,这一点下文要叙述。但总的来看,弊大于利。学界普遍认为:"崇祯朝的宦官出镇,不仅不能挽救边疆衰败的颓势,而且产生了诸多负面影响。"(吴兆丰《明代崇祯朝宦官出镇研究——以京畿及周边诸镇为中心》)崇祯帝借反客魏集团赢得巨大声誉建起权威基础。但是不久发现"廷臣竞门户,兵败饷绌,不能赞一策,乃思复用近侍"。(《明史·张彝宪传》)于是崇祯四年(1631)九月,宦官复又出宫监军监政。此事激起群臣强烈反弹,崇祯一概不纳,反说说:"假如你们群臣能够一心为国,我又何必任用内臣?"("苟群臣殚心为国,朕何事乎内臣?")对群臣的不信任不言而喻,于是群臣束口。文臣武将均不可信,那么就只有宦官可信,于是"中珰势复大振"。(《明史·张彝宪传》)短短两三年间,重新走回没有魏忠贤的"魏忠贤路线",证实皇权专制政权在体制内进行所谓政治改革必然失败。

沉疴之三:辽事日非。袁崇焕杀毛文龙铸成一错,朱由检杀袁崇焕错上加错。自毛文龙死后,东江镇群龙无首分崩离析,还埋下孔有德登莱兵变、后方基地被毁的祸根。袁崇焕死去,袁的部下祖大寿等为之胆寒,没有了能够在战场上与皇太极相匹敌的人才,关宁防务一天天沉沦,辽西走廊失守是早晚的事。《明史》干脆说:"崇焕死,边事益无人,明亡征决矣。"

古代封建体制权力高度集中,到明代登峰造极。治乱之策、国家安危系于一身,皇帝本人的素质和能力往往具有关键性作用。因此上述沉疴弊病的形成,与勤勤恳恳、急功近利、多疑善变的崇祯皇帝朱由检存在很大关系。

1632年春夏之际,崇祯帝面前的帝国是这样的场景:首先,辽东暂时平静。东北的满洲后金,大汗皇太极的阵营,正在一边盘点去年兵略中原和大凌河之战的猎获物品,一边舔舐着反抗者给他们留下的伤口,算计着下一次"围猎中原"。其次,西北警讯不停。这其中就有日后攻破北京的"大顺军"领袖李自成。李自成加入起义队伍的导火索是崇祯帝精简驿站的政策。《明会典》记载:"自京师达于四方设有驿传,在京曰会同馆,在外曰水马驿并递运所。"由于到明末国家积累了太多问题,并且财力也不再能够担负得起如此数量的驿站,于是,朱由检在崇祯元年(1628)对全国驿站进行了改革,精简驿站。恰巧,陕北驿卒李自成因丢失公文,加上驿站减员被裁撤,失业在家,欠了举人艾诏一屁股债,因为还不上债被官府游街,而妻子又与别人通奸……于是李自成真是心情糟透了!1628年年底,李自成铤而走险,杀死债主艾诏,又杀了妻子,两条人命在身,从此他与张献忠等人汇入了贫穷绝望的边卒农夫叛乱的洪流,走上一条不归之路。

汉家烟尘在东北,汉将辞家破残贼。如果没有东北的战事,西北的叛乱是能够戡平的,这从1644年"关宁铁骑"与李自成"大顺军"一遇,"大顺军"就溃不成军一望可知。但是由于三线作战,力量捉襟见肘,明政府派去土地贫瘠、交通不便、百姓赤贫的西北镇压农民起义的兵力,既少又弱,统兵的将领也是二流,使得西北的叛乱起起伏伏。此后几年,经过官军不断打击,西北张献忠、李自成的叛乱逐渐式微,可就在这年五月,"总兵官曹文诏、杨嘉谟连破贼于陇安、静宁,贼奔水落城,平凉、庄浪饥民附之,势复炽"。这就等于说,已经渐渐熄灭的农民暴动之火,又噼噼啪啪燃烧起来。

京师大雨水,黄河决孟津。天子脚下北直隶、河南数十万水灾难民流离失所。尽管朝廷依例下令州县抚恤,但因为各地连年灾害、军费沉重、府库拮据,根本拿不出多少银粮赈济灾民;而真有银子的如福王朱常洵等人又不愿意出这笔钱,因此千万饥民卖儿卖女四处流浪。

胶东战火燎原。从去冬燃起的叛乱之火至今还在熊熊燃烧,叛军回师登莱,接连攻陷登州、黄县、平度、招远、福山,围攻莱州、闪击莱阳,胶东死难军民十数万,登州总兵官张可大、游击陈良谟等均战死,知府吴维城、同知贾杰、知县秦世英都被俘,巡抚都御史孙元化、总兵官张焘、登莱道宋光兰、辽海监军道王徵等人羁在诏狱。前不久,兵部右侍郎、督理山东军务刘宇烈大败于沙河,援军丢失大半,山东巡抚徐从治在防守莱州城时中炮牺牲。叛军拉起十万大军建立伪政府,屡次击败平叛大军,气焰万丈。面对这样一幅凌乱破碎的山河图,朱由检作为一国之君怎能心安理得享受人生?

朱由检看完塘报,目光盯着地图上的古县昌邑,该县位于山东半岛西北部,潍河下游,莱州湾畔。崇祯五年(1632)四月末,败军之帅刘宇烈心灰意冷地重新誓师昌邑城,败将陈洪范、牟文绶等也陆续逃回。昔日大军出征大张旗鼓,浩浩荡荡多么威武,一夕兵败土崩瓦解,将帅个个灰头土脸。昌邑以西官民百姓也大为惊恐,他们在去年冬天已经领教了孔有德所部的残暴,时刻担心卷土重来。刘宇烈丢了主力和所有重装备,剩下一群形同拿着烧火棍的散兵游勇,再求朝廷再调兵难度很大。刘宇烈是知道朱由检脾气的:不高兴的时候,扒下你的皮;高兴的时候,再给你缝上一张。

"中丞愁饵贼,太守痛捐躯"

顾炎武长诗《莱州》中有诗句:"中丞愁饵贼,太守痛捐躯。"这里的"中丞"指积极平叛的山东巡按御史王道纯,而"太守"指的就是莱州知府朱万年。

战事如此惨烈,大家感到这仗打不下去了。无奈中,莱州推官(司法官)屈宜阳自告奋勇,请求进入敌营讲和,这正中主帅刘宇烈下怀,立派屈宜阳为使节到叛军中。屈宜阳的运气看上去比孙应龙好一些,他到了叛军营地还得到了礼遇。屈宜阳是否见到了孔有德,没有确凿记载,但是他一定见到了高级别的叛军军官并得到肯定的答复。几天谈下来,屈宜阳感到十拿九稳,于是派随员传话说:"贼已受命。"兵部侍郎刘宇烈得报大喜,连忙派人快马加鞭禀报北京兵部,又修书一封想方设法给被包围的莱州守军送进城去,报告这个天大的好消息。

五月丙午,朝廷发布"参政朱大典为佥都御史,巡抚山东",代替牺牲的徐从治。当初任命徐从治和谢琏为山东巡抚、登莱巡抚并驻莱州的时候,山东巡按御史王道纯就明智地提出三策:分移镇、须精兵、慎招安,特别指出:"新抚臣徐从治、防臣谢琏不宜并城,一当移驻莱阳,共相犄角。"如果当初明廷采纳他的意见就不会出现两巡抚都被围在莱州城内各路援军群龙无首的局面。另外,"调集精兵尤其是川军和关宁军"以及"慎重对待招安"两条意见也都是正确的。

忠烈御史王道纯(?—1644),字怀鞠,蒲城人,明天启五年(1625)进士,授中书舍人,后升御史。驿卒李自成起兵陕北,道纯建议快向饥民放赈得到朝廷同意。之后,上本弹劾光禄卿苏晋与参政张尔基渎职,苏、张均被罢免。崇祯四年(1631)又劾吏部尚书王永光,但未被采纳。他巡按山东正值明军与后金激战于大凌河,登州参将李九成、孔有德叛明,他立即镇压的意见被抚院余大成忽视,致叛军一路攻陷登州,他上书朝廷请军救援,而朝中主流依然主抚,他的意见不被采用。

"（五月）辛亥，礼部尚书郑以伟、徐光启并兼东阁大学士，预机务。"徐光启的爱徒孙元化已经身陷囹圄。登莱兵变以来明廷一开始就存在两种对立的态度，部分官僚因为顾及登州镇的特殊性——练兵基地和铸炮基地的新军事革命策源地——投鼠忌器；部分腐败官僚或收受贿赂或因惧敌不敢与叛军斗争，力主招安；部分官员洞悉孔有德、李九成等人既已发难决不会轻易就抚，力主以武力平定叛乱。由于周延儒、熊明遇坚持招抚，虽然王道纯、徐从治等的告急文书雪片似的寄来，明朝中枢均无有效应对，致使局势失控。

刘宇烈沙河兵败，崇祯帝在奉天殿集群臣廷对。内阁首辅周延儒、内阁次辅温体仁、少保兼任太子太保吴宗达、太子太保何如宠、兵部尚书熊明遇等都在座。

老狐狸温体仁依旧眯缝着一双老鼠眼一言不发，他到死都信奉"话到嘴边不敢言"的信条，只有关乎他的切身利益时他才发言。

吴宗达说不出个所以然，于是还得周延儒发言。

周延儒示意熊明遇先说，熊明遇自信地禀报年轻的皇上说："陛下，登州兵招抚有望了。"一言既出，朝堂肃静。

他说刚刚得到山东方面的消息，说莱州推官屈宜阳已经进到叛军中并达成招抚之约，孔有德所部要立即放下武器，听候发落。六月的烈日火辣辣烘烤着京师，紫禁城的琉璃瓦在艳阳下闪耀着金色光芒。皇太极的后金大军自北京城下退兵之后，千里外的干戈声暂时还传不到重重深宫。

听完兵部尚书的话，朱由检微微皱起了眉头，他略显清瘦的脸一脸疑问，问熊明遇："你们不是多次禀报孔有德的登州乱兵要就抚吗？"就在这个时候，刘宇烈五月十六日发自山东省莱州府昌邑县报告讲和成功的上疏，终于由驿卒一站一站传递到北京城。消息得到了印证，崇祯帝信以为真，心里一块石头落了地。

山东巡抚徐从治四月中炮牺牲，莱州知府朱万年一下子苍老了许多。他不仅主管守城全军的后勤供应，还要率兵把守自己分管的西城门。守城的一千个日日夜夜他苦思保全之策，夜不成寐，东奔西走筹集物资，尤其是收集能用来造炮弹的金属器物。

莱州士民见知府如此辛劳，把家里有用的器物都无私奉献出来。传说莱州人当时有一位老先生实在没有什么可以贡献的，竟然要自己的儿子、孙子抬着为自己百年之后预先备下的棺材，一定要献给守城的官军将士。家里人开始不同意，老头子是个倔脾气，他大声说："将士们奋勇杀敌，保卫莱州。有的马首裹尸，难道不应该享受一副好棺材吗？我一个老头子，还能为他们做什么呢？"可见拥军的传统在莱州是有着悠久历史的。就在莱州城濒临极大困难的时候，七月四日，朝廷下令招安的圣旨降临莱州。

经过几次大胜，孔有德叛军以战俘和流民大肆扩充兵力，根据事后明军缴获的名册，叛军总数一度达到了空前的十多万人！但是莱州久攻不克，叛军数万人和大部重炮都集中在莱州，使得他们也不能放手攻打胶州、高密、文登、即墨，莱州府的顽强抵抗以及明廷陆续派兵增援使叛军主力被钉在登莱西线。

　　崇祯五年(1632)五月以来,除了原来的胶东兵、新任登州总兵官吴安邦所部,先后奉命调到前线参与剿贼的,还有以下将军及各部:义勇总兵官刘泽清,天津总兵官王洪,保定总兵官刘国柱,昌平总兵官陈洪范,通州副总兵官、代理山东总兵官杨御蕃(被围在莱州城内),蓟门总兵官邓玘(川军),东江总兵官黄龙。孔有德等虽然取得了一些地盘,建立了规模可观的叛军队伍,但预定的占领胶东全境的战略破产了。进入六月,战线就在莱州、昌邑、平度、莱阳一线稳定下来,高密、胶州、即墨、乳山等地保住了。

大泽山风光①

　　此时正是麦收夏种季节,但是胶东半岛中北部许许多多乡村田园都荒芜了,有的乡民撇家舍业投奔外地亲友,有的藏匿到深山里,没有逃出去的在叛军的奴役下苟延残喘。叛军以缴获的孙元化"登莱巡抚"关防大印檄谕地方,实行了一种原始的管制经济,将人口、物产据为己有,最大程度地压榨他们,将掠夺的金银细软输送到登州上供孔有德、李九成等享用,很多年轻女子被掠夺进登州,作战物资源源不断地输送到莱州、平度一线。他们享受到了有地盘的好处,在这片战火燃烧过的土地上尽情享受。"都元帅"孔有德制定了初步的律令,想建立秩序,但效果很差,战线后方的叛军士卒三五成群在乡野间游荡,酗酒滋事,争勇斗狠,偷鸡摸狗,有时公然破门入户淫掠,黑漆漆的夜里到处都能听见乡民的哭喊。蓬莱如此,黄县如此,招远、栖霞、平度、福山等地天天发生着同样的暴行。

　　莱州守军和叛军对莱州城的争夺达到了白热化的程度,红夷炮、"大将军"、佛朗机、大小火铳、各式弓弩,不分昼夜地传播着死亡和恐怖,满目疮痍的莱州古城如同一个遍体鳞伤的勇士,依然屹立不倒。伪"都督"耿仲明坐镇登州后方大本营,"总兵官"陈有时率

---

　　①　康熙《平度州志》载:"群山环而出泉,汇为大泽,以此名也。"今双山水库是其残存。大泽山之阴是莱州府治掖县,大泽山之阳是平度散州。

兵守住平度,首脑孔有德、李九成不时来往于登莱之间,攻城大营就设在莱州城数里开外的村落间。

炎热的夏夜,孔有德得到了一条重要的消息,匆匆骑马来到李九成处。守门的欲要先进去禀报,孔有德却不由分说直接"登堂入室"。李九成正在几个掳掠来的女子侍奉之下袒胸露腹,大碗饮酒行乐,看到孔有德进来颇有些意外,于是放下了酒杯,挥手屏退了服侍的女子。孔有德压低声音对李九成说:"吾兄!关宁军就要来了。"

"关宁军?"李九成一怔,酒意有些清醒了,忙问孔有德消息是否确切。孔有德严肃地说千真万确,这是安插在京师的密探得到的。不唯如此,孔有德还知道是谁出的主意、调兵规模以及出发的大致日期。不久前山东在京要员户部尚书毕自严、户部右侍郎刘重庆(刘耳枝)、监察御史王万象对登莱战事久拖不决表示了极大的愤慨,他们联疏将矛头指向原登莱巡抚孙元化以及兵部尚书熊明遇,批评说:都是孙元化养虎为患,以甜言蜜语哄着一群骄兵悍将,虽然他被关在诏狱却还在以招抚的理由自我辩解,"以缓须臾之死"。朝臣有的说,并不是逆贼要接受招抚,而是败事的孙元化想要招抚;有的说,其实也不仅是孙元化想招抚,而是左右想庇护孙元化的人都想招抚逆贼;也有的说,经过半年战斗已经证明各镇兵都不是久经战阵的叛军的对手,听说叛军公然扬言:"杀山东兵如刈菜,无奈我何!"还听闻叛军私下里议论:"我们谁都不怕,怕的就是与我们一个血统的关外兵。"(《庭闻录》载:"各镇兵咸非吾敌,惟虑关外兵。")关外兵显指袁崇焕旧部"关宁铁骑"。

户部右侍郎刘重庆就是大名鼎鼎的莱州人刘耳枝。四川道监察御史王万象出自一门六进士的"东莱王氏"。崇祯二年(1629),因蓟州军卒哗变导致死亡的巡抚王应豸也出其门下。而户部尚书毕自严出自山东新城王氏,是"宁远兵变"中被乱兵逼死的宁远巡抚毕自肃和吴桥知县毕自寅的兄弟。国仇家恨集在一起,使得他们忧愤异常。朝廷保密工作竟差到这个份上,上奏崇祯帝的这些言论,竟然一字不漏地传到了奸细的耳朵中,并很快就传给了孔有德。刘耳枝等的言论等同于揭发周延儒、熊明宇、刘宇烈等袒护孙元化,使平叛一无所获,言辞激烈却大致符合事实。他们也隐隐攻击了五月新任大学士的孙元化的恩师徐光启。他们这群人之所以对于救援莱州格外心焦是因山东莱州是他们的故乡,桑梓满目疮痍,怎能袖手旁观?孔有德还听说为了剿灭他们这帮"贼",崇祯帝将自己十分信任的大宦官高起潜也派来监军,他分析朝廷援军一定会冲着莱州而来,因此跟李九成商量必须趁着援军到来前一举拿下莱州,然后依凭坚城与援军决一雌雄。

李九成同意孔有德的分析,招来亲信几经商量,狡猾善变的孔有德决定亲自出马上演一出大戏!

五月十六日,兵部右侍郎、督理山东军务刘宇烈送出奏议,一等就是50多天。如此长的时间都在等待中度过了,朝廷围绕战与和争论不休。刘宇烈一心讲和,任凭莱州城下的炮火一日复一日,坐视莱州军民天天在流血,无一支箭一粒粮送进莱州城。"七月流火",转眼就是胶东最热的七月天。

　　七月初四，朝廷对叛军招安的圣旨终于送达刘宇烈手中。此前初二叛军声言"抚事已成，两军不必放炮"，叛军"副元帅"孔有德还将一名擅自试炮的部下割耳游营以示诚信！巡按御史王道纯曾说："一抚而六城陷，再抚而登州亡，三抚而黄县失，今四抚而莱州被围。"加上孙应龙的天津水师，小的媾和活动还不算，屈指一算少说也有五次大规模招抚。招抚一次失败一次，一次比一次惨痛，这次应是第六次。

　　刘宇烈通报叛军让他们先解除莱州之围，叛军却提出先举行谈判，邀刘宇烈去叛军大营。刘宇烈不敢去，派营将严正中当代表，跟着特使屈宜阳抬着特意制作、以示皇帝之威的"龙亭"到对阵的沙河畔（"舁龙亭及河"）。一到河边，等候在此的叛军就把严正中连同龙亭簇拥而去，而放屈宜阳回莱州报信说大帅孔有德请"文武官出城开读"圣旨，"围即解"。叛军不仅要谢琏等文武官员全部参加，还指名道姓要德高望重的知府朱万年也一起出面，扬言："得朱公要（邀）我，即解甲已。"

　　仗打得这么惨，莱州粮弹皆缺，死伤枕藉，饿殍遍地，已快坚持不住。为了早一天熄灭战火拯救黎民，登莱巡抚谢琏先妥协了。谢琏对部下说："包围已快六个月了，既然已经没有办法对付他们，还不如权且听他们的。"（"围且六月，既已无可奈何，宜且从之。"）朱万年也与同事商议："叛军破州毁县，杀害朝廷命官，自知难赦，且又未经大创其锐，其志甚骄，必无投降之意。不去，又有损国威。我身为知府，食禄为王朝臣，此身何惜！"诸将士均劝朱万年不要去冒险，朱万年道："我不出，民且死，倘悔祸而姑缓其攻，我取谷薪以自给，亦可也。"事遂定。

　　七月六日，伤痕累累的城门徐徐开启，谢琏带宦官徐得时、翟升及知府朱万年出城与叛军首领孔有德接洽。谢琏、朱万年终于近距离见到了孔有德，"有德等叩头扶伏，涕泣交颐"，骂自己死有余辜，孔有德的随从也一起跪倒在地。谢琏赶紧上前扶起。孔有德泪流满面，谢琏好言劝慰了很久，双方约定明天，也就是农历七夕节这天举行招安大典，正式开读圣旨。告别之际孔有德特意嘱咐：不打不相识，明日这个隆重的场合，一定要请杨御蕃总兵官出来一起相见为证。谢琏"慰谕久之而还"。

　　七月七，七夕节。在这个始于汉朝的传统节日里，历代中国妇女在庭院中向织女星乞求智巧，即为"乞巧"。据说天仙织女就在这一天被地上牛郎感动下凡人间与之结为伉俪，因此这个日子极具浪漫色彩，远播日本、朝韩、越南等儒家文化圈中的各国。公元1632年的这个"七夕节"被用作两军握手言和的日子。

　　七月初七莱州城之晨，太阳照常升起了，一骑从城外飞驰回来，和谈特使、莱州推官屈宜阳按预定被孔有德从城外放回城里，引导"防院"谢琏一行出城。日上三竿，城门再次大开，袍服整齐的开读队伍在大明命官谢琏领导下以旗牌和骑兵护送出城，屈宜阳在前面开路，北京派来的宦官徐得时、翟升携带招抚圣旨，同莱州知府朱万年都在队伍中。大明旗帜随清晨微风摆动，红彤彤的旗帜如同一团血，包围着中间那个大大的"明"字！队伍中唯独缺少代理山东总兵官杨御蕃。

现存的故明莱州府即墨县境之雄崖守御千户所城西门"镇威门"及石额①

　　临行前谢琏再次热情邀请杨御蕃一起去，杨御蕃跟张可大一样出身世袭军人世家，父亲杨肇基就是和徐从治一起平定鲁南徐鸿儒民变的总兵官，杨御蕃说："我是将门之子，只知临阵杀敌，哪里会懂招抚这类事儿？"（"我将家子，知杀贼，何知抚事？"）谢琏因此也不再勉强。开读队伍出城时，杨御蕃在城头目送。看到队伍走出瓮城、越来越远，他眼睛看得有些生涩，心头掠过一丝不祥，吩咐中军提醒守城兵民：打起精神提高戒备！

　　原莱州城门外一里许有一所老驿站，孔有德如约在此守候，见到谢琏再次下拜，与谢琏"且走且言语"，一起走向老驿站门口——这里就是预定开读招安圣旨的地点。刚刚走到驿门，猝然只听两声炮响，倾颓的驿站墙下伏兵大起，护送的骑兵寡不敌众被纷纷斩落！在一片混乱中朱万年急忙对着城头方向大喊"闭门！闭门！"巡抚都御史谢琏、钦差太监徐得时与翟升、莱州知府朱万年等都被伏兵生擒。只有莱州推官屈宜阳腿脚比较快，他逃跑中被伏兵砍了一刀，跑掉一只鞋，逃进莱州城。

咏莱州太守朱万年

登莱沧海溟，太守抚危城。
弹矢密如雨，时议逾坚冰。
黔山出灵秀，齐鲁扬其名。
焚身以登仙，汗青足慰忠。

笔者题于乙未年腊八节

　　莱州"七夕节"与中国别处不同，不是在七月初七而在七月初六，这是为了纪念保卫莱州而死的知府朱万年。从崇祯五年（1632）二月初三开始，只有5000兵据守的莱州一

---

　　①　保存至今的雄崖所古城是本书作者的故乡，位于青岛市即墨区田横镇北部、黄海丁字湾海岸，是国家历史文化名村、山东省文物保护单位。

直处于叛军围攻中。多年后,清国定南王孔有德忆起此事,曾经感叹:"真是铁打的莱州!"七月七日,明登州叛将孔有德一手策划了调虎离山计,试图趁乱一举拿下莱州。

莱州城的首脑、登莱巡抚谢琏等主要人员被叛军一网诱擒,叛军乘乱以伏兵加紧扑城,莱州又沉浸在弹雨硝烟之中,炮声震天,乱箭蔽日。杨御蕃、彭有谟远远看着谢琏为首的开读队伍被擒,遽掩四门拼死抵御。叛军攻击不得手一时退走,莱州的主心骨一夕间就断了,恐怖的气氛笼罩全城,军民惶惶不安,都在注视着代理山东总兵官杨御蕃。时艰催人老,杨御蕃正月从通州调到山东平叛,历尽考验,28岁的人看去如同40开外。两位巡抚一个战死一个被俘,知府和两监军连同圣旨都沦入敌手,他接下来要只手擎天。不等城外硝烟散尽,一支500人的叛军队伍打着白旗出现在城下,头目对守军喊话:"朱知府有话晓谕你等!"然后叛兵们押着一个身穿明四品文官服的人靠近城门。

《明史·朱万年传》载,朱万年被俘后对老相识孔有德说:"瑞图(孔有德的字),你们抓了我没用,莱州城内粮食弹药充足兵多将广,强攻是攻不破的。"孔有德于是虔诚请教破城之策。朱万年沉吟良久说:"这样办!你派五百精兵跟着我,我亲去喊他们开城投降。大门一开就以精兵开道,随着大军就冲进去。"孔有德一听,觉得不错,反正你在我手里,不怕你要滑头!于是点了500兵押着朱万年来到城下。

士卒喊完话,朱万年就站在护城河边上。代理山东总兵官杨御蕃闻声果然出现在城上谯楼,朱万年远远喊道:"杨总戎,朱某被擒马上就要死了!贼人精骑都在这里,你不要管我!赶快发炮轰这些贼人!"

杨御蕃闻声泪下,朝夕相处并肩战斗的同僚今身陷敌手,迟疑不忍,叛兵听到话不对路,一边咒骂一边举起了刀,临死前朱万年顿足振臂大呼:"杨总戎!赶快向我开炮啊!"话音刚落便身首异处。

随着杨御蕃挥泪下达命令,城头火器齐射,叛兵多数跑不及而毙命城下!(《明史·朱万年传》载:"贼以精骑五百拥万年至城下,万年大呼曰:'我被擒,誓必死。贼精锐尽在此,急发炮击之,毋以我为念!'")

掖县城(原莱州府城)南门里大街(摄于1938年)

抗日战争期间,日军某部辎重队路过掖县城
(原莱州府城)

崇祯五年(1632)七月初七,朱万年以行动实践了"生作奇男子,死为烈丈夫"的诺言,为保卫莱州流尽了最后一滴血。崇祯帝哀之,赠太常卿,命建祠致祭、官一子。乾隆四十一年(1776),清廷追谥朱万年"烈愍"。

巡抚谢琏和营将严正中以及两宦官徐得时与翟升被送到登州囚禁,最终都被杀害。屈宜阳逃回不久因内疚在莱州城自缢。

爱国爱民的贵州黎平人朱万年在平叛中力抵抚议,团结军民,历尽艰险,终将生命献给了莱州城,以历史上第一个喊出"向我开炮"的明朝知府标彰史册。炮火轰过之后,莱州军民在城门外血泊中只找到他半截胳臂,胳臂上有官服残片。士民奉旨在此立牌坊一座,大书"太常寺少卿东莱太守朱公万年殉难处";又在城南建"忠烈祠"(又名朱公祠),祠壁上绘有朱万年带领兵民守城图画 40 幅称"军容图",用血染的泥土和仅存的残臂塑了一尊泥像供奉其中,每年春秋祭祀。陈恒庆《谏书稀庵笔记》记载:"朱太守殉难后,邑人立庙祀之。泥塑神像,须不及寸,尚为生时之须,年不过四旬也。相传太守莅任之时,入城门,门内有关帝庙,太守车过,关帝木像为之起立。秉心忠贞,人神咸敬,理固有之。"

清嘉庆年间,朱万年六世从孙朱凤翔出任敦煌知县,遣人来莱州拜谒朱公祠,将壁上"军容图"绘成《军容图册》带回故乡教育朱门子弟。其牌坊、祠堂今已不存,胶东人却从来没有忘记朱万年。莱州百姓为纪念"朱老爷",将每年一度的七月初七"七夕节"改为七月初六过,家家户户炸面鱼延续至今,"铁打的莱州"也因此闻名天下。今天的莱州,民族精神世代传承,莱州市歌《三德歌》这样唱道:"爹娘生咱身,拉扯咱成人。汗水壮咱筋骨肉,恩情比海深。养娘心安稳,敬爹是本分,一个道理传古今,要做孝德人……"

崇祯五年(1632)七夕节后的莱州成了一座悲情城市!

山东巡抚徐从治中弹牺牲,知府朱万年被诱杀,登莱巡抚谢琏和两位钦差宦官被俘生死不明,总兵杨御蕃和参将彭有谟接过担子要"与城共命"!莱州城内缺粮缺弹,天天承受炮击,已经没有了退路——假如城破一定会落得像新城、平度、黄县一样下场,考虑到抵抗如此之久,一旦城破下场甚至还要更惨。饿死是死,屠城是死,与其死的窝窝囊囊,不如守其名节,多杀"贼人"堂堂正正战死!尽管援军依旧没有来,城内军民却团结如一。原来城内派来的孔有德部奸细不知道什么原因(或许是被惨烈的局面震慑、感化),竟然人间蒸发一般消弭无踪。

七月九日傍晚,一驿骑踏响北京城兵部衙门前的石街,莱州发生的事情被塘报速传到京,登莱招抚彻底失败的消息不胫而走。朝廷上下纷纷传言,就在六天前一名山东籍大臣因莱州之难忧愤成疾撒手人寰,有人甚至传言他是激愤之下一头撞死在朝堂廊柱上。此人就是户部右侍郎、山东莱州人刘重庆(字耳枝)。

莱州士子刘重庆生就一副倔脾气,认准的事情绝不低头。他出仕北直隶献县县令、升监察御史,天启间不依附魏忠贤被诬"奸党"罢官。魏忠贤事败,再出为监察御史,上书将魏逆奸党李永贞、刘若愚、李实逮捕正法,后任大理通政、升户部右侍郎。孔有德叛军包围莱州,他三次上疏说明莱地失守将置帝国于"面北中梗"的困境,"天下事直有不可言者",怒斥"拯溺救焚之师",备述莱州军民死守孤城的壮烈,正是他与四川道监察御史王万象率先提出了调集关外精锐速援莱州的建议为事态迎来转机,可惜他没有活着等到家乡莱州解围的一天——由于遭到主抚派百般阻挠,刘重庆力争不得,七月初三撒手人寰,时年53岁。

莱州的惨状加上刘重庆的死令举朝哗然,以致天怒人怨。崇祯帝终于也震怒了!泱泱大国岂容鼠辈猖獗至此,廷议决定采取如下措施。

第一,终结抚议,惩治主抚者。当初兴抚议,主抚诸臣有内阁首辅周延儒为后台,以抚议遍告内外群臣:你们信不信啊?反正我信!其他官员多持模棱两可态度,唯独山东巡按王道纯、继任山东巡抚徐从治从一开始就看透了孔有德、李九成的把戏,坚持不可,但招抚一次上当一次,以至州县残破,朱万年、谢琏等被害,于是"举朝恚愤",废去总督山东军务、暂停登莱巡抚之职,专任朱大典为山东巡抚率兵讨贼,同时派人去青州逮山东总督、兵部右侍郎刘宇烈下狱,"以科臣、道臣并劾其丧师辱国也",丧师失地的孙元化等人自逃回北京就一直羁押。兵部尚书熊明遇坐"主抚误国",罢职驱逐,至此"抚议遂绝"。

第二,选择能臣出任山东巡抚。以浙江金华人朱大典为右佥都御史、山东巡抚,全面负责平叛。朱大典是万历四十四年(1616)进士,文武兼备,是一个智勇可与孔有德抗衡的人。因早年曾任章邱(章丘)知县,对山东省情十分了解,他走马出任后先驻青州调度军粮,后督率各路援军向莱州进发。

第三,调动"关宁铁骑"入援。调动关宁军这可是大事。长年驻扎山海关、宁远、锦州一线的关宁军是明军头等主力,明末20年赖其阻击步步崛起的后金。这支军队的动向关系到国祚安危,岂能轻举妄动。屡败之下无可选择,为征调这一部队颇费周折,调兵建议起先由莱州人王万象、刘重庆提出,得到了兵部职方司郎中李继贞的支持,兵部尚书熊明遇开始对此有所犹豫,于是兵部征求节制关宁军的山海关巡抚方一藻意见,方一藻认可。根据方巡抚的判断:大凌河之战结束后,后金方面也在舔舐伤口,短期内无暇南犯,这样就达成了动用关宁军的一致意见。

打起黄莺儿,莫教枝上啼。啼时惊妾梦,不得到辽西。

唐人金昌绪这首五绝《春怨》写一个女子思念远在辽西营州戍边的丈夫。诗中没有正面写她是如何思念,而是写她梦中去辽西和征夫相会。在大量优美的唐诗中这

吕纪①《秋景珍禽图》

---

① 吕纪(1477—?),明代宫廷画家,善画花鸟,授锦衣卫指挥使。

首五绝被广为传诵不是偶然,而是有深厚的历史文化渊源。

关宁军担负着朝野上下收复辽东的梦。崇祯五年(1632)七月初九,崇祯帝谕旨檄调关宁一部入关讨贼,一声令下,都督同知、总兵官金国奇指挥"夷、汉精锐四千八百余人"自宁远向山海关内进发,朝廷调动的其他援军1.6万多人也纷纷启程向胶东疾进,最耀眼的还是金国奇这支步骑炮混合部队,除了都督总兵官金国奇,入关关宁军将领还有:

大凌河战后戴罪的原团练总兵官吴襄;

副将靳国臣、刘邦域;

参将祖大弼、祖宽、张韬;

吴襄之子、勇冠三军的少壮派游击吴三桂和游击柏永馥等。

入援官兵除了汉兵还有一部分满、蒙兵,称为"夷丁",这是一群令敌胆寒的人,绝大多数更是首度入关。金国奇与监军宦官高起潜都听候朱大典的号令,这意味着明廷不惜血本要与叛军算总账了。

孙元化之死

古老的幽州古都棋盘般坐落在燕山之麓,俯瞰着一马平川的北直隶。自永乐十九年(1421),明成祖朱棣迁都至此已渡过211个春秋。此刻夏夜的一弯明月高悬,一位孤独的人徘徊在庭院中,仰望苍穹,微微叹息,为国事哀叹,为登莱军团的覆灭和他的练兵铸造大炮计划的泡汤而惋惜,为他的学生即将面临的巨大悲剧忧心忡忡……他就是大学士、"预机务"的徐光启。

就在五月,内阁首辅周延儒为了给挽救孙元化的生命增加筹码,也可能是为了对付内阁次辅温体仁这只老狐狸,积极支持徐光启出任内阁次辅。崇祯帝下旨:徐光启以礼部尚书兼殿阁大学士、预机务,但一切为时已晚。周延儒幕后暗中支持,熊明遇在前台力主抚议,耽误了登莱战事,招抚叛军孔有德部的计划在莱州城下一步步成为泡影。

到八月份,局势日益明朗。由于登莱巡抚孙元化应对失据,登莱军全军覆没,抗金"三方布置"战略的一方——登莱基地彻底被摧毁,花费重金引进的当时中国最精锐的高科技炮兵部队和先进装备、人才均陷入叛军之手,徐光启为之量身定做的科技大练兵计划无疾而终,山东省生灵涂炭,孙元化的罪行还不够杀吗?

徐光启无力回天,眼看着这一切成为现实,内心的苦闷难以言表,除了埋头整理天文历书以躲避现实,其他的所谓军务、政务都无心过问。

徐光启的一生是一个时代的奇迹,也是一首命运的挽歌。

徐光启去世后,他的儿子徐骥撰《文定公行实》,对其父一生做了十分客观的总结:"文定为人宽仁愿确,朴诚淡漠,于物无所好,惟好学,惟好经济。考古证今,广咨博讯,遇一人辄问,至一地辄问,问则随闻随笔,一事一物,必讲究精研,不穷其极不已。"

徐光启一生持一颗善良的心,悲天悯人,与世无争,历尽磨难而痴心不改,堪称做到

了将生命起点与终点连接起来
的人。他留心观察农事、自然、
社会,喜欢雪天登城,站在龙华
寺塔顶,"与鹊争处,俯而喜",而
他的文采也很早被乡民津津乐
道,人们说他"章句、帖括、声律、
书法均臻佳妙"。他曾经带来了
希望,在大明王朝岌岌可危的关
键时刻,他所启动的革新为民族
赢得了一线希望,但是这样的努
力很快就迷失在腐朽没落的泥
沼中!

徐光启和利玛窦

　　与他一时的内阁宰辅一个个被流放、被逮治、被赐死、被拷掠,能全身而退的很少,他
算是全身而退了。"其实他之所以全身而退,与他遭到诬蔑时候的独持异见、据理力争和
清介廉洁、克己奉公的为官之道都有着很大的关联。"学者董少新指出,自徐光启领洗入
教的1603年开始,晚明两派主要势力之争进入互持阶段,以东林党为核心的清流派士大
夫,坚决主张改革腐朽政治,对待外来文化和西洋传教士采取宽容态度,而反对派因循守
旧反对改革。作为一名天主教徒和儒家士大夫,徐光启内心亲近东林毋庸置疑。但是刚
刚踏上仕途不久的他,在万历三十六年(1608)答自己的主考官全天叙信中亮明了自己的
态度——超然物外不与党争。这一年,全天叙因党争被牵连写信给徐光启,徐光启回信
安慰说:"朝端议论,直如沸羹,但以事理度之,宁有震风凌雨乎?启尝譬之,如舟行大水,
左右之人各宜安坐以济,而无故自相倾侧,即一左一右,有往必无安舟矣。"(《徐光启·答
坐师全天叙》)

　　党争是封建专制的固有顽疾,指官员因政见不合或为各自利益结成团伙,并为实现
自己的目的通过各种手段相互倾轧,不从者都被排挤。徐光启打了个比喻,党争就如船
行进在洪流中,船上的人应该不分左右安坐共济;相反,如果同船人自相冲突,船儿忽左
忽右,不翻了船才怪,何况当时的大明王朝内忧外患病入膏肓,正是一条透风漏雨的船!
徐光启决定不卷入党争是一厢情愿,他逃不出阉党魔掌。

　　天启四年(1624),过去一向与徐光启合不来的阉党魏广征,看到徐光启确实有德有
才,动了把徐光启笼络进自己阵营的念头,谋划任命他为礼部右侍郎兼翰林院侍读学士,
行文至上海县催请到任。徐光启看穿了对方用意不去就职,这就得罪了阉党。

　　次年,阉党指使党羽、贵州道御史智铤控告徐光启,说他练兵靡费金钱毫无用处,上
疏说:"臣不知光启指所练何兵?所清何事?所其言,一片热肠;核其实,满腹机械。无非
骗关盗饷之谋。"指责徐光启"以朝廷数万之金钱,供一己之逍遥之儿戏,越俎代庖其罪
小,而误国欺君其罪大。"徐光启在通州辛苦练兵,在阉党的嘴里变成了越俎代庖、欺名盗

世,说徐光启是"奸邪之徒",恶毒讽刺徐光启"不亦羞朝廷而辱仕籍耶"。最后要以"误国欺君"的罪名治其罪。天启帝听信谗言以"招练无功"罢免徐光启。

愤怒的徐光启撰写了《疏辩》逐一驳斥,但是《疏辩》写完了并没有呈上去,"暂与友人共之"。他肯定意识到阉党此时气焰万丈,上书不会有好果子吃,于是咽下这颗苦果,默默整理练兵奏疏编成《徐氏庖言》。

可见,奸邪当道,当赏不赏,当罚不罚,君子受欺,小人得志,就是当时的时代特征。当年这种委屈熊廷弼、孙承宗等能臣都遇到了。崇祯帝继位之初颇思振作,两年后故态复萌,成基命、刘宗周、姜曰广、文震孟、陈仁锡、黄道周、钱谦益等正直实干大臣均被排挤出局,就连奸诈圆滑、怯于担当的周延儒都不能存活,最终朝廷就成了乱臣贼子的天下,满朝充斥着阉党余孽和欺名盗世之徒,明朝国运一步步滑落坠入深渊!与此同时,一个新生的少数民族政权却蒸蒸日上,以团结加征服的手段,将数倍数十倍的汉人、蒙古人、朝鲜人纳入自己的战争轨道,在白山黑水间步步崛起!

品读徐光启,那处在大变局漩涡中的挣扎和痛苦痕迹依然鲜明。翻开《明史·徐光启传》,满眼都是"志不得展""不听""既而以疾归""议不合""复称疾归""落职闲住""不能有所建白"……至于兴利除弊、深谋远虑、拼死苦谏,他每一项都没有落下。

同样在这个赤日炎炎的夏夜,另一个人也没有入睡。在狭小阴暗的诏狱囚室中,月光透过细细的狱门缝隙,洒了一缕在囚室地面上,这个人辗转反侧。他就是从正月起系于狱中的徐光启弟子孙元化。八千里路云与月,千载功名成粪土。生与死,对与错,成功与失败,荣耀与耻辱,似乎就在一念之间铸就,想起近年来的事情,恍若隔世。原本看上去美好的一切,都因为部下孔有德、李九成、耿仲明等人的登莱兵变物是人非了。

"(孙)元化者,故所号善西洋大炮者也。"(《明史·徐从治传》)作为徐光启学生、同乡和教友,孙元化是明末新军事变革的重要人物,对明朝引进西洋科技、打造火器、训练新军做出了重要贡献。他早年跟从徐光启学西洋算法及火器法,先后得到孙承宗、袁崇焕提拔,与葡萄牙传教士汤若望、葡澳军官公沙·的西劳等有交情。明军在广宁覆没,他"条备京、防边二策"得到辽东经略孙承宗赏识,得以"赞画经略军前",在宁远、前屯卫等地开展炮兵建设颇有成效。孙承宗调走,他帮王在晋经略辽东。王在晋系阉党分子,对孙元化"不能用之"。孙承宗为孙元

登莱巡抚孙元化[1]

化说话,得以调回北京授兵部司务(七品)。其后,"承宗代在晋,遂破重关之非,筑台制炮,一如元化言",孙元化又得重用,提升为兵部职方司主事(六品)。袁崇焕为辽东巡抚,

---

[1] 孙元化(1581—1632),字初阳,号火东,上海川沙县高桥镇人,天启年间(1621—1627)举人,官员和算数家,明末首屈一指的火炮专家和专业化炮兵部队创始人。

孙元化一度出任袁崇焕司令部高级参议,主持宁远炮兵建设,他回京后被阉党排挤免职,袁崇焕却依靠孙元化亲自建造的炮兵阵地和亲手运来的13门红夷大炮歼敌上万,击伤努尔哈赤并终致其伤势复发而亡(一说战败背痈而亡),取得了前所未有的"宁远大捷"。

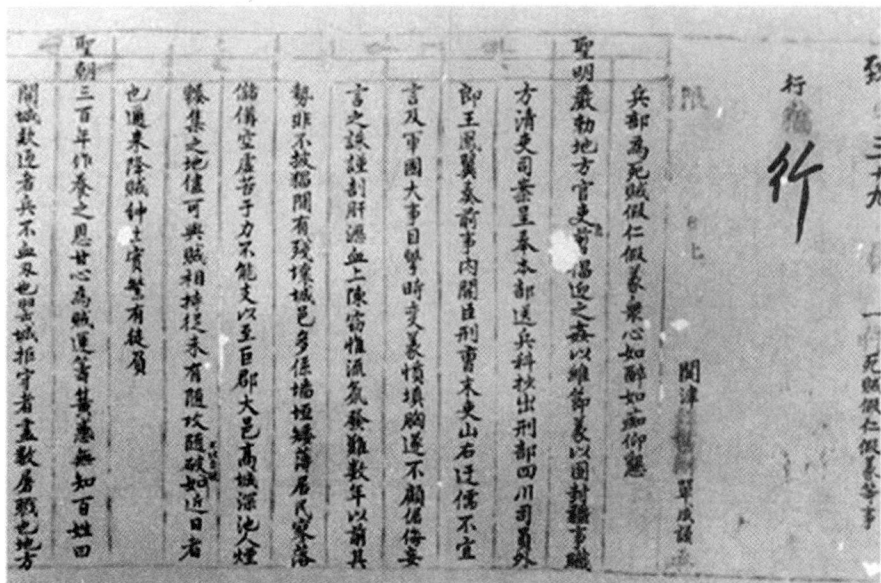

崇祯十七年兵部题稿(现存中国国家博物馆)①

崇祯初年阉党被镇压,孙元化"起武选员外郎、进职方郎中"。袁崇焕督师辽东,请孙元化当助手,孙元化改任山东右参议兼任宁前道兵备副使。副将刘兴治作乱皮岛,为加强山东对辽东的警戒复设登莱巡抚,孙元化出任封疆,以右佥都御史巡抚登莱、移驻登州,总管辽东半岛、渤海海岛和山东半岛军民财政,特别是担负事关国家全局的"铸炮、练兵、输饷"。他在复杂的斗争形势中独当一面,长于研究和技术,短于驾驭全局的能力,身蹈危境浑然不觉。孙元化任巡抚次年,东江镇发生骚乱,孙元化奏以副将黄龙为东江新总兵官,淘汰其弱兵6000人。孔有德、李九成等不服黄龙管制私渡渤海投登州。对这种明显的僭越行为,孙元化听之任之,每言"辽人可用",对于孔有德的真实想法却并不掌握。

崇祯四年(1631)八月大凌河有警,孙元化起先遣孔有德率兵3000从海路直抵耀州(营口)抄袭后金,孔有德畏战,借口逆风逗留不进,孙元化改令从陆路增援,孔有德一路延宕,曾在青州府邹平逗留一个月,加上军纪较差,沿途州县避之唯恐不及,行至北直隶河间府吴桥县与当地士绅发生冲突,就势兵变杀回山东。一路破州焚县,以辽兵为内应

---

① 明代兵部掌全国军政,下辖四司:武选司掌武职官员的选授、品级。职方司掌各省的舆图、各地驻军的考核、检阅。车驾司掌牧马政令及驿传之事。武库司掌兵籍、武器、乡会试的武科,及编发、戍军诸事。兵部与掌军令的五军都督府互相监督,兵部无兵有调兵权,五军都督府有兵无调兵权。

攻克登州大本营,登州总兵官张可大、登州知府吴维城、同知贾杰、知县秦世英及原河州判官张瑶、乡绅梁之垣等军民皆死。孔有德之变,朝野埋怨孙元化放纵部下,广西道试御史萧奕辅指责孙元化、总兵官张焘"卸罪于波涛,借词于风汛",诏令下狱。《明史·孙元化传》载:"首辅周延儒谋脱其死,不得也;则援其师光启入阁图之,卒不得。"等到招抚叛军的计划屡次失败,莱州被围攻惨绝人寰,他的命运就此注定。

锦衣血屠九千万,只因此命奉皇天。明代的锦衣卫北镇抚司管理着直通皇帝的诏狱,跟东厂、西厂一样可直接拷掠官民,三法司无权过问。诏狱完全封闭,导致"疫疠之气充斥囹圄"。其刑有拶指、上夹棍、剥皮、断舌、断脊、堕指、刺心等18种。自从孙元化抓进诏狱,虽有内阁首辅周延儒、大学士徐光启等暗中关照,家人也极力疏通试图营救,但依然遭到酷刑,孙元化"手受刑五次,加掠二百余",同僚张焘等也不能幸免。

自从万历四十六年(1618)三月,大明辽东总兵官李成梁的家奴努尔哈赤以"七大恨"为由誓师叛明,改变了千千万万像孙元化一样的人的命运便随之改变。

"水火不入"密不透风的囚室,箕踞而坐的孙元化就着朦胧月色举起被拷掠变形的手,默默端详了一会儿,放下手叹了一口气,依靠在墙壁上闭上眼,恍恍惚惚进入了梦境,回到了往昔岁月……

他回到了童年时代,一会儿在湖网密布的故乡上海原野与小伙伴追逐嬉戏;一会儿他在塔尖高高的天主教堂内做弥撒;一会儿他置身兵部职方司堂屋中埋头公务;一会儿他与恩师徐光启在一起交流天文、算法;一会儿他身着沉重的铠甲、率领炮队行进在苍茫的北国辽西;一会儿他置身广州应邀跟西洋葡萄牙人一起骑马、宴饮——他们家的铜水壶闪闪发光、他们家的夫人可真是漂亮呀,都长着蓝色的

老北京城外城永定门

眼睛,她们的眼睛为什么会是珍珠一样蓝色的呢? 梦中的他暂时忘却了如山的苦闷。

突然,牢门的响声把他惊醒,天色已亮。

诏狱前来了一个提篮少年,原来是孙元化之子来探监。昔日引以为豪的父亲面临死刑,家遭变故,少年一夜间长大了。孙府使了大把银子疏通锦衣卫得以探监,少年进到牢房刚刚放下篮子叫了一声"爹",一头扑倒在的父亲脚边抱着父亲失声痛哭。

幼年求学壮从军,悲时艰,天地可有路,薄命长辞知己别,问人生,到处凄凉否? 孙元化闭着眼没有说话。假如他在正月初三城破之时,像登莱镇总兵官张可大一样自杀殉国,可为大明烈士,偏偏自杀未成。封疆失疆,罪不容恕,孙元化怎能不知? 死且死矣,孙元化有三大恨。

一恨练兵铸炮、收复辽土成为泡影,辜负了老师徐光启的精心布置和一片苦心。

二恨不听方一藻、张可大的话,导致登州陷落、山东残破,对不起朝廷和乡亲。

三恨自己粗心大意,看错了人又用错了人!

过了一会儿,他终于睁开眼,对哭泣不止的儿子说:"事已至此,哭已无用矣! 为父有家训两条你要牢记。"儿子含泪跪听其父教诲。孙元化道:"其一,今日之事罪在自身,切不可对朝廷心存怨望。其二,我孙家后人皆要耕地读书、敬天明礼、安守本分,后世永远不许再出仕做官!"其子一一答应。探视时辰已到,门外锦衣卫卒催促,少年向孙元化恭恭敬敬磕了三个头,挥泪作别,刚刚起身走出囚室,听到身后传出一声凄厉的呐喊:"有德误我!"

八月二十三日清晨,缇骑进入诏狱,提走孙元化、张焘二人押赴西市。西四牌楼下西帅府、锦衣卫、燕山前卫及西城兵马司的人及京师百姓万头攒动,从天顺元年(1457)开始,保卫北京有功的民族英雄于谦、明末蓟辽督师熊廷弼和袁崇焕,前后120年间都在这里走到生命尽头。午时三刻,原右佥都御史登莱巡抚孙元化和原总兵官

京师西市(西四牌楼)①

张焘,一个封疆失疆一个丧师失地,被骈斩于市。同一天,原山东巡抚余大成,充军发配3000里。原登莱道宋光兰、辽海监军道王徵,充军发配3000里;原兵部尚书熊明遇,解任听勘;原兵部侍郎总督山东军务刘宇烈,逮入诏狱。此时胶东大地战火纷飞,以关宁铁骑为核心的援军正与叛军展开血拼!

① 明代行刑在此地,清代行刑改在宣武门外菜市口。

第二章　犁庭扫穴

关宁铁骑

《明史·刘宇烈传》载："（崇祯五年）八月，（朱）大典合兵救莱。"川兵、彝兵、京畿兵、关宁兵接到增援胶东之命络绎于途，其中最引人注目的是关宁兵，后世称之"关宁铁骑"。

何为"关宁铁骑"？这是来自何方的一群人？

放眼东北亚，气势磅礴横亘数千公里的蒙古高原延伸到渤海失去力量，化为一系列东北、西南走向的低矮山丘，发源于辽宁西部山地的季节性河流冲刷出一长溜沿海平原，这就是辽西走廊。青龙河、大凌河一南一北环抱这片咽喉之地。出山海关到广宁城凡 400 里，卢龙、昌黎、山海关、绥中、宁远、觉华岛、松山

关宁铁骑的主要防守区域——辽西走廊

堡、大凌河城、广宁城等要塞依次排列，自古为兵家必争之地，曹操、石勒、杨广、李世民等都曾在此征战杀伐，这就是明末"关宁铁骑"诞生的地方。

不同于岳家军、戚家军，他们以地域命名："关"即山海关；"宁"指宁远城，在今辽宁省兴城市。明代后期，新生的后金政权咄咄逼人。萨尔浒之战后，明军从战略进攻变为防守。天启元年（1621）以降，辽东都司的沈阳中卫、辽海卫、铁岭卫、抚顺千户所、西宁堡、西平堡如多米诺骨牌一个个倒下，辽河以西成了最前线，后金与明朝在这里冲突不断。为了加强防务，明朝将河北北部和辽西划分为一大战略区，以蓟辽总督（一般加兵部尚书）驻节山海关领之。熊廷弼、杨嗣昌、孙承宗、袁崇焕一流的将帅都曾经在此驻节，艰苦的斗争环境锻炼出这支一流的军队。

"关宁铁骑"又名"关宁军"，与孙传庭的秦兵、卢象升的天雄军合称"明末三大军"。其起家可追溯至辽东总兵官李成梁时期，主要由熊廷弼、孙承宗、袁崇焕打造。特别是袁

崇焕在任期间,达到辉煌的顶峰。袁崇焕守辽期间,大力倡导"以辽人守辽土,以辽土养辽人,守为正著,战为奇著,和为旁著",以原李成梁明军边兵为基础,在辽民中精选强壮者充军,栽培赵率教、祖大寿、吴襄等辽将苦练精兵5万、步骑炮诸兵种合成,后世称"关宁铁骑"。这支部队能够与后金军正面抗衡,在东江镇配合下"两蹶名王",十多年间多次阻止后金南下,成为捍卫明朝的铜墙铁壁。

崇祯二年(1629)冬,皇太极率后金军避开山海关,绕道草原包围北京。兵部尚书、蓟辽督师袁崇焕闻警从数百里外长驱赴援,大战于京师广渠门外,后金军稍微退却。崇祯听信奸细和太监散布的谣言,怀疑袁督师与皇太极勾结,先将关宁军拒之北京城外,后以箩筐坠督师入城,然后逮捕下狱,制造了明末最大冤案。

《明季北略》记载,袁督师蒙冤当天,"关宁铁骑"毫无准备,致该军一夜间被打断脊梁,"官兵愤怨","诸军号哭于城下"。都督同知、辽东前锋总兵官祖大寿恳求明廷以祖家一门四十余口及平生功名为督师做保,不允。内阁大学士成基命以大敌当前谏阻,不纳。军心动摇,关宁军"大溃"于北京城下,祖大寿等逃向关外,自北京到唐山,军粮物质抛弃一地。

袁崇焕的兵部旧人余大成(后为山东巡抚)入狱求情,袁崇焕写信召回祖大寿。魏阉余孽王永光、高捷等以"擅主和议、专戮大帅"诬告袁督师和大学士钱龙锡。"崇祯三年八月,遂磔崇焕于市,兄弟妻子流三千里,籍其家。"(《明史·袁崇焕传》)

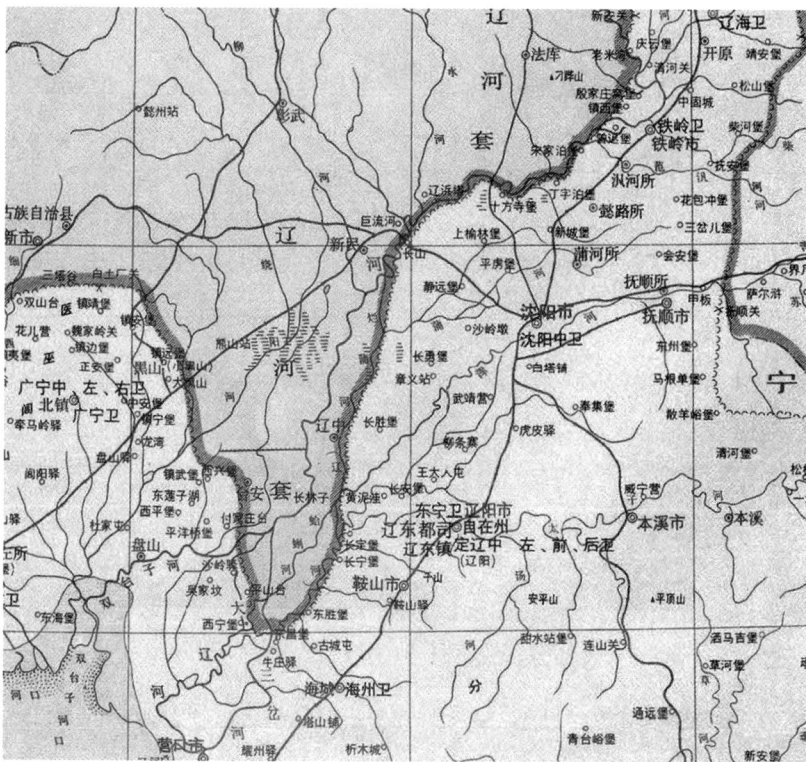

明辽东都司、辽东镇、沈阳中卫、铁岭卫等地(出自谭其骧《中国历史地图集》)

更令后人痛心的是,袁崇焕被磔死的当天,不明真相的京师百姓在主事者的蛊惑下竟然"争抢食其肉、立尽"。及其冤死,关宁军遭到严重削弱。只是有赖于老帅孙承宗、老将吴襄、祖大寿惨淡维持,加上徐光启的革新和少壮派的成长,到登莱兵变前夕关宁军依然保持了一定力量。

孔有德、耿仲明、尚可喜与吴三桂同出辽东,且都曾在督师袁崇焕麾下征战。"关宁神话"除了袁崇焕还与辽东两个家族有关:一是祖大寿、祖大弼的祖氏家族;二是吴襄、吴三桂的吴氏家族。这两家干将又多出自明朝铁岭世家、原辽东总兵官李成梁门下。且看祖氏家族。《晋书·祖逖传》载,祖逖率部北伐,北渡长江。船至中流,"击楫而誓曰:'祖逖不能清中原而复济者,有如大江。'"关宁祖大寿就是祖逖的后人。(《三藩史略》)

祖大寿(? —1656),字复宇,辽东宁远(今兴城)人。其先祖居范阳,为晋镇西将军祖逖之后。祖逖之子祖道重迁居安徽滁州,后人迁江南,明代永乐间祖世荣因公到辽东后定居焉,世称辽左世勋宿将之家。祖大寿随熊廷弼、孙承宗、袁崇焕抗金,因"宁远大捷"而升关宁军前锋总兵官,驻锦州,后入关保卫京师。袁崇焕死后,他统领关宁军。祖大寿妹妹嫁给吴襄为二房太太,所以还是吴三桂之舅。祖大寿之弟祖大弼,临阵勇猛如同疯子一般不畏死,时称"祖二疯子"。某次后金犯辽西,皇太极骑马在高处督战,祖大弼率领明军连破后金数阵,一直冲到皇太极坐骑前,刀刃伤及皇太极坐骑腹部,若非后金亲兵一拥而上拼死保护,后金政权差点就被斩首。还有以祖家佣人身份投军的辽阳人祖宽,累功宁远参将,视为祖家将领,部下战斗力很强,这次也参与平叛。

再看吴襄、吴三桂。吴三桂之父吴襄(? —1644年),籍贯南直隶高邮(今属江苏),以贩马营生移居辽东。吴家初到锦州,吴襄与祖家毗邻,娶了祖大寿的妹妹,善于经营,帮办军马,为万历间辽东总兵官李成梁擢升为千总,萨尔浒之战立功升为副将。天启二年(1622)中武举,又中进士,升为锦州团练总兵官。此人无论个人武功、搞军队后勤和拉社会关系"都有两把刷子",其发迹当然也与妻子娘家的帮衬有关。

明末清初著名政治军事人物吴三桂(1612—1678),字长伯,一字月所,辽东宁远人,祖籍南直隶高邮,吴襄之子、祖大寿外甥。吴三桂继承吴家良好基因,"年二十状貌奇伟"。自幼从父亲练武,夙兴夜寐,"终日无惰容",武功过人,得到他的舅舅祖大寿赏识。他"风美姿",以故"颇以风流自赏",尝读《后汉书》,读到"光武(指刘秀)适新野,闻后(指阴丽华)美,心悦之。后至长安,见执金吾车骑甚盛,因叹曰:仕宦当作执金吾,娶妻当得阴丽华"一段时,吴三桂颇有同感。吴三桂随父从军,却不是一般的纨绔子弟,而是勇冠三军。《庭闻录》《平吴录》《甲申朝事小纪》《吴三桂大传》《陈圆圆全传》均记载了"吴三桂救父"的故事:

有一次,祖大寿入卫守密云城,妹夫吴襄率500军士出城巡哨,在距离城垣很远的地方突然遇上后金四万(一说"五六万")大军,吴襄和部下被团团包围,五百对阵四万,力量差距悬殊!后金将领蔑视这500明兵,围而不攻,试图困死他们。老将吴襄等不肯坐以待毙,尽量向城垣方向移动,后金军包围圈也跟着他们移动,一直移动了"数日",到达距城垣40里处（《庭闻录》记可"望见"），被后金军紧紧困住再也移动不了。这支明军一连几天人困马乏又饥又渴，眼看就要覆灭……年轻的吴三桂（职"中军"）站在城上，远远看到父亲危在旦夕，于是对其舅祖大寿哀求尽速救援。

祖大寿手上有多少兵力？满打满算不过4000。五百对五万以卵击石，以四千对抗五万何尝不是以卵击石？万一出击不成，城垣也将不保。任凭吴三桂哭泣哀求，祖大寿就是不从。吴三桂知道不能强求，自己纠集20名家丁骑马冲出城门，他们冒死突入重围，飞驰中吴三桂一箭射死了一名举着红色纛旗的后金将领（正红旗纛章京），下马试图割其首级，受了重伤仰面倒地的纛章京突然挥刀砍中吴三桂鼻梁，一时血流不止。吴三桂杀了这名"纛章京"，用手撕裂敌军旗包在脸上，抬头看到父亲吴襄，大呼："随我来！"吴襄500骑士士气大振，人人争先杀出重围。吴襄回到密云城垣犹然惊魂未定，对他人说："这次不是我的儿子，我们几乎再也见不上了"，祖大寿惊喜赞叹："壮哉！真是我家好外甥"。总督高起潜（吴三桂义父）也大喜过望说："真我儿也！"

本是同根生。为镇压孔有德这部分叛变的辽东兵，朝廷调动了最精锐的关宁辽东兵，这次，祖大弼、祖宽、吴襄、吴三桂都在其中，为洗刷大凌河失利之耻他们要拿出实实在在的战果。

大凌河形势①

辽宁葫芦岛宁远古城墙甬道②

八月初十，新任山东巡抚朱大典、新任山东巡按谢三宾速赴行间督诸将进剿，仅仅用了两天就到达昌邑城。八月十二日，除此地原有的刘宇烈残军，远道而来的增援各军也都纷纷赶到昌邑。以关宁军为例，他们携带火炮从山海关方向赶到这里只用了不到10天；相反同样的路，孔有德部800人走了3个月才走出山东，足以印证孔有德当初赴援大凌河是故意拖延。

八月十三日，山东巡抚朱大典、监护中官高起潜、监视中官吕直、监纪巡按谢三宾、都督总兵官金国奇率军誓师于昌邑，祭天、祭地、告庙、祭军神，摆出决战态势。距离上一次刘宇烈誓师昌邑刚过去了4个半月。上次誓师有大军2.5万人，这次誓师兵力2.1万人，

---

① 唐高适作《营州歌》曰："营州少年厌原野，狐裘蒙茸猎城下。虏酒千钟不醉人，胡儿十岁能骑马。"此中营州也指这一代的古战场。

② 宁远古城又称兴城古城，位于辽宁省兴城市，在葫芦岛市西南部、渤海辽东海湾西岸。

莱州城激战后大约有守兵 3000。没有沦陷的胶东东南各州县、卫所兵力不详,主要采取防御态势,叛军主力被莱州守军牵制,所以援军主力采取攻击态势,兵力进出莱州登州方向。誓师五天后的八月十八,平叛主力出昌邑东门,兵分三路向东攻击前进。集结在孔有德"都元帅"旗下之兵约 10 万之众,主力约三四万,明军与之对比并不占优势。

朱大典、金国奇为明军制定的作战计划如下。

第一路中军:担任正面进攻,进攻方向为灰埠(今平度灰埠镇)、沙河(今莱州沙河镇)一线,以解莱州之围;关宁军总兵官金国奇、副将靳国臣率领关宁军的满洲兵、蒙古兵(以上合称"夷丁")、汉族兵为前锋,前锋将军祖宽。川营总兵邓玘的四川步兵为后营。合计 1.2 万人。满洲兵、蒙古兵组成的夷丁部队,是首度深入内地作战。

第二路南路:进攻叛军盘踞已久的平度州。昌平总兵官陈洪范、义勇总兵官刘泽清、密云副总兵官方登元率领马步兵 6000 名,计划打下平度后旋师莱州城下,与主力回合,解放莱州府。

第三路北路,奇兵:以参将王之富、王武纬率军 3000 人沿着海岸线、向海庙、土山方向进军,以收夹击之效。

从兵力配置上可看出关宁铁骑所在的中路是主力。三路大军呈钳形向莱州麇集,向叛军主力突进。从一开始朱大典的作战态度和部署就十分坚决,与刘宇烈大不相同。部署已定,他声音洪亮地对众将约定说:"军令如山,各将刻期进剿,违令者斩!"深受崇祯皇帝信赖的老资格宦官监军高起潜也坐在一旁微笑颔首,众将领悟,应命而去。

云蒸霞蔚的胶东半岛昆嵛山主峰泰礴顶

铁骑出击

一场秋雨连绵而至,地处北海之滨的褐色土地一片泥泞。莱州城外火药也被打湿,攻城不得不暂停。派往宁远的奸细传回关宁铁骑出兵的消息,为了对付迫在眉睫的进剿,李、孔召集重要头目麋集孔有德辕门商议。

开始起兵没有明确目标,打下陵县后成立一个班子,破登州后打出"替天行道都元帅"旗号,成立伪政府。旅顺副将陈有时叛变响应,被总兵官黄龙击走来归,昔孔有德、李九成、陈有时俱事文龙号曰"三大王"。现在"三大王"和毛承禄、耿仲明、李应元、陈光福等都会于胶东。今人指出,历史有时是非常戏剧性的。"明清之际最著名的一批汉奸"皆曾为登莱巡抚孙元化部下。"正因为他们统帅的新式炮兵在侵略明朝的战争中屡建奇功",这些叛将才得以"成长"。(江晓原《回到明朝看徐光启》)

胶东空间有限,孔有德、李九成等觉得要另找出路。出路何在? 向明朝廷投降? 尽管他们内心并没有关上这扇大门,可明廷已经关上了大门。还有一条路,孔有德指向地图上皇太极治下的盖州。有人提出异议:"我等随毛帅征战东江,与建州多有构怨,他们怎会接受我们?"大家七嘴八舌议论不下。"必须首先对付援军的威胁!"李九成献计,"我等人多与祖宽熟识,何不约其为内应?"

孔有德于是命人起草信函。第一封信写给关宁小将祖宽,约为内应,承诺只要入伙授"总兵官""都督"不在话下,他孔有德可不是项羽,不会刻好大印舍不得分发! 第二封信给明山东巡抚朱大典试探和谈,条件是赦免其罪,保持所部完整性,以及划登莱两府驻防及供给粮饷,实质是要割据胶东。满足以上条件他们愿意重回明军序列,出兵辽东鏖战后金,替朝廷收复失地! 正月里,他逼着被俘的孙元化替他写信给明廷说:"畀以登州,一郡则解"。现在有了十万大军胃口自然更大,现在是要割据整个胶东。孔有德还写了第三封信,派人渡海北去盖州、沈阳联络后金国。

这三封信命运如何? 致朱大典的信函送到其手中,朱大典置之不理。送后金国的信函没有到达收信人手中,叛军的信使在海上被东江总兵官黄龙截住,人信俱获。斩杀信使,信函被黄龙撕成了碎片扔进了海里,米黄色的纸屑随波浮沉在海面上……只有第一封写给祖宽的信,中途被明军截获交到朱大典手中。朱大典当着高起潜、众将的面将祖宽招进辕门,将信交给祖宽阅读,祖宽极力辩解,朱大典笑了,说不就一封信吗,就以祖宽为前锋将军。

八月十八日上午卯时,大军出昌邑东门分路西进。中路军 1.2 万人马不停蹄,沿着登莱官道向莱州府方向飞驰,午时兵至灰埠驿(今平度新河)。《平度州志》载:"灰埠驿,在州西北七十里,"是济南通登莱二府必经之路。灰埠叛军撤得无影无踪。大军进食喂马,午后仍以祖宽为先头续进 20 里,兵次沙河店前,当晚派出了警戒部队,大军就在此地过夜。八月十九日晨,战马从空气里嗅出了战争气息,打着响鼻拼命倒动着蹄子。换了秋装的关宁军 500 名骑兵荷枪实弹,在祖宽率领下,向叛军沙河防线搜索前进。很快,他们就在沙河附近与孔有德的叛军——四五千人的大部队遭遇。祖宽年纪轻轻但久经战阵,见敌军有如此之多,就命令骑兵停下来仔细观察。前面是一马平川的沙土地,后面主力还没有跟上来,他带兵稍微后退占领了一处斜坡高地,命令官兵给火铳装好火药,勒兵不动。

孔有德依沙河布阵,要与援军决一死战,看到官军人少且后退,叛军击鼓而进,阵列万头攒动,两军渐渐地靠近,互相能够看清对方衣着。靳国臣、祖大弼、张韬等率领大队恰好此时也赶到骑兵身后。孔有德叛军没有完全统一服饰,衣着五花八门。关宁兵长驱1300多里,看到"传说中"的猎物,一守备临阵向部下喊话鼓舞士气:"兄弟们,准备打这帮乌合之众!"骑兵们听了个个勒马以待。

孔有德知道对面有关宁军,但士卒并不知道。凉爽的秋风,隐约送来对面时断时续的号令,叛军中的辽东老兵感到对方口音"贼熟",既震惊又好奇。

不经意间双方的大炮都响了,双方阵前腾起团团硝烟。辽东副总兵官靳国臣向前锋将军祖宽示意出击,祖宽选定了第一个目标,挽弓搭箭,百步开外一箭射去,骑在马上的叛军旗手应弦跌落。这就是号令!祖宽率500精骑呼啸而出。

关宁骑士身披重甲,每人装备火器刀矛,远处放铳近处格杀。叛军密集阵列以鸟铳和弓箭对付冲过来的骑兵,有的骑兵被击中要害,但洪流依旧滚滚向前。大部分叛兵只放了一两枪,铁骑瞬间就到了眼前;被撞倒的人在战马践踏下发出惨叫。关宁骑兵手中的火铳在行进中一齐响了,铅弹在近距离射向敌阵,叛军士卒纷纷应声而倒。铁骑洪流一下子楔入叛军阵列,中军位置被撕开了一个大口子,雪亮的军刀在胶东大地上挥舞,援军步兵随着骑兵洪流冲进了缺口,行营炮一刻不停地施放压制叛军炮火,用开花弹轰击两翼。叛军没有遇到过真正有力量的对手,临阵普遍轻敌。猝然遇到暴风骤雨般的打击,在孔

关宁骑兵

有德的督镇下拼命抵抗了不到半个时辰,人仰马翻,伤亡惨重。看到挺不下去,孔有德只好鸣金撤兵。浅浅的沙河挡不住铁骑的步伐,在紧紧追击下沙河防线崩溃,数门大炮回到明军手里,叛军损失很大,成百上千的士卒被俘,还有相当数量的人倒毙在沙河岸边松软的沙土中。

沙河首战胜利,"关宁铁骑"将叛军打得落花流水,这是平叛过程中,明军在野战中取得的第一次胜利。大沽河、平度方向也传来炮声,总兵官陈洪范、刘泽清及副总兵官方登元率领的南路军也与叛军陈有时部接火。

平度扼守胶东门户,与莱州互为掎角,战略位置十分重要。自二月中叛军攻克平度,盘踞已久,为害甚烈。朱大典在派出中路解莱州之围的同时,又派昌平总兵官陈洪范、义勇总兵官刘泽清、密云副总兵官方登元率兵6000组成南路,解放平度,解民倒悬。

大沽河①之秋(摄影贾克洪)

陈洪范,安徽寿州人,出自右佥都御史福建巡抚熊文灿部下。崇祯元年(1628),随文灿招抚郑芝龙,征讨李魁奇、刘香成功,彻底平定了东南沿海,洪范累功总兵官。他在南明和胶东人左懋第奉节出使众所周知。陈洪范和义勇总兵官刘泽清,都是对明末有影响的人物。

兵熊熊一个,将熊熊一窝。五月他们在刘宇烈指挥下惨遭失败,这次换了主将,军容焕然一新。《崇祯长编》载,昌邑誓师后,大军一路东进。傍晚来到州东北30里的新河所。新河者,就是元明期间屡开屡废的胶莱新河。《平度州志》载,州东南百里有马家濠,濠长三里余,夹两山中,南北俱接海口。元世祖至元十九年(1282),开胶莱新河,阻马家濠,不就。明嘉靖十一年(1532),巡按方远宜议开新河,以马家濠数里皆石冈为患,臬使王献"焚以烈火,凿而通之"。

新河原有驻军营垒,叛军攻陷平度分兵把守。陈洪范等以天色已晚扎营于胶莱河东岸,夜晚见"贼营"上空有一流星坠地,诸将举手相庆。第二天早五鼓,南路军开始渡胶莱河,叛军几乎没有抵抗。河水昨天还淹没到肩膀,渡河时落到仅淹没小腿,全军得以安然跨过此河,明军官兵纷纷说:"此皆天欲贼灭之兆也!"士气大增。

当天,南路军与叛军"总兵官"陈有时数千人大战于平度城下,城上叛军发炮支援,古城平度炮声震天,士卒的呐喊声如同天崩地裂,其激烈与残酷不亚于中路战事!

明军京畿兵和义勇兵奋勇搏杀,连陷数阵,叛将陈有时亲自披挂出阵野战,被大军斩于阵前。叛军失去了首领,军心涣散,败退北去。陈有时为原毛文龙部将,毛文龙死后,被朝廷提升一级安抚,调往旅顺任副将。他不思报国,却率军跟从孔有德叛变,被总兵官

① 胶东半岛大沽河源于招远山区,一路向南流经莱州、莱阳、莱西、平度、胶州、即墨、城阳,在胶州湾入海。

黄龙击走,率军数千渡海到山东加入孔有德部,至此结束了生命。久在樊笼之中的古城平度,拨开乌云、重见天日。守城牺牲的平度知州陈所闻和死于战事的军民方才得到安葬。战后的平度满目疮痍,经历的多年战争的伤痕都没有完全恢复。大泽叠翠,处处兵灾余烬;千佛飞阁,见证人间沧桑。对于平度屠城,清代官史讳莫如深。但公道自在人心,老百姓有自己的评判标准,在那些被叛军屠戮过的地方,施暴者留下的只有骂名。

首战沙河,再战平度,两仗下来叛军损兵折将,受到了前所未有的打击。尤其是叛军第四号大将陈有时之死传遍了胶东,孔有德、李九成深为沮丧,原先气焰万丈至此大受打击。

据《崇祯长编》和《平叛记》记载,到八月二十一日,长久被困的莱州已经危在旦夕,军民几乎已经山穷水尽。街衢之上行人稀少,只有守城的士兵和民壮来来往往。从十九日上午开始,城里的百姓和士卒听到了城西南方隐隐约约传来炮声,不久又沉寂下去。到了十九日夜晚,城西南方又传来炮声,声音更加清晰,还伴有呐喊声和火铳的射击声。原来,援军中路军在沙河大胜后,一鼓作气、尾追叛军,当天一直追到了城西南的土山。于是两军在土山又交火。这一切,城里都是不知道的。

当天清晨,太阳还没有升起,晨露在掀翻的土地上闪着晶莹露珠,围城的叛军营垒也是静悄悄。轮替守城的军士缺弹少粮,一个个精疲力竭,但是谁也不敢大意。他们身边堆着石块砖头,手中握着火枪,守望着城垣,准备随时以所剩不多的火药和弓弩应付不测。不久,一队披坚执锐的骑兵,由远及近奔着城南护城河而来。守城的军士立马警觉起来——叛军又要玩什么样的把戏?城上的士卒对着他们端起武器,但是没有开火。一名校尉模样的人跳下马,对着城上喊——我们是援兵,大军前来解围了。

守城军士根本不信,让他们——滚,否则就要开火!校尉刚刚上前一步,一支利箭射向他的脚边,校尉耸了耸肩,摊开了双手,一副无可奈何的样子——"我们真的是援军,来自关外,来救援你们啦!"城上的千总对着校尉喊话:"快滚吧!什么样的把戏我们没有见过?"

校尉大声解释说:"我们是关宁军,是金将军金国奇大人的队伍!大军已将贼人击走,赶快去禀报杨大人!"千总说:"什么金将军、银将军,你们我一个不认识,杨总兵不见你。快快离开,否则大炮飞石伺候!"

至此无话可说。骑兵快快离去……

不过一个时辰,莱州南门数里外烟尘蔽日,大队人马出现在视野中,旌旗猎猎,军容齐整,步兵刀枪如林,骑兵生龙活虎,骑兵的后面马拉着无数炮车,一眼看不到边。其先头部队高举大纛大书"大明",后面跟随无数旗鼓,径直奔着城门而来。杨御蕃早就得到禀报,大家都上了城,注视着城外这海市蜃楼一样的景象,议论纷纷。无论如何,有备无患,素有大将之风的署理山东总兵官杨御蕃,命紧闭四门,一只苍蝇都不能放进来。

一会儿,队伍到了城下。一位身着山纹金甲的青年骑在战马上大声喊话。"我关宁游击吴三桂,援军到了!快开门接旨!"吴三桂之名已渐渐在北方边军中传开,但杨御蕃并不认识吴三桂。杨总兵官将信将疑,反问这个"自称吴三桂"的人何人传旨、旨在何处?城外人群闪开,几位宦官骑在马上。由于叛军多次使用诡计,城内对城外活动都不信任,全城军民抱定了一条牺牲之心。孔有德军昨日收缩阵地一退再退,终于在二十日深夜悄悄从城下撤走,城内对此并不知道,也不轻易相信。

杨御蕃对城下说,先放一二中官进城才好说话。对方答应了。一个竹筐子缒城而下,将监军中官高起潜的两位手下中官提进城内。见到了紫禁城来客,这个假不了——杨御蕃见了中官盘问良久,眉头慢慢舒展开来,放下心来,王师终于等来了!

如同久旱逢雨,随着城头军民爆发出惊天动地的欢呼,城门洞开。山东署理总兵官杨御蕃、神机营参将彭有谟率莱州军民迎圣旨,高起潜、金国奇、吴襄等一起进城,莱州城终于得救了!

自从二月莱州被围,莱州人就像久旱的民众乞求上天庇佑一样天天期盼解围,终于在崇祯五年(1632)八月二十一日迎来"王师"。大军留驻城外,主将、中官率少数人策马入城。守将杨御蕃、彭有谟、同知寇化、通判任栋、掖县知县洪恩照以及在乡前都御史贾御祥、吏部郎张忻等人率全城军民箪食壶浆、夹道欢迎,一城欢声雷动。老百姓向官员和入城将士纷纷哭诉叛军的罪孽行径。

莱州三山岛①

总兵官杨御蕃拍着胸脯对总监高起潜说,我原本还准备打上它一年半载。话虽然这么说,但城内的景象十分凄凉。十里繁华不再,处处残垣断壁。城内粮食弹药几乎用尽,5000士卒伤亡过半,百姓死于战火和饥饿者也不在少数,以致解围之日到处出殡。谢琏被俘、朱万年死去后,靠很有计谋的守将杨御蕃主持大计,参将彭有谟凝聚士卒,贾御祥、张忻等士绅倾尽家产,寇化、任栋、洪恩照等官员不分昼夜经营,以及军民上下齐心协力,莱州城才得以保全。援军到达前夕,李九成、孔有德抓来招远、黄县、掖县民夫数千,备下20多万只沙土袋,预定二十日向围城发起总攻。《崇祯长编》恰恰就在十九日,援军以

_____

① 原是海中岛屿的三山岛位于城北27公里的渤海湾畔,自古便有海上"三神山"之称,秦皇汉武为求不死药都曾来此览胜祭祀。

关宁军为主力在沙河击败叛军并连夜进军土山,迫使孔有德仓皇拔营退却,援军如果再晚来一步,后果就不堪设想。真是上苍保佑莱州免遭屠城!

自崇祯四年(1631),乱军施虐山东 9 个月,自崇祯五年(1632)八月关宁调兵到莱州解围仅用了不到 1 个月,足见抚议误国。据说因为解围来得突然,莱州城内军民还以为是孔有德用计赚城,一度在城上"发炮相拒",可见抵抗意志之坚决。这种不屈不挠的抵抗正是中华民族伟大精神的体现。高起潜、金国奇先进入莱州,山东巡抚朱大典随后也到达,开始赈济灾民、掩埋无主之尸,设坛隆重祭奠徐从治、朱万年等人,奉旨建祠,又在"朱太守骂贼死难处"立石碑以永久纪念。原在贵州黎平县教育局大楼附近的朱万年故居则于 20 世纪 60 年代被毁除。

登莱兵变中,北直隶河间府、山东济南青州两府部分州县,登莱两府及黄县、平度、招远、栖霞、莱阳等地均遭到严重破坏。事发 26 年后,顾炎武凭吊登莱旧战场,题诗《莱州》:

> 海右称名郡,齐东亦大都。山形当斗入,人质并魁梧。
> 月主秦初废,沙坛汉迹枯。已无巡狩跸,尚有戍军郭。
> 漉海盐千斛,栽冈枣万株。鼍梁通日际,蜃市接岛迂。
> 三方从庙算,二抚各兵符。炮甲初传造,戈铤已击屠。
> 中丞愁饵贼,太守痛捐躯。郭垒青磷出,城郭白骨枯。
> 危情随事往,深虑逐年徂。计士悲疵国,遗民想霸图。

全诗前十二句描写莱州寂寥空旷之况,后十二句回顾当年激战情形抒发故国哀思。诗人以海右名郡,齐东大都,山形斗入,人质魁梧开篇,称誉莱州人杰地灵。眼前的场景是古庙神祠荒废,秦皇巡狩足迹湮没无闻,只有残垣断壁在。想象昔日这一片土地上的繁荣富足("漉海盐千斛,栽冈枣万株"),漉海水以造盐,每年产盐千万斛,沿海的沙梁上一排排的枣树迎风而立、果实累累、摇曳多姿,更不必提"鼍梁通日际,蜃市接岛迂"的壮阔景象。

下半部分转为沉郁悲愤。熊廷弼举"三方部署"之策,这就是"三方从庙算"。广宁用骑兵到垒河上,天津登莱各置舟师,乘虚而入牵制后金,大军乘机复辽阳,请求增调 20 万大军以备守御。而不懂军事的辽东巡抚王化贞认为登莱、天津兵均不必设,入卫兵亦不必调,轻信蒙古呼图克图出兵 40 万的诳话,又轻信原明将李永芳会为后金内应,暗中破坏熊督师部署招致大败。天启间置登莱巡抚,山东巡抚和登莱巡抚各辖三府,分别为济南府、兖州府、东昌府和登州府、莱州府、青州府,这就是"二抚各兵符"。刚刚传来火炮制成的消息,叛军一路烧杀打回胶东,中丞疾呼不可招抚,太守痛心为国捐躯。

登莱巡抚谢琏和两位监军宦官徐得时、翟升被诱俘后软禁在登州,被叛军作为讨价还价的筹码。正在官军节节推进,孔有德给朱大典送信,试图借谢琏为诱饵再提抚议,得到的答复是必须无条件投降。其实早在叛军沙河、莱州大败后,恼羞成怒的李九成就在登州残忍杀害了谢琏等人。

谢琏,湖北监利人,至今他的故里依然有乡人祭祀他。谢琏及宦官徐得时、翟升等人值国家有难之时能够挺身而出,皆可称为义士!

陈有时战死平度令孔有德等十分沮丧,叛兵听说关宁军来了都害怕起来,纷言祖大弼都来了我们如何抵挡,"都元帅"李九成闻听传言大怒,一刀砍到廊柱上,晓谕部众:"我有十万雄兵,何惧区区五千关宁兵!"尽管两战全败,官军人数依然远少于叛军,大炮也远没有叛军多,李九成和孔有德已经给北上官军布下天罗地网。

《崇祯长编》卷六二崇祯五年(1632)八月丙戌御史禹好善上疏曰:

孔贼之叛,中外皆云宜剿,而刘宇烈独云宜抚。岂其见与人殊哉?抚则孙元化不死,剿则孙元化不生,彼有暗投,此有密受,苟可脱元化于辞?即弃莱州以徇之弗顾也,比抚之之心也,及抚局大坏,旁徨无措,驱玩兵愓将以从之,宇烈非不知败也!乃其心原不欲胜也,则剿非正着、犹胜抚为罪案,苟可脱己罪于辞,即弃数千兵命以徇之亦勿顾也。此剿之心也。尤可恨者,不顾莱城之围,终日惟修理衙舍,百姓宵啼露处而。宇烈华屋大厦,百姓父子不相见,兄弟妻子离散,而宇烈宜尔室家、乐尔妻孥!

宇烈不死,则既死之民何所雪其愤恨而?!数千之厉鬼,何所诉其烦冤乎?!

臣因是而大有骇于枢臣熊明遇焉。明遇擅和辱国、罪在不赦。我皇上不径置诸理,而令其解任听勘,此法外之仁也!明遇宜束身待命、以缓须史之死,奈何竟辞朝而去,将听彼处抚按之勘乎?将待缇骑至而再来听法司之勘乎?违玩之心、昭然跣屣之形已见。不意法纪凌夷至此极也,若辽抚丘禾嘉以乡科节钺,原属破格,乃鸱张异常,终日与武弁争气,欲借为脱身之端。及至撤回京师,又恐别有委用,乃令其妻姚氏代为请告!嗟嗟人臣,委身致主,即马革可以里尸,何至借妇人陈情,秽闻一时,笑贻千古?国家亦安用此人为哉?!

乞皇上大奋乾断,将宇烈立正军法,明遇追提勘问,禾嘉重加褫斥,国有常刑人无玩志,扫荡寇氛,直在指顾间矣!

帝谓:宇烈俟逮到日,讯问自明。明遇应否回籍?禾嘉是否真病?所司查议以闻。

锦衣卫北镇抚司吏目像

八月二十一日,就在莱州解围当天,荥阳汜水人、山东道试御史禹好善上言崇祯帝:"孔有德叛乱,朝廷内外都主张剿灭,只有刘宇烈主张招抚,为什么他的主张就和别人不同?因为主抚孙元化就不会死,而主剿孙元化就活不成,这是刘宇烈秘密勾结孙元化替他开脱。刘宇烈弃莱州百姓生死于不顾,彷徨无措,懈怠军情,难道不知道这样会打败仗吗?这是因为他原本就不打算取胜。尤其可恨的是他不顾莱州城围,终日只顾修缮自己衙舍。百姓露宿街头,刘宇烈却住着高楼大厦;百姓妻离子散家破人亡,而他却阖家欢乐开怀。刘宇烈这个家伙为何不死呢?即使他死了百姓又该向谁发泄愤恨呢?沙河兵溃中死难的数千官兵，他们的冤魂又该向谁诉说冤屈呢？"

又说："为臣还惊讶于兵部尚书熊明遇，他纵横跋扈、擅自求和、有辱国威，罪不可赦。皇上不可置之不理，应让他卸任，听从审问。""还有以乡科授官的辽宁巡抚丘禾嘉，他原本属于破格录用，不思谦恭报国却为人异常嚣张，整天和武官打斗以逃避封疆的责任。他回到京城以来怕另被委用而让老婆姚氏代为请假，这成何体统！为臣的国家有难就该战死疆场，何以到了借夫人之口请假的地步？丑闻一出将贻笑千古，我朝还敢用这样的人吗？"他建议："求皇上果断下决心，立即将刘宇烈正法，熊明遇应受到审查，丘禾嘉革职审问。国有法律，人人遵守，那样扫荡叛军的日子就指日可待了。"

禹好善提出孙元化、刘宇烈等的责任问题，还以丘禾嘉为例说明高官如何不作为。根据他的说法，辽东巡抚丘禾嘉以乡科破格录用，指挥大凌河之战丧师失地，跟兵部尚书、辽东经略孙承宗整天闹矛盾。辽东连年丢师失地，丘禾嘉身为巡抚快到了无地可巡、无民可抚的地步，他却借故回京休假。辽东再次告急，他害怕危险而让夫人姚氏代为请假。丘禾嘉的事情是否确实需要考证，但逃避责任争功透过是当时很多身居庙堂者的常态，国事因此而败坏。禹好善的疏文递上，崇祯帝批示说："待刘宇烈逮回京城审问清楚，熊明遇是否该回原籍，丘禾嘉是不是装病，调查清楚了再报我。"两天后，孙元化被杀，锦衣卫到山东逮刘宇烈，而胶东北马决战的序幕也徐徐拉开了。

决战北马塘

崇祯五年(1632)八月二十二日，李九成提到的关宁悍将祖大弼，此时正在莱州援军大营与金国奇、陈洪范、刘泽清、杨御蕃、祖宽、张韬、吴襄、吴三桂等商议收复招远和黄县，坐在这里的将领，个个身经百战，其中最耀眼的将星是吴襄之子吴三桂。

主将金国奇，辽东人，从军多年，出生入死。他曾陷入敌阵被砍，死而复生，脖子上的刀疤纵横如火星上的沟壑。他善用兵尤其善于看阵，打仗干脆利落从不拖泥带水。从前他在塞上经常率军出击，一顿茶的功夫胜负就已经决定。这次，关宁军接到山海关巡抚方一藻传达的调兵赴胶东之命，祖大寿留守、金国奇出征。但谁也没有注意到金国奇已身染重病。为平叛，金国奇隐匿病情带兵出击。

部将张韬，与明抗倭将领、神电卫指挥金事张韬同名同姓，他是一名优秀的满族军官(原名"海参代")，早年率满人投明，善骑射，为祖大寿收为部将，每次大战都冲锋在前。

部将祖宽前文已经备述。

老将吴襄和其子吴三桂。吴襄在上年大凌河之战中战绩不佳被削去团练总兵官。但"姜是老的辣"，这次中路军出师他被委以前锋总指挥，节制前锋将军祖宽和靳国臣。吴襄、吴三桂父子在沙河之战中均立了功，高起潜委任吴襄为"记功总兵官"，儿子吴三桂也位居参将。如果说世上存在天才，那么处于时代漩涡中的吴三桂可称天才。他自幼聪颖，精力过人，终日苦练无倦容，练就一身好武艺，天生一副将才。但事物都具有多面性，正如美国人埃里克·韦纳（Eric Weiner）在《天才地理学》中所言："天才是环境的产物"，如果吴家不从扬州高邮迁居辽东前屯卫，如果其家不与祖氏联姻，如果没有义父高起潜提携，吴三桂纵有三头六臂何以能在 20 岁就位列关宁正三品参将。关宁军之于明朝，类似普斯科夫空降师之于俄罗斯，或第 1 机步师之于美利坚。中路援军横渡胶莱河，监纪巡按谢三宾提醒吴襄："我军初进，未暗虚实，宜先擒贼问之"。吴襄答曰："已嘱三桂矣！"（《平叛记》卷下），可见吴襄已在高起潜支持下重掌军权，其子吴三桂正在胶东尽情挥洒才能，为登上舞台中央热身！

辕门之内，诸将静坐在一溜长桌两旁等着主将发话。罹患重病的金国奇放下莱州城下缴获的敌军籍册说："异哉，贼兵竟有九万余众！"吴襄也道："此战我军斩获虽多，检其旗鼓，视其营垒，实属自行撤退！"金国奇和吴襄没有说错，敌军受到了打击但主力尚存，决定性的战斗还在后面！大军稍作休整，刻日进兵招远、黄县。

八月二十三日，"登贼既败遁归府城，招远诸贼亦闻风溃散，游击徐元亨、守备路云芝等遂以兵入据之。"（《崇祯长编》）明军一部收复招远县城，与叛军对峙于黄县以南。孔有德和李九成试图在野战中歼灭官军，因此没有放置重兵守卫招远城。巡抚派人来请金国奇去山东行营，于是金国奇骑马赴会拜见监军高起潜、山东巡抚朱大典、山东巡按谢三宾。金国奇得知有一位神秘的要人——史籍资料没有记载其名——移函朱大典、谢三宾，大致是劝朱大典等不要急于进兵，一定要"持重"。（"有贻书抚按劝持重者，大典三宾皆不然其说。"）朱大典、谢三宾都不同意在这个节骨眼上停止军事行动，问金国奇，金国奇也表示我军枕戈待旦，此时不进更待何时？朱大典、谢三宾都大为高兴。金国奇向行营禀报关宁铁骑的行军计划，"遂以二十八日进兵"。

北马塘决战前态势如下：陆上援军 2.1 万人、莱州兵数千，合计不足 2.5 万人，另外黄龙水兵大约数千。主要指挥官有山东巡抚朱大典，监军宦官高起潜，患病的关宁总兵官金国奇，"记功总兵官"吴襄。叛军方面，两战失利被歼 1.2 万人，尚有兵力约 10 万，主要头目孔有德、李九成、耿仲明、毛承禄等。两相比较，战将素养上双方在伯仲之间，兵力数量上叛军至少两倍于官军，兵员素质官军占优；孔有德所恃"东江镇"老兵，他们习惯打游击，与常年在正面战场与后金对峙的"关宁军"不可同日而语。

大敌当前，主帅决定一鼓作气犁庭扫穴收复登州。登州南有两县分别是招远、黄县（今龙口），如同两扇门拱卫府城。叛军正月里攻打胶东，招远无兵因此没有经过激战沦陷，黄县却经过三天激战，"知县吴世扬骂贼死，县丞张国辅、参将张奇功、守备熊奋渭皆力战死"。讨债的日子终于来了！援军在招远休整后，向招远以北 80 里的黄县继续进攻。招远到黄县间山岭、密林、湖泊、河流密布，给行军带来极大困难。八月二十八日，大军兵分左右两路自招远出发北进。左路是主力，由金国奇指挥、高起潜监军，朱大典率山东行营跟进，他们沿着招远北上的官道走长山、奶儿夼、庙前一线，先向西北方行军，到达北马后转东北直取黄县，基本就是今山东 608 省道和 18 号国道方向。该军近两万人中含中坚力量"关宁军"，还有骁勇善战的数百西南彝族兵，以及邓玘数千川军步兵（"彝丁暨邓圮步兵")。右路军是奇兵,由总兵官陈洪范、刘泽清率领七八千人从招远直接北上穿越招远北部山区,走玲珑镇、下丁家一线,"截贼后"。(《崇祯长编》《平叛记》)

同时,孔有德的叛军纠集约 10 万步兵、1 万名骑兵,正由登州、黄县南下试图邀击官军。弃城不守,计划在野战中歼灭官军,可见孔有德、李九成等人胸有成竹。北马塘之战就要打响了。

三十日凌晨,招远以北昆嵛山区,天色刚亮海上就飘来的海雾,遇到了昆嵛山余脉阻挡,在山海之间停下脚步。广袤的胶东土地一望无垠,茂密的丛林、嶙峋的山石、星罗棋布的河流湖泊,都笼罩在无边无际的大雾之中。辰时,雾气稍褪,明左路军继续北上,即将进入黄县境内。在该军最前面打头阵的,正是关宁军主将祖大寿家的两位悍将:祖大弼和祖宽。经过一天半的行军,他们就在这个秋日,率军走到了距离黄县城 30 里的北马塘(今龙口北马镇境),西 10 里就是海,西南是黄山馆驿。

"北马"之名源于明万历年间马姓由山西迁来黄县居住,地靠官道,道北有石马,取名北马(另记"白马",不确)。此地位于黄县沿海平原与山区过渡地带,依山傍海。俗称:"黄县三村大:北马、中村、洼。"明代诗人王朝珙有诗写附近玉泉寺:"谷回壑转水潺潺,客到僧家意自闲。时见白云横谷口,乱堆红叶掩松关。夜清月冷钟声远,寺腊苔深碑篆斑。坐久不知更漏永,登吟草籁满秋山。"

北马玉泉寺①

招远丘陵连绵起伏,通黄县、登州的道路就在山地穿行,两旁茂密的柞树、楸树、槐树等杂色树木以及林间人腰高的灌木随着秋风涌动,好一幅秋色图。北上的明军沿着山路前行,转过一个山口,前面就进入黄县地界,祖大弼督率前锋兵挥汗如雨继续赶路,千人的队伍很快通过山口消失在密林中。

过了些时间,靳国臣、吴襄指挥的大队人马浩浩荡荡出现在北马塘山道上,前锋兵已走远。吴襄登高瞭望,四周山峦树林茂密,沉寂无声,竟然连一只鸟儿都看不到!"真是一个布阵的好地方",想到这里下意识察觉空气中有一种熟悉的味道,那是铁与血的味道!

后劲军没有跟上来,祖大弼已经走在前面,本军前"竟不见一人"。(《三藩史略》)总兵官吴襄与靳国臣商量后吩咐中军:此地疑有埋伏,令"兵分左右,立马搜山"。听到中军传令,官兵撤开大路,荷枪进入道路两旁树林灌木丛搜索。

突然间,一只鸽子从山林间腾空而起,箭一般飞向黄城,军士惊呼"有贼!"沉闷的铳

---

① 北马玉泉寺建于金代,明天启年间(1621—1627)及 1937 年重修,历 800 年风雨。

声响起来打破了山地的沉寂……

孔有德伏兵大起！其一万骑兵伏在山后，数万步兵就伏在北马塘道旁密林中，偃旗息鼓、以逸待劳。他们计划先放关宁前锋过去，等到明军大部队全部深入伏击圈后以突袭拦腰斩断前部，包抄后部，一战而全歼之。无奈吴襄下令搜山破坏了计划，伏兵提前暴露，一时间箭炮齐发如蝗，明军遭到左右夹击，不少将士猝不及防被击倒。

祖大弼、祖宽带着前锋兵还要继续前进，只听身后杀声骤然响起来将来路截断，左路援军被截成了三部：前面是祖大弼的前锋兵，中间是吴襄和靳国臣的中军，后面是高起潜、邓玘率领的后劲兵，右路不知道行军到了什么地方。祖大弼、祖宽知道中了埋伏，一面布置官兵就地防御一面沿着来路组织往回攻，迎面遇到一叛骑挡道，祖大弼抢起大刀将叛骑斩落。

崇祯五年(1632)八月三十日，明军平孔有德之乱胶东北马之战示意图①

官军枪法箭法十分精湛伏兵难以近身。叛军掳掠来运输弹药、粮草的驴子受到战火惊吓则四处逃窜。

钦差总监高起潜听到前方枪炮大作，派人骑着快马去找祖宽，传令前锋立即调回，又命总兵官邓玘指挥川兵靠前参战。不知道祖宽是否收到了高起潜的命令，但邓玘的后劲兵奉命很快冲杀上去加入空前激烈的战斗。不想敌人越打越多，成为昌邑誓师以来最大规模的战斗。双方十几万兵士民伏、上百门各式大炮及数百匹骡马塞满了昆嵛余脉到黄山馆以北的海边，刀光剑影你来我往，双方的大炮火器不遗余力地将弹雨泻入敌阵，自此到民国的300年间，胶东再也没有出现如此规模的陆战！

激战良久，孔有德部掳掠的民伏壮丁趁机逃跑，导致叛军士卒出现动摇。右路援军刘泽清、陈洪范所部经过跋涉又绕道出现在北马战场后方，抄了叛军后路，叛军支撑不住，边打边撤，一部逃向登州方向，一部退向西海莱州湾方向（疑有叛军战船驻泊）。吴襄、祖宽、吴三桂等督率各路官军紧紧追击，叛军上下无不"胆落"，逃窜中被"斩首一万三千级"，被俘800名，"逃散、坠落不下数万"。其余大部慌不择路奔向登州，明军如老虎驱羊一般跟踪赶杀直到登州西门外，遇到耿仲明自城头发炮乃止，明军一部趁机收复黄县城。

北马之战明军取得了决定性胜利，兵部大叙"解莱恢黄之功"，朱大典、谢三宾、金国

---

① 今龙口北马镇距黄县老城不足10里，与《平叛记》记载不符。北马山区"奶儿夼""山后""庙前"扼招远北上官道，距老城恰恰刚好约30里，与史料记载相符，这里应该就是两军交战的地点。

奇、吴襄、陈洪范、邓玘、刘泽清、靳国臣、张韬、祖大弼、祖宽、金栋梁等，均得到不同等级的世袭官职，吴襄恢复总兵官一职。回顾这场战事：北马之战是由伏击战演变而来的大决战，叛军以逸待劳，火器兵力都占优，孔有德排兵布阵无懈可击。其一，充分发挥了叛军主力——皮岛旧部的游击战特长，而指挥打伏击本来就是孔有德的特长，当年在辽东他的伏击战没少让女真人流血。其二，充分利用了地形，火器配置合理。其三，最重要的一点——战术安排得当，使用两翼包抄将官军截为数段，致使其首尾不能相顾，然后包围和各个歼灭。1937年的平型关战役115师就是采用这样的战法击败了一支日军运输队。

但有两个因素导致孔有德计策落空。其一，伏兵对运动中的援军没有实现合围。关宁老将吴襄命官兵搜山致叛军提前暴露，官军后劲、左右营均没有完全进入包围圈，对战事造成了极大影响，以故吴襄功劳很大。其二，"关宁铁骑"确实具有很强战斗力。别的军队遇到这样的局面十有八九就要溃逃了，但关宁兵遇到埋伏后立即镇定下来沉着抵抗，使叛军围歼不能得逞。当然从根本上说，官军此战取胜主要因为平叛作战赢得了胶东人民的一致支持，官兵士气高涨，朱大典的后勤保障也比较得力。教训是前锋兵粗心大意孤军冒进几乎陷于绝境，但是他们发现中伏后拼死力战杀伤大量叛军，为其余明军合击赢得了时间。几多经验教训值得思考！

困兽犹斗——登州攻防战

登州以八仙过海、徐福东渡和蓬莱仙阁闻名天下，《明史》对蓬莱阁的记载只有一处："三面距海，墙三十里而遥，东西俱抵海"，不是因为其胜景而是因为兵灾。登州自古为海防要地，万历年间福建长乐人谢肇淛在《齐中杂诗》中写山东海防："传闻濒海上，岁岁苦防倭。幕府军书急，楼船水怪多。唇光朝吐市，鲸甲夜翻波。近报烽烟息，诛求更如何？"

登州古港

生不逢时的谢肇淛被陷害降职东昌府司理,恰逢天真可爱的三岁小女又夭折,去山东途中作《苦女诗》云:"少小识人情,蹒跚挽我行。最怜今日死,翻恨昔时生。坐畔犹疑影,床头唤错名。千行赢博泪,洒向下菰城。"让他伤心的不仅是家事,还有一团乱麻的国事!"唇光朝吐市,鲸甲夜翻波",庙堂攻讦不休,海上暗流汹涌,经过蓬莱人戚继光、晋江人俞大猷北讨南征,倭寇略平,而建州女真又大兴于白山黑水间,将登州这座"北方重要的海洋文化发源地和东方海上丝绸之路的始航地"一下子推上风口浪尖。

自九月初一官军合围登州,旷日持久的攻防战开打。与莱州攻防战相反,这次叛军守城官军围攻。莱州之战持续 8 个月,官军围攻登州之战持续半年,在齐鲁大地仅次于公元前 284—279 年的即墨之围。道光《重修蓬莱县志》卷四《武备志·营制》记载,崇祯间登州四门共贮火炮 330 门,其中红夷大炮 12 门、铜发熕 8 门、佛郎机 19 门、威远炮 170 门、大将军炮 1 门,其他火炮 120 门,枪支弹药无算。崇祯五年(1632)登州被孔有德用计攻陷,上述大炮和无数弹药为"贼"所用,对抗明军。

蓬莱阁

城上火炮威力强大,城内防守森严。作战经验丰富的孔有德又为登州城防制定了很多规矩:如城中衢路不许辽东人以外者任意行走,违者斩之。又如城上每垛口夜间均以五人防守,按更轮替,"传箭警睡"。叛军头目以飞箭查哨:如发现有哨兵打瞌睡,远远向其射出一支箭算是警告;如果哨兵没反应或反应不迅,第二支箭立至夺命,为了活命叛军士卒只能打起精神放哨。孔有德等还汲取了莱州之战中朱万年守城的经验,不时缒人至城外夜巡,使明军无法有效实施夜袭。

官军几次攻城,都被孔有德用红夷大炮击退。"都元帅"李九成素负骁健,出城搏战,双方往往以数千骑步军配合火炮进行大规模野战,互有胜负。反复攻城无果,朱大典、金国奇等遂决定采用紧守坐困之策。

登州城一时半会打不下来,这时各营都抵达登州,而因为辎重车行动迟缓,行军粮草没有跟上,诸路兵马都面临断粮的危险。有一个人的出现,使得问题得到解决。这个人就是山东巡按、援军监纪谢三宾。谢三宾是浙江鄞县人,文坛领袖钱谦益的门生,一个颇具争议的人物。天启五年(1625)中进士,出任永嘉知县;崇祯时官至山东巡按、太仆寺卿。其文艺水平不低,常和董其昌、李流芳、程嘉燧等名家讨论画理,书画下笔能自创新意,因与自己的老师钱谦益争一个女子柳如是而成为后世笑柄,但其治事手段在平叛作战中值得一提。

一曰杀人立威。崇祯五年(1632)八月初一日,山东巡按谢三宾来到昌邑。此时,督臣刘宇烈已被捉拿审问，谢三宾担心刘宇烈被逮，全军无首，于是来到行营召集全军宣布皇上的旨意，取关押在牢的逃兵斩杀示众，军心为之悚然。谢三宾又巡阅全营，核查粮草，告诫守卫潍河的官兵，有不听令擅自渡潍河的立即斩杀，从此杜绝了军中叛兵的间谍耳目。后来，他与新任山东巡抚朱大典联合上疏，请斩临阵脱逃的总兵官王洪、刘国柱，上从之。

二曰督促进兵。八月十三日，山东行营誓师讨伐叛兵。先前夷兵都停留在青州，巡按谢三宾再三催促，各部拔营而来。巡抚朱大典和谢三宾召集各将领商量进兵之策。谢三宾说：夷兵多是辽东人，如果长久待下去，叛贼用离间法会使军心动摇，那事情就不可预测了，趁他们刚来，叛贼还没察觉，一鼓向前，必能打败叛贼，兵贵神速说的就是这个道理。

三曰督运军粮。九月初，山东巡按兼军前监纪谢三宾来到黄县，派青州道道台杨进督促运粮，又命朱桥和黄山馆的守兵依次接应。攻打黄县时所获的毛驴很多，由于没有吃的都丢弃在路边，谢三宾用很少的钱买下分给各营用来驮运粮食，不到三天士兵们的粮食就充足了。（《明季北略》《崇祯长编》）

谢三宾为后世所不齿主要基于两个方面。首先是他与老师钱谦益的复杂关系。天启元年（1621），谢三宾中举，主考就是钱谦益，"遂被钱谦益纳于门下"（实际是自投门下）。国学大师陈寅恪曾经引述全祖望的《鲒埼亭外集》说："三宾知嘉定时，以赘列钱受之门下（谦益字受之），为之开雕《娄唐诸公集》。其后与受之争妓柳氏，遂成贸首之仇。南都时，受之复起，且大拜，三宾称门下如故。其反复如此。"谢三宾当时跟江南"秦淮八艳"之一柳如是存在情感纠葛。谢三宾任永嘉知县期间，为钱谦益出书，其后为争夺柳如是又不惜与老师反目，师徒关系一度十分紧张。当福王朱由崧在南京称帝，钱谦益复出为礼部尚书，谢三宾"称门下如故"。陈寅恪直呼谢三宾"其反复如此"，可见其人品不佳。（黄裳《绛云书卷美人图——关于柳如是》）二是他在时代漩涡中的大是大非。谢三宾仕明平叛皆有大功，清军南下，两度降清，带头剃头，"江浙抗清义士，多为所陷害"，这是严重的道德问题。明朝降官降将很多，有的近年还被搬上荧屏宣传，无论如何，投降杀害民族同胞是需要后人慎重对待的。

崇祯五年（1632）九月初三，北马之战取得决定性胜利，第二天明军一路追击叛军，杀到登州城外安营，准备攻城。游击将军徐元亨、守备路云芝以偏师解放栖霞、招远。登州东面的宁海卫（卫城在今烟台市牟平区养马岛附近，东接威海卫），明军登州总兵官吴安邦听到援军节节大胜的消息终于放了心。崇祯四年（1631）秋，明廷晋升

修葺一新的登州城墙

副将吴安邦为登州总兵官,接替拟升南京右都督的原登州总兵官张可大。"登莱兵变"突发,吴安邦徘徊于泉城济南,张可大看到叛军紧逼就留在登州指挥平叛,最后兵败自尽。张可大牺牲,吴安邦无奈接过"烫手山芋",朝廷三令五申之下他率数千官兵去打登州,还没交锋就中了耿仲明诈降之计,兵溃逃回宁海卫,自此闭门不出。自从"辽事""匪患""海贼"交加,沿海诸卫兵力渐次外调,多数卫所只剩"鹑衣百结"的老弱,宁海卫没被攻打真是上苍眷顾! 其实也不是上苍眷顾,主要是莱州牵制了叛军主力。吴安邦见局势逆转连忙出兵,也赶上了胜利的潮流。

　　登州城再一次被彻底包围,山东巡抚朱大典等纷纷莅临城下共商策略。登州城外一时间集中有明朝一抚一按、两钦差、八总兵,还有副将、参将、游击、守备等上百名。为了击败叛军夺回登州,"关宁铁骑"部分精锐和本省、北京、河南、江淮的兵都调进胶东,其中一批人如吴三桂、陈洪范、刘泽清、刘良佐、祖大弼、祖宽、靳国臣,日后注定要纵横万里江山。挂印定辽将军、东江镇总兵官的黄龙正与参将尚可喜紧锣密鼓地要从海上阻击叛军。不料想昔日"纸糊的登州"在孔有德手中结结实实给了援军一个下马威!

明代攻城战[1]

　　明军在距登州南城门数里之遥的神密山刚布好行营,不等朱大典落座开口说话,叛军设在南城的大炮先开口。孙元化引进的这批红夷大炮果然厉害,配有开花弹不说,精度很好,射程竟数倍于老式火炮,"一发十里、触之立碎",神密山大营瞬间被硝烟淹没。

　　"看看! 这都是孙元化他们干的好事!"林中的官兵们一边躲炮一边诅咒。炮声停了,朱大典掸掉身上落尘问左右:"我军西洋炮运到何处?"不久前朱由检命人将汤若望在王恭厂赶制出的5门西洋大炮立马送往登州。有人禀报朱大典说巨炮已过青州! 有人进言说叛军大炮厉害,正面进攻不易;有人说孔有德等均出身东江,惯于奇袭夜袭,围在登州必然会做困兽之斗。于是议定绕城筑墙困死他们。

　　巡抚一声号令,将士箕箕铁锹一齐上,围城长墙"数日而毕",垒得高高似一道城墙,东西连绵30里直达海边。("畚锸齐兴,鼓数日而毕。崇墉如城,连延三十里,东西俱抵海。")在叛军眼皮底下何以能在几天时间里建成30里围墙,而且此围墙竟然高与登州府城比肩,真是不可思议! 难以想象当孔有德眼睁睁看着这堵高墙一段段建起来,将自己和部下圈在其中是一种什么样的感受。依托围墙明人配置防线三道:靠墙守卫的

---

　　[1] 守城方军士都身披铠甲,军士三人一组正在施放轻型火炮,城墙甬道上放置着炮弹。城下的攻城方,士兵推着原始的装甲战车作为防护。

步兵,步兵之后有披坚执锐的骑兵,骑兵之后复有炮兵,空置部分兵力用以机动。

按照《平叛记》和《崇祯长编》记载,围城明军分为四个兵团。西兵团:总兵官陈洪范、刘泽清带领义勇步兵、团练步兵守卫西墙,总兵官吴襄、副将靳国臣、副将刘邦域、参将王宪等负责救援。南兵团:总兵官刘良佐、副总兵丁志德、邓玘和副将方登元守卫南墙,金国奇、祖大弼、柏永馥等负责救援,明军总部设置在这个方向。东兵团:总兵官牟绶、副总兵王武纬、王之富率步兵守卫东墙,副将祖宽、参将张韬等带领部分关宁铁骑在此为援。以上每一方向都有炮兵掩护。北方水师:天津镇水师和黄龙、尚可喜的东江镇水师,后来还有江淮水师加入。

山东巡按谢三宾悬设赏格:首先攻入城内的每人赏百金,各路兵马都跃跃欲试想奋勇杀敌。一天晚上,前沿将士突袭,抓到一个叫王祥的辽兵,他供称:"孔有德,李九成想装载物品逃入海中",云云。谢三宾乃上报军情。于是各军"分番攻守,贼无出路"。

《崇祯长编》卷六十三崇祯五年九月戊戌载:

> 山东行营自恢复黄县次日,即乘胜而前,列营登州城外攻之。巡抚朱大典、巡按谢三宾及二监吕直、高起潜,俱至行营,相与定取城之策。虑贼夜袭,议分汛地筑长围守之。登城三面距山,一面距海。畚锸齐兴,鼓数日而毕。崇墉如城,连延三十里,东西俱抵海。以步兵乘墉,马兵接应。分陈洪范、刘泽清于西墙,吴襄、靳国臣、刘邦域、王宪等援之;分刘良佐丁志德、邓玘、方登元於南墙,金国奇、祖大弼、柏永馥等援之;分牟文绶、王武纬、王之富于东墙,祖宽、张韬等援之。分番攻守,贼无出路。

李九成、孔有德他们在干什么呢?被俘辽人王祥交代,城内叛军产生了空前的矛盾:孔有德、李九成意图丢下叛军部属,携带亲眷装载细软出海逃跑,消息为部属所知,闹得满城沸沸扬扬。部属因为孔有德、李九成两个人带着他们走上反叛之路,现在被官军包围在大海边,这孔、李二人反而要撇下他们自己开溜,大愤。于是,"要之同死,不听其去",一起出来拦阻,死活不让孔、李二人离去,"二贼遂止"。(《崇祯长编》载:"是夜,获辽人王祥,供称孔有德、李九成欲装载入海。群贼以两人首祸,要之同死,不听其去。二贼遂止,三宾以闻。")这是围城之初发生的事。得知叛军人心浮动,更加坚定了平叛大军的决心。山东巡按谢三宾将孔有德、李九成意图亡命的事上报,明廷应该引起高度关注。不几天新的红夷大炮从北京运到了登州城下,官军于是加紧攻城。

明人董其昌山水画

叛军北马之战失败后逃入登州的兵力还有数万,其中骨干约两万,粮草弹药可支撑数月。首领孔有德白与王朝已结下了深仇,官军从莱州城下招抚失败后彻底关闭了和平的大门,一心一意要剿灭之。眼看明军一步步勒紧了套在他们脖子上的绳索,孔有德和李九成不甘心坐以待毙。他和李九成等人商量后做出两手打算。一面积极组织突围,就是要四面开弓、使得官军防不胜防,一举突出重围,然后流动于黄河、长江之间,以自立门户建立小朝廷为上策。实在不行就分散部伍,效法陕北的李自成、张献忠等,落草江湖,四处游动,能打就打,打不过就跑,做一个朝廷嘴中的"流寇"。另一方面,他在毛文龙旧部、后金安插在东江的奸细王子登的支持下先后派出三批信使渡海到辽东,与后金积极建立联系(这不包括登州之围前给大汗的信),以备万不得已投靠仇敌女真人。但不巧的是,从围城到崇祯五年(1632)年底间的三批泛海信使没有一批成功到达后金占据的耀州(今营口),全部被黄龙、尚可喜的岛兵擒获。

因此从九月开始,孔有德的叛兵屡屡出城与围城大军搏战。在"关宁铁骑"等明军精锐的重围中,他们没有任何大规模突围成功的胜算,但在阻击叛兵突围的激战中明军也付出沉重代价,游击程仲文、守备祖邦楼等军官都战死了,叛军伤亡肯定会更多。史料记载:"登州叛兵屡出战,游击程仲文、守备祖邦楼先后战死。已而叛兵入胶州、海州。"胶州、海州都在登州南方千百里,恰恰与登州在一条东北—西南走向的线上,这条线与大沽河走势基本重合。也即是说登州叛兵曾经有个别部队不仅突出了重围,还穿越了胶东腹地沿着大沽河畔到达了胶州境内,后来又沿着沂州府(今临沂)直抵海州,突入江淮。这支突进到江淮地区的叛军(附近有明帝祖陵所在地——中都凤阳),沿途千里迢迢,给齐鲁和江淮百姓带来的不会是福瑞,只能是破坏和杀戮。

凤阳柿子树——雾中的明中都城旧址

孔有德由一名明朝将领沦落到一名王朝欲绳之以法的人,肇始于他和另一将领李九成在北直隶河间府吴桥那个风雪之夜的决定。尽管有很多现实的原因,甚至有这样那样的理由为其开脱,又甚至说他们是在起兵对抗腐朽的王朝,但是"杀人盈十万、残破东省十数州县"的兵变不值得肯定。人生活在一个困惑的世界,"一切都像不能出海的帆船上的桅缆吱吱扭扭地不停作响"。弗兰兹·卡夫卡通过《乡村医生》告诉世人一个道理:在这个混乱和迷茫的世界中,你只要做错了一次决定,你就永远回不了家。

崇祯五年(1632)秋冬,登州城数百大炮一次次倾泻弹雨,将攻城明军阻击在外。数万明军顿兵于坚城巨炮之下累攻数月不克,消耗了业已式微的国力。就在登州城下炮声隆隆之际,渤海海峡对岸有个人正在"侧耳倾听"渤海这边的动静——海峡有数百里之宽,直接是听不到的,但是遍布的密探和来往的流民,早已将山东发生的一切陆续传过去,引起这个人警觉。此人谓谁?建州女真新头领、后金第二位大汗、改弦更张的皇太极。

古人云:以史为镜可以知更替。我们看看后金崛

朱元璋书法
(选自《中国历代书法选》)

起的历史:女真又称"女贞""女直",是一个历史悠久的民族。"势雄寥廓"的长白山是他们的圣地,黑水松林是他们的园圃,獐子狍鹿是他们的伴侣。夏商周称"肃慎",汉晋称"挹娄",南北朝称"勿吉",隋唐基本形成民族形态,称"黑水靺鞨",辽朝始称"女真"(避辽兴宗耶律宗真之讳也称"女直"),分生女真、熟女真两大部。女真人主要以渔猎为生,兼农耕畜牧。通过中国吉林一年一度的查干湖冬捕,今人可依稀领略昔日女真生活。一个不容忽视的问题是,无论早期的"肃慎""挹娄",还是"勿吉""女真""建州女真",考古发现和文史记录都一再证明,他们自夏商以来始终处于中原文明及儒家文化影响圈内。

金太祖收国元年(1115),完颜阿骨打统一女真,叛辽建金。宋朝与金朝结盟,南北夹击辽朝灭之,然后金与宋又开战,是有"靖康之耻"。岳飞大战金兀术的故事有赖于元杂剧、传奇和话本在中国民间流传不辍。20世纪80年代,通过刘兰芳评书《岳飞传》,在听众心中留下不可磨灭的印象。金朝的女真人有"立马吴山第一峰"的雄心但力不从心,公元1234年先于南宋被"上帝之鞭"所灭。蒙古窝阔台汗六年(1234),蒙古人摧毁了金朝。而后灭了宋,成为第一个异族入主中原的封建大一统王朝。元在松花江下游和黑龙江设斡朵里、胡里改、桃温、脱斡怜、孛苦江五万户府,管辖女真人。

14世纪的明朝初期,女真分为建州女真、海西女真、东海女真(野人女真)三大部,后又按地域分为建州、长白、东海、扈伦四大部分。据考证,爱新觉罗家族早期来自遥远的黑龙江以北地区——海西女真区。为管理辽阔的数百万平方公里的女真人区,明朝在辽东都司以北,设立了"奴儿干都司"。

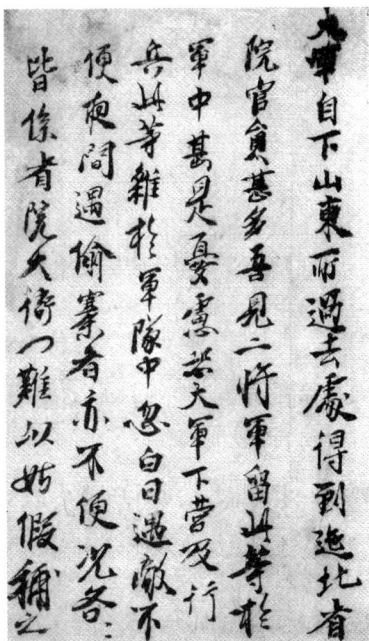

吉林查干湖冬季捕鱼的场面

查干湖民俗"春捺钵"①

奴儿干都司,全称奴儿干都指挥使司,作为王朝派出的军政管理机构,于明永乐七年(1409)始设,治所黑龙江下游东岸特林(位于今俄罗斯联邦境内的黑龙江下游与阿姆贡河汇合口的右岸,下距黑龙江口 150 公里),有羁縻卫、所共四百余,人员均为少数民族,一般不计在明军总数之中。

奴儿干都司辖区广袤,东至大海,东北囊括库页,西至斡难河(今鄂嫩河),南接图们江,北抵外兴安岭。明廷任命其头人掌各卫所,给予官职印信,仍其习俗、以时朝贡,贡品有海东青、貂皮、马匹等。明廷还在元代驿站基础上恢复驿传,密切各族人民往来,促进了当地社会经济发展。永乐十一年(1413)与宣德八年(1433),钦差中官亦失哈,两度奉旨莅临特林,修葺永宁寺于高高的河岸岩崖之上勒碑记录。清光绪三十年(1904),二碑被帝俄政府劫去移置海参崴。

符拉迪沃斯托克某博物馆的永宁寺宣德碑
(中间的石碑)

《敕修奴儿干永宁寺碑记》:

伏闻:天之德高明,故能覆帱;地之德厚,故能持载;圣人之德神圣,故能悦近而服远、博施而济众。洪惟我朝统一以来,天下太平五十年矣。九夷八蛮,梯山航海,骈肩接踵,稽颡于阙庭之下者,民莫枚举。

惟东北奴儿干国,道在三译之表,其民曰"吉列迷"及诸种野人杂居焉。皆闻风慕化,未能自至。况其地不生五谷,不产布帛,畜养惟狗。或野人养狗驾舟,运器用诸物。或以捕鱼

---

① 查干湖(蒙语查干淖尔),其冬捕可追溯到辽金。辽代第六位皇帝耶律隆绪喜欢吃"冰鱼",每年腊月率众浩浩荡荡来嫩江与霍林河交汇查干冰上扎营,命人将帐内冰层刮到薄若纸片,冰下游鱼历历在目,君臣赏鱼为乐。兴尽破冰,鱼自跃出,烹饪为盘中餐,君臣大快朵颐耳。其捕鱼式为"春捺钵"。

为业,食肉而衣皮,好弓矢。诸般衣食之艰,不胜为言。是以天使三至其国,招安抚慰,民安矣。

圣心以民安而未善,永乐九年(1411)春,持遣内官亦失哈等,率官军一千余人、巨舰二十五艘,复至其国,开设奴儿干都司。昔辽、金侨民安故业,皆为尧、舜之风,今日复见而服矣。遂上书朝廷遴选都司,而余人上授以官爵、印信。赐以衣物,赏以布纱,给赍而还。依土立兴卫、所,收集旧部人民,使之自相统属。

十年(1412)冬,天子复命中官亦失哈等载至其国。自海西抵奴儿干及海外苦夷诸民,赐男妇以衣服、器用,给以谷米,宴以酒馔,皆踊跃欢忻,无一人梗化不率者。上复以金银等物择地而建寺,柔化斯民,使知敬顺。

圣朝以为相趋之瑞。十一年(1413)秋,卜奴儿干西,有站满径,站之左,山高而秀丽。先是已建观音堂于其上,今造寺塑佛,形势优雅,粲然可观。国之老幼,远近济济争趋。且天高地厚而长显威灵,永无厉疫而安宁矣。既而曰:"亘古以来,未闻若斯。圣朝天下民之归顺者,上忻下至,吾子子孙孙,世世臣服,永无异意矣。"

以斯观之,万方之外,率土之民,不饥不寒,观忻感戴难矣。尧、舜之治,天率蒸民,不过九州之内。今我朝统一天下,太平五十年,蛮夷戎狄,不假兵威,莫不朝贡内属。《中庸》曰:"天之所覆,地之所载,日月所照,霜露所坠,凡有血气者莫不尊亲,故曰配天。"正谓我圣朝盛德无极,至诚无息,与天同体,斯无尚也,无盛也。故为文以记,庶万年不朽云尔。

永乐十一年九月二十二立

钦差内官:亦失哈、成昌胜、张童儿、张定安

镇国将军都指挥同知:张旺

抚总正千户:王迷失帖、王木哈里

玄城卫指挥:失秃鲁苦、弟秃花、妻叭麻

指挥:哈彻里、□蓝、王瑾

弗提卫指挥佥事:秃称哈、毋小彦

男弗提卫千户:纳蓝

千户:吴者因帖木儿、宁诚、马兀良哈、朱诚、王五十六、□□、黄武、□□□……

百户:高中、刘官永奴、孙□、□得试奴、李政、李敬、刘赛因不花、傅同、王里帖木、韩□、张甫、金卫、□原、高迁、叶胜、□□、……赵锁古奴、王官音保、王阿哈纳、崔源、里三、□□□、□木式、康速合、阿卜哈、哈赤白、李道安、□道、阎威□。

总旗:李速右

所镇抚:王溥、戴得贤、宋不花、王速不哈、李海赤、高歹都、李均美

都事:席□

医士:陈恭、郭奴

总吏:黄显、费□

监造:千户金双顶

撰碑记:行人(官名)铜台(地名)邢枢

书丹(汉字):宁宪

书蒙古字:阿鲁不花

书女真字:康安

钻字匠:罗太安

来降快活城安乐州(快活城安乐州在辽东)千户:王儿卜、木答兀

卜里阿卫镇抚:阿可里、阿刺卜

百户:阿刺帖木、咬纳

所镇抚:赛因塔、把秃不花、付里住、火罗孙

自在州千户:把刺答哈、弗的、阿里哥出

百户:满秃

木匠作头:石不哥儿、金卯白、揭英

妆塑匠:方善庆、宋福

漆匠:李八回

铁匠:黄三儿、史信郎

烧砖瓦窑匠:总旗熊闰

军人:张猪弟

泥水匠:王六十、张察贴木

努尔干都指挥同知:康旺

都指挥佥事:王肇舟、佟答剌哈

经历:刘兴

吏:刘妙胜

从名字分析奴儿干都司人员,汉族、女真族、蒙古族均有,还可能存在其他民族。这份碑文是研究明代奴儿干都司的重要历史文献,此碑也是中国历史上对外兴安岭以内实施管理的重要见证。奴儿干都司辖区最南之地设三卫:建州卫、建州左卫、建州右卫,初受奴儿干都司管理,后来多受辽东都司辖制,以头人李承善(阿哈出)、猛哥帖木儿等为卫指挥使。自正统至明末,三卫基本定居于东北浑河上游苏子河流域。金国国主努尔哈赤先祖自海西南迁来此,家族属明朝建州左卫。

明万历元年(1573),与戚继光齐名的军事家、辽东总兵官李成梁展筑宽奠六堡(今宽甸一带),招致原建州右卫都督、女真头人、努尔哈赤外祖父王杲掠边。万历三年(1575),李成梁率军擒女真头领王杲,磔于北京。万历十年(1582),王杲之子阿台重据古勒寨数次犯边,翌年又被李成梁击杀。努尔哈赤的祖父、父亲均死于该役,努尔哈赤被李成梁俘

虏,李成梁见其聪明引为家奴。后来努尔哈赤因故逃走起兵反明,明朝与建州女真的关系进入一个新的动荡时期。

明朝万历四十三年(1615),建州女真的努尔哈赤在新宾县二道河子畔的赫图阿拉城称汗建国,国号称为"大金",史称后金。又经过努尔哈赤的两个儿子皇太极、多尔衮率领后金人浴血奋战,数百年前完颜亮那一度破碎的梦,终于在17世纪由后人得以实现。明崇祯八年(1635),建州女真改称满洲。清顺治元年(1644),满洲建立的清朝入主中原,成为中国历史上第二个少数民族统一的王朝。

诚如清史专家李鸿彬所言,我国自古以来就是一个多民族的国家,在这个统一的民族大家庭中,各个民族为了本民族发展和祖国进步都做出了重要的贡献。但同时我们也要注意,历代王朝在统治过程中,不同程度地实施了民族奴役。即如明政府,为实施对女真的统治设立奴儿干都司及其卫所,在促进民族交流的同时也给女真同胞带来一些负面影响。李鸿彬认为:"明中叶后,明朝在该地推行民族压迫政策,政治上采取分而治之的办法,在女真各部之间制造矛盾,进行离间分裂活动,致使女真社会动乱不安;经济上实行封锁禁运,停止朝贡互市,严重地阻碍了女真社会经济的发展;军事上经常派兵深入女真境内,大肆烧杀掠夺,无所不为,因此不断激起女真人民起来反抗,却遭到残酷的镇压。"(《清朝开国史略·前言》)

人人都说,岁月如梭;此时此刻,大明日益衰落,大金正在上升!

努尔哈赤因宁远之战失败而逝,后金王子、群臣拥护的皇太极嗣汗位。皇太极生于万历二十年十月二十五日(1592年11月28日),努尔哈赤第八子,生母叶赫那拉·孟古哲哲是女真叶赫部首领杨吉努之女。天命元年(1616),努尔哈赤以皇太极为"和硕贝勒",与大贝勒代善、二贝勒阿敏、三贝勒莽古尔泰共称四大贝勒。其满语"和硕"意为一方,"贝勒"意为王侯,"和硕贝勒"合起来意为"一方诸侯"。《清史稿·太宗纪一》记载了皇太极的性格和容貌:"上仪表奇伟,聪睿绝伦,颜如渥丹,严寒不栗。长益神勇,善骑射,性耽典籍,谘览弗倦,仁孝宽惠,廓然有大度。"

从后金天命十一年至天聪六年(1626—1632),皇太极执掌后金,夙兴夜寐,励精图治,建章立制,改弦更张,一反其父肆意屠杀汉人的旧习,大力擢用李永芳、佟养性、范文程等汉人,在后金军中组建汉人部队

皇太极画像(出自宫廷画)

"乌真超哈"(满语意为"重炮兵",即八旗汉军,顺治十七年定名"汉军")。仅仅六年,使得努尔哈赤统治后期的后金危机一举化解,真是一代能君!

前方传同"海南"(渤海之南)的消息,增加了他的疑惑。他派出轻骑兵50名悄悄赶

去辽东湾打探消息,不想骑兵一到海口就遇上了冤家对头——明军东江镇黄龙所部。后金的骑兵支队力量太弱,只能空手返回……

于是,皇太极只能坐在沈阳宫内继续疑惑着。

宁静晨曦之国

而渤海海峡东边数百里的三千里江山,在明朝藩属国和忠诚盟友——朝鲜,此时也有一个人在为登州战事牵肠挂肚,他就是明朝敕封的朝鲜国王李倧,庙号仁祖。朝鲜人原是生活在欧亚大陆北面的阿尔泰语系民族,朝鲜自古与中国是山水相连唇亡齿寒的盟邦。公元前2333年,檀君王俭于平壤建王俭城,创立古朝鲜国。朝鲜,意为"宁静晨曦之国"。后来,在司马迁的《史记》中记载,商代最后一个国王纣的兄弟箕子,带着商代的礼仪和制度到了朝鲜半岛北部,被朝鲜人民推举为国君,并得到周朝承认,史称"箕子朝鲜"。根据《太原鲜于氏世谱》,鲜于氏源自箕子朝鲜的后人,共历41代君主。公元前194年,燕国人卫满率移民进入朝鲜,推翻了箕子朝鲜的政权,建立朝鲜历史上第二个王朝——"卫氏朝鲜"。

万历四十年(1612),朝鲜国王致礼部请罢中江关市以清疆界以防奸弊事咨文(原件现存中国国家博物馆)

汉武帝吞并卫氏朝鲜,设乐浪、玄菟、临屯、真番四郡。隋唐时朝鲜半岛出现了新罗(前57—935)、高句丽(前37—668)、百济(前18—660)三个政权,半岛南端还有伽倻等小国。各国互相攻伐引起朝廷的武力干涉,隋炀帝、唐太宗都先后东征朝鲜半岛。唐太宗出师还曾以登州为基地。公元918年高丽王朝建立后,与中原建立了良好的藩属关系而后被辽、元相继征服。

1368年明朝建立后,要收复元朝属地,高丽王依附蒙古势力拒之,派都统使李成桂进攻辽东。李成桂发动政变,于1392年废黜高丽王建朝鲜王国,意为"朝日鲜明",定都汉城,确立了"以小事大""以臣事君"的对华政策,与明朝关系十分亲密。万历年间(1573—1620)朝鲜半岛发生"壬辰倭乱",日本幕府将军丰臣秀吉率兵侵入朝鲜占领平壤,明军在李如松等指挥下开赴朝鲜与李舜臣等指挥的朝鲜军并肩作战,终将日军赶下大海。朝鲜仁祖李倧和臣民每念明朝在朝鲜处于亡国边缘时的鼎力相救,敬佩感激之情无以言表。政治经济紧密联系不必说,同属儒家文化体系和感情纽带的存在都使得李氏朝鲜亲近大明,李倧心中的三千里江山不能没有大明。

李倧和朝鲜国人关心登州由来已久。《明史》《光海君日记》载,朝鲜光海君十三年(1621)五月癸卯,因为后金崛起,抚顺、沈阳相继陷落,朝鲜通往京城的陆路贡道交通断绝,只得再次从海上往来,旅顺、登州的战略地位日益突出。万历间明翰林院编修刘鸿训颁诏朝鲜,等到完成使命陆道已经断绝。天启元年(1621)五月,他欲辞归故里,朝鲜为他备船走海道回中国。朝鲜备边司启察国王光海君建议派员随行重新开通航道,否则,"朝京之路绝矣"!于是,朝鲜派使臣与之同行。刘鸿训一行到旅顺口时,夜半遇狂风,九艘船只全都沉没,随员大部分被淹死,刘鸿训"跳浅沙,入小舟,漂泊三日夜,仅得达登州报命"。六月十六日,刘鸿训从登州上岸,虽然付出了血的代价,但中朝使臣终将登州航路开通。

当年八月以后,明廷遂改朝鲜贡道,"自海至登州,直达京师"。此后直到登莱兵变前,朝鲜使臣皆是从胶东半岛的登州登陆。

朝鲜使臣每次出使必经皮岛,毛文龙掌控登莱海道税收,也向朝鲜使臣收取进献。蓟辽督师袁崇焕为控制毛文龙,"奏设东江饷司于宁远,令东江自觉华岛转饷,禁登莱商舶入海",上从之。毛文龙多次上奏述说不便,袁崇焕不听。"禁登莱商舶入海",因此朝鲜贡使也只得从辽西觉华岛登陆。登州航道海程短平易好行,觉华岛则路远而艰险,走登州在海上只要1个月,走觉华岛要51天,"自石多山至宁远卫,海路四千余里也。由海路而往,有往无还者,十常二三也"。从觉华岛登陆让朝鲜使臣颇觉不便,所以朝鲜从一开始就不愿从觉华岛登陆。

朝鲜王国在建州女真起兵叛明后态度鲜明,朱由检对朝鲜屡屡雪中送炭十分感动,曾经颁敕书嘉奖朝鲜国王李倧:"唯尔世守海藩,久著恭顺,兹以边氛未靖,来献锅、铣、船只,急公宜切,联其嘉之。特赐银两、文绮,以示奖谕"。

朝鲜是怎样全力以赴支持明朝的?具体来说有以下举措。

一是派兵参加后金与明王朝的萨尔浒大战。在1619年二月二十八日那风雨如晦的进军之夜,明军东线大军在一代名将刘綎指挥下日夜兼程,行军的队列中就有朝鲜元帅姜弘立带队的一万多名朝鲜军,其中的5000名朝鲜火枪兵备有世界最先进的单兵武器——鸟铳。

二是全力以赴支持明军建设抗金敌后根据地。不惜开罪后金,借地皮岛(今朝鲜海岛椵岛)给明朝,建立敌后根据地,使得毛文龙所部能够在敌后牵制努尔哈赤和皇太极。

三是协助明朝平叛。对于明朝海外诸岛士卒之叛乱,朝鲜有镇压之志。崇祯三年(朝鲜仁祖八年,1630)二月东江军官刘兴治在皮岛作乱杀明军副总兵、代理首长陈继盛及钦差通判刘应鹤。消息传到朝鲜,举国震惊。朝鲜国王李倧召集众臣,议讨兴治。李倧说:"兴治伐杀主将,实是天朝之叛贼,予欲兴师讨之,卿等以为何如?"兵曹判书李贵出来反对被当场罢职。

四是协助明军筹措军粮物资。后金向朝鲜提出经济要求,朝鲜一一拒绝。明将刘兴治杀戮大帅占据皮岛,岛上乏粮向朝鲜借,朝鲜不给。后刘兴治被明将张焘、沈世魁所杀,叛乱平息,朝鲜方给"海西米"2000包。

五是鼎力协助登莱巡抚孙元化。李倧对登莱巡抚孙元化和登莱军给予极大的关注。朝鲜使臣郑斗源自登州回国,李倧问郑斗源对孙元化的印象,郑斗源评价孙元化说:"清俭疏雅,虽威武不足,可谓东门得人矣。"李倧又问:"登莱之兵何如?"郑斗源认为:"皇朝专力予燕京、山海关,故山东则兵势寡弱矣。"这是孔有德叛乱前朝鲜使臣对登莱的看法,应该说相当准确。

孙元化为登莱巡抚时与朝鲜多有交往,国王给足了面子。仁祖九年(1631)九月庚辰,孙元化差王承恩送回朝鲜漂民并想以青蓝布从朝鲜买粮,遣"票下"张和来求请。李倧破例接见这个"无职白徒"表示重视。对于孙元化的要求,朝鲜国王尽量满足。就在孔有德被孙元化派遣增援辽东之前,孙元化遣人到朝鲜半岛求"买战船",朝鲜干脆以战船40艘相送。孙元化还向朝鲜求请铜锅、鸟铳等,朝鲜"亦照数满足其要求"。(《登莱事变及其对明、后金与朝鲜的影响》)可见,朝鲜国王把为明朝出力视为应尽的职责。

孔有德叛乱的消息传到朝鲜,李倧对孔有德并不陌生,感到这个昔日毛帅义孙是个大威胁,下令朝鲜军做好准备,给明军供给火器、船只和粮食,积极配合明军讨伐。皮岛明将沈世魁差都司金汝绥到朝鲜请求支援,当即给粮2000石;随后又给追逐叛兵的登州镇总兵官吴安邦、将领周文郁军粮3000石,甚至调动朝鲜军堵截叛兵,不给孔有德登陆朝鲜海岸的机会——李倧预料到孔有德被明军逼急有窜犯朝鲜领土的可能。李倧吩咐臣子"严防海口,不得放叛贼一人上岸!"孔有德兵变在东北亚产生了溢出效应。登州港口先被叛军窃据遭战火破坏。在叛乱发生之际,朝鲜奏请使李安访将"改贡道"之文带回朝鲜王国,"登州改贡路一本,则圣旨题曰:'奏内事情,朝廷非不体念,但方严海防,难为该国开端,致生他虞,宜体此意,抵遵前旨。'"明廷没有满足朝鲜请改贡道的要求,也实在无法满足朝鲜的要求,这是朝鲜请改贡道的最后一次尝试。

李氏朝鲜之所以最终臣服后金,不是输在意志力上而是输在军事太弱上,根本上输在基本国力上。自崇祯十七年(1644)后,朝鲜君臣望中原旧主毁堕,涕泣兴叹凡数百年!但当光绪二十年(1894)"为我大清藩属二百余年"的朝鲜遭遇东学党暴动,朝鲜军节节败退,朝鲜乞援的对象依然是时移世易之后代表中国的大清国。而这一次大清国和朝鲜国在日本陆海军打击下输得太惨,这难道不是一种历史的宿命吗?

一个20出头的男人现在还被视为大男孩,但崇祯五年(1632)之夏,22岁的紫禁城主人朱由检站在大内望长空,雨势绵密不绝,天地正被一张灰暗的大网笼罩。他读完原云南道御史王象云的上疏,心情如同这天空一样忧郁。大旱之后是大涝,入夏以来各地多遭水灾:"六月,京师大雨水。壬申,河决孟津。"八月,"京师天寿山大雨,大水冲损庆陵宝顶"。昌平十二陵之庆陵正是朱由检生父明光宗朱常洛之陵,朱由检十分难过,迁怒于工程质量,"削前工部尚书姚思仁职"。

至秋兵灾未息的山东遭受了几十年一遇的大水。南方又闹起了海贼。郑成功之父郑芝龙虽然在五年前就抚并出任明军都督同知,而海盗首领刘香在这年九月和十一月两次分兵掠福建、浙江。山西、河北的"流贼"大肆攻城略地。仅仅山东省的紧急公务就让他从最初处理魏忠贤的大胜中冷静下来。《崇祯长编》记载了这样一件怪事:崇祯五年(1632)九月在叛军手中的登州城,"登州辽妇生子,人身、猴面、二角、鸡足,生即能言"。这绝对是个不祥之兆。

崇祯五年(1632)十月,翰林院检讨杨执光上疏:"自登兵造逆,全齐骚动,贼之所陷,固父子不完;兵之所经,亦室家难保。其在莱州而东,残破几三百里,杀人盈十余万。最惨则蓬莱、黄县,次即招远、平度以及莱阳。虽且守且战,城赖以完,然郭外人民已死伤过半矣。即其余未被兵之州县,凡连登、莱二府者,转输供亿千难万难,亦千苦万苦,臣不能一一绘而状之。至若莱城之外二百里血染黄埃,莱城之内五、六月巷堆白骨,闻之皆为泪下,见之能不心摧……"

史料记载令人触目惊心——因为旷日持久的孔有德叛乱,"莱州而东残破几三百里,杀人盈十余万",最惨的是蓬莱、黄县、招远、平度以及莱阳,莱州城虽然守住,城外民众死亡过半,"百里之内房屋尽为烧毁,男妇皆为杀掠矣"。即便明廷允许朝鲜贡使取道登州又有何用?何况此时登州府城还在叛军手中,正在朱大典指挥的明军重重包围中。

兵灾之后大水灾,"由齐迄鲁,浮岱连溟",处在前线的山东巡抚朱大典不得不放下军务赈灾,朱大典列出受灾严重的县:章丘、新城、栖霞、金乡等,一度被叛军攻克的新城、栖霞等都在其中,真是"屋漏偏逢连天雨,行船恰遇顶头风"。朱大典要求按灾情轻重豁免赋税并予救赈,朱由检知道国库空虚还是答应了。

崇祯五年(1632)十一月二十四日,新城王氏王象云(职原云南道御史降级调用)上疏,指出登莱兵变以来"功罪不分,人心共恨",批评刘宇烈、吴安邦、黄龙等,褒扬王道纯、张可大、左懋第,要求奖功罚罪、激励军心。他说了以下几个方面:①登州叛兵围攻莱州7个月不退,自从兵部侍郎刘宇烈一逮,莱州之围立即被解。臣由此知道剿灭叛贼的关键在于奖罚分明。山东巡按王道纯力主剿灭而反对招抚,张国臣则主张招抚而反对剿灭,因是非不明导致误事。②登州城未失陷前,吴安邦已升为登州镇总兵官,旧总兵官张可大已卸任,吴安邦知道已被任命却不急于赴任,仍然游玩于济南坐视危局,登州被攻破可以说是安邦帮助叛军的呀。张可大侠骨留香,生为忠臣,死为烈士,也无可遗憾,只可惜这一段苦情没有人奏表。③在海上,东江镇总兵官黄龙统领水师却空费军饷,全然没有堵截的举动,任贼出没岛中来往运粮接济,造成叛兵负隅顽抗。这样的海防设置有何用呢?④登州城陷那天,登州士绅有骂贼而死的,有守城而死的,有一家20多口被杀的,为什么不一一查实呢?这也是奖罚不明。叛贼破黄县、破招远、破平度如摧枯拉朽,目中已没有莱阳了。幸亏莱阳义士左懋第率领乡勇,听从道臣指挥,大败敌贼,叛贼至此才不敢往西。此事不见提议嘉奖也是奖罚不明。这何以能警戒人心、再让官军勇于杀敌而奋不顾身?

他强烈呼吁申明奖罚标准,以杜绝贪功冒领。今诸臣竭力围住登州城,胜利在望,应让将士们清楚剿贼是对而招抚是错,相信叛军会很快平定。

崇祯帝说,山东省要把官员士兵功罪赏罚情况,以及百姓需要抚恤的情况,一并调查清楚再上报。至于王象云说到山东巡按王道纯,崇祯帝感到有些意外,所以责问:既然已经把王道纯撤职查办了,为何又要借题庇护他?("道纯监纪溺职,正在看议,何得借题庇奖?")

今天看来王象云所说除对黄龙的指责值得商榷外,其他基本属实。王象云批评黄龙可能是不了解情况,或有对辽兵的愤恨。王道纯是第一个上疏讨贼的山东官员,并派遣游击李景、张汝行闯围救莱,却被败臣刘宇烈诬陷一起落马,他的遭遇是明末是非不明的一面镜子。

李九成殒命　金国奇殉职

崇祯五年(1632)九月二十三日,户部尚书毕自严以故乡固守阅八月,上疏抚恤烈士嘉奖有功并救赈。毕尚书列出一个名单,除了徐从治、朱万年、谢琏等殉国,守城有功者还有:原通州镇副总兵官代理山东总兵官杨御藩,登莱巡抚署中军吴登泰,京营神机营参将彭有谟,游击将军李景、张汝行,莱州府同知寇化,莱州府通判任栋,掖县知县洪恩照,乡绅贾御祥、张孔教、

守城者激战侵入瓮城的敌军

赵胤昌、孙善继、张忻、姜兆齐、姜兆张、毕拱臣、徐廷松、毛九华等。十月初六日,监纪巡按谢三宾不知该用谁的名义报捷,奏:往年平定徐鸿儒之乱,巡抚赵彦报功、巡按陈九畴查功。现在这里有12名大臣(一巡抚、一巡按、两监军、八总兵),应联名上奏还是各自上奏?10多天后得到回复:会同朱抚、高监核实后一块上奏。

　　不久,朱大典接到消息:水城敌船张帆起锚,还趁大潮开闸放水,这是叛军要逃亡海上的预兆。福山知县朱国梓也报告说八角口要冲需要派兵防御。朱大典上疏要求增加水师,明廷拨了几百军士去八角口。

　　到十一月间严冬降临,登州援军大营传出噩耗——"关宁铁骑"主将金国奇病亡。吴襄、吴三桂、祖大弼、祖宽、靳国臣……辽东将领围在金国奇遗体旁等候高起潜和朱大典来临,金国奇旧部哭声一片。消息很快被密探报进登州,"都元帅"李九成听到这位昔日辽东同僚的死讯,淡淡地说:"哦!他死了。"孔有德则一言未发。似乎上天要哀悼平叛殉职的金国奇将军,一连数天飘起纷纷扬扬的雪花,铺满了登州城内外的道路、田野、树林,掩盖了激战的痕迹。一年前孔有德就是在这样一个下雪的日子,率800辽卒举兵叛于河间吴桥,同样一个雪天,孔有德踩着积雪登阁远眺。

　　蓬莱号称仙居始见《山海经》。宋仁宗嘉祐六年(1061)朱处约知登州,筑蓬莱阁于丹崖山。又作《蓬莱阁记》云:"嘉祐辛丑,治邦逾年,而岁事不愆,风雨时若,春蓄秋获,五谷登成,民皆安堵。因思海德润泽为大,而神之有祠,俾遂新其庙,即其旧以构此阁,将为州人游览之所……后因名其阁曰蓬莱,盖志一时之事,意不知神仙之蓬莱也。"蓬莱阁春秋常有海市蜃楼,徐福东渡、秦汉巡海、太宗渡辽之所经,附近西北田公寨,南之罘岛、文登山、不夜城、系马台,北面海上有皇城岛、砣矶诸峦。因此,登州"虽小郡,实南北关钥"。孔有德站在阁上,极目北眺,海上隍城岛、砣矶诸岛时隐时现,他不由陷入沉思,可是城头传来的炮响,打断了他的回忆,把他拉回严酷现实。

　　城外官军围困千万重,出路何在?被围困3个月,粮食弹药日尽,叛军势穷力蹙,不断有人冒险出逃,孔有德感到前所未有的压力,回头吩咐"速去请元帅来议"。辽东悍将李九成尽管五十开外,但是依旧体壮如牛,官军多吃他的亏,闻其名而胆寒。

　　十二月一日白昼,李九成、孔有德、耿仲明等不甘坐以待毙,议定突围之策,试图利用金国奇之死、明军失去主将的间隙杀出重围。孔有德部署已定,李九成以"都元帅"之尊,大声告诫众酋:"明日三更造饭、五更拔营,一鼓作气,突出登城!届时,吾人及有德督率辽东劲卒先之,仲明、子登、应元诸将次之,成败利钝,在此一举!"众人一起唱喏应命,决心死拼一场,结束这耗子般的生活……

　　十二月二日傍晚,暮色四合。官军所筑长墙与叛军据守的城池蜿蜒并行。一个身影出现在城外,时隐时现逼近长墙,引起长墙守兵注意。同伴晚饭吃的过饱趁着夜色打盹,守兵急忙拉起同伴"王二,快醒醒!有人偷袭来了!"守军借着星光看清是一名叛军士卒,他怎么敢一人来偷袭?等黑影靠近,官兵一跃而出将其摁倒在地上,这名叫洪成训的叛兵并不反抗,申明有急事求见援军主将。(《三藩史略》卷上)

　　"这究竟是真的,还是假的?"吴襄打量着这名来投的士卒,暗暗盘算。洪成训向吴襄报告"城内日蹙,粮弹将尽",孔、李明日即将出城"分布埋伏",然后大举突围。祖大弼、吴三桂等都说不可不防,吴襄点点头。

　　天下枭雄出辽东,金漆银甲自横行。沙场纵横百战死,不是关宁是登城。大凌河之战失利后,戴罪立功的吴襄此次被派到山东,在高起潜支持下立功复职,并接过金国奇的指挥权,孔有德希望的权力真空并没有出现。

崇祯五年(1632)十二月初三黎明,登州城,天色阴沉。根据洪成训的供述,明军变更防御部署,吴襄、陈洪范亲率副将靳国臣、刘邦城,参将金梁栋,游击柏永馥、董克勤、吴三桂、王宪等,衔枚进入西门外布阵埋伏,总兵官刘泽清步兵守西墙如旧。南门和东门安排关宁军祖大弼、参将祖宽、抚臣标下游击刘良佐把守,以邓玘川兵和牟文绶步兵守墙。

五鼓时分,天色还是漆黑一片,人马从西门瓮城的两条甬道中涌出,如同两条黑黢黢的河流,流动在这个寒气逼人的清晨。蓄谋已久的孔有德、李九成等人"如约而至",全副武装冲出来,叛军马兵步兵合计一万多精锐。该来的还是来了,老将吴襄低低咕哝了一句,遂大声发出号令,"关宁铁骑"闻声纷纷拔出战刀,降卒洪成训立功了。

枭骑战斗死,驽马徘徊鸣。孔有德的作战骨干是久经沙场的辽东兵,吴襄的部队是辽东"关宁铁骑"一部!由于城外地方狭小,双方的大炮缺少施展的机会,数轮炮响过后,叛骑就与"关宁铁骑"砍到一起,像数条黑龙在冰冻的大地翻滚。各类兵器的碰撞、喊杀声,伤者呻吟哀鸣声不绝于耳,鸟铳、三眼铳近距离大显神威。两军都以将领身先士卒,从五更天到蒙蒙亮,一连"在西门砍杀数阵",埋伏阻击的明军伤亡很大。而比起严阵以待的明军,叛军的死伤更加枕藉。西门的情势十分危急,一旦让他们成功突围,不知哪些州县又要遭受浩劫!

看到叛军从西门主攻方向来势汹汹,吴襄立即调动东门祖大弼、小将祖宽、抚标游击刘良佐"飞驰策援"。看到攻击没有穿透军阵,李九成手持大刀,在重甲掩护下全然不顾,亲率精骑冲明军"五方旗"所在的中军,一时铳声大发乱箭横飞。祖宽、吴三桂在一旁借着晨光盯着飞驰来的李九成,这是一张在辽西走廊曾经熟悉的脸,他们共吃一灶饭、共饮一瓢水,一起出生入死……100米、50米、30米,李九成那张熟悉的脸上眉毛胡须都清晰可见,他无暇他顾,只是发疯般冲杀。

祖宽手里的箭高速飞了出去!李九成在马上顿了一下,身子晃了一下,似乎被魔法定住一般,须臾,又努力直起身子。"凡临阵退缩,许甲长割兵耳,队长割甲长耳,哨官哨长割队长耳,把总割哨官哨长耳……凡每甲,一人当先,八人不救,致令阵亡者,八人俱斩。阵亡一人,即斩获真贼一级,八人免罪;亡一得二,八人通赏。哨队照例……凡当先者,一甲被围,二甲不救;一队被围,本哨各队不救;一哨被围,别哨不救,致令陷失者,俱军法斩其……"杀声在四周回荡,鲜血顺着脖子流下……李九成有一种说不出的感觉,那不是疼痛,而是一种麻木,同时空气里有一股大地的气息,那是家乡辽东苜蓿地的熟悉味道……他痛苦地弯下腰,身下的战马还在带着他继续向前驰骋。

"砰砰砰!"对着同一个重要目标,大威力火铳又自关宁军的阵列连续发射,炙热的铅弹射穿重甲,在马上天旋地转的李九成终于如同一捆秋后的高粱秸一般晃了晃,一头栽下!明军"遂杀九成于阵"。

朝行出攻暮不夜归,悍将李九成再也不能活着回登州了。这位原明军东江游击、登州参将,没有在保卫东江抗金根据地的战斗中马首裹尸,反而以一名反叛者的身份死在昔日战友枪下,不亦为历史的诡谲!李九成被击毙宣告了突围失败,孔有德力不能支,抢回李九成尸首,且战且退,撤回西门瓮城。

《平叛记》载:"有德等所恃惟九成,九成既死,不复出战,惟日夜大哭。"李九成是叛军主要领导。他的死严重打击了孔有德的信心。叛军看上去已步入穷途末路,午门献俘,西市凌迟,这样的命运正在等待孔有德等人。他是否后悔了?没有人说得清,中国人擅长叙事,《明史》《清史稿》却只有寥寥数语。

就在叛军失去了两巨头之一、陷入无望境地的时候,一个人被推举出来接李九成担任摇摇欲坠的登州伪政府"都元帅"。他是谁?就是皇太极所派潜藏于原明军毛文龙所部游击队中的后金"卧底"王子登。热播电视剧《潜伏》讲述"卧底"在20世纪斗智斗勇的故事,战时一个"卧底"的作用十分巨大。

王子登何人?此人原系后金军官。据《满文老档》载:"沙厂备御王子登,查获毛文龙遣来之奸细,升王子登为游击。擒获奸细之人把总张重仪,着升为千总。"后金将计就计,索性以王子登到明军中假投降,潜伏到东江镇毛文龙部。

明军实授东江镇总兵官、左都督、挂平辽将军印、加太子太傅毛文龙,因此就以王子登为纽带与后金大汗皇太极私信往来、这些今天都记录在案。崇祯元年至二年(1628—1629),毛文龙和皇太极相互通书现存8封,《满文老档》中存有7封,以老满文的形式记录,另外还有毛文龙的汉文原件4封半,原藏北京故宫,现存台湾"中央研究院"历史语言研究所。

《满文老档》记载:"……谨具:大红金蟒一端、天青金蟒一端、大红凤缎一端、大绿凤缎一端、紫红凤缎一端、天蓝凤缎一端、官紫红凤缎一端、官绿凤缎一端、银红花缎一端、柳黄花缎一端、玄色花缎一端、月白花缎一端、水银四斤、硼砂二斤、冰片一桶、缎靴二双、绒袜四双、红毡四床、乐带四副、香棋一盘、叶品八封、茶叶二封。奉引敬。都督毛文龙再拜。"

敌对双方上层间往往保持着不为人知的联系,皇太极与毛文龙的通信并不离奇。一开始王子登的活动比较成功,双方信使往来,一度达成互信,并签下誓书。皇太极下了大本钱派出满洲人阔科(又作"可可")直接到毛文龙军中为联络官,可是却出了大差错,阔科竟被毛文龙监送北京。常见的说法是阔科不小心"错上户部之船"被拿获——这也是毛文龙对皇太极的说辞——眼看交通后金就要败露,毛文龙索性将几名后金使节连同阔科一起绑赴北京邀赏,其真实的内幕今天仍然是谜。满人阔科等后来被明朝在北京公开处斩,致大汗皇太极大愤,与毛文龙交通中断数月。出了这样的大纰漏,王子登心惊肉跳,不敢向皇太极言明真相,反而与毛文龙统一口径,将责任一股脑推到阔科本人身上。而毛文龙在第6封信中向皇太极极力申辩。

圖版叁拾柒之三

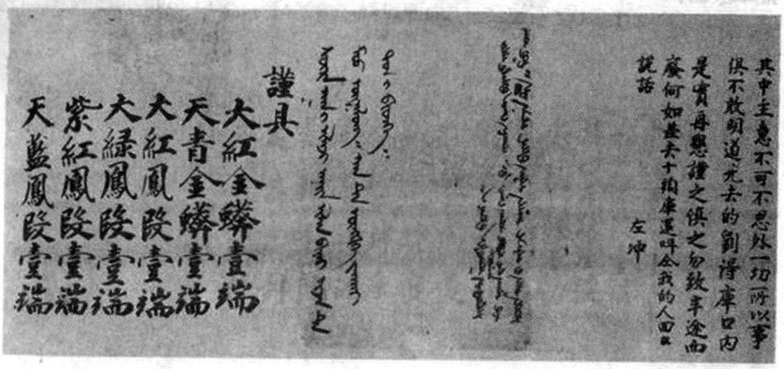
其中主意不可不思外一切所以事
俱不敢明道先去的劉淨庵口內
是實再懇謹之慎之勿致半途而
廢何如甚夫十鞠庫還呼令我的人回□
說話
左冲

謹具
大紅金鱗壹端
天青金鱗壹端
大紅鳳段壹端
大綠鳳段壹端
紫紅鳳段壹端
天藍鳳段壹端

圖版叁拾柒之四

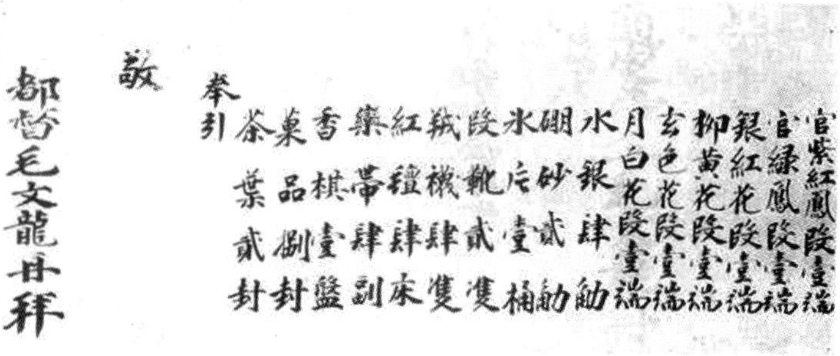
官紫紅鳳段壹端
官綠鳳段壹端
銀紅花段壹端
柳黃花段壹端
玄色花段壹端
月白花段壹端
水銀肆觔
硼砂貳觔
冰片壹桶
段靴貳雙
絨襪肆雙
紅氊肆床
藥帶肆副
香棋壹盤
桌品劄封
茶葉貳封
奉
引
敬
都督毛文龍再拜

记载赠送皇太极礼物一宗的明左都督毛文龙亲笔信

圖版叁拾陸之一

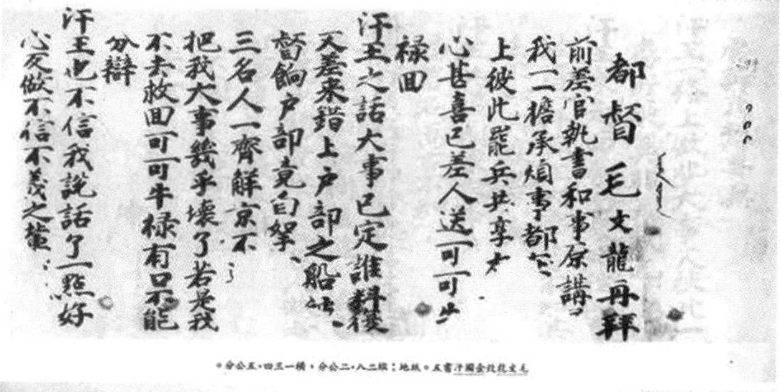
都督毛文龍再拜
前差官執書和事原講
我一一擔承煩事都要
上彼此罷兵共享太
心甚喜已差人送可可出
祿田
汗王之話大事已定誰料
天差來搭上户部之船故
督餉户部竟自拏、
三名人一齊解京不
把我大事幾乎壞了若光我
不去救回可可牛祿有口不能
分辯
汗王也不信我說話了一點好
心反做不信不義之輩

圖版叁拾陸之二

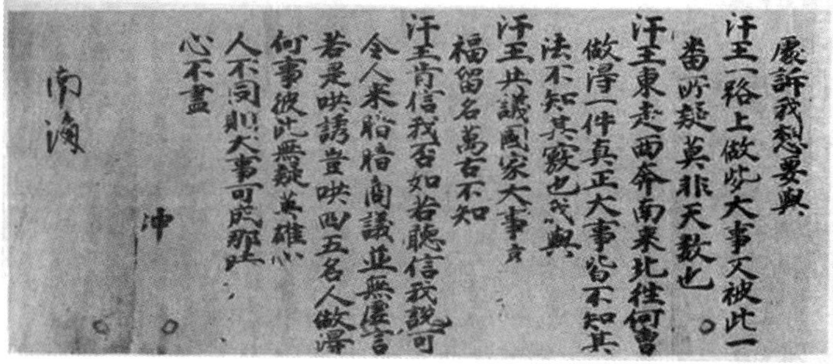
處訴我想要與
汗王一路上做些大事又被此一
番所疑莫非天數也
汗王東走西奔南来北往何曾
做淨一件真正大事皆不知其
法不知其竅也我與
汗王共議國家大事身
稱留名萬古不知
汗王肯信我否如若聽信我說可
令人来賠暗商議並無虛言
若是哄誘豈哄四五名人做淨
何事彼此無疑英雄心
人不同則大事可成矣比
心不盡
冲
南海

明左都督毛文龙向皇太极申辩“阔科事变”的信

毛文龙第 6 封信即《满文老档·太宗档》第十二册中的《毛文龙等处来文四》。全文如下："都督毛文龙再拜：前差官执书和事，原讲是我一一担承，烦（凡）事都在□□上，彼此罢兵，共享太平，□心甚喜。已差人送可可牛禄回汗王之话，大事已定，谁料后又差来，错上户部之船，被督饷户部竟自拿□□□三名人，一齐解京，不□□□把我大事几乎坏了。若是我不去救回可可牛禄，有口不能分辩，汗王已不信我说话了。一点好心，反做不信不义之辈，□□□处诉。我想要与汗王一路上做些大事，又被此一番所疑，莫非天数也。汗王东走西奔，南来北往，何曾做得一件真正大事，皆不知其法，不知其窍也。我与汗王共议国家大事，享□□□福，留名万古，不知汗王肯信我否？如若听信我说，可令人来暗暗商议，并无虚言，若是哄诱，岂哄四五名人，做得何事？彼此无疑，英雄心□□□人不同，则大事可成，那时□□□心不尽。冲。南海。"

明崇祯十六年（1643）所铸"神威大将军"炮①

这样背着朝廷的交往活动，当然是不被允许的。"私自结交后金"成为崇祯二年（1629）蓟辽督师袁崇焕以尚方剑斩毛文龙的理由之一。毛文龙即便说出了"尔取山海关，我取山东"这样大逆不道的话，换个角度也可以理解为与后金虚与委蛇，毛文龙并没有真正率军叛变投敌。后金卧底王子登从此滞留在明军中，直到两年后登州事变，他又泛海投奔孔有德。李九成死后，王子登以毛帅旧人，竟被推举为叛军首领之一。但是围城的明军已经在登州城外 30 里长墙上竖起无数的大炮，总攻正在酝酿中。孔有德、王子登他们有可能在红夷大炮下化为齑粉，也有可能被赶进渤海喂鱼！

收复登州

崇祯五年（1632）八月到腊月，官军以"坐困之策"不放粒米寸缕进登州。套在数万叛兵脖子上的绳索日益勒紧，孔有德进行了艰难的挣扎，大将陈有时在平度战死，李九成在登州城外战死。但叛军大炮的威力很强大，炮弹能一直打到城南几里外的神密山，官军也死伤惨重，孔有德"终无降心"。围城 4 个月后，残酷战争中屡屡出现的"两脚羊"再次成为现实。毛霖《平叛记》载：登州城内"贼中乏食已久，杀人为粮，熬人为烛，朝不谋夕"。根据《晋书·石季龙载记上》，后赵太子石邃是记载中较早的有吃人恶行者。"邃自总百揆之后，荒酒淫色，骄恣无道，或盘游于田，悬管而入，或夜出于宫臣家，淫其妻妾。妆饰

---

① 国家一级文物，山海关风景区收藏，重 2.5 吨，长 2.7 米，口径 100 毫米。

宫人美淑者,斩首洗血,置于盘上,传共视之。又内诸比丘尼有姿色者,与其交衾而杀之,合牛羊肉煮而食之,亦赐左右,欲以识其味也。"但这毕竟是个别行为,大规模的吃人事件发生于战乱间。《旧唐书·黄巢传》记载,僖宗中和三年(883)黄巢、秦宗权联军攻打陈州,黄巢军以俘虏当粮,一天之中被杀害合骨吃掉者以千百计。这些乱兵为了给吃人行为披上合理的外衣,称呼被吃的人"两脚羊"。

围城明军为早日攻破叛军的巢穴,除了九月初构筑30里围墙,秋冬之际又"筑甬道运兵",甬道和城墙一样高度,昼夜不停地修筑了半个多月,因孔有德等防守甚严,甬道攻城也没能得手。崇祯六年(1633)正月,高起潜在蓬莱城南挂榜山新筑铳城,并用红衣炮轰击城内,弹丸一发六七斤,弹落之处摧枯拉朽。北京城内王恭厂的造炮工场内工匠挥汗如雨,西洋人汤若望不辞劳苦地监督巡视,源源不断地将制成的大炮输送到胶东,虽然"城中诸贼最善守城",但城破只是时间问题。

崇祯六年(1633)正月初一日,叛军内部有人想反正,于是"贼杀降将马骢等十四人"。明军搜集了大量民船准备夺取长山列岛,断绝叛军去路。又调津门、淮海等地水军5000人前来夹击,从海上完成了封锁。二月十三日,孔有德率军守岛,加强防御。耿仲明、毛承禄决定收缩部队,放弃大城,全力守卫水城。十六日,耿仲明留部下副将王秉忠守卫水城,自己乘船趁夜色突围。明军进入大城,马上开始进攻水城。

红夷大炮源源不断地输送到胶东。谢三宾陪巡抚朱大典登上东门外的长墙,观察敌情和形势,谢三宾久久思考的一个问题又骤然涌上心头——他发现了有关登州城的大问题。他告诉朱大典,并上书朝廷,极力说明海防的重要——敌人陆上逃跑是不可能的,如果逃跑,只有海上。因为叛军有数量可观的水上力量,有登州水城为根据地,有碧波荡漾的渤海湾供他们驰骋。

蓬莱城北海上常现海市蜃楼,古称"登州海市"

"贼"与"虏"一旦合流,必将成为我朝死敌!在明人口中,"贼",昔日是指唐赛儿、徐鸿儒、张献忠这些人,现在前东江镇游击将军孔有德等人也享受到了这待遇;"虏"就是指万历年间叛变的羁縻卫所建州左卫的女真人,现在他们占领了明朝的沈阳中卫,扯旗号曰"大金"。山东巡按谢三宾口干舌燥地告诫朝廷,速速派水师从北门海上封锁住叛军,堵上这一漏洞! 孔有德等"恃有水城可遁",朱大典上疏必须在海道上设置水军埋伏,邀战而歼灭之。结果,"朝议未许"。

放眼崇祯六年(1633)春,天灾频仍,乱兵猖獗,辽事日迫。"正月癸卯,曹文诏节制山、陕诸将讨贼。丁未,副将左良玉破贼于涉县,贼走林县山中,饥民争附之。庚申,遣使分督直省通赋。是月,曹文诏击山西贼,屡败之。"崇祯元年(1628)由陕西安塞人高迎祥点燃的星星之火大有燎原之势,陕甘晋等军情紧急。"第一良将"曹文诏(大同人,袁崇焕旧部)被委以重任,带领左良玉等关宁将士在黄土沟壑间东征西讨。

无论山西、陕西还是河南所谓"流寇"攻城破池,遇到正规军常一触即溃。但"流寇"往往按下葫芦浮起瓢,曹文诏、左良玉等可以一而再再而三地打败"流寇",却没有办法根除。"民不畏死奈何以死惧之?"剿灭"流寇"不在于军事而在于政治经济。此时,崇祯帝与朝臣的互不信任也达到了新的高度。

旷日持久的登莱兵变的战火已燃烧了3个年头。经过朱大典、谢三宾等一再上书,朝廷终于采取了一点实际行动加强海防。①调集天津水师一部前来登州助战。②征发淮海水师一部北上。以上两部一南一北前来汇合,一共有水军5000人、战船百余艘,试图从海上夹击孔有德叛军。③黄龙的东江镇岛兵也准备从海上围堵叛军。④朝鲜水师也加入干预明朝内乱的行列。如同陆地一样,明军在水上也形成一个包围圈。

二月初,"都元帅"孔有德得到探子之报,知悉官军搜集了大量民船准备夺取长山庙岛。这分明就是要"关门打狗",孔有德大惊。王子登、耿仲明、毛承禄等人建议趁着官军还没有从海上彻底完成封锁,从水城突围返回辽东。

"庙岛,咽喉重地,我等数万军眷,安危皆系于此!"孔有德强调这么重要的地方,谁去守岛? 自己要亲力亲为,那么谁来守城? 最后决定由耿仲明、毛承禄来担任。上一次,孔有德和李九成试图抛弃登州偷偷离开被大家阻止,这一次没人再能够阻止孔有德的行动。

二月十三日,一片片云帆鱼贯驶出水城,直济北方烟涛中的庙岛方向,孔有德率军一万撤离登州守庙岛,以控制下的庙岛诸岛与留下据守登州城的大将耿仲明、毛承禄互为掎角,加强防御。孔有德叛变后,在毛承禄、陈有时的帮助下,从辽东接来了自己的家眷安置在登州。这次他们一起跟随孔有德离开了登州,登上了小岛。

十六日,耿仲明、毛承禄决定放弃登州大城,全力守卫水城,耿仲明留部下副将王秉忠守卫水城,自己趁夜色也乘船而去。由于孔有德叛军收缩阵地,放弃了登州府城,明军不费吹灰之力进入南侧的府城,马上开始进攻北侧一道之隔的登州水城。孔有德走了,耿仲明也走了,叛军首领们正在各自寻找后路。有着自封的"都元帅""副帅""都督""总兵官"等头衔的大首领们,纷纷携带家眷,收拾细软,安排舟楫;走不了的叛军人员,陷入一种绝望情绪,敲骨吸髓地对待城内苟延残喘的百姓,存在了两年的登州伪军政府的命运就这样锁定了! 登州如同一个熟透的桃子就要掉下来,收复登州的时刻终于来到了。

在撤离登州府城之前，孔有德叛军对城内进行了最后一次疯狂抢劫，一个城市毁灭前通常所有的灾难都发生了，"杀劫淫污，备及惨酷"。蜂拥而入的各路明军纪律同样不佳，剩下的居民成了他们的战利品。刚刚攻下登州，各路援军中都出现了霸占房屋、抢劫财物、侮辱妇女等违纪行为，一部分将领则忙于分赃，朱大典、吴襄等都不能制止。对于这种行为，文人吴世昌于1945年以讽刺笔法记录了这一点："剩水残山殊不恶，断歌零舞倍关情。百官耗尽陈仓粟，又办归舟向二陵。"

原登州水城外西南角的蓬莱永福寺门前①

府城既下，水城在即。《明史·朱大典传》记载："王之富、祖宽夺其水门外护墙，贼大惧"。吴襄、陈洪范麾下各路援军磨剑擦掌准备出击，为旷日持久的平叛画上句号。叛军两三万人移驻海岛，水城后卫不过万人，但是官军在进攻中还是出现了意外，付出了沉重代价，中国历史上的第一个名副其实的武状元——京营副将王来聘就在攻打水城时阵亡了。

水城南就是府城北，两堵城墙之间仅相隔一个夹道。"十七日，明军全力攻城，城头箭炮如雨，战斗空前激烈。"久攻不克，游击将军刘良佐献策，利用永福寺攻城。这是个不错的计策。

永福寺位于水城外西南角，在寺中藏人，城头看不见。明军以永福寺为掩护，连夜挖水城城脚为洞穴，装上火蘱药，以火药引信从远处引发。当夜午夜一声巨响！爆破取得成功，水城西南角城墙倒塌了一个宽大的缺口。明军官兵趁势涌入，与叛军展开肉搏，邓玘部下的步兵自豁口率先冲入水城，陈洪范、王武纬、祖宽、吴三桂等各部一拥而上，试图一举破城全歼顽敌。

水城内麇集的叛军后卫以及他们所劫掠的财物、女子皆在其中。古今中外旷日持久的战斗后经常发生的一幕也发生在平叛明军身上。有的明军部队纪律太差，其中总兵官邓玘麾下的川兵本已突破了城垣，但进入到水城，发现遍地都是叛军劫夺的财物，步兵竟然一边作战一边抢夺妇女、财物。进兵讲究"一鼓作气"，他们的行为严重干扰了军心士气和后续进兵，为叛军反击留出了时间。叛军布列在水城两侧炮台的数十门大炮于是一

---

① 绿树掩映下的低矮寺门，上有阁楼。门前有石板铺就的2米许东西小街。另有甬道直通前方，两边水塘应植有莲荷。一株古树孑然独立于水塘右侧。故明登州府所在地蓬莱，牌坊林立，寺庙众多。永福寺坐落在浦洼桥西北边（今水城幼儿园附近）。这张永福寺旧照依稀可见古城昔日的情景。

起发射轰击缺口,叛军抓住机会反击,明军又被赶出城外。这样的拉锯战反复几个来回,督战的监军监纪气得大声骂娘。就在此时,一位身披铠甲、高大魁梧的战将手提一把御赐精铸大刀站出来,自告奋勇要率军冲锋,他就是明代乃至中国第一位殿试钦点的武状元、时任京营副将王来聘!

武状元之死

民间的武状元之称由来已久。唐代汾阳郡王郭子仪就是众口相传由"武状元"而位至宰相者。他平定安史之乱,历仕玄宗、肃宗、代宗、德宗四朝,是历代"武状元"中功名最显者。但严格来说,崇祯帝当政以前中国只有武进士,没有武状元。因为崇祯之前的历代武举只有乡试会试而无殿试,传胪大典赐恩荣宴从来没有武人的份,因此也不会有官方正式确认的"武状元",民间习惯就以武进士第一名为"武状元"。中国历史上名副其实的武状元是从登莱兵变这年,即明崇祯四年(1631)开始选拔的,考中者就是安徽人王来聘。

安徽怀宁是王来聘的故乡,也是汉乐府叙事长诗《孔雀东南飞》故事发生地。王来聘(约 1590—1633)少年家境贫寒,常受人奚落,愤而出走,潜心习武。王来聘生不逢时,大明国运已岌岌可危。李自成、张献忠领导的农民暴动如火如荼,山海关外的女真人时刻觊觎着大明江山。崇祯帝深知军事人才的重要,崇祯四年(1631)在京师破天荒举办了全

长江沿岸的安徽怀宁孔雀台(王来聘故里)

国武科殿试,武会试过关的王来聘参加了这次考试。以前明代比武考的都是马上箭、步下箭等老一套,而这次新增了考试刀石,刀分三等,自 80 斤至 120 斤;石也分三等,自 250 斤至 500 斤。当时能运 100 斤级大刀的只有王来聘和徐彦琦两个人。但到发榜时,徐彦琦却落选了。武举子们愤愤不平,一时间闹得京城沸沸扬扬。崇祯帝闻讯大怒,把此科武举考官和监试御史全部押进大牢,又将兵部官员 22 人贬职,委派翰林大臣方逢年、倪元璐等重新考选,录取 120 人。方逢年等将重考后,将前 30 名的表现进呈给皇帝。朱由检认真审阅后钦定王来聘为辛未科武举殿试第一甲第一名,即武状元。

朝为田舍郎,暮登天子堂。朝廷举行盛大的传胪大典。崇祯帝亲御金銮殿,文武百

官齐集殿下听鸿胪寺官传唱武状元、武进士姓名。金殿传胪第三天,赐恩荣宴,崇祯帝召武状元王来聘进殿,对他说:"王来聘,朕封为你副总兵,准你回乡报喜,五日后即刻赴任。"王来聘谢恩退出金銮殿,刚走出宫门,身后有人喊道:"状元爷慢走,皇上有宝物赐给你!"来聘回头一看是一名太监,他向王来聘喊道:"请跟我来。"不一会儿,同科武进士们看见王来聘手里捧着个长长的匣子满面春风地回来了,打开匣子是一把鞘上雕花的精铸大刀。

穿棉甲的晚明边军在行军中(出自《平番得胜图》)①

两年后,这把亮闪闪的御赐大刀擢在他的手中。看到登州城久攻不克,官兵在叛军炮火下一批批倒下去,心急如焚的王来聘率所部官兵冲向水城豁口。一时间,水城弹如雨下,硝烟淹没了他的身影,当他的身影再次出现的时候,人们远远看到他手提大刀出现在豁口上,这是他留在人间最后的影像,也成为他人生的定格。他的高大身影不久就淹没在枪林弹雨中⋯⋯

当官兵们击退叛军再找到他时,他浑身弹痕累累,倒在血泊中已奄奄一息。

二月十七日入夜,明营飘起白幡,为皇帝钦点的史上第一个武状元王来聘等阵亡官兵发丧。

王来聘,这位汉庐江府小吏焦仲卿的同乡,曾经脱颖而出走到了历史的舞台上,又如同一颗流星划过长空。得知武状元战死疆场,崇祯帝甚为惋惜,"赠荫有加"。乾隆年间,清政府赐谥明将王来聘为"忠愍"。

---

① 《平番得胜图》为明神宗万历年间(1573—1620)所作,全卷长 972.2 厘米,宽 43.8 厘米,共分为 14 幅画面。原由明初朱元璋外甥李文忠后代保存,称"岐阳王世家文物"。这是一卷描绘万历年间平定西北少数民族叛乱的历史画卷,反映了万历三年(1575)甘肃西南部西番州攻打洮州(今甘肃临潭),明政府派固原镇总兵官领河州兵御敌的全过程。画卷中的明代西北少数民族风俗屋宇,与文献记载完全一致,是研究明代军事与民俗的珍贵实物,也是明朝中后期军队的真实写照。现存中国国家博物馆。

对当天的战斗结果，山东巡抚朱大典十分震怒，他对众将说：需杀一儆百以儆效尤。总镇吴襄稽查后逮了带头抢夺财宝女子的士兵。两名临阵抢劫士兵被五花大绑押解阵前，抚军朱大典宣其罪状，就地正法！

二月十八日，朱大典一大早整军，水城外战马嘶鸣，刀枪林立。京营、密云兵、通州兵、关宁兵、蒙古兵、天津兵、团练兵、新练兵、川兵、山东兵，援军齐聚登州水城之外，枕戈待发；神机队、弓箭队、马队、步队，次第排列；黄牙帅旗在中央，青旗在东，赤旗在南，白旗在西，黑旗在北，还有飞龙旗、飞虎旗、将领旗等，五颜六色的军旗在初春的料峭寒风中飘荡；红夷大炮、大将军炮、佛郎机炮、旋风炮、虎蹲炮……一门门布列整齐，黑黢黢的炮口直指苍穹。

明代《平番得胜图·军门固原发兵》局部

水城外，远远传来乡音：

"是话休题！你是何人我是谁？你把奴抛弃，皮脸没仁义。呸！骂你声负心贼，歹东西，不上我门来，到去寻别的，负了奴情迁万里……"（《雍熙乐府·驻云飞》）

朱大典、吴襄传令：十八日必须拿下水城，否则有来无回。吴襄亲自带兵攻水城，朱大典与监军杨作楫一起登上府城督战。

水城内，数千叛军后卫自知大势已去，心情沮丧；被耿仲明指定留守登州的叛军"副将"王秉忠、"游击"高成友等，自知不为大明律所容，依仗城坚炮利负隅顽抗。府城城头的明军大炮一齐炮轰，水城南门、城墙、炮台、敌台、护城河……到处浓烟滚滚；长矛手、刀斧手在前，鸟铳手、弓箭手在后，在火炮掩护下再攻水城。陈洪范、刘泽清、祖大弼、祖宽、吴三桂、刘良佐等人都率军攻击，一时"枪炮齐发，硝烟弥漫，双方短兵相接"，战况空前惨烈。

俗话说穷寇莫追。双方杀红了眼，全然不顾伤亡死拼到底。靠前指挥的明军总镇吴襄竟被流弹击中负伤，以坑道爆破攻入水城的副总兵王之富，竟被一发炮弹直接命中，当场殒命。严令之下，官军各部不顾伤亡从爆破口源源不断入城搏杀。防浪堤、水门、平浪台、码头、炮台、敌台、甬道，到处都在激战，就连前登州镇总兵官张可大死节的蓬莱水城太平楼都成了战场。激战数时辰，叛军渐渐不支，一部被歼灭，一部节节败退到水城西侧制高点之蓬莱阁，于是明军占领了水城。

被围在阁上的叛军已穷途末路，但相当一批人久经战阵，在其副将王秉忠统领下依然具有相当的战斗力。本来不想接受投降的朱大典看到官军也损失惨重，连关宁铁骑的主将吴襄都受了伤,不忍心继续强攻增大伤亡,于是下令树起"招降旗",1000多叛兵望到旗帜弃械投降,叛兵自丹崖山峭壁上投海死者不下四五千人,叛将王秉忠、高成友等75人自缢于蓬莱阁。

二月十八日黄昏,来自蓬莱水城、蓬莱阁等处的枪炮声、喊杀声都渐渐消停下来,喧嚣的天地归于一片死寂,只有官兵在冒烟的水城来来往往。大海惊涛骇浪之上,到处飘荡着被击毙和投海而死的叛卒……真是人间地狱。

始作俑者孔有德、耿仲明,站在庙岛砣矶岛的山头,隔着波涛汹涌的海面,透过飘忽不定的海雾,聆听着对岸大陆时隐时现、如同过年鞭炮一样急促的枪炮声,心中五味杂陈。明知王秉忠等当了替死鬼,但孔有德他们顾不了那么多,他们只有亡命天涯……

孔有德撤退辽东沿途驻兵之砣矶岛海域

蓬莱阁

哀哉海上名城

万里朝天客,三更恋主情。登州今夜月,应向故园明

——朝鲜遣华冬至使高用厚《登州见月》

2005年7月,山东蓬莱水城发现了两艘高丽古船,重新引起学术界对这座古代海上丝绸之路枢纽港的高度关注。登州古港之繁盛与其所处的东北亚地理位置息息相关,在中国历史上,尤其在明朝,其作为联系中央王朝与藩属王国之间的纽带桥梁,发挥了不可替代的作用。据文史记载,高丽国、朝鲜国时期自登州访华、出入的使节"如过江之鲫",择要列表:

航海来华的古代朝鲜使节自登州(蓬莱)登陆一览表

使节名称	生卒时间	登陆时间	留下著作	备注
安 轴	1282—1348	无考	《谨斋集》	元代
李齐贤	1287—1367	1314	《益斋乱稿》《栎翁稗说》	元代
郑梦周	1337—1392	无考	《圃隐集》	元明之际
朴宜中	1337—1403	无考	《贞斋逸稿》	元明之际
金九容	1338—1384	无考	《惕若斋集》	元明之际
李 詹	1345—1405	1400	《梅堂集》	明代
李崇仁	1347—1392	1386～1388	《陶隐集》	明代
权 近	1352—1409	1388	《五经浅见录》《阳村集》	明代
郑道传	1337—1398	1384～1392	《三峰集》《经济六集》《锦南杂题》《陈法书》	明代
李稷年	1362—1431	无考	《亨斋集》	明代
吴允谦	1559—1636	1623	《楸滩集》	明代
李民宬	1570—1629	1623～1624	《敬亭集》《敬亭续集》	明代
吴肃羽	1592—1634	1624～1625	《天坡集》	明代
全 湜	1563—1642	1625～1626	《沙西集》	明代
金尚宪	1570—1652	1626～1627	《清阴集》《野人谈录》	明代
金地粹	1581—1639	1624～1627	《苔川集》	明代
申悦道	1589—1659	1628～1629	《懒斋集》	明代
高用厚	1577—?	1630	《晴沙集》《正气录》	明代
崔有海	1587—1641	1629	《默守堂先生文集》《东槎录》	明代
李献庆	1719—1791	无考	《艮翁集》	明代

朝鲜使节李民宬与登莱巡抚袁可立的关系,以及李民宬对登州的描写前文备述。一份蓬莱历史文化研究会的资料提供了比李民宬稍晚的朝鲜国冬至使高用厚在登莱兵变前夕出使登州的情况。高用厚,字善行,号晴沙,是壬辰倭乱时期组织义兵抵抗侵略的名臣。崇祯三年(1630)他作为朝鲜冬至使来华,在登州先后两次向登莱巡抚孙元化呈文并留下数首诗作,均收录在其《晴沙集》中。品鉴这部分诗文有助于了解兵变前后的登州。

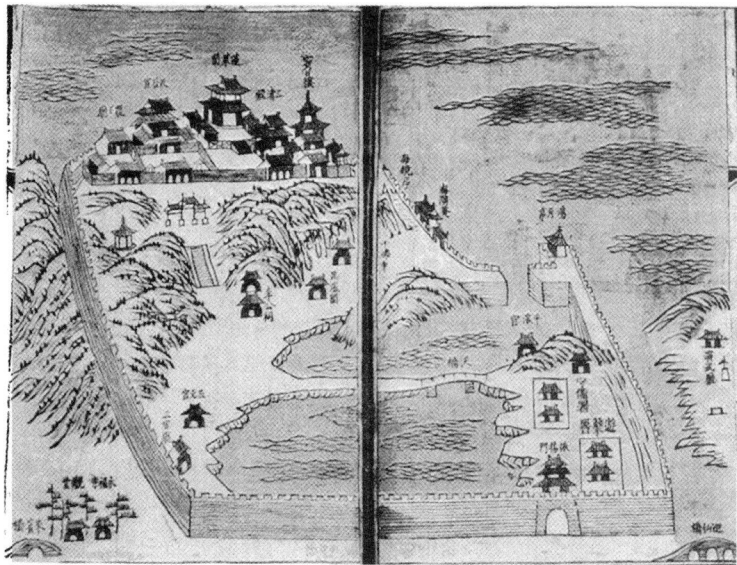

蓬莱水城古地图

一是表达朝鲜士人对华夏文化的高度认同。

(1)即兴作如《登州海上道次逢端午集唐句》《蓬莱阁见东坡海市诗次韵示郑壶亭》。《登州海上道次逢端午集唐句》云：

水村山郭酒旗风,万里秋迁习俗同。乡国不知何处是,悲笳一曲戍烟中。

(2)赠友作如五言绝句《海上示友生》:

待月天涯里,东溟接太空。蓬山何许远,江汉此朝宗。

还有七言律诗《蓬莱阁示郑下叔罗季郁》:

平海漫漫接太空,画栏凭处地形穷。风波谁道三韩隔,舟楫从来万里通。
竹里微茫残照外,蓬山想像彩云中。临风忽起乡关念,归棹何时与子同。

(3)唱和作如《登州海上奉次吴晴川大斌赠别韵》:

好在晴川老,吾今指海东。重逢难卜日,怅别更临风。
远岛伤心碧,朝霞映水红。秋来倘相忆,一札寄飞鸿。

吴大斌《送高晴沙还国》:

伊人凌海去,望望水云东。巨舰驱恬浪,轻帆试快风。
旌旗浮鸭绿,烽燧息狼红。命复贤王后,缄书付一鸿。(高用厚号晴沙,吴大斌号晴川)

(4)尤其值得一提的是高用厚在登州见到了良将张可大。来登莱督军后,张可大为自己取号"驭雪斋"。他累积军功,即将离任副总兵官署理登州镇总兵官,回金陵出任南京左都督。这次会面给彼此留下印象。一年后,登州镇步兵左营参将孔有德发动兵变,张可大留下来指挥平叛力战殉国。高用厚《蓬莱阁次清阴韵呈张駃雪斋可大》云："玲珑朱阁压层空，巨浸无涯目力穷。乡信莫叹三月绝，风涛犹幸一帆通。燕京贡路沧茫外，鳌背仙山缥缈中。借问桑田知几改，天容海色古今同。"

以上诗作摹景状物抒怀，无不恰到好处，体现了作者扎实的文字功底，和对中央王朝的敬仰之情；吴大斌等与之唱和，也有友好来往源远流长之意。

二是透露出一些鲜为人知的久远往事。

有两篇散文即当年朝鲜提交孙元化的公文。第一篇为《呈登州军门状》，此文形成背景是崇祯三年（1630）高用厚率使团抵达登州逗留两旬。登莱当局未能及时办理使团入境勘合手续，在焦急等待中，高用厚向孙元化呈文要求早日放行。高用厚说："卑职等受国王之命，一苇航海，备尝险阻，出百死而得一生。"及登于岸，蒙抚台大人礼遇，特许贡路复旧，但是"第以勘合未完之故，莫重严程，迄今濡滞，已至二旬。忧惶之至，食不下咽"。现在"冬至已迫，日子无多"，一旦有所闪失，"奉使陪臣，虽万被僇，岂足塞责，亦何面目，归见寡君？"因此祈求登莱当局早日完结勘合，放两个使团进京觐见中国皇帝。不久，孙元化满足了其要求。

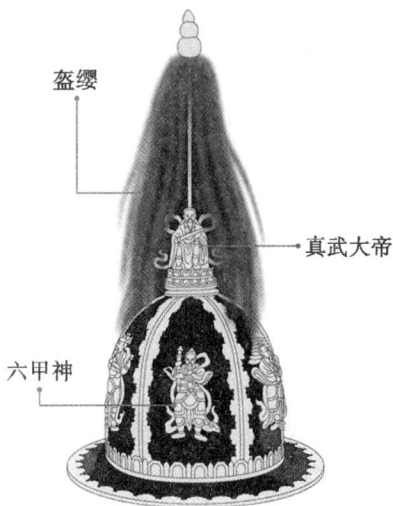

点缀"六甲神"和"真武大帝"像的
明军铁盔，其重达数公斤

第二篇《呈登州孙军门请差人回船状》，这是高用厚率使团完成使命从北京返程，准备从登州乘船回国，发现船没了。这次行文恰恰就在大凌河鏖战和登莱兵变前夜，登州已呈"山雨欲来"之势。抵达登州的朝鲜船只被勒令驶往旅顺口。旅费日渐耗尽，归国遥遥无期。焦急万分的高用厚再次向孙元化呈文，请派船召回泊在旅顺口的船。

如同鹈鹕会因预感大风暴即将临近而哀鸣，使团主官高用厚对于他整个团队的命运负有重大责任，他的书状是在一种紧迫情况下写成的，措辞近于哀求、其情近乎悲戚，读来依旧令人同情。高用厚说："卑职等奉寡君之命，冒万里风涛之险，出百死得一生，执壤奠而达于帝庭"。在北京期间，使团得到礼遇，皇上和礼部、兵部体恤远人之苦："四月初四日奉圣旨，遣归朝鲜使臣，谕令饬备。""皇恩罔极，天语煌煌。"返程到了登州，"不料毕竟海岛多事，以抚院兵粮输运之故，藩邦许多进贡之船，已往于旅顺口"。闻听无船，众人"相顾失色，唇干口燥，若乏翼之鸟，絷足之马，遑遑然只有哀鸣而已"。高用厚自称栖身透风漏雨的"海汀草幕"，饥寒交迫。

"二年道路，寒暑变迁，一家存亡，远莫闻知。""日日沙头，候望回舟。每于风晨月夕，环坐涕泣之状，阁下若目睹，则亦必为之恻然矣。且职等不习水土，疾病日剧，生行死归，恐未得免，呻吟怀土，其亦戚矣，然此犹职等之私哀也。"他恳求："职等今日之情势，譬之若攀千仞之崖，不得一线之路，号呼而望人之救，其情其势，亦甚悲且急矣。""噫！一行大小员役,谁无父母妻子之身,亦孰非圣天子一视同仁之赤子乎?"

为了达到说服登莱巡抚孙元化的目的,朝鲜人引经据典搬出《鲁论语》和孔子。文中说:"《鲁论》:'后兵食而先信'。孔子之垂训乎万世也,其亦至矣。夫君父之于臣子,尚不可去信,况臣子之于君父乎? 职等之竣事而复吾君之命,太迟迟而过时,无乃近于违信乎?"①

孙元化的心并不是铁打的,最终满足了高用厚。这个朝鲜人真有先见之明,孙元化是否也意识到了危险的临近呢? 从天启二年(1622)登莱巡抚设立,到袁可立整顿登莱军事,到徐光启开启科技和新军事革命,再到孙元化丢失登州,三方布置之策,四面豪杰相继,短短十数年间,竟然面目全非! 莱州古城被围8个月,登州枢纽一夕沦为废墟,东江镇、登莱军残破,失去了羽翼的国势如江河日下,岂天命乎? 殆人力乎?

有人说,袁可立去,毛文龙无人能御。有人说,毛文龙被杀,袁可立苦心经营的海上防线牵制形势已荡然无存,致满人敢倾力大举犯明。晚明重臣黄道周沉痛地说:"公(袁可立)去登莱不数载,而登莱遂败……公去又十余年,而朝鲜沦陷。"

一度繁盛居胶东之冠的登州城,自崇祯四年(1631)腊月开始遭到孔有德叛军围攻,到次年正月初失陷。其后两年内,登州城又被全国各地调集来的数万官军围攻约半年,到崇祯六年(1633)二月方被吴襄(吴三桂之父)指挥的官军收复。

登州府城,蓬莱水城。你看这秦皇汉武巡幸之所经,隋唐伐高句丽大本营,宋元南北海路之要冲,有明登州卫及备倭都指挥使司之要重,尤其是进入病入膏肓的万历年间以来汉民族抵御草原民族南下的海防要津,经此一变顿成瓦砾。

蓬莱战火消弭3年后,到了崇祯九年(1636)秋,万历进士、江西临川人陈钟盛辗转济南、青州、莱州来到登州出任知府。车轮滚滚而入,古城颓然相望。陈钟盛放眼一看城垣真是惨不忍睹,耳畔听随行道:"大人,登州到了。"陈钟盛登上处处弹孔的蓬莱阁,极目看去烟波浩渺,隍城岛、砣矶岛诸峦耸峙海上。下了蓬莱阁陈钟盛漫步在残垣断壁、荒草蔓荆间,随便抓起一把土,到处有箭镞、铅弹碎片。又行经水城外一海边巨石,陈钟盛抚石追思,想到兵灾后的登州千疮百孔、民生凋敝,不禁"感极而悲"。回到登州府署,就着昏暗的灯光,陈钟盛伏案考究"登州舆志",方才知道登州古代为东夷故地,西北有田公寨(田横寨),传说是齐王田横五百义士慷慨赴死之地(传说不确,田横五百义士之墓在黄海田横岛,此处是齐王田横驻军之处)。陈钟盛移目由北而南,"舆志"标示出"之罘岛、文登山、不夜城、系马台",这些可都是秦皇汉武所巡幸驻跸的地点。陈钟盛决心不负民望,重修登州古城。

他第二天就行动起来,带领官民,东挪西凑,"葺治城垣,修建海神、天妃诸庙"。一年后,海神、天妃诸庙竣工告成,炮火毁坏的府城、水城城垣、街道和蓬莱阁等处都初步得到了修缮,四处流散的登州人开始陆续返回,市井慢慢有了生气,久违的胶东大鼓也重新在胶东大地上回荡起来。

孰料这一切又是昙花一现——崇祯十三年(1640)五六月间,孔有德大兵又光顾,山

---

① 以上作品参见朝鲜高用厚汉文著作《晴沙集》。

东省登、莱两府再遭涂炭。这年六月初一,兵部员外郎署司事张若麒在《兵部为登莱燎见清兵船队事行稿》中记:

> 五月十七日午时,东南风大雾迷漫。先暸见奴贼(指清兵)驾船数只而来。卑职(千总陆懋瀛、把总高升)即统各船出长山口外迎剿。少时雾起,只见奴船约有百十余号,蜂拥齐进……

这正是孔有德、耿仲明携清兵卷土重来。国难当头之际,曲阜第六十四代衍圣公孔胤植,捐助银两助饷抵御。

春去秋来,清延明制以蓬莱为登州府治,依然管辖宁海州及蓬莱、黄县、福山、栖霞、招远、莱阳、文登,登州依旧是水师驻地。清乾隆三十七年(1772)内蒙三韩人徐绩任清兵部侍郎兼都察院右副都御史巡抚山东,曾经来登州检阅水师,著《蓬莱阁阅水操记》传世。

今登州(蓬莱)水城全景图

清嘉庆间蓬莱阁年久失修,云南人杨本昌任登州知府。一日,杨本昌与县令谈某陪清军登州营总兵刘松斋上丹崖山,发现蓬莱阁岌岌可危,"盖创建逾八百载,零落垂二百秋",期间还多次遭受炮火打击。于是刘松斋慨然倡议修阁。知府杨本昌说:"守土之责,固其废坠是为。"县令谈某也说:"属在邑境内,敢不良图。"于是组织重修蓬莱阁,六月初一开工九月初九日告成,杨本昌并作《重修登州蓬莱阁记》,山东巡抚铁保题写匾额。

高阁悬天际,危栏枕水滨。1860年第二次鸦片战争后登州开放为通商口岸,1862年登州府治由蓬莱迁烟台(原福山县),蓬莱县失去了府城地位,水运中心也被烟台取代。19世纪80年代李鸿章创设北洋水师,亚洲首屈一指的舰队,清军北洋水师兴起于登州府旧地威海卫,登州水城地位失去。1891年,青岛开埠,清登州镇总兵章高元率三营数千人移军到胶澳(原莱州府即墨县青岛口,在浮山寨备御千户所城西数里),昔日威名显赫的军事重镇登州相继失去了府城、水师基地、军事要塞的地位,沦为一个普通县城。但是这里依旧走出了影响深远的历史人物吴佩孚。

第三章　追亡逐叛

周之冕《四时花鸟图》

　　崇祯六年(1633)二月十六日,"都元帅"孔有德率登州叛军 2 万人弃陆地奔大海。这 2 万多人有精兵 8000 人,多数是辽人,其余是其家属和被俘人员。他们乘坐 300 多只战船,装备红夷大炮近 30 门,小型火炮 300 余门,其他兵器战马无数,第一个目标是旅顺。孔有德计划先取旅顺立足,然后规划下一步行动。但是辽东半岛位于明关宁军、明东江镇、朝鲜以及后金之间,强邻环伺难长久立足,因此他盘算穷途末路则投向后金。

　　孔有德问"都督"耿仲明:"本帅奉送后金大汗之函,可有回复?"回禀说没有。孔有德站在砣矶岛眺望着滔滔海水惘然若失。不久,明朝追兵出现在身后的海上。

　　孔有德不敢恋战,扬帆遁入大海,明军一边在登州善后一边部署追击,率先下海的是"关宁铁骑"。天津、江淮水师 5000 人、上百艘船已经靠近登州,阂于通讯不发达没有及时靠上来。如果明廷听取山东巡抚朱大典的建议早遣水师从登州海上断绝退路,孔有德等插翅难逃。等到明廷决定抽调援军从海上合围,为时已晚。直到登州水城被吴三桂、祖宽夺取,孔有德乘船逃跑,海上包围圈一直没有合拢。

　　关宁军不知道从何处征到了船,装上佛郎机就下了水。在庙岛追击到了"贼船",于是发炮拦截,虽然没有给叛军之船造成实际损失,但这突如其来的炮声让孔有德等人提心吊胆。

"打回老家去"

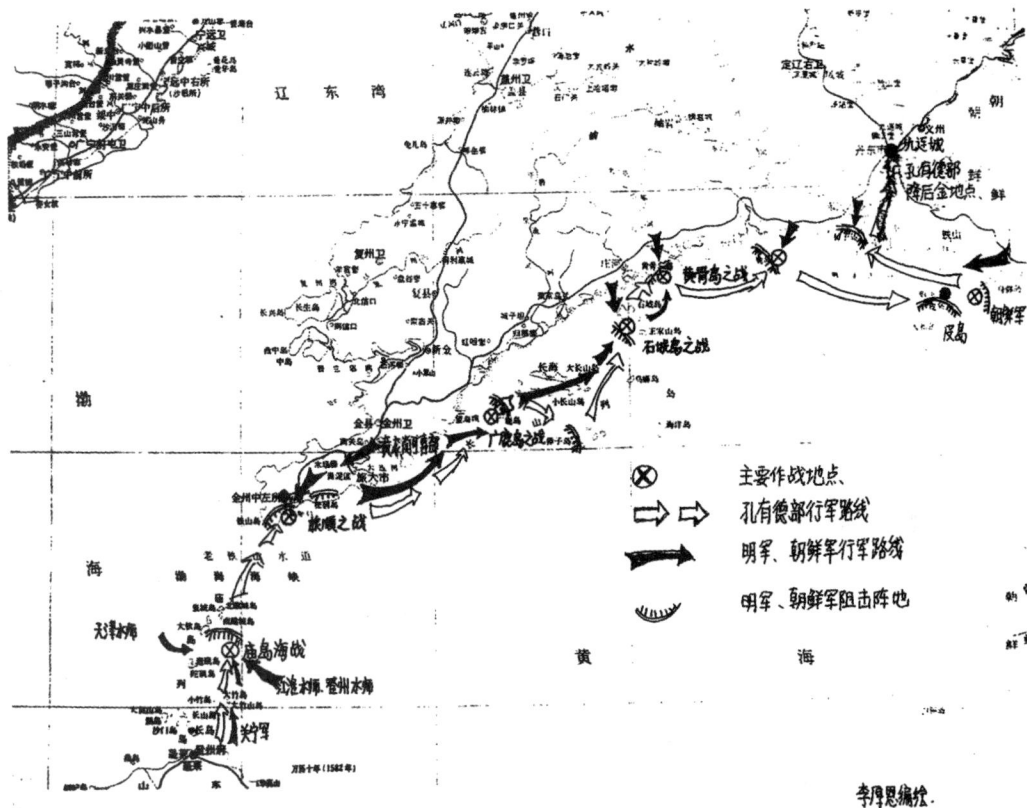

崇祯六年(1633)二月至四月明军、朝鲜军追击孔有德叛军及叛军投降后金作战经过示意图

自从孔有德率部众泛海,明军就开始水陆围追堵截、"逐穷寇于大洋",这件事还牵连了朝鲜国,后金开始情况不明作壁上观。以下是孔部的颠沛行程和激烈战事。

崇祯六年(1633)"二月(十三日),有德、仲明屡为巡抚朱大典所败,航海遁去"。

二月十六日,登州城战事结束,叛军后卫近万人被各路明军全部歼灭。孔有德绝望于大陆,定计先取辽东,自海岛启程北上,目标是旅顺。沿途他们与拦截的多部明军激战。参战的明军水师主要有以下各部:吴安邦(原登莱军)、周文郁(原登莱军)、沈世魁(黄龙东江镇军)、龚正祥(黄龙东江镇军),另外还有天津水师、江淮水师各一部。

春天渤海多雾,铺天盖地虽咫尺不可见。自南长山岛以北,依次散布着庙岛、大小黑山岛、大小竹山岛、堠矶岛、高山岛、砣矶岛、大小钦岛、南北城隍诸岛等。这些海岛原来是东江镇游击区,原有东江岛兵驻守,但登州被围困时孔有德先已派兵驱逐。

孔有德部抛下了还在登州激战的后卫,从南长山岛拔锚,经竹山岛去砣矶岛。经过一天一夜的航行,次日午时航行至砣矶岛以南海域。雾气稍稍退去、天色由灰暗转白,吹了一夜的北风也转为南风,于是叛军中营传出"都元帅"之令:各船升起满帆、加速前行。与陆战一样,孔部船队也分五营:以前营为先驱,左右营在两翼,护卫中营的头领及其家眷以及劫掠来的财宝及女子,但孔有德的家眷此时并不在这里。

须臾,前哨船来报:前方一里发现船队,旗号不明。孔有德狐疑,下令再探。双方船队航行太快,等到哨船再禀,对方的船队已经穿破迷雾进入视野,福船、草船、海沧船、开浪船次第排开,甚至还有数艘仿葡萄牙多桨船的新式"蜈蚣船",大明旗帜在渐劲的东南季风中猎猎飘荡,来的正是吴安邦、周文郁的官军水师。

孔有德脸色登时大变,下令整军抵御。而官军桅杆顶端望斗上的瞭望手也透过中午的薄雾发现了叛军船队,周文郁发布了开战号令。高大如楼、低尖上阔、长着一双"獠牙(撞角)"的福船率先冲过来。此船源于福建水师的制式战船,此时早已巡行在南北大洋。可逆风而进的蜈蚣船也跟上来,众船船艏布列的"大发熕"射出炙热的弹丸一下子将猝不及防的孔部前哨打着了火。叛军船队从最初的混沌中反应过来,纷纷以红夷大炮、佛郎机和弓弩遂行反击。

一时间静谧的南长山列岛大小弓弩连发如雨,炮声隆隆震天撼海,硝烟如云水柱腾跃,此起彼伏人仰马翻。双方不断有船舰被击中倾覆、人员伤亡落水。在炮战中叛军以火炮优势压制住官军,孔有德下令集中火力攻击官军中队,中营不支后撤,于是叛军活生生杀出一条通道突破弥串岛防线,继续冲着"金州卫中左所"——旅顺口而来。

二月二十二日,到达旅顺,并与总兵官黄龙指挥的明朝与朝鲜联军大战,叛军大败。

二月末到三月上旬,叛军与明军在旅顺以东海域发生一系列激战,叛军再次大败。

三月十八日,总兵官黄龙"败贼于双岛,擒毛承禄"。

二十三日,官军追至三山岛。次日,黄龙部将尚可喜指挥官军击败孔有德残部于广鹿岛,孔有德再次献信函于后金大汗皇太极。

二十九日,明军总兵官黄龙所部"追贼至黄骨岛,擒苏有功、李应元等"。

三十日,孔有德在獐子岛与其母、妻在此汇合。随后向朝鲜国方向移动。

四月初六,朝鲜陆军与明军水师合击孔有德残部于朝鲜国境内蔴垞(音 Máchá),大破之。耿仲明乞求投降,不允。

四月十日,明军追击孔有德、耿仲明残部于卓山。

到崇祯六年(1633)四月十七日,历经两个多月的海上激战,叛军损失了三分之二作战兵力和近半战船,孔有德部在后金控制区鸭绿江口上游九连城("镇江堡")上岸。期间,明军和一路逃窜的叛军发生了一系列战斗,主要为长岛之战、旅顺之战、双岛-广鹿岛-獐子岛系列追击战、蔴垞阻击战等,明藩朝鲜的陆海军根据国王李倧的命令多次参加对叛军的夹击。(《明史》《清史稿》《庭闻录》《平叛记》)

关宁军的水上追击只是前奏,就在孔有德的船队自登州北进途中,明都督吴安邦和总兵官周文郁率领明水师出现在庙岛海面,他们在来自北京的监军宦官侯用监督下前来拦截叛军,第一次海战就在庙岛群岛中一个叫"弥串岛"的岛屿展开,一度被李约瑟博士

(Joseph Needham,1900—1995)称为"无可匹敌"的明水师迎来了新的考验。

明代军队发源自江淮,因此建国之初水陆并重。明朝原有世界首屈一指的水师和水战传统。在其存在的数百年中,明朝水师打赢了中世纪世界规模最大的水战——鄱阳湖战役;打赢了正德十六年(1521)的广东屯门海战和嘉

中世纪的海战

靖元年(1522)的西草湾之战,迫使葡萄牙人逐渐放弃用武力迫使明朝开关贸易;万历二十六年(1598),中朝联合打赢了抗倭"露梁海战"。明朝战船种类极多,除了前代已有的战船如楼船、蒙冲、斗舰、海鹘、走舸、游艇等外,还有四百料战座船、四百料巡座船、九江式哨船、划船等。当时战舰共计有 20 多种,海上战术得到提升,出现了战舰编队制度。(《武备志·战船》)威名显赫的郑和船队只是一支水师分遣队,每次下西洋郑和率领 5 卫兵力,27000 人以上,人员来自沿海卫所。船队由舟师、两栖部队、仪仗队编成。舟师被组成编队前营、后营、中营、左营、右营,两栖部队用于登陆行动,仪仗队担任近卫和对外交往时的礼仪。永乐十八年(1420),极盛的明朝水师约有 3800 艘战船和辅助船只(其中1350 艘巡船、1350 艘战船)以及驻扎在南京新江口的 400 艘大船和 400 艘运粮漕船(其中250 艘是远洋宝船)。此外,沿海沿江各卫所还拥有数不清的警戒执法船和传令船……

著名汉学家李约瑟认为:"中国明朝海军在历史上可能比任何亚洲国家都出色,甚至同时代的任何欧洲国家,以致所有欧洲国家联合起来,可以说都无法与中国明朝海军匹敌。"

万历(1573—1620)以降,国力日衰,随着倭患在东南沿海被肃清,明朝重新停止了大型船只的建造。直到万历二十年(1592)万历援朝战争爆发,明政府竟然一时找不到大吨位的福船前往朝鲜海域作战。海军战舰的吨位不仅比同时期西方舰船小许多,就连嘉靖时期(1522—1566)也赶不上,中国海

崇祯六年明朝与荷兰殖民者的料罗湾海战

军与西方海军渐渐拉开了距离。"百足之虫,死而不僵",尽管落后了但明朝水师并没有丧失战斗力。海盗出身的福建总兵官郑芝龙仿荷兰"盖伦式"军舰造成大型夹板船,于崇祯六年(1633)打胜了料罗湾海战。其子郑成功凭着一颗爱国之心、一张《沃野千里图》和一支大型舰队,收复了宝岛台湾!

鸟 火 机 兵 弩 弓 牌 机 兵 弩 牌 弩 兵　　鸟　　铳
鸟　　　　　　　　　　　　　　　　　　鸟　铳
鸟　　　　　　　　　　　　　　　　　　鸟
鸟 火 机 兵 弩 弓 兵 牌 机 兵 弩 牌 弩 兵

碗口铳	佛郎机	水仓门	佛郎机	佛郎机
碗口铳				大发熕
碗口铳	佛郎机	水仓门	佛郎机	佛郎机

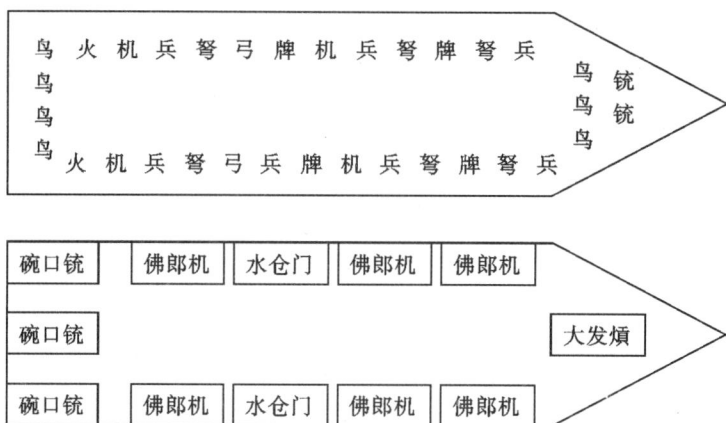

明军水师福船战位及火炮配置图①

孔有德率领叛军180余艘大船脱离了缺少战船的关宁军追击。在孔有德兵变之初，怯阵的原宁海卫副将吴安邦已升都督，他和总兵官周文郁一起指挥了海上战斗。这支明水师拥有190艘兵船、6000名水师。但因孔有德带走了几乎所有能够带走的登州大炮，兵力也比叛军少了很多，这支海上阻击部队不占优势。

孔有德于崇祯五年(1632)正月攻占登州。是年冬，"欲弃登州走入海"。东江镇岛帅黄龙早已料到孔有德这一动向，预先做了邀击的准备。黄龙颁令派遣帐前副将龚正祥率舟师4000人邀叛军之庙岛，准备迎头痛击。

从二月到四月，岛帅黄龙、龚正祥与孔有德、耿仲明船队大战于辽东旅顺、黄骨岛等地。听到孔有德拔锚起航而来，黄龙得知自己阖门被害于登州，怒发冲冠，国仇家恨涌上心头。黄龙其人身世，《明史》有载："黄龙，辽东人。初以小校从复锦州，积

长山诸岛迤逦相望，如同明珠散落北海

---

① 其配备的舰载武器和船用工具如下：大将军炮1门、大佛郎机6座、碗口铳3个、喷筒60个、鸟嘴铳10门、烟罐100个、弩箭500枝、药弩10张；粗火药400斤、鸟铳火药100斤、药弩1瓶、大小铅弹300斤；还有火箭300枝、火砖100块、火炮20个、钩镰10把、砍刀10把、过船钉枪20根、标枪100枝、藤牌20面、宁波弓5张、铁箭300枝、灰罐100个；亦有大旗1面、大篷(船帆)1扇、小篷1扇、大橹2张、舵2门、椗4门、大索6根、小索4根(每根长18丈)，还有火绳60根、绳10根、铁蒺藜1000个。另外，各船的捕盗(即船长)随身携带备用的有：钉40斤、油50斤、麻60斤、灰3担；每名士兵随身携带篾盔1顶、腰刀1把、钉枪1根。

福船编制为五甲(5个战斗班)加上指挥员、技术人员共65人。每艘福船有捕盗1名，舵工2名，缭手3名，扳招(负责操纵"招"，协助控制航向的人员)1名，上斗(位于桅杆顶端望斗上的瞭望手)1名，椗手2名，甲长(相当于班长)5名，每甲士兵10名。

功至参将。崇祯三年从大军复滦州,功第一,迁副总兵。寻论功进秩三等,为都督佥事,世荫副千户。登莱巡抚孙元化以刘兴治乱东江,请龙扫摊真。兵部尚书梁廷栋亦荐龙为总兵官,为元化恢复四卫,从之。"后来,"龙在皮岛受事"。再后来登莱巡抚孙元化"劾龙无饷致兵哗,帝命充为事官"。崇祯六年(1633)二月邀击孔有德有功,"帝大喜……复龙官。"而黄龙留在登州的家属全部被孔有德叛军杀害。

副将龚正祥接了军令状,黄龙交代说:"龚将军,此战务必振作士气、一举灭贼于海上"。龚正祥领命而去。亲信尚可喜在一旁提醒黄龙:"我师虽勇,火器奇缺,船舼不济,将奈之何?"黄龙胸有成竹:"可喜勿虑!兵船火器本镇已有部署,万事俱备矣!万一正祥不能全歼孔贼,当以逸待劳与君共灭之!"尚可喜听到主帅言之凿凿,也遵军令拔营赴旅顺滩头布防。

黄龙为何这样有把握?原来短缺的军火已有着落。早在正月二十七日,黄龙预料到孔耿二人穷途末路就会回窜辽东,拟了给朝鲜王李倧的咨文商请朝鲜协助。这封草稿原件现存于辽宁旅顺博物馆,因为军情十万火急因此写得十分恳切。

咨文如下:

钦差镇守登镇东江沿海等处地方、挂征虏前将军印、专理恢剿事务总兵官、后军都督府都佥黄,为会报急切军情,并乞速允前咨亟借船铳以资扑剿事。

照得登叛孔有德等逃匿奔登,负隅固守,大兵环围者已数月矣。于年前拾贰月初叁日,各贼出城困斗,被我大兵掩击,杀其渠魁李九成,而贼惕息气沮。本年正月贰拾柒日,据登州提塘赵贤佐报称:正月拾玖日,有从登州城里逃出一人名朱有才,说拾捌日众贼家眷财物俱已上船,只待风顺潮长开洋。

预先计议,先放船伍陆拾号在小平岛,又发船伍陆拾号在双岛,绝住水陆咽喉,然后将陆柒拾船截杀旅顺,一路招集各岛,将家眷行李卸下皮岛,竟往朝鲜要粮接应,如有不从,先行洗戮,再要他贰叁百号辽船,抢掠淮安等处,各军情到镇。

据此看得,登贼以釜底游魂,竟思脱命奔海,则弃长用短,正自速其毙也……再照本镇于上年拾壹月拾壹日具咨贵国,请借辽船伍拾号、鸟枪叁百门,原拟资以截剿,而东望悬悬,尚无一耗绌……(《明都督佥事黄咨文》)

因是钦差对藩属会报军务,咨文列出黄龙一长溜官衔,落款为崇祯六年(1633)正月二十七日,有亲笔签名。由咨文可知,正月十九日登州围城官军拿获一名叫朱有才的人,得知叛军"欲弃登州走入海",计划从登州泛海直奔大连小平岛和旅顺双岛,断掉黄龙所部的后路,然后"截杀旅顺,节路招集各岛,将家眷行李卸下皮岛"。叛军计划占领皮岛根据地后以此向朝鲜国索要物资弹药接应,"如有不从,先行洗戮",要的数目很大,仅仅战船一项"要他二三百号辽船"。一旦要到手叛军水上力量必然大大加强,计划以这支舰队沿着水陆挥师南下南直隶,进入黄河航道"抢掠淮安等处",或者西进攻击天津蓟门("南走江淮、西走津蓟"),可见狂妄至极。黄龙以钦差名义向朝鲜通报军情,求借船只枪支,得到了朝鲜的物资支援。派出了龚正祥、尚可喜等部队,黄龙在旅顺大营暗想:该算算账了!

提起孔有德、李九成等人,征虏前将军、都督钦差总兵官黄龙义愤填膺。孙元化向朝廷力荐"复辽土宜用辽人,固辽人宜得辽将",最终死在这上面。这一思路没有根本错误,错在用人不明! 虽然黄龙与孔有德俱为辽人出为辽将,黄龙先栖身皮岛,后以参将之职服务于关宁军和孙承宗;孔有德寄身皮岛以内丁都司、游击等职随毛文龙一路升迁。然而在大潮涤荡中黄、孔二将选择了不一样的人生路,结下深仇互为敌手:一个魂寄山海留下忠烈之名于旅顺献忠祠,一个归附满洲征战四方封王后暴死粤桂死后留名贰臣。

崇祯六年(1633)正月,孔有德船队突破了明水师堵截,冲着征虏前将军、总兵官黄龙坐镇的旅顺城而来。黄龙对"乱臣贼子"恨之入骨,必欲擒之以献午门。今天他们一伙送上门,此仇不报更待何时? 黄龙如算作一条龙,孔有德可算作一只虎,"龙虎斗"就在旅顺上演。

第一次旅顺保卫战

"辽南金、复、海、盖四卫"旧地①

"打回老家去!"这样的口号很有号召力。当年陈胜吴广就用这样的口号鼓励戍卒揭竿起义,后世捷克军团也曾以这样的口号叛于西伯利亚腹地。历史车轮滚滚向前,古往

---

① 此地明末为东江镇游击区,也是爱国将领黄龙家乡。1372年明朝在辽南设置金州和复州,专理民政事务。1375年置金州卫,下领千户所六;1381年设置复州卫,下领千户所四,州卫并行。1395年废州专行卫制。大连地区隶属山东按察司辽海东宁道金州、复州和盖州三卫。1406年,朝廷在今瓦房店永宁乡之地设辽东苑马寺永宁监,下设复州、龙潭、滦河和清河四苑。辽东苑马寺初设辽阳后迁复州,1503年移驻永宁监,1548年移驻金州,兼管金、复、海、盖四州兵备及海运和边防,金州成为辽南军政中心。后来曾于金州设都卫,又在复州、盖州、海州相继设卫,统称"辽南四卫"。明末为了抵御后金入侵,把"辽南四卫"划归驻节山东登州的登莱巡抚管辖,这就是"金复海盖,辽阳在外"的由来。

今来多少人就在这样的口号下丢了性命。孔有德率残部泛海，行军口号改成"回乡"。谁知道这条回乡路是一条充满艰难险阻的死亡之路。离开登州的时候孔有德有兵近两万，家属及掳掠人员万人，孔有德自称"甲兵数万"，明廷估计则"士卒二万"。此时他们的辽东老乡、征虏前将军黄龙正为备一席大餐要"隆重欢迎"他们：第一道菜是沈世魁、龚正祥之兵"百里迎候"，第二道菜是尚可喜"半路埋伏"，第三道菜是黄龙以主力在旅顺附近以逸待劳。

孔有德的船队约于二月二十日左右到达大钦岛海域。大钦岛位于隔开了辽东、山东的渤海海峡中部。船队继续前进，在南北城隍岛海域遇上以逸待劳的 4000 明朝水师，指挥员是皮岛副将沈世魁（后来成为黄龙继任者）、旅顺副将龚正祥。沈世魁、孔有德都是毛文龙旧人，听到前面拦截自己的是昔日战友，孔有德派人传话给沈世魁，让沈世魁放开海路，他的理由是"辽东人不打辽东人"，被沈世魁、龚正祥断然拒绝。官军背后是波涛汹涌的老铁山航道，这里有泾渭分明的渤黄海分界线。老铁山水道是京津门户，是大型船舶进入渤海的唯一通道。老铁山水道宽 22.5 海里，去掉北、南两侧的禁航区，供商船航行的宽度只有 5.5 海里。越过老铁山航道，与辽东大陆的南缘旅顺铁山岛就遥遥相望了。

"都元帅"孔有德站在三桅战船船头说：故土在望矣！话音未落，炮弹呼啸而至，双方的炮船就接了火。明军犯了萨尔浒之战后一再犯的错误——渐次增兵。今天投入 3000 人，明天投入 5000 人，累计起来投入的兵力不少但每一次都没有形成绝对优势，这一次也是这样。不过大明国土此时四处狼烟，官府捉襟见肘，这也是无奈之举！

黄龙部下沈世魁、龚正祥以 4000 岛兵驾驶大小近百船对抗叛军两万人近 200 舰。激战中官军船小炮小远战没有优势，因此水手们冒着火炮箭矢尽量靠近敌船，然后近距离以佛郎机、碗口铳等小口径炮打击，再近了就用火球、火箭对付孔有德的帆船，双方都有大量的人员伤亡。叛军布列在巨大的三桅战船上的两丈长、数千斤重的大口径红夷大炮，给官军很大的压力。

正在激战中，耿仲明告诉孔有德，登州方向的关宁军和都督吴安邦、总兵官周文郁的水师又从南方追来，继续打下去有被前后夹击的危险。孔有德于是命夺路而去。4000 人的水师挡不住两万人的大部队，以回家为号召的数万叛军勇不可当，在被歼灭上千人、毁灭船舶十多艘后，叛军又突破了黄龙、沈世魁、龚正祥设置的这道海上防线，奔

辽宁省重点文物保护单位——老铁山岬角灯塔

着辽东大陆南端铁山岬角而来。

二月二十二日，叛军终于踏上了久违的辽东大地，此地距离旅顺六七十里，从理论上讲是中国东北最为靠近南方的土地。呼吸着迎春花与海腥味的混合气息，叛军士卒在辽东旅顺尽头的铁山岛发出了如雷山呼！一名叛兵情不自禁地趴在地上，用粗犷的脸颊亲吻家乡的土地，屁股却冷不丁挨了一脚，背后响起粗暴无礼的吆喝："此处不可久留，快走！"吆五喝六的头目话音未落，千万支飞箭呼啸而至。这群先头登陆旅顺、麇集在海岸的数千叛军遇到了伏击。官军伏兵大起，第一轮打击箭弩齐下、炮铳盖地，将刚刚登陆的叛军打得队形散乱。后续正在下船的叛军与已登陆的乱哄哄混杂在一起。指挥登陆的耿仲明站在大船的敌楼上远远望见焦急万分，眼看埋伏的官军发炮发火箭，连连打中靠岸抛锚之船，船帆遇上了火种噼噼啪啪燃烧起来，火焰将湛蓝的海水映照的火红一片，令人触目惊心！

明军为首的青年将领尚可喜战甲熠熠生辉，看到时机已到，拔出雪亮的战刀，大呼："破敌！"挥刀率领精兵数百人入叛军，勇不可当！叛兵的返乡之路瞬间变成了一场梦魇。在暴风骤雨般的打击下无数叛兵命丧黄泉，还有叛军士卒 1000 多名双手投诚（"招抚千余人"）。

尚可喜正当而立之年。这一天他奉黄龙之命"统率岛兵堵截，在距离旅顺（以南）70里之地扎营"，这处地点为叛军登陆的必由之路，"可喜率领精锐部队数百人，偃旗息鼓，从间道出其不意，奋力冲杀，斩杀甚众。"（周文郁《边事小纪》卷三、《尚氏宗谱》卷一）

尚可喜，字元吉，号震阳，明万历三十二年（1604）生于辽东海州卫（今辽宁海城），祖籍真定府衡水县，明朝游击尚学礼之子。崇祯六年（1633）东江镇将尚可喜联合吴三桂等一度将孔有德叛军打得走投无路，因功升明军旅顺副将，又迁广鹿岛副将。

说起尚可喜早年不能不提他的父亲尚学礼。天启元年（1621）海州卫沦陷，辽东南四卫汉人不堪努尔哈赤的民族压迫举行辽南汉族大起义，尚可喜随其父尚学礼加入了明朝起义军洪流，从此开启了军事生涯。尚可喜出身草根却搞出一个很大的局面，情节曲折颇似《水浒传》人物林教头。《水浒传》第十一回《林教头雪夜上梁山》中，林冲在朱贵酒店白粉墙上大书此诗："仗义是林冲，为人最朴忠，江湖驰闻望，慷慨聚英雄。身世悲浮梗，功名类转蓬。他年若得志，威镇泰山东！"这段描述放在尚可喜身上基本合适。①忠诚恩义。从一般意义上看他是一个忠于体制阵营不动摇的人。如果他的忠诚动摇了，那必定是本阵营内发生了十分不正常的事情。②军功卓著。辽东战场是"明末将军的摇篮"，没有过人之处辽东战场不见得会有他的位置，这一点从 1632 年和 1633 年登州平叛作战一目了然。③身世转蓬。如同林冲一样"身世悲浮梗，功名类转蓬"，走上了自己料想不到的道路。

尚可喜父亲尚学礼（1574—1624），明东江镇都司，阵亡赠游击将军。比较袁崇焕、史可法这些著名人物，他不那么有名，但是也为明朝抛头颅洒热血，英勇战死在辽东，而后世知道其子尚可喜的人较知道他的人要多得多。根据《逸史三传》《元功垂范》等记载，尚学礼祖籍山西平阳府洪洞县,万历二年(1574)生于北直隶真定府衡水县。尚学礼的父亲名尚继官,生二子。长子尚学书留居衡水县,次子尚学礼随父尚继官闯关东,定居海州卫罗家堡(今辽宁海城八里镇罗家堡村)。罗家堡从地势上看为两水环绕(今村东1000米有尚可喜墓园,名尚王陵)。尚学礼随父定居辽东,娶妻生下四子,分别取名可进、可爱、可和、可喜,家境尚可。幼子尚可喜自幼习好弓箭和马匹,以"侠烈见称"。

难忘的天启元年(1621),尚可喜二月间刚刚与父亲一起因故出远门去辽西,一个月后后金军攻占了家乡海州。这年三月"辽沈大战"数万明军覆没,总兵官尤世功、贺世贤、童仲揆以下包括副将至把总战死120余员,明辽东经略袁应泰在辽东都指挥使司所在地辽阳城督战城破后举火自焚于镇远楼。家乡沦陷后尚可喜留在海州的家人——母亲、二兄、三兄、几位嫂子、几位侄子全部罹难,只有哥哥尚可进逃脱后金杀戮。尚学礼、尚可喜父子在辽西得到消息痛不欲生,于是父子相依为命流落松山。

尚学礼颇具民族气节,家破人亡他可以选择返回河北老家,也可以选择留在辽西重整家业,但在危难之间他决定效法祖逖,"慨然欲乘长风破万里浪,仗剑谒抚军(王)化贞"。辽东巡抚王化贞安排尚学礼跟随毛文龙去了敌后东江镇,父子因此分离,彼此不通音讯。久之,尚可喜不知父亲下落,悲愤交加千里叩寻找父亲。

天启三年(1623)四月,山海关前站着一个风尘仆仆的青年。面对迢迢雄关漫漫长路,19岁的尚可喜衣衫褴褛身无分文。关外寻找不得,预料父亲入了山海关。他想进关内寻找父亲,守关兵拒之不纳,于是他孤零零站在关门外"恸哭而还"。回辽西之路"冒险独行、困苦万状……"(《平南王元功垂范》《满族家谱选》)

生活是什么?有人说生活就是生下来活下去,这是有道理的。如同当年的韩信、朱元璋一样,从军不一定就要有雄才大略,往往就是像马斯洛说的那样为了活命。为了活命,尚可喜在辽西加入了明水师("编入卒伍"),不仅找个安身之所也从此开始了军旅生涯。他当了兵以后意外地得知父亲在东江镇皮岛(今朝鲜椵岛),喜极而泣。经过他一再要求得到批准,第二年终于泛海与父亲相会于东江。劫后相见父子"悲喜交集",父亲尚学礼已经屡立战功升为都司。尚学礼与岛帅毛文龙在战斗中结下了深厚友谊,彼此以兄弟相称,以故毛文龙对尚可喜视为己出,"拨置左右日益倚重"。这段时间是尚可喜一生难得的好时光。

但是好景不长!天启四年(1624)三月二十一日,尚学礼与东江营将周世龙、周世虎、周世豹率军游击辽阳,途中与八旗相遇,两军激战于辽阳东南娄子山石藻桥,八旗军败绩。二十五日,尚学礼等率明军乘胜进攻娄子山,遇到了八旗伏兵。尚学礼"策马渡桥、所向披靡",连破八旗数阵,终因兵力消耗太重后援不济,与周世龙等将士一起血洒疆场。父亲英勇牺牲的消息传回东江,尚可喜直如五雷轰顶,赤着双脚为父亲发丧,"哭泣之哀,感动路人",毛文龙升尚可喜为都司、命统父亲旧部,时年21岁。毛文龙死后尚可喜转隶黄龙。尚可喜的长兄尚可进(生于万历二十三年)此后辗转来到东江镇,兄弟团聚并一起奋战。天启五年(1625)明廷追赠辽阳娄子山阵亡的东江镇都司尚学礼为游击将军。清顺治十三年(1656),清廷以其子尚可喜之故追赠尚学礼为清平南郡王。将一个与本军作战阵亡的敌军将领加封为本国王爷,清国将恩荫制度灵活运用到了极致。尚学礼、黄龙等在国家民族危难之际杀身成仁,不亦壮士乎?有人不服黄龙指挥离开东江,尚可喜却能识大体顾大局维护黄龙领导,黄龙有难他出手搭救,以故深得黄龙信任。

得到黄龙的命令,尚可喜率精兵数百名"间道偃旗息鼓而进",招抚孔有德一部,出其不意攻其不备,"斩杀甚众",又不遗余力地追击残部,海上叛军见势不妙扬帆而去,留下一群伤病员在岸上哀号,还有一批上不了船的溺水者任其自灭。被叛军劫掠同行的无数民女也被遗弃在异乡,她们最终的命运实在难料。

这时孔有德叛军尚存一万数千,沿着海岸往鹿岛方向转移。这时,黄龙主力与庙岛水战后尾追孔部而来的吴安邦、周文郁合兵,在叛军转移的必由之路上再次拦截。朝鲜军也来到旅顺口,国王李倧从登州逃人朱有才提供的情报得知孔有德要对朝鲜下手,派兵星夜兼程加入战斗,遭遇战再次在牛庄海域打响。

中朝联军"攻贼(指代孔有德等)于牛庄等处,官兵奋击",叛军部众不肯坐以待毙拼命反击。总兵官周文郁目睹战况十分惨烈,他在《边事小纪》中记述:明军和朝鲜人以船头船尾所载各式大炮火铳猛烈开火,弓箭手也从船舷以密集箭镞射向敌船。朝鲜军士兵勇敢作战,炮手和弓箭手训练有素,他们在阵前"极力攻打","目险直前,期间炮箭伤亡,本镇目击可悯"。炮声震动长山之巅,烧毁战船的熊熊火焰映红了海面,数百船载大炮对射,一次次将昔日战友、老乡、故旧撕成碎片。主将都亲临指挥不敢懈怠。后退无路,孔有德发出一道道命令逼迫部属拼死拿下旅顺口,战事呈白热化一连数日。也许是上苍看不下去——一场突如其来的台风结束了战斗!台风一来船上人员站立不稳无法再战,而叛军的战船在外洋无法抛锚,孔有德所部战船"随风飘出",在风暴中艰难地驶向旅顺以西80里的海隅双岛,旅顺口得以保全,这是当年二月下旬的事。(《明史·朱大典传》《清史稿·孔有德传》《边事小纪》《平叛记》)

崇祯六年(1633)三月,距离毛文龙被杀不到4年,距离袁崇焕被害不到3年,惨烈的双岛之战在此拉开序幕。参战一方为征虏前将军东江镇总兵黄龙、山海关总兵周文郁以及朝鲜援军,另一方为孔有德、耿仲明叛军。旅顺不克,"都元帅"孔有德、"都督"耿仲明、"总兵官"毛承禄等部不仅遭到了沉重打击而且遭到台风袭击。北半球太平洋的热带气旋基本路径都是自东、南而西、北方向,孔有德他们两万多人被台风驱离旅顺。孔有德原计划横渡西朝鲜湾去朝鲜皮岛方向,但风暴却将他们的船队鬼使神差一般刮到了渤海湾中旅顺城西数十里外的双岛湾。三月十八日,孔有德顺风移师双岛海域,一部在双岛(在今大连市旅顺区双岛湾镇),一部在龙安塘。(《平叛记》)

双岛是由两个南北对峙的荒岛组成,土地贫瘠。随船带的粮食很快吃光。孔有德忙得不可开交,一面派叛兵据险而守,一面派叛兵到周围海岛村庄抢粮,再次写信跟后金大汗皇太极联系,还有一件事——亲自到姑子庵拜谒岛帅毛文龙的亡魂。姑子庵烟火缭绕,毛有诗(孔有德)、毛有杰(耿仲明)、毛承禄(文龙长子)、王子登等率众将哭祭5年前在这里被袁督师斩杀的毛文龙，而以毛文龙之子毛承禄领祭。

昔人已乘黄鹤去，白云千载空悠悠，是非功过任人说，千载万载论不休。袁督师杀岛帅之事转眼已经过去4年，岛上兵民旧人星散，姑子庵更加破败不堪，在庵中院落设灵位祭罢，孔有德回到龙安塘大营，愁容满面询问耿仲明："契弟，大军粮草可供几日之用？"耿仲明禀："都元帅，实不相瞒，粮弹两

双岛"将军石"①

亏所剩无几矣！"孔有德扬起眉头——他还有更加重要的心事："遣去建州联络之人，可有回耗？"耿仲明大摇其头道"无有音讯！"于是孔有德亲自提笔写信，他的字客观上说写得不好，但是这样大的事情他必须拿出诚意，字好不好倒在其次。为了将这封经过字斟句酌的信送达后金国，他派出一个"以男妇百人"组成的使团，以他委任的"游击"张文焕、"都司"杨谨、"千总"李政明为特使。

派出降使前途未卜，明军的进攻又降临了，孔有德紧急派遣叛军五大头目之一、原明军广鹿岛副将毛承禄去抵御。据《清太宗实录》《辽海丹忠录》《平叛记》等所载，毛承禄（？—1633），辽东鞍山人，毛文龙养子，金人呼为"毛大"，位列毛文龙诸子之首。历任右翼游击、内丁参将、广鹿岛副将，长期统领毛文龙由养子、养孙和女真人组成的亲军，多次征后金有功，也曾令本部"不得阻挡后金派驻朝鲜的使者"。（《朝鲜李朝实录》）毛文龙被杀，毛承禄留用。等到袁督师亦死，毛承禄曾上书为其父毛文龙鸣冤，崇祯帝不理，后自皮岛移师广鹿岛为副将。崇祯四年（1631）孔、耿叛乱，孔有德暗中联络，毛承禄以广鹿岛兵7000名叛变响应，于崇祯五年（1632）三月初七登陆山东，兵屯登州校场，号"总兵官"，位列叛军"五大渠魁"。

三月二十前后，明军水师很快就尾追而至，孔有德问谁可为先锋？毛承禄自告奋勇率部众数千人抗击明军，沿着双岛海岸陡峭的崖壁据险而守。明军周文郁水师从海上进攻，叛军从海岸和近海驻泊的大船上发炮抵御，激战多次，互有杀伤，难分输赢。

毛承禄正督率所部拼死力战，不料背后响起炮声杀声，黄龙的兵又从陆地袭击，周、

---

① 2013年1月31日，《大连晚报》报道了一件不该发生的事引起了世人的关注。在旅顺口区双岛镇西湖嘴西台山崖下，两块巨大礁石并排屹立于海中。因多年的风吹日晒，礁石的棱角被风化，形如古代领兵打仗的将军，这就是有名的"将军石"。就在距离"将军石"不远的出海口有座建于明朝的姑子庵。1629年时任东江镇总兵官的毛文龙在此被远道而来的兵部尚书、蓟辽督师袁崇焕以十二条罪状斩杀。两年后，袁督师竟然也被崇祯帝下旨"依律磔之"。鉴于两位将军的遭遇，世人这两块礁石命名"大将军"石，一为"毛文龙"，一为"袁崇焕"，二人相向而立，不也是一道独特的风景？"将军石"矗立千百年不坠，而2013年冬天其中一位"大将军"的头不翼而飞了，大连旅顺市井哗然，经过调查发现原来是开山采石惹的祸。

黄两军对叛军两面夹攻。毛承禄手下岛兵习于游击不习阵战,两面夹攻下渐渐抵御不住,纷纷夺路登船逃生。官军紧追不舍,毛承禄之兵有的被赶下大海,不少逃到双岛山崖,最后多数跳海而死。不久前方官军中传来山崩地陷般的欢呼:"捉了毛承禄!"大将毛承禄一脸晦气,浑身伤痕被押解到昔日上司黄龙面前,垂头丧气不再有昔日风采,黄龙责其大逆不道,监军侯用将其收监。《大明律》就像一把刀高悬在头顶,等待毛承禄的是可悲的命运。双岛湾堪称毛文龙、毛承禄父子的麦城。尽管毛文龙过错很多,但他一生坚持抗战,死的确实冤枉,毛承禄却罪有应得,对毛文龙、毛承禄父子两人应该加以区别。

狡猾的孔有德金蝉脱壳,以牺牲毛承禄等为代价,趁官军围歼毛部之机率主力登船再一次突围东去,奔三山岛、广鹿岛而去,他意欲实现在登州水城预定的取辽东、皮岛、朝鲜三地的计划,不料想再一次掉进了黄龙的陷阱!

皇太极改弦更张

崇祯六年(1633)春天,冰冻的辽东大地渐渐解冻。

孔有德叛变后多次书信联系后金国,前三次均被明军截获,但这个严重情况没有引起明廷足够的重视。流落旅顺双岛后孔有德再次向后金国写信输诚。翻开地图我们发现双岛东北方就是金州,再往北就是盖州,双岛、盖州距离450余里,冲过旅顺明军的陆地堵截困难重重。海路尽管有明军水师堵截,但孔有德的船队完全有能力泛海到盖州。《辽东志·武备》记载,明军辽东都司原有兵力124729人、战马55198匹。自从辽阳沦陷、袁应泰殉难,明朝在辽东半岛仅剩下东江镇一支偏师扼守旅顺、黄骨岛堡等据点,孔有德直走海路赴盖州胜算很大。如果皇太极及时复信,孔有德就会当机立断。

据《清史稿·孔有德传》记载,伪游击张文焕、都司杨谨、千总李政明一行百人奉孔有德之命扬帆北上,泛海数天后他们打着降旗靠岸,后金军盖州戍将石国柱、雅什塔接待了他们。就这样,孔有德在广鹿岛海域写的第4封信终于到达沈阳。

41岁的后金国主皇太极,身穿石青色常服袍,手执书简在盛京(沈阳)大殿内读书,殿外新载的松柏长势茂盛。他刚读到《孟子·梁惠王上》所载孟子见梁襄王的一段。

孟子被梁襄王约见。孟子出来后对人说:大王远看没有国君的样子,走近没有使人敬畏的地方。别人愿闻其详,孟子说:大王见了我后,突然问我:"天下要怎样才能安定呢?"

我说:"天下安定在于统一天下。"

大王问:"谁能统一天下呢?"

我说:"不喜欢杀人的国君能统一天下。"

大王问:"谁会归附他呢?"

我就告诉他:"天下没有不归附他的。您知道禾苗生长的情况吗?当七八月间一发生干旱,禾苗就要枯槁了。一旦天上乌云密布,下起大雨,那么禾苗就长得茂盛了。像这样的话,谁能阻止它呢?而现在天下国君,没有一个不嗜好杀人。如果有一个不喜欢杀人的国君,那么普天下的老百姓都会伸长脖子期待着他来解救。如果像这样,老百姓就归附他,就像水往低处流一样,这哗啦啦的汹涌势头,谁又能够阻挡得了呢?"

皇太极看到这里深以为然,感到找到了一统山河的钥匙,合上书卷正在沉吟间,一等侍卫来报:接到海上来函一封,来函者孔有德!皇太极接过来细细一读,终于明白了从天聪五年(明崇祯四年,1631)冬以来,渤海对岸兵乱的来龙去脉。

孔有德何人?昔日明朝东江旧将,他在东江镇取得岛帅毛文龙义子的名义,一度化名"毛有诗",跟随岛帅与后金国作战多年,皇太极对此人并不陌生。请看东江镇原始塘报所记与后金作战的情况。

天启三年至崇祯元年(1623—1628)明军毛文龙部与后金军激战之将领一览表

出兵时间	明军东江镇军(皮岛)出征将领
天启三年(1623)八月	耿仲明、毛永弟、陈希顺、王世善、陈继盛、徐孤臣、曲承恩等
天启三年十月	陈继盛、毛承禄、沈世魁、刘可绅、耿仲明、毛有功、毛有义、张魁、曲承恩、项选、龚正祥、陈汝明等
天启三年十一月	陈大诚、葛应祯、项选、陈希顺、徐俊、龚正祥、许日进、毛承禄、毛永弟、耿仲明、沈世魁、易承惠等
天启三年十二月	陈继盛、曲承恩、王承鸾、毛承禄、孔有德、毛永弟、王世善、黄龙、黄虎、龚正祥、葛应祯、徐俊、项选、陈世忠、宫养练、冯有时、张继善等
天启四年(1624)第一次出征	参将:陈继善(陈继盛之误)、汪崇孝; 游击:陈希顺、李钺、时可达、王辅、朱家能、毛承禄、程尤; 都司金书:许武远、项选、李镰、张举; 参谋:葛应贞(祯)、王命卿; 守备:解浮官、周世登、苏万良等
天启五年(1625)出征	陈继盛、项选、龚正祥、徐俊、毛承禄、王韬、毛永选、耿仲明、刘应龙、陈大诚、李柏等
崇祯元年(1628)十月	冯有时、张星、宫养练、徐俊、耿仲明、孔有德等

(资料来源:《天香阁集笔》《东江遗事》《边事小记》)

毛承禄、耿仲明、孔有德等作为东江镇骨干,自1623年到1628年间给后金造成相当杀伤,后金统治者不能无所顾忌。皇太极忘不了毛文龙开镇皮岛在金国背部捅的那一把刀,最初的197人中就有孔有德;他忘不了正是孔有德在天启三年(1623)跟毛承禄、陈继盛等一起率军突袭金国会安堡(今抚顺会元乡)与5000后金兵肉搏,造成八旗披甲71名被阵斩、数百后金兵负伤!也正是孔有德,崇祯元年(1628)袭击镇江城高岭为努尔哈赤女婿、皇太极的大舅子刘爱塔(刘兴祚)打掩护,导致大汗的爱将刘爱塔叛金投明一去不返。

看到耿仲明、毛承禄这两个名字,皇太极的心脏犹如被锐利的刀刃划过——他突然想起10年前的仲秋时节,他率军行进在镇江堡突遇袭击,大军瞬间被歼灭250余众,始作俑者就是耿仲明、毛承禄!孔、耿、毛,死在他们手里的八旗兵不计其数。皇太极深知这群岛兵翻手为云覆手为雨,投诚是否确实并无十足把握,因此打定主意对来信暂不回复,静观其变!故《三藩史略》记载,接到孔有德在广鹿岛发来欲投降的信件,皇太极最初不信。他谕命范文程、罗什、刚林安置张文焕等人,下令游骑深入辽东打探消息。

登州被官军收复。孔有德叛兵家眷遁入海岛,一个问题摆在面前:向何处去?这一问题在崇祯五年(1632)还是疑问,到崇祯六年(1633)答案在孔有德心中渐渐清晰,唯有投降昔日敌人后金。这有一个曲折的过程,800辽兵起事之初没有明确目标纲领,长驱回师打下登州,他们准备待价而沽:一方面向明廷表示可以有条件接受招安;另一方面三派使节渡海去辽东联系后金,但是没有达到目的。登州被官军围攻,后金奸细王子登接替李九成使叛军进一步倾向后金。登州不守,叛军残部只剩下一条逃亡之路,投降后金成为必然选择。崇祯五年(1632)冬,叛军曾组织大突围,其中一路穿越鲁南到达江淮,终被明军歼灭。相比于西窜南逃,通过海路回辽东更有吸引力也更加现实。辽东据天下之重,是孔有德、耿仲明等人的故乡,这里山川草木是他们熟悉的,这里也是他们发迹的地方。无论是孔有德,还是耿仲明、毛承禄、陈光福、李九龙、李应元,他们从矿工或农夫投身于汉族反抗后金大起义,到成为手握兵权的将领,最初都在辽东得到了锻炼。还有一条十分重要,在努尔哈赤的时代,由于后金军对于汉族官民"从尔者杀,不从尔者亦杀",导致汉族"天下人不畏死,虽田野农夫亦欲持锹镢而战矣"(明监军道张春被俘后语)。但努尔哈赤的儿子皇太极执政时已发生了180度的大转圜,他展现出比明朝皇帝朱由检更为宽大的胸怀、更为深谋远虑的智慧、更加坚忍不拔的意志,后金事业正克服困难蒸蒸日上。

综合《明史》《满文老档》《清史稿》《清代通史》等,皇太极改革主要包括以下内容。

一是变更政体,满蒙汉合。

后金国主努尔哈赤

努尔哈赤举起反叛大旗后,虽然也曾经说各族"共处一城,如同一家",实际上却没有行民族团结,而是施行残酷嗜血的政策。为落实对明朝和汉人的"七大恨",后金势力对汉人汉官斩尽杀绝。例如,万历十四年(1583),努尔哈赤军攻破鄂勒珲城(今黑龙江齐齐哈尔附近),对汉人皆斩杀殆尽。尤其令人发指的是,对受箭伤被俘的六名汉人,竟"深入其箭、令带箭往南朝(指明朝)传信"。天命三年(1618)九月,为了报复明将李如柏的进攻,后金军攻克明朝边城会安堡,将堡内300多汉族普通百姓尽数屠戮。努尔哈赤还挑动兄弟民族间的仇恨,大肆宣扬:"杀吾农夫一百,吾杀汝农夫一千"。(《清太祖武皇帝实录》卷一)

不仅对汉人如此,后金建立之初,对蒙古人、朝鲜人、其他部落的女真人均采取威逼利诱之策。一言不从,皆斩杀之。如:因纳殷部七村女真诸申降后复叛,据城死守,"得后皆杀之";额赫库伦部女真拒不降服,努尔哈赤遣兵攻克灭其国,"获俘一万",杀人如麻,"地成废墟"。以努尔哈赤为首的后金政权和军功集团的这种做法,使女真民族原本正义的反压迫、反剥削、反歧视的斗争,具有了不正义的野蛮的民族侵略性质。照这个路子走,后金国不可能走多远。

努尔哈赤死后,皇太极发现了问题的严重性,以壮士断腕的决心予以纠正,甚至不惜开罪上层。例如,登莱兵变发生前,皇太极在致明朝遵化巡抚王元雅的信中检讨:"昔日辽东之民,既降复叛,我曾杀之,良用自悔。"第二年再次提到这个话题,沉痛地说:"朕不敢言,亦不忍言。"贝勒岳托也对大凌河之战投降者承认:"前杀辽之民,先汗之罪也!"天聪三年(1629),后金军攻打北京不克回师,占领明关内永平等四城,留下二贝勒、大将军阿敏驻守。阿敏日日以杀人为快,吴三桂、黄龙以数千铁骑旋师击之,阿敏率领八旗兵狼狈溃出关外,明朝关内四城失而复得。皇太极在沈阳得知消息,痛责阿敏:"不体朕敬天爱民之意""乱行妄杀",使朕"肝肠碎裂",差一点将堂兄弟阿敏处死。后"碍于亲亲",将阿敏革职抄家监禁,永不叙用。孟子的话皇太极深记在心:要坐天下之主就要宽厚仁慈、恤刑守道,就要遵守中国传统,否则成不了大气候。为此,皇太极变更后金国体为女真族、汉族、蒙古族的联合国家。天聪五年(1631)七月庚辰,皇太极集诸贝勒大臣议,"爰定官制,设立六部",六部皆设置汉承政,以汉人出任。不仅不允许杀害明朝官民军卒,而且从法律上优待俘虏,大胆使用佟养性、李成芳、范文程、宁完我等人,任命佟养性"总理汉人军民一切事物",对李成芳、范文程、宁完我都委以重任;在辖区,满汉民众的法律地位、差役、徭役等方面实行一体对待。这样,一个"以满族为领导,并团结蒙古族为核心,以汉族为主体的新兴国家体制,大体已经形成。"(《三藩史略》上卷)

二是善待汉人,收服人心。

通过学习,皇太极深深懂得中华民族忠诚守节的道德传统,并内心为之折服,行动上也遵从了这样的传统,史书赞颂其有"兴王之度"。"纲常千古,节义千秋",儒家纲常伦理和个人名节忠义是古代评价人物的基本标准。松山之战后,清太宗皇太极"解貂裘以赐"收降洪承畴的经过令人感叹再三。后世有人为搞出噱头,甚至编造"清孝庄皇后深夜献身"的谬论。早在收降洪承畴之前,皇太极就能够设身处地为被俘虏的明将着想,请看张春的实例。

张春(1565—1641),字景和,号泰宇,陕西同州人(今大荔),举人出身,历官永平兵备道、太仆寺少卿。崇祯四年(1631)奉命以监军兵备道率兵奔赴辽西,于大凌河与后金交战,兵溃被俘,拒不投降,被羁滞留沈阳城北三官庙(一说观音庵)凡十年。期间始终"着汉服","不为剃头",坚持明朝衣冠气节。对于这样一个"冥顽不化"的人,皇太极又是怎样做的?崇祯四年(1631)十一月二十四日,皇太极召见大凌河被俘和投降官员,副将以下、把总以上汉官均出席,无论抱着什么心情,皇太极一出现,各被俘和投降官员纷纷朝拜,只有张春不拜。如努尔哈赤在世,一定会立马斩首。但是皇太极心平气和,给予张春在贝勒王莽古尔泰身旁落座的礼遇。尽管如此张春抱定为大明必死的决心,对劝降者大骂表示"有死而已、断无生理",随即绝食抗争。皇太极也不杀他,安排他住在沈阳北门清净之处,以白喇嘛者与之为伴。令内院官员携带珍馐日日拜访嘘寒问暖。后来张春发现皇太极确实并无恶意,尽管张春不吃,"每日柴米酒肉拨兵供给",照送不误。张春于是就安心住下来,积极推动明清议和,后来从事教书工作,培养了一批人才。清初著名的官员范承谟(死于耿仲明之孙耿精忠之乱)都是他的学生。十年之后,议和不成,明清之间战争升级,自己苦苦追求的民族团结希望破灭,张春乃绝食而死,死前留下一首《不二歌》,中有"之死誓靡它,苦节傲冰霜""俯仰能不愧,至大而至刚"之句,以明坚贞不二、视死如归的心志。终其一生,皇太极没有为难这个拒不投降的明朝官员。还有明锦州前锋总兵官祖大寿大凌河之战粮尽援绝,诈降后逃往锦州城对抗清军,清廷屡次招降不从。十年后,松锦大战中因援军洪承畴兵败,锦州解困彻底无望,祖大寿无奈率部降清。皇太极接纳如故,直到清顺治十三年(1656)病故于北京。被俘汉官每逢年节向明朝叩头、烧纸祭祖宗、哭声动天地,皇太极也觉得是人之常情,听之任之,更不因此惩罚汉官。

三是以汉制汉,重用汉人。

从后金天命六年(1621)开始,辽东"南四卫"人民掀起风起云涌的抗金大起义,反抗努尔哈赤领导下的后金势力对汉族人民的压迫。"辽东三矿徒"孔、耿、尚都在义军中。对这场大起义努尔哈赤不思反省,片面归咎于汉族知识分子,说"种种可恶,皆在此辈"。天命十年(1625),努尔哈赤下令只要查出明朝知识分子一律处死("绅衿尽行处死"),纵横数千里的后金统治区,明朝秀才生员被害几近,只300名书生逃脱杀戮,造成了后金版的焚书坑儒。努尔哈赤统治后期,内部矛盾重重,经济面临崩溃,不要说继续进攻明朝,就是自保都有虞。

萨尔浒之冬

皇太极登上汗位一改前愆,接受汉族知识分子的意见,"修根固本""以汉攻汉",认为"未有贪杀而治天下者",认识到偏居一隅不可取,"盛京无久安之势",广贮汉族英才,积极规取中原。

第一，皇太极停止错误的民族和对待知识分子的政策，四次举办科举考试。此举不仅吸纳了优秀满洲士子，而且吸收了更多的汉族精英加入他的阵营。汉人马国柱、王文奎、佟凤彩、雷兴等人在后金科举中脱颖而出为后金所用，日后入关都担任官职。

第二，广泛吸纳明朝降将降官出任要职。汉官稍微立功，大肆封赏擢用，"加恩过于满洲"。例如大凌河之战明军投降诸将，祖泽润、祖泽洪、祖可法、张存仁、孙定辽、韩大勋等人，上自副将以下、下自把总以上都留在沈阳；官守复原职，待遇优厚，宴饮不绝，赏赐多多。（《清太宗实录》《崇德三年满文档案译编》）

不是所有满族权贵都理解皇太极的用心，但大贝勒岳托能理解并身体力行带头执行，岳托献"满汉联姻"之策，为战争中失去妻室的明朝降将组织家庭：凡原明朝一品官员"给诸贝勒女妻之"，原明朝二品官则以"国中大臣女妻之"。满族姑娘直来直去比较强悍，降将降官寄人篱下难免忍气吞声。为了避免出现唐代"打金枝"故事中李家公主欺负郭家驸马这样的场景，岳托建议：所嫁之女，如果恃仗自己是满洲贵族而欺负自己的汉族丈夫，那么"咎在父母、犯即治罪"！

第三，建立文馆，吸纳汉族文官组成智库参与机要。皇太极积极学习汉族文化，早年喜读《三国志》，但当文馆汉族官员沈文魁指出，《三国志》只是"一隅之见、偏而不全"，帝王治平应该"奥在四书、迹详史籍"后，他幡然领悟，开始执行中国历代君王的进讲制度。"四书五经"、二十一史、《资治通鉴》，都成为教科书，大大丰富了他和后金上层的治国理政经验。皇太极还发扬汉学、振兴文治、建立"文馆"。以科举考试吸纳人才进入"文馆"，进而进入后金各级政权机关，有效提升了后金的管理水平。汉人范文程最受信任，每每与皇太极秉烛长谈，"定大计，左右赞襄，佐命勋最高"。汉人鲍承先"参预军画""间除敌帅""皆有经纶"。另外，马光远、宁完我等都深得器重。可以说，皇太极用人，唯才是举，并无满汉之分。

第四，优待普通汉族百姓，培养对后金政权的忠诚。他放宽民族政策，不再迫害境内的汉族，而且多方面优待。对辽东都指挥使司属下原明朝沦陷区的汉官汉民逃亡者，皇太极的大赦命令一经发布，"汉官汉民皆大悦"。后金还为他们安置生活，并予以法律保护。对于欺凌迫害汉民的满族官员一律严惩不贷，调动了汉官汉民效命后金的积极性。后金政权梅勒章京丁启明虐待汉民，大汗赐予他管理的 100 口汉民死逃殆尽。这部分汉民冬季御寒的貂裘被丁启明私自质于府库用来贷款百金牟利。此案查实，丁启明被削夺官职遣送为奴。（《清太宗实录》卷二一）

明亡清兴的 16 世纪到 17 世纪，在全球范围内都是一个风云际会、承前启后的伟大时代，西方完成了文艺复兴运动，出现了莎士比亚、弗朗西斯·培根等著名人物，与朱由检、皇太极共处一个世纪的世界著名君主层出不穷：

不列颠岛上都铎王朝的最后一位君主、爱财女王伊丽莎白一世；

强硬吞并邻居葡萄牙、向不列颠岛派出"无敌舰队"却一无所获的西班牙国王腓力二世；

火中取栗的瑞典国王、天才的军事统帅古斯塔夫·阿道夫；

开启了欧洲"三十年战争"的神圣罗马帝国皇帝斐迪南二世；

建起南亚莫卧尔大帝国的阿克巴；

充分利用中国人发明的火药、以其强大炮兵征服西亚的伊朗萨菲王朝皇帝阿巴斯；

与时代为敌被送上断头台的英国国王查理一世；

精力充沛、矢志革新的俄罗斯沙皇彼得一世；

击败兵临城下的奥斯曼异教徒、保卫了基督教欧洲的波兰国王、波军统帅约翰·比索斯基；

精力充沛胃口奇好，一顿饭吃掉一支阉鸡、三只童子鸡、三只野鸽、一只羊肘、外加数十块大大小小的牛羊肉的法国"太阳王"路易十四。

明代遗留下来的古观象台

以上这些人有的治国有方，有的理财有术，有的善于用兵，有的调情娴练……但是就宽宏大量礼贤下士方面难有出皇太极之右者。王朝兴替有一条基本经验：君臣上下推心置腹国家言路畅通者，兴；反之君臣互不信任国民道路以目者，灭。皇太极堪称是君臣和睦、民族团结的典范。明崇祯三年（后金天聪四年，1630）正月初八，皇太极向汉臣孟乔芳表示："朕不似而明朝之君，与臣下情意隔绝。凡我臣僚，皆令侍坐，各吐衷曲，饮食同之"，事实面前汉臣诺诺而已。

明朝建国 200 余年，人才浩如烟海，GDP 居世界前列，拥有百万能征惯战的大军，怎么就斗不过区区一个建州女真？其实在"明金大对决"中，明朝已在人才和人心争夺战中一步步败北。孔有德穷途末路之际之所以要向昔日不共戴天的仇人输诚，是因为有孟乔芳等"成功案例"！

从崇祯四年至六年（1631—1633），这一时代的几个关键人物昙花一现齐聚胶东：在朱由检、皇太极、李倧三位君主的共同注视下，吴襄、朱大典、高起潜、刘良佐、柏永馥、祖宽、吴三桂、尚可喜等指挥的明朝平叛大军与孔有德、耿仲明的叛军浴血奋战；高起潜、吴襄当时已经名扬天下，南明死节大学士朱大典当时是山东巡抚，著名的骑墙者刘泽清、陈洪范都是平叛军的总兵官，而刘良佐、柏永馥、沈志祥、吴三桂、祖宽此时都不过是一个游击，不出十年他们注定要逐鹿中原。围绕这次事变，朝中大臣周延儒、温体仁、徐光启、熊明遇、孙承宗纷纷卷入其中，同时李自成、张献忠等则以飘忽不定的游击战术在明朝广袤的中西部地区纵横驰骋，时而投降时而反叛。

我们想问这些都是历史的偶然吗？

辽东诸岛追击战

　　巍巍长白既是中华名山又是满族发祥地,其在欧亚东缘南延 2600 里脱离了陆地的羁绊,余脉长山像把锥子在老铁山附近插入蔚蓝大海,形成中国第二大半岛辽东半岛。半岛三面临海,从铁山岬角到半岛根部丹东城,沿海 700 余里,自西向东,大大小小的岛屿浮于万顷碧波之中,其名松树岛、三山岛、广鹿岛、獐子岛、石城岛、黄骨岛、王家山岛、乌蟒岛、海洋岛、鹿岛、长山岛……东北方的寒冷气流,被半岛屋脊、高高的长山山脉阻挡在北方,太平洋温润的雨露,滋润着这片山海岛礁,真是瓜果飘香的人间福地。

　　2016 年 4 月一天清晨,春暖花开、鲜花飘香的"大连门户"广鹿岛,迎来自金州杏树屯港登船的第一波游客,优美的海岛景色,令南来北往的游客陶醉其中。年轻的妈妈带着幼小的儿子在沙滩上挖沙,挖着挖着,不经意间,一个铁疙瘩露出了沙子,小男孩兴奋地叫起来:"妈妈,我挖到了宝贝!"

　　"哦,孩子,这是什么呀",妈妈从小男孩手中接过铁疙瘩,端详半天,叹了口气,摇了摇头。小男孩挖到了什么? 一枚锈迹斑斑明代炮弹!

　　崇祯六年(1633)三月二十四日,这枚炮弹就装在设在广鹿岛制高点小珠山的明军火炮中。小珠山在长海县广鹿乡中部塘洼村附近,南连岛内丘陵台地,东临长寺山,西靠鸭子沟老虎山,南北长 100 多米、东西宽 50 多米,山顶较平坦,北部有一条时令小溪蜿蜒曲折 1.5 公里注入黄海。明军东江镇将尚可喜率领所部 5000 兵,奉命在此设伏阻击孔有德叛军。

　　自从二月里孔有德泛海北上,这支携带大量重型火器的叛军的去向,不仅牵动着紫禁城,而且牵动着沈阳和汉城,让君主们或者寝食不安,或者疑惑重重。崇祯帝和兵部连连下令登州和东江镇,刻期歼灭勿使逃逸。"……朕不吝赐赏""……必明正典律",军令如山,措辞如剑,明朝廷对平叛诸军的督促十分严厉。

　　孔有德的书信没有得到皇太极的明确答复,归降明朝无望。经过庙岛、旅顺、双岛三次战斗,孔有德的兵力损失了近一半,遭受了5次之多的歼灭性打击(兵力一次被歼灭10%以上称遭受歼灭性打击)!

三月十八日,总兵官黄龙败孔有德于双岛、擒毛承禄,"(孔)有德、(耿)仲明大惧",乘船向东沿着辽东海岸线逃亡,目标是朝鲜方向,而明军对叛军紧追不舍。由于黄龙截获了孔有德的计划,命令部将尚可喜指挥水陆混合部队携带佛郎机等轻型火炮,抢先一步在此设伏,以逸待劳,只等鱼儿上钩。

根据《平叛记》记载,就在一天前的三月二十三日,孔有德、耿仲明率军航行到附近的三山岛海隅,本想在此休整而明军水师却从后面追上来,于是只能拔锚继续前行。

三月二十四日,清晨的露珠在辽东柞新抽的嫩芽上滚落,广鹿岛高处守卫墩堡的士卒,远远看见天际一条黑线,不久就是黑压压的战船前后相继,向着岸边沙滩方向驶来。是时候了!守望多时的尚可喜拔出战刀,发出了号令,炮手悄无声息地撤去了盖在佛郎机上的茅草,这发曾经黝黑铮亮的铁质实心弹就一路呼啸着飞向了广鹿岛滩头。

辽东广鹿岛马祖庙

听到前方炮声大作杀声震天,站在船头的孔有德表面镇定,其实心惊肉跳。他还不知道明军已完成包围。①北面,有皮岛副将沈世魁率领的两万皮岛守军沿海列阵。②东面,则有朝鲜军堵截。三月甲辰,皮岛副总兵官沈世魁送票文至朝鲜国,言:"登州叛将孔有德、耿仲明被我大兵攻围,死亡居半,余贼夺舡逃至旅顺,或恐奔投丽岸。加意防守,如有辽舡到彼,不容上岸。"接到通报,朝鲜军队动员起来。③西面和南面,由旅顺、天津、宁远等地派出的明军追兵共有船150余艘,实力雄厚,足以与孔部决战而"制贼死命"。为确保万无一失,明廷甚至还调动了江淮水师部署在长山列岛南方的胶东半岛威海卫、宁海卫、荣成成山头一带水域,以防备拥有水师的孔部走投无路从海路南窜。(赵亮《论东江军镇将领降后金及其影响》)此时,福建一带刘香的海贼力量猖獗,如果孔有德和刘香合流,明朝也将面临很大的麻烦。

崇祯六年(1633)二月二十六日,孔有德军到旅顺外海遭到黄龙邀击,叛军大败孔有德"几获而逸"。在双岛、龙安塘再次激战,叛军复败,毛承禄就擒。现在,两万多人的生命操在孔有德手中,而孔有德的命则操在上天手中。孔有德远远眺望着前方铳炮大作、硝烟弥漫,内心十分忧虑:老母现在何处?妻子白氏、李氏现在何处?派去辽东接应她们的线国安(毛永安)、钟福(毛有信)等人为何迟迟不归?从双岛派向后金国盖州卫输诚的张文焕、杨谨等人,是否成功到达盖州?此时他们又在何方?这一系列疑惑和重重困难让"都元帅"心烦意乱。他此时有些方寸已乱,不待对方回复,硬着头皮再次致信后金大汗,再一次派人从广鹿岛乘快船突围到鸭绿江口送信。

"只有这一条路了!"孔有德在东江镇鏖战多年,知道在哪里能够找到后金人的踪迹,他说:"事已至此,孤注一掷,唯有投靠金人一途矣!"哀告上天保佑,不能有所闪失。

今之仇寇,本是辽东手足;往日敌手,翻作救命稻草!叛军第二号人物耿仲明则在继续坐着骑墙的美梦,他仍然希望能够回归明军。广鹿岛不能立足,进一步损兵折将后,三月二十五日孔有德部突破了尚可喜等在大小长山岛和獐子岛的包围圈,千孔百疮的船队顺着南风取道乌蟒岛以西海域,向长山群岛西北方50里至百里许的石城岛、王家山岛、黄骨岛堡方向奔去。石城岛、王家山岛,一北一南浮于辽宁省庄河市以南的海洋中,石城岛稍大王家山岛稍小,黄骨岛在庄河市以东30里的黑岛镇黄贵村的一个自然村"城街屯"以北海边,附近数里外有辽东大河——英那河(今作"鹰纳河")注入附近海湾。

崇祯六年(1633)明军平叛战场之黄骨岛堡附近今貌(今辽宁庄河黑岛附近)

辽东重镇金州卫黄骨岛堡又名黄贵岛,《辽东志》《全辽志》均有记载。城内面积2.4万平方米,城墙为砖石土混合筑成,城北1.5公里是一条东西向牟岗,城南伸向黄海的陆地形成半岛,就是所谓的黄骨岛。"黄骨"就是黄骨鱼,说明这里盛产此鱼。黄骨岛何来又名"黄贵岛"? 1926年,地方当局组织人员在城东古善寺旧址挖地基建学校,挖出了嘉靖年间表彰某处镇守使黄贵功绩的石碑,表明黄贵岛之名源于一名叫黄贵的明将。《辽东志》载:"黄骨岛堡,官舍余丁二百一十员名。"《全辽志》载:"黄骨岛堡,官军二百一十四名。"该要塞建于明正统八年(1443),期间一度废弃,嘉靖三十三年(1554)修复,为金州卫第二军镇,驻军规模仅次于卫城,与红嘴堡、羊官堡、归附堡等都是辽东都司的边塞墩堡。天启元年(1621),辽东都司沦陷,黄骨岛堡一并沦陷。毛文龙率领明军游击队收复了这里,而后金兵也不时光顾。岛上居民多是辽东南四卫流民,有的倾向明朝,有的同情叛军,但是普遍害怕后金。孔部粮弹告罄,试图占据此岛补充给养。发现孔有德部有从黄骨岛堡登陆的企图,黄龙、周文郁、陈继盛、尚可喜、龚正祥等合兵此地,企图一劳永逸歼灭叛军,因此,黄骨岛堡的战事尤其惨烈。

二十八日,孔有德部航行至王家山岛。二十九日,失踪数日的孔有德船队,鬼蜮一样出现在黄骨岛堡海面上。守卫在此的黄龙岛兵远远望见如此浩浩荡荡的船队,大吃一惊,哆嗦着点燃了粗劣的干狼粪,伴着一股扑鼻的气味,黑烟滚滚直冲苍穹。

孔有德等孤注一掷,攻守双方很快投入了殊死搏斗。孔、耿二人在大船上指挥,以下将领陈光福、苏有功、李应元等则各带战船抢占滩头,一定要夺取此岛。沉寂千年的黄骨岛堡海域,如同一锅沸水。布列在船上的和设置在黄骨岛海边悬崖边缘的千斤大炮,隔着二里互相对射;开花弹、实心弹、霰弹、烧夷弹全部用上,爆炸之声列缺霹雳,令人胆战心惊。箭镞如蝗虫、如骤雨,遮天蔽日而来;红夷大炮、虎蹲炮、佛郎机、十眼铳、拐子铳、迅雷铳、五雷神机、火铳……一起开了火。双方的炮弹有的落入海水,溅起大大小小此起彼伏的水柱;有的落入滩头立即掀起一片黑色淤泥;有的落入山崖,炸得碎石四处飞溅;有的落入兵阵,霎时死伤一片……被"神火飞鸦"命中的大小战船冒着滚滚浓烟,一部分已经熊熊燃烧开来,船上人员纷纷跳船逃生。明末以来腐败横行,铠甲制作偷工减料,加上大多数是布甲、纸甲和革甲,对防御如此近距离发射的铳炮根本无济于事,双方死伤惨重。

辽东半岛地形十分崎岖,道路极少且难行,重型火器搬运困难。因此,孔部船载火炮较之官军的火器数量多、口径大、射程远,尤其是孔部从登州携带而来的红夷大炮,给官军造成的破坏很大。就在滩头的官军伤亡太大几乎要败退的时候,明水师出现在海面上了,孔有德部又一次陷入水陆夹攻,叛军战船匆匆拔锚又一次扬帆远遁,登陆的士卒只好听天由命。

攻上黄骨岛的叛将陈光福、苏有功、李应元三部被消灭殆尽。陈光福、苏有功逃生无门被生擒,叛将李九龙之子李应元则被阵斩——他是崇祯四年(1631)十一月二十七日承父命怂恿孔有德在吴桥最初起事叛变的肇事者之一,叛变前的职务约为千总。至此,李九成、李应元父子在这场他们燃起的大火中相继殒命。《明史·朱大典传》载:"贼渠魁五,九成、有德、有时、耿仲明、毛承禄也。""贼渠"五人,到此只剩孔有德、耿仲明二人游离于明朝法网之外。

《明史·朱大典传》载:

孔有德等走旅顺,岛帅黄龙邀击,生擒其党毛承禄、陈光福、苏有功,斩李应元。惟有德、仲明逸去乃献承禄等于朝。磔之先一日,有功脱械走。帝震怒,斩监守官,刑部郎多获罪。未几被执,伏诛。叙功,进大典兵部右侍郎,世荫锦衣百户,巡抚如故。

三月三十日,孔有德残部进至鸭绿江口以西80里,驱逐了大鹿岛上的少量明军守兵,明兵乘船撤走。潜伏附近的朝鲜哨兵看见海上船队旗号——"替天行道都元帅孔",立马调转船头消失在敌军视野中。不久,明朝叛兵即将来犯的消息就在汉阳(今韩国首尔)宫廷街市中传开了。在大鹿岛上,叛军"副将"线国安带着接来的孔有德老母和两夫人白氏、李氏与孔有德相会,这是孔有德投降后金重要的一步棋。屡次大败,叛军缩小,以孔、耿分作两部:"都元帅"孔有德部下,设置总督大旗、坐营、旗鼓、参赞坐纛、内丁、亲丁、前锋、左强兵、中强兵、右强兵、前强兵、后强兵,左、右标营,火器营等。"总督粮饷都督"耿仲明部下,设置总督大旗、坐营、旗鼓、坐纛、内丁、前锋、左标营、右标营、前标营、后标营,水陆营,火器营等;另外还有火器局直属"都元帅";各营均以自封"副将"统之。孙延龄之父孙龙担任总督大旗,耿继茂担任"坐纛副将",线国安担任"前强兵副将",剩余官兵约5000名,另有家属及胁迫万余,依旧不可小觑力量。(《明清史料·丙编》第一本)

朝鲜蔴坨战役与耿仲明的反正梦

朝鲜仁祖十一年(明崇祯六年,1633)四月丁卯,朝鲜发现逃离登州的孔耿所部泊于鸭绿江口(《三藩史略》中记"獐子岛"),朝鲜君臣敏锐判断此孔有德等人"与虏(后金)相通之计"。几天后,又接明朝东江军副长官陈继盛、山海关集团副长官周文郁来函要求出兵协助,朝鲜当即决定:"除深患于本国,声大义于天下",利用"当及与虏未合之前"时机"登时剿灭"。四月六日,朝鲜军队组成战斗序列:

剿贼统制、朝鲜陪臣、都巡察使雉君兴;

剿贼统制、朝鲜军都元帅金自点并督率所部;

第一军团朝鲜军都副元帅尹璛部;

第二军团朝鲜国后金北防御使林庆业部;

第三军团朝鲜国义州府尹尹进卿部;

第四军团朝鲜国龙川节制使郑楷部。

以上朝鲜兵力主要为陆军、步骑炮水合计两三万人。他们荷枪实弹,严阵以待,防备登州叛兵登陆。皮岛明军水师在沈世魁指挥下迅速北上,黄龙部又跟踪而至,两支东江镇明军和朝鲜军水陆呼应,大会师于鸭绿江以东地区。四月八日前后,明、朝联军在朝鲜黄海沿岸蔴坨地区截住了东窜的孔有德、耿仲明部,于是又展开了两次激战。耿仲明部损失惨重,耿仲明胆落,当即派使节向联军乞求投降,"但明朝军事将领多次受过伪降欺骗,不予理睬,继续追击"。(《明代满蒙史料》第14册)

《平叛记》载:

先是副将周文郁檄朝鲜兵,遏贼要路。及是朝鲜遣陪臣都巡察使雉君(君兴)与金自点来会师,合兵攻贼于蔴坨。鲜兵军陆,我师军水。两战皆大捷。仲明窘,遣伪官乞降,请修筑南关、复金州以自赎。黄龙弗许,要击之。有德、仲明乃由西北遁。

这时发生了耿仲明乞降明军的事情。耿仲明与孔有德当初回师打下登州府,取得立足之地,曾经提出了"割据胶东""纳贡称臣"而回归明朝的政策,这也是在北京的朝廷主和派周延儒、熊明遇等人的动因。但叛军不守信用反反复复,利用假投降袭击明朝援军,在莱州城下诈降,劫持了登莱巡抚谢琏、杀害莱州知府朱万年,已自绝于明朝。但是耿仲明直至泛海辽东亡命天涯,还是做着这样的打算。孔有德频频致信后金,他却在一定民族感情驱动下试图反正,岂知"覆水难收"。等到四月上旬蘇坨兵败,已成强弩之末的叛军向西北鸭绿江口方向继续逃窜。

　　四月十日,明军追击孔有德、耿仲明残部到达卓山。四月十一日,孔有德在途中发出致后金国主皇太极的最后一封信,说他要从镇江堡(又称九连城,今丹东市东北 12 公里九连城镇)上岸。次日,耿仲明在逃跑途中丧失信心,私自派人接洽明军和朝鲜军要求反正。耿仲明提出如果明朝允许他反正,他愿率领部下"修筑南关(何城不详)",并从后金手中夺回失陷的金州卫赎罪。耿仲明完全处于迫不得已,乞降具有现实意义,不能用"假投降"一言以蔽之。另一方面对耿仲明来说,"明朝能够接纳更好,不能否定他们还有爱着明朝的一面,但他们知道可能性极小,(投降)起码可以作为缓兵之计。仰慕皇太极的政策,北归已是唯一可走的路。"(《三藩史略》)

　　《红楼梦》的作者曹雪芹是个不用多说的人物,孔有德之变时他还没有降生,曹家也不知道后世要经历从卑微的"内务府包衣"到"钟鸣鼎食之家",然后卷入爱新觉罗家族内斗,经历盛极而衰的曲线滑落。曹雪芹的祖辈曹绍中被孔有德选中代表叛军出使后金。用南朝名士何昌寓的标准看,曹绍中则是一个"遥遥华胄"。

《天聪七年元帅孔有德、总兵耿仲明遣官乞降疏》照片
满文,现藏北京故宫博物院

　　曹家祖上是北宋开国元勋曹彬(济阳郡王)。曹彬的族人为何会出现在辽东?康熙《江宁府志·曹玺传》载:"宋枢密武惠王裔也。及王父宝宦沈阳,遂家焉。"即是说曹彬的

父亲曹宝到沈阳为官,因此一支曹家后人世代居住在此。曹雪芹是沈阳人却生在江南,他生下来时远祖曹彬已经死去518年。崇祯六年(1633)三月,曹雪芹堂祖曹绍中正在孔有德叛军中任"副将"。根据《五庆堂辽东曹氏宗谱》载,曹绍中是曹雪芹堂房老祖宗。曹家早年居住在明辽东都司沈阳中卫,与"辽东三矿徒"一样,由于不堪后金民族压迫,曹绍中也参与了汉族大起义,加入东江镇明军,后来他参与了孔有德兵变。另一叛将刘承祖与曹绍中一起带着孔有德信函奔后金军经常出没的鸭绿江口。这封信函冠名《天聪七年元帅孔有德、总兵耿仲明遣官乞降疏》,满文本照片编号"甲字第一号"曾出现在1935年印行的《国立北平故宫博物院十周年纪念·文献特刊》。

《孔有德、耿仲明乞降疏》(汉译全文):

总提兵大元帅孔有德、总督粮饷总兵官耿仲明

为直陈衷曲、以图大业事:

照得朱朝至今,主幼臣奸,边事日坏,非一日矣!士兵鼓噪,触处皆然,非但本师如此也。前奉部调西援,钱粮缺乏,兼沿途闭门罢市,日不得食,夜不得宿,忍气吞声,行至吴桥。又因恶官把持,以致众兵奋激起义。遂破新城,破登州,随收服各州县。

去年已有三次书札,全未见复,始知俱被黄龙在旅顺所截夺。继因援兵四集,围困半载,彼但深沟高垒,不与我交战。彼兵日多,我兵粮少,只得弃登州而驾舟师。原欲首取旅顺为根本,与汗连合一处,谁知飓风大作,飘至广鹿岛(在大连市以东海中——笔者注)。本帅即乘机收服广鹿、长山、石城诸岛,若论大海,何往不利?要之终非结局。

久仰明汗网罗海内英豪,有尧、舜、汤、武之胸襟,无片甲只矢者,尚欲投汗以展胸中之伟抱,何况本帅现有甲兵数万,轻舟百余,大炮火器俱全。有此武备,更与明汗同心协力,水陆并进,势如破竹,天下又谁敢与汗为敌乎?此出于一片真热心肠,确实如此。

汗如听从,大事立就,朱朝之天下,转瞬即汗之天下。是时明汗授我何职,封我何地,乃本帅之愿也。特差副将刘承祖、曹绍中为先客。汗速乘此机会,成其大事,即天赐汗之福,亦本帅之幸也。若汗不信,可差人前看其虚实如何。本帅不往别地,独向汗者,以汗之高明,他日为成大事,故效古人弃暗投明也。希详察之!为此合用手本,前投明汗驾前,烦为查照来文事理,速赐裁夺施行。须至手本者。

天聪七年四月十一日

这份乞降疏充分展示了孔有德的智慧与狡黠,反映出明金战争的复杂性。第一部分描述兵变经过。起因是"主幼臣奸,边事日坏","奉部调西援,钱粮缺乏,兼沿途闭门罢市,日不得食,夜不得宿,忍气吞声"。至于起兵反叛,孔有德说"士兵鼓噪,触处皆然,非但本师如此也"。孔有德把兵变责任一股脑推给了明朝,博取后金统治者的同情和怜悯。第二部分描述泛海经过。"彼兵日多,我兵粮少,只得弃登州而驾舟师。原欲首取旅顺为根本,与汗连合一处,谁知飓风大作,飘至广鹿岛。"第三部分大力吹捧皇太极,自我炫耀实力,争取与对方合作的筹码。信中,孔有德不仅给皇太极戴上高帽子,将不过是一代较

为优秀的开国君主皇太极,拔高到尧、舜、汤、武的高度,而且这位前明军将领,自称有"甲兵数万,轻舟百余,大炮火器俱全",大言不惭地宣称要与大汗"同心协力,水陆并进"。他这么说,也这么做了。第四部分进行讨价还价,留有余地,描绘了一幅双方合作则"朱朝之天下,转瞬即汗之天下"的美景。为了打消顾虑,他还提出皇太极如果"不信,可差人前看其虚实",要求皇太极"速赐裁夺施行"。

信中既有巧言粉饰,又有直抒胸臆,也不乏自吹自擂。明明走投无路,实际兵力不到5000,孔有德却拉大旗作虎皮说:"何况本帅,现有甲兵数万"。但其拥有火器的说明比较切合实际,孔部夺得明军红夷大炮二三十位、西洋佛郎机三百余位,"其余火器,不可胜数",另外"尚拥船一百八十号",这对装备和兵器技术相对落后的后金是极大的诱惑。孔有德待价而沽、急不可耐的心情跃然纸上。这些话让皇太极怦然心动。

后金统治集团关于孔、耿投诚问题的争论

后金天命七年(1633),三月下旬。冬天的威力一点点褪去,后金国都沈阳城迎来后金建政后又一个姹紫嫣红的春天,朵朵杏花挂满枝头。孔有德部在鸭绿江口垂死挣扎,后金国内围绕乞降信产生了分歧。至迟到三月中旬接到孔有德发自双岛的函,后金君臣对于孔有德、耿仲明的投降意图已经完全洞悉。

招降纳叛,化敌为友,自古以来,所在皆有。汉建安间,曹操不顾降将张绣感受,强娶张绣的漂亮叔母、前骠骑将军张济配偶邹夫人,一下子激怒了张绣。宛城兵变突袭,曹操仅以身免。曹操长子曹昂、侄子曹安民、大将军典韦及曹操心爱坐骑"绝影",都因这次伏击而亡。建安五年(200)官渡之战前夕,张绣听从贾诩的建议再降,曹操不计前嫌纳之如故。张绣后来参加官渡之战立功,官至"破羌将军",封宣威侯。自古成大器者,需要有海量的大度,能容别人不能容,能忍别人不能忍。这样的气度,皇太极也有。优待孔部使节张文焕、杨谨、李政明三人,谕令范文程、罗什、刚林预策安置他们的"男妇百人",皇太极从容处置;同时,对于孔有德从双岛发出的投降书,皇太极发扬民主当众宣读,征求众王贝勒、汉官意见。

一石激起千层浪。巍峨的沈阳大政殿内满汉文武议论纷纷,大家感到孔部可资利用,又对这帮骄兵悍将不放心。对于接纳孔有德部投降基本没有意见;对于给予孔有德、耿仲明"抱见"礼和高官厚禄却颇有微词,对于保持这支降军的完整建制更加以为不必。鲍承先、宁完我的观点具有代表性。后金参将宁完我先上了一份奏疏将情况仔细剖析了一番,他认为孔、耿如果不是走投无路的话,一定不肯轻易主动请降。基于此,建议收降孔有德后,可径行改编这些汉人,完全不必客气。

宁完我说:"臣窃料孔、耿二人携数万人口败入海岛,西南无路,朝鲜不亲,岛中粮少,非常存之地,其势不久必属我也。但念耿千总、王子登等乃自我国逃去者,必怀疑惧心,徘徊苟延,若不到个绝粮失势之日,断不肯翻然投来也。臣愚谓汗宜至诚恻怛,与他二人

一个谕帖，把他将来的局势，替他打算个明白，赦他前罪，招他速来。若孔、耿等人率众肯来，汗当收入我汉兵营中。其伊之大小头目照依我汉营一样分署部伍，置立将帅。此数千兵丁，不劳编派而得，诚天送汗以成大事者。汗若谓'他既投来，我怎好难为他'，臣以为若他力足自支，任我甜言美语，舌敝唇干，彼必不肯轻来。彼既肯来，必是气力不支，他但保全性命已自快足，况复得做官领兵乎？"

宁完我还轻蔑地称呼孔有德、耿仲明二人是"暴戾无才"，所部士兵都是"矿、徒，无形无影之人，胡赌胡吃，不务本等生理。虽在山东抢的些财物及沟浍之水，不过一年半载，必是照旧精光。到那时节，这伙人必不肯甘贫穷受苦，势必至于为盗劫路，再甚则逃窜背叛，亦所必至者"。（辽宁大学历史系编《天聪朝臣工奏议》）

皇太极重要谋士宁完我[①]画像

献离间计成功诱导明廷杀袁崇焕的另一汉官鲍承先（原明副将），他跟随总兵贺世贤守沈阳，兵败降金。这时鲍承先也持与宁完我同样的立场。满洲八位和硕贝勒较之汉族人更加关注礼节问题，他们普遍反对给予孔有德等降将"抱见"大礼，认为"皇上以礼待之可耳，不宜令抱间"。皇太极不以为然，他打定主意要破格隆重接待这支明朝叛军，派出汉人三巨头中的范文程去鸭绿江中的镇江堡迎接孔有德等上岸，又修书朝鲜国，警告不要派兵阻挡孔有德登陆。

皇太极礼遇孔有德的原因不外乎以下几方面。第一，此前汉人来降，"范文程以沈阳诸生，仗策谒降；佟养性以抚顺商贩，潜狱来归"，这都是个人行为。明军抚顺游击李永芳是最早来降的明朝中高级军官，但也是个人行为。孔有德部如果来降，这将是第一支成建制投降后金的明朝部队，象征意义十分重要。第二，孔有德部拥有后金垂涎欲滴的红夷大炮和精湛的操炮技术。孔有德所携带的火炮，其中不少是明朝历尽千辛万苦从澳门买来的。此前后金试制大炮成功，但是技术水平比较差、精度不好，尤其缺乏操炮的技术人员，这下可好了！第三，孔有德部转战数年，又在海上游荡数月，有效牵制了明军主力，就连"关宁铁骑"也不能例外地投入对孔有德部的消耗战，极大消耗了明军力量，这就是皇太极所谓的"元帅率众航海来归，厥功匪小"。总之，皇太极力排众议，要展示他的宽厚大度之心，充分运用明朝的内乱，树立孔有德、耿仲明的榜样，进一步瓦解明军军心，打击明朝军民自信。

---

①　宁完我（1593—1665），汉人，字公甫，明朝辽阳边民，精通文史。后金天命间（1616—1626）投降努尔哈赤，赞画军前，隶汉军正红旗。历任内弘文院大学士、议政大臣兼太子太傅。清康熙四年（1665）四月卒，谥文毅。

　　四月十三日前后，孔有德"副将"刘承祖、曹绍中两人由鸭绿江口北上到达后金控制区。"皇太极得书大喜，赐以良马，谕令统领归部"，派出范文程主持迎接，又从沈阳派出了贝勒济尔哈朗、阿济格、杜度等率八旗兵迎之镇江（今丹东九连城）。他将自己的亲兵调到了前方掩护孔有德说明了他的态度。

清初文臣范文程① 画像

> 九连城畔草芊绵，鸭绿津头生暮烟。
> 对岸鸟鸣分异域，隔江人语戴同天。
> 皇仁本自无私覆，海国从来奉朔虔。
> 分付边人慎封守，莫教樵牧扰东田。
>
> 　　　　　王之诰《咏九连城》

　　一代名将、守边有方的王之诰（1521—1590，南京兵部尚书参赞机务、提督京营戎政、提督团营；谥"端阳公"，赠"太子太傅"），在其早年右佥都御史辽东巡抚任内，巡视鸭绿江边防，写下了这首《咏九连城》。

　　明朝和朝鲜联军追至鸭绿江口，后金军已经与孔有德部汇合，在江边"相连结阵"，"黄龙及朝鲜水师之邀击者，因以退还，而有德遂登岸焉……"明、朝联军眼睁睁看着孔有德部属在眼皮底下离去。四月十七日，孔有德部溯江而上到了九连城（镇江堡、今丹东市九连城镇），"以部众家口兵器枪炮数百艘，尽运江岸，不遗一物"。

　　就这样，通过刘承祖、曹绍中引路，范文程及八旗兵接应，孔有德残部摆脱了明朝的围剿，标志着明军东江毛文龙旧部与后金的最终合流，而孔有德终于走上了一条与本朝、本民族为敌的"贰臣"路。（《清史列传·孔有德传》）崇祯六年（1633），孔有德在九连城登陆与接应的满洲兵会师，正式投降后金。

　　崇祯六年（1633）五月，北京紫禁城。西洋自鸣钟滴答作响，明朝国祚只剩最后12年，看上去军政形势还没有烂到不可收拾的地步。就在后金主皇太极力排众议处理孔有德、耿仲明归附问题时，崇祯帝正为"辽事""海贼""流寇"纠结不已，他的性格容易纠结，眼前的景象加重了他的疑虑。天启七年（1627）即位后，他接了一个烫手山芋，励精图治，体恤时艰，要有作为，又怕作为不当伤了羽毛；要有担当，又怕担当有失落下话柄。国事日蹙使20出头的他显得比实际年龄大了许多。

---

　　①　范文程（1597—1666），汉人，字宪斗，号辉岳，辽东沈阳人。曾事努尔哈赤、皇太极、顺治帝、康熙帝四代君主，清朝开国规制多出其手，被视为文臣之首。范文程少好读书，于万历四十三年（1615）在沈阳考取县学秀才。万历四十六年（1618），后金八旗军攻下抚顺，范文程与兄范文案主动求见努尔哈赤，襄助后金攻明，成为清朝开国元勋之一。

朝鲜义州统军亭

鸭绿江畔九连城旧照①(1894年侵华日军摄影师摄)

朱由检皇后周氏名玉凤,苏州人,出身家境清贫,但天生丽质,"颜如玉,不事涂泽",从小就操持家务。父亲周奎曾经在前门大街闹市,以看相算命谋生。天启六年(1626)信王朱由检为了大婚挑选王妃时,主持后宫事务的懿安皇后以长嫂代母的身份,从众多候选人中挑选了周氏。朱由检即位以后,周氏就由信王妃晋升为皇后。夫妻感情一直很好,太子朱慈烺已经4岁。周皇后亲自操持后宫事务,将家事打理得井井有条,但是国事却每况愈下。

崇祯帝凝眉良久不语,周皇后深情地在一旁看着,又怜悯又害怕。二月里,总兵官吴襄、陈洪范率祖宽、吴三桂等克登州,孔有德遁入海。山东北部自济南府、青州府到登、莱二府千孔百疮一片狼藉,但蔓延1年零8个月的战火总算熄灭了。南方的海事也有所缓和。明廷采取"以贼制贼"的政策,5年前招抚来的"海盗将军"郑芝龙(官都督同知),镇压海贼还是很有效的。不过风闻海贼刘香正与红毛夷人勾搭,这不免令人担忧。其实崇祯帝不知道,这时荷兰新任台湾殖民长官普特曼斯正在与刘香联手筹划突袭明朝南澳,"料罗湾海战"正在酝酿中。

按下葫芦起来瓢。进入三月,山、陕"流寇"死灰复燃,大举进入河洛;官军副将芮琦、中军曹鸣、游击越效忠、陶希谦等人先后败亡。本来农民军被围于黄河以北,包括"关宁铁骑"等在内的两万精锐刚刚平定登莱兵变,"朝议欲乘战胜精甲,渡河进剿"。可是接替熊明遇的新任兵部尚书张凤翼家本山西,投鼠忌器,"虑其驱贼入晋也",因此极力阻挠,事情就泡了汤。于是尽放两万精锐出山海关,就这样,能打的部队不出场,不能打的部队穷于应付。农民军四处流窜游击,"贼遂得渡河而南","因入豫、入楚、入安庐",打得过就打打不过就跑,一直打到中都凤阳。

紧急关头,崇祯帝严令"关宁铁骑"的曹文诏将军"三月平贼",曹文诏可有三头六臂?在胶东风尘仆仆征战一年(1632.3—1633.3)的川营总兵邓玘以及"关宁铁骑"出身的悍

---

① 九连城,又名镇江堡,今丹东市九连城镇,位于辽东半岛东端鸭绿江畔,这里的长城古遗址是明长城的起点之一。

将左良玉一起被派去河南剿贼，胜败皆有，不能根治。清代人邹漪在《明季遗闻》中说："明运告终，实由流寇蹂躏海内几十余年，自秦晋而蔓延楚豫，以及吴蜀燕京"。兵科给事中刘懋看到兵饷不敷使用，绞尽脑汁献出一策。《明季北略》卷五记载：

> 给事中刘懋上疏，请裁驿递，可岁省金钱数十余万。上喜，着为令，有滥予者罪不赦。部科监司多以此获遣去，天下惴惴奉法。顾秦晋士瘠，无田可耕，其民饶膂力，贫无赖者借水陆舟车奔走自给，至是遂无所得食。未几，秦中叠饥，斗米千钱，民不聊生，草根树皮，剥削殆尽。上命御史吴牲赍银十万两往赈，然不能救。又失驿站生计，所在溃兵煽之，遂相聚为盗，而全陕无宁土矣。给事中许国荣、御史姜思睿等知其故，具言驿站不当罢，上皆不允，众共切齿于懋，呼其名而诅咒之，图其形而丛射之，懋以是自恨死。棺至山东，莫肯为辇负者，至委棺旅舍，经年不得归。

刘懋提出裁撤陕北驿递，节约白银 68.5 万余两，本意是为国纾困为君分忧。岂料此令一出，陕北李自成等驿卒"失驿站生计，遂相聚为盗"。而"秦中迭饥，斗米千钱，民不聊生，草根树皮，剥削殆尽"，兵民联合暴动，导致事态失控。亡羊补牢，为时未晚，但给事中许国荣、御史姜思睿等上疏"具言驿站不当罢"，崇祯帝一概不允。于是当初提建议的刘懋成为全国上下切齿痛恨的靶子，"呼其名而诅咒之，图其形而丛射之"。刘懋也是一肚子怨气说："游滑不得料理里甲也，则怨；驿所官吏不得索长例也，则怨；各衙门承舍不得勒占马匹也，则怨；州县吏不得私折夫马也，则怨；道府厅不得擅用滥用也，则怨；即按抚与臣同事者不得私差多差也，则怨。所不怨者独里中农民耳！"怨恨日久，刘懋一病不起。

沈阳故宫鸟瞰

他的出发点是好的，但忽视了问题的复杂性、系统性，但是他只是一个言官，不应该得到这样的对待。登莱兵变的这一年，刘懋"自恨而死"。死后棺材路过山东，竟然出钱也没人愿意抬棺,因此刘懋遗体竟被弃置旅舍,经年累月不得归乡,而崇祯帝大约早已忘记了刘懋。此皆败亡之象!

不过令崇祯帝高兴的事情还是有的。三月以来,辽海方向捷报频传,负责平叛的黄龙、周文郁、陈继盛、尚可喜、龚正祥等屡战屡胜,将"叛贼"逼得走投无路,皇帝只等平叛告捷,亲御午门献俘然后告庙祭天。想到这一点,朱由检一扫心中阴霾,脸上紧绷的肌肉慢慢舒展开来。看到他脸色缓和,周皇后心情也好了许多,哄着小太子朱慈烺去父亲身边,小太子怯怯走近严肃的父亲身边,朱由检显示出另一面,慈爱地揽着4岁的朱慈烺,如同怀抱整个帝国……

孔有德投降后金

关于崇祯六年(1633)孔有德与后金军会师的时间说法不一。《三藩史略》作四月十七日,《清史稿·太宗本纪》记载为五月壬子,前后差了半个多月。期间,"贝勒济尔哈朗、阿济格、杜度率兵迎孔有德、耿仲明于镇江,命率所部驻东京城"。

东京城就在辽阳附近。天命六年(1621)三月,八旗军长驱直入,在短短十几天内就占领辽东大部地区。三月十三日,攻克沈阳。二十一日,攻克辽阳。四月初,努尔哈赤便下令把都城从赫图阿拉迁到辽阳。但是后金政权既遭遇了辽阳汉族人的暴力抵抗,也遭遇了顽固的"非暴力不合作运动"。根据沈阳故宫博物院佟悦研究员分析:"辽阳在那以前的1000多年中始终是东北地区汉族居住区的中心,明朝建立后又作为辽东首府经营200多年,汉族人口众多,儒家文化根深蒂固。刚刚脱离山林狩猎生活来到这里的女真酋长们,虽然只用了不到两天的时间就攻占了这座东北最大的城市,但想把这里当作他们繁荣太平的国都却困难重重。不仅面临着沦落为战俘和奴隶的汉族百姓们逃跑、投毒、暗杀等多种形式的反抗,而且在其南部的金州、复州、盖州、镇江(今丹东)等处还受到明朝军队的不时袭扰。"(《后金放弃辽阳,定都盛京的真正原因》)

辽阳城东太子河右岸的后金"东京城"八门独存的天祐门城楼及匾额

为摆脱困境,努尔哈赤在辽阳东太子河右岸另建新城,修建汗王宫殿和贝勒大臣府第,命名"东京城",试图减少与汉族人的冲突,但是民族摩擦依旧不断。坚持了4年后,努尔哈赤于天命十年(1625)三月初三正式下谕放弃东京城,将汗国都城迁往浑河北岸沈阳中卫卫城,第二天进驻新都[天聪八年(1634),沈阳改名盛京],东京城设留守章京。到天聪七年(1633)迁都沈阳已经8年。

对于这支投诚的汉族武装,从遵从民族习惯上考虑,安排在汉人聚居的"东京城"辽阳,体现了皇太极的良苦用心。皇太极召孔、耿到沈阳入觐,举行盛大仪式,编入后金序列。皇太极给了孔有德意想不到的待遇,较之前降人的待遇无出其右。范文程、佟养性、李永芳,"或入赞帷,或赐宗室女,而优待亦不及孔、耿",鲍承先劝阻,皇太极干脆打开天窗说亮话:"承先败走乞降,今尚列诸功臣,给敕恩养。岂远来归顺诸将吏,反谓无功",鲍承先闻之目瞪口呆,心想大汗用人真是"后来居上"。其实并非对孔有德等人情有独钟,皇太极后来一语道破说:"元帅率众航海来归,厥功匪小!"

厥功何在? 一是航海来归之功。叛军先以800精锐起兵,后集聚十万之众,在山东地界蹂躏破坏明军大后方,前后与10多万明军反复激战,后在敌人围追堵截下,沐甚雨,栉急风,出没于万里波涛,历经数月海上鏖战,付出巨大代价,方得以突出重围,难度很高,影响很大,这是厥功之一。

二是率师投诚之功。明将王之富、祖宽夺取登州水城护墙,孔有德惧而拔营先走,耿仲明抛下后卫也一走了之,估计从水城一共带走了3万人,其中军队近2万,只是叛军鼎盛时期人数的五分之一,但却是中坚力量;家属和胁从者一万多人。历经海陆连战连败,叛军兵力损失大半,到达九连城的叛军官兵共3463名,水手448名,家眷等8060名,合计11971名。这支军队叠经打击,依然保持了完整建制,保存了军事骨干,有明军原任和叛后自封的副将级(类今副军)以上官员39名,参将以上(类今师级)44名,游击将军以上(类今旅团级)共100余名,士卒也有很强的战斗力。他们久经沙场,知己知彼,堪称虎狼之师,在明亡清兴中的作用不言而喻。

三是贡献重炮之功。火炮诞生以来,射程历来是其主要技术参数之一。明末,西方火炮技术已经远超过中国本土,本土制造的火炮射程远的只有二三里,目测发射而无科学的瞄准具;而以葡萄牙、西班牙为代表的所谓"红夷大炮",采用数个弹种和简单的科学瞄准具,射程一般可达七八里,多者可达十里,弹头动能巨大,破坏力惊人。战前的崇祯三年(1630),徐光启、孙元化师徒殚精竭虑,试图在登州打造一支用西洋新式火炮装备为主的火器营——车营。登州城失陷,城中的红夷大炮20多门,中炮300余门,还有数目巨大的鸟铳等火器落入孔有德、耿仲明叛军之手。被俘的葡萄牙教官虽然被叛军释放,但是一大批受过炮兵训练的明朝军人和造炮工匠被裹挟进叛军。明军与叛军双方在登莱一带交战18个月,双方都依仗火炮互为攻守。尤其是士兵曾受到过葡籍炮手的操炮瞄放训练,其"对城攻打、准如设的"。孔有德泛海北上,仰仗的最大利器就是上述大炮,尤其一路上火器被重点保护,失落不多,最终成为孔有德奉送大汗的一份厚礼,让皇太极和整个满洲上层十分惊喜。

位于辽阳的"东京城"复原图,该城一度是后金国政治军事中心

后金天聪七年(1633)六月癸亥日上午,金锣震天响,画角动地鸣。但见盛京大清门大敞四开,金瓜、钺斧仪仗队导前,旌旗如林,铠甲耀日,众位大臣、贝勒簇拥着皇太极,从大清门中出来,顺着朝阳街一路南行,然后浩浩荡荡地走出德盛门(大南门),直奔浑河北岸10里乃止。

皇太极在浑河河畔扎下大帐,要破格以盛大的"抱见礼"接见孔、耿。别久相见互抱以示情爱,并无时空、地域、性别之分,五大洲都是如此。而作为一种特定的礼仪,"抱见礼"在我国北方游牧渔猎各民族中有着悠久历史,南宋彭大雅撰《黑鞑事略》就记载:"其礼,交抱为揖,左跪为拜,霆见其交抱即是撕搂。"这是包括北方汉族在内的各民族率真、淳朴性格的反映。但是,将"抱见礼"纳入国家政权典礼,却是满洲后金的独创,并以努尔哈赤、皇太极时期最频繁,主要用于三种场合:一是迎接凯旋将士;二是接见蒙古各部首领,三是接见归降的汉族将领。因为事业初创,特别需要笼络人心。"抱见礼"并不仅仅施于同性,异性家眷也可。例如,天命四年(1619)八月,大贝勒代善率兵攻打叶赫东城,叶赫部布扬古、布尔杭古兄弟让其母(也是代善的岳母)出城与代善合谈投降事宜,众目睽睽之下,"大贝勒(代善)与岳母福晋抱见"。天聪九年(1635)与崇德三年(1638),岳母来朝,皇太极行抱见礼。崇德二年(1637),皇太极征朝鲜班师,与自己同父异母姐妹董鄂公主、占河公主都一一抱见。尽管如此,与自己营垒昔日的敌将抱见显示出皇太极的真诚和大度。一抱而收其心何乐而不为?相形之下那些反对大汗"抱见"孔有德的诸亲王、贝勒,反而显得不识时务。如果我们有一双慧眼能够穿越重重迷雾回到383年之前,我们会发现沈阳城下这样的景象：浑河北岸、白云朵朵、八旗飘飘；一溜营帐，十顶穹庐。其中，正中间最大的黄色营帐，那是皇太极的御帐。其余的营帐均为青色，为诸王大臣之帐。见到皇太极莅临，文馆范文程、敦多惠等人，立即引导孔有德、耿仲明等人迎上前来。皇太极与孔有德等人一道，登上一座临时搭建的祭坛，毕恭毕敬地向上天行三跪九叩大礼。

之后，皇太极进入黄色御帐就座。孔有德、耿仲明按照汉人朝见君王礼仪，对皇太极行三跪九叩大礼，再到御前叩头；然后，皇太极与他们行"抱见礼"。之后，代善等诸位大臣、贝勒再与孔有德、耿仲明一一行"抱见礼"。大礼过后，孔、耿向皇太极献上登州劫掠而来的黄金、白银、金银器皿、彩缎、衣服等礼物，皇太极一一收纳。

第三天，皇太极召孔、耿等所有此次归降将领进入凤凰楼赴宴。席间，皇太极用金杯向孔、耿赐酒。宴后封赏各官：赐予孔有德都元帅之职、耿仲明总兵官之职，封耿仲明以下各官有差，赏赐他们蟒袍、貂裘、撒袋、鞍马等物品，当众宣布保持孔有德、耿仲明部编制、旗号不变，只在印信、旗号中加入满语标示。孔有德、耿仲明等满面红光，他们一拜再拜、感激涕零，誓为后金大汗肝胆涂地、万死不辞。

皇太极嘉奖孔有德说："尔元帅孔有德，原系明臣，知明运之倾危，识时势之向背，遂举大众，夺据山东，残彼数城，实为我助。且又全携军士官民，尽载甲宵器械，航海来归，伟绩丰功，超群出类，朕深嘉赏。"在这里，登莱兵变被后金政权视为"知明运之倾危，识时势之向背"的义举。"敌人的敌人就是朋友"，民族矛盾和争夺统治权的战争交织在一起，使得孔有德、耿仲明艰险无比的泛海投金之旅，至此画上了句号。

沈阳故宫凤凰楼①

---

① 后金大汗皇太极在此赐予孔有德都元帅、耿仲明总兵官之职。

下　卷

第四章　东江日暮

一生事业总成空，半世功名在梦中。死后不愁无勇将，忠魂依旧守辽东。

〔明〕袁崇焕《临刑口占》

孔有德的投名状

明代，东江就是鸭绿江，东江镇就是辽东沦陷后孤悬海外的抗金根据地，其大本营设在皮岛（今朝鲜椴岛）。孔有德、耿仲明原都是东江镇军事骨干。吴桥叛变登莱鏖战，东江镇首当其冲。孔耿泛海归属后金，与东江镇的恩怨情仇进入新阶段。

崇祯三年（1630）八月，兵部尚书、蓟辽督师袁崇焕在京被自己人磔死。明人集天下九州之铁，不能铸此一错。督师临刑前念念不忘辽东，叹曰："一生事业总成空，半世功名在梦中"，并悲壮地断言："死后不愁无勇将，忠魂依旧守辽东。"他没有说错，他死后辽东有赖孙承宗等惨淡经营，勉力维持着危局。

崇祯六年（1633）春夏之交，孔有德、耿仲明降金，带去"大炮若干""轻舟百余"。后金系马背民族，骑射无与争锋，唯独陆战屡吃火器的苦头，因此特别重视火炮，这些大炮被皇太极视为珍宝。而百余战船连同448名水手被视为"累赘之物"，被远远拽向鸭绿江中镇江堡附近马耳山下停泊，吩咐只要不让明军拖走就好，还说："我国干事全靠骑兵，此舟师不过借为声势，以寒汉人之胆耳。"（《三藩史略》上卷）

六月二十五日，原驻守西朝鲜湾的明军东江镇总兵官黄龙在旅顺尚未返回，得知消息，向皮岛传来消灭这批战船的命令，副总兵沈世魁与山海关总兵周文郁奉命议事，周文郁说："机不可失，必欲设法焚之！"沈世魁也说："周总镇所言极是，我等一举荡除而绝此后患。"于是精选"善泅官丁"李守定、吴三魁等26人，第二天轻装蛇行到马耳山潜伏。六月二十七日夜，趁后金军熟睡，26名勇士"潜至所泊的船下"纵火，一时"空营火起"，亮如白昼，"守兵纷乱"，不辨西东，从登州带来的这批战船焚毁无余。皇太极的这次失误导致后金这一宝贵的力量化为乌有。（《边事小记》《天聪朝臣工奏议》）后金如果改编加强这部分水上力量，完全可提前十多年拥有强有力的水师，不待降将黄梧、施琅。

马耳山战船被焚毁的时候，后金上层注意力集中在攻旅顺。旅顺城即金州卫中左所城，连接辽东、胶东、山海关和朝鲜四地，战略地位突出。后金君臣要检验降人孔有德等的忠诚，后金将领英俄尔岱送来的情报也推波助澜，情报显示朝鲜国为备战后金不仅在义州南岭修筑堡垒，甚至听从明朝建议向死敌日本军阀借兵，《清史稿·太宗本纪》载："（天聪七年六月）戊寅，英俄尔岱奏报朝鲜用明人计，借兵倭国，又于义州南岭筑城备我。"

集诸贝勒大臣议之,皆言宜置朝鲜而伐明。"因此,对后金来说拿下旅顺可收一石三鸟之效。

五月二十二日,后金兵部启心郎丁文盛、赵福星奏:"黄总兵占据旅顺口,甚为我国心腹之患,前日虽欲举兵,犹阻于水路难通,彼得捍御一面,非计之得也。今日既有船只,顺水而进,随以红夷(大炮)攻打前面,彼必首尾难顾,而黄龙必为我擒。此今日之机会,决不可失。"皇太极开始调兵。"己卯,贝勒岳托、德格类率右翼楞额礼、叶臣,左翼伊尔登、昂阿喇及石廷柱、孔有德、耿仲明将兵取明旅顺口。"

孔有德等东江叛将做了打旅顺的向导和急先锋。崇祯五年(1632)孔有德打下登州,岛帅黄龙家眷数十口含其母、妻、子都被俘获。孔有德投书旅顺胁迫黄龙叛变,被黄龙严词拒绝。等吴三桂等克登州,叛军逃跑前杀害了黄龙全家,故《明史·黄龙传》记载:"初,龙驻旅顺,大治。贼拘龙母妻及子以胁之,龙不顾。及登州破,龙举家死焉。"身负国难家仇的黄龙在旅顺登陆后紧追不舍,且不接受耿仲明投降,导致叛军大将毛承禄、陈光福被擒,李应元被阵斩,孔、耿几乎丧命。投入后金怀抱后,"有德等大愤,欲报龙"。"会贼舟泊鸭绿江,龙尽发水师剿之。七月,有德等侦知旅顺空虚,遂引大清兵来袭。"大敌当前,明军水师尽出导致旅顺空虚,黄龙一面组织抵御一面急招广鹿岛副将尚可喜率水师自鸭绿江回防旅顺。

六月十九日,悲壮的第二次旅顺保卫战打响。后金方面,皇太极派"兵部贝勒岳托、户部贝勒德格类率右翼楞额礼、叶臣,左翼伊尔登、昂阿喇等,以及旧汉军额真石廷柱、都元帅孔有德、总兵官耿仲明,共马步兵万余,往取明旅顺口。"明军方面,以后军都督金事黄龙为首,参将尚可义、谭应华、游击李惟鸾、项柞临、张大禄、樊化龙等以下官兵数千。

七月一日,后金军到达旅顺河北开始架设火炮,轰击旅顺外围城墙。炮火轰击持续了三天。四日晚,后金军开始攻城作战,黄龙亲自率军开炮,反复击退敌军并予重大杀伤。后金不顾重大伤亡昼夜猛攻,激战又持续了两天。为了缓解被动局面,黄龙三次组织明军出城实施反冲击,但是由于兵力不足,明军刚一退回城中后金军马上又尾随至城下,反攻无法持续。明军优势主要凭借大炮等火器,而近身肉搏则明显处于下风,但是经过连日激战,明军火药即将用尽,而恰恰此时,孔有德、耿仲明又将他们的大炮运到旅顺城下,火力一下子逆转。这是明军第一次吃到孔有德大炮的苦头,守军"数战皆败,火药矢石俱尽"。

危急时刻,总兵官黄龙招来部将谭应华,拿出绸布包裹的三颗印:"征辽总兵官之印""征虏前将军之印""后军都督府都督金事之印",郑重托付说:"敌众我寡,今夕城必破。若速持吾印送登州,不能赴,即投诸海可也。"谭应华应命而出,冒着炮火驾舟出海,这三颗大印最终完整无缺地回到登州。

谭应华走后,当晚后金兵"死命攻城",大炮一轮轮猛烈轰击,旅顺城被炸的千疮百孔,明军官兵则"冒死守御"。战至七月六日,后金贝勒岳托、固山额真石廷柱、都元帅孔有德等组织总攻。大炮掩护步卒从正面攻城,又用木筏漕船载运有力一部在旅顺北偷渡。至蔡家口等处被哨兵发现,黄龙拨兵迎战但为时已晚。后金大队人马已先登岸,此处明军数量有限且只有200余副盔甲,无法抵挡优势敌军的强攻。另一支后金兵从城东北角杀进城内,两军展开巷战。城破已在预料之中,黄龙整理全身盔甲,提着鸟铳率亲随冲向硝烟弥漫的街道……

碧海情天

黄昏,战场转移到黄金山,黄龙率部死战,杀敌累累。临近深夜弹尽粮绝,"知不能脱",黄龙将军朝正西紫禁城方向再拜,拔剑自刎。部将尚可义、李惟鸾、项祚临、张大禄、樊化龙五位将军或者战死或者自尽。七日晨,旅顺城彻底陷落,整个过程与后金兵部官员丁文盛、赵福星的作战计划如出一辙,孔有德、耿仲明交出了一份令皇太极满意的投名状。笔者以诗咏黄龙将军:

> 天高高,海滔滔,楼船如林马如蛟。
>
> 东瀛逐寇三千里,卫我疆土日月耀。
>
> 燕然未勒归无计,武穆有志斩大枭。
>
> 忠烈谥留献忠祠,是非功罪谁人表。
>
> 昔日拔剑舞东江,一朝成仁金山坳。
>
> 遥看将军今何在?青冢累累伴荒草。
>
> 人已去,情未了,丹心碧血荐东辽!

崇祯六年(1633)七月六日,黄龙及其官兵数千战死于旅顺。直到七月十四日才有人将黄龙、尚可义等人的遗体找到一起,简单地在遗骸上盖上几块布"蒙军人□骨骸于此",就地草草埋在山坡。闻黄龙及旅顺官兵死状,崇祯帝悲痛罢食,赠黄龙正一品左都督、赐祭葬,部将赠恤有差。但礼葬黄龙及诸将是不可能的,明廷设坛遥祭而已。清乾隆四十一年(1776),乾隆帝褒赠故明死节将领黄龙谥"忠烈",在旅顺为黄龙建"显忠祠",以尚、李、项、张、樊诸将陪祀,黄龙墓也修葺一新。一座将军墓得到明清两朝加封,也不多见。清代诗人郑有仁曾赋诗《黄将军墓》:"一自将军身殉明,三藩未夕削皆平。山灵有意怜忠骨,二百余年庇旧堂。"自此之后又过了百年,因为清国内外交困无暇顾及,黄龙墓祠圮湮。

250年转瞬即逝,光绪八年(1882)春,开满迎春花的黄金山来了一群顶戴花翎的不速之客,拨开枯黄的灌木荒草,露出几座小土包,最中间一座土包就是刚刚确认的黄龙墓,他们虔诚地摆上香案以三牲大礼祭奠。来者何人?清直隶按察使周馥、四川提督宋庆、直隶津海关兼管海防兵备道刘含芳,还有年轻的北洋海军提督丁汝昌。

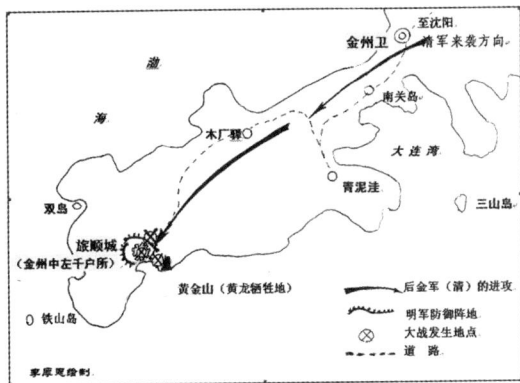
1633年明、后金旅顺之战示意图

北洋水师提督丁汝昌①

这个活动起因于光绪七年(1881)。海防兵备道刘含芳自幼熟读明史,非常关心黄龙后事,奉李鸿章委任来旅顺建军港的间隙,派兵"寻其故迹"以遂平生之志。刘含芳之兵初次来黄金山,因"岁久祠湮"找寻无果。几经打听,在金州绅士乔有年指认下终于找到黄龙墓,遂有光绪八年(1882)春天的大祭。光绪十三年(1887)刘含芳终于筹足了银子着手修墓,将"古墓数缘遣人合筑一大墓,刻石志之,外围以墙。"次年仲夏,刘含芳又捐出养廉银在东港北岸三官庙距墓1公里西处复建"显忠祠",每年七月十四日备牲牢祠祭。嗣后在黄龙墓立碑:"明故左都督黄忠烈公讳龙……之墓",李、尚、张、樊、项五将军排名左右,碑文落款为:"直隶按察使周馥、四川提督宋庆、北洋海军提督丁汝昌、直隶津海关兼管海防兵备道刘含芳。"立碑六年后,甲午战争爆发,淮军老将宋庆陆军下关东,海军提督丁汝昌率战舰拔锚出战。威海卫之战失利,丁汝昌效法黄龙自杀殉职,日军仅仅付出了微不足道的代价,黄金山炮台易手,旅顺军港沦入敌手。光绪二十一(1895)冬《中日辽南条约》签订后,刘含芳奉命从山东渡海勘收旅顺诸处,见到过去督建的海防工程尽遭摧毁,"痛哭失声,眼病加重",不到三年就在原籍安徽贵池病逝。

光绪十三年(1887),清政府重整旅顺防务,将黄龙墓从黄金山迁到附近军港东侧电岩炮台下,似乎想借这位守城名将的英魂保佑旅顺港平安。但光绪三十年(1904)旅顺再度遭受城破之灾。1918年,日本殖民当局发现了明代"显忠祠碑",遂送至关东厅博物馆(今旅顺博物馆)保存。自那时至今黄龙墓在风雨中又过了百年,墓地年久失修日渐残破,

在明左都督黄龙殉国地建起的旅顺黄金山炮台

① 光绪八年(1882)建旅顺军港期间,丁汝昌专程祭拜黄龙墓。

埋没于杂树荆棘之中。

1994年9月,大连公布首批40家爱国主义教育基地,黄龙墓榜上有名,列在首批19家"革命纪念地"类别下。2007年9月30日,中国文物研究所所长张廷皓带队对旅顺唐代鸿胪井与明代黄龙墓进行调研,随后入列国家文物保护单位。黄龙、旅顺保卫战、东江抗金根据地……连同那段荡气回肠的往事重新走进人们视野。

尚可喜逼上梁山

旅顺失守第四天,广鹿岛副将尚可喜带东江水师回防。来到三山岛,闻听噩耗:长官黄龙和数千东江兵全部牺牲,堂弟尚可义随黄龙战死,辽阳劫后余生的尚家满门30余口在旅顺都覆没了。"素服恩义"的尚可喜肝胆俱裂,朝旅顺口方向跪下来,泪水打湿战袍。家在旅顺的所有官兵都在一夜间失去家庭,官兵的哭声震动海岳。战前,黄龙听说孔、耿引导后金军出现在鸭绿江口,命尚可喜带水师大军悉数北上清剿,正中皇太极调虎离山计。尚可喜水师追击孔、耿到达獐子岛,尚可喜之兄尚可进在激战中被后金俘虏失踪(多半被杀),后金趁着旅顺空虚一举破城。这一次旅顺破城,"尚可喜夫人王氏、邢氏、李氏等留在旅顺城的家眷,皆'素有志操',不愿意受辱,便相互携手'赴海尽节',随从家口数百人'相从投水、无一存者',另有部分亲眷被俘"。(《三藩史略》)面对这样的惨剧,尚可喜"南望恸哭,招魂设位祭奠黄镇(黄龙)及逝世将佐并夫人",自忖孤军攻打旅顺不会有好结果,尚可喜率水师扬帆南去登州。

辽东半岛炮火连天,明廷在京城斩杀俘获的孔、耿党人以申国法而泄民愤。崇祯帝亲临午门接受献俘,降旨将叛将毛承禄、陈光福、苏有功等十余人绑赴西市磔杀。行刑前一日却发生了钦犯苏有功脱监逃跑的离奇事件。《明史·朱大典传》记载:

> 有德等走旅顺,岛帅黄龙邀击,生擒其党毛承禄、陈光福、苏有功,斩李应元。惟有德、仲明逸去。乃献承禄等于朝。磔之先一日,有功脱械走。帝震怒,斩监守官,刑部郎多获罪。未几被执,伏诛。

苏有功尽管武艺高强,但是能脱掉桎梏从死牢逃走仍旧不可思议。崇祯帝震怒之下斩了监守官,追究责任时又有几名刑部郎官获罪,苏有功不久也被抓回一起被杀。旅顺失陷,岛帅黄龙突然牺牲,不仅导致黄龙爱将尚可喜失去了所信赖的上司,而且再次家破人亡,尚可喜陷入悲痛不能自拔,他的人生遭遇是明末政治、军事溃败的缩影。

尚可喜,万历三十二年(1604)生人,原籍山西洪洞县,祖上徙居河北真定府衡水,再徙辽东海州卫。天启元年(1621),后金侵占海州,尚可喜母亲以及"兄、嫂、侄,并仆从等皆散失"。尚可喜与父亲尚学礼愤起投军抗金。综合《明史·朱大典传》《清史稿·尚可喜传》《元功垂范》《边事小记》《甲申朝事小记》等可知,尚家于明朝有六大功。

一曰娄子山殉国之功。天启四年(1624),尚可喜的父亲尚学礼将军率部攻击八旗军、英勇战死辽阳娄子山。尚可喜被毛文龙提升为营将,赐名毛永喜,受命率其父旧部。战友孔有德被赐名毛永诗。二曰旅顺收复之功。孔有德造反,胁从东江镇旧部起事,旅顺副将陈有时、原广鹿岛副将毛承禄纷纷响应。陈有时占据旅顺、阻遏交通。黄龙命参将尚可喜、金声桓等抚定诸岛,尚可喜率领李维鸾奋力进军,击溃了陈有时部下高成友,收复旅顺,有力支援了登州平叛战事。三曰追亡逐叛之功。崇祯六年(1633),尚可喜率部追击孔有德、耿仲明叛军,一路斩获甚众,累功至广鹿岛副将。四曰兄长阵亡之功。崇祯六年(1633)五六月间,兄长尚可进跟随大军北上剿孔有德,阵没于鸭绿江口獐子岛。五曰堂弟战死之功。崇祯六年(1633)七月,孔有德引导后金军攻旅顺,尚可喜的堂弟尚可义将军陪同主官黄龙将军力战而死。六曰家眷守节之功。崇祯六年(1633)七月六日旅顺失陷当天,尚可喜的夫人王氏、妾邢氏、李氏等留在旅顺城的家眷随从数百口,相互携手"赴海尽节""无一存者"。

> 天上月分明,看来感旧情。
>
> 当年驰万马,半夜出长城。
>
> 锋镝曾求死,囹圄敢望生。
>
> 心中无限事,宵柝击来惊。

可见,用"满门忠烈"形容尚家并不为过。尚可喜本人战功赫赫,理论上应得到本朝礼遇,但是由于明朝腐败蔓延,内部矛盾重重,使国家机器运转失灵,门户倾轧,内斗不止,朝廷和明军都积弊难返,功臣良将竟不能自存。旅顺之战后,尚可喜的经历大致分为登州行、皮岛"鸿门宴""逼上梁山"三个阶段,这一经历具有典型意义。

辽宁长海县广鹿岛南台山烽火台①(孟楠摄影)

尚可喜之登州行

旅顺的悲剧使尚可喜的前途变得暗淡。没有了旅顺支援,广鹿岛缺衣少粮难以生存,去皮岛吧,尚可喜与新岛帅沈世魁"素不相能"。就在谭应华带着黄龙印信回登州后,尚可喜也率水军奔登州来碰碰运气。

崇祯六年(1633)七月十九日,尚可喜率部到达登州要求"安插"。登州当局早闻尚可

---

① 广鹿岛面积 31.5 平方千米,为长海县最大的岛屿,因此地考古发现了年代最久远的荞麦种子而被誉为"荞麦故乡"。尚可喜曾任明广鹿岛副将。

喜大名,"交章共荐中枢题回覆";崇祯帝则御笔批复"破格擢用"。七月二十七日,当真正接到奉旨后,可能受孙元化昔日的做法与孔有德之乱的影响,登州当局根本不想执行崇祯帝的圣旨,以散兵游勇看待这支水军,责令其仍回海岛安插,暂受节制,酌情给饷,对于尚可喜本人没有一点点"破格擢用"的影子,反赋予抚监"随便接济、调度"的权力,令尚可喜大失所望。尚可喜提出"愿回宁远"归属旧部"关宁铁骑"——这当然是要打死仗的,结果也是泥牛入海。无奈之下尚可喜不得不带上他的部属返回广鹿岛,快快之情可想而知。偌大的登州竟然无英雄用武之地,致功臣良将惶惶如丧家之犬。

东江"鸿门宴"

返回广鹿岛的尚部官兵"抱无家之痛,又衣粮不继",进退维谷间接到新任东江镇总兵官沈世魁之命:檄尚可喜部调赴皮岛。尚可喜于是按照安排赴皮岛。

沈世魁何人? 为何檄调尚可喜? 沈世魁为原毛文龙部前协副将,出身市井商旅,为人粗俗,以其女嫁毛文龙取得影响力,在东江"颇用事"。毛文龙被督师斩杀,岛内将领多以岛帅礼仪对待沈世魁。岛帅大位几经波折,直至朝廷派来"关宁铁骑"——复滦州的功臣黄龙。黄龙空降抢了沈世魁风头,沈世魁于是利用"李梅事件"策动耿仲明之弟耿仲裕哗变,扣押黄龙割去耳鼻,为掩人耳目世魁让人把自己连同黄龙一起绑了。有大将之风的尚可喜从鹿岛率兵赶来,在部分东江将领支持下斩乱兵平叛。一看形势不好,沈世魁先给自己松绑然后亲自为黄龙松绑,一边松绑还一边说:"大帅虽然是个贪污大帅,可曾经也是都督啊,怎么可以胡来?"(《明史·黄龙传》载:"世魁自解其缚,复解黄龙而言之曰:虽是赃吏,曾为都督,岂无权道?")黄龙知道了内情恨之入骨,要处决沈世魁,"尚可喜与都司任友达、总兵谭应华等看在毛文龙情分极力从中排解",此事不了了之,沈世魁竟然从此衔恨尚可喜。

黄龙殉国,沈世魁"夤缘竟为帅",失去后台的尚可喜成了下属。沈世魁感到报复时机到了,何不借机檄调尚可喜来岛一举拿下? 沈世魁的"小圈子"如镇将王廷瑞、袁安邦、孙奠邦等无原则投领导所好,这个说尚可喜尅扣了不少军饷,那个说尚可喜抢占了民家女子,还有说其私通后金所以救援逗留不进致旅顺失陷,无中生有,添油加醋。沈世魁下调令设圈套只等尚可喜前来,无害人之心也无防人之心的尚可喜不知是计,带兵泛海去皮岛。

合该命大。船队走到长山岛遇到台风暂时躲避,沈世魁调令却纷至沓来,而世魁"小圈子"也各派书使来接,这个举

广鹿岛铁山仙女湖

动引起老实人怀疑。尚可喜仔细一看,派人来的将领他一个不认识,熟悉交好的将领没一个派人来,于是派人到皮岛暗暗打探,很快一个惊人的消息传来:新任岛帅要杀他!

得此消息尚可喜怒发冲冠,他悲叹说:"吾束发行间,海上立功,血战十余年,父母兄弟妻子先后丧亡。出万死一生,计不过为朝廷追亡逐叛。而妒功嫉能之人,乃出力而挤之死地。今权归世魁,欲杀一营将,如疾风卷箨,特易易耳。大丈夫将扫除天下,宁肯以七尺之躯俯首就戮乎?"提兵旋师回鹿岛。

逼上梁山

按张廷玉等撰《明史》的尺度,尚可喜算不上良将;照赵尔巽等撰《清史稿》的标准,尚可喜也算不上忠臣。但在17世纪的明末舞台上,尚可喜具有成为曹文诏、周遇吉、黄得功一样的忠臣良将的禀赋,《三藩史略》《甲申朝事小纪》都说其忠贞报国勇而善谋,是不可多得的将才,但是现实处处与他为难,推着他渐渐偏离了方向。虎口脱险回到鹿岛,尚可喜满怀忧惧,解下衣甲躺在床榻浮想联翩。崇祯四年(1631)冬登莱战火燃起以来的一幕幕在脑海中一一浮现,下面这一幕尤其刻骨铭心。

崇祯六年(1633)阳春,援军将孔有德、耿仲明、毛承禄等围在登州。黄龙担心孔有德从水路逃跑,命尚可喜率水师向庙岛、古沙门岛进击。尚可喜"扬帆南进",中途遭遇大风"全军散没"。惊涛骇浪中,尚可喜的坐舰也破碎倾覆,他和其他官兵一起抱着破舟"浮沉水上一日夜",漂浮到距登州20里的赵家滩海岸死里逃生。然而尚可喜等人一上岸,就被援军当作叛军同伙擒获。关宁副将祖大弼根本不听尚可喜解释就要斩杀。杀俘冒功是明末官军一大弊病。千钧一发之际,关宁军有人认出了尚可喜,告诫祖大弼此人不能杀,于是将尚可喜送到上司吴襄面前再三盘问。黄龙在海上得知消息,"飞箭来调",要求"登莱吴总戎躬往解之",确保安全亲自释放。这样,尚可喜才得以收集余兵回到东江,黄龙曾气愤地说:"杀良冒功,若辈长技,乃至欲杀吾镇将!天下事尚可为耶?"此事在《平叛记》《清史稿》《元功垂范》中均有记载。

起身披衣走出门外,遥望海岛夜空默默无言,夜空中除了寒星闪烁其余就是黑暗。尚可喜在自己人手中算是死过一回了。俗话说:"明枪易躲,暗箭难防。"如果上次祖大弼算是误会,那这次沈世魁便是处心积虑。老长官黄龙已经死去,自己带兵孤悬海外失去靠山,岛帅要暗算手下一个副职易如反掌。其时,明廷"诸臣恣意营私,牢持门户;厝火有形,叩阍无路"已非一日,正义之士志不得伸已非一日。投登州受辱,赴关宁不纳,尚可喜感到天下之大竟没有立锥之地。

次日夜晚,广鹿岛辕门明灯高悬,尚可喜遍请亲信及岛上他唯一的亲属——继母马氏,共同商议行止。结果包括马氏在内,众口一词说后金大汗皇太极"豁达神武,延揽英雄,视汉人如同一体",因此后金可以栖身。后金有杀父灭族之仇,尚可喜对后金作战十多年也欠下了不少血债,尚可喜当然难以接受。但是再仔细想来,孔有德、耿仲明等人昔日取后金将士的首级并不比尚可喜少!尚可喜正在左右为难,一条消息又从皮岛传来:

见其逗留不进,岛帅沈世魁上奏明廷说他要割据广鹿岛谋反。这下子尚可喜被逼入了墙角。檄调不来坐实罪状,真是百口莫辩。鱼游釜中无可挽救,熊廷弼、袁崇焕、毛文龙、孙元化的下场萦绕在心头,从当年八月到十月整整两个多月尚可喜徘徊在山海间,内心经历了痛苦挣扎,终于对明王朝彻底失去信心,决定背弃为之奋斗了10多年的抗金大业。

后金天聪七年(明崇祯六年,1633)十月二十四日,尚可喜的使者卢可用、金玉奎悄然抵达后金盛京(今辽宁沈阳)。皇太极大喜,立即复信:"满洲国大汗致书尚将军暨诸将:……将军与诸将,可速为筹度,即来归我。悦荷天佑,大事克成。功名富贵,皆可图也。机会一失,悔之何及。幸无犹豫,速赐回音。"(《清太宗实录》)皇太极喜出望外之余对这位昔日忠心耿耿的明将是否真心投靠有所疑虑,特派镶黄旗刑部承政官车尔格率兵到广鹿岛海岸打探消息。

得到皇太极亲笔书,尚可喜心意已定,在双方约定的日子——崇祯七年(1634)春节,尚可喜据广鹿岛叛变。他率兵以迅雷不及掩耳之势袭击了附近诸岛,除广鹿本岛还有大小长山岛、石城岛、海洋岛四岛,擒获守将马建功、袁安邦、孙奠邦、李承恩、王廷瑞等,随后率领"亲军五百,官兵万余,航海登陆归诚后金"。(《元功垂范》《甲申朝事小纪》)另有一说,尚可喜带领部属3500余名降金,尚有3000余男女老幼留在石城岛,无论如何这都是一支很有力量的海上武装。"承天眷佑,彼自来投",皇太极大悦,认为尚可喜主动投降"不费我朝张弓只矢,率士民甲仗,倾心归命,且首建大功,为国家肃清海岛",妥善安置尚可喜部众3800户于海州(今辽宁海城),备礼欢迎尚可喜前来谒见。

后金天聪八年(明崇祯七年,1634)正月,皇太极下令八贝勒王"出粟四千石",从后金国库挤出银两,向"积粟之家"购粮专供尚可喜部。二月,派遣贝勒多尔衮、萨哈廉专程去辽东迎接尚可喜,还拨给万马以供骑乘。三月,"降旨慰劳",将旅顺战役俘获的尚氏族人27人查出送回海州团圆。四月初十,心情大变的尚可喜来盛京晋谒皇太极。作为对明廷发动的一场心理攻势,皇太极率大贝勒代善以下满蒙汉各族官员"出城十里"。欢迎仪式满汉合璧,既行三跪九叩又有"抱见礼"。当即授尚可喜为后金总兵官,赐予麟钮银印及敕书一道,蟒袍、貂裘、战马、骆驼、兵器、围帐、羊等物资一大宗,将海州大片土地赏给尚可喜。[2] 觥筹交

清代宫廷画之多尔衮像[1]

错间,尚可喜见到了一年前被他的水师追杀、早他一步降后金的老战友孔有德、耿仲明。白云苍狗,他们寒暄之余都说了什么? 只有上天知道。

后金天聪八年(明崇祯七年,1634)五月端午,皇太极改革军制,"分辨各色、永为定

---

① 崇祯七年(1634)二月,多尔衮和萨哈廉奉皇太极之命前往迎接尚可喜归顺。
② 中国第一历史档案馆《清初内国史院满文档案译编》(上册),北京:光明日报出版社1989年版,第75页。

制"，分设骑、步、炮、援兵、边兵、前锋兵诸兵种。都元帅孔有德、总兵耿仲明所部编为天佑兵，总兵尚可喜所部编为天助兵。17世纪的清国"前三藩"孔有德家族、耿仲明家族、尚可喜家族由此发端。

孔、耿、尚降清对明朝造成了灾难性的"多米诺"骨牌效应，明藩朝鲜和孤悬海外的东江镇岌岌可危。剩下的官兵困守孤岛人心惶惶，不再有出击后金之力，皇太极说："残破海防，实为我助。"(《清太宗实录》)十分熟悉北方海况的尚可喜水师与孔有德、耿仲明的炮兵结合，极大增加了后金军的技术含量，他们与纪律严明、作风顽强的满洲八旗汇成一股无可抗拒的力量，对攻打朝鲜、入关劫掠发挥了极其重要的作用。

朝鲜悲歌

生存还是毁灭，这是一个值得考虑的问题。

——〔英〕莎士比亚《哈姆雷特》

明朝与藩属国朝鲜的关系是一种唇齿相依的朝贡加盟邦关系。在万历二十年到二十六年(1592—1598)的抗倭援朝之战和明万历四十七年(1619)的萨尔浒之战中，这种关系经受了考验。

万历抗倭之战的辉煌胜利证明明军是一支具有强大战斗力的军队，但是封建集权的弊端积累到一定程度衍生出前所未有的腐败专制，国家资源已被慢慢耗尽，庞大的帝国面临分崩离析的局面，作为一个社会集团的明军不可能幸免和自存。明朝与朝鲜王国恰如一双生死与共依依不舍的恋人。如果将帝国看作一个伟丈夫，此时伟丈夫左支右绌心力交瘁，已然保护不了他的爱人，只能眼睁睁看着爱人哭天喊地被掠走。

所以，朝鲜脱离明朝的怀抱是一个漫长而痛苦的过程，而登莱兵变深刻影响和加速了这一过程，几百年间依然令朝鲜人耿耿于怀。请看三幕大的场景。

第一幕：萨尔浒之战中的明、朝联军

明万历四十七年(1619)三月，辽东经略杨镐兵分四路征讨后金，以名将、总兵官刘綎为主将的明军1.5万人，会合了姜弘立为元帅、金景瑞为副帅的朝鲜援军1.3万人组成东路军，全军共2.8万人，从宽甸北出边，攻后金都城赫图阿拉。

萨尔浒之战一开始就犯了战略失误！临危受命、以70岁高龄出任兵部尚书的莱州即墨人黄嘉善提出"厚集兵力，令诸将项臂联络，依次进逼虐敌，蹙而困之；不求近利步捷，期于荡平而已"，被朝议指责是胆小鬼，"椎钝避事"，结果制定了一个兵分四路的轻敌计划。以火器装备的12万明军对阵建州女真五六万人本来是绝对优势，但分兵之后每一路明军都远远弱于敌军。闻听师出，黄嘉善悲叹："危哉！辽也，不及稔矣。夫未见可胜也，而疾求胜，市人也。而强之兵，水兵也。而驱之陆，锐而无谋，躁而无继。群言众指是曰：'舆'，尸败涂地矣！"黄嘉善的大致意思是将强大的南方江浙水军调到东北白山黑水间用为陆军，没有必胜的把握却摆出一副"灭此朝食"的态势，这是"不知兵"的表现，主事者轻敌冒进、以己之短击敌之长，势必一败涂地，结果被他不幸言中。此时在后金都城赫图阿拉，投降后金的原明军抚顺游击李永芳殷勤地向新主努尔哈赤献策："任而几路来，我只一路去。"此举正像为明人量身定做。支援参战的朝鲜军队被辽东经略杨镐和这个华而不实的分进合击战略拖进来一起受累。

明兵部尚书、山东即墨人黄嘉善

进军赫图阿拉。 明万历四十七年（1619）春，鸭绿江西岸。二月二十六日，联军总指挥、提督总兵官刘綎率东路明军同朝鲜军会师于宽甸西北榛子头。二十七日，明军在前，朝鲜军在后，越过今宽甸、桓仁两县交界砍橡岭进入建州女真栋鄂部。当夜明军宿营于平顶山（今桓仁普乐堡镇后山），朝军扎营于砍橡岭北八里砍橡沟口。

二十八日拂晓，东路联军越过了牛毛岭（今桓仁普乐堡镇和四道河子乡之间的牛毛大山），刘綎率军从普乐堡牛毛沟过山。牛毛岭"树木拥郁，咫尺不分"，"贼砍大木以塞路"，山高水深，道里阻绝，"行军甚艰"。日落时分，联军在交通阻塞人疲马乏的情况下走到牛毛寨，"相联下营"。这个牛毛寨在今桓仁县四道河子乡大甸子村附近，这里是后金通向宽甸以及朝鲜的交通要道，后金曾在这里驻军练兵，以便向宽甸、镇江扩张势力防范朝鲜和明军。联军指挥部因"前头道路夷险，房中形势全不闻知"，加上朝鲜军粮草供应中断，"士卒饥馁，一向前进，事甚狼狈"，因此主将刘綎允准于牛毛寨停留二日。

三月初一，东路联军进军到马家寨，就是今桓仁县四道河子乡三道河子村附近。牛毛寨与马家寨相距仅15千米，虽然路程不长，但一路沟壑纵横道路曲折，"所经部落尽为焚烧"，先头部队在马家寨又遭到后金兵抵抗，致使举步维艰。没有今天的无线电联络，也没有信鸽报信，名将刘綎不知道的是就在这一天，西路杜松军已全军覆没，北路马林所部驻营的尚间崖正在被后金兵悄无声息地包围……他还要前进。

击败后金前卫，突破头道防线。 三月初二，东路联军拔营前进16里，"午时到深河"。深河位于今桓仁县黑卧子村，临河靠山，是明军进攻赫图阿拉的必经之路。后金兵以"五六百骑结阵以待"，踞险御敌。后金500伏兵就此发起了攻击。明军游击官乔一琦身先士卒，率先头部队前进搏杀。后金兵败走蹬山，踞险再战。后金矢发如雨，刘綎手下爱将守备刘吉龙中箭身死，军卒多有受伤。明军冒着枪林矢雨奋勇冲击，到傍晚后金军被击溃，牛录额真额尔呐、额赫战死，牛录额真托保率残兵450人逃出。这一天，北路明军马林部全军覆没。

三月三日，后金军已切断朝鲜军运粮道路，朝鲜军断粮好几天了。元帅姜弘立面见刘綎,"力言粮尽士困,不可不留待运饷",朝鲜士兵外出"掠于部落,得其埋谷,以石擂碎,糜粥而食"。而刘綎虽因"师期已过"也觉得"不可暂留",但因爱将刘吉龙牺牲,"提督极悲悼,觅尸烧葬",仍留一日。

三日黄昏,西方响起三声炮响,这是明军出师前分进合击赫图阿拉城的约定信号。刘綎高兴地说:"我友军到了!"他历来行军谨慎,所部军卒都带鹿角枝,一旦遇有敌情就地立营设阵。听到炮声认为其他几路军已抵后金都城,刘綎怕延误军期,急令军卒丢弃鹿角枝轻装前进。这一次他犯下了致命的错误——后金军击败杜松、马林两军得到了明军暗号,即以缴获的明朝大炮发出三声炮响诱惑明东路联军。(《栅中日录》)

朝鲜军与后金激战的"富察之野"今貌
(出自抚顺市社会科学院傅波、王平鲁、张德玉《萨尔浒战役北路东路战场遗迹考察纪实》)

全军覆没。三月初四辰时,东路军从深河继续进军家哈岭(今庙岭),仍是明军在前,朝鲜左、中、右三军相继。沿途烟尘滚滚,女真部落被明军焚烧。

刘綎得到侦探禀报说家哈岭没有后金兵,所以率军不分行伍,试图以强行军疾驰而过。而后金军实际上就埋伏在密林深处。先期抵达的达尔汉和阿敏所部收编了前卫残兵,在山谷埋伏。日出时分,后金大贝勒代善、三贝勒莽古尔泰、四贝勒皇太极从赫图阿拉城率领骑兵赶到了阿布达里岗,将马拴在岭前密林中以逸待劳。

已时,联军正要出密林,乔一琦的先锋营与后金军骤然相遇。明军先锋营抢占阿布达里山冈高地,后金大贝勒代善占据阿布达里岗东面的高峰,左、中、右三路分头向阿布达里岗的明兵冲击。明军先锋营寡不敌众,激战后被消灭,守备乔一琦单骑逃出。刘綎率明军主力进入瓦尔喀什旷野,未及布阵——实际上丢了鹿角也没法布阵,便陷入了3万后金八旗兵包围。从已时战到酉时,明军大败。一片混战中,提督总兵官刘綎先是左臂中了一箭,他忍痛拔出,用右手挥动大刀砍杀后金兵"数十名"。他面部又中一刀,仍拼杀不懈。代善下令放箭,矢飞如蝗,刘綎中箭身亡。刘綎的养子刘招孙在远处看见父亲倒地不起,奋勇向前格杀了数名女真兵,突围过来欲救刘綎,最后无力回天也战死在河岸边。

朝鲜军元帅姜弘立率部属随明军走了 16 里,到了"富察之野",即见前方烟尘涨天炮声轰鸣,知道刘𫄧已与后金兵发生战斗。于是,姜元帅命令左、中、右三营立即抢占山头,中营阵于元帅所蹬之阜,右营阵于南面一阜,中、右营即时排阵。令左营结阵前面高峰,而左营已结阵于平地。解决了明军主力,后金骑兵蜂拥而来,朝鲜军左营再想移阵上山已来不及了。

朝鲜军的炮、铳一放之后来不及再填装,后金骑兵已冲入阵中。左、右两营瞬间覆没,左营将军金应河力战而死。后金骑兵转而合围中营,朝鲜中营官兵目睹后金兵屠杀左、右两营的惨状丧魂落魄、举旗投降。明军游击乔一琦突围至姜弘立面前,意欲同朝鲜军共存亡。朝鲜军投降了后金军,在俘归赫图阿拉途中路过家哈岭,乔一琦奋力挣脱了后金兵跳下悬崖。(《清太祖实录》《努尔哈赤传》《栅中日录》《萨尔浒战役北路东路战场遗迹考察纪实》)

第二幕:明朝、朝鲜、后金的三者关系

2013 年 3 月 23 日,韩国有线电视台(JTBC)推出历史剧《宫中残酷史:花儿的战争》,这被视为韩版《甄嬛传》。该剧开篇就将一个真实存在过的宏大场面揭示在世人面前。

一个风雪交加的夜晚,朝鲜国王在大兵压境屡战屡败后,在重臣簇拥下乘轿到敌营屈膝投降。穿戴重甲骑着高大战马的八旗兵傲慢地看着蹒跚而来的朝鲜君臣,一个骑士下令扒掉了国王的披风,"主辱臣死",人们跪倒在雪地上痛哭失声。国王站立在寒风中,睁大的眼睛透露出屈辱和挣扎,他只说了一句:"不要再为了我牺牲了!"荧屏打出他的身份:朝鲜李氏王朝第十六代国王、仁祖李倧。他和他的国度是怎样一步步沦落到这种境地的?

万历二十三年(1595)"壬辰倭乱",丰臣秀吉率日军入侵朝鲜半岛,朝鲜陆军被击溃,日本人烧杀劫掠。朝鲜宣祖第五子定远君李琈携带已经怀孕的娇妻具氏(封号连珠郡夫人)仓皇逃到黄海道海州。当年十一月七日,在此生下一个男孩取名李倧,封绫阳君。他的出生冥冥中预示着命运的坎坷。

李倧长大成人,宣祖去世,国王桂冠落到他的叔叔光海君李珲头上。萨尔浒之战,朝鲜军也遭受打击。新国王李珲看到后金国力量日益壮大,改变了以往"一面倒"的亲明政策,以在后金和明朝之间周旋作为生存之道。这本来无可厚非,但弃"中华"而交"夷虏"悖逆了朝鲜信奉的正统观——中华道统。这还不算,李珲"昏乱日甚,幽废母后,屠兄杀弟",宣布父亲宣祖的夫人仁穆王后为"废妃",囚禁到西宫庆云宫;对其王位威胁最大的两个人:其一母同胞的临海君(宣祖长子)和年仅两岁的弟弟、宣祖嫡子永昌大君,则分别于万历三十七年(1609)和万历四十二年(1614)被残忍杀害。这些举动大大激化了王国高层内部的矛盾。

由于李珲在即位问题上存在篡权嫌疑,明朝最初不予认可。在李珲派专使解释后,明朝无奈确认加封,但是光海君对明朝心存芥蒂,转而与后金关系升温。朝鲜与后金的往来引起了明朝的警惕,礼部侍郎徐光启奏:"鲜、奴之交已合",建议派官员"监护其国"。实际上,李珲自即位起励精图治,实行改革,颁布大同法稳定民生,免除没有土地的人民向国家交纳粮食的义务。他奉行双向外交,争取实际利益,这也可以理解。但朝鲜是一个深受儒学影响的国度,国王李珲对有"再造之恩"的大明王朝的游离态度,在大臣们看来不啻是一种背叛;他残杀手足兄弟、幽禁庶母的残忍行径,进一步将其置于众叛亲离的境地,最终导致李氏朝鲜历史上最大的政变。

天启三年(1623)春天,在李珲左右任事的绫阳君李倧见李珲身患疾病,于是以"防御"之名令心腹陪臣将西人党的平山节度使李贵所部调入京城。三月十二日,李贵、李适、金自点等人在仁穆王后和南人党协助下,召集军队在绫阳君别墅会合。当晚,仁穆王后手下在庆云宫内举火为号,李倧率领李贵等人以救火为号攻克庆云宫(今德寿宫),将李珲绑缚,押到宣祖遗孀仁穆王后面前接受训斥,然后宣布废黜其王位,史称此次政变为"仁祖反正"。

政变次日晨,28岁的绫阳君李倧即位于汉城庆云宫别堂,是为朝鲜仁祖。拥护李珲的"大北派"大臣李尔瞻、郑仁弘等被赐死。被废黜的国王李珲则被石灰烧瞎双目,流放于江华岛。在后金入侵朝鲜后,于崇祯十年(1637)转移到南方济州岛。崇祯十四年(1641)七月朔日,抑郁而死。李珲的儿子被羁押后,挖地道逃跑,抓回后被处死。

这是一出家庭悲剧,这样的场景虽然残酷却并不陌生:西汉巫蛊之祸、唐代玄武门之变、明初靖难之役……

尽管李珲并不为明朝所喜,但他是明朝册封的宗藩,朝鲜人擅自发动政变废除国王是一件忤逆不道的事。后来"仁祖反正"的功臣李适又发动政变废除李倧,最终被李倧镇压。李倧的合法性迟迟得不到明朝承认,朝鲜只好派出使团前往登州拜见登莱巡抚袁可立。李民宬《敬亭续集·朝天录》记载了袁可立见朝鲜使节的情形:

抚院(袁可立)立语曰:"你国旧王(李珲)在否?"

(使节)答曰:"在矣。"

曰:"有子否?"

答曰:"有一子。"

军门曰:"在那(哪)里?"

答曰:"同在一处。"

军门曰:"闻旧王三月十三日已死云,是乎?"

答曰:"无此理。"

军门曰:"十三日动兵云是耶?抑旧君自退耶?"

答曰:"其失德,详在申文中,老爷见之则可以详悉矣。一国大小臣民,不谋而同,推戴新君。昭敬王妃令权署国事,天命人归,从容正位,岂有动兵之事乎?"

军门曰:"然则烧宫室云者,何故耶?"

答曰："宫妾所居之处,点灯失火,而正殿则依旧矣。"

军门曰："你国定乎?"

答曰："反正之日,市不易肆,朝野晏然,有何不定之事乎? 且总镇毛驻扎敝邦,如有可疑之端,则岂有掩护小邦,欺瞒朝廷之理哉!"

军门曰："晓得",仍命茶,谢拜而退。

万历四十七年(1619)的萨尔浒之战,后金网开一面将俘虏的朝鲜元帅姜弘立以下数千官兵尽数奉还,目的在于结交朝鲜,避免两线作战。此后,明金连年对峙征战。后金想南进,东面朝鲜的向背举足轻重。努尔哈赤多次派遣使臣赴朝谈判,希望朝鲜与明朝脱离藩属关系改同后金结盟。大贝勒代善也积极支持父汗的对朝绥靖路线,而努尔哈赤第三子皇太极却不大赞成。朝鲜《李朝实录》载:"第三子洪太时(即皇太极),常劝其父欲犯我国。其长子贵永介(即代善)则每以四面受敌、仇怨甚多,则大非自保之理,极力主和,务要安全。非爱我也,实自爱也。"朝鲜明白无论是对朝鲜主张绥靖的代善还是主张走强硬路线的皇太极本质上是一样的。

朝鲜君臣表面与后金保持外交关系,暗地里跟明朝保持一致,以"虏""奴"称呼建州女真,以"贼"称呼明朝农民军,明里暗里与明朝联手对付后金,这都是皇太极所不能容忍的。特别是朝鲜借皮岛(今朝鲜椵岛)给明朝作为敌后游击根据地,让明朝在此驻军数万,更让皇太极有芒刺在背之痛。

皇太极继承汗位后说:"父王不听我计,临终方悔……我气不过就是东江(即皮岛),只为山险谷深,前埋后伏,且他奸细甚巧,我的动静言语霎时便知。可恨! 可恨!"为了打破明、蒙、朝的三面弧形包围圈,皇太极公开遣使与辽东巡抚袁崇焕议和,暗地里则把进攻的矛头由西转向东,积极准备攻打朝鲜和消灭东江镇,以解后顾之忧。

崇祯四年至崇祯六年(1631—1633),孔有德、耿仲明发动登莱兵变,朝鲜联合明朝打击孔有德、耿仲明所部,给叛军造成极大损失。令皇太极更加气愤的是,在孔、耿所部投降后,后金以"毛兵降者至于数万,无以接济,愿得粮饷"为由派人前往朝鲜买粮以救燃眉之急,朝鲜君臣竟断然拒绝:"所谓胡兵,无乃孔、耿两贼耶! 此是天朝叛将,我国仇贼,方严兵待变,宁有给饷之理?"(《李朝实录·仁祖实录》)不给粮食也就罢了,朝鲜王国还将降后金的孔、耿称为"天朝叛将,我国仇贼",从皇太极到孔、耿无不对此耿耿于怀,早晚要算账。但在兴兵朝鲜之前,他们首先要解除南方的威胁,破关入塞到中原来一次武装游行,这就是崇祯七年(1634)孔有德、耿仲明、尚可喜第一次扫荡中原。

良禽择木栖,鸷鸟毁其巢。孔有德降后金的第二年(明崇祯七年,后金天聪八年,1634),明东江总兵官沈世魁逼反了副总兵官尚可喜,正自顾不暇。后金国主皇太极先集结重兵于沈阳,然后大举南下进攻中原,目的在于掠夺、破坏、蹂躏,以此削弱明朝战斗力,为征伐朝鲜和东江镇扫清障碍。

箭扣长城①

孔有德、耿仲明、尚可喜原为东江战友,后为登莱沙场敌手,又一变而为后金同僚。天聪七年(1633)三月十三日,皇太极在沈阳城郊阅兵,参加的有满洲八旗、蒙古二旗、旧汉兵一旗,共十一旗,孔、耿、尚的降兵也参加了大阅。五月二十日,他们随同第一批出征,毅然向老巢开炮。皇太极亲自率领第二批两天后出发。两批大军含步骑炮兵共 10 万人,满洲八旗、汉军、天佑军、天助军倾巢出动;大贝勒代善、贝勒阿巴泰、德格类、阿济格、多尔衮、岳托、萨哈廉、豪格等均从征。

千里边墙狼烟滚滚,明朝在水旱自然灾害及"党争""腐败""流寇""北虏"等社会灾害夹击下苦苦挣扎。就说兵灾后的胶东,从青州、昌邑到莱州,从平度到黄县、蓬莱、宁海,一路饿殍遍地。这一年,明政府"振登、莱饥,蠲逋赋"。为救灾,山东各县慷慨解囊。光绪《临朐县志》记载:"(崇祯四年)冬闰十一月,登州游击孔有德陷新城,邑境戒严,始募民为兵。五年,供亿登州米豆六千石。"临朐位于鲁中山区,今属潍坊市。明末临朐是一个小县,竟然贡献出米豆六千石,他们将自己的口粮输送到胶东接济老乡,自己却面临缺粮断炊之虞。再看中原腹地,陈奇瑜、洪承畴、卢象升、张应昌、杨世恩、贺人龙、杨正芳、曹文诏等,奉诏指挥官军数 10 万,正在四川、湖北、河南、山西、陕西等地与高迎祥、李自成、张献忠等农民军做殊死之搏。

屋漏偏逢连天雨。后金 10 万大军兵分两批经过两个月的迂回行军,于七月二十九自上方堡(尚方堡)入长城,进至北京西北宣府,不久攻克保安、万全、左卫……沿边诸城堡纷纷失陷,位于昌平的明十二陵告急。明廷诏令北京戒严,命总兵官陈洪范守居庸,保定巡抚都御史丁魁楚等守紫荆关、雁门关,宣大总督侍郎张宗衡节制各镇援兵。(《明史·庄烈帝纪一》)

满洲军同孔、耿的天佑军、尚的天助军从雁门关入边,与阻击的明军激战于代州。孔

---

① 箭扣长城位于慕田峪长城以西 10 千米,是明长城最著名的险段之一。

雁门关①

有德部将黑成功、佟延等人与明军大战于城东，"俘斩甚众"；尚可喜所部则"扑斩七百级"，旋与皇太极会师于雁北大同。

宁远团练总兵官吴襄在五月就得知皇太极南下消息，报告总督蓟辽保定军务、侍郎、都御史傅宗龙。傅宗龙，字仲纶，云南昆明人，万历三十八年（1610）进士。时议忠烈直臣，对君诚敬精白，对世勇直无畏。曾经有赖于他镇压了安邦彦等云贵土寇云岭才安定下来，多年后成为明军抗清的最后根据地。傅宗龙其时节制四大巡抚：宁远方一藻、永平杨嗣昌、顺天张鹏云、保定丁魁楚，傅宗龙率关宁军一部先行，但上述诸军机动力明显不行，与后金军相比处于劣势，眼睁睁看着八旗军纵横驰骋于关内。

"奴犯密云"，逼近北京，危机进一步升级。明廷从关宁紧急调遣第二批军队入援，八月初九，吴襄、尤世威、吴三桂率领两万精锐到达宣府。就在这里，发生了"吴三桂救父孝闻九边"的事件。虎口脱险的吴襄于十三日率兵抵达大同。初九，关宁铁骑的祖宽、杨国柱也先期抵达大同。最迟到八月中旬，两军主力都汇集到大同一线。皇太极也到达大同南之西岗设立大营督战。一场遭遇战不可避免。

傅宗龙采取谨慎态度、以宪牌指示"深井东西城之间依城立营……不得躁率轻进"，明军众将"进则畏督臣纠参，止则恐狡奴冲突"，摆出战术防守架势。尤世威部下的祖宽、祖克勇、杨国柱诸将与正白旗护军统领星纳、前锋统领席库特战于大同城北，关宁军"奋勇争先，两经对阵"，互有损伤。最终，祖宽所部在大同南关协守军支援下，击退了后金军。北门的战斗还没有尘埃落定，西门又响起炮声。镶白旗护军统领哈宁阿等攻击西门，吴襄军前锋被击退。八旗兵进而在孔有德的红夷大炮掩护下，架起云梯攻占了小西门。祖宽的骑兵又一次发威帮助吴襄抵御住八旗兵。双方在西门也互有杀伤，最终打成平局。

二十日，宁锦监视太监高起潜率兵也到了宣府。二十七日，吴三桂之舅、总兵官祖大寿带4000关宁军精锐到达密云，大同城防进一步巩固。相持下去对于外线作战的后金军不利，达到了掠夺蹂躏目的的皇太极不想死拼，梯次向东北退兵出塞。

明朝不仅被残破土地千里，而且九月奖功论罪，大批能干之臣落职：统帅傅宗龙被指责为"始勇终怯"，被下旨"削籍归"，时议其实质是"用小故夺官"。直到崇祯十年（1637）

① 雁门关为孔、耿所部参与第一次入关劫掠所突破之处。此关是长城要隘，又名"西陉关"，位于今山西代县以北约20千米处的雁门山中，与宁武关、偏关合称"外三关"。长城还有内三关：居庸关、紫荆关、倒马关。

十月"流贼"大举入川攻陷 30 余州县,崇祯帝才又想起了傅宗龙,并说:"假如当初用傅宗龙巡抚四川,贼寇之势又怎能至此呢?"明廷起复傅宗龙,命他前往四川"却贼"。崇祯十二年(1639),傅宗龙离开四川回京任兵部尚书,觐见崇祯帝。为人憨直的他既不说"五年平辽"也没有说"十面张网",直说"民穷财尽"。开始听他说,崇祯帝表示同意,接下来他所说的崇祯帝以为"皆他人唾余"。后来,他带着勉强拼凑起来的两万川陕兵出师河南新蔡,九月十九日被"流寇"杀害。

吴三桂之父吴襄,大同之战所指挥的 6000 人"堪用者不过三千有奇",而且马匹严重不足,被责"逗留不进",革去团练总兵官。这是他大凌河失利革职、登莱战功复职后又一次被革职。他极力申辩表示"死亦不甘",但于事无补。

副将吴三桂,率领 20 名家丁冒死突入数万八旗大军,救出父亲吴襄,但因为父亲获罪无人敢为他提战功,因此密云城下单骑救父孝闻九边的事"被淹没,成为民间口碑流传"。(《三藩史略》卷上)

只有西协副将祖宽,因大同战功突出升为援剿总兵官。他跟吴三桂都是起自关宁铁骑的少壮派,靠作风顽强和军事素养过硬在胶东平叛打出赫赫威名,晋升参将。后来他被调动去打农民军,屡战屡胜,累功升正一品右都督。他指挥的边兵凶猛、憨直,跟别的兵不同。过去派去"剿贼"的官兵多是关中人,跟"贼寇"是同乡,两军对阵相互问候,官兵甚至抛牲口弃辎重故意放走"贼寇",称这是"打活仗"。而祖宽的兵跟"贼寇"语言不通,见"贼"就杀,又喜欢打野战,所以经常打胜仗。可是祖宽部下纪律不好,所过之处焚烧房屋、奸淫妇女,仗着战功毫不收敛。祖宽性情刚烈爱发脾气,得不到文官的喜欢,所以落难时没人为他辩护。在这样的社会环境下,祖宽的下场也很惨。崇祯十一年(1638)冬,朝廷传令祖宽率兵增援京师郊区。山东告急,第二年正月济南失守,祖宽"逗留不前",落职被捕,以"失陷领土"之名被杀。(《明史·祖宽传》)祖宽的命运在明末具有代表性。能战之将或者如赵率教、满桂战死疆场,或者如祖宽一样以小错和人际关系差被罗织罪名所杀;懦弱败军之将则因丧师失地触犯军法被杀。这样一来,明朝益无人可用,军事力量被进一步削弱,清军攻城略地来去无碍。洪武(1368—1398)、永乐(1403—1424)年间辛苦筹建的北边形同虚设。这种情况下,谁还能再顾得上朝鲜王国以及孤悬海外的东江镇明军游击队的命运呢?

皇太极继汗位之初面临严峻形势:由于多次对外侵略,后金国受到明、蒙、朝鲜三方包围,处境孤立;内部矛盾日益严重,他虽有大汗之位,但要同代善、阿敏、莽古尔泰三大贝勒"按月分值"政务,徒有"一汗虚名"。为集权推进封建化改革,皇太极将问题各个击破。天聪四年(1630),他以阿敏弃守滦州、永平、迁安、遵化四城的罪名将其终身幽禁。天聪五年(1631),莽古尔泰同皇太极发生口角拔刀相向,他借机以"御前露刃"之罪革去贝勒。天聪六年(1632),废除了与三大贝勒平起平坐、共理政务的旧制,改成皇太极南面独尊,仿明制建立统治机构行使后金国家权力。

天聪九年(1635),南征的后金军在蒙古草原南缘获得一块来路不明的所谓"传国玉玺"（据称为林丹汗之子额哲所献），皇太极如获至宝，以皇天应瑞为辞准备上尊称帝。

翌年早春二月，皇太极命英俄尔岱、马福塔等人出使朝鲜。一方面视朝鲜为藩属传达称帝之意，希望朝鲜参与劝进并派遣专使朝贺；顺带谴责朝鲜多年来明里暗里帮助明朝对付后金的"错误"行径，借机敲打李倧君臣。这是皇太极即将对朝鲜和东江镇下手的信号！

英俄尔岱等从盛京远路过丰城到达王京汉城。闻听"建房"竟然要"沐猴而冠"，朝鲜举国上下大哗，积累十年的憎恶、羞辱、怨恨情绪一并迸发。臣僚纷纷跪在朝堂向仁祖李倧上书痛陈万万不可。有的朝鲜人谴责后金国主想当皇帝是"背兄弟之约，僭天子之号"。有的朝鲜人大声疾呼要让"建房"们知道，我们朝鲜是有操守的国家。有的朝鲜人义正词严：我们一定不能做这样违反纲常伦理的事情！有的朝鲜人甚至于做好了牺牲的准备，"虽以国毙，可以有辞于天下后世也！"（"使彼虏得知我国之所秉守，不可以干纪乱常之事有所犯焉。则虽以国毙，可以有辞于天下后世也。"）

在一片慷慨激昂的氛围下朝鲜国王李倧拒不接见后金使团，也不接受皇太极的国书。英俄尔岱率领的后金使团吃了"闭门羹"，愤然离开汉城。而沿途百姓对这一行后金人没好印象也很不客气："观者塞路，顽童或掷瓦砾以辱之。"

后金天聪十年(1636)（明崇祯九年，朝鲜仁祖十四年，清崇德元年）四月，盛京张灯结彩，皇太极（朝鲜作"洪台吉"）正式举行称帝大典，改国号大清，改元崇德，改族名女真为满洲。同时，晋封孔有德为恭顺王、耿仲明为怀顺王、尚可喜为智顺王。朝鲜虽然派来了专使，但是使臣罗德宪、李廓秉承王命不承认皇太极天下独尊的皇帝地位，众目睽睽下拒不下拜。一贯宽厚大度的红脸汉子皇太极当场怒不可遏，他下定了决心……后金与朝鲜的战争已经不可避免！

第三幕："丙子胡乱"

八月桂花香，九月石榴红，十月大雁去，十一月冰封河。到了寒冬腊月，两岸大地冰封，而一支浩浩荡荡的大军打破了鸭绿江的寂寥，行进在通远堡到凤凰城（定辽右卫城）的路上，目标是江对岸的朝鲜义州。身材颀长的清国天佑军都元帅孔有德骑着一匹枣红战马，身边满汉交汇的"天佑军"旗号猎猎招展，他冷峻的面容扫过长长的行伍，扫过一辆辆碾压着雪地吱呀作响的炮车，心头百感交集。大时代是一条河，裹挟着世人上下浮沉，人们只能在其中上下翻滚。他扭头想对这支部队的二号人物、天佑军总兵官耿仲明说点什么，但是话到嘴边欲言又止——毕竟因为早早下矿挖煤他读书不多。从矿徒到东江抗金战士，到一名清军将领，耿仲明也颇有恍若隔世之感。

等待了大半年，终于等到鸭绿江结冰，泥泞的大地终于封冻，重甲骑兵和大型火炮可以通过了。后金崇德元年（朝鲜仁祖十四年，明崇祯九年，1636）十一月二十九日，皇太极在盛京发布檄文声讨李氏朝鲜：①收纳我国逃人献给明朝；②对待我国使节蛮横无礼；③

孔有德、耿仲明来降我大清,举兵截击;④我军到了,他们依旧抗拒。皇太极振振有词,似乎被侮辱和被损害的不是朝鲜而是大清,历数朝鲜君臣种种"罪恶",宣布"不得已出兵",派兵12.8万人(含孔、耿等部),携带红夷大炮数十门,其他火器、弹药、弓弩无计其数,进军朝鲜。(参见《清太宗实录》卷三二)

　　是时候了!岛帅、督师都已驾鹤西去了!登莱巡抚孙元化死了,大学士徐光启也倒下了!大明朝边墙残破,我大清兵直入无人之境,察哈尔、喀尔喀、科尔沁诸部都已归降了!就连蒙元继承人林丹汗的儿子额哲,也献出传国玉玺投降了——恐怖的呼喊在辽东上空回荡!

　　朝鲜此时人口约1100万,兵力不下50万;反观新生的清国,人口则只有约50万满洲人(原建州女真)和50万左右汉人,加上蒙古人和以汉族为主的俘虏人口总共不过200多万,兵力不过20万。这么悬殊的人口和兵员差距,朝鲜竟被清国压制,实在奇特。"女真不过万,过万则无敌",拿新生的清国与庞然大物般的明朝比较,差距更加悬殊。正如20世纪中东弹丸小国以色列对阵几乎整个阿拉伯世界,单一的国土面积、国民生产总值、人口基数和兵员数额都不是取胜的决定因素。

　　十二月初二,清军两路出征:右翼军由和硕豫亲王多铎率领,以宗室贝勒岳托,固山贝子硕托、罗托,辅国公博和托等率领的八旗为主;以"三顺王"孔有德、耿仲明、尚可喜的汉军骑炮兵为辅。兵力进出镇江堡—义州—定州—平壤一线。左翼军由和硕睿亲王多尔衮、和硕肃亲王豪格指挥,兵力进出宽甸—长山口—安州—黄州—宁边城—江华岛一线。按照计划,两路大军最后都将会师于朝鲜首都汉阳(今韩国首尔)。

郭沫若所题沈阳故宫匾额

　　"北虏"欲对朝鲜下手的消息很快传到北京。朝鲜人朴趾源记载,崇祯帝"内不能救福、楚、襄、唐之急,而外切属国(朝鲜)之忧",心急如焚。他令总兵官陈洪范从山海关、天津、登州等各镇调明军舟师赴援。陈洪范军刚刚出海不久就接到了山东巡抚颜继祖的上疏,说朝鲜失陷了。山东巡抚颜继祖(?—1639)是三明龙溪人,万历四十七年(1619)进士,一年前继朱大典出任山东巡抚。闻听此报崇祯帝大怒,以"继祖不能协图匡救,下诏切责"。明军总兵官陈洪范随后到达皮岛,与东江镇总兵官沈世魁的部队联营,一共两三万人,在数十万以红夷炮武装起来的八旗铁蹄面前自保尚且不足,根本无力救援朝鲜。

　　大清出兵,朝鲜国王李倧及其大臣早有预料。朝鲜在当年春天拒接国书、遣返后金使节,李倧随即下令关闭边境,"于义州南岭筑城"。四月,李倧勉强派人出席大清成立典礼却不行跪拜,双方不欢而散。下半年派员送信被大清国拒接,只有积极备战一条路。

无奈朝鲜历经万历抗倭战争、萨尔浒之战、天聪元年(1627)后金侵朝之战以及频发的灾害内乱,国力消耗十分严重,军力较之李舜臣抗倭时期大大下降。总体比较而言,朝鲜技术装备不弱,水师和炮兵力量较强,步、骑兵战力则远在清国之下。而宗主国明朝深陷数线作战的泥沼,距戚继光抗倭不过50余年,距中朝联军大败日本军不过30年,军力此时也大大下降,再也派不出如邓子龙、李如松那样作风顽强训练有素的将领。

综合分析《明史·庄烈帝纪》《清太宗实录》《清史列传》《三藩史略》的记述,大清国攻朝过程如下。

十二月初二出兵。约在十二月初十,主力右翼军越过鸭绿江进入明朝藩属朝鲜,与义州驻军交火。侧翼奇兵左翼军也从北方宽甸向鸭绿江急进,战争全面打响。双岭战役,300满洲骑兵大破上万朝鲜守军。从义州到汉阳一路,朝鲜军人数虽众但几乎没有能够与清军正面抗衡的部队。十二日,清军进驻郭山城,次日攻克定州城,随即又下平壤城,短短十来天,兵锋逼近首都汉阳。前线溃败得太快,朝鲜君臣"上下遑遑罔知所为",都城之内从士大夫到老百姓纷纷出逃,"扶老携幼,哭声载路"。

李倧一面派崔鸣吉赴清营继续谈判以缓其兵,一面把王妃、王子及大臣的妻子们再次送往江华岛暂避,而自己率文武百官退守"南汉山城",并立即下令全国起兵勤王。"南汉山城"位于汉城以东30里山区,是类似于德国"总理府暗堡"或者美国华盛顿西北贝里维尔"韦瑟山绝密工程"一样建在政治心脏附近的筑垒地域,以完善的防御体系加以保护,平时保存充足的粮弹水源以保

今景福宫景色

证持久抵抗。但是由于朝鲜战备不充分,"南汉山城"除了大炮和弹药比较充足,粮草储备根本不足。

清国右翼主将多铎挥师拿下汉阳后,跟踪而至包围"南汉山城",伐木列栅,绕城驻守,切断了山城内外联系。皇太极本人也于十二月十九日抵达,立御营于城西。最激烈的战斗就发生在这里。清军仰攻山城,朝鲜军为了保卫国王拼死抵抗,朝鲜城外巡抚率领各路援军1.8万人来援,分作两个大营,以5000人俾之副将立营山麓,与清军对峙。清军激战数日不克,双方就在对峙中迎来了新年。

崇德二年(1637)正月初二,皇太极致书朝鲜国王李倧,指责他"先惹衅端",并威胁说:"朕以此故,特举义兵……若拒者必戮,顺者必怀,逃者必俘。"李倧召集群臣商讨,决定不称臣,以平等的方式复书曰:"朝鲜国王谨上言于大清国宽温仁圣皇帝:小邦获戾大国,自速兵祸,栖身孤城,危迫朝夕……如蒙念丁卯誓天之约,恤小邦生灵之命,容令小邦改图自新,则小邦之洗心从事,自今始矣。必欲穷兵,小邦理穷势极,以死自期而已。"皇

太极不允。

正月初七,孔有德等"三顺王"指挥的清军重型火器部队抵达"南汉山城",架起红夷大炮猛轰。山城守军也不示弱,以炮火居高临下与孔有德对攻。炮战中不知道是巧合还是战事太过激烈,一发朝鲜军"天字铳筒"发射的弹丸,径直射进孔有德部一门红夷大炮的炮膛。可想而知,孔部此炮炮毁人亡。这是"南汉山城"之战的一个小插曲。

激战日久,所盼勤王之师都被清军击败,朝鲜君臣只有坐困山城,粮食不继,杀马分食。朝鲜国王见到形势危急,又命崔鸣吉出使清方,国王信中"多以哀乞为主",称:"小邦僻在海隅,惟事诗书,不习兵革,以弱服强,乃理之宜……君臣父子,久处孤城,其窘亦甚矣。诚于此时,蒙大国翻然赦过,许其自新,则小邦君臣,铭镂感戴。而天下闻之,无不服大国之威信。"

看到朝鲜求和之切,皇太极命人在望月峰上升起白旗,大书"招降",又致书朝鲜国王:"今尔有众,欲生耶,亟宜出城归命;欲战耶,亦宜亟出一战。"朝鲜国王迫于形势的压力,遣使复书,称皇太极为"陛下",并说:"诸藩合辞,共进尊号,天人所归",承认皇太极上尊称帝。因为"重围未解,帝怒方盛",所以不能"出城归命"。

皇太极强硬坚持朝鲜国王要么出城投降,要么一决雌雄,派英俄尔岱等往谕李倧:"命尔出城见朕者,一则见尔诚心悦服,一则欲加恩于尔,令永主尔国,旋师之后,示仁信于天下耳。若以计诱尔,何以示信天下?"当天,朝鲜国王复书,仍力争不能"出城归命",书曰:"今日满城百官士庶,同见事势危迫,归命之议,同然一辞。而独于出城一节,皆谓我国从来未有之事,以死自期,不欲其出。若大国督之不已,恐他日所得不过积尸空城而已。"皇太极派遣英俄尔岱退还朝鲜国书,同时下令用火炮攻城。

恰恰此时,清军左翼在击败了黄州援兵2万、生俘宁边总兵后,星夜兼程赶到了"南汉山城"。十八日,皇太极下令该部3万八旗兵往南攻破江华岛,宗室贵嫔及文武百官等夫人都被俘。这成了压垮骆驼的最后一根稻草。

家国残破,百姓受苦,勤王军络绎不绝于途,每天都有成百上千的军民死去,李倧站在"南汉山城"的南门高台上,远远看着烽火四起,城下清军黑压压一片,不禁长叹,做出了决定——放弃抵抗,向皇太极俯首称臣,只要停止杀戮,他甘愿受戮。这就是《花儿的战争》开剧的一幕。

明崇祯七年(朝鲜仁祖十五年,1637)一月三十日,持续抗战45天后朝鲜国王出"南汉山城"投降。李倧自去冠冕、身着青衣,步行去汉江东岸三田渡面见皇太极,随从群臣一路痛哭。在江华岛被俘押解到此的朝鲜世子李澄(仁祖长子)、凤林大君(次子)、麟坪大君(三子)远远看到父亲一行在冰天雪地中蹒跚落魄而来,三王子与朝鲜群臣哭声震天。

主和派礼曹判书金尚宪跪在仁祖面前,说起名将李舜臣曾经受到奇耻大辱,虽然一时生不如死,但未来会绝处逢生,劝李倧不要赴死;而亲明主战派弘文馆副校理吴达济和弘文馆校理尹集,都劝他不要低头。李倧说:"不要为了我再牺牲了!"在三田渡,他对着皇太极三叩九拜,磕在地上头破血流！李倧出降做好了被杀的准备,但皇太极没有灭掉朝鲜的打算,那样做只会激起朝鲜人的反抗。皇太极不想在对阵明朝的关键时刻背上一个包袱,只想解除朝鲜与明朝的同盟关系,使得其人力武力为己所用。这个明智的决定也挽救了李倧的生命。

三田渡附近(今韩国首尔石村湖)李倧在此降清

韩国首尔兴礼门前的古代典礼

皇太极受降后先行班师,命多尔衮等率大军及俘获财物、人口后行,并派硕托、孔有德、耿仲明、尚可喜等领兵攻打皮岛明军。皇太极发动第二次征朝战争,使朝鲜国王签订"城下之盟",彻底解除了清军征明的后顾之忧。从此朝鲜归服称臣,断绝和明朝的关系,成为清的属国,这一事件被朝鲜国史称为"丙子虏乱"。此期间,朝鲜"宁获过于大国(指清),不忍负皇明",对明朝一直怀着等待拯救的信念。李倧"唯望父母邦(明朝)之来救矣",希望再来一次"壬辰之役"那样的漂亮仗一举歼灭清军,甚至打算国家灭亡也不投降。他后来自述:"壬辰之役,微天朝则不能复国。至今君臣上下,相保而不为鱼者,其谁之力也？今虽不幸而大祸迫至,犹当有陨而无二也。不然,将何以有辞于天下后世乎？"这一动机的背后是巨大的伦理抉择。朝鲜屡战屡败被迫投降之后,便出现了"身在满营心在汉"的状态,背负着沉重的精神压力。每年"正月朔乙丑,上(李倧)于宫廷设位西向中原哭拜,为皇明也"。而在其子孝宗国王的记载中,仁祖每当"语及皇明,至于呜咽不能言"。

皇太极两次用兵朝鲜遭到强烈抵抗,激战中努尔哈赤女婿舒木禄·扬古利(超品公赠武勋王)被朝鲜兵以火枪狙杀,大批清军将士战死疆场。同时,战争给朝鲜人民也带来了灾难。朝鲜《李朝实录·仁祖实录》记载,战后朝鲜"山路海郡,四处杀掠,子女财畜,荡覆无余"。《沈阳状启》载:"农节方急,顿无耕作之望,所见惨恻。"崇德二年(1637)战败的朝鲜王国被迫签订了《南汉山条约》。《清史稿·朝鲜传》载:

帝(皇太极)敕令去明年号,纳明所赐诰命册印,质二子,奉大清国正朔；万寿节及中宫皇子千秋、冬至、元旦及诸庆吊事,俱行贡献礼；遣大臣内官奉表、与使臣相见及陪臣谒见、并迎送馈使之礼,毋违明国旧例；有征伐调兵赴从,并献犒师礼物；毋擅筑城垣；毋擅收逃人；每年进贡一次，其方物黄金百两、白金千两、水牛角二百对、貂皮百张、鹿皮百张、茶千包、水獭皮四百张、青黍(鼠)皮三百张、胡椒十斗、腰刀二十六口、顺刀二十口、苏木二百斤、大纸千卷、小纸千五百卷、五爪龙席四领、花席四十领、白苎布二百匹……布四千匹、米万包。

这个条约取消了朝鲜与明朝的朝贡关系，迫使朝鲜派出王子作人质并按时缴纳贡品，还要派兵参加对明朝作战，核心是朝鲜俯首称臣。

到了 19 世纪末期，完成了"明治维新"的日本对欧亚大陆虎视眈眈，高调宣扬要"开拓万里波涛，宣布国威于四方"，视朝鲜为理想跳板。光绪二十年(1894)，日本利用朝鲜东学党起义挑起战火，继承明朝代表中国的清朝无可选择，万历抗倭 300 年后，中国军与日本军再度在朝鲜半岛交锋。光绪二十年(1894)六月二十一日，侵朝日军突袭汉阳景福宫挟持朝鲜国王李熙，解散朝鲜亲华政府，扶植李熙生父兴宣大院君李昰应上台"摄政"。朝鲜政府被强行绑上日本军国主义的战车，但正如一句谚语：捆绑不成夫妻。朝鲜人大多心向中国，朝鲜平安道观察使闵丙奭积极协助清军作战，连日本扶植上台的朝鲜国王李昰应都暗中给清军传递情报。可惜腐朽没落的清廷内战内行、外战外行，既无力阻敌于国门之外，也不能解救藩属于水火之中，致使千万壮士肝胆涂地国门不守，甲午战争演变成中华民族和朝鲜人民共同的大灾难。

朝鲜义士安重根刺杀伊藤博文次年，日本吞并朝鲜。1919 年 3 月 1 日，失国后的朝鲜国民借悼念高宗李熙发动"三一运动"，4 月 10 日在中国上海法租界成立了以李承晚为国务总理的流亡政府，宣布朝鲜独立，国号"大韩民国"。不久，中国爆发了五四运动。第二次世界大战中，韩国临时政府随中国政府西迁重庆，临时政府主席金九与中国合作抗日，中国支持韩国流亡政府组

1909 年朝鲜人安重根在哈尔滨火车站刺杀日本重臣伊藤博文

建以李青天为总司令的"韩国光复军"。在当时对日作战的中国各派军队中都有朝鲜国民的身影。

众所周知，二战结束，日本投降后的朝鲜半岛并没有如愿迎来和平，1950 年到 1953 年东北亚的惨剧今天依旧牵动人心，一道"三八线"撕裂了"三千里江山"，将韩国和朝鲜人民骨肉分离。迄今为止，数不清的大炮、坦克等武器依旧锁定这一地区，冷战余波与地缘博弈交织在一起，导致这里依旧是东亚的"火药桶"。

浴血东江

　　明崇祯十一年(清崇德三年,1638),东江镇成为崇祯五至六年(1632—1633)登莱兵变以来倒下的多米诺骨牌的最新一张牌。汉阳附近持续 45 天的炮声停了下来,旷日持久的东江镇保卫战(即皮岛之战)拉开帷幕,这是登莱平叛之战的继发战,是明亡清兴的重要战役,它的重要性如同登莱之战一样被长期忽视。

　　东江镇设在皮岛。皮岛位于朝鲜铁山半岛以南的西朝鲜湾中。全岛东西 15 里、南北 10 里,面积 19.2 平方千米。"岛上有山,地势险要,又兼四面环海,易守难攻,是一个十分理想的屯兵场所。"明天启元年(1621),明朝将领毛文龙率 197 名勇士取得"镇江大捷",随后招抚辽民,训练士卒,依托朝鲜皮岛建立起一支海外劲旅驻守东江镇。后金天聪元年(1627)初,皇太极欲要铲除皮岛根据地,毛文龙率部反击,双方互有损伤,后金不能得手,转而进攻朝鲜,时谓"丁卯之役"。明崇祯二年(1629),袁崇焕诱杀桀骜不驯的岛帅毛文龙,东江镇开始分化。崇祯六至十年间(1633—1637),明将孔有德、耿仲明、尚可喜相继叛逃,引导清军攻打朝鲜。明廷命令东江镇总兵官沈世魁出兵援助朝鲜,沈世魁率军至渤海湾之耀州盐场以示牵制(耀州在海州城西南 200 里),但是没有起到太大作用。朝鲜虽降,皮岛尚在,清军一撤明军又将登陆,朝鲜必将回归明朝怀抱,因此攻打皮岛是清军的必然选择。皮岛决战前兵力对比与战前态势如下:

　　清军部署。二月初二日,皇太极自朝鲜班师。临行前,他"命贝子硕托,恭顺王孔有德、怀顺王耿仲明、智顺王尚可喜率每牛录甲士四人及三王下全军,异红衣炮十六并朝鲜战船五十艘,往取明皮岛"。

　　清军八旗几乎全部参战,计有:谭泰领正黄旗,杜雷领正红旗,叶臣领镶红旗,阿山领正白旗,阿济格领镶白旗,达尔哈领正蓝旗,拜尹图领镶黄旗。前后投入兵力数万,各类大炮数百尊,战船 100 只以上;附有强征来的朝鲜战船和兵力。其指挥员除了硕托、孔有德、耿仲明、尚可喜,后来又增加了努尔哈赤第十二子阿济格、固山额真萨穆什阿、固山额真昂邦、汉军统领石廷柱、户部承政马福塔、佐领鳌拜等人。皮岛旧将孔有德、耿仲明、尚可喜,引领新主人攻打自己老巢,为了表明对满洲上层的忠诚他们必须拿出实实在在的战果。

　　明军态势。参战的明军由三部分组成。一是东江旧部。东江镇全盛时期,有兵 3 万多,孔有德、耿仲明、尚可喜都在其中。袁崇焕斩毛文龙收其兵编为三协,有兵 2.8 万。经屡次战损叛变,最后一任东江镇总兵官沈世魁麾下兵力号称万人,实际数目远远不足。

　　二是陈洪范的登莱援军。奉崇祯帝之旨崇祯六年(1633)收复平度、登州之战的功臣、总兵官陈洪范自山东泛海北援,名义上有兵力 8000 人。

　　东江旧部与陈洪范援军对外号称"一万八",实际上,这两部分合计不过"一万二"。

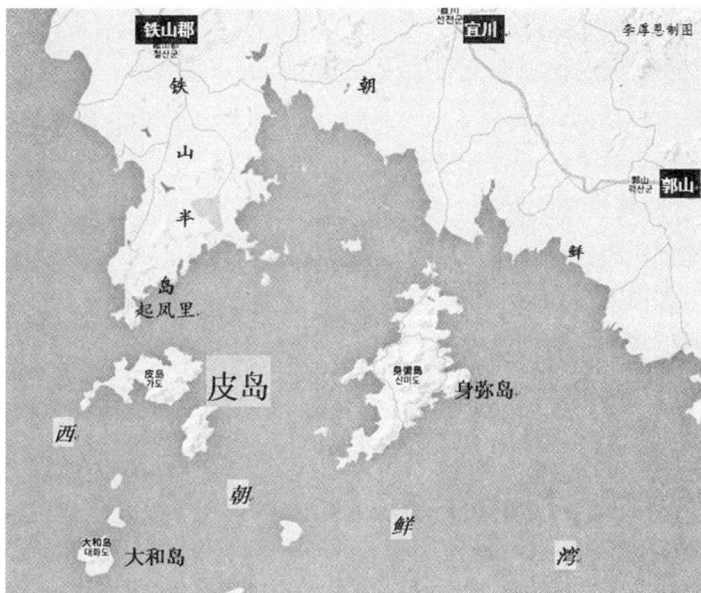

明军东江镇大本营皮岛位置图

　　三是其他诸路援军。除陈洪范援军外,又派出如下部队:总兵官辛某,麾下兵力1.2万人;总兵官金某,麾下兵力660人;天津卫游击董某,麾下兵力1770人;登州卫游击王某,麾下兵力2000人;副将吴三桂、副将白某、副将刘某,麾下关宁军兵力280人;参将吴某,麾下兵力450人……杂七杂八,诸路援军一共1.7万。合计东江旧部与陈洪范援军,全军共3万人,战舰一百数十艘,火炮弹药充足。(《三藩史略》)

　　在征服朝鲜回师路上,皇太极发布谕令攻皮岛。远在皮岛数千里之外的紫禁城,崇祯帝不无焦虑地关注着这个离岛,以及岛上他的数万官兵的命运。清崇德三年(1638)二月上旬,西朝鲜湾北岸清军大营里的统帅、贝子硕托,以及皮岛总镇、辕门内的明朝岛帅沈世魁,都在威严地发布军令,千千万万的士兵严阵以待。

　　二月二日,明军东江岛帅沈世魁早早登上了皮岛之山巅。皮岛之名,得名于毛文龙。毛帅开镇东江,借椵岛屯兵,后来将总部迁往椵岛,改“椵岛”为“皮岛”。盖有毛必有皮,取“皮之不存,毛将焉附”之意。皮岛犹存,毛帅何在?

　　自从前年尚可喜叛变,明军辽东沿海据点尽失。今年初,清军大掠铁山半岛及周围,明军在大陆的前进据点一一陷落,皮岛已成为孤岛,保卫皮岛的重任,落到了东江镇最高指挥官沈世魁头上。

　　沈世魁(?—1638),原籍辽阳右卫,商贾出身,从军谋取“左千户”之职,与孔有德等都是开镇东江的“一百九十七壮士”之一。崇祯四年(1631)三月,补东江后营参将。五月,加副将管理坐营。崇祯六年(1633)四月,署理东江总兵官。崇祯八年(1635)黄龙牺牲,后正式出任东江总兵官。

　　沈世魁多次带兵深入敌后打击清军。孔有德叛变后,他极力镇压,屡立战功。但其为人粗俗没有文化,因女儿嫁给了毛文龙而仗势横行岛中。在东江镇历史上他做了两大错事:一是教唆士兵哗变,谋划夺上司的权,被黄龙、尚可喜粉碎;二是黄龙死后,他阴谋杀害广鹿岛副将尚可喜,从而逼反了尚可喜(这两件事相互联系前文备述)。赶走了他的"眼中钉"和所有竞争对手后,东江的势力也大为削弱。对本镇迫在眉睫的危机,他缺乏认识,居然在战区陶陶然享受生活。据《潜谷先生遗稿·朝京日录》记载,沈世魁身为东江镇总兵官加都督职衔,但他"久不坐堂,罕接将官,军愤颇失望"。他骄奢淫逸,"大治宫室""亦营第舍",苦役士卒,以致"颇有怨骂"之声,这些都削弱了明军的凝聚力和战斗力。但在朝鲜失陷后他终于认清形势振作了起来,用最后的生命划出一道光彩的曲线。

迎着二月二的寒风,岛帅沈世魁登上皮岛制高点,部下遥指对岸铁山半岛小村起凤里,这里已经是清军的地盘,东面的身弥岛和一连串的小岛掩映在湛蓝大海中,看上去都一片静谧。东方远处宣川、定州、安州方向,晴时历历在目的陆地一点也看不到,只有海水与岛屿相连的天空笼罩着黑沉沉的烟雾。其实那不是雾,而是现在的战火和焚烟……

沈世魁问一路随扈的沈志祥:"朝鲜可有消息,虏师主力在何方?"

沈志祥禀报:"大人,我铁山沿线墩堡烽燧尽毁,与朝鲜不通音问矣。"话音未落,前方来报,朝鲜国总兵官林庆业派使来见,这真是雪中送炭,沈世魁喜出望外,接见了这位不速之客,大致弄清了对方的态势。

林庆业受命带兵协助清军参战皮岛,战前却为明军通风报信,后来逃入明朝境内。清顺治二年(1645)春,在江淮地区被刘泽清部胁迫降清。

朝鲜义州府尹林庆业(1594—1646),字英伯,号孤松,是一位亲明将军。他按照《南汉山城条约》带兵协助清兵攻皮岛,暗中却受国王李倧及亲明派授意致信皮岛,将清军作战计划和盘托出。东江镇上下知道大敌当前,岛帅沈世魁撤去酒席,开足马力调兵遣将,补充粮弹。岛上能战之兵近3万人,划分三个防区。①皮岛副将沈有德指挥岛兵数千守备岛屿西北方。②登州副将金日观、游击楚继功等指挥的登莱兵,守备岛屿东北方;金日观是浙江浦江人、登莱总兵陈洪范部下,去年十月随陈洪范从山东省来援。③以辛总兵官带1万兵守御身弥岛正东方,清军主力麇集

朝鲜国义州府尹、总兵官林庆业

在这一方向。其他明军为预备队,沈世魁本人居间调度。部署已定,清军来攻。

天命五年至天聪四年(1620—1630)间,后金曾经两攻皮岛不克,吃了大亏。因此这次进攻硕托等人心有余悸。清军乘坐被征服的朝鲜国提供的数十艘大船,目标很大且行动缓慢,远远就被锁定。可是明军的炮火射程不足,只有靠近到岛屿附近双方方才交火。清军大船甫等靠岸,或者被击毁,或者自相逃逸。少量的清兵划着小舟登上滩头,立即被明军包围消灭。硕托与孔有德、耿仲明、尚可喜等人在一起指挥攻岛,远远注视着自己十

分熟悉的老根据地皮岛,孔有德等人无不感喟。

登岛、被驱逐;再登岛、再被驱逐……清军伤亡逐渐加重,战事失利的阴霾压在清国贝子硕托和"三顺王"心头。看到这种情形,红夷大炮在海边布列开火,皮岛地动山摇。由于明军有筑垒掩护,炮轰效果不明显。

攻岛阅月,皮岛明军旗帜屹立不倒,孔有德部携带的铅弹告罄。清军的特长是骑兵,而骑兵在皮岛之战中派不上用场,贝子硕托、三顺王孔、耿、尚对此都一筹莫展。自二月初二日硕托率兵往攻皮岛至三月八日其间相隔一个多月,《清实录》对这段时间的攻岛情况不见有任何记载。《八旗通志》仅记载:硕托等奉命攻皮岛,"守将沈总兵(指副将沈有德)坚守,不能克",皮岛之战陷入胶着。

转机出现在三月八日。皮岛久攻不克引起了皇太极的极大关注。他沉思,自从出师朝鲜以来我军气势如虹,攻无不克战无不胜,唯独一个皮岛打不下来,毕竟明军跟朝鲜军不一样!皮岛纵横 10 多里,数万大军足够,更多人马用不上。久攻不克不仅有损大清国威,而且出兵的战略目标就要落空,只要东江镇存在一天,他就一天睡不安稳,苦思冥想之时想起一个人:

十多年前的天命十一年(1626),父汗亡故。为报宁远城下被袁崇焕击败之仇,皇太极即位不久他就出兵打宁远。后金军逼近宁远,明军 1000 余人在城外扎营挖掘战壕,壕前摆列火器,看上去固若金汤,他的一员大将毫不畏惧,亲自出马率部迎着枪林弹雨将该部明军全歼。明朝老将满桂又率大军出城列阵,他下令进击,各位贝勒以距城池太近个个面有惧色,唯独这员大将二话不说,跃马挑枪率铁骑直冲明朝骑兵……关键时刻,就需要这样的硬骨头!这个人是谁呢?他就是皇太极的兄弟、多罗武英郡王阿济格。《清史稿·阿济格传》载:

……会师锦州,薄宁远,明兵千余人为车营,掘壕,前列火器,阿济格击歼之。总兵满桂出城阵,上(皇太极)欲进击,诸贝勒以距城近,谏不可,独阿济格请从。上督阿济格驰击明骑兵至城下,诸贝勒皆惭,奋不及胄,亦进击其步军,明兵死者大半。

阿济格,努尔哈赤第十一子、多尔衮胞兄、皇太极异母弟。生于明万历三十九年(1605),以敢打死仗著称。后金天命十年(1625),征伐察哈尔部;天命十一年(1626),讨伐喀尔喀部、扎鲁特部;天聪元年(1627),打朝鲜、锦州、宁远;天聪三年(1629),入关攻北京;天聪四年(1630),大战祖大弼;天聪六年(1632),讨伐林丹汗……正是他在大凌河之战中击败明监军道张春的 4 万救兵,导致明朝全盘失利;明朝关宁铁骑名将赵率教就是牺牲在他的手中!

皇太极想起阿济格豁然开朗,谕令远在牛庄的阿济格即率精兵 1000 名驰赴攻打皮岛。清崇德三年(1638)三月八日,多罗武英郡王、清军悍将阿济格出现在铁山大营,从贝

民国初年北京广渠门①

皮岛根据地岿然不动。阿济格一方面做总攻准备，一方面又想兵不血刃。他修书一封用箭射入岛内劝总镇沈世魁投降，被沈世魁撕得粉碎。历经三个月连续激战，明军东江镇集团的不利处境日益显露：原本粮食、弹药储备丰富的皮岛因为官兵和老百姓很多，消耗很大，供应日益紧张。何况人不是铁打的，长时间处于激战中，广大官兵疲惫不堪。自二月初战斗打响，从此岛外再

子硕托手中接过了皮岛之战的指挥权。

后世评价阿济格只有蛮夫之勇是片面的。久经战阵的骁将阿济格经过实地侦察，也感到十分棘手。皮岛四面环海，他所擅长的金戈铁马无用武之地。数万守岛明军身据大海环抱的孤岛，没有降意，必然死战。吴晗的《朝鲜李朝实录中的中国史料》记述，面临这场即将来临的激烈厮杀，阿济格一度也面露难色。显然从装备到地形，明军都占上风。清军要取得攻岛的胜利，必须考虑如何扬长避短。显然硬拼不是办法，阿济格决定开一次"诸葛亮会"。

这年春天，皮岛小草从地下顽强地冒了出嫩芽，但是许多与之陪伴 17 年的东江老兵到了生命的最后时刻。自三月初八阿济格到达皮岛，清军又是反复猛攻。经过一个月战斗，明军

明代东江(今鸭绿江)

没有一人一骑一粒米一支箭来增援他们。但是以沈世魁为首的广大官兵坚持不投降，决心与来犯者力战到底。不久，阿济格的哥哥多尔衮(未来的摄政王)也来到了前线。清军官兵明白，这是总攻即将打响的信号。

四月初五日，阿济格在皮岛东北的郭山地方，"集诸将问进取之策"，他们拿出了一个"明修栈道，暗度陈仓"的计划。在现存清军入关前的档案中有一份清军攻打皮岛的日志（见下文），其中详细地记载了这个攻岛计划。按照计划，因为"皮岛不可一路攻取"，需要"两路偷袭"。兵分偷袭和掩护两路。

第一路：西北偷袭突破部队。这是打开局面的关键。固山额真萨穆什喀带数百人敢

---

① 后金天聪三年(1629)，阿济格与袁崇焕、祖大寿大战于此。

鳌拜晚年像

死队,乘坐行动便捷的"满洲造"小船偷袭明军防备薄弱的岛屿西北端,令步军官员等率领步军精锐数千人紧随其后,配备有便携式火器,攻打皮岛西北隅的山嘴。固山额真昂邦,章京阿山,叶臣在后督战。

第二路:东路正面掩护部队。这也是参与战斗的主力,配置在身弥岛方向。该路兵力较偷袭分队多得多,大约有数万人,配备有骑兵、重型火器和大型战船,只等西路偷袭得手,他们就会借明军首尾不能相救之机,一举登岛奠定乾坤。除了八旗兵,石廷柱的汉军、"三顺王"孔有德、耿仲明、尚可喜的部队、被强征而来的朝鲜军都在其中。兵部承政车尔格统领进攻,汉军固山额真昂邦章京石廷柱、户部承政马福塔在后督战。部署已定,阿济格问:"谁可为先?"护军参领准塔、佐领鳌拜积极请战,他们立了生死状:"吾二人先登,势必克之。否则,不复见王。"阿济格壮之,就选其打先锋。

《盛京满文原档》第七号记载了这个作战计划。

清军总攻皮岛计划书

四月初五日。

因皮岛不可一路攻取,欲分兵两路偷袭,议定如下。

将我国所造小船由身弥岛北潜逾二十里以外之山,拉运至皮岛西北熬盐之河港。遣八旗护军参领及每牛录所出护军各一员,命步军固山额真萨穆什喀在前统领偷袭。令步军官员等率领步军继其后,攻打皮岛西北隅之山嘴。又命固山额真昂邦章京阿山、叶臣乘我国新造小船在后督战。

再,另一路遣八旗骑兵、骑兵诸官员、四边城四百兵及全部官员、汉军及其诸官员、"三顺王"军、"三顺王"下诸官员及朝鲜兵,乘我军在各地所获船只及朝鲜来援之船,赫然列于身弥岛口,命兵部承政车尔格统领进攻。又命汉军固山额真昂邦、章京石廷柱、户部承政马福塔在后督战。

四月初六日,阿济格再一次致书皮岛明军守将劝降,明军不报。四月初八日下午四五点钟,身弥岛方向突然旗帜招展,炮声如雷,喊杀声震天。岛屿的东北角类似于诺曼底之战的奥马哈海滩,地势开阔、水流平缓,非常适合大规模登陆,明军的吸引力自然都转向这里,认为"虏"即将由此总攻。辛总兵等高级将领都守在这里,主帅、都督总镇沈世魁也在这个方向上督战。

那边鸣炮摇旗呐喊,虚张声势不止,西北方清军忙着将自造的小型船只从造船地身弥岛起锚,"北潜逾二十里以外之山,拉运至皮岛西北熬盐之河港"。趁着夜幕降临,泊于皮岛附近。是夜一更(晚 19 点—21 点),清军战船散开,偷袭一路以满洲骁将鳌拜、准塔为前锋,连舟渡海。鳌拜等趁着夜色掩护登岛,明军沈有德部"据堡列阵",凭借工事火器激烈抵抗,将登陆清军压制在滩头。清将鳌拜一看形势危急,"大呼超跃而上","冒矢石奋勇冲击"。清将准塔紧随在鳌拜身后。在两人身先士卒的激励下,八旗步兵一面与守岛明军展开激烈厮杀,一面举火为号引导后继诸军登岛。

当夜二更(晚21—23点),沉沉夜幕挡住了守岛明军的视线,他们擅长使用的那些致远克敌的防守利器——鸟铳、火炮,在黑暗中因目标不清,无法发挥威力。清步兵固山额真(又称"都统")萨穆什喀率满洲精锐"大至",攻入皮岛西北隅的江科万地方(Jiyangkowan),据守岛屿西北角的明军沈有德部被击溃。这部分岛兵原来都是岛帅毛文龙部下,"自毛文龙衔冤,士心不固",存在思想问题。他们打胜仗方可;一旦听到前方失败,纷纷丢弃阵地,"轰然而散",向岛屿东北方逃窜。自明崇祯九年(1636)十月朝鲜之战开始,固守6个多月的岛屿防线就此被打开大缺口。沈有德部的溃败造成了连锁反应,该部士兵乱跑乱窜对其他部队造成恐慌,有的部队也跟着骚动起来,"夺舡竞奔"。这样一来整个岛屿都沸腾起来。"阖岛官兵,抢船尽出。"

半夜,得知西北路登陆偷袭得手,马福塔等督率东路清军挂帆"鼓噪而进"。东路军兵分数路,开始由佯攻转变为真正进攻,皮岛的东南方、正东方、东北方,处处都发生激战。三位明朝叛将孔有德(恭顺王)、耿仲明(怀顺王)、尚可喜(智顺王)列炮矢于船首,挥师扬帆而进。"有德等乘巨舰攻东北隅",自皮岛东北身弥岛来犯与明军水师发生激战,大火照亮了身弥岛海域夜空。耿、尚充分发挥自己特长,"以辽将为前驱,谙水战,习地形,故所向立下"。在激战中,孔有德的部将洪文魁等多人被明军击毙,而明登莱水军副将金日观当场阵亡。

金日观是皮岛之战的明军中坚,表现最英勇,抵抗最坚决,牺牲很惨烈。关于金日观,《明史》载"死封疆之臣",有其传列黄龙后。

金日观,身份不详,天启五年(1624),以将才授守备,效力关门。擢镇标中军游击,加参将行蓟镇东路游击事专领南方兵。崇祯初,加镇守马兰峪副总兵。崇祯三年(1630)正月,清兵破京东列城。明将吴应龙与后金军战于毛山、罗文谷关等地,连连失利;金日观"遣二将驰援,亦败殁"。后金兵乘胜倾力急攻马兰城。激战中,炮手阵亡。金日观"亲燃大炮"轰击敌军,大炮发射过频炸膛,金日观手足及满头满脸都被火药灼伤,但他神态自若、意气不衰,继续指挥作战,终于挺到总理诸镇援师的回族大将马世龙派兵来援,清兵败走。金日观坚守马兰峪成功,"奖其功"骤然提升都督同知。一个月后,又以规复大安、遵化之功进左都督。后来,总督曹文衡因故弹劾日观"恃功骄纵",崇祯帝戒饬之。孔有德之乱后,金日观从蓟辽方向调到山东出任莱州副总兵官。"(崇祯)十年春,大清兵攻朝鲜,命从登莱总兵陈洪范往救,驻师皮岛。"在铁山半岛被清兵占领,孔有德等"分兵攻皮岛,水陆夹攻"的不利形势下,金日观偕楚继功等诸将坚守阵地,与敌军"相持七昼夜"。友军"副将白登庸先遁,洪范亦避走石城",金日观势孤力单。在与孔有德和清兵决战中,"力不支,阵殁"。部将楚继功等随他英勇战死。金日观死后,明廷"赠特进光禄大夫、太子太师,世廕锦衣副千户,建祠"。

皮岛危急中友军逃亡,金日观岿然不动,"委身许国,见危不避",偕部将楚继功等与清兵相持七昼夜,击杀孔有德部将洪文魁等,凛凛然有天地正气。他牺牲后不久,"岛城随破"。《明史》赞曰:"古人有言,彼且为我死,故我得与之俱生。故死封疆之臣,君子重之。观辽左诸帅,委身许国,见危不避,可谓得死所者与!"

东南边的明军岛外援军不知道岛屿西北和东北阵地失陷,在主帅沈世魁、辛总兵官等的指挥下,"尚在岛边殊死恶战"。关键时刻,登莱总兵官陈洪范"观望不协力",看到势头不妙临阵泛海奔山东半岛扬帆而去。数路清军登陆乘胜进击,斩杀明军万余。明军守岛主将沈世魁被清户部承政(后改为户部尚书)马福塔(又作"马夫大")生擒,辛总兵官等战死沙场。

陈洪范者,历史紧要关头之见风使舵之人。早年为熊文灿部将,"剿贼"颇有功,曾经大破延绥军吏张献忠于郧西,迫张投降。在镇压孔有德叛变中,先随刘宇烈大败,后跟随朱大典收复平度、登州立功。四月初一,清军从云从岛方向攻打皮岛,陈洪范看到岛屿即将不守,与副总兵白登庸一起撇下主帅沈世魁驾船临阵逃逸。《崇祯实录》载:"副总兵白登庸、提督陈洪范俱遁"。

《朝鲜李朝实录中的中国史料》第六册记载:明征辽总兵官加都督衔、东江镇最后一任首长沈世魁突围不成被生俘,押到多尔衮面前,他席地"箕踞而坐",摆出蔑视敌手的姿态。

清将马福塔呵斥沈世魁:"败军之将,何敢如是?"

沈世魁说:"废话少说,只求速死!"

马福塔说:"既然这样,你把衣服脱了吧!"

沈世魁反唇相讥:"吾何以脱衣乎?杀其人,衣其衣,乃汝曹常事。杀我之后,染血之衣汝可自取。"

马福塔被沈世魁这番话呛得面红耳赤,不禁大怒,不等亲王多尔衮发话,竟然越俎代庖将沈世魁推出去杀死。

历史上看一个人不仅要看其生前种种,也要看他是怎么死的。沈世魁宁死不屈守住了气节,虽然他在东江战史上犯有严重错误,但在东江镇生死攸关的时刻,他率军坚持抵抗了3个多月,确属不易。

石城浮沉

崇祯十一年(1638)四月,皮岛沦陷,明朝抗清根据地东江镇存在17年后毁灭。同年春天,中原也在激战。洪承畴"败贼"于梓潼,"贼"还走陕西,明廷改任河南巡按御史张任学为总兵官"剿贼"。李自成自洮州出番地,总兵官曹变蛟追破之,复入塞,走西和、礼县。皮岛决战时,"张献忠伪降于谷城,熊文灿受之"。

余叹:登莱、关宁、东江号称三足鼎立,三方任一方有失其余两方都难以立足。对于东江镇存亡的重大影响明廷认识不足,加之习惯上将登莱、关宁视为正规军,将东江视为偏师,没有下大力气整顿和加强这支部队,最终在东江镇保卫战中自食其果。守岛的都督总兵官沈世魁被俘牺牲;总兵官辛某,副将金日观,参将楚继功,游击王绍志、董士元等人都战死疆场;士兵"被杀甚众"。应援的明军官兵多数来自登莱。皮岛逃出的商人亲眼目睹了登莱应援官兵视死如归的决战,同声感叹:"应援官兵,俱不生还,且死之尤惨。"根据逃回的沈世魁之子沈志祥开报:仅仅在皮岛战场东北方向就牺牲沈世魁等副将以上高级将领11员,牺牲中级将领36员(其中,参将1员,游击6员,都司4员);下级军官和士兵"死者万余人"。物资损失仅皮岛东北战场一地,共计有战马825匹、沙虎辽船79只、大船70艘、小舟无数、大炮十门、小炮火器无数。原皮岛官兵1.2万战后逃回4999名,逃回将领26员(含副将以上12员,参将3员,游击4员,都司5员)。战前全岛官兵3万,伤亡失踪1.7万,被俘3000余人,几乎全军覆没。《清史稿·纳密达传》记载:

> 有德等乘巨舰攻东北隅,日观殊死斗,有德等部将洪文魁等多战死,阿济格麾八旗骑兵蹴之,护军参领瑚什、云骑尉果科暨扈习奋勇先入,殁于阵,大兵继之,阵斩日观,追击世魁,戮之。是役也,败明兵一万七千有奇,俘三千余,自是明不复守皮岛。

皮岛硝烟未尽,四月初九,数骑驰过镇江堡(丹东)西去,多罗武英郡王、清军皮岛统帅阿济格遣人奏捷。十五年在背芒刺一朝拔除,皇太极"闻之大悦",遣国史院大学士刚林携重金谕命至岛褒奖诸将。清军凯旋后皇太极又以拿下皮岛"可比大城","从优议叙"谭泰、鳌拜等以上有功将士。

皮岛之战是明清间一次中等规模攻坚战,双方投入兵力六七万,攻防历时3个多月,守岛明军先胜但后援不济

[明]徐渭《山涧荡舟图》立轴

战败。清军损失又有几何? 清朝对此讳莫如深,只有《清太宗实录》卷三六透露出一点蛛丝马迹:"征明皮岛时,阵亡四十人,骸骨莫能辨识,今就所收者,合葬于通远堡以闻。"似乎清军在皮岛之战中以阵亡40人的微小代价便取得了歼灭3万、斩杀万余的重大胜利。清廷隐匿真相的做法由来已久,例如登莱兵变同一年(1631),后金将领楞额礼等攻皮岛战败,后金军阵亡千余,《清实录》却说:"明兵来犯,穆世屯及二卒阵亡。我军奋勇逆击,败之。复沉其小船三,岸上明兵不能登舟,溺死者半。"阵亡千余成了阵亡3人,一场惨败被粉饰成胜仗,这样的记载比比皆是。丹东凤城市通远堡是安葬清军皮岛之战阵亡人员的地方,清军战死者当然远远不止埋在通远堡这40人,中国社会科学院研究员滕绍箴依据清国兵部记录"征皮岛时,阵亡四十人"推论:"估计这个数字是指代各级官员。"(《三藩

史略》上卷)那么真相究竟如何呢?《盛京满文原档》第十二号保存了一份清廷标注为"不得入档"字样的绝密档案,这正是皮岛之战阵亡清军人员清单。

《盛京满文原档》第十二号军事档案(题目著者添加):

皮岛之战清军阵亡人员清单

乘大船随固山额真石廷柱、车尔格出战阵亡者:谭泰旗下牛录章京巴雅尔图、披甲人十四名;

杜雷旗下披甲人十一名;叶臣旗下披甲人九名。硕托贝勒下护军校章吉泰、内护军杜西、扎西图、护军三名、包衣十五名,共计三十人;

阿山旗下披甲人十六名;多罗武英郡王下侍卫乌尔格、巴颜泰珠、萨克、噶浑岱、同喀、诺尔布、门都、沙滨达尔、拉本泰、巴特玛、塔吉礼、特古斯赫、巴尔泰、布楚、维津。牛录章京纳米达、朱善,护军喀鲁、厄赫礼、厄布格武、郭波里、孟格图、伊苏。包衣十二名,旗人八名,共计四十二人(计算错误,实际应为四十三人);

达尔哈额验旗下披甲人十七名;吴赖旗下披甲人三名;伊拜旗下披甲人二名;苏纳额验旗下披甲人五名;俄莫克图旗下披甲人二名;石廷柱旗下披甲人十二名,小拨什库五名;恭顺王(孔有德)下章京八员,披甲人三十八名;怀顺王(耿仲明)下披甲人九名;智顺王(尚可喜)下章京二员,披甲人四名。共一百三十五人。

乘小船随固山额真阿山、叶臣、萨穆什喀出战漂失者:多罗武英郡王下温察。拜尹图旗下晓骑校一员、披甲人八名。

后送船时遇敌逃走之船战亡者:杜雷旗下披甲人一名。叶臣旗下护军参领冰图、胡希、披甲人二名,共十五人;两路攻战共阵亡一百五十人。

因船坏而亡者:石廷柱旗下牛录章京一员、披甲人九名。怀顺王下十一人,杜雷旗下二人。

清军有确凿记载的阵亡者在300人左右,没有留下姓名40人,合计战死340人以上。按照一般情况伤者是死者数倍,真实伤亡在数千之多。这件阵亡清单之所以要把阵亡者的职衔、旗分(领属)和死因开列清楚,是出于抚恤家属的需要。清军攻克皮岛后,将掠获之物"一一收合,先给战亡者妻子,次给斩级者,后均分于军卒"。"其被伤与阵残之人,照常例加赏,每二十两者增十两,百两者增五十两。"这份资料是清廷严格管理并标注的绝密军事文件。需要特别指出的是,这组数据仍是不完全统计。另据《八旗满洲氏族通谱》等记载,此战阵亡清军将领还有镶红旗护军参领秉图、正白旗头等侍卫拜音泰柱、正黄旗佐领巴雅尔图、正白旗将领纳密达、正白旗汉军宽甸守备董廷元等。另据朝鲜平安道兵备使柳林亲眼所见:"汉(指明)之败卒,退保一山。清兵四五百人仰而攻之,汉人殊死战,故清兵死者甚多。大将一人亦中丸而死矣。"可知清军登上皮岛后明兵某部退到岛山上。清兵仰攻山头,明兵居高临下殊死抗拒导致清兵死伤累累,其中一名高级将领被枪弹击中毙命。又据随清军登岛的朝鲜官员目击,在战斗最激烈的岛屿东南方向,明军将"夷贼

尽杀、割级成堆",就是说在岛屿陷落的最后关口明军也不留一个俘虏。(朝鲜《李朝实录·仁祖实录》卷三七)

重建于 2006 年的丹东凤城市通远堡双泉寺①

故宫珍藏"金瓯永固杯"②

意大利文艺批评家、历史学家克罗齐在《历史学的理论和实际》中有一句名言:"一切历史都是当代史。"学者柯林武德也说过,历史就是活着的心灵的自我认识。历史能够启迪现实和未来,前提是信史而非伪史。中国人本有"秉笔直书"的传统:"崔杼弑其君"的故事为史家称道,太史公司马迁治史的求真精神为后世留下了宝贵财富。而这种精神在后世封建压迫、民族压迫下被玷污,历史有时变成"任人打扮的小姑娘"(胡适语)。对于这种明目张胆篡改历史的行为应该本着去伪存真的态度予以还原,不能以讹传讹。2009年秋冬,国家清史编纂委员会主任戴逸教授在一次审改会议上就清初四大疑案谈了自己的看法。第一,努尔哈赤怎么死的? 第二,努尔哈赤死,大妃殉葬的真相何在? 第三,袁崇焕之死有何内幕? 第四,孝庄太后下嫁多尔衮之谜。戴逸教授提出了"合理的推想"在历史研究中的价值,还指出"否则我们也许会受历史档案记录者的骗"。

清崇德二年(1637)闰四月壬子,武英郡王阿济格征皮岛班师,此战暴露了清军"兵行无纪,见利即前"的问题。皇太极一方面对于铲除心腹之患大为高兴,同时不忘防微杜渐。①鼓励下属进谏。四月丁酉,命固山贝子尼堪等预议国政,还在八旗中每旗增设议政大臣 3 人,皇太极把他们召集到大殿,语重心长地说:"今特择尔等置之议政之列,当以民生休戚为念,慎毋怠惰,有负朝廷。"他还用蒙古林丹汗败亡的例子自警说:"前蒙古察哈尔林丹悖谬不道,其臣不谏,以至失国",鼓励大臣们向自己积极进谏:"朕有过失,尔诸臣即当面净。"②钦定骑射祖制。胜利之后如何保持生机勃勃的强大武力不变,是皇太极十分关注的。他追忆起宋金元对峙时期的往事,认为:"昔金熙宗(完颜亶)循汉俗,服汉衣冠,尽忘本国言语,太祖(完颜阿骨打)、太宗(完颜晟)之业遂衰"。他认为,满洲人以弓

---

① 通远堡是清崇德三年(1638)埋葬皮岛战死清军无名将士之地。

② 皇帝专用饮酒器。金瓯永固,寓意帝国疆土政权永固。

矢长技横行天下,一旦放任满洲人穿上汉人的高冠博带,过上钟鸣鼎食的腐败生活,必然忘记骑射、废弛武备,距离失败就不远了。("夫弓矢我之长技,今不亲骑射,惟耽宴乐,则武备浸弛。")谕命:"朕每出猎,冀不忘骑射,勤练士卒。诸王贝勒务转相告诫,使后世无变祖宗之制。"③推动外交攻势。利用朝鲜、皮岛战役的全面胜利,积极安抚朝鲜,遣朝鲜从征皮岛总兵林庆业归国(林庆业暗助明朝的事情此时没有发觉),以敕奖朝鲜王。同时,遣使泛海招谕明军残部据守的石城等岛屿,许以优厚的条件,要求他们来归。④强化满族意识。皇太极在极力降低汉人民族意识的同时,却极力强化满人的民族意识,以使与汉人自我区别。针对满人学习汉语的情况,他指出:"若弃本国言语,未见能兴隆者也。"强调汉官汉民必须学习满语,不少汉官"只因未谙满语,常被讪笑,或致凌辱,致伤心落泪者有之"(王先谦《东华录》崇德元年十月),还规定官名及有关城邑名俱改为满语。本来在努尔哈赤时期曾于天命五年(1620)仿明官制序列武爵。皇太极则规定,以前按照汉人称呼的总兵、副将、参将、游击、备御今后再不许用,另称固山额真、牛录额真等满名。还将一些汉语城邑名称改为满语,沈阳改称"天眷盛京",赫图阿拉城曰"天眷兴京"。(朱诚如《清入关前对辽东汉区统治探微》)

六月十九日,赫图阿拉、辽阳、沈阳都遍插彩旗,盛京太庙及福陵前旌旗招展,皇太极亲谒太庙以数月之间"两大成功":征服朝鲜和占领皮岛,率众王、贝勒、大臣、武将祭告努尔哈赤。身先士卒登岛肉搏的鳌拜被越级提升为三等男、赐号巴鲁图,鳌拜的搭档准塔也优叙三等男、赐号巴鲁图,汉人石廷柱擢左翼都统,对汉人孔有德等"三顺王"除了厚重的奖励还分别戴上一顶"协功皮岛"的政治光环!又论诸将征朝鲜及皮岛违律罪:礼亲王代善被论罪革爵(后宽宥),郑亲王济尔哈朗以下论罚有差,贝勒莽古尔泰的儿子光衮获罪伏诛。除了违纪遭到处罚的人,清廷上下笑逐颜开,喜庆气氛洋溢在盛京。

与之相反,依然在明军手中的石城岛等岛屿连同庙岛群岛和登州、莱州都笼罩在一片郁闷的气氛中。孔有德之乱后,明军登莱基地新募及调入的数千官兵由总兵官陈洪范带领赴援皮岛,其中绝大多数战死。有明一代,登州镇从此一蹶不振。

石城岛坐落在黄海北部海域,原属辽宁长海今属庄河,岛中主峰有古城垒因此叫作石城山,岛因山得名。全岛陆域 26.77 平方千米,海岸线长 35.4 千米。你若来到石城岛,傍晚的夕阳将石城岛海水染得通红。潮水在晚风的抚摸下,荡起了无数涟漪,犹如条条红绸子般轻轻流动,三五成群的渔船在海中

晚霞中的石城岛

悠然飘荡,真是一座安宁祥和的小岛……今天览胜之地数百年前竟是东江最后一片土地!

明崇祯十年(1637)四月初八皮岛被攻克,参将沈志祥带领部分军队突出重围渡海到达石城岛,收纳散兵,得参将李逢春、王世泰两员,游击高进功、李国柱、潘尚学、池凤高三员,都司吕碧、李国栋两员,总计都司级别以上将领 12 员,还有千总把总等 26 员,共有官兵 4999 人。数量不多但久经战阵,如果合理利用尚能发挥牵制之力,对于明朝本是一支有用的力量。

沈志祥是沈世魁侄子兼义子,从军多年。崇祯七年(1634),后金军犯宣、大地区,他曾奉命带兵到辽东千家庄海域实施牵制作战,与朝鲜官员林庆业相熟。从皮岛突围到石城岛不久,沈志祥来制高点鲍山眺望海天茫茫,又沿着鲍山西坡小路下到天启七年(1627)所建的海峰寺。

2006 年修复的石城岛海峰寺

在海峰寺摆上香烛牌位,沈志祥、李逢春、王世泰率官兵祭沈世魁及皮岛阵亡将士;然后树立旗帜,沈志祥以继任总兵官号令诸岛,派员赴登州要求明廷确认并颁印信敕命。沈志祥自立为帅是藩镇做法,但考虑到当时混乱的形势,他坚持不降血战突围已很不容易,又凭一己之力安定岛屿招抚士卒,集聚了 26 员将领 5000 军士,授他总兵官责以收复诸岛并无不可! 然而乱世无常理。明末吏治腐败,颟顸昏庸之官比比皆是,他们自觉不自觉地将一批批官兵推向敌人怀抱。沈志祥不知,东江镇兴盛期间,朝中大臣多数都瞧不起他们,何况此时皮岛沦陷,岛帅新亡,加上朝中派系林立腐败透顶,有识人士成基命、孙承宗等都被一个个排挤出局,谁会替他说话?

崇祯十年(1637)五月,接沈志祥塘报,明廷和登州方面这才知道还有东江一部生存下来。登莱大本营及监军、青登莱海防兵备副使黄孙茂(江西广昌人,天启二年进士)得知沈志祥"欲得世魁敕印",自称总兵冀袭岛帅,不予承认,回书驳斥。沈志祥不听。于是黄孙茂"发兵讨之",沈志祥整兵抗拒,皮岛阵亡将士尸骨未寒又打起内战。对现实绝望的副将白登庸"遂率所部降大清"。(《明史·何可纲传》《沈馆录》卷一、《明代满蒙史料》第 14 册、《东江遗事》卷下、《清史稿·沈志祥传》)

历史竟会十分相似。昨天是尚可喜,今天换成了沈志祥。沈志祥坐困荒岛四面楚歌,联想起老父的牺牲和自己皮岛苦战突围的经历心中不平。"崇德二年九月,太宗遣使赍书招志祥。"建州女真本来是死敌,且与沈志祥有杀父之仇,沈志祥按兵不动不予理会。但是无奈现实摆在这里,没有了袁可立、孙元化,明廷视东江镇如敝屣。现在皮岛残破,他要求子袭父职,明廷不但不允许,反而处心积虑要消灭他。一方面是皇太极的"海纳百川",一方面死里逃生又被自己人攻击,崇祯十年(1637)整个冬天,沈志祥都在焦虑和矛盾中。

从崇祯十年(1637)五月结束皮岛征伐以来,皇太极对于沈世魁的义子沈志祥的残余势力盘踞石城岛不可能没有耳闻,而且史籍记载皇太极曾经致书招抚,招抚不来大可以集中兵力一举攻克。清军能够千里奔袭打下数万大军据守的皮岛,怎会奈何不了一个距辽东大陆直线距离不过8里的沿海岛屿?但他皇太极就是按兵不动。沈志祥所部在石城岛上过了崇祯十一年(1638)春节。

崇祯十一年(1638)二月,沈志祥瞒着监军暗派部将吴朝佐、金光裕诣盛京上疏请降。二人到达的时候,恰值皇太极不在盛京。努尔哈赤次子、大贝勒代善接待投降汉族官员已经轻车熟路,一面飞马报信,一面设宴会热情款待吴、金二人。宴会结束,立即派遣满洲镶黄旗侍卫、礼部参政哈什屯同使者一起回石城岛招抚。正在奎屯布喇克出猎的皇太极闻报大喜,听说石城岛缺粮食,他派贝勒杜度立即运粮到岛。杀死了叛变的反对者、明朝驻石城岛监军黄孙茂及理饷通判邵启,"沈志祥自黄石岛(即石城岛)至安山城,杜度等令驻沙河堡待命。从志祥降者,副将九、参将八、游击十八、都司三十一、守备三十、千总四十、诸生二、军民二千五百有奇"。

四月,皇太极回到盛京,命学士胡球、承政马福塔等慰劳沈志祥,且令在铁岭、抚顺两地自择屯军所。沈志祥说愿意驻抚顺,清国立即界以车骑,令沈志祥率所携军民去抚顺驻扎定居。"至,复为具屋宇,庇服物,俾得安处。"听说沈志祥

清国第二任续顺公、沈志祥侄子沈永忠像①

所携军民有逃跑的,遣学士罗硕诚恳地传达意见:"你们航海来归,是因为我能养育你们。如果我不能养育你们,任凭你们离去我不加拦阻。"鱼在渊中,冷暖自知。沈志祥入谒,"卜御崇政殿受朝",授沈志祥总兵官,赐予蟒衣、凉帽、玲珑鞓带,貂、猞猁狲、狐、豹裘各一袭,撒袋、弓、矢、雕鞍、甲、胄、驼、马。初宴礼部,再宴宫中,命诸贝勒陪同,沈志祥就被各亲王、贝勒轮流宴饮。他与孔有德、耿仲明、尚可喜三人昔日都是毛帅手下的岛将,后来成为敌人,现在又聚集在一个屋檐下饮酒,怎么能不百感交集?沈志祥就这样从一个不被承认的明军"司令"一夜变成了新任清军总兵官。一连几天的宴会结束,皇太极安排沈志祥还镇抚顺,"遣官送五里外,复赐宴"。次年正月,皇太极封沈志祥续顺公,"给予诰命及印,并以红宝石嵌两东珠金顶貂帽,金镶圆片玉带"。九月,授沈志祥兄子沈永忠及

---

　　① 沈永忠为原明东江都司。崇祯十年(1637)皮岛突围,次年降清。续顺公沈志祥死后袭封。曾以湖南将军之职率两万兵战南明晋王李定国。被李定国击败后革职。

所部许天宠等 28 人世职。

沈志祥叛变导致明朝东江镇最后一部有生力量投向了清国！明朝辽东诸岛"虽有残卒，不能成军，朝廷亦不置大帅"，以登莱总兵遥领之。"明年夏，杨嗣昌决策尽徙其兵民宁（远）、锦（州），而诸岛一空"，存在 17 年的明东江镇从此灰飞烟灭！

登莱兵变启示录

吴桥风霜蓬莱雨，东江怒涛晚来急。崇祯四年（1631）十一月，发生在德州以北吴桥雪夜的事变彻底改变了某些人的命运，深刻影响了中国历史进程，明朝与后金（清）的战争迎来一个重要转折点。

在此之前，明朝形势有了新转机，"看上去挺美"。自登莱兵变后潘多拉盒子打开，多米诺骨牌随之一张张倒下，国事渐渐不可收拾，开启了中国 13 世纪以来持续半个世纪的大动荡、大浩劫。当然，它涤荡了腐朽肌体、促进了各民族交融，中华民族大家庭也在浴火中逐渐成形。

反思历史，对"登莱兵变"不能孤立看待。明末政治腐败、经济崩溃、军事失利，轰动性事件层出不穷，"登莱兵变"只是其中之一。自从泰昌元年（1620）"一月天子"朱常洛死去，两个未成年的儿子先后登基，凤阳家族治下的王朝一直处于风雨飘摇中。尤其是朱由检从亡兄朱由校手中接过权柄后，明朝军队的哗变更是此起彼伏，小的不算，大规模兵变几乎每年一起甚至数起，请看下表。

明崇祯年间的二十二次大规模兵变

时间	发生地域	缘起	记载来源
崇祯元年 （1628）七月	辽东宁远	士兵以军饷拖欠四个月，怀疑将领贪污而哗变，拘禁长官和众将领，当众殴打辽东巡抚毕自肃、总兵官朱梅等，致毕自肃自尽。袁崇焕平定之	《明季北略》卷四
崇祯元年十月	辽东锦州	锦州军卒哗变	《明季北略》卷四
崇祯元年十二月	富平、固原	西北军卒起义，劫掠军事重镇固原州库，围攻泾阳	《国榷》卷八九、九〇
崇祯元年冬	南直隶崇明岛	营兵以缺粮鼓噪	《烈皇小识》卷六
崇祯二年 （1629）三月	京北蓟州	军卒哗变，围攻巡抚王应豸	《明史》卷二四八
崇祯二年十二月	河北良乡	援辽兵溃于良乡，哗变后西去与民军汇合	《国榷》卷九〇

（续表）

时间	发生地域	缘起	记载来源
崇祯二年十二月	北京城	崇祯帝误捕督师袁崇焕入狱,入卫辽东兵在总兵官祖大寿带领下哗变,兵溃出关	《明史》卷二五九
崇祯三年(1630年)正月	甘肃安定	甘肃勤王兵悍卒王进才等,杀参将孙怀忠以叛,走兰州。梅之焕讨平	《明史·梅之焕传》
崇祯四年(1631)十一月至崇祯六年(1633)二月	河间吴桥、山东省	援辽兵以缺饷哗变,登州营参将孔有德等遂叛乱,回攻山东,破登州等数十城,围莱州,杀掠甚众	《明史·徐从治传》《明通鉴》卷八二
崇祯五年(1632)正月	旅顺、广鹿岛	孔有德以五年正月陷登州,招岛中诸将。旅顺副将陈有时、广鹿岛副将毛承禄起兵叛变呼应	《明史》卷二百七十一
崇祯七年(1634)	华北	明廷调宁远兵入关剿农民军,中途军卒哗变,杀总兵官张外嘉后汇入农民军	《烈皇小识》卷四
崇祯七年(1634)	西宁	西北兵哗变犯西宁,有监生内应献城。西宁兵备道孔闻籍(山东曲阜人)及其妻死节	《烈皇小识》卷四
崇祯八年(1635)四月	樊城	川军总兵官邓玘戍樊城。部将王允成以克饷鼓噪,邓玘大惧、登楼越墙堕地死	《明史》卷二百七十三
崇祯九年(1636)	宁夏	宁夏驻军兵变,杀害巡抚王楫;兵备副使丁启睿讨平	《国榷》卷九五
崇祯十年(1637)	山西、河南之间	山西总兵王忠率军援河南剿匪,逗留数月不进,一军哗变而归。督师杨嗣昌请逮戮失事诸帅以肃军令,遂捕王忠及故总兵张全昌入狱	《明季北略》卷一三
崇祯十二年(1639)	陕甘川三省交界	副总兵官李国奇部至汉中略阳剿匪作战,军卒中途哗变	《明史》卷二六○
崇祯十四年(1641)正月	河南洛阳	李自成起义军攻洛阳,参政王胤昌帅众警备。总兵官王绍禹所部援军哗变迎义军入城,福王朱常洵当即被杀害	《烈皇小识》卷四
崇祯十五年(1642)五月	河北曲周、永平	保定新兵入曲周、永平境,起而哗变	《明末农民起义史料》

（续表）

时间	发生地域	缘起	记载来源
崇祯十五年（1642）八月到十一月	安庆	副总兵廖应登、将领汪正国、李自春各领千人到处骚扰黎民重怨。刑科给事中光时亨疏伦廖应登宜正军法，于是兵遂发难，杀都指挥徐良宽。巡抚徐世荫急从南京赶到安庆，徙应登兵太湖，正国兵桐城，乱乃定	《国榷》卷九八
崇祯十五年（1642）十一月	河南永城	援汴总兵官刘超据永城叛变	《明史·庄烈帝纪二》
崇祯十六年（1643）	河南汝州	明军孙传庭部下之兵卒哗变	《明季北略》卷一九
崇祯十七年（1644）	京畿昌平	昌平兵噪，焚劫城中	《烈皇小识》卷八

这些兵变最终虽大都被平定，但却一步步削弱了明军实力。崇祯四年至六年（1631—1633）的登莱兵变的独特之处在于叛军来自明朝最精锐的军队，技术骨干被孔有德、耿仲明带领投后金，导致明朝在四个领域出现崩溃：三方布置倒台，抗清大局式微；明朝遭受重创，规复之功自废；内外顾此失彼，民变星火燎原；军事变革停摆，中西交流夭折。

一、三方布置倒台、抗清大局式微

当初辽东经略熊廷弼提出"三方布置"，以胶东、辽东、关宁三地为支点整合明朝北方力量，以关宁军、登莱军、东江镇三股军事力量互为犄角，通过东江镇联结明藩朝鲜，构成了一个牢固轴心，如囚笼般缚住后金，设计不可谓不高明。

毛文龙开镇东江使得这个战略构想悄然成型，在天启元年至崇祯四年（1621—1631）的 11 年中，"三方布置"有效遏制了后金对明朝腹地的进攻。对于东江镇的作用，不光董其昌、袁可立等君子明白，就连曾被名宦袁耀然（即墨人，今青岛城阳人）大力弹劾的阉党分子薛国观都看得都十分清楚。天启六年（1626），兵科给事中薛国观奏议："毛文龙者，以牵制建州为职者也。果能牵制，使彼不敢西来，即不必屑屑然有所擒斩献俘，功自昭著于天下。倘不能牵制，使彼无所顾忌而西，纵日擒斩而日解捷，何益于封疆大事哉？"

依薛国冠的观点，只要东江存在，后金就"不敢西来"，东江镇就算完成任务，岛帅毛文龙心领神会，说"安坐以图牵制"。也有人形象地说东江兵是"毛耗子"，对后金国"虽无大害，亦多不利也"。或称东江兵"犹人身之有蚤虱也，撮之则无处著手，听之则吮肤而不宁"。实际上，东江镇存在的 17 年中不仅让后金寝食不安，而且经常出兵深入辽东给后金造成损失，如在镇江堡之战中斩杀了后金元勋、康熙太姥爷佟养真（佟养性兄，其孙女佟佳氏是顺治皇后,康熙帝生母)。东江、关宁"一奇一正"互相配合,不仅明朝有识之士深有感触,就连外国人都看得清清楚楚。外国人观察了天启六年(1626)宁远之战,对辽东军事全面评估后评论:"对鞑靼(此处指后金,一般意义上鞑靼用于指代蒙古——笔者注)威胁最大的还是英勇无畏的毛文龙将军",他的军队"骚扰鞑靼军队的后方,在一些小规模的战斗中屡次获胜",致使"鞑靼人全部注意力都用来对付这个敌人"。(《清代西人见闻录》)

这一年后金新主皇太极继位后提出的首要任务就是"先抢东江",他将东江和死心塌地维护明朝的朝鲜视为"心腹大患""根本之忧",皇太极何等聪明之人？这一切因岛帅被杀、督师蒙冤以及随后而来的吴桥雪夜变得面目全非。

登莱兵变持续了很久,从崇祯四年(1631)冬一直打到崇祯六年(1633)春,明军追击孔有德之战、前后两次旅顺之战、"丙子胡乱"、皮岛保卫战……这一系列的战事都是由它引起！即便到崇祯六年(1633)七月旅顺城破黄龙殉国,东江镇依旧保持相对完整。新任总兵官沈世魁与朝鲜王国联手依旧威胁着崇德元年(1636)定鼎的清国,这就是皇太极倾力东征的原因。

登莱兵变之后复有皮岛一役,"三方布局"中的两方一个荡然无存、一个残破不堪！"明人不复守岛",励行十年的"三方布置"战略就此告终,多米诺骨牌的下一张临到了祖大寿、吴襄、吴三桂的关宁方面,"关宁铁骑"能只手擎天吗？

二、明朝遭受重创,规复之功渐废

明崇祯六年(1633)二月,莱州、登州相继收复,孔有德、耿仲明投降后金,吴襄、黄龙等官复原职,吴三桂、尚可喜等加官晋爵。貌似明廷取得了胜利,其实不然。这次事变不折不扣是明朝的战略大溃败,不仅将明廷统治之腐朽、军政军民关系之差、社会矛盾之深之广暴露无遗,甚至使得从政治经济到军事社会遭受全面重创,再也无力回到原来的轨道。

(一)登莱兵变及后续作战打乱了明朝整顿军事的计划,严重削弱了明军战斗力

兵变前关宁有正规军十数万(以汉族为主,还有蒙、满等族官兵),辽东有水陆游击部队二三万,胶东有正规军约二三万,合计有近20万大军,明军的友军朝鲜军数量也很可观。与之对阵的后金军,满、汉、蒙合计也是20万,双方基本势均力敌。攻城野战,满洲人占优;依托工事守城,明人占优。骑兵纵横驰骋,满洲人占优;以新式炮兵为标志的先进技术的引进研发,明人占优。两相比较,势均力敌,不发生大的变化,一时间明朝和清朝谁也不能吃掉谁。

理论上,明朝在江南还有军队数十万,在贫瘠的西北和中原腹地还有三四十万大军,加上北方边塞的军队和越来越弱的京营,总兵力八十万到百万左右。这些军队人数不少,但一方面要防守辽阔国土,另一方面又苦于辽东"北虏"、西南"土寇"、陕甘宁"民变"、闽浙"海贼"及荷兰东印度公司的武装入侵,顾此失彼不能形成拳头。

崇祯三年(1630)五月,兵部尚书梁廷栋擢用大学士徐光启的高徒兼炮兵专家孙元化"巡抚登州、莱州、东江,兼恢复金、复、海、盖四州"。徐光启已经为孙元化量身打造了练兵造炮一整套方案,计划先训练新军数万。崇祯四年(1631)五月皮岛攻防战,公沙·的西劳等葡萄牙教官参与指挥的明军炮兵表现出色,"使用西洋火器,发射19次,打死敌兵数百名"。(黄一农《刘兴治兄弟与明季海上防线的崩溃》)

崇祯五年(1632)正月登州城破,"旧兵六千人,援兵千人,马三千匹,饷银十万,红夷大炮二十余位,西洋炮三百位,其余火器甲仗不可胜数皆为贼有。"参与火器铸造的西洋人或死或伤,皆送回国,徐光启、孙元化等人所努力谋求的西洋人士帮助训练新军、建立战车火器营的计划化为乌有。登州要塞和港口也遭到毁灭性破坏,不仅不能履行原先使命,甚至不堪再接待朝鲜使团。

到朝鲜、旅顺、皮岛失陷,"海上长城"荡然无存,大批久经战阵的明军将领如陈有时、苏有功、毛承禄等因卷入叛变或被阵斩或被磔杀;还有一大批将领如尚可喜、沈志祥等步孔有德、耿仲明后尘投降清军。他们携带的先进武器尤其是先进的火炮技术改变了明强清弱的局面,从此明朝不再占有火器之利,衡量双方军事力量强弱的天平正在历史性地倾向清军一边。

(二)登莱兵变严重破坏了北方尤其是山东的经济再生能力

俗话说,要让马儿跑要让马吃草。战争都是建立在一定的经济社会基础上,打得是士气民心和后勤保障,登莱兵变的导火索就是明军孔有德失去后勤保障。

古代看一个地区的经济,人口是一个重要指标。明代经过近200年的发展,到万历六年(1578)人口达1.5亿人。这一时期2000万人以上的地区有两个:南直隶和浙江;1000万人以上的地区有3个:江西、山东和湖广;明代后期有1300多万人口的山东省在全国属于经济发达地区,请看下表:

明代分省人口排序一览表

排序	洪武二十六年(1393)		弘治四年(1491)		万历六年(1578)	
	地区	人口数量(人)	地区	人口数量(人)	地区	人口数量(人)
1	京师(南直隶)	11918938	南直隶	17696001	南直隶	25144434
2	浙江	10784567	浙江	15091704	浙江	20345051
3	江西	9062482	江西	12934563	江西	17745539
4	山东	5959876	山东	8535431	山东	13238503
5	湖广	5803660	湖广	8836684	湖广	13233924
6	山西	4453127	山西	6611540	山西	9394407
7	福建	4189806	福建	5921261	福建	8052734

（续表）

排序	洪武二十六年(1393)		弘治四年(1491)		万历六年(1578)	
	地区	人口数量(人)	地区	人口数量(人)	地区	人口数量(人)
8	广东	3242932	陕西	4890642	河南	7757408
9	北平	3098595	京师	4730664	京师	7337287
10	陕西	2869569	河南	4582414	陕西	7260402
11	河南	2165542	广东	4362447	四川	5888905
12	四川	1991478	四川	3634226	广东	5678221
13	广西	1585671	广西	2351777	广西	3061105
14	西藏	1000000	贵州	1217451	贵州	1729889
15	贵州	940000	西藏	1000000	云南	1241898
16	云南	709270	云南	954122	西藏	1000000
17	台湾	100000	奴儿干	609361	奴儿干	726498
18			台湾	100000	台湾	100000
19			西北诸卫	85310		
	全国	69875513	全国	104145598	全国	148423767

（出自张民服、路大成《试析明代的人口分布》,《中州学刊》2012 年第 1 期）

　　万历(1573—1620)中期以后,明朝在宁夏、朝鲜、播州等地连年用兵,皇帝又大兴土木,修建乾清、坤宁两宫,皇极、建极、中极三殿,内帑空虚严重,针对当时全国采矿冶炼行业利润巨大的情况,明廷为增加国库收入,于是派遣矿监税使疯狂掠夺民财,达到"矿不必穴,而税不必商,民间丘陇阡陌皆矿也,官吏农工皆入税之人也"的程度。等到辽东战起、陕北民变,辽饷、练饷、剿饷"三饷加派",全国深受其害。除了江浙等少数富庶地区,各地都到了民不聊生的境地。加上此时小冰河期的影响,水旱灾害交织,给农业生产带来巨大影响,几大灾害主要分布在南、北直隶、山东、河南、陕西、山西、浙江。崇祯年间(1627—1644),仅仅山东(附辽东)一地就发生重大水灾、旱灾、蝗灾各 5 次。登莱兵变之前,百姓丰年仅得温饱,灾年不免饥馑。

　　皇太极在接见明朝叛将孔有德时嘉奖说:"尔元帅孔有德,原系明臣,知明运之倾危,识时势之向背,遂举大众,夺据山东,残彼数城,实为我助。"登莱兵变爆发后的 1 年零 8 个月,叛军最多时达 10 万,在山东攻城略地残破州府,拷掠官员戕害百姓,搜刮资财以充军饷。打下登莱首府登州后,叛军以缴获的登莱巡抚官印檄令胶东各县缴纳钱粮,敲骨吸髓无所不用,导致胶东人口大批死亡。山东六府除兖州一府外,其余五府均被兵灾。其中被兵最重的济南、青州、莱州、登州四府诸州县,如德州、新城(今山东桓台)、昌邑、掖县(今山东莱州)、黄县(今山东龙口)、栖霞、莱阳(山东莱阳、莱西)等地十室九空。平度州(今山东平度)当时是胶东大邑,与胶州一起为莱州府所管辖的两个散州,人口繁多,市井繁盛。平度崔氏与孔有德家族早年有隙,崇祯五年(1632)三月孔部打下平度实施屠城,美丽的城市顿成一片瓦砾,百姓四散逃亡。入清后恢复发展150年,也不复明朝鼎盛时期的水平。资料显示,山东死于这次兵灾者有15万之多,波及江淮一代(孔有德叛军一部曾深入江淮),那里的伤亡人数不计在内。

明代设辽东都司(全称辽东都指挥使司,又称山东行都司),是辽东地区的军政机构,辽东行政则隶属山东省,矿业资源丰富、气候四季分明。《管子·地数》载,春秋时期齐国名相管仲曾对齐桓公说:"齐有渠展之盐,燕有辽东之煮。"大海有渔盐之利,地下有黑漆的"黄金"(煤),山里有岫岩美玉,此地本是人间宝地。其辽东25卫在明洪武年间就有汉人100多万。到了万历(1573—1620)

煮海图(出自《本草纲目》)

中,大江南北到处出现"矿税之灾":派往辽东的矿监宦官高淮巧立名目疯狂掠夺民财,导致辽东民不聊生。据辽宁大学清史研究所孙文良考证,高淮在辽监矿期间,竟然发生了十次民变!

苛政猛如虎,变兵凶似豺。据《清太宗实录》《啸亭杂录》和《满文老档》记载,建州女真发动对汉族统治区的战争,在辽东实行"抗拒者被戮、俘取者为奴""不论贫富、均皆诛戮"的政策,辽民不堪其命,数十万人背井离乡、栖身海岛,受庇于明军岛帅毛文龙。东江镇失陷,他们的命运更是凄惨。除将近2万人跟随孔有德、尚可喜、沈志祥降清,大部分不知下落!登莱兵变诱发的一系列争战将山东人民包括岛屿数十万辽民推入万劫不复的深渊!"车辚辚,马萧萧,行人弓箭各在腰。耶娘妻子走相送,尘埃不见咸阳桥。牵衣顿足拦道哭,哭声直上干云霄。"杜甫《兵车行》中的场景再次上演。

在登莱兵变中被兵的州县百姓其苦不用多说,战火没有烧到的州县也好不到哪里去。登州府、莱州府所属、黄海沿岸尚存的威海卫、大嵩卫、鳌山卫、灵山卫以及胶州、即墨、文登、乳山诸地官府征人调粮,到处是"牵衣顿足拦道哭,哭声直上干云霄"的景象。青州府北面的县都被攻破,只有南边的安丘、诸城、临朐一带得完。围剿孔有德部的官军开到,征发临朐这个万人小县米谷"五十万石",临朐百姓该拿什么下锅?

由于遭受兵变,官府和民间救助力量几乎归零。康熙《山东通志》记载,皮岛战后几年,"崇祯十三年自六月不雨,至八月蝗,大饥,群盗蜂起,人相食,草根木皮俱尽"。"曹(州)、濮(州)尤甚"。康熙《鱼台县志》卷四记载,崇祯之年的鲁南鱼台,"鬻妇女不可数计,女未及笄者钱二三百文,壮年妇女刚易一饭"。一位妙龄少女卖身价格只相当两升米。

卖掉三四个这样的少女的价钱,到第二年仅能买一个梨!鱼台县邻近独山、昭阳诸湖,饥民可涸泽而渔,无湖可依的百姓又当如何?道光《章邱县志》中有诗一首描写崇祯年景:

> 为问彼苍何太酷,忍教两载断三馎。怀中爱子抛荒草,海上饥魂附野乌。

> 数口妻孥一日散,万家老幼望天呼。思儿痛母千般事,不尽流民郑侠图。

人们习惯将人祸视为天灾。天灾是事实,但没有登莱兵变如何会形成这样的局面?正如晚唐诗人杜牧在《阿房宫赋》中说:

> 嗟乎!使六国各爱其人,则足以拒秦。使秦复爱六国之人,则递三世可至万世而为君,谁得而族灭也?秦人不暇自哀,而后人哀之。后人哀之而不鉴之,亦使后人而复哀后人也。

[明]仇英①《汉宫春晓图》(局部)

(三)登莱兵变彻底暴露了明廷腐败无能,反映封建专制病入膏肓

"封建专制腐败是块臭豆腐,闻起来是臭的,吃起来是香的。"学生时候的我,看到这句话就留下了深刻印象。2016年5月12日,伦敦,世界反腐峰会。美国国务卿克里、英国首相卡梅伦以及国际货币基金组织(IMF)、世界经合组织(OECD)等来自50多个国家的要员和各大组织齐集一堂,讨论如何解决一个历史性的问题——贪污腐败。会前分发的材料显示,全球腐败猖獗,每年仅仅贿赂一项,资金就达到了1万亿英镑,约合10万亿人民币,相当于一个中等国家的GDP。这还只是贿赂一项。IMF组织总裁拉加德警告:腐败的直接成本为人所知,但是间接成本更大,她直截了当地指出,在金融危机深度侵蚀的今天,腐败将使更多国家陷入危机!

腐败是老话题。自从人类从茹毛饮血中走出来大约就学会了以一块肉、一枝花或者别的什么东西换取额外眷顾。今天我们所熟知的七种腐败方式:贪污贿赂、吃喝挥霍、游山玩水、嗜好音舞、大修宫室、任人唯亲、好色听内,《尚书》都做了记载。

---

① 仇英(1494—1552),字实父,号十洲,明代画家,吴门四家之一。擅画人物,尤长仕女,既工设色,又善水墨、白描。书画俱有造诣。

我国历史上还有南朝鱼弘这样公开宣扬腐败的官员。鱼弘任南樵、盱眙、竟陵、永宁等郡太守时,宣扬:"我为郡,所谓四尽:水中鱼鳖尽,山中麋鹿尽,田中米谷尽,村里百姓尽。"殷商遗臣微子在总结亡国教训时认为:"我(指商朝)用沉酗于酒,用乱败厥德于下。"因腐败等原因倒台的政权古今中外皆有,历代王朝前赴后继,岂创业易守成难乎?现在轮到了明朝。

按说,明廷发轫于郭子兴"江淮红军",出身草根。洪武帝开国之时即告诫群臣:"朕……尝思昔在民间时,见州县官吏多不恤民,往往贪财好色,饮酒废事,凡民疾苦,视之漠然,心实怒之。故今严法禁,但遇官吏贪污蠹害吾民者,罪之不恕。"明初规定凡贪腐60两白银者要被"枭首示众""剥皮填草""凌迟处死"。明朝享国276年,在反腐倡廉方面创造了骄人的业绩。一方面,倡导从源头遏制腐败。高扬"齐家先修身"的大旗,自《皇明宝训》始,《太宗宝训》《仁宗宝训》《宣宗宝训》等洋洋洒洒共编13部,垂范百官要"敬天""孝思""谦德""节俭""戒侈"。公务严推亲族和籍贯回避。清代赵翼《陔余丛考·仕宦避本籍》明确指出:"回避之例,至明始严。"另一方面严厉惩贪治腐。明太祖在吴王位上时已着手修订《大明律》,历30年之久而完成,又颁布《大明令》《问刑条例》,规定极严:"凡官吏无故擅离职役者,笞四十。若避难因而在逃者,杖一百。"在户部侍郎郭桓贪腐案发后,基于"日者中外臣庶……大肆贪墨"的事实,编了案例加训诫的《大诰》,以凌迟、族诛、没面文身挑筋去指、阉割为奴等酷刑威吓贪官。对于"官吏受财""坐赃致罪""事后受财""有事以财请求""因公擅科敛"等赃罪,一律予以重惩。

无奈洪武帝在世后期,将士和大臣已脱下敝衣战袍,开始享受奢华生活。[1]不管怎么说,洪武时期(1368—1398)的规矩还是管用的;到宣德至正德时期(1426—1521),规矩渐渐失效;到万历至崇祯时期(1573—1644)规矩基本失效。人治是靠不住的。从更深一层说,明朝处于中国专制社会的后期,政治制度与经济社会文化发展越来越脱节和不相适应,制度自身的腐朽性和落后性日渐显露,腐败已经无

《尚书》记载了最早的腐败行为

法根治。为了反腐加强中央集权,加强后的中央集权又在制造更大的腐败祸患,如此恶性循环。到天启年间(1621—1627),出现了魏忠贤、客氏为首的"阉党",将日渐没落的明朝拖入深渊!回首往事,腐败如何一步步诱发和推动了"登莱兵变"?

1.宫廷派系斗争波及军队

---

[1] 拙作《碧血浸江淮》里记录了明军首任淮安卫指挥、淮安侯华云龙霸占淮安府署的经过。

登莱兵变与明末党争有着极大关系,起兵造反的孔有德部本属毛文龙部。袁崇焕杀毛文龙后对皮岛兵力进行重组,但皮岛军心已散,埋下兵变祸根。《燃黎室记述》卷二七载:"营下将士,或率兵投虏,或入登莱。"袁崇焕为什么坚持要杀毛文龙? 这与两人的政治立场不一有关。明末东林党与阉党等非东林党的斗争是政治生活的一条主线。城门失火殃及池鱼,派系斗争波及军队。袁崇焕思想倾向于东林党,而毛文龙被认为是阉党分子。毛文龙以功拜"光禄大夫、左都督、佩平辽将军印",平辽总兵官,赐予尚方剑。在他指挥东江镇军民对后金开展斗争的 10 年,大部分时间属于阉党当政的天启年间(1621—1627)。毛文龙攀附魏忠贤在皮岛总部为魏忠贤立生祠。毛文龙此举固然有他个人的原因,在阉党炙手可热的大背景下这么做也是无奈之举。毕竟中央军政大权操在阉党之手,一草一木一米一弹都要向阉党讨要。

崇祯帝登基拨乱反正,魏忠贤被逼自尽、客氏被杀,阉党被追究责任,毛文龙阿附阉党和骄横跋扈被一并算账,时议早就对毛文龙不利,而毛文龙依然居功自傲狂放不羁,"进止不听于督抚"。从崇祯帝到朝臣,东林人,甚至相当多的非东林人对毛帅"多疑而厌之",这是袁崇焕以十二条罪行杀毛文龙的大背景。杀毛文龙之后,有着阉党背景的温体仁上台执政后制造弥天冤案,借崇祯帝之手杀害了袁崇焕。崇祯二年至三年(1629—1630)短短时间,两起冤案相继重创了辽东军事。第一次岛帅毛文龙被杀,毛文龙将领亲军内心不服,"岛中将卒闻其死,皆哭",副将毛承禄更替父上书喊冤,说天下"尽知其冤"。崇祯帝不予理睬。第二次督师袁崇焕被害,让包括关宁军、东江镇在内的辽东人心涣散,"辽军失去军魂"。(《三藩史略》)"诸军号哭于(北京)城外",都说"以督师之忠而不见,容我等在此何为?""诸军大溃"……正是这些埋下了孔、耿等发动登莱兵变的导火索。

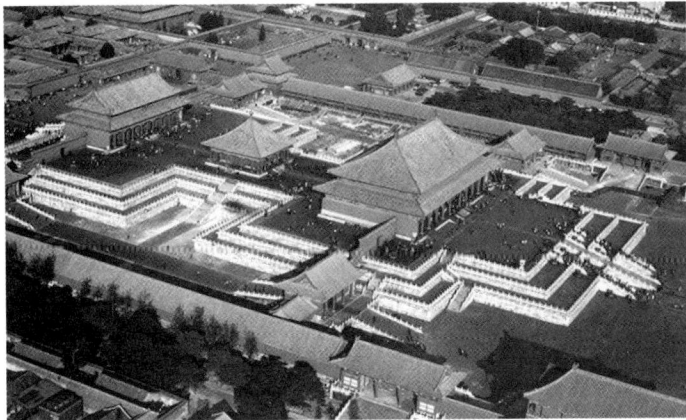
北京故宫

袁崇焕墓

2.培植私党,目无法纪

登莱兵变前的明朝,命官外结边将以自固,边将各立门户以自守。逆向淘汰严重,有担当的大臣一个个被排挤出局,有能力的将领要么被害要么逃亡,导致人人自危失去立场,遇到事情首先想到的就是趋利避害。外有强敌内有敌手,军政内外激烈倾轧,存活下来就是胜利。谈迁的《国榷》引用张延登之言:"毛文龙遂雄踞皮岛,刘兴治、黄龙、沈世奎相继,已成唐藩镇自立之势。孙元化作抚,遂成孔有德之变,而东莱惨矣。"崇祯二年(1629)毛文龙死后,陈继盛、刘兴治、沈世魁先后主事,东江镇军内围绕岛帅继承权展开激烈内斗。陈继盛、刘兴治为此殒命,岛中诸将都要被迫"站队"。

孔有德在登州,旧人夤缘而进,不服岛帅黄龙管理的东江镇军人都来投靠,渐渐形成"军中之军"。孙元化敞开大门接纳,悲天悯人的大学士徐光启不知底细,计划将这支存在严重思想问题的部队整编为新军。等到这支新军造反,孙元化目瞪口呆乃至根本不信。崇祯四年(1631)冬,官军在鲁北平原设置包围圈邀击叛军,孙元化护着不让打,结果养虎为患,自己落得身首异处。

黄龙副职沈世魁在黄龙激战殉国后升任岛帅,不是从大局出发团结一切可以团结的力量,而是公报私仇,处心积虑要置广鹿岛副将尚可喜于死地,致使"素服大义"的尚可喜被逼上梁山投降后金。沈世魁为保卫东江镇激战殉国,其子沈志祥被逼无奈走上尚可喜老路。反观此时清廷上下,纪律严明,号令一致,强弱胜败不言而喻!

3.武装走私,杀良冒功

军队是执行特殊使命的武装集团。军队有时也搞生产经营(如汉代、唐代、明代军队屯田),但不以牟利为目的,而是为减轻财政负担,军与民争利历来是败军之道。

明代四百料战座船复原图   〔英〕赫伯特·詹姆斯·德拉波《海战》

明末将领武装走私不是秘密。亦商亦盗的郑芝龙被招安后,官至都督同知、福建总兵官。他一边清剿海贼抵御红夷(荷兰殖民者);一边忙着利用水师贩运私货收取商人保护费,以致获利巨万。东江镇军费不足,毛文龙也这么干。他一边与后金交战,一边利用流民深入长白山采摘山珍挖掘人参,私下里与后金书信往来做着互通有无的生意,俨然一个小王国。获取的利益毛文龙做了"合理"分派:朝中主事官员尤其是魏忠贤本人一定要进贡,自己的官佐部下都有一份。而岛帅毛文龙自己生活并不奢华(这一点与沈世魁不同),至崇祯二年(1629)在旅顺双岛被斩他身无余财,令人嗟叹!毛文龙死去,东江镇部队继续从事明廷明令禁止的走私牟利活动。"游击耿仲明之党李梅者,通洋事觉,龙系之狱。仲明弟都司仲裕在龙军,谋作乱。"耿仲明等武装走私被黄龙查办是事实,耿仲裕

揭发黄龙贪污没有证据,今天看上去就是诬告而已。

至于杀良冒功在明末军中也是常见的情况。尚可喜贵为广鹿岛副总兵官,带兵遇到海难漂浮到登州,差一点被刚刚驱逐孔有德下海的关宁军副将祖大弼当作俘虏杀掉,这种现象当时绝非个别。

蓬莱阁的清晨

4. 兵部官员接受叛军贿赂

明末军中的贿赂情况很严重。就以东江镇为例,毛文龙部讨要军饷不得,改以贿赂讨要,以大额回扣贿赂魏忠贤和兵部大员,终于取得部分军饷。纵观崇祯四年至六年(1631—1633)的登莱平叛之战,不仅跌宕起伏,而且怪事丛生,背后原因主要就是腐败。

兵变开始时起事不过800人,叛军内应耿仲明屡告登莱巡抚孙元化以孔有德必降,孙元化信之。叛军东归胶东,署登莱总兵官张可大率军师次黄山馆驿准备阻击,孙元化不许。登州被里应外合攻破后,平叛大军齐集山东,数月间逗留不进无所作为,一时间双方"今日通书,明日遣官",内阁首辅周延儒"宴然不画一策"(《明季北略》卷八),这是为何?

原来孔有德利用毛文龙老关系派人潜入京城与兵部内鬼勾结,以人参貂皮银两贿赂兵部人员(具体人员难以指明)。兵部侍郎、山东督军刘宇烈率大军出征,誓师于昌邑,作战计划都为叛军知悉。主战派官员屡屡请战,兵部尚书熊明遇等压制不允,一味迁就叛军,等待招抚,以至于官军作战消极,被孔有德屡屡击败,山东巡抚都御史徐从治阵亡,叛军又以诈降之策杀害登莱巡抚谢琏、莱州知府朱万年。可见,正因为腐败和不作为导致叛变的星星之火燎原为一场大灾难!

5. 军纪崩坏,凌虐百姓

明末军事建设并非一无是处。譬如作战方面,一举消灭了倭寇匪患;军事理论有新的成就(《纪效新书》等);从西方引进了红夷大炮等新装备;同时,因为倭寇和西方势力的屡屡入侵,明代开始重视海防,且军事工程技术突飞猛进,明朝末期出现了诸多庞大的筑垒地域……与上面这一切共生的,却是明军纪律大滑坡。近年来学术界已有不少文章研讨了这个问题,如《明代卫所缺伍的原因探析——兼谈明代军队的贪污腐败》《明代军制建设原则及军事的衰败》《明代军队由尊到卑的变化》等等。380年多前的这场登莱兵变,其导火索正是军纪崩坏。崇祯四年(1631)中秋节,登州镇步兵左营参将孔有德的800兵离开登州,沿途抢夺粮食物资,还没有走出山东已恶名远扬。吴桥县的一场大雪不期而至,当地因为他们的坏名声家家关门闭户。孔部军人成群结队外出抢劫,揭开了兵变的帷幕……

登莱平叛战区包括了鲁西北、鲁中中北部、胶东半岛中北部，北直隶一部、庙岛群岛、辽东半岛及海上诸岛、西朝鲜湾沿海。叛军所到之处劫掠州县府库和民间资财；强迫男子加入叛军；抢夺女子分派给头目，人数达到了数千之多。镇压叛乱的官兵来自四面八方，有浙江兵、山东兵、川兵、京营兵、关宁兵、天津兵、东江兵、江淮水师，甚至有蒙兵、夷

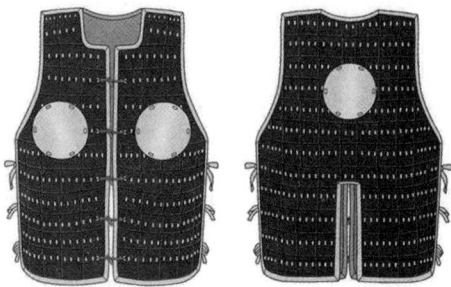

明军齐腰甲图①

丁、彝兵，旗号五花八门，素养良莠不齐。有的官兵目无军纪，他们将收复的地区视为战利品，往往借口"附逆"残暴对待百姓，百姓两头受气遭了殃。

登州之战中由于官军军纪不好，造成了不应有的损失，崇祯帝殿试钦点的武状元王来聘在崇祯六年（1633）二月十七日攻城中牺牲。肇事官军来自四川总兵官邓玘所部。

朱由检在紫禁城
（出自《李自成》，上海人民美术出版社，1978年）

邓玘，四川人，天启（1621—1627）初从军，积功得守备。"安邦彦反，玘追贼织金，勇冠诸将"，"大小数百战，所向克捷"。（《明史·邓玘传》）邓玘在登莱兵变之前平定西南安邦彦之乱、北调镇守遵化、喜峰口及洪山、镇压河南民军有功，与金国奇等诸将复登、莱二城，录功进署都督同知。就是这样一员能战之将，所带的兵历来纪律不严。他的部队一度被给事中范淑泰弹劾"虐民"，崇祯帝置之不问。后来他的部下又被御史钱守廉弹劾，说他"剿贼罗山，杀良冒功"，崇祯帝命总督洪承畴调查。正在调查中，他奉命"戍樊城，防汉江"。崇祯八年（1635）四月，他的部将王胤成以克饷鼓动士兵哗变，杀了他的两个随从。"玘惧，登楼越墙堕地死。"邓玘是明末将领的一个典型代表。生前居功以自固，纵部"淫掠"，虐民的事做的太多以至于功劳被掩盖。等到崇祯八年（1635），他躲避自己部下哗变从高墙失足跌死，人人都说他逃脱了惩罚："其死也，人以为逸罚云。"

三、内外顾此失彼，民变星火燎原

"民变"又称农民大起义，与"北虏"（明人对后金的蔑称）并称为明朝两大心病，究竟谁才是压垮骆驼的最后一根稻草，仁者见仁智者见智。但有一点可以肯定：它们之间互相配合，摧垮了千疮百孔的明朝。

---

① 今人参考明万历帝定陵出土文物绘制。

17世纪20年代，矿徒出身的军官孔有德在辽东抗金，驿卒李自成在陕北一个简陋的驿站当差。孔有德与李自成本来是风马牛不相及的两人，历史长河激荡碰撞却让这两人遥相呼应，撼动了明朝的根基。如果不是时代的"召唤"，他们二人一个挖一辈子煤，一个当一辈子驿卒，或安身立命于三边荒草戈壁，或栖身终老于海盖深山矿井，粗茶淡饭，日月为伴也是一生。

阿基米德只要一个支点就能撬动地球，亚马逊的蝴蝶扇动翅膀可以掀起一场台风。顾炎武发出"天下兴亡，匹夫有责"的沉吟，一介匹夫也能影响大国存亡。阉党屠戮忠良，劣绅欺凌百姓，明廷弃守辽东，灾民蜂涌入关。三饷加派，海内汹汹，加上驿站裁撤大批驿卒失业，陕西、山西、河南等地已是风声鹤唳、势同干柴。终于在天启七年（1627），有人往这堆干柴上丢下了火种！这一年（"登莱兵变"爆发四年前），陕西白水县农民王二率领数百暴动起来的农民，杀死了知县张斗耀，揭开了持续数十年的明末民变的序幕。陕西巡抚怕朝廷害怪罪，隐匿不报，于是起义军队伍日益扩大。陕西暴动之火就这样噼噼啪啪爆燃起来。崇祯元年（1628），高迎祥、王左挂等起义响应。崇祯二年（1629），后金军避开关宁绕道蒙古进攻中原，蓟辽督师袁崇焕已定计要斩桀骜不驯的毛文龙。身负两条人命的前驿卒、逃犯李自成，同自己年龄相仿的侄儿李过一起先投军甘州。十月里，在奉命增援辽西的路上，因为对自己的上司参将王国不服，杀害王国"窜走秦晋山谷为盗"。一代枭雄李自成、张献忠纷纷加入暴动行列！从大范围看发生"登莱兵变"的崇祯四年（1631），锦绣大地上交织博弈的三股势力如三只蛟龙缠斗在一起，谁能使破碎江山重归一统？

首看后金。建州女真首领、明政府加封之龙虎将军努尔哈赤，于万历十一年（1583）开始统一女真各部。万历四十四年（1616），建立后金政权，建元天命。天命四年（1619），在萨尔浒之战后站稳脚跟。到天命六年（1621），一举攻破辽东重镇沈阳和辽阳，占领辽东全境。天聪五年（1631），皇太极已经使得努尔哈赤统治后期后金国内一度严重的政治经济危机趋于消弭，女真人的事业重回生机勃勃的上升轨道。但是他们与明政府反反复复的"议和"，说明他们没有做好君临中华的准备。能否问鼎中原，对于皇太极来说，还是一个未解之谜！

再看农民军。面对严酷的封建专制统治和阶级压迫，李自成等人举起义旗，他们的斗争带有明显的正义性。但是他们中相当一部分军队的嗜血行径，为农民战争的前途蒙上了一层阴影！在蔡东藩笔墨下，农民军的行为是这样的："……会高迎祥、李自成等，收集山西溃卒，有众万人，推迎祥为闯王，自成为闯将，转寇山西、河南。且潜遣人勾结献忠，献忠遂叛了承畴，与高迎祥联合，横行山西，于是秦贼为一路，晋贼为一路，秦、晋世为婚姻，谁知变成盗薮？所过淫戮，惨不忍闻……或令父淫女，或迫子淫母，待他淫毕，一概斩首……惟一人人家，妇女欣然从淫，或还可以免死，因此贼兵过境，妇女不得不首先出迎，甚至自褪衣裳，供他侮弄，淫声秽语，遍达里闾，贼兵方才心欢，扬长而去。"行文至此，蔡先生叹曰："这真是古今罕有的奇劫，不知这明明在上的老天，何苦令若辈小民，遭此惨

毒呢？我亦云然，大约天阍已闭，不见不闻。"（蔡东藩《明史演义》第九十三回《战秦晋曹文诏扬威　闹登莱孔有德亡命》）

农民军特点是游动不定。崇祯四年（1631）正值关宁将军曹文诏等将西北民变几乎扑灭殆尽之际，孔有德发动了登莱兵变，明廷手忙脚乱抽调大批精锐平叛。有了孔有德助力和后金军的牵制，农民军星星之火一变而为燎原之势！等到登莱兵变被镇压，崇祯八年（1635）正月，各路义军集结13家72营，形成较大规模，有10万之众，大会于河南荥阳。李自成自豪地说："匹夫可奋臂，况十万乎？今吾兵且十倍于官军，虽关宁铁骑至，无能为也。"（《小腆纪年》《爝火录》）农民军最初并无问鼎中原的抱负，也没有推翻帝国的必胜把握，直到崇祯十七年（1644）兵临北京前的路上，李自成还亲自要求明朝封他王爵给予封地，他的部队可以接受改编并开赴辽东抗战。他们都善于打碎旧世界而不善于建设新世界，大顺和大西两个农民政权没有一个具有治国理政的成熟形态，都属于"成长中的政权"。（《三藩史略》）假以时日他们也许能够修成正果完成改朝换代的重任，但是时机不等人。

明朝皇帝坐朝图（局部）

三看明朝。以拿破仑法兰西第一帝国之盛，不能长久抵御欧洲列强环伺；以希特勒世界一流战力的纳粹陆军，不能同时鲸吞东西方敌手；以今日美国超级大国的实力，"9·11事件"以来仅仅打了"两场半（阿富汗、伊拉克、利比亚）"地区性战争就已经焦头烂额；何况岌岌可危的明朝？明廷由"两面作战"陷入了三面埋伏，失败祸根已暗暗种下。

李自成出身陕北驿卒，努尔哈赤和皇太极、福临也都不是外国人。努尔哈赤起兵叛明前名义上是明朝龙虎将军和羁縻卫所指挥官。因此，明朝与后金、大顺的对决不是中国人与外国人的战争，而是不同民族间或同一民族内不同社会力量的斗争。汉人内部为了争夺统治权而自相杀伐的比比皆是，胜亦不足荣，败亦不足耻，无所谓是非。汉人建立的中原政权与少数民族的角逐历史上也屡见不鲜：晋代与各少数民族的角逐，唐代与突厥、吐蕃、渤海等少数民族政权的并立，宋代与辽、金、元的对峙……明末参与角逐的社会力量当然不限于这三种，但有资格问鼎天下的是这三种力量。在统治的合法性正统性、人口及经济规模、军队实力、科技水平、文化凝聚力等方面，明朝无疑都占有极大优势，但为什么优势没有转化为胜利？

明朝之亡可从不同角度找答案。但从战略角度上讲最大的失误是两线作战，明白这一点就不难理解为何袁崇焕一面屡屡击退后金军,同时又力主承认后金国地位,与后金划界而治。因为他心中明白明朝不能在与"贼""虏"两线作战中取胜,急于为帝国取得缓冲的时间,可惜这也成了他被千刀万剐的罪状。

攘外安内,不可并行。袁崇焕之后的兵部尚书陈新甲也清楚这一点:明廷应该立即停止两线作战的局面,并与其中一方媾和——即便是需要付出重大的代价也在所不惜。

司马睿南渡,延续晋室半壁江山;赵构南下,保存大宋一线血脉。

东晋自317—420年享国103年,共传11帝;南宋自1127—1279年享国153年,共传9帝。"新亭对泣"也许令人不快,但是比起社稷倾覆还是好了很多。明朝为什么不能?因为这是个充满了"傲慢与偏见"的朝代。明人不仅犯了战略错误,而且君臣上下罔顾大局。请看明末死节大学士范景文的《送鹿伯顺年兄》(诗及序):

送鹿伯顺年兄

【序】

军饷中匮,围吏告棘。伯顺适在版部,岁解金花,遂便宜借发,乃具以闻。上怒,谪伯顺官。于时,中外人士皆愕然咨嗟。又有为伯顺称荣者,伯顺曰:"恶是何言?矫诏予罪也!余窥其微论,著之当慰辞焉。"

【诗】

王师张挞伐,四处大征兵。枵腹焉能战?所忧在呼庚。中帑不可问,何贵举朝争。便宜取济事,古人亦有行。金花数十万,三军色肉生。矫诏非无罪,以矣权重轻。圣怒原不测,严谴翻为荣!岂其爱阿堵,想为尊朝廷。外人那得知,微意恐不明。未免损圣德,成我臣子名。此处应介介,君何以为情。

"金花数十万,三军色肉生",此叙事感怀诗收录在范氏遗著《文忠集》中,写的正是萨尔浒之战这一年(明万历四十七年,1619)著名的"金花银"事件。"金花银"原意为足色而有金花的上好银两,又名折色银或京库折银。明代税粮折收银两始于正统元年(1436),是古代赋役制度的重大进步,但是"金花银"后来成为皇室禁脔,主要用于皇帝私用及赏赐。

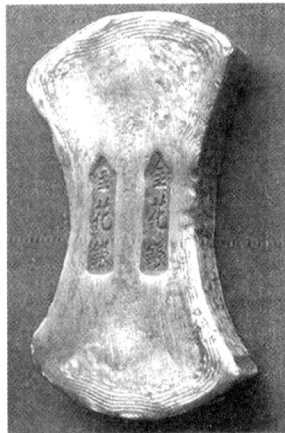

金花银

《鹿忠节公年谱》记载,萨尔浒战役明军三路丧师,后金攻陷军事重镇开原、铁岭进逼辽、沈。就在这用兵的关键时刻明朝辽东军饷断绝,户部官员心急火燎,然而府库空空。恰在此时,一笔救命钱自广东转到户部("会广东进金花银"),经手人是45岁的户部河南司主事、署广东司事鹿善继。众所周知,金花银被皇帝视为私房钱,鹿善继看到白花花的"金花银"眼中一亮,顾不上睡觉连忙到府库查阅档案,发现依据成例"金花银"可以用作边兵军饷。("善继稽旧制,金花贮库,备各边应用。")既然有定制又有十万火急的军情,他心中有了底,连夜找到户部尚书李汝华建议"与其请不发之帑，何如留未进之金"，就是拿这部分银子充军饷。李汝华支持鹿善继的意见但颇有顾虑。鹿善继慨然担当："如干上怒，愿以身任。"一边是皇帝怪罪追责的危险，一边是等米下锅的军卒，衡量再三没有两全其美的办法，户部尚书李汝华同意了鹿善继的意见，数万两"金花银"输送到前线。如果处理得当这将是一次很好的公共关系事件，也是对政风的一次良好示范！

但当这个消息禀报到万历帝跟前，龙颜大怒。一个小小的户部主事敢于侵犯皇权。万历帝启动追责，下旨"夺善继俸一年，趣补进。善继持不可，以死争。乃夺汝华俸二月，降善继一级，调外"。鹿善继据理抗争得到的是更重的处罚。他干不下去决定还乡。户部尚书李汝华也一并被处分。

鹿善继威望很高，如今落职离开户部，跟他多年的官佐围着他一起流泪说。史载："当其决计归里时，掾吏环泣曰：'非专责，何苦认真？独烦一推署符尔！'"鹿善继如何作答史书无记载。翩翩少年范景文正在其中，他不仅深为同情鹿善继，而且对于主上倒行逆施不满。

军国大事岂为儿戏？皇帝将搜刮民间财富，将满足皇室骄奢淫逸置于国家安危之上，视辽东官兵为草芥，放逐忠臣良将于荒野，根子是封建专制皇权作祟。这样的事情出了太多，于是愿意为国分忧的人越来越少，察言观色追名逐利之辈夤缘而进，朝堂自然而然成了魏忠贤、温体仁、陈演、魏藻德等人的天下，直到崇祯十七年（1644）北京城破。"金花银"事件发生的万历四十七年（1619），崇祯帝末任首辅和死节之臣范景文当时年少，正任吏部官员，耳闻目睹此事，愤而写下《送鹿伯顺年兄》为同事鹿善继鸣不平。在民族矛盾上升到社会主要矛盾时，负有保境安民之责的明廷已运转失灵；不仅如此，相当一部分成员走向虐民害民的道路。登莱兵变被镇压后10年，一场空前灾难即将降临。登莱兵变、"金花银"等事件充分说明，"明之亡，实亡于内而非亡于外"。

范景文书法长卷《宝剑行》（局部）

四、军事变革停摆，中西交流夭折

崇祯六年（1633）深秋的一个下午，自蒙古草原南去的鸿雁，一行行掠过北京上空，这座永乐年间（1403—1424）青州府人薛禄率兵修造的帝都屹立在秋日余晖中。梧桐黄叶片片飘落庭院，树干在秋风中瑟瑟发抖。一位头戴黑色乌纱身穿绯色团领绣鹤一品官服、年龄在70岁开外的矍铄老者，静静站在庭院正中目视鸿雁远去。"鸿雁，天空上，对对排成行。江水长,秋草黄。"老者听着鸿雁一声声凄惨的鸣叫,苍老的脸颊落下了两行热泪,他的得意门生和教友在北京西市被斩首弃市,至今整整一年了……

他是徐光启。一年半前,他以礼部尚书兼东阁大学士,预机务。登莱巡抚孙元化死在秋八月,登莱之战迎来转折,各路援军与叛军正在莱州府城和平度两地激战。又是一个秋天来临的时候,孔有德引导清兵取旅顺,都督总兵官黄龙死难。

徐光启加太子太保兼文渊阁大学士到达了他仕途的顶点,但这些换不回孙元化和张焘性命,登莱之乱令他五内俱焚。孙元化死后他的心随之就死了,我们今天能够看到的徐光启画像,淡定睿智的目光透露着深深的忧虑,这个著名的上海人,"中国的培根",被理想和现实的巨大反差活活愁死了。

徐光启故里——旧日上海徐家汇

上海市徐光启纪念馆外景

徐光启的军事改革曾经是明朝的救命稻草。《明史·路振飞传》记载,明朝官员路振飞"陈时事十大弊",概括起来就是弊政重重、危机四伏。明末危机莫大于军事危机,它直接关系国家存亡,徐光启很早就领教了这一点。明嘉靖三十二年(1553),葡萄牙人占领我广东濠镜(今澳门),倭寇大举入侵江浙沿海,徐光启的母亲和祖母都在外长期流落避难,所以他自己在《练兵疏稿》中说:"生长海滨,时闻倭警,中怀愤激,时览兵传"。等到科举从政,北方鞑靼和东北女真不时犯边,海盗和"红毛夷人"又不时光顾东南。明天启二年(1622),中荷厦门海战,明军"暮夜取将,白昼擢卒"。(语出汤显方致蔡复一信)海战中,明军百舰不敌荷军五舰;陆战中,明军千人不敌百八十。福建总兵官徐一鸣下令击鼓前进,部下"三鼓之不前,三枭之不前"。凡此种种,使集科学家、文学家、国务活动家、儒生、基督徒等身份于一身的徐光启的富国强兵思想十分强烈。"强国必以正兵",他联合部分官员发起自张居正之后的最大规模的改革——主要集中在军事和科技领域,这是明朝存在下去的最后一根稻草,内容主要包含"练兵"和"造炮"两方面。

一是"练兵"。徐光启认为军事失败不仅仅是指挥失误,明末官兵作战中"守不住,攻不克",很大程度是平时不练兵、临时靠急抓兵凑数造成,这一点是看到了要害。

天启元年(1621)八月,徐光启在河南道监察御史任内拟定《选练条格》(士兵操典),从通州7776名新兵中遴选了4655名士兵(一说1908名,不确),开始在京郊的通州、昌平以新法操练。后来官僚机构互相推诿,军饷器械不给予充分保障,并将他尚未练成的部队强行调往前线,甚至诬告他借练兵敛财(实际上他连自己的薪俸都拿出来),终于使他第一次练兵不了了之。此后,他再次制定了新计划要训练"盛兵十万"。如成功,崇祯帝不一定要上煤山。可惜朝廷内部有人处处掣肘,人才、情报、器材都不配合导致计划落空。

登莱兵变前夕他做出了第三次练兵努力,将希望寄托在掌握了登莱军团指挥权并节制东江镇军的大弟子孙元化身上。孙元化赴任登州时从关宁、天津带去了8000精兵,加上登州一线的原有兵力一时控制了数万人马。徐光启计划从中先练两万劲旅,计划初步实施,经葡萄牙炮手训练后登州明军战力明显提升。崇祯四年(1631)五月,孙元化派张焘和葡萄牙教官携带新兵配以新式火器保卫皮岛,一举击毁后金战船十数艘、击毙后金官兵数百人。张焘称颂:"令西人统领公沙的西劳等,用辽船架西洋神炮,冲击正面;令各官兵尽以三眼鸟枪,骑架三板唬船,四面攻打。而西人以西炮打□□□筑墙,计用神器十九次,约打死贼六七百……神炮诸发,虏阵披靡,死伤甚众……此海外从来一大捷。"可惜正在计划将孔有德等部队纳入整训过程中,大凌河之战打响了,孔有德部叛变,孙元化、张焘含恨而死,登莱全军覆没,明军最重要的后勤和练兵基地被毁灭,徐光启的努力再一次付诸东流!

二是"造炮"。

请看下面的17世纪火炮组图。

明朝同期的奥斯曼土耳其群射枪

欧洲某地博物馆藏17世纪大炮

中国虽是火药故乡,但明末火器已落后于西方。根据万历年间意大利人利玛窦对明朝的实地观察记载:"(硝石)这种东西(中国)相当多,但并不广泛用于制备黑色火药,因为中国人并不精于使用枪炮,很少用之于作战。然而,硝石却大量用于制造焰火,供群众性娱乐或节日时燃放……"(《利玛窦中国札记》第四章第一卷)总结萨尔浒之战失利原因,徐光启借用西汉晁错的话说:"器械不利,以其卒予敌也",指出辽东经略杨镐的部队连将领的盔甲都不齐,装备更是五花八门。他认为,以先进火器压制敌人是胜利的法宝。天启元年(1621),他提出"火器者今之时务也",认为西洋火器在发射速度、射程、命中率、杀伤力等方面都远远优于本土火器。将大中小3种火器搭配起来,辅之以坚固的筑垒炮兵阵地就能够御敌于国门之外。

天启元年(1621)五月后,金军攻占沈阳,辽东经略袁应泰殉难,明廷不得不又起用徐光启。徐光启复职后把制造火器摆到首位,写信给好友兼著名科学家李之藻要他到澳门购买西方大炮。李之藻派门人张焘筹集资金前往澳门购买了4门大炮北运,后来陆续运往宁远前线由优秀的炮兵专家孙元化布置,这些大炮在宁远大捷中"循环飞击,杀其贵人,每发糜烂数重""一炮辄杀百人",发挥了决定性作用。天启帝所封"安国全军平辽靖虏大将军"之炮,正是徐光启、李之藻从澳门首批购来4门炮中的一门。在徐光启的大力倡导下,明廷先后4次向澳门葡萄牙商人购炮40余门。事实说明,徐光启是正确的。工部尚书王佐支持徐光启的造炮计划,但是魏忠贤等阉党分子横加阻挠,徐光启不得不又以病辞职回到老家上海试验种植他的红薯……孙承宗曾经戏谑地总结好友徐光启的官场命运:每逢女真人入侵时就获起用。一旦兵事稍缓,旋遭罢去。

天启七年(1627)崇祯帝登基,他再度被起用,得到澳门葡萄牙当局支持,获得了更大的炮兵力量,"在澳门组织了一支有三四百人的军队,其中包括葡萄牙人和在澳门受过葡萄牙人训练的中国炮手"。这样一支装备精良、训练有素的炮兵部队出现在前线必将创造极大战果,也会成为明朝新式炮兵的种子。可惜的是,这支部队北上途中路过南昌附近,被朝廷内部的不同意见瓦解,只有十几个葡萄牙军人被允许运送大炮北上。

经廷台诏对,徐光启受命参与北京保卫战,他的16门新式红夷大炮给后金很大震慑。后金薄涿州,葡萄牙炮兵教官卢未略等刚刚到涿州,红夷大炮一响,后金军绕路而走,《徐光启集》指出:"敌去京师而不攻,环视涿州而不攻,皆畏铳也。"

炮兵专家孙元化官至登莱巡抚,兵部和徐光启将最优秀的炮兵人才均集中到登州(今蓬莱),孙元化、王徵、张焘、彭有谟、葡人公沙·的西劳、葡人陆若汉都在其中,精通炮术的王徵被任命为登莱监军道,登莱副总兵张焘掌握了很大的军事权力,孙元化、张焘、王徵等人在登莱编练火炮营。葡萄牙人公沙·的西劳和陆若汉协助孙元化造炮练兵,后又有53名葡籍炮师和造炮工匠护送红夷大炮自广州来到登州。这些人成为中国战争史上最早被雇佣的西方军事技术人员。和中国旧有的炮兵相比,新式炮兵不仅装备更为精良,而且具备了符合弹道学原理的瞄准技术。寇润平、朱龙在《登州火炮营及其对华贡献》中指出:"经过多方努力,孙元化部队成为全国装备最精良的火器部队,不仅拥有佛郎机炮20余门,西洋铳320门,鸟枪1000支,而且也有一批掌握西洋火炮技术的枪炮手,一时登州成为全国装备最精良的军事前沿。"

徐光启还第一次提出了以炮兵为核心的诸兵种联合作战思想。明军新式火器部队的编制为:"每一营所用双轮车一百二十辆,炮车一百二十辆,粮车六十辆,共三百辆。西洋大炮十六位,中炮八十位,鹰铳一百门,鸟铳一千二百门,战士两千人,队兵二千人,甲胄及执把器械。凡军中所需,一一各具……"其战术为:"行之为阵,止之为营。遇大敌,先以大小兵器更迭击之;敌用火器,则为法以围之;敌在近,则我步兵以出击之;若铁骑来,直以炮击之,亦可以步兵击之。"此作战思想就是要把各种武器、兵种实行联合作战。毫无疑问,这样一支近代化意义上的步骑炮混合军队出现在17世纪的中国有望改变明军在野战中的劣势,并能大大加强明军守御的优势。从万历四十七年(1619)以来首次出现了这样的可能：力量的天平正在向着明朝倾斜……这一切，都随着"登莱兵变"不了了之。

宁锦和滦州两次大战失利，使后金尝到了火炮的厉害，于是重用被俘汉匠王天相、金世祥及归降官员丁启明等，以缴获火炮为模本，于天聪五年（1631）铸成第一门重炮——"天佑助威大将军"，实现了历史性突破。"登莱兵变"之后，明军新军首领被处决；练兵铸炮基地被

徐光启参与指挥北京保卫战

摧毁；外籍教官团被解散；能战的军队也被瓦解，大炮、工匠、炮手或被胁迫或自愿随孔有德去了后金。徐光启最担心的事情很快出现了：数十门红夷大炮、数百门其他火炮"悉为奴有"，"我之长技与贼共之，而多寡之数且不若彼远矣"。（《明史·徐光启传》）明清双方的火器水平就这样扭转过来，"使得八旗军掌握并垄断了西方在火器操控技术领域的关键技术，从而在与明朝的军事技术竞争中逐渐处于领先的地位"。

再说明末东西方文化交流。东方文化，主要是指亚洲地区，也包括部分非洲北部地区的历史传统文化，中国文化也是其组成部分。中国文化又称中国传统文化，是中华民族在长期历史发展中形成的集体智慧的结晶，是各民族在长期的历史进程中创造的一切物质产品和精神产品的总和。西方文化，指发源于古希腊、古罗马时期，浸染了中世纪基督教传统，兴盛于文艺复兴、宗教改革，经启蒙运动而最终确立，以西欧、北美为核心地域、数百年来盛兴世界各地的文化系统。西方文化和东方文化都源远流长、气象万千，又各具特色、互补兼容。东西方文化交流多以《山海经》中的周穆王姬满（约前1054—前949）与西王母的昆仑会为源。《后汉书·西域传》记载，汉桓帝延熹九年（166），大秦（罗马帝国）使节首次觐见汉桓帝。西方学者德效骞称，第一批罗马人早在此前200年就到了中国。古罗马称中国为"赛里斯国"，汉代称呼罗马为"黎轩""大秦"。汉元帝建昭三年（前36）匈奴郅支单于部被西汉歼灭，为匈奴服务的部分马库斯·克拉苏部罗马士兵被汉军俘虏，汉朝在甘肃设置骊靬县与安置145名原罗马士兵有关。此外中国史书提到"鱼鳞阵"，美国汉学家德效骞认为这只能是罗马帝国"龟甲阵"。从西汉往后中西文化交流时断时续，但第一次有目的有计划地引进西方科技文化以明末徐光启为第一人。

16、17世纪是西方古希腊科学向近代科学转变的重要时期，文艺复兴运动和宗教改革趋近于完成，第三次思想启蒙运动正在风起云涌。经过千年黑夜之后，西方被封建制度和思想禁锢的创造力得到了释放，代之而起的是新生的资本主义社会。资本主义工场手工业的繁荣和向机器生产的过渡促使技术科学和数学急速发展，生产力大大解放。而这一切对于绝大部分东方人来说还是天方夜谭。

明末古老的中国尽管出现了资本主义萌芽和离经叛道的思想家李贽，明朝却一如既

往按照祖宗之法进行统治,全社会思想解放运动没有发生,建立在这种思想解放之上的社会革命、科技进步、经济转型都无从谈起。亿万臣民沿袭着几千年的生产生活方式,富甲天下的江南依旧在演绎六朝繁华往事,风流倜傥的才子依旧在吟咏:"可怪春光,今年偏早,闺中冷落如何好。因他一去不归来,愁时只是吟芳草……"(唐寅《踏莎行·闺情》)

万历二十一年(1583),西方传教士利玛窦隐匿真实使命进入中国,同时带来了圣母像、星盘、三棱镜和欧几里得的《几何原本》。也是在这一年,22岁的书生徐光启被家计所累赴广东韶州任教,结识了耶稣会会士郭居静。万历三十一年(1603),徐光启在南京受洗加入天主教,教名保禄(Paul)。后来,他的弟子孙元化也入了教会。

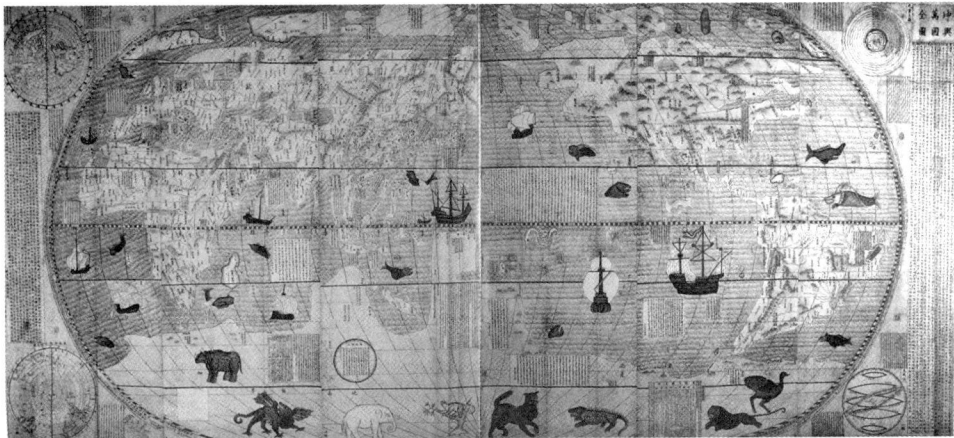

《坤舆万国全图》

做官前在武昌的一次与西方人的交流中,徐光启发现了将大地画成球形的地图。中国人开始慢慢地知道我们住在一个圆球上……

西方人利玛窦、汤若望、南怀仁等与中国人徐光启、李之藻、孙元化等共同开启的东西方文化交流,涵盖了经济、科技、军事、宗教、文化、艺术等方面,是清末洋务运动之前中国绝无仅有的系统引进西方文明的运动,取得如下成果:将文艺复兴以来的思想文化成果引入中国,翻译出版了《几何原本》《测量法义》等西方典籍;引进西方水利技术并开展实践;吸纳西方天文学成果修订明代《大统历》,最终形成了《崇祯历书》;农业上引进了番薯等经济作物物种,并在上海、房山、涞水等地开展农业实验,形成《农政全书》……

毫无疑问,由于徐光启身居社会高层,这种努力具有"救世""匡扶"的目的,一个明显的成果——在军事领域建立一支近代化军队——这就是明证。改革的最终指向必然是上层建筑中的核心问题——政治。这是一场标榜着科技革命的社会革命,可惜,崇祯四年(1631)十一月末吴桥雪夜的枪声逐步终结了这一切,使得这场文化运动戛然而止。当中国人再一次开启这场运动时已经太迟了——敌人的炮舰已经轰开了古老的国门。

明崇祯六年十月初七(1633年11月8日),北京城。徐光启到了油尽灯枯的弥留之际。简陋的寓所,一副破蚊帐,罩着一席旧床,躺着一个孤独消瘦、面目安详的老者,屋里散放着一摞摞的书籍、卷轴、天文历书和算术的草稿……谁也想不到,这就是当朝内阁次辅徐光启。史料记载这个帝国最有权力的人物之一、研究经济一辈子的科学家临死前穷困潦倒。但精神痛苦更甚于身体病痛,他一声不吭躺在床头,老仆也静坐在一旁,神情恍惚中他回到了童年的黄浦江畔:春天阡陌交错的田野,金灿灿开满了油菜花,空气中弥漫着扑鼻的香气,他觉得这是人世间最最美好的事物;还有那所古老寺院的高塔,他躲到里面埋头读书,母亲吴氏焦急地在四处寻找呼唤他的乳名;他又依稀回到了去金山卫赶考的那个大雨滂沱的早晨……

今上海奉贤油菜花

花开花落七十年,留待千秋后人评。今天的上海体育馆附近就是徐光启土山湾旧地之所在。离文定路(徐光启,谥文定)不远,沿着漕溪北路往北向徐家汇方向走到南丹路,有一个光启公园,这是徐光启的坟茔所在。去世前2个月,徐光启官至光禄大夫、左柱国、太子太保、文渊阁大学士,看起来他已经位极人臣,然而实际上其一生可以归结为一个"苦"字:贫苦、困苦、劳苦、愁苦、痛苦。《明史·徐光启传》清楚地记载:"光启雅负经济才,有志用世。及柄用,年已老,值周延儒、温体仁专政,不能有所建白。"奉行"经世致用"哲学的他,一直在顶着压力前行。

他练兵,有人说不应"以词臣而出典兵";他选拔兵士被说成"骚动海内","以朝廷数万之金钱,供一己逍遥之儿戏,越俎代庖事小,而误国欺君其罪大"。

他造炮,礼科给事中卢兆龙上疏辩称不必要:"堂堂天朝,精通火器、能习先臣戚继光之传者,亦自有人,何必外夷教演?"

作为一名官员,他的教徒身份也受到诟病。劣臣卢兆龙等将天主教比同邪教,耸人听闻地宣称:"京师之人信奉邪教,十家而九!"与东林不睦的浙党首领方从哲执政,南京礼部侍郎沈㴶为了替自己捞取升迁的资本,竟然掀起教案浊浪,企图通过驱逐传教士和打击奉教士大夫徐光启以献媚方从哲。尤其是崇祯四年(1631)爆发的"登莱兵变"以及随之而来的孙元化、张焘等惨死,让徐光启心灰意冷,从此不再过问政治,埋头编订《崇祯历书》。

有人如此评价晚年的徐光启:"不像湖北人张居正那样为兴利除弊深谋远虑,不像广东人海瑞那样拼死苦谏,不像江西人汤显祖那样挚情吟唱……"临终四道奏疏,谈论的都是关于修订历法的事情,无一言及自身功利封荫,也无一言论及兵事。但关于钱粮一项,四年共领户部、礼部、工部银870余两,一一记录封存上交。即使贫病交加,也未动用过一分一文。徐光启生活的社会积重难返,以至于崇祯帝自己也哀叹"新进士馆选,将京城内的金子换尽矣！"（查继佐《罪惟录》）作为一个宰相他清廉到了令人难以相信的程度。

那么他的钱去了哪里？在生命的最后四年，他的俸禄一文未动交还朝廷。他早年的俸禄，其子徐骥在其《行实》中给出了线索："延绥兵粮乏而哗，自捐银四百余两犒之。其以他举，捐己奉公，亦复不鲜。"这件事发生在万历四十七年（1619），他当时为詹事府少詹事、兼河南道监察御史，管练兵事务。前一年，努尔哈赤举兵南下，徐光启在通州练兵。万历帝下令户部、工部、兵部和太仆寺供给练兵所需粮饷、器械、军马等物资，但这四个衙门敷衍塞责，互相推诿，致使新兵衣食不足。此时，从全国调来多支抗击后金的增援部队聚集京畿，因无军饷，怒而相杀。为平息哗变，徐光启拿出个人俸银四百余两分给士兵制止了哗变。虽然哗变的延绥兵不是徐光启部

光启公园外的徐光启雕像

下，但他自掏腰包平息兵变体现了殚心体国的赤子情怀。几年后，女真人所向披靡，明军战则必败。徐光启认识到火器的重要性："可以克敌制胜者，独有神威大炮一器而已。"然而朝廷党争剧烈，行动处处受掣肘，徐光启咬咬牙再一次自掏腰包从澳门购买大炮，他的薪俸就这样一次次花完了……

颇具讽刺意味的是，尽管徐光启励精图治，而对于挽救晚明时局近于杯水车薪。他改革的果实几乎全部被后金所获得，董少新在《论徐光启的信仰与政治理想———以南京教案为中心》一文中尖锐指出："吴桥兵变使满清军队获得了大量西洋火炮、先进的造炮技术和受过葡萄牙铳师训练过的炮兵部队，这成为其入主中原及后来平定三藩之乱、统一整个中国的重要原因。满人进入北京建立清王朝后，继续任用汤若望等西洋传教士造炮、修历。汤若望则将《崇祯历书》更名为《西洋新法历书》献给清朝统治者。康熙皇帝更曾因传教士造炮、修历、中俄交涉等功绩而颁布容教令，使天主教一度获得了在以前从未获得过的在华传教自由。这是徐光启的无奈，或许也是明王朝的悲哀。"（《史林》，2012年第1期）

崇祯六年（1633）那个深秋，徐光启耗尽了生命，他在北京的寓所平静地去世，可以猜想他一定是带着说不出的苦衷和遗憾离开的，他带走了一个时代！

第五章　塞上秋

世乱金瓯破,枭雄意气高。任他樯橹自身漂。铜鼎欲知归处,须看我抽刀。

赤心昭明月,清风不折腰。奈何流寇戏吾娇。一怒冲冠,一怒马萧萧。

——[明]吴三桂《喝火令·世乱金瓯破》

　　17世纪早期,明朝对于游牧渔猎的女真各部实行"分其部落以弱之,别其种类以间之,使之人自为雄,而不使之势统于一"的分化政策,有时明朝还直接用武力攻打女真,纵兵掳掠。建州女真不堪压迫,于万历四十四年(1616)在首领努尔哈赤领导下于赫图阿拉举旗反抗,建立大金国(史称"后金"),万历四十六年(1618)四月十三日以"七大恨"告天,开启对明战争。"七大恨"并不完全经得起推敲,却不能改变少数民族反抗明朝压迫的正义性质。在大金旗下完成女真各部的统一并从明朝手中夺回民族自主权,这无疑具有进步意义。但真理都有一定界限,超过限度就走向反面。后金在将明势力逐出建州三卫后,很快突破了民族自卫的界限,悍然将战火烧到明朝腹地,残酷对待共处神州的汉族及其他各族同胞,就此越过了正义战争的界限,走向非正义的民族侵略战争。从抚顺之战开始,明朝节节败退,民众流离失所。汉民族及明朝各族人民除了承受不可避免的阶级压迫,还要面临满洲统治集团实施的民族压迫。在面临外来威胁的环境下,明朝国内的主要矛盾由原先的阶级矛盾一变成为民族矛盾——这是厘清相关历史问题的关键。明朝各族人民无路可退,毅然开启了波澜壮阔的抗清民族自卫战争!

　　君且听,战马嘶鸣!"不见南师久,谩说北群空。当场只手,毕竟还我万夫雄。自笑堂堂汉使,得似洋洋河水,依旧只流东。"崖山之战300多年之后,中华大地再次响起久远的战歌,在民族荣誉激励下,在家国危亡逼迫下,无数男儿抛妻别子自齐鲁、秦晋、江浙、湖广、云贵等地奔赴关宁、登莱、辽东!熊廷弼、袁崇焕、孙承宗、满桂、

"辽东三杰"之熊廷弼① 画像

---

　　① 熊廷弼(1569—1625),字飞白,号芝冈,汉族,湖广江夏人,万历进士。由推官擢御史,巡按辽东。熊廷弼身高七尺,有胆量,晓军事,擅长左右开弓放箭。万历四十七年(1619),以兵部右侍郎代杨镐经略辽东,他招集流亡,整肃军令,造车治炮,浚壕缮城,守备大固。但是他脾气火爆,禀性刚直,时议对他不利。阉党派王化贞出任辽东巡抚,处处掣肘,架空了他。熊廷弼的正确部署被他人破坏,失败的黑锅背在他身上,终于落得被杀害的命运。熊廷弼与袁崇焕、孙承宗的下场,昭示了明朝走向灭亡的必然性。

赵率教、曹文诏、黄龙、杨国柱、曹变蛟都在其中；吴三桂、孔有德、耿仲明、尚可喜、刘泽清、陈洪范、刘良佐、金声桓一度也在其中。

登莱兵变是一个分水岭。"辽东三矿徒"孔有德、耿仲明、尚可喜曾为辽东明将，吴三桂也在辽东从军，可谓系出同门。崇祯四年到崇祯六年（1631—1633）的"登莱兵变"中，他们分成两个阵营——孔、耿因为对明朝不满率辽东兵叛变，吴、尚率兵从海陆镇压。孔、耿投靠后金开创了新局面，吴、尚立功被明晋官，几个年轻人登上历史舞台上引起世人关注。登莱兵变后不久，昔日战友进一步分化。明将尚可喜不堪内部排挤叛投后金，孔、耿、尚合流受到皇太极礼遇。崇德元年（1636）四月，皇太极称帝，改后金为清，三人被封为绝无仅有的汉族王爷，孔、耿部称天佑军、尚部称天助军。他们合力捣毁了自己的老巢皮岛，导致沈志祥降清。皮岛之战后，崇祯三年（1638）孔有德、耿仲明、尚可喜、沈志祥引导清军进军关内，揭开了清军逐鹿中原的序幕。明将吴三桂在关宁闻鸡起舞励精图治，沿着祖大寿、吴襄、高起潜为他铺就的道路在与后金（清）军的历次战争中经受了考验，逐步成长为关宁军统帅，带领部下为明朝守住最后的一道壁垒。而且崇祯十六年（1643）春，他奉旨勤王，有幸在北京田弘遇府邸的宴会上邂逅了绝世美女陈圆圆（邢沅），实现了"仕宦当作执金吾，娶妻当得阴丽华"的愿望。在未来的杀伐中，吴三桂、孔有德、耿仲明、尚可喜四人必将迎头相遇。

筑堡功臣 练兵先锋

见第一就争，这是吴三桂的治军风格。

时势造英雄，崇祯十年（1637）二月，锦州城北的戚家堡（今辽宁凌海齐家堡）迎来筑城大军，指挥员是一位精力旺盛的青年军官，他年纪轻轻官拜副总兵。崇祯十年（1637）二月，就在皇太极率军讨伐朝鲜的时候，明朝监军内官高起潜、辽东巡抚方一藻、总兵官祖大寿、总兵官张福臻、总兵官吴襄等出塞，齐聚锦州以西的义州（今辽宁义县）侦察形势，派员秘密丈量义州城垣，试图利用"奴尚未回来"的有利形势，一举收复被清军占据的义州。侦察结果经过两天两夜的分析，三月初二做出了"复广宁先复义州，复义州需先修筑戚家堡台"的决定。敌前修城如同虎口拔牙，崇祯四年（1631）大凌河之战就是因为明军在敌前修筑大凌河城诱发的。

筑堡的重任落到了吴三桂头上。吴三桂二话不说，提本营1600人迅速进入戚家堡展开筑台行动。没几天，一座"最胜台"拔地而起。"台高四丈，内做三层，护翼两股，凿井一口。"此城可驻精兵1000名，真是一座好城！前来巡视的高起潜、方一藻交口赞扬台堡修的好："咸谓台极得力，极坚固。"

考评官军成绩，吴三桂"鸡鸣即兴，夜分始就寝""练兵敢战"均评上等。当年十二月，在锦州以北600里邀击清军获胜，吴三桂的干爹、崇祯帝的亲信高起潜一次次在三军将士面前竖起大拇指。崇祯帝当权后，曾经尽罢宦官出镇。但是一旦文官武将让他失望，他就又回到了老路上去。终崇祯一朝的"不倒翁"高起潜就是一例。

从这年二月到四月,从山海关、宁远、前屯卫到锦州,明军拳头中的拳头"关宁铁骑"虽连遭主帅袁崇焕蒙冤、大凌河祖大寿兵败的重大打击,但依旧是最有战斗力的军队。他们利用清军东征朝鲜及皮岛无暇西顾的间隙处处展开整军运动,努力为下一次宁锦大战做准备,因为他们知道,清军早晚会卷土重来。

今宁远古城①

崇祯十年(1637)四月初七,就在清军对皮岛发起总攻的前夜,辽东巡抚方一藻在上奏崇祯皇帝的题本中盘点了关宁军的家底。

全军分为"堪战援兵"和"守兵"两大部分。

一、"堪战援兵"(机动兵团)

副将祖宽、高勋、程继儒等8名,参将2名,都司2名,兵力1.3万多人。

二、"守兵"(八城守备兵团)

(1)锦州守军。副将祖大乐、祖泽远、吴三桂等将领10人,兵力1.1万多人。

(2)松山守军。前锋中营副将杨振等将领4人,兵力6371人。

(3)杏山守军。游营副将程颜勋、步营游击许应招、守营都司刘有德将领3人,兵力3600人。

(4)宁远守军。参营副将于永绥等3名,城守营参将赵邦宁等2人,左营游击李登科,兵力9441人。

(5)中后所守军。游营参将李景茂,步兵左营游击佟翰邦,城守营都司刘宗文,兵力3539人。

(6)前屯卫守军。左营副将杨伦纯,右翼中营参将刘正杰,城守营参将窦成烈,兵力3961人。

(7)中左所守军。游营副将蔡可贤,左翼左营副将李辅明,城守营都司李天福,兵力3039人。

(8)中右所守军。游营副将柏永馥,左翼中营参将高桂,城守营署(代理)营事都司宫登科,兵力3075人。(数据来源:《明清史料》第九册)

---

① 宁远古城,又称兴城古城,位于辽宁兴城老城。"宁远大捷"即发生在这里。

朝鲜皮岛危急,清军搞大动作,"关宁铁骑"则除了象征性派出人员渡海支援外,大军既不救皮岛也不出击盛京,从山海关到广宁等八城依次蜿蜒排开搞小动作,通过建筑戚家堡台构成对清军据守的义州城的半包围,试图挤压清军空间。辽西八城共有关宁军兵力53营,每营约千人,兵员5.7万人,另外将宁远后备兵、团练民兵加起来全军有15万之多。全军除政治领导高起潜、军事统帅祖大寿外,副将25名,吴三桂只是其中之一,但无论练兵、筑垒还是作战,他都是其中的佼佼者。

北京城汤若望制造的大炮依旧源源不断输送到前线。就在关宁军大事筑城、补充人员、整修器材、加强战备的同时,清军除留置一部对辽西方向采防御态势的主力,倾巢东征朝鲜国和皮岛,这对"关宁铁骑"来说是一个重大战机。高起潜、方一藻、祖大弼和吴襄坐拥精锐,为何不趁清军倾力东征之际采围魏救赵之策抄清军后路,全力以赴直冲沈阳?反而要摆出一副被动挨打的防御态势,坐等清军消灭东江镇和朝鲜呢?

无独有偶,国家清史编纂委员会主任戴逸在2009年的清史审改会议上回顾崇祯三年(1630)正月皇太极绕路蒙古入关,设反间计杀袁崇焕的经过,戴逸说:"袁崇焕的军队有12万在山海关,满族军队也不是很多,(两军)差不多。满族军队从沈阳出发,从蒙古地区绕圈子往古北口、喜峰口、洪山口等处进入北京,走了二十几天。这么大的军事调动袁崇焕怎么会不知道?等清军出现在北京附近他才知道,赶紧调军队向回跑。不仅如此,他应该可以用围魏救赵的办法去攻打沈阳。袁崇焕手中当时也有十万大军,从宁远到沈阳只有三四天路程,一打沈阳,清朝前线的军队必然军心大乱,不得不回兵援救。如果打下沈阳,功劳那就太大了。即使打不下沈阳,也可以解除别人对他的怀疑,不致遭到杀身之祸。"

时隔8年之后,关宁军再次放弃利用朝鲜和皮岛之战的时机打清国腹地的机会。殊不知登莱已经被孔有德残破,等到朝鲜和皮岛相继沦陷,"三足鼎立"如何鼎立?哪怕关宁军一次有限的进攻,也能缓解朝鲜和皮岛很大压力,但是这样的事情没有发生。这一切应源于万历四十七年(1619)萨尔浒之战种下的恶果。明廷完全丧失了进取精神,战略上摆出被动挨打的态势。

努尔哈赤父子的"斫大树"战略

工欲善其事,必先利其器。对于掌握利器航海来归的孔有德等,皇太极给予了空前的礼遇。他否决了鲍承先等提出的将他们解散编入汉军"乌真超哈"的建议,特设独立于八旗之外的天佑兵、天助兵。因此《清史稿·孔有德传》特别记载:"国语谓汉军'乌真超哈',有德等自将所部不相属。"续顺公沈志祥来投同样如此,这样一来编制严密的八旗军中出现了四支奇特的、保持明军编制的汉人武装,"号令、鼓吹、仪从俱仍其旧"。孔、耿、尚等源自明朝东江镇,部众都是基于民族大义走上抗金道路的,但仍存在腐败淫掠等旧习气;如今来到壁垒森严的清军很快就暴露出问题,皇太极的巧妙处理则体现了他的战略思维。

且看天聪七年(1633)的这几件事。

六月攻克旅顺，孔、耿炮兵抢占"官吏、富民廨宅，多收俘虏"。八旗没有这样的习惯，以故纷纷侧目。皇太极得报，"置之不问"。他知道孔、耿功劳很大而后金财力有限，故此睁只眼闭只眼。收编为后金军之初，天佑兵总兵官耿仲明故态复萌，向部下强行索贿，部分官兵不堪其扰跑到天佑军都元帅孔有德处告状。孔有德如实上报到皇太极处。耿仲明大惧，向皇太极认罪同时提出将告发人员移属孔有德。皇太极淡化处理，一方面表彰孔，一方面安抚耿。为了避免孔、耿二人间形成矛盾，他"即日并召入宫赐宴"。又赐予他们羊和酒，专门晓谕孔、耿说："我听说跟随你们参加演习的汉官被要求请吃饭，礼尚往来，你们距离家远，我给你们的羊酒你们可以拿到教场为答宴。"

八月，耿仲明部编入正黄旗籍，建制保持独立。九月，所部师长石明雄(职甲喇额真)出面告发耿仲明三件事：隐匿所获松山、杏山汉族人户，逃犯被正法、耿仲明收葬设祭，妄杀无辜。耿仲明隐匿汉族民众，收葬祭奠因逃跑而被杀的汉族人，有出于同为汉人的同情心的因素；妄杀无辜是岛兵恶习不改所致。三件事都为后金军法所不容，按照满洲惯例轻则夺职重则杀头。但案情鞫实，皇太极只命"罚仲明白金千两"。

十月，孔、耿"以礼物馈送诸贝勒大臣"，这是影响后金军政作风的苗头问题。皇太极批评孔、耿："此乃明人旧习，我国原无此例。"他申明：为防止"乱阶"，除寻常亲戚外"似此馈送永行禁止"。

十一月，孔、耿、尚请示为官兵札付(委任书)，皇太极谕旨他们"自便给付"，即授予军队人事任免权。汉族大臣鲍承先以"若任情滥给敕命，是私名器也"相争，皇太极断然予以回绝——只要军事调动和司法权在自己手中，他并不担心孔有德他们用什么人。为了表示对孔有德、尚可喜的信任，赐予其每人缎一、貂皮六十，两军副将以下将领银两有差。因为后金国新附人口越来越多，粮食供应紧张，孔有德因此跟耿仲明一道主动提出"输粮佐饷"，也被皇太极婉言谢绝。

皇太极用过的玉玺①

清亲王之印(满汉文)

皇太极对降将孔、耿、尚等人重礼迎接、封官敕印、赏赐厚重、分配土地、整备新军、委

---

① 满汉篆文"天子之宝"。

以重任。到清崇德元年(1636)四月,清在沈阳定都,这一切到了高潮。

皇太极分封诸王:册封大贝勒代善、济尔哈朗、多尔衮、多铎、豪格、岳托、阿济格、杜度、阿巴泰等九位立功的宗室为礼、郑、睿、豫、肃、成六亲王以及多罗武英、多罗安平、多罗饶余三郡王;册封蒙古各部首领巴达礼、吴克善等九人为郡王和冰图王;册封孔有德为恭顺王、耿仲明为怀顺王、尚可喜为智顺王。后航海来归的岛将沈志祥被加封续顺公。将孔、耿、尚等人放到了宗室王爷的级别上,这都超越了最早加入后金统治集团的汉人李永芳、石廷柱、范文程、鲍承先等人,一度引起了满汉贵族的不解。实践证明,他们目光都不及统帅皇太极来的长远。皇太极要用他们这部分熟悉中原情况、掌握先进武器的汉族人员,实现皇太极"斫大树"战略!"斫大树"的路径与实践源于万历四十年(1612)皇太极青年时代与父亲努尔哈赤的一次经历。

这一年,皇太极21岁,他随父征乌拉部来到一条河边。对岸树林中发现了敌情,他立即想渡河攻击敌人。努尔哈赤阻止说:"不然!汝等出言毋若浮面取水之易也,须探其底里耳。欲伐大木,岂能骤折?必以斧斤伐之,渐至微细,然后能折。相等之国,欲一举取之,岂能尽灭乎?且将所属城郭尽削平之,独存其都城,如此则无仆何以为主?无民何以为君?"(《清太祖实录》)

努尔哈赤的道理是:大树不能一下子砍倒,要一点点围着树砍细,水到渠成,到一定程度树木不砍自倒。攻打一方土地也是这样,只要将其周围的城市、土地、人口一点点剥夺,"无仆何以为主?无民何以为君?"国家自然就归我所有了。努尔哈赤这个砍树理论显然来自渔猎实践,真是一条妙计!当年战场上父亲耳提面命,皇太极牢记心中,并在日后正确地运用到实践中去。

皇太极经常批评那种"不达时势之见"急于攻取北京的议论,抵制航海攻登州、强攻山海关等不切实际的主张,从而坚持了循序渐进的"斫大树"战略。清军(后金军)5次长驱进关正是这一战略原则的具体实践。而"三顺王"和续顺公都是"斫大树"战略的先锋。他并不是对孔有德等情有独钟,而是看重了他们独特的价值——熟悉中原形势、掌握火炮技术。现在,林中"大树"已经出现了不稳的迹象,"斧子"已经磨得铮亮,进入森林的"向导"也找好了,"大树"的命运也就这样注定了!

清崇德三年(1638)八月二十三日,皇太极发兵大举伐明,"自大同入边"。这是继天聪三年(1629)"己巳之变"和崇德元年(1636)阿济格入边以来,满洲武装第3次入边劫掠。孔有德遣部将黑成功带兵从征揭开"三顺王"进军中原腹地的序幕。

清军以硕睿亲王多尔衮统左、右翼深入内地,皇太极自率一军逼关宁牵制。八月二十七日,多罗郡王岳托及副手杜度率右翼先出发,孔有德、耿仲明、尚可喜各以一部随右翼出征。经过20多天跋涉,孔有德部将黑成功、尚可喜部将曾川孔带兵随岳托逼近密云县东北80里墙子岭。墙子岭扼京师东门,是守卫长城要隘,关上石城皆由千斤以上巨石构筑而成,城高二丈五尺,宽一丈三尺,坚固无比。关口北面是悬崖峭壁,悬崖上有一里多长的长城,城墙上架有口径一尺、长一丈余的火炮。关前二里山顶烽火台可望见数十里

密云墙子岭长城

外敌情。明军指挥官为兵部右侍郎、蓟辽总督吴阿衡，总兵官吴国俊等。按照规定，这里及附近应配属十万兵力驻守，但实际兵力严重缺额。

九月二十五日，右翼军兵临墙子岭，岳托兵分四路攻城。吴国俊赴监军宦官邓希诏生日喝得酩酊大醉，清军逼近他匆匆迎战又落荒而走，将总部暴露给了清军，剩下蓟辽总督吴阿衡孤军拒敌。吴阿衡是南宋大将吴璘之后，以兵部侍郎总督蓟辽、保定军务，"节制宁远、山海、顺天三地巡抚"。管辖范围广，但直接掌控的兵不多，麾下"关宁铁骑"也鞭长莫及。

吴阿衡跃马挥刀指挥数百名亲兵连战五昼夜，"调各路军兵不至"，弹尽粮绝，力竭被俘，押送到清军总部。岳托逼降，吴阿衡慷慨陈词，生为大明将领死为天国英灵。岳托恼羞成怒，残酷杀害了他。《明吴忠毅公篷室张夫人传》记载，当战后亲人找到他尸骨时，发现"膝盖骨刮去，齿击碎，摇落强半，舌不存矣"。见此惨状吴阿衡所钟爱的张夫人"哭伏地，绝而复苏者再"。

九月四日，清军左翼军开始行动。二十八日：突破青山关西口，两路军南下，会师于北京东郊的交通枢纽通州。十月一日，北京戒严，心忧如焚的崇祯帝下令勤王。天子有警，征辽前锋总兵官祖大寿、总监高起潜、辽东巡抚方一藻、宣大总督卢象升、总兵官刘泽清、大学士洪承畴纷纷来援。崇祯帝向他们问策，只有卢象升、黄道周两人主战，兵部尚书陈新甲、大学士杨嗣昌等不敢承担责任。崇祯帝对求战议和也模棱两可。清军来使要求明朝仿照当年对待元裔插汉儿部一样出钱退兵（"请插汉旧赏"）。插汉儿即察哈尔，蒙古旧部，此时已经归属清国。杨嗣昌借此探问崇祯帝是否讲和，崇祯帝当众一口否定。夜晚，崇祯帝派中官打着灯笼悄悄密旨杨嗣昌、方一藻、高起潜三人："密发黄金八万、银十万，贿赂建州讲款。"（《明史纪事本末补遗》）就这样，明战暗

晚明兵部右侍郎、蓟辽
总督吴阿衡画像①

① 吴阿衡（1588—1638），字隆徽，河南裕州人。万历进士，拜淄川令、调历城令。白莲教民数万攻历城，吴阿衡设伏大败，升湖广道监察御史；不畏强暴，向皇帝揭发魏忠贤恶迹。守孝期间农民军占据方城山准备攻打州城，吴阿衡捐款散粮，驱使兵民严守，义军遂去。后任浙江巡按又迁河东副使，明察公断、贪吏敛迹，遂升兵部侍郎，总督蓟辽、保定军务。

和,大敌当前明廷内开始"躲猫猫"。杨、方、高三人得了密旨,战事自然不肯出力,蒙在鼓里的卢象升就此遭了殃。

名将之死

> 人臣无亲,安有君。
>
> ——明天雄军统帅卢象升

一、赴援抗清

自熊廷弼、袁崇焕蒙冤被杀,威震海内的明天雄军创始人卢象升是不多的能战之将。在河南"剿贼"("贼""寇"都是明廷对农民军的蔑称,下文不再赘注)势如破竹的卢象升闻听京师危急,率兵勤王到了抗清一线。而他不知道的是他即将成为战和两歧的牺牲品。

卢象升(1600—1639),常州宜兴人,"白皙而癯,膊独骨,负殊力"。生在江南,却喜骑射,练功刀重达136斤。"娴将略,能治军"。天启二年(1622)进士,授户部主事,升员外郎、大名知府。后金入侵,他"募万人入卫"。后来在右参政兼副使任内整饬大名、广平、顺德三府兵备,组建了与关宁军齐名的天雄军。

卢象升如同南朝梁白袍将军陈庆之、南宋虞允文和同朝的袁崇焕一样,也是文官出身,但战场上他的部队不断创造战绩,被视为"救火队"。明末人心涣散,士不应命,而他过人之处是"每临阵,身先士卒",因此士卒都愿意同命。《明史·卢象升传》记载,有一次,卢象升"与贼格斗,刃及鞍勿顾,失马即步战,逐贼危崖,一贼自巅射中象升额,又一矢仆夫毙马下,象升提刀战益疾。贼骇走,相戒曰:'卢廉使遇即死,不可犯。'"天雄军打出赫赫威名,十年间连续击败民军、后金军不计其数。崇祯十一年(1638),经卢象升和洪承畴东征西讨,李自成、张献忠等部陷入覆灭的边缘。此时大清兵入境,形势急剧逆转,卢象升和洪承畴都被调走,农民军得到喘息之机。

二、缞服出征

奉旨勤王的卢象升并不计较手中兵力多少,着麻衣草鞋在京郊誓师,飞章上报:"臣本是文官并非武官,国家有危难勉力出任军职,但我的父亲刚刚去世,内心悲伤,精气神自然不比往日。以草木之身出任三军统帅,十分担心辜负圣恩。"不久,他又知道总监宦官高起潜、大学士杨嗣昌都是亲人新亡,于是更加忧虑。他对高起潜和杨嗣昌说:"我们三个带兵大将都是不祥之身,一个人如果连亲情都不讲,哪里会顾忌国家江山社稷?"

三、象升廷对

卢象升到京,崇祯帝招之廷对,第三次赐予尚方剑令"督天下援兵"。问战守方略,卢象升回答"臣主战。"崇祯帝闻之沉默良久说:"抚乃外廷议耳。出与嗣昌、起潜议。"两人已经得到"密发黄金八万、银十万,贿赂建州讲款"的密旨,所以三人出言"不合"。而崇祯帝一夜间将主和的责任推得一干二净,似乎忘记了密旨的存在。

次日,发万金犒卢象升军。师次昌平,又遣中官赍帑金三万犒军。过了一日,"又赐御马百,太仆马千,银铁鞭五百"。卢象升大喜说:"果然外廷议也,帝意锐甚矣!"这样就进一步巩固了他所得到的错误信号,决战信心愈发坚定。

要决战必须集结所需的兵力,京营援军合计不下 20 万,卢象升号称统帅却只能指挥宣府、大同、山西三镇 4 万余人,其他兵力无法调遣。卢象升不顾自己安危由涿州进据保定,命令诸将分道出击,在庆都和入关清军作战。卢象升自将马步军列营庆都城外,军容甚整。

巡抚张其平不发饷给卢象升军,大同总兵王朴借口"云州、山西有敌情"率军 1.5 万离开,卢象升身边就只剩下杨国柱、虎大威两部 2 万兵。杨嗣昌、高起潜奉密旨都主和,对卢象升多方阻挠,高起潜也不接受卢象升指挥。不久,崇祯帝突然免除卢象升蓟辽总督及"督天下援兵"之职,改用大学士刘宇亮出镇。而刘宇亮上疏要求"督察军情"本是虚张声势,现在却要带兵作战,他一听吓得要死,"具疏自言,乃留象升"。

卢象升感到被礼部尚书兼东阁大学士杨嗣昌、监军宦官高起潜等人牵制,心情沉重。一次见到杨嗣昌后大声说:"文弱(杨嗣昌字),身为大臣,你没有听说城下之盟的耻辱吗?却天天喊着讲和,难道袁崇焕的悲剧又要重演吗?"

杨嗣昌被说得面红耳赤,回答说:"先生,您这是用尚方剑加我身了。"

卢象升悲愤地说:"我既不能奔丧,又不能出战,白白浪费国家的信任,应该被尚方剑斩杀的是我。我有什么资格用尚方剑加你身?"

杨嗣昌无言以对,心中益加嫉恨卢象升。

大敌当前,战和不定,明廷内外乱象丛生。翰林杨廷麟借北宋李纲、宗泽的遭遇讽刺时局说:"南仲在内,李纲无功;潜善秉成,宗泽殒恨。国有若人,非封疆福。"杨嗣昌听到这话,恨之入骨,命吏部题名杨廷麟由从六品翰林院编修调升正六品兵部主事,然后顺理成章编入卢象升军准备让他去送死。

四、巨鹿败亡

寒风呼啸、大雪飘飘。正六品兵部主事杨廷麟顶风冒雪离开北京赶往涿州,与卢象升汇合。卢象升倒是十分高兴,觉得中央真是关照,派来了兵部官员支持自己。

一身铠甲内套缞服的卢象升笑着握住杨廷麟的手,说道:"伯祥(杨廷麟字),北虏已打到太行了!"

杨嗣昌这明升暗降借刀杀人之计杨廷麟心中有数,但他又不能直说,看着缞服临戎的老帅卢象升,内心既敬佩又悲凉,决心与大帅共命运。

此时,兵部尚书陈新甲到了昌平,卢象升又分兵给他,这样他指挥的兵进一步减少了。经过几次激战,只剩下官兵5000人。卢象升提残卒宿次三宫野外。十二月十一日,卢象升移兵巨鹿贾庄。秦二世二年(前208),著名的"巨鹿之战"就发生在附近。项羽大败秦将章邯于此,摧毁秦军主力,促使秦朝迅速灭亡。一千多年之后,这里又迎来一场恶战。

睿亲王多尔衮、成亲王岳托等率满洲兵及"三顺王"的汉兵至通州会师后,似乎看穿了明人内部纷乱,蔑视明军不敢战,竟犯兵家之大忌,兵分八道,西至太行山,沿运河八路并进。他们发挥骑兵机动快、冲击性强的特点,在坦荡如砥的华北大平原上纵横剽掠,所向披靡。所过之处,烧杀劫掠无遗类。饱掠之后,将抢来的民间美女浓妆艳抹置于车上,奏乐凯旋,还高举"各官免送"的木板羞辱明朝。

寒冬腊月接近年关,卢象升部断粮七日,全凭巨鹿附近百姓自愿捐粮、官兵掺杂冰雪为食,然无一人叛逃。高起潜统兵数万在鸡泽,距离卢象升屯兵的贾庄不到50里。卢象升做了最后的努力,派遣军中高参、兵部主事杨廷麟去求援,高起潜置之不理。

畿南三郡的父老得知卢象升军窘境,派巨鹿县生员姚东照等为代表来军门请愿。姚东照从自己家中捐出米粮700斛供官兵暂时充饥。他见到卢象升说:"天下汹汹十年,先生为了天下安危万死不顾。无奈奸臣当道,孤忠被嫉,三军吃不饱饭,露宿荒野。不如移军广顺召集义师再战,这样不是强似现在孤军无援?"

见老帅一言不发,姚东照又说:"万不得已不妨退军广平、大名、顺德,借民之力抗击敌军,或是后延五日决战,本人回乡请民众助阵。"

卢象升静静听他说完,然后坦诚告诉姚东照,退军广平、大名、顺德虽是上策,但正中杨嗣昌、高起潜的圈套,马上就以畏惧不战之罪借皇帝之名把自己处斩。拖延五日与清军交战,其罪名也是如此。

姚东照闻之泪流,卢象升也泪流满面,昭告姚东照及众乡亲:"感谢父老恩义。虽然我过去与贼寇作战,经数十百战未尝失败。今天,分疲卒五千给我,清军西冲,援师东隔,内有牵制,食尽力穷。事情已经无可挽回了。我旦夕就死,不再连累你们了!"

弹尽援绝,卢象升以死相拼,决战前他把帅印紧绑在自己的背上,还把守孝的麻衣穿在盔甲里面,"军中大哭,誓与清军决一死战"。遂拔寨而出,在蒿水桥与孔有德部所在的清军右翼主力遭遇。卢象升将中军,总兵官虎大威帅左军,总兵官杨国柱帅右军,投入战斗。夜半,礮簜声四起。旦日,清军骑兵数万,将卢象升的5000人里里外外围了三层。看着漫山遍野的清军包围而来,看看与他生死与共

卢象升决心以死相拼
(出自《李自成》,上海人民美术出版社,1978年)

的军士,又最后遥望了一眼高起潜军所在的鸡泽方向。

清军骑兵已经突进到近距离,卢象升拔出了宝剑……激战整日,他亲手格杀敌兵数十人后,身中四箭三刃倒地,再也没能站起来。

明军掌牧官杨陆凯为保全老帅尸首不被残破,干脆伏在卢象升身上,后背被清军的利箭射成了刺猬,身中24箭而亡。卢象升仆人顾显也在大帅身边殉难了,总兵官虎大威、杨国柱率极少数官兵突围而出,一军尽覆。

幸免于难的兵部主事杨廷麟战后到处在战场上逡巡,一士兵突然远远看到一具着麻衣白网巾的尸体,这才终于认出了老帅,杨廷麟号泣说:"此吾卢公也。"河北三郡百姓闻之皆痛哭失声。近在咫尺的高起潜数万大军,闻听巨鹿枪炮声大作,犹作壁上观。直到卢象升之军苦战覆灭,最终也没有派出一兵一卒。

五、遗恨万年

《明史·卢象升传》《明史纪事本末补遗》《明季北略》等记载:卢象升孤军奋战,总监宦官高起潜拥兵数万作壁上观,闻听卢象升兵败仓皇逃遁,战后对卢象升死状隐匿不报。崇祯帝有诏验视,杨嗣昌对卢象升是战死还是被俘不予正面回应。生还的军士俞振龙对他人说亲眼目击卢象升战死,杨嗣昌令人将俞振龙拘禁,鞭打三日夜。俞振龙闭目受刑几死,睁开眼睛说:"天道神明,无枉忠臣。"千总杨国栋也因为不肯顺从杨嗣昌的意思修改塘报,坚持卢象升已战死而被处极刑。"于是天下闻之,莫不欷歔,益恚嗣昌矣。"北直隶顺德(今河北邢台)知府于颖知道经过,冒险将真情上奏,杨嗣昌将于颖上疏扣押不报。一拖再拖,过了80日才收殓卢象升的尸体,而且不做任何结论。

如此阴阳颠倒,明朝军心民心就这样雪崩了。卢象升战死巨鹿,时年39岁,岳飞西湖被害时也是39岁。不一样的时代,一样的命运。以故清代诗人黄道让作挽:"数三十九岁名将,岳家哀,卢家尤哀。"卢象升死后第二年,苦情的卢妻王氏请求朝廷抚恤,不准。又过了一年,卢象升两弟卢象晋、卢象观提出请求,还是不准。由于不敢得罪杨嗣昌,满朝皆知卢象升之冤却缄口不言。直到崇祯十四年(1641)三月初一杨嗣昌得知洛阳、襄阳相继城破,福王朱常洵、襄王朱翊铭被杀,在湖北沙市忧惧而死,这才有人站出来说明卢象升阵亡经过,为其雪冤。

"象升少有大志,为学不事章句,居官勤劳倍下吏,夜刻烛,鸡鸣盥栉,得一机要,披衣起,立行之。暇即角射,箭衔花,五十步外,发必中。"卢象升爱兵如子,皇帝三赐尚方剑给他,他没有用这把剑杀一人。崇祯末,赠卢象升太子少师、兵部尚书,赐祭葬,世荫锦衣千户。南明福王即位,追谥忠烈,建祠奉祀。清乾隆四十一年(1776),清朝追谥卢象升"忠肃"。

河北省级重点文物保护单位——卢生祠①

济南保卫战

济南双忠泉

以泉闻名的济南城,古有双忠泉,在今济南市双忠祠街西端与启明街交界的丁字路口东北角。该泉载于乾隆《历城县志》。郝植恭《七十二泉记》云:"名曰双忠,则以祠而名之也。"泉池为两个四方形相叠,面积约七八平方米。水深5米,石砌池岸,水质清澈,长年不涸。该泉附近历下区省府西街以西有双忠祠街,此街以此地原有双忠祠故址而得名。"双忠"指明末山东巡抚宋学朱、历城知县韩承宣两人。关于历城知县韩承宣,蒲松龄《聊斋志异·鬼隶》有这样一篇故事。

济南历城两衙役,奉知县大人韩承宣之命外出公干。返程途中,碰到两个也是一身公差打扮的人便结伴同行。交谈中,二人自称是郡里的捕快。

衙役说:"济南郡里的捕快,我们认识十之八九,你们两位却从没见过。"

二人说:"实话告诉你们,我们不是济南郡的捕快,而是济南城隍庙里的鬼隶,要去泰山向东岳大帝投送公文。"

衙役便问:"有什么公事?"

鬼隶答:"济南将有大劫,报送的公文就是应死人的姓名和数目。"

衙役惊骇地询问死人的数目。鬼隶说:"我们也不太清楚,大约将近一百万人。"

---

① 卢生祠位于河北沙河普通店村,明末为纪念抗清名将卢象升所建。清康熙年间(1662—1722),为避当时清廷嫌疑在祠旁建双星阁。阁西建八仙卢生殿,步黄粱梦之后,塑八仙,刻卢生石像,以黄粱梦的典故来掩藏其实为纪念抗清名将卢象升之意。在村西,门前有一小广场,院门为大红色,每扇门上有七七四十九颗黄色铜钉。

衙役又问时间,鬼隶回答是"大年初一。"

历城两衙役吓得丢下公文落荒而逃……

不长时间,清兵果然大举南下,大年初一屠戮了济南城,杀了一百万人,死尸堆积如山。"北兵大至,屠济南,扛尸百万。"二衙役因事先逃避得以幸免。

文学是对历史的曲折反映。笔者翻阅历史品味"双忠",《聊斋志异》的传奇故事更把笔者思绪恍然带回到 380 年前的济南保卫战。

多尔衮

清军左右翼会师通州后,恭顺王孔有德、怀顺王耿仲明的天佑兵一部数千人在黑成功、曹得贤、贾世魁、常国芳等指挥下,随岳托、杜度左翼军行动,取道顺德府,沿运河直犯山东济南;智顺王尚可喜一部在曾川孔指挥下随多尔衮右翼军行动。此时,北方正处于严重的旱灾,加之明军被农民军牵制在各省无法集中兵力,清兵在华北平原纵横驰骋如入无人之境。兵部侍郎总督吴阿衡、总督卢象升、在乡原大学士孙承宗战死,京西京南千里江山俱被蹂躏。

浩劫前的济南为天下形胜,明"前七子"边贡有诗《题济南德王府》:

云影入波天上下,藓痕经雨岸模糊。闲来梦想心如见,醉把丹青手自图。

二十六年回首地,朱阑碧树隔方壶。曲池泉上远通湖,百丈珠帘水面铺。

青山关水门①

位于明德王府旧址的珍珠泉

崇祯十一年(1638)十二月,在熟悉山东情况的孔有德部属引导下,南下清军将山东省城济南团团包围。洪武九年(1376)济南成为山东首府,是山东布政使司、提刑按察使司驻地,是山左政治、经济、文化中心。根据《明季北略》的记载,结合山东师范大学朱亚非教授的研究可知,当时进攻的清兵有十多万。由于原省城驻军大部被抽调北援德州,济南突然被包围时只有老弱乡兵 500 人和莱州援兵 700 名。"好在济南城墙比较高大,城内各种储备也较充足,加上城内军民同仇敌忾,所以这 1000 多人和 10 万清兵足足抗

---

① 清崇德三年(1638)九月二十八日,尚可喜部将曾川孔在此随多尔衮入关。

争了 60 多天。"当年十一月,山东巡按御史宋学朱正在章邱县视察,接到省政府发来警报说清军即将来攻,宋学朱披星戴月驰入济南城。清军此时已经越过德州,省城标兵 3000 人已调走北上,偌大的省城济南府"止留老弱乡兵五百,及莱兵七百而已"。明朝就以这区区 1200 名正规军加上壮丁抵御 10 万清军。

历城知县韩承宣本来是修城专家,两年前在淄川知县任内得到在乡大学士张至发帮助,仅用 3 个月就将倾颓的淄川土城改造为石城,在多次兵乱中保护了一方安宁。闻听济南有警,他立即"修浚城池,布置井然"。山东巡按御史宋学朱和道台、知府、知县一面"亲率司道登城捍御",一面加紧训练乡兵、筹措粮草器械。

清兵来势汹汹,济南明军只有这么一点兵力,守城主官宋学朱心急如焚。自第一次警报到敌军临城有大约 50 天的间隙,宋学朱一连七次上疏求援,秉政的礼部尚书、东阁大学士杨嗣昌因多年前宋学朱弹劾过他而怀恨在心,将七次上疏一一扣押。崇祯帝对济南危急一无所知,用人失误,以至如此! 上疏无果,宋学朱转而向中央代表高起潜求援,总监军高起潜"拥精骑"数万驻扎在济南以西的临清,两地相距 100 余千米,急行军也就两日行程。但就像对待卢象升的求救一样,高起潜"翔翔邻境,不发一援",深受国恩的大本营代表如此不顾大局! 看到高起潜拥重兵不救,在山东以北徘徊的将领祖宽、倪宠等人也对救援济南态度消极,泉城军民看到城外黑烟滚滚、援兵久久不至,府城以北十六州县俱遭劫掠,济南城的命运就这样决定了。

清军于十一月二十六日兵临济南,"大兵数十万薄城",昼夜攻打。济南北临黄河,东、南是连绵起伏的山区,城市就在中部山前平原带。"城外西北隅,凭水为濠,险固易守,独东南一望平沃。"宋学朱、周之训亲守南门,屡次击退来犯。

大敌当前,城中守军和百姓全力防守。1200 名守军中的 700 莱州援兵有人参加过崇祯五年(1632)莱州保卫战,他们当时在徐从治、朱万年指挥下抗击孔有德叛兵 8 个多月守住了莱州,赢得"铁打的莱州"美誉。但当时莱州有守军 5000,省城的防御竟然远远不如六年前的莱州城。

山左名城,炮声阵阵,播沉沉杀机;齐鲁首府,万民同仇,扬不屈英名。

宋学朱身先士卒登城指挥,日夜坚守在城墙,"不解带,不交睫,头发尽白"。山东参政邓谦、历城知具韩承宣等一大批官员都积极指挥守军和民壮浴血奋战。因南城门外地势平坦,适合兵力展开,因此宋学朱在此指挥,使得南城"对阵若金汤"。历城知县韩承宣知道援兵不至,城防旦夕必破,除夕之夜他流泪向紫禁城所在的北方遥拜说:"臣承宣守御之力竭矣,计惟一死无二。"正月初二,清军在数日攻打后果然找到了城防的薄弱环节——济南城西北方。孔有德所部奉命将重炮移到这一地域。

听到西北方发出山崩地裂的炮轰,韩承宣知道城将陷落。身边衙役劝他换衣而逃,他大声说:"我为天子守土吏,誓当与城共存亡,岂复易衣偷活耶?"身边军卒伤亡殆尽,他率"家属数十人,持械格斗",与清兵激战中"身中数箭",手中还握着锋利的战刀,"不屈膝,不失印,不离巡地",终因头部重伤而死。打扫战场时有人从他的胳膊上找到缠在上

面的历城县印"得识其尸"。(宣统《山东通志·职官志·历代宦绩六》、康熙《平阳府志·人物》)

巡按宋学朱守南门要地,与按察副使周之训"每酿酒城头,夜分握手,语欷歔达旦"。正月初二早上,听到清兵攻西北城急,宋学朱跃马率军沿着城墙向西增援,远远看到清军搭着"云梯拥上"城墙。他率部冲上前与清军骑兵队砍杀在一起。激战中,他面部中刀鲜血淋淋,"被执不屈"。清军攻陷城门楼后,将他"悬城楼之竿杀之",然后"纵火焚楼,尸遂烬之"。周之训从之被害。济南遗民不愿接受巡抚宋大人死去的事实,"或云己卯岁,学朱曾归,族人欲见之,夜即缒城遁去为僧,实未死也"。(《明季北略》)

山东参政邓谦在城墙上坚守10个昼夜,在战役最激烈的关头亲自架炮向清军轰击,直至炮弹打尽,"矢尽石穷",城陷后他仍执劲弓射杀清兵,负伤后被杀害。山东布政使张秉文,巷战中矢,力竭自刎,其妻方氏、妾陈氏投入大明湖中一同殉节。

明英宗之子朱见潾六世孙、崇祯帝堂兄弟、明朝第六代德王朱由枢,初二城破当天被掳去,从此失踪。盐运使唐世熊、都指挥冯馆、济南知府苟好善、同知陈虞允、教授孔文武、历城知县韩承宣俱死之。原山东巡抚颜继祖,已由杨嗣昌调赴德州,途中与清兵相左,因得免祸。

据朱亚非等人研究,对于济南经受的这场灾难,现在知道的人已经不多,也没有人专门研究这段历史,至少他本人没有看到过关于这件史实的专门文章,只是在为数不多的史书中有零星记载,如《明史纪事本末》《明纪本略》,另外《山东省志》《济南府志》等方志中也有记载。山东人尤其是济南人应铭记这场灾难:"它给济南的城市、经济、文化等各个方面都造成了严重的破坏,劳动力大量减少,房屋被烧毁,百姓流离失所,其破坏性几乎称得上史无前例。"在此后很长的时间里,济南一直没有得到真正的发展。一直到清朝中期以后,济南街市才又重现生机。尽管"现在说来,我们各民族早已是一家",但是济南人民在这次保卫战中表现出来的可歌可泣的民族抵抗精神永远值得纪念。

泉城古乐(笔者 2006 年摄于济南)

晚霞中的大明湖

清兵袭破济南后继而进击新城。新城百姓起而抗击，最后终因力量悬殊而城陷，清兵残酷屠城。山东诗人徐夜（王象春外孙）亲自参加了这场保卫家乡、抗击入侵者的战斗，徐夜的母亲王氏就是在这场兵祸中死去的。《重修新城县志·列女志一》载："壬午之变，元善尚在城头，乱兵突入其家，烈妇不辱死焉。"徐夜悲痛欲绝，从此他"弃诸生，改名夜，别号东痴，隐于系水之东"，不复入世。

清军第二次入关为了掠夺而战，崇德四年（1639）三月完成战略任务撤出关内，结束了这次行动，"战果可谓辉煌！"多尔衮奏报皇太极：两翼兵会于通州河西，由北边过燕京自涿州分八道南下，京西千里之内六府俱被蹂躏，至山西界而还，复至临清州，渡运河，攻破山东济南府，俘人口二十五万余。右翼杜度奏报：其军从燕京西至山西，南至山东，克城败敌，俘人口二十万四千余。两翼俱从迁安回，出青山关，四月凯旋。清军最大的损失是扬威大将军岳托死于军中。皇太极将战绩汇总起来向朝鲜国炫耀：败明军五十七阵，克两关、济南府并三座州城、五十五座县城，生擒明朝亲王一名、郡王一名、宗室奉国将军一名，杀死总督两人，俘获人畜四十六万有奇。此战"三顺王"部下汉军"战果累累"。孔有德部将黑成功报告，该部自崇祯十一年（1638）九月二十二日首战击败明军墙子岭守备率领的千名官兵，一路征战俘获汉人牲口 754 头、人口 647，其他财物不计其数；耿仲明部下将官曾川孔报告，俘获牲口 556 头、人口 658。"三顺王"部下战死 70 多人，包括孔有德部章京 8 人、甲士 38 人，耿仲明部下甲士 9 人，尚可喜部下章京 2 人、甲士 4 人、水手 11 人。（《清代档案史料丛编》第 14 册）

山雨欲来

崇祯十一年（1638）秋冬，就在"三顺王"麾下各一部随两名亲王深入华北之际，"三顺王"跟随清国主皇太极兵分三路向山海关进发，目的是牵制关宁军勿使其内援。原来明对后金（清）的弧形包围，翻转过来变成清国对明朝的弧形包围。十月二十四日，孔有德、耿仲明、尚可喜从皇太极携带红夷大炮进逼辽西戚家台堡。戚家台堡是皮岛战役期间吴三桂主持修建，一度被关宁上层视为坚固无比的堡垒——冷兵器作战背景下或许如此。等到清兵架起大炮将炮弹一批批送进堡城，曾被众口交赞的堡城不久就垮塌了，守军除了死伤之外，剩余官兵 1090 名全部被俘。于是清军再逼连山，以大炮轰塌五里河台堡垒两角。明朝守备李计友出降，212 名汉蒙官兵及 51 屯编户俯首就擒。二十九日，"三顺王"与汉军固山额真石廷柱、马光远进军锦州以南。孔有德部如法炮制以"神威大将军"炮一举攻克大福堡，明朝汉蒙人丁 337 名连同 253 头大小牲畜都归属"三顺王"所有。

十一月初，清国国主皇太极带领石、马、孔、耿、尚等各军齐聚前屯卫中后所（今辽宁绥中）。此前，他听到消息说"中后所城垣坍塌不堪"，认为机会难得，皇太极携带红夷大炮 14 门，以豫亲王多铎为先锋率"马步达子倾巢出动"。中后所游营参将李景茂、都司刘宗文、游击佟邦翰指挥三营官兵 3539 名在城防炮火支援下一举击却之，清军吃了败仗伤亡很多,不得不后退并以败军之罪处罚豫亲王多铎。

　　转眼过了崇祯十二年(1639)春节。进抵山东的清军右翼军统帅岳托在其占领并焚烧济南府后遭受"天谴",染上天花死于军中,深入中原的两路清军携带数十万俘虏及掳掠物北撤。就在这时,皇太极开展了又一轮对关宁军的压迫,掩护两路大军回师。他可能想,如果能借此"一举砍断明朝辽西防务链条"岂不更好?崇德十四年(1641)二月,孔有德的红夷大炮再次伴随大军开往辽西走廊;英亲王阿济格、固山贝子尼堪、罗托带领八旗兵,三顺王的天佑军、天助军,马光远、石廷柱的满洲汉军,一起进攻锦州。来到锦州松山附近,清军在松山南台下扎营 7 处,谁都没有意料到,这一看似无心的举动,撬动了历史的支点,开启了明清之间决定性的一战——松锦大会战。

　　皇太极登上松山南岗,"相度城垣形势",下令将满洲汉军和孔有德所部的炮兵集中到一起,"各以汛地用红衣炮攻击"。松山城是锦州的南部侧翼,其得失关系锦州安危。清军欲取锦州必取松山,明军欲守锦州必守松山,双方都没有选择的余地。山海之间,双方集中了数十门红夷大炮及数百门其他各式火炮。

锦州十景之"古塔朝晖"①

关宁军在宁远大战中炮轰后金军

　　第二天,皇太极下令满洲汉军率先攻击松山城,第一次远远超过"宁远之战"的大规模炮战打响了。孔有德一马当先,在松山城南炮兵阵地打出了第一炮,然后集中炮火轰击明军据守的南门。"耿仲明居右,马光远左之",一左一右两部火炮伴随中军孔有德部都开了火。几轮齐射之后,尚可喜部接替耿仲明部、石廷柱部接替马光远部相继推进。炮火一停,清军步骑兵蜂拥而上,竖立云梯登城。

　　松山守将金国凤是明宣府前卫(今河北宣化)人,是登莱之战中病亡的明朝援军主

---

　　① "古塔朝晖"即始建于辽道宗清宁年间(1055—1064)的锦州广济寺塔,属典型辽代佛塔,为八角十三级密檐式实心砖塔。1996 年,按原貌进行全面维修后,塔高 71.25 米。砖雕细腻精美,早年以"古塔昏鸦"为锦州八景之一。如今鸦去燕来,不减当年情趣。

将、辽东总兵官金国奇之弟。他以副总兵官之职守松山,也是一员训练有素经验丰富的战将。"虏贼以重兵来攻,环城发炮,台堞俱摧。城中人负扉以行。"(《明史·金国凤传》)清军自二月二十二日发动多次强攻,松山守城将士不足 3000 人,但金国凤带领军民勠力同心,英勇抵抗,使得清军伤亡惨重也没有打破城防。皇太极不甘失败,派人回沈阳调兵遣将,又运来大炮 27 门、炮弹 1 万余发、火药 500 斛,环城发炮,松山城"城垛尽毁",城中人出行只能背着门板掩护。金国凤也不甘心被动挨打,主动出兵突击均遭失败,于是不再出击,令将士用砖石修补被毁城堡,随毁随修,严防死守。清兵几次搭云梯登上城堡,几次都被明军从云梯上刺杀落地,清国汉军总指挥石廷柱的胞兄达尔汉也身负重伤。

激战三天无果。第四天皇太极召集众将商议,孔有德突然想起当年吴襄、吴三桂、祖宽等人在山东登州水城之战中对付他的办法——"掘地道攻城",耿仲明、马光远等人都附和。皇太极于是采纳孔有德之策,当众宣布:"有能穴地以炮药崩溃之者,城破时为首效力及运送火药之人,无主者赏而授之以官,奴仆则赏以人牛,准离其主。其指示督率官员,照先登大城例升赏。协同穴城兵丁,视其出力多少,以资赏赉。"重赏之下必有勇夫,"三顺王"孔有德、耿仲明、尚可喜纷纷督率所部在松山城南挖掘地道,守将金国凤不得而知。

紧要关头,恰逢关宁军主帅祖大寿派人来援。300 名明军蒙古族士兵趁着夜色和清军不备突入松山城,沿途发现清军正在城外"掘地道攻城",于是明军转而加强对地防御,清军无机可乘,于是罢地道作业。

皇太极无奈,遣使招抚金国凤,他以孔、耿等人为榜样宣称:"若能察天意,顺时势,速来归命,则不特军民免于死亡,尔等之半功伟绩,何可限量乎?"被金国凤严词拒绝。直到四月中旬,出征中原的两路大军都回到沈阳,皇太极攻守两难,罢兵回清国首都盛京(今辽宁沈阳)。盛京官民得知征明军兵"大半见败,大将数人亦为致毙,行街之人,多有惶惶不乐之色,城外远处,则坊曲之间,哭声彻天"。

佛教圣地锦州北普陀山①

崇祯十二年(1639)第一次松山之战,明副总兵官金国凤指挥"兵不满三千"抗击皇太极的数万大军取得胜利,证明关宁军不愧是清国劲敌。崇祯帝擢金国凤署都督佥事、宁

---

① 北普陀山肇建唐武德元年(618),世人皆以南印度普陀珞珈山北院称之。辽代皇帝耶律倍长居此山,经高僧德韶奏请辽太后,正式定名北普陀山。其中以名贯燕云十六州的"石堂松雪、枫林旭日、苍山观海、红石卧龙、滴水观音、泓池澄晖、烽台夕照"等景观著称于世。

远团练总兵官,后又因功署金国凤都督同知、世袭锦衣卫千户。明朝松山一战虽胜,但中原地区残破,被俘人口数十万更是一大失败。崇祯帝追究济南失陷之罪,众人都将救援不及的罪过推到人缘不好、脾气暴躁的将领祖宽身上。于是登莱之战的功臣和关宁军一等悍将祖宽,以逗留不进、失陷宗藩之罪被朝廷处决,时年不过30岁。半年后,皇太极卷土重来进攻宁远,这就是十月宁远之战。当时宁远总兵官吴三桂在关内练兵,临时抽调团练总兵官金国凤镇守宁远,金国凤督率一万兵拒战,他身先士卒,但"营伍纷纭,号令难施,而人心不一"(洪承畴语),导致指挥不灵。于是金国凤大愤,二十日率亲丁数十人出据北山冈鏖战。金国凤当先血战,头部被砍4刀、身中7箭、肋下被刺3枪当即牺牲,金国凤的五个子侄金士魁、金士英、金士福、金士禄、金士桂非死即伤。

《明史·金国凤传》载:

> 是年(1639)十月,贼匪复攻宁远。国凤愤将士恇怯,率亲丁数十人出据北山冈鏖战。移时矢尽力竭,与二子俱死。帝闻痛悼,赠特进荣禄大夫,左都督。

明朝保卫国土亟须的优秀将领就这样一个个倒下了。而登州之战初露头角的吴三桂这颗将星,正在关宁冉冉升起!

崇祯十四年(清崇德六年,1641),英国斯特拉福德伯爵在20万伦敦人围观下被砍头,成了英国资产阶级革命和内战的第一个牺牲品。他的死为斯图亚特王朝敲响了丧钟。而在遥远的中国,存在了270多年的明朝也陷入了一场与少数民族政权的生死角逐之中。王朝兴替往往以划时代的重大事件为界限。譬如周幽王和褒姒的"烽火戏诸侯"是西周灭亡导火索,秦始皇统一中国标志战国时代的结束,"安史之乱"是唐朝由盛而衰的转折点。而就在这一年春天开始,在辽东锦州、松山方圆30里的地带内,明清双方倾其精锐展开了规模巨大空前激烈的"松锦大会战",这是萨尔浒之战后又一次具有划时代意义的战略决战。

吴三桂在明朝阵营,"三顺王"孔、耿、尚跟随皇太极都卷入了大会战,并发挥了各自作用。在清军顿兵于坚城之下陷入困境将要撤兵的关键时刻,孔有德站出来劝说皇太极打下去,建立奇功。宁远总兵官吴三桂则在明朝战略方针出现失误、内部斗争激烈的背景下,左支右绌,竭尽所能,拒绝了清国投降诱惑,保存了最强军事实力,一跃而为关宁军统帅。

一、"时不可失、机不可错"——明清各自的运筹帷幄

辽东为明代神京左臂,京师、山海关、辽西、辽东臂指相连,辽地失则关门危,关门失则京师危在旦夕,所以说"保辽以保神京"。万历四十七年(1619)萨尔浒战役惨败,迫使明朝从战略进攻转为防御。辽地的战守问题上,明朝统治集团进行过多次激烈争论。

一派意见以王在晋、高第等鼓吹放弃辽西退守山海关为代表。广宁失守,辽东经略

王在晋说:"东事一坏于清抚(清河堡、抚顺堡),再坏于开铁(开原、铁岭),三坏于辽沈(辽阳、沈阳),四坏于广宁。初坏为危局,再坏为败局,三坏为残局,至于四坏则弃全辽而无局。退缩山海,再无可退。"主张放弃关外保住关内。兵部尚书张凤翼竟提出:"国家即弃辽左,犹不失全盛。"这一派意见"有价无市",崇祯帝不会赞同。

另一派为主流,如熊廷弼、孙承宗、袁崇焕等倡导力保辽西以捍卫京师,明廷实际上接受了这一战略,在辽东辽西集结重兵全力遏制后金进攻。当努尔哈赤攻破开原、铁岭,明辽东经略熊廷弼就说:"如敌以数十万金饵虎墩诸部入犯昌、蓟、宣、大,以缀中国(指明朝)不敢出京城一步,然后长驱入山海关,或海道取登、莱、天津,势所必致也。"他预料辽沈一失,后金就会对京师进行内外夹攻,这个战略预言最终在他死后16年变成了现实。

天聪九年(1635)皇太极接到一份关于中原的重要情报,这份名为《张文衡请勿失时机奏》的情报来自投清汉人张文衡,张文衡为中央王朝画了这样一幅肖像:"彼文武大小官员,俱是钱买的,文的无谋,武的无勇。管军马者克军钱,造器械者减官钱,军士日不聊生,器械不堪实用,兵何心用命? 每出征时,反趁勤王一味抢掠。俗语常云:'达子、流贼是梳子,自家兵马胜如篦子。'兵马如此,虽多何益! 况太监专权,好财喜谀,赏罚失人心。在事的好官也作不的事,未任事的好人又不肯出头。上下里外,通同扯谎,事事俱坏极了。"

也就是说,全国上下除了皇帝之外,大小官员职务都是用钱买来的;军中贪污成风;太监和利益集团当政,搜刮民财,赏罚颠倒;好人不当官、好官做不了事。

害怕论据不充分,张文衡举例说:"宣大去年受兵(指遭受清军打击——笔者注),饥疲不能即振,山、陕、川、湖又为流贼扰乱(指李自成、张献忠的武装活动)。今起五省之兵,逐日征剿,是贼半天下,兵亦半天下。"因此他"奏为王事将成",提醒清国主,"时不可失,机不可错"。

明朝的摇摇欲坠被描述得清清楚楚,登莱兵变彻底改变了后金的周边版图,辽东、朝鲜、蒙古各部均被后金收入囊中,后顾之忧已经全面解除,皇太极要正面"斫大树"了。

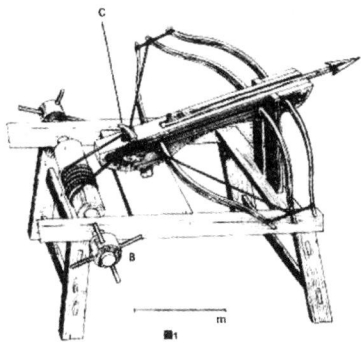

明军床子弩

辽宁绥中前卫斜塔

二、清国战前部署和调动

崇祯十三年（崇德五年，1640）四月，明清两军在辽西锦州、松山、杏山、塔山四城展开频繁军事摩擦。从当年三月到次年三月，从辽沈到锦州，数不清的清国官员、兵马辎重输送到辽西。和硕郑亲王济尔哈朗、多罗贝勒多铎先行包围明朝辽东名将、前锋总兵官祖大寿防守的孤城锦州，在锦州附近的义州（锦州义县）屯田。"义州东西四十里地，皆已开垦。"崇祯十四年（1641）三月，皇太极在锦州城四面设了八座大营，锦州被困。

锦州明军分汉蒙两部，锦州城分内外两层。祖大寿以蒙古兵守外城，蒙兵向清兵喊话："你们围困有何用处？我城中积粟可支二、三年，即使你们围困，岂可得锦州？"

逻卒答："不管二、三年，你们就是有四年之粮，那么到第五年你们还吃什么？"（《清太宗实录》）

锦州明军蒙古族将领诺木齐、吴巴什等思想动摇，密谋降清。三月二十四日蒙古兵叛变引导清军入城，外城失陷，明军败守内城。明军蒙族军官从都司、守备到千总、把总共86员连同男女幼小共6211人降清，被安置到义州。四月，孔有德、耿仲明、尚可喜、沈志祥、石廷柱等部都调上来增援济尔哈朗。七月，皇太极又令孔有德、耿仲明的部将曹德选等率兵助围锦州。明清两军开始决战。

万历抗倭战争中
明军使用的头盔

三、明朝迎战

清兵在义州筑城屯田，明朝已料到清兵是"欲入锦州"。边军送塘报给北京方面说："去冬清兵造红衣炮六十位、招收善做梯的一千人，从蒙古买马一万匹，现已将大炮载运到义州……"宣大总督张福臻分析：红夷大炮不便于运输，一旦运输就是大动作，松锦恐怕有大事情！朱由检的心几乎也是提到了嗓子眼。

锦州松山

辽东危急，锦州危急，京城危急！大批明军被从镇压农民暴动的前线撤下来，踏上了去辽东的路，抽调的高级官员不计其数。大名鼎鼎的大学士洪承畴出任前线统帅，崇祯十三年（1640）五月，奉皇帝敕命"刻期出关"。洪承畴急令前锋总兵祖大寿等先扼守锦州、松山。明朝开始一方面组成以蓟辽督师、兵部尚书洪承畴为首的前线统帅部,一方面大举集兵,共征调了 8 个集团军(称为"镇"):宣府总兵官杨国柱所部,大同总兵官王朴所部,密云总兵官唐通所部,蓟州总兵官白广恩所部,玉田总兵官曹变蛟所部,山海关总兵官马科所部,前屯卫总兵官王廷臣所部,宁远总兵官兼团练总兵官吴三桂所部。

明朝赌上了血本。以上八镇集中了明军精华,全军共 13 万。其中,骑兵 4 万,步兵 9 万。先在宁远集结待命,后向锦州前线进发。吴三桂部人数最多,约有 2 万;马科、白广恩部各约 1 万。这三镇最为敢战,临阵几乎是百胜之师。

四、吴三桂屡败清兵

登州之战立功后,吴三桂由前锋右营游击一路升迁,而参将、而副将、而总兵官,主要得益于三个方面。一是自身敬业和带兵素质过硬。崇祯十一年(1638)八月,关宁军对于各营将领 10 年来的表现进行六项考核。根据辽东总监高起潜、巡抚方一藻、监军道蔡懋德(字维立,昆山人)等人的报告,吴三桂"练兵敢战""养马堪战""修工营建""安置难民"均上等,加赏"都督同知,管前锋中军兼后劲左营游击事"。洪承畴镇守辽东,认为吴三桂部队战斗力最强,对他十分欣赏。此时,吴三桂手下兵力 2 万,他从中拣选精锐,"以五十骑为一队,每队设一领骑,千骑共领骑二十",组成了一支由 20 个骑兵连组成的特种骑兵队。吴三桂特意备 20 支签,签上写"领骑"(骑兵连连长)姓名。平时就"插靴筒中",遇到紧急情况他拔出签喊名字,被叫到名字的"领骑"立即带领部下随吴三桂出战,作战十分强悍。

二是与高层权力结缘,建立良好上层关系。这在门路林立、倾轧厉害的明末政治军事舞台必不可少。吴三桂发迹有七位重量级人物扶持。其中,除了他的舅舅祖大寿、父亲吴襄,还有大名鼎鼎的董其昌、高起潜、方一藻、傅宗龙、洪承畴五人。早年,父亲吴襄引导少年吴三桂交结大书法家、南京兵部尚书董其昌。崇祯二年(1629),吴三桂因父亲的引荐接近崇祯帝亲信宦官高起潜,父子与高起潜结下了深厚缘源,吴三桂遂拜高起潜为义父,失陷大凌河城戴罪立功的吴襄在高起潜支持下掌握军权,父子一起立功,官复原职。此后,吴三桂每次提升都由高起潜提请兵部任命。方一藻任辽东巡抚十多年,吴三桂"拜其门下",与方抚臣的儿子方献廷为莫逆之交。吴三桂与督师袁崇焕关系一般,但袁崇焕被害后,傅宗龙出任蓟辽总督三年,吴三桂立投靠门下,"结缘甚深"。后来傅宗龙的儿子投奔吴三桂,吴三桂不忘旧恩"视之如亲兄弟"。到了崇祯十二年(1639)五月,洪承畴以兵部尚书经略辽东、赐尚方剑出关,吴三桂复"拜其门下",与洪承畴亲信谢四新关系紧密,得到洪承畴的青睐,才 29 岁就出任团练总兵官。另外,吴三桂不仅结交上级,对下属也"固结人心、强化军权",少年枭勇、胆力过人的左营游击胡太乙、右营游击夏龙山,他结为心腹、约为儿女亲家。日后,夏龙山之子夏国相、胡太乙之子胡国柱都是吴三桂这个平西王军中的干将。(《平吴录》《甲申朝事小纪》《庭闻录》)

三是机遇。王朝末年,枭雄并立。吴三桂是个有缘于机遇而且善于抓住机遇的将

领,他"兢兢业业、长于武功,事事有优势,步步有机缘"。(《三藩史略》上卷)

　　崇祯十三年(1640)三月初六,"建州兵(明人对清军的称呼)至义州(今辽宁义县),谋攻锦州"。团练总兵官吴三桂与舅舅祖大寿(前锋总兵官、关宁军带兵主官)、分练总兵官出师锦州,再一次对决皇太极以及"三顺王"孔、耿、尚。

　　以下是明军在松锦会战决战前吴三桂等部对战清军的一览表,可见明军战斗力绝不在清军之下。

崇祯十三年至崇祯十四年(1640—1641)松锦会战决战前明军吴三桂部等激战清军一览表

战役名称及时间	明军	对阵清军	作战经过	战果
松山之战 崇祯十三年(1640)五月二十三日	团练总兵官吴三桂部、一部分练总兵官刘肇基部、一部锦州游击戴明所部	济尔哈朗麾下正蓝旗、镶黄旗各一部,均为精锐八旗护军	蒙古苏班岱部来降,皇太极命济尔哈朗率清军出迎。明军得悉后,吴三桂率一部伏击之。在季家台、白云山间,两军遭遇。八旗军大部来援,将吴部包围,刘肇基从杏山来援冲开包围圈	明清两军杀伤相当,均伤亡千人,明军副将杨伦、周延州,参将李得位被俘
夹马山之战 崇祯十三年(1640)七月十一日	吴三桂部、刘肇基部、山海关总兵官马科部(原榆林总兵官)、玉田总兵官曹变蛟部	睿亲王多尔衮、贝勒多铎所部;贝勒杜度、阿巴泰各一部	清军两万出杏山北汤河子开到夹马山,明军四个军齐出杏山城北列营待敌。早晨五点左右,双方开始接战。吴三桂等部"合力连砍数阵",清军败绩遁逃	清军死伤惨重,明军"奇捷"
黄土台、杏山、松山之战 崇祯十三年(1640)七月二十七日	吴三桂部、刘肇基部、马科部、总兵官左光先部	睿亲王多尔衮、贝勒多铎所部、贝勒杜度、阿巴泰部	清军再次侵入松山、杏山地域,明军反击,一连击败清军三次	明军胜利,斩获不多
松山、五道岭之战 崇祯十三年(1640)九月九日	祖大乐部、吴三桂部、刘肇基部、马科部、左光先部、曹变蛟部	睿亲王多尔衮、贝勒多铎所部	明军换防,清军趁机来袭从长岭山经五道岭直扑松山,祖大乐、吴三桂部为右营、刘肇基为左营出战。明军骑兵连战数合,清军被击败退回五道岭。吴三桂部八千人以骑兵、炮兵联攻五道岭,两军再次交火	明清两军杀伤相当

（续表）

战役名称及时间	明军	对阵清军	作战经过	战果
石门大捷 崇祯十四年（1641）四月二十五日至二十六日	第一天：吴三桂部、祖大寿部、王朴部、王廷臣部、杨国柱部、马科部、白广恩部 第二天：洪承畴亲自指挥八大总兵官各部参战	睿亲王多尔衮部、济尔哈朗部、武英郡王阿济格所部	二十五日，明清两军在松山城北乳峰山东、西石门激战。清军两万占领山头，明军七个集团军五万"兵心甚壮"发动仰攻。祖大寿从松山城发兵夹攻，八旗精锐骑兵八千自西石门突出，吴三桂率兵迎击"直冲十余合、兵气强盛"，清兵被阵斩十余人，伤俘无算，败退而走。 二十六日，洪承畴率松山军出发在长岭山、黄土台遭遇清军主力。清军占据山顶，八大总兵官陆续投入战斗，"鼓勇用命，鏖战竟日，锉俘狂锋"；多尔衮"阵于汉阵之东"，自东向西"直冲汉（明）阵，不利而退"。清军最终在明军强大攻势下被击溃	清军大败，皇太极试图撤兵

崇祯十四年（1641）四月的一天，义州永清门大开，数千人的骑炮队伍出城，奔南边百里外锦州而去。锦州战事不利，皇太极将天佑兵、天助兵、八旗汉军三支汉人武装悉数驱上前线。恭顺王孔有德、怀顺王耿仲明、智顺王尚可喜、八旗汉军固山额真石廷柱携带30门重炮、"小炮亦难细数"赴援锦州。此前三月二十四日，被军事征服的朝鲜王国也在胁迫下派出总兵官柳林率1500人的队伍象征性赴锦州以示支援。

义州古城建于明洪武二十二年（1389），明都指挥何浩在旧城址筑义州卫城。明宣德元年（1426），都指挥楚勇改为土石砖城。此时，义州被清国占据作为围城打援的根据地。孔有德和朝鲜军到达前线，清军已经调整部署。由于前期战事不利，皇太极追究原因，发现多尔衮接替济尔哈朗换防后没有严格执行他的"由远及近围困锦州"的计划，私下里放弃近围，距"离锦州三十里驻营"，还"私遣甲兵还家"。他下旨切责并撤换多尔衮，将其与副手豪格一起由亲王降为郡王，以济尔哈朗代为前线总指挥。不久，孔有德与满洲正黄旗护军统领图赖联手击败了杏山明军援兵一次进攻，阿济格和多铎也带兵在松山北岭伏击了一支明军取得小胜。围城打援是个古老的战术，久久围困，加上四月份开始孔有德等以几十门红夷大炮不断向锦州城轰击，清军对锦州祖大寿守军实施的"由远及近，渐进包围"之策终于见效——锦州明军内的蒙古兵数千人率先投诚。

从明崇祯十三年（1640）清军围困锦州到松山陷落，松锦大会战持续了两年，大小战斗不计其数。从前表所列的洪承畴、吴三桂等到达前方四城的前期战斗来看，清军没有捞到好处。决定性的事态就发生在崇祯十四年（1641）七月下旬洪承畴誓师到八月下旬决战这一个月,而松山决战不过四五天。战场形势瞬息万变,在这么短的时间内究竟发生了什么?

拨开历史迷雾,拂去种种传说,我们看到如此瞬息万变的场景:

崇祯十四年(1641)七月,决战的阴云笼罩辽河西岸广袤的土地。从辽西山地一直延伸到大海边,锦州、松山、杏山、塔山四城由北至南一字排开。四城得失牵动盛京和北京。皇太极十分紧张,整天紧绷的神经严重危害了他的健康。他一天内发出数道命令,亟待打开对峙困局,严令八旗军"逼城严守,急于得到锦州"。距锦州千里外的北京紫禁城内,崇祯帝更加忧心忡忡,终日围着大殿踱步冥思,不断发出一条条措辞严厉的旨意,催逼督抚各官员"俱著速图剿御,力锉贼氛,不得少有疏玩"。

兵部尚书、大学士洪承畴临危受命出任援军主帅,初定"且战且守",具体内容为:"久持松杏,以资转运,且锦守颇坚,未易撼动",主张可战则战、不可战则坚守,待远道来袭的清军势力穷困而反击破敌。这是一个相当灵活稳健的指导方针。他上疏给崇祯帝,崇祯帝表示赞同。可是后来前线稍微好转,崇祯帝就听从兵部尚书陈新甲的话变了卦。

洪承畴被皇帝、兵部和大本营代表胁迫,无奈改变原定战略,于七月二十六日在宁远(今辽宁兴城)誓师。第三天,他带领吴三桂等八镇边军组成的13万野战军,长驱北上140里。第四天到达锦州南郊之松山立营,隔小凌河、女儿河与祖大寿锦州守军内外呼应,力图打破清军包围圈以解锦州之围。

在锦州东南面18里是松山城,松山城偏西南30里是杏山城,而杏山城西南约20里便是塔山城,这三城护卫着锦州。其西南120里是宁远城,为锦州后盾。《国榷》载,八月初一,明野战大军师次锦州,洪承畴一方面派人潜入城中找祖大寿,自己则不顾鞍马劳顿,趁着夜色前行3里登上城南5里之乳峰山。朔日无月光,放眼眺望,借着兵营营火,他发现了巍峨的锦州城楼和黑沉沉的城墙(蒙兵叛逃后外城已经被明军收复),又发现清军右翼驻守在乳峰山东面的东石门(多尔衮部),左翼驻守在乳峰山西面的西石门(豪格部),像两扇门阻止明军进入锦州城。环锦州城点点营火连成三条项链,清兵设置了三层包围圈……

辽西松山古城①

从松山之巅眺望锦州城

---

① 松山古城古战场在今辽宁锦州城南9千米,与锦州城隔山相望,为今松山新区辖境,原名"箕子城",至今已有3000多年历史。相传商纣王叔父箕子是开松山城的鼻祖。此地是古代交通驿站,明末松锦大战主战场就在松山。

明人守锦州必死守松山;清人夺锦州必先夺松山断其来援。回到大营,洪承畴当夜传令:①"我兵中夜乳峰山之西,角其势";②"东、西石门并进兵,分敌势";③"遂立车营,环以木城"。

明军一夜间立车营、两路进兵。清军半夜被包抄腹背受敌,待到天明清军将士见到明军这样的阵势,无不大骇。

八月二日,天色刚蒙蒙亮,一场大战如同阴云雷霆之后的暴雨猝然来临。清军趁着明军初来乍到,向东、西石门方向发起了凌厉进攻,宣府阳和镇总兵官杨国柱部立营未稳,清军突入营中,杨总兵官率亲兵奋力砍杀,不幸阵亡。突入的清军"直冲汉阵,不利而退,清人兵马死伤甚多"。锦州守军闻听城外东南方炮声隆隆,祖大寿试图里应外合,于是一方面下令以城头炮火射击多尔衮部侧背,同时派出步兵分三路出城奋力冲杀。三道包围圈突破两道,但第三道防线因清军援兵大至没有突破,功亏一篑,守军退回城内。当日明军阵亡总兵官1名、官兵数十名。清军更是死伤累累,将领被斩杀20余员,军卒阵亡130多人,负伤失踪者无算。六天后,清军再攻乳峰山西明营。明军依山设阵布列火器,将仰攻的清军打得落花流水,清军屡败屡攻、屡攻屡败,终于不能得手。

八月九日,明军分两路反攻西石门,清军坚守顽强,大同总兵官王朴所部战败,其他各路都小有进展。总计八、九两日激战,明军取得相对胜利,清军势穷,"自是不复出"。清军遇到了真正的对手。以往野战中八旗铁甲骑兵只要越过明军火炮鸟铳阻击线,一旦突入阵中,明军往往溃败,但是这一次大不相同,明军表现得十分顽强。明清争夺乳峰山战略要地,虽然"数战围不解",但清军围锦打援的战术失利反而陷于腹背受敌。多尔衮说:"洪军门(洪承畴)于南山向北放炮,祖大寿从城头向南放炮,我兵存身无地,神器实为凶险。"整个战局对清军十分不利,迫使"大清师退六十里,分守各隘,上疏请兵"。

五、孔有德献策皇太极

锦州清军主将多尔衮屡战屡败,十分狼狈,不得不向兄长皇太极连连告急。红脸汉子皇太极在盛京接到兄弟多尔衮一次次的求援,心急火燎——"锦之围兵,屡战败衄,势将退北!"(《沈阳日记》)

这样下去,锦州之战就要败了!红脸汉子叹了一口气,形势完全出乎他的意料。这个来自黑龙江流域的古老家族有着高血压的家族病史。刚刚下令八旗和蒙古各旗向沈阳集结军队,他要"御驾亲征"。岂料急火攻心,眼看着面前的皇后博尔济吉特氏在焦急地说话,头晕目眩,却听不到她的话音,一口血涌上来喷在清宁宫砖铺的地面上!

明军洪承畴野战大军将支持松山作战的前进供给保障中心设在海边的锦州笔架山,距离松山阵地50里。以笔架山得失关系洪承畴全军的安危,为暂时稳住前线阵脚,皇太极命满洲学士额色黑驰往军前谕多尔衮:"敌人若来侵犯,王等可相机击之;不来切勿轻动,各当固守汛地。"又派固山额真英俄尔岱等率领3000军士驰援。然后,皇太极不顾身体不适决心亲征,这是个英勇的举动。那时,康斯坦丁·希尔和埃里希·冯·鲁登道夫还没有降生,皇太极并不知道什么"总体战理论",但他熟读兵书,决定清国境内实行全民皆兵。八月九日,皇太极召集诸贝勒大臣,下达总动员令:"传檄各部兵马,星集京师","悉发清蒙之兵,年十五以上",一律随军出征。

锦州笔架山①

锦州苹果

皇太极原计划八月十一日出兵亲征,因为鼻子出血不止姑缓三日。十五日晨,他未等病愈,命济尔哈朗留守沈阳,安排英亲王阿济格收拢各路援军后行,亲率 3000 名精兵"西赴锦州"。昼夜疾驰,十九日抵达锦州附近戚家堡。明军屡次进攻镶蓝旗和镶红旗阵地,来势凶猛。多尔衮为了皇太极安全,"请上驻松山、杏山之间",并令蒙古科尔沁部援兵集结松、杏之间保护皇太极。

皇太极到达前线一看,敌情确实严重。清军与明军兵力相当,明军打得十分坚强,而锦州围城战已打了两年多,继续打下去十分困难。他有一个秘密压在心头,那就是清国即将粮尽,而被征服的朝鲜粮食也将告罄。

据《清太宗实录》和《国榷》卷九五记载,崇祯十四年(1641)七月,从清国逃出的辽东人到明朝报信:皇太极和大清国如果今年秋天"不得锦州,议撤兵归国。朝鲜粮尽,不能支也"。由此可知,清国本来不是以农耕立国,已经占领的汉人区域粮食生产难以恢复,会战所需军粮主要靠压榨朝鲜。

因为缺粮,两个月前清军粮饷供给已经朝不保夕,前线的骑兵每天只吃两顿饭,步兵每天只吃一顿饭。顿兵于坚城前逾两年,将士衣食不周,久之必然失败。除了撤兵还能有什么办法? 皇太极召集众王贝勒商议,他说:"南兵殊异他时,将议旋师!"旋师就是撤退,而在明朝 13 万精锐面前旋师搞不好就是大溃! 滕绍箴在《三藩史略》中指出:"皇太极的想法,对于明军是千载难逢的机遇。诚能旋师将是明军捷报频传之时,(明军)士气定会大增,一鼓作气,解围锦州。"而"清军将处于败退之势,受到明军松、锦合军夹击,形势不堪回首"。

---

① 这里原是洪承畴野战军前方后勤保障基地。这里发生的情况牵动全局。

千钧一发之际满汉众臣中款款走出一个汉人，有话专禀。皇太极一看此人正是八年前泛海来归的明朝叛将、位列清国三个汉族王爷之首的恭顺王孔有德，他现在是清军天佑兵都元帅、炮兵指挥官。孔有德发言极力阻止皇太极撤兵。他摆出三大理由。①我军目前"兵苦饷匮"，明军主力长驱而来岂无"兵苦饷匮"？②明人内部历来不和，久之必有破绽，我军必有破敌之机可抓。③我军临阵旋师不仅前功尽弃，且有全军覆没之险。

皇太极在倾听中改变了的主意，决战信心倍增。他对满汉蒙众王贝勒、各军首领笑着大声说："我只是说说而已，你们还当真以为我要退兵吗？我不仅不会退兵，而且只怕让洪承畴他们看见我御驾亲征，他们逃跑都来不及呀！他们如果不逃跑，我就要一心一意带领你们歼灭此敌！"（"但恐敌见朕亲至，将潜逃耳。如不逃，朕心令尔等破此敌。"）

决战松山

军无辎重则亡，无粮食则亡，无委积则亡。

——《孙子兵法·军争篇》

锦州南山山脉之松山，夹在锦州、松山两城间，西起女儿河谷东至小凌河谷，以阳坡多松而得名，主峰称"乳峰山"或"罕王殿山"，山巅一块巨石，传说就是女娲补天时剩下的那块灵石。山间有黑龙潭，传说是当年箕子战黑鱼之处。水手营子村有滴水湖，相传是箕子在小凌河边被姜子牙率领二郎神杨戬、八臂哪吒击败，箕子与妃离散，箕子妃逃到湖边滴泪成湖。1986年4月8日，在此出土商代青铜戈一件。经中国社会科学院专家鉴定正是商王权杖。如非箕子谁能把商工最高权力的象征带到此处？因此很有可能松山就是箕子亡命辽东的驻足处。

松山为什么又叫罕王殿山？相传，生来脚底有七颗红痣的建州少年努尔哈赤为报

崇祯十三年至崇祯十五年（1640—1642）
明清松锦之战决战示意图

明杀父祖之仇，潜伏在北镇总兵李成梁麾下当差，以机灵勤快甚得青睐擢为亲兵，李帅甚至欲收为义子。有一次侍奉李成梁时，无意中泄露了脚底的秘密。经李成梁检查，努尔哈赤脚底踩七星，是传说中的真龙天子，于是明廷下令捉拿他。正在李成梁准备逮捕努尔哈赤时，他的女儿小翠抢先一步帮助努尔哈赤逃出，经过"少女救驾""龙马救驾""乌鸦救驾""黄狗救驾"，最后千辛万苦爬到了松山峰顶女娲补天石上，连困带累倒在石头上睡

着了。李成梁带明朝官军追到巨石边，发现巨石上卧有一条大青蛇，这就是传说中的"青蛇救驾"。后人命名这块石头为"罕王殿"，松山就称"罕王殿山"。其实"老罕王"努尔哈赤确在明军辽东总兵官李成梁手下当过差，但不是主动潜伏而是被俘；其军事知识跟李成梁有很大关系，后来逃走也不是因为"脚底踩七星"，而是与李帅小妾私通被发觉。"老罕王"是否真的来过松山并无确凿证据。民间称"小罕王"的皇太极崇祯十四年（1641）亲登乳峰山制定围城打援战术，因此call"罕王殿山"名副其实。

孔有德军前的一番话打消了皇太极撤兵的念头，坚定了清人必胜的信心，"旋师之议"偃旗息鼓，好运与明人失之交臂。

松锦大会战旧地

崇祯十四年（1641）八月二十日（一作十九日）天色微明，皇太极深入前沿侦查，登上锦州城南明营北长 80 里之松山北坡。松锦冈峦起伏，此时明军步炮兵在松山城北和乳峰山之间设立的七座大营如同北斗七星呈现在眼前，4 万骑兵驻松山之东、西、北三面，大营也十分齐整。

初秋的凉爽微风掠过，朝阳暖暖照在脸上，连绵起伏的低矮山头草木已经变黄。四周十分寂静，皇太极隐蔽观察，御前侍卫半蹲在茅草中警戒四周。皇太极的观察哨位置选择得实在好，能够"横窥洪阵"（洪阵，洪承畴军阵）。眼前明军营寨星罗棋布一览无余，他发现"洪阵严整"，无懈可击。

洪承畴不愧是名将啊！皇太极内心十分佩服洪承畴。但是，皇太极再仔细观察，敏锐地发现了破绽——只见明军面对清军阵地的前队人马火炮众多，而后队比较疏离。他心中恍然一亮："此阵有前权而无后守，可破也！"

皇太极撤下山来，立即谕令各部在松山和杏山间，"横截大路，绵亘驻营"，从王宝山、壮镇台、寨儿山、长岭山、刘喜屯、向阴屯、灰窑山至南海口等处下营，"各处挖濠，断绝松山要路"，并派遣诸王爷、贝勒、大臣各率领精兵埋伏于杏山、连山、塔山及沿海诸要路。工程做得十分扎实，"星夜令军士，将北山顶中劈为二，状如刀脊，遇石辄命凿去，凡深入八尺，上广一丈二尺，而下隘甚，仅可容趾，马不能渡，人不能登，有堕者，无着足处，不得跃起。壕长三十里，以兵守之……绝中国之援。"（《国榷》卷九七，《明季北略》卷一八）

一时间清军将士干得热火朝天，而明军却被蒙在鼓里。明军情报工作之差可见一斑。清军战壕分为三段，从松山北山山顶起掘壕 30 里派兵驻守；从塔山之西掘壕、以土建堡垒，凡 50 里直接派兵驻守；南部滨海一代本来就是清军阵地。三段连成一线，以一个庞大的包围圈将明军阵地包围了。长壕"初凿时，承畴不之觉"，等到明军发觉，为时已晚,"已而为之所困,然已不能争矣"!

当时,清军包围着明锦州守军,而这部清军却被明军野战军包围着,而明军野战军外围 100 里的战线都被皇太极的大军包围着,在总兵力与明军相当的情况下清军竟然搞出了这样的局面,真是令人吃惊!

笔者判断,仅靠 5 万机动兵力不可能完成这个任务,清国的民夫一定帮了清军大忙。皇太极又使出了关键一着——派军自大军右旋通过辽西山地,插入南部沿海笔架山通往松山、锦州的大道,从而断绝了松山主力明军的粮草供应。通过这一番部署和调整,决战双方的军事实力没有变化,而战场主动权却悄然发生转移,这就是战争艺术!

决战前,清军总兵力 10 万开外,民夫倍之。除了守卫锦州城外三道壕的围城兵团,还有以下几股兵力。①杏山道军团:蒙古固山额真(总兵官)库鲁克达

城市攻守战

尔汉阿赖指挥所部,埋伏杏山城进城道路,准备伏击逃入杏山城的明兵。②杏山军团:正蓝旗蒙古都统伊拜、满洲正白旗副都统谭拜所部,扎营围住杏山。③锦州至塔山沿线主力打击兵团:亲王多尔衮、镶蓝旗固山贝子(贝勒)罗托、镶蓝旗辅国公屯齐、镇国将军巴布泰、镶黄旗汉军固山额真刘之源指挥所部数万,阻击明军后退。④桑噶尔塞堡军团:镶黄旗固山贝子博洛所部驻守,断明军退路。⑤小凌河至海滨守军一部:正黄旗护军参领率兵 400 名驻守,预备游击明军。⑥沿海其他守军:镶白旗护军统领哈宁阿、护军统领鳌拜等,预备拦腰阻击明军。

防线完成,皇太极对自己的杰作十分满意,他预料"明兵必宵遁",复定围追堵截之策,严令八旗护军、八旗骑兵、蒙古兵、前锋兵、孔有德与石廷柱汉兵"比翼排列、直到海边","敌遁百兵则百人追之,千人则一千人追之,敌众则涉后追之,直抵塔山"。

决战前明军分成三部分。①锦州守城集团:明前锋总兵官祖大寿所部兵民各 5000人,合计万人,困守锦州。②增援野战集团:明兵部尚书、辽东经略洪承畴所部,指挥吴三桂等八个军团 13 万人,被围在松山、杏山、塔山。③大本营代表宦官高起潜、辽东巡抚方一藻守在后方宁远,只有很少的守备兵力。锦州、松山、宁远被分割成了三个孤立据点。清军由被动转为主动,迫使明军在不利条件下进行决战,这是大战前夜的情况。

后勤保障是战争的必要条件。《孙子兵法》中说:"百里而争利,则擒三将军,劲者先,疲者后,其法十一而至;五十里而争利,则蹶上将军,其法半至;三十里而争利,则三分之二至。是故军无辎重则亡,无粮食则亡,无委积则亡。"从历史趋向看,明军失败是必然。但具体到一次会战,不是没有机会取胜。这一次,胜利的天平又会倾向于谁?

八月十九日,洪承畴等见清军"环松山而营,大惧",八月二十日,两军列阵大战,接战

良久,杀伤相当,未分胜负,可是当天明军囤积在锦州以南数十里海边陆连岛笔架山上的大批粮草为偷袭的清军所夺,退路又被截断,故"汉兵(明军)初势极壮,用兵亦奇,乃以无粮,……气挫势穷"。短短几天,形势大变。13万大军消耗粮弹每天都是一个巨大数目,心忧如焚的洪承畴"遂上疏求援",两三天时间"凡十八疏"。大军被困粮道断绝,消息刮风一样迅速传遍各营,车马大炮都摆放在一旁,官兵忧心忡忡,全军陷入进退两难的境地:"欲战则力不支,欲守则粮已竭","遂合谋退遁"。

八月二十一日傍晚四五点钟,松山行营气氛紧张,洪承畴召集诸将会商战守。曹变蛟从乳峰山军营奔下来,王朴和吴三桂从西石门相携骑马而来,其他五位总兵官也从结阵的东石门匆匆驰来。除了前线统帅洪承畴和八大总兵官,参加会议的还有代方一藻巡抚辽东转运粮草的丘民仰,兵备道张斗、姚恭、王之桢,大本营代表兵部郎中张若麒——他代表崇祯帝和兵部尚书陈新甲。

"兵凶战危",诸将各抒己见,莫衷一是。主帅洪承畴依然保持着冷静,他说:"彼兵新旧迭为攻守,我兵既出,亦利速战,当各敕厉本部,与之力斗,余身执枹鼓以从事,解围制胜,在此一举矣。"(《明史纪事本末补遗》卷五)他认为清军倾巢出动,围城老军跟来援新军混在一起,正是明军一举聚歼的好时机,激励众将明日破釜沉舟,与清军一决雌雄,且表示自己要"身执枹鼓"指挥在前,这个福建人的本意是要速战决战。

当初他驻军宁远待机出战,兵部尚书陈新甲和兵部郎中张若麒臆断可一举破敌,督促出关决战;现在到了不得不决战的时候,张若麒却内心惊恐,煽动诸将"因饷乏,议回宁远支粮"。张若麒说:"松山之粮仅给三日,且今不但锦州困,松山又困,各帅既欲暂回宁远,以图再战,似可允也。""支粮"说一出口,贪生怕死的将官们立即就像抓到了救命稻草纷纷附和。

张若麒的意见貌似合理,可在重兵围困之下明军怎么能从容撤军?战胜是一条生路,避战或者战败都是死路,现在明军除了决战没有第二条路。敌前旋师,后果不堪设想。清人不肯做的事,为什么明人要做?张若麒的"支粮说"其实是借口,实质就是逃跑,纯属扰乱军心,主帅洪承畴应该严词驳斥,以绝其念。但洪承畴关键时刻表现软弱。他不仅没有严斥张若麒的逃跑主义倾向,反而与之产生了共鸣,说道:"奴势重大,终不能闯濠,恐日久根固,此贼尤难剿杀,而粮草尤难转运。"又说:"海仓之粮,未及运入,为清所夺。松山中守兵,自有一年之粮,城外列屯十万援兵,粮道既绝,城中之粮,欲分不足。"

但洪承畴终究明白清军不会轻易放他们撤退,最终拿出作战姿态,下令分两路决战:左路由王朴、王廷臣、唐通、白广恩等的大同督标各军,以及密云三镇军组成。王朴者,原明左都督王威之子,以父荫屡迁京营副将、大同总兵官,随洪承畴出关迎战,就是上文提到周遇吉劝诫过的那类纨绔子弟。右路由吴三桂、马科等人的部队组成。马科、王朴、曹变蛟都是洪承畴的老部下。另外,洪承畴自督三营兵,协同巡抚丘民仰和随军文官等人跟进突围。

会议约定左右两路一起行动,"初更天与贼大战"。洪承畴举手作揖,激励大家"明望诸君悉力一战"。既然有张若麒的"支粮说",主帅也没有批驳,众总兵官心里都明白决战是面皮,逃跑才是里子,"将心动摇,已无力战之意"。(《三藩史略》上卷)这次会议预告了接下来的战况。

当晚七时左右天色转暗,总兵官王朴不打招呼,带大同兵率先撤离阵地逃遁。王朴所部刚刚慌不择路地逃跑就被发现,严阵以待的清军立即阻击,转瞬间,王朴所部溃不成军。吴三桂营与王朴营原来是"相连结阵",王朴拔营不辞而别使吴三桂营侧翼暴露了。发觉形势严重,吴三桂一开始竭力指挥部队收缩阵地想"依山结阵自固",但是立即遭到贝勒王豪格率领的清军正红旗、镶黄旗兵猛烈攻击,不得不弃营"宵遁"。于是吴三桂的2万兵也卷入了逃亡大军。

左路军逃亡如同刮风一般传染到了右路军。决战已经抛诸脑后,唐通、李辅明、马科、白广恩等"各帅争驰,马步自相蹂践,弓甲遍野"。逃跑途中很快遇到了皇太极预设的伏兵,"为伏甲所截,大溃"。呐喊声、击杀声、枪炮声四面八方而起,响彻辽西原野,火光四起映红了夜空!

突围!突围!

"败兵汉子"

兵溃如山倒,10万大军只有从锦州逃到西南方150里外的塔山附近才有生路。他们抛弃了辎重,汇成几条浩浩荡荡的河流,顺着一个月前的来路涌去。逃生之路在关宁至锦州大道方向,途经杏山、高桥,越过青浦河干、支两条河,就是今京沈铁路、京沈高速沿线。逃生洪流处处撞上皇太极布列的阵地,于是发生了激烈的战斗。

借着点燃的火把和四起的大火,预设阵地上以逸待劳的孔有德炮兵,将红夷大炮炮口对准前方,将溃兵一片片打翻在地。满洲骑兵的战刀在溃兵头顶挥舞,散播着恐怖。在死亡面前,人往往会有强烈求生的愿望。求生的愿望迸发出可怕的力量,古老的号子一遍遍响起,口令声、枪炮声、爆炸声、搏杀声、呼喊声、呻吟声、求救声……声声入耳;湖广话、江浙话、山东话、东北话……交混一起。

如潮水奔涌的明军官兵对挡在回家之路上的敌人发起绝望无情的冲击；无数清军分队被瞬间击溃消失在洪流中。清军为此蒙受了巨大损失，镶红旗副都统孟库鲁、前锋统领二等男"巴鲁图"劳萨、镶黄旗护军统领绰哈尔等清军将领都在阻挡明军突围中战死了！溃兵的洪流携带着可怕的力量，就这样一次次冲开了皇太极的死亡大堤，缓慢而顽固地向着西南方推进。

宁锦大道沿途的清兵自南向北顽强阻击、寸土不让；在强大的阻击阵地前，一股股明军溃兵边战边进，不知不觉偏离了西南方向，转而偏向正南方和东南方，就是笔架山、靠王山、杨台子、娘娘宫一带。在数十里外的这些地方，等待明朝人的是咆哮的大海！

这样的战斗场景，公元前202年在巨鹿，383年在淝水，755年在潼关，1127年在汴梁，1812年在东欧别列津纳河畔和1943年在乌克兰契尔卡瑟都发生过——不是为了胜利和荣誉，而是为了生存。

明军左右两路各营陷入天崩地裂的大溃逃。松山行营中的辽东经略洪承畴得知大部兵溃，只留下三分之一

法军败渡东欧别列津纳河

的兵力守在松山城，他与右佥都御史辽东巡抚丘民仰等人一起提兵三营出城鏖战，践行自己"身执桴鼓"的承诺。

激战过后，洪承畴率兵冲击到"尖山石灰窑"（在锦州城西南方山区）。恰恰在这紧急时刻，另一支明军出现在洪承畴视野中——他们是吴三桂的队伍。与此同时，吴三桂借着战火也分辨出了主帅的旗号。吴三桂带兵向主帅方向拼死靠拢，逐渐靠近时吴三桂"冒矢突出"，对洪承畴大声疾呼："阁部随我来！"这是这次大会战中洪承畴、丘民仰突围的唯一时机！

此时，吴三桂发现清军军阵出现了一个熟悉的身影，原来是明辽东旧将耿仲明。耿仲明与满蒙八旗都统谭泰、恩格图、席特库、阿尔津，副都统蓝拜、甘笃，参领苏拜、安达礼，各率精兵赶到尖山石灰窑。

吴三桂在前，督师洪承畴在后，合力督兵冲杀。吴三桂一度击退了四旗清兵合围，穿透了敌阵"冲围而出"，但来路"霎时云合"，打开的血路瞬间就被截断。吴三桂等随着大兵溃围而走，"承畴不能出"，于是退回松山城。明军玉田镇总兵官曹变蛟此时也在率部激战。

曹变蛟,山西大同人,名将曹文诏之侄。他少年即随叔叔征战四方,屡立战功,先后为参将、副总兵、都督佥事、左都督、总兵官,时议合称曹文诏、曹变蛟叔侄为"大小曹将军"。他从乳峰山方向发起冲锋,猛攻对面阻击的清军精锐中的精锐、正黄旗和镶黄旗所部——皇太极本人及其御营恰恰就在这里。

夜五鼓,曹变蛟将军带兵砍杀,一连穿透两黄旗数阵,竟然冲击到了皇太极的御营门口。"时,大臣侍卫俱未至,军中大惊。"皇太极的几个贴身侍卫巴什塔等死守营门,终于等到了英亲王阿济格和智顺王尚可喜的来援。曹变蛟冲击两黄旗五次、皇太极御营一次。他也负了伤,同前屯卫总兵官王廷臣一起收拾其两镇兵退入松山城固守。

明军八镇中的其他六镇,官找不着兵,兵找不着官,部曲四散,被服给养、旗鼓、盔甲、弓弩、刀矛、炮铳、马匹、骡子……沿途丢弃的到处都是。六镇溃兵在各自总兵官吴三桂、李辅明(代替战死的杨国柱)、王朴、唐通、白广恩、马科率领下,奔逃在锦州以南的山海平原之间。

锦州杏山及杏山驿路台遗址

杏山驿路台遗址①

溃兵回宁远的必经之路上,散布着以下几个战略支点:松山城在锦州城正南15里,杏山城在松山城西南15里,高桥在杏山城西南16里,塔山又在高桥西南16里,宁远城又在塔山西南70里。西北都是崎岖的山地,东南方则是渤海,双方将近20万大军就挤在纵横不过三四十里的山海间。清军忙于围追堵截,合山、塔山都在明军控制之下。清军调整部署,把进攻矛头指向杏山城,同时在杏山以南的高桥一带设立陷阱。

锦州西南30里的杏山城(在今辽宁锦州太和区杏山街道)设有护城河。城在山的南边,占据高处,视野开阔,易守难攻。此时杏山城收容了成千上万的败退明兵,吴三桂、王朴等人一路边战边撤,终于在二十四日前后达到杏山城。

① 杏山驿路台位于辽宁锦州太和区杏山街道锦州102国道南侧。杏山山头有古烽火台,距今已有近400年的历史。山下是当年明清杏山大战的古战场。松锦大战明军战败,锦州城陷落,松山防线就此崩溃。今天锦州旧城和松山、杏山的城墙早已不复存在,只有这座风烛残年的杏山驿路台。照片可见原杏山驿路台外包青砖以及上层建筑已荡然无存,只有残垣还守卫在辽西走廊的古战场上见证着当年的金戈铁马。

杏山南北大路到处是随军撤退的士绅流民、伤亡的官兵、抛弃的物资，失散的骡马四处游荡，六镇溃兵前赴后继络绎于途。小小杏山城根本容纳不下这么多的流民和部队。极度疲惫、饥渴难耐的溃兵本来以为到了安全地带，但到了后被告知只能在此稍事停留，还要继续南行近百里，目标宁远。从杏山到塔山须经青浦河上的高桥，过高桥的道路就是高桥大路，明军却没有掌握这一带的控制权。清国亲王多铎、侍卫内大臣锡翰等早早奉命急速赶到高桥。清军在高桥及高桥大路、大路以北的山地桑噶尔寨堡（今葫芦岛市连山区大兴堡）两地布设阻击阵地，带兵主将是和硕豫亲王、满洲镶白旗旗主多铎（努尔哈赤第十五子，阿济格和多尔衮的同母弟），麾下主要将领有：

皇太极表兄弟、一等超品公、镶黄旗将军塔瞻，一等男鳌拜，努尔哈赤侄子、宗室爱新觉罗·锡翰，和硕额驸（驸马爷）、领侍卫内大臣博尔济吉特·多尔济，八旗参领、刑部承政、领议政大臣郎球（觉昌安三兄索长阿的曾孙、清初户部尚书）。

毫无疑问，挡在明军溃兵面前的正是爱新觉罗家族的子弟兵。皇太极估计吴三桂、王朴等在杏山不会久留，前来指挥截击，他降谕内大臣锡翰："一伏于高桥大路，一伏于桑噶尔寨堡（即大兴堡），以杏山逃兵必由此路出也。"

八月二十五日，清国两黄旗亲兵、御前侍卫簇拥着黄罗伞行进在山海大道间。身体疲惫但精神饱满的皇太极，带病赫然出现在高桥。清军官兵士气大振，沿途纷纷跪拜，发出震天的欢呼。八旗将士刚刚在鳌拜等带领下结束了一场战斗，歼灭了杏山明军逃兵1800余人，押着俘虏、满载战利品，豪情满怀。一个好统帅就能带出好队伍。皇太极"亲冒矢石"的举动感染激励了他的士兵！

辽东镇长城之沙河驿路台①

论恩怨情仇，数千年功罪，化作如烟往事。诛功臣良将，宠妃子丽姬，演绎江山风雨！

不出所料，八月二十六日日上三竿，皇太极、多铎正在翘首观望，只见高桥大道远处尘土飞扬，飞尘尽处人浪迎头而来，旗号书为"宁远团练总兵官、都督金事吴"。皇太极与吴三桂迎头相遇。

从杏山出发前，吴三桂有两条路线可供选择：一条是山地羊肠小道，一条是沿海平原的高桥大路。一位"西夷降人"出谋划策说："敌兵诡计极多，大路当设备较宽，宜从大路。"吴三桂接受了建议，从高桥大路杀出。身边亲兵虽经苦战，但却军容整齐。

---

① 沙河驿路台为辽宁境内保存最完整的圆形路台，由此可知前面杏山驿路台的原貌。沙河驿路台高11米，直径16米，台上建有方形城楼，其相邻原有沙河驿城原有明朝驻兵。

此时皇太极身边将领数十员，"精兵四百"，冤家路窄，不偏不倚刚好"驻营大路"。两支队伍的关键人物都发现了对方。他们沙场征战十数年，今天不期而遇。传说中"孝闻九边勇冠三军"的吴三桂出现在皇太极视野中，而立之年的吴三桂骑在马上一手握缰一手提铳，目露杀机。皇太极见吴三桂之兵虽败却来势凶猛，身边的八旗兵正等待下令攻击，皇太极回头告诫："归兵莫遇，纵之可也。"八旗兵闻声让开了大路……

这部分"关宁铁骑"就像一列火车轰隆隆开过去，八旗兵都在两旁屏气驻足看得十分惊奇，吴三桂率兵旁若无人，飞驰而过！皇太极看了半天，感叹一声："三桂果是汉子，得此人归降，天下唾手可得！"(《清史列传》、王先谦《东华录》)

崇祯十四年(1641)八月末，秋风扫落叶，预示着明朝严酷的冬天即将来临。

时事多艰，灾异叠见。松山兵溃噩耗传入宁远又塘报入京，此时总兵官左良玉正在河南信阳与"流贼"大战。明廷机动兵力已如晨星寥落可数，崇祯帝和陈新甲相对无言，愁苦不堪中。崇祯帝亲自释奠先师孔子，屡次下诏停刑施恩，但国事军事并无起色。李自成克洛阳，前南京兵部尚书吕维祺被害，皇叔福王朱常洵被杀；张献忠克襄阳，襄王朱翊铭、贵阳王朱常法一并遇害……这一年中原战火四起，关外危机重重。

为解救洪承畴，明廷又拼凑了顺天巡抚杨绳武、兵部侍郎范志完两支军队，命北上赴松山解围。洪承畴13万精锐之师一夕兵溃，两个草台班子带着二流部队能有何为？杨绳武、范志完捧着圣旨心惊肉跳，"皆敛兵不敢出"，指望他们救火无异于缘木求鱼。

《清史列传》《元功垂范》均载，皇太极一念之差致使"败兵汉子"吴三桂在高桥大路侥幸避开打击，但后续逃兵就不走运了，他们纷纷遭到清满蒙兵伏击。东有大海后有追兵，盔甲遍野溃不成军，以至"窜走弥山遍野，自杏山迤南沿海至塔山一路赴海死者，不可胜计"。(《清太宗实录》卷五七)明军数万官兵被压制到海岸，正赶上大潮，大部溺死，只有200余人逃脱，高士奇《扈从东巡日录》记载了当时悲壮的场景："赴海死者，以数万计，浮尸水面，如乘潮雁鹜，与波上下。"

从杏山率部继续南逃的吴三桂、王朴，接下来遇到了清亲王多尔衮、固山贝子罗托、辅国公屯齐、镇国将军巴布海、固山额真刘之源连营阻击——这群蛮夫不像皇太极一样懂得"归兵莫遇"，"伏兵四起，阻截前路，追兵蹑后"。吴三桂等拼死血战，"死者相枕藉"。他千辛万苦突到塔山，埋伏的阿济格、博洛伏兵大起，又是一番死战。塔山以北陆连岛笔架山的明军后勤保障基地早已被清军占领，"积粟十三堆"全被缴获；塔山周围台堡多被攻克，副总兵官王希贤被俘。吴三桂只能继续南逃。另一部明军经过桑噶尔寨堡(即大兴堡)从西部山区南逃，遇到了以逸待劳的固山贝子博洛部阻击陷入激战，十不存一二。

自二十七日到二十九日，皇太极命清军"行猎山野，并搜剿捕敌"。落难的明军官兵坚持战斗到最后一刻。据随军之朝鲜世子所见："清人三日搜杀，极其惨酷。而汉人视死如归，鲜有乞降者，拥荷其将，立于海中，伸臂翼蔽，俾不中箭，不失礼敬，死而后已。"对峙两年的松锦大会战就此以12天的决斗定乾坤，清军斩明军5.3万余人，获马7444匹、甲胄9346件，取得完胜。明军主力丢盔卸甲，战后逃回宁远的官兵只剩下3万出头；武器弹药"消耗者约十分之七"。八个总兵官中吴三桂、王朴、白广恩、马科、李辅明五人逃回宁远,唐通不久也从杏山逃回。王廷臣、曹变蛟两人跟随督师洪承畴、巡抚丘民仰都困在松山城,他们都已在劫难逃。吴三桂在宁远收集散亡,下诏征集各路兵马,但再也不能组建一支这样的援军了,悲剧却继续在松山、锦州、杏山、塔山四城延续。

松山城破:松山城内士卒军民"阖城食尽",屡次救援突围均告失败。崇祯十五年(1642)二月十八日,"大清兵克松山,洪承畴降,巡抚都御史丘民仰,总兵官曹变蛟、王廷臣,副总兵江翥、饶勋等死之"。死难明朝官员百姓兵丁共3063人,俘获男妇幼稚3113人。清军获甲胄军械1.5万余件,各种火器3273位,金银珠宝1.5万余件,绸缎衣服等1.5万有余。皇太极下令将松山城夷为平地。

锦州城破:崇祯十五年(1642)三月八日,祖大寿率部献城归降,清军占领锦州,斩副将以下官员17人,兵丁无数,俘获4894人,甲胄军械7200多件,各种火器600多位。

杏山城破:崇祯十五年(1642)四月中旬,皇太极遣使招抚杏山城明军官兵,要他们献城投降,遭到断然拒绝。于是郑亲王济尔哈朗等人率军攻城,占领近城的几处墩台。二十二日,清军用红夷大炮轰毁城垣约25丈,守城副将吕品奇不战而降。清军占领杏山城,俘获6800多人,甲胄军械2700多件,各种火器850多位。(《明史》《明通鉴》《国榷》)

松锦大战至此,以清胜明败宣告结束。昔日萨尔浒之战,降人李永芳(原明抚顺游击)的"任尔几路来,我只一路去",让明朝四路大军几乎全部覆没;这次松锦决战的关键时刻,孔有德献策皇太极,"在某种程度上起了决定性作用"。(滕绍箴《三藩史略》卷上)

松山虽不高却有许多诗篇传世。明末战略家孙承宗筹边路过此山,写有《松山点黛》诗:"松山自岩岩,锦人曰浅黛。

清廷制《太宗皇帝大破明师于松山之战书事文册》

不信羊鼻公,肯作妖媚态"。松山会战过去50余年后,康熙帝过松山,战场痕迹依旧鲜明,他激情澎湃作诗《所过松山、杏山、大渡河,皆圣祖用武之地,有述》:

松杏山头野草黄,朔风凄紧下前冈。云屯虎旅新行在,地著龙兴旧战场。

壁垒寻来余气色,田畴耕处拾刀枪。恢弘圣绪存遗迹,东海洋洋祖德长。

时光又去130余年,至道光年间(1821—1850),道光帝赴祖陵祭祀,途径松杏二山,追忆往事,挥毫题诗《望杏山松山述事》:

忆昔王师压锦城,十三万众集明兵。文皇二白风云疾,胜国不年草木惊。

承德承畴终背主,山松山杏尽连营。追维创业诚非易,仰见神谟速且精。

　　清道光帝此诗歌颂祖上开疆拓土风卷残云,但是这时的清朝已病入膏肓,走上了前朝的道路……

松山殇

　　边臣不可令有惧心,尤不可令有死心。

——崇祯十七年(1644)春明吏科给事中吴麟征上疏

　　松锦大会战,明朝的最后一点家底被消耗一空,山海关外诸险隘全部落入敌手,只留下一座孤零零的宁远城和几座沿海堡垒。从明朝创立开始部署,自万历年间(1573—1620)李成梁开始苦心经营的辽东防务体系宣告瓦解。从军事技术角度看,孔有德投清逆转了双方的火炮水平。而松锦大会战使"清军不仅缴获了多门红夷大炮,而且还获得了明朝设在锦州的关外最大的兵工厂","扩大了清军的军事工业规模,完善了军事技术体系"①。历史教训不可谓不深刻。

　　失误可分战略性失误与战术性失误。战术失误可以弥补,战略性失误难以弥补。楚汉之争,刘邦屡被项羽击败总能绝处逢生,但项羽一次战略失误导致"垓下之围",身死国灭为天下笑。明朝犯了战略性失误,此说根据何在?

教训之一:出尔反尔,内斗虚耗

　　一是出尔反尔。决战之前明朝战略几经更改。明朝军队名义上由皇帝统帅,实际操在五军都督府和兵部手中,明朝后期五军都督府已经空心化,实际谋战权在兵部。

　　崇祯帝以信王宗藩、天启帝唯一的弟弟登基,本人并不知兵。所倚重的兵部尚书、重庆长寿人陈新甲,虽然是从弘治年间(1488—1505)贾俊之后以举人身份做到尚书的第一人,但陈新甲并不知兵。陈新甲的重要助手、兵部职方司郎中张若麒也不知兵,为人"躁率喜事"。大战之前陈新甲将亲信、绥德知县马绍愉火速调升兵部职方司主事,马绍愉也不懂军事。你看看这个领导班子。

　　崇祯十三年(1640)五月,皇帝问陈新甲破敌之策。陈新甲与傅宗龙废寝忘食,搞出"四路进兵"之策:一路出塔山攻击锦州西北大胜堡清营;一路出杏山攻击北路金厂堡;一路出松山渡小凌河攻击清军东路;一路亦出松山攻击清军南路。四路进兵,兵力分散,每一路都寡不敌众。他们君臣如有记性,应该知道21年前的萨尔浒之战四路进兵被各个击破的惨剧。崇祯时明军已远远不如万历时强大,而清军又用孔有德、耿仲明、尚可喜的红夷大炮武装起来,明廷又要重蹈萨尔浒之战的覆辙。

　　前线主帅洪承畴到京,否定了这个"四路进兵"之策,提出了"且战且守"的战略方针,

---

　　①　张煌、朱亚宗《边缘效应与明清军事技术对抗格局的逆转》,《自然辩证法研究》,2009年第25卷第1期。

主要是判断明军现状不利于冒险突进,而且洪承畴根据逃人情报得知,去年以来,清兵久持锦州,力量消耗严重。"再越今秋,不但敌穷,即朝鲜亦穷矣。此可守而后可战之策也。"洪承畴提出"久持松杏,以资转运,且锦守颇坚,未易撼动"的作战方针,根据关外兵力和锦州守将祖大寿"逼以车营,毋轻战"的意见,主张且战且守,步步为营,逐步向前推进,待清军势力穷困,反击破敌以解锦州之围。崇祯帝当时觉得很好,"上是之"。这个战略不仅知己知彼,战争进程证明也是正确的。如果崇祯帝始终坚定地支持洪承畴的意见,那么这场战争的结局或可改观。

等前线炮响,兵部尚书陈新甲仍然"执前议"。崇祯帝竟然又被陈新甲的意见左右,干预前线主帅的军事部署。看到前方吴三桂等部初战有所斩获,就头脑发热,将"且战且守"弃之一旁,听从陈新甲的意见督促急速进兵。开始洪承畴不为所动,率大军自中前所移驻宁远,再进松山不肯分兵。陈新甲为强力推行主观臆断的"四路进兵"之策竟然使出狠招,直接派遣张若麒去前线监军,又命亲信马绍愉"出关赞画"。陈新甲又上书密奏崇祯帝攻击"且战且守",还直接致信洪承畴施加压力,信中说:为了抗拒敌人,国家长期用兵,财力消耗严重。你们迟迟不进兵,"何以谢圣明,副朝廷文武之望!"《孙子兵法》说:"主不可以怒而兴师,将不可以愠而攻战",但当时崇祯帝和陈新甲就制造了这样的出兵局面。

在宁远的蓟辽督师洪承畴,读完陈新甲的这封居高临下、"义正词严"的书信,汗水都下来了,"激于其言"说:"新甲议战,安敢迁延?"话音未落,宦官又奉崇祯帝"刻期进军"的密旨到军,事情随即不可收拾,既定战略就这样被自己毁了。所以明军的失败是战略实施中的失败,引子在兵部尚书陈新甲,根子则在崇祯帝。

二是内斗虚耗。内斗是封建专制的固有弊病。仔细研读史料,你就会发现,崇祯十四年(1641)八月下旬的"松锦大会战"有点名不副实——明军从进入松山阵地到全军失败,只有短短十来天;8个集团军13万人并没有在战场上被击败,实是后方粮道补给断绝,军心自乱而溃散的,清军就是尾追截杀。这一点跟经典战例官渡之战很相像。汉献帝建安四年(199)六月至十月,袁绍以10万精兵从河北下河南攻曹操于官渡,曹操采用许攸之计奇袭乌巢(今河南延津东南),焚毁袁军全部粮草,袁军自行崩溃。袁绍带800骑退回河北,从此一蹶不振。

洪承畴的大军抗拒不了外在压力被催逼到一线自投牢笼,既入牢笼,唯一的生路就是"置之死地而后生",放手一搏或有胜利机会,就是鱼死网破,也不至于让清军完胜。13万大军一夜间不战而溃,此间原因何在呢?

正如崇祯十七年(1644)春吏科给事中吴麟征上疏:"边臣不可令有惧心,尤不可令有死心。"那么我们想知道是谁让叱咤风云的戡乱能臣洪承畴一到了宁远就如履薄冰,"恂恂似不能言者"? 原来是内部矛盾使然。明末朝廷大员拉帮结派,将个人好恶和圈子利益置于国家民族利益之上,互相倾轧无所不用其极。平时养成的内斗习惯,到了战时也不例外。明谈迁《枣林杂俎》和朝鲜人金毓黻《沈馆录》均记载,兵部尚书陈新甲和蓟辽总督洪承畴(加兵部尚书衔)不睦。大会战前,陈新甲得崇祯帝密旨议和,遣石凤台偷使清国,却又害怕洪承畴阻挠其事,竟希望借清国武力置洪承畴于死地。兵部"遣张若麒(兵部职方司郎中)往催战,欲乘间杀承畴胁款"。张若麒高调来到前线监军,"振臂奋袂,扶兵之势,收督臣之权,纵心指挥",一方面欲架空洪承畴,令锦州明军"但知有张兵部,不知有洪都督";另一方面要暗中置洪承畴于死地。世上没有不透风的墙,洪承畴"先觉,独入松杏死守",避免了暗害。这充分暴露了明廷内斗的激烈程度,政治生态环境之险恶可见一斑。

再来看崇祯帝宠信的大宦官、辽东总监高起潜在大战中的表现。高起潜,内侍中"以知兵称",出镇关宁劲旅,明末"不倒翁"。崇祯元年(1628),镇压阉党尽撤内镇。崇祯二年(1629)"乙巳之变",崇祯帝以"京城被兵、宗社震恐"而一改初衷,借"成祖监理之例"派宦官任各镇监军,高起潜受命监军关宁。

崇祯五年(1632),高起潜督诸将征孔有德登莱叛乱,在黄县白马之役中击败孔有德叛军,"旋督宁、锦军,镇压农民军",所在皆有功,也确有一定组织指挥能力。但是此人

崇祯帝及其宠臣高起潜、杨嗣昌
(出自《李自成》,上海人民美术出版社,1978 年)

私心很重。他与吴襄交好,就积极扶持吴襄、吴三桂父子打胜仗。到了松山会战,他和洪承畴关系不睦,就对洪承畴事事掣肘。决战一开始,原本占上风的洪承畴、吴三桂野战军群,突然被"环松山而营"之清军主力围困。洪承畴大惧之下飞章十八疏告急,在后方调度的总监高起潜生怕洪承畴打胜仗("恐承畴有功"),竟扣押上疏不报("抑之,使不得奏"),导致在最关键的时刻最高统帅崇祯帝对前线明军的处境竟无从得知。(《明季北略》卷一八)

总的来说,洪承畴带兵出征,朝廷中态度纷纭不一:有人盼望他赢,有人期冀他输,有人祝愿他生,有人希望他死……洪承畴不会无所觉察,熊廷弼、卢象升等人的下场历历在目。作为大会战的主帅,他决策时却不能不考虑各种复杂因素,难免就会瞻前顾后,错失时机。

教训之二:主帅性格软弱,关键时刻听不进不同意见

明朝在农民起义蜂起的情况下抽调精锐与清军决战,主帅洪承畴责任如山,压力之大可想而知。尽管其战略思路颇为清晰,但他性格和指挥都存在缺陷。洪承畴(1593—1665),字彦演,号亨九,福建南安英都人,万历四十四年(1616)进士。初授刑部江西清吏司主事,历员外郎、郎中,累官陕西参政、浙江提学佥事、两浙承宣布政左参、陕西督道参

洪承畴读书处①

议、延绥巡抚、三边总督兵部尚书、蓟辽总督。崇祯七年（1634）十二月，崇祯帝撤掉围剿失败的陈奇瑜，洪承畴以三边总督加太子太保、兵部尚书衔，总督河南、山西、陕西、湖广、四川五省军务，成为明廷镇压农民起义的主要军事统帅。

他精通兵家权谋，但由于考虑到个人得失，所以会战之初屈从于陈新甲、张若麒等人。当"陈新甲趣之，未免轻进以顿师"时，他就孤军深入；当"张若麒惑之，倏焉退师以就饷"时，他就率军南逃。因此，洪承畴在指挥上表现出的犹豫和动摇必然导致明军失败。

兵部郎中张若麒和兵部主事马绍愉来到锦州前线没有发挥多少好作用，严重干扰了洪承畴的指挥，这是历史公论；但马绍愉提出的有价值的点子洪承畴又不采用。大同镇监军张斗劝洪承畴防备清军抄袭后路，他也不听。

（1）从崇祯十四年（1641）八月以来，明军连战得手，清军处于下风，多尔衮不得不告急皇太极。马绍愉劝洪承畴"乘锐出击"，一举破敌。这段时间恰恰是清国粮食匮乏、军事受挫的困难时期，如果洪承畴率吴三桂等八总兵官积极进取，战局也许大不相同。洪承畴不予理睬。

（2）明军主力驻军松山、松山之右长岭山，此山围绕锦州为带。大同镇监军张斗劝洪承畴说，长岭山宜驻一军以防备清人抄我后路。洪承畴不听，还自负地说："我十二年老督师，若书生若何？"后果恰恰被张斗言中。清军不仅抄袭了明军后路，并且断绝了明人粮道。洪承畴对这种古老的战法没有足够防备，他的固执己见导致大军溃败。

教训之三：将领贪生畏死，弃战奔逃招致覆灭

松锦决战前，吴三桂等部多次激战挫败清军。崇祯十四年（1641）七八月间，明军主力在松山与多尔衮的清军主力对阵，兵员和火器都胜于清军，多尔衮屡战失利连连告急。皇太极急得流鼻血，一度产生了放弃此战的想法，但被孔有德阻止。孔有德为什么站出来力挺决战？因为孔有德是道道地地的汉族人，一度也是明军将领，了解中原情况，觉得有机可乘。

尽管被包围，明军力量还在，本应决一死战以解锦州之围。主帅洪承畴确实下达了决战命令，但多数明军高级将领贪生怕死，因此违抗命令，弃战南逃。一个突出的典型就

---

① 今福建南安英都镇霞溪村溪益馆。

是总兵官王朴,他不是败阵就是逃跑。八月二十一日,洪承畴在松山行营召集诸将部署当晚决战突围,王朴为了自己活命,不顾全军安危,率先拔营逃跑,导致吴三桂军侧翼暴露,又引发了连锁反应,使"九塞之精锐、中国之粮刍,尽付一掷,竟莫能续御,而庙社以墟矣。"王朴这样的人是如何爬上如此重要位置的?原来其父王威是原左都督(一品武官,五军都督府首长之一),以父荫的王朴步步高升总兵官,位居左都督、太子太保。战后,王朴逃到了宁远,旋即被锦衣卫镇抚司逮到北京。三法司开庭审讯,以"首逃"之罪判了死刑,其他人只给予纪律处分。吴三桂名义上"贬秩,充为事官",三个月后不仅官复原职,还受命"提督总兵官"。

御史郝晋不能理解,认为马科、李辅明、白广恩、吴三桂、王朴、唐通都曾逃跑,不能只斩王朴。郝晋说:"六镇罪同,皆宜死,"建议将六总兵官一起正法,又说:"(吴)三桂实辽左之将,不战而逃,奈何反加提督?"兵部尚书陈新甲承认吴三桂等也参与逃亡,"但姑念其守宁远有功,可与李辅明、白广恩、唐通等贬秩,充为事官",请独斩王朴。

崇祯十五年(1642)五月十九日,总兵官王朴在北京西市被执行军法。无独有偶,洪承畴、祖大寿被包围后经历了半年之久的漫长斗争,屡次突围不成,食尽援绝。为了解救松锦,朝廷命顺天巡抚杨绳武、兵部侍郎范志完率军赴松山解围,可是他们都贪生怕死,"皆敛兵不敢出",让关宁军出击,关宁军残部力不从心,半途而废。

这次大战,明军失败的主要责任应由崇祯帝和陈新甲承担。当然,洪承畴和将领们也负有一定责任。必须指出,广大明军官兵如曹变蛟、王廷臣等人视死如归,与敌人殊死战斗,值得尊敬。八月二十一日夜间,曹变蛟一度率军冲到了皇太极的"御营",差点将清军统帅部一锅端掉。他们被俘后拒绝投降,与巡抚丘民仰等文官一起仰首就戮。

《明史·邱民仰传》载:

> ……事闻,帝惊悼甚,设坛都城,承畴十六,民仰六,赐祭尽哀。赠民仰右副都御史,官为营葬,录其一子。寻命建祠都城外,与承畴并列,帝将亲临祭焉。将祭,闻承畴降,乃止。

不管怎么说,广大明军官兵是勇敢和无辜的。大战失败的责任不在他们身上,但他们承受了最大的牺牲。仅仅从崇祯十四年(1641)八月二十一日夜间到二十九日8天时间,就有5.3万余名久经战阵的官兵牺牲;到次年松山、锦州、塔山、杏山次第陷落,又有成千上万的官兵牺牲。清军也损失巨大,镶红旗副都统孟库鲁、前锋统领二等男"巴鲁图"劳萨、镶黄旗护军统领绰哈尔等清军高级将领都在阻挡明军突围中战死。

明董其昌山水图册局部

松锦大会战过后,明军主力精锐尽失,关宁军也遭到巨大打击,重要将领如祖大寿、洪承畴、曹变蛟等死的死、降的降,使得死里逃生的"败兵汉子"吴三桂地位进一步上升,他俨然已成为事实上的关宁军主将。

还有一条至关重要:决战前清军围城不克、打援屡败,皇太极亲征并听取孔有德等人建议一举扭转战局;反观明朝,直到北京城破,崇祯帝都没有走出北京一步……

风雪夜归人——孔有德突袭山东

辽东战火熄灭。山东半岛形势一日紧似一日。最迟从崇祯十三年(1640)四月开始,山东半岛又弥漫着浓厚的战火气息。明兵部当年五月《为登莱海域明兵布防事行稿》,引用登莱巡抚徐人龙的报告——发现渤海对岸的老冤家孔有德在义州屯兵,还借了高丽国的兵船,声言南下,要以"水兵一支先渡登莱,以报夙仇"。

《兵部为登莱海域明兵布防事行稿》载:

看得逆奴见屯义州,复有借丽船调丽兵之著,岂真舍彼弓马长技,漫试于惊波骇浪中,以自陷不测之险也。不过孔、耿诸逆贼,欲以水兵一技先渡登莱,以报夙仇;飘泊津门,以截海运。而于关宁,则遥张声势,以恫疑虚吓而已。

登莱兵变平定后,大军陆续撤离,"只存水兵二千八百、陆兵六千二百"。"防海需用水兵,而水兵甚单,分汛广鹿、长山、皇城诸岛,兼之东西远探,已有无余"。徐人龙与总兵官杨御蕃一起将二三千名熟练的枪兵"分借海上、以资特角",而以陆兵严防海口。"烽台瞭望,多备火器",万一孔有德登陆,"务使阻截在水,不敢登岸"。封疏上奏。崇祯十三年(1640)五月二十八日亥时奉到,崇祯帝下旨:"这所奏沿海设备情形,即著该抚督率道将严加哨御,水陆毖防,务遏狡窥,毋容疏懈。挑发鸟枪,已有旨了。该部知道。"

过了一个月,孔有德的水上先遣队果然出现在长山口外。据徐人龙标下哨探,千总陆懋瀛、把总高升塘报:"本年(崇祯十三年)五月十七日午时,东南风大雾迷漫,先瞭见奴贼驾船数只而来,卑职即统各船出长山口外迎剿。少时雾起,只见奴船约有百十余号,蜂拥齐进。但贼狡谋难定,不知欲犯何处。我兵船少,势不能已,只得开洋星驰,破浪划回飞报……"(《兵部为登莱瞭见清兵船队事行稿》)

崇祯十五年(1642),皇太极写信给在西北的李自成要求合作,没有收到回复。当年十一月初五日,皇太极以孔有德、耿仲明为先导,发动了此生对中原的最后一次打击。两翼大军以贝勒阿巴泰为主帅,分别从界岭口及黄岩口毁墙而入。两路长驱南下会师于蓟州。二十二日,攻击山东东昌府。二十五日,自临清分兵。孔有德、祖基洪等原明将分掠莘县、馆陶、高唐诸县。二十六日,攻海丰(今山东无棣)、章丘。十二月初旬,连下沂水、蒙阴、泗水、邹县、长垣、曹县、濮阳、青州、临淄、阳信、滕县、赣榆、滨州,直抵鲁王封地兖州。

兖州知府邓藩锡建议鲁王朱以派散财犒军,据城死战,但朱以派不舍得银子。入关击清军的辽东总兵官李辅明,闻警从北方"奉命提兵疾驰五百里,至兖州驻防"。朱以派不但不欢迎,反"赐书拒兵"。李辅明的关宁军前脚刚走,清军孔有德等部就兵临兖州。十二月初八日,兖州城破,明军副将丁文明、王维新阵亡,鲁王朱以派被俘后自尽,乐龄王朱弘植、信阳王朱弘福、东原王朱以源、安丘王朱弘櫕皆死难,明鲁王宗室男女 1000 余人被俘斩首,城内军民死难无数,兖州一带惨不忍睹。

山东兖州兴隆寺

　　清军此次南下劫掠,孔有德积极安插内线,报复抵抗活动。崇祯十一年(1638),他的军队跟随多尔衮入关过沧州。沧州人在激烈抵抗中打死了其部下的一名头目,他记恨在心。崇祯十五年(1642)十二月十五日,他率军到沧州,杀人无数。清军在中原驰骋 8 个月,战败明军 39 阵,生俘总兵官 5 人、兵备道 5 人、郎中 1 人,参将、游击 12 人(以上被俘明军将领全部被处死);共计克 3 府、18 州、67 县、88 城;获黄金一万余两、白银 225 万余两;俘民 36.9 万口,牛马衣服等无数;"大驱辎重"满载北归。

　　明廷认识到敌军携带大量人口物资牲畜,行动不便,并且"无必死之心,利于邀击",下令截击。明军各部从济南跟到了京东通州,就是不敢交战。崇祯帝严令"勿纵出口"。总督杨绳武亲自上阵,手执旗帜站在长城关口上指挥发炮,将清军堵在口内。此时明军数量大大多于清兵,且有长城可以凭借。关键时刻,墙子岭关的宦官监军孙茂霖以每放一名清兵出关收银子五两的价钱,出卖了关口……孙茂霖部下都得了贿赂,"乃不发炮,而俾之(清军)逸"。于是,清军于崇祯十六年(1643)五月一日冲关而出。这些都记录在《清太宗实录》《明清史料》《国榷》《三垣笔记》中,铁证如山。

　　《三垣笔记》载:

　　北兵以正月望焚王府,大驱辎重而北。时言敌既重有所携,必多瞻顾,且无必死心,利于邀击。然自济至通,莫敢尾追,况截杀乎?上严旨令无纵出口,杨抚军绳武亲服戎服,执旗立口上指挥,发铳破敌,敌逡巡不出,寻繇分监内臣孙茂霖所守地脱去。人谓孙及部下皆得重贿,凡一人出,率予五两,乃不发炮而俾之逸。夫敌亦何惧?乃以贿来,直将士不敢击耳。茂霖后以纵敌,与邓希诏骈斩。

　　此次 10 万清军南下,明军调动兵力 39.5 万人围追堵截,但各部没有统一指挥,将领不愿正面抗击。内阁首辅周延儒自请督师,"避开清军锋芒,并不进战";大将刘泽清(字鹤洲,山东曹县人)不顾家乡残破,每天坐着八抬大轿四处游荡,忙于事后向朝廷送塘报,据说还暗中接受清军的贿赂。所以瞿世美的《天南逸史》中说:"崇祯十七年,大清兵犯山东。刘泽清镇守山东兖州,大清赂以黄金十万,泽清遂弃兖州不守"。

"肉食者鄙,未能远谋",与之形成鲜明对照的是广大山东军民、士绅奋起保卫家园。

京杭大运河上的古城临清①

(1)明军千户史廷宾,札委官胡明樟、王一鳣,参将张鸿烈,指挥梁世忠、刘霖寰六人,奋不顾身率军抗击。

(2)兖西道王国宾、济宁通判冯元扬,运筹制胜,设伏出奇;曹州知州林德馨、淄州知县杨蕙芳、肥城知县郑位、阳信知县张予卿、德平知县田瑄、新城知县史能仁六人"先发制人,使奴望而却走";利津知县张鉴、曲阜知县孔贞堪、泗水知县王士奇、济宁署州事同知谭丝、丁忧知州王孙蕃、寿张知县杨毓楫、莘县知县李朝辅,"多方设备,扼守严密",守土有功。

(3)在乡原任内阁大学士、淄川人张至发捐钱四百三十二千,粟米一百石;南京都御史张延登捐军饷募夫380名,火炮、枪支2000件。

(4)孔子六十四世嫡孙衍圣公孔胤植、大梁道台孔闻诗,闻警都积极参与抗战。

以上人员在清兵退后都得到了明廷嘉奖。

根据明末官员李清的《三垣笔记》:松锦会战两年后,临近崇祯十六年(1643)春节的一个夜晚,山东半岛登州府城蓬莱乡民张海鬼家,悄然降临了一位全身黑衣的不速之客。

雪夜深更,寒风刺骨。先是一阵凌乱的脚步声,蓬莱城张家紧闭的门扉突然被急促敲响。张海鬼的老婆先被惊醒,使劲摇着睡得死沉的张海鬼:"死鬼!快醒醒,有人来啦!"

"这半夜三更,是谁……"张海鬼窸窸窣窣穿上衣服、极不情愿地下床,走到庭院,扒在门缝里往外一看,大吃一惊:"——啊!怎么是你!"

来者何人?正是张海鬼的表兄糜桂。

糜桂,原明军登州水城小校,职务为"水口捕盗",曾经在登州镇参将孔有德部下做事。崇祯五年(1632)春节,孔有德叛变倒戈,攻克登州,糜桂也投入孔有德的怀抱,加入了叛军。一年后,叛军被明军祖宽、吴三桂等围剿,糜桂又跟着孔有德、耿仲明泛海投奔了后金。一晃已经10多年间不通音讯,张海鬼还以为表兄弟早死了呢!张海鬼连忙开门将糜桂迎进屋子,又悄悄出门将雪地上表哥的足迹掩埋——巡夜的士卒正远远走来。

惊魂未定,女人端上热饭。一脸风霜的表兄糜桂在表弟张海鬼耳边压低声音道:"吾弟,此行乃奉我大清恭顺孔王之命,有要事而来。"

---

① 明朝军事重镇临清位于山东省西北部,漳卫河与古运河交汇处,与河北省隔河相望,是山东西进、晋冀东出的重要门户,京杭大运河从市区穿过。临清历史悠久,是省级历史文化名城。明清时期,临清凭借大运河漕运兴盛而迅速崛起,成为当时中国30个大城市之一,有"富庶甲齐郡""繁华压两京""南有苏杭,北有临张"的美誉。2006年,被联合国地名专家组认定为中国地名文化遗产——千年古县。

张海鬼夫妇又大吃一惊："孔有德要回来了！"

一壶滚热的即墨老黄酒下肚，糜桂向张海鬼夫妇道出实情。原来大清军正在筹备南下中原，恭顺王孔有德"垂涎登城"，选择了熟悉的登州、莱州两府作为猎物，派遣手下军人糜桂潜回胶东，联系糜桂的表兄弟张海鬼等人，阴结死党，蓄积武力，"后日作内应"。到时候孔有德深入中原，万一被明军阻击，"若不能出，在口子里扎木城，挑深壕与官兵打仗，候外边达子来接应"。除了建立地下武装，孔有德还给糜桂等人安排了另一项任务，让他们关键时刻一举拿下军事要塞登州水城，"作往来便利"，做好了"卷土重来之计……预为里应外合之图"。自崇祯十五年至崇祯十七年(1642—1644)，孔有德部不时派兵深入登莱，在其骚扰袭击下胶东到处风声鹤唳。

吴三桂挂帅　陈新甲被杀

宇宙之间气象万千，人生追求不一而足。孔子把颜回树为人生楷模，称赞说："一箪食，一瓢饮，在陋巷，人不堪其忧，回也不改其乐。"后世很多人对孔子之言推崇备至，但在实践中并不遵从。如《后汉书》记载，汉光武帝刘秀，年少时是个破落皇族一文不名。他远行在新野，闻听天下第一美女阴丽华，于是春心荡漾；到长安求学，在街上偶遇执金吾威武巡行，于是大为感叹。他连夜做了一篇关于人生理想的文章，其中立志："仕宦当作执金吾，娶妻当得阴丽华。"

松锦会战后明军精锐丧尽。就在明廷处在农民军与清军夹击下，纠结于战和之间的时候，以"仕宦当作执金吾，娶妻当得阴丽华"为箴言的关宁将领吴三桂松山逃阵之后，不仅没有像王朴一样被军法处斩，反而官升一级提督关宁，奥妙何在？

会战前齐装满员的13万明军精锐战后仅仅剩下3万，"是名副其实的残兵败将"。(《三藩史略》)败军中，蓟州总兵白广恩有兵5000，马匹2500；宣府总兵李辅明有兵5000，马匹700；山海关总兵马科自称有万人实有6500，马匹2400；宁远总兵官兼团练总兵官吴三桂原有兵2万，战后保存1万多，而且损失的大都是临时配属指挥的新部队，精锐"内丁"和20个"领骑"保存完整，这是皇太极在高桥大路不敢正面阻击吴军的真相。可见败军之后吴三桂依旧保存了实力，明廷不得不承认现实并接受行宁前道石凤台的建议："总兵官吴三桂新加提督职衔"，将残余关宁兵全部归属他指挥。崇祯十四年(1641)九月三日，崇祯帝更诏令吴三桂"收拾残局，转败为功"。吴三桂受命整军备战。明廷启用黎玉田为右佥都御史辽东巡抚，以杨绳武、范志完为督师，以吴三桂、李辅明、白广恩三镇为主力重新部署辽东防务。

清国战后利用投降人员对吴三桂发动了一浪高过一浪的诱降，吴三桂之舅祖大寿、挚友张存仁、发小姜新等都被推上前台，吴三桂一概予以拒绝。明廷则接受兵部尚书陈新甲等主和派的意见开始与清议和。说起议和，往往令人联想起"澶渊之盟"，因此觉得可耻。其实和平与战争历来是斗争的两面，对于内外交困的明朝来说放弃两线作战方有活路,只有暂时停止与后金(清)的战争集中力量击破农民军,然后再集中力量对付后金(清)进犯方是上策。"春秋之义,人臣无境外之交",这也是当年袁崇焕冒着巨大危险与后金私下议和的初衷。可惜明朝统治者只想坐收渔人之利不肯承担"媾和"之名,出尔反尔,自毁前程。螳螂捕蝉黄雀在后,陈新甲在松锦算计了洪承畴,现在轮到了陈新甲。

一、主战派·主和派·两面派

一般而言,任何一个政权内部都会有主战派、主和派。主战主和都是手段,需要因地制宜灵活运用,笼统来讲,并无好坏之分。而事情坏就坏在皇帝是个两面派。他表面上支持强硬主战,私下里赞成议和,翻手为云覆手为雨,以臣子为牺牲品。本来有利于明朝的事情被他的虚荣心和虚伪葬送,倒也符合封建社会权力运行的基本法则:"君欲臣亡臣不得不亡",只要不是皇帝,无论你的官职做的多大你都是"马仔"。

陈新甲,四川长寿人。万历时(1573—1620)举于乡,为定州知州。崇祯元年(1628),入朝为刑部员外郎,进郎中,又升宁前兵备金事。崇祯四年(1631),大凌河新城被围,援师云集,后勤征集就靠陈新甲出力,但大凌河兵败追责,他"坐削籍"。巡抚方一藻、监视中官马云程爱惜其才,力援他官复原职,不久升任宁前兵备副使。后来得到大学士杨嗣昌赏识,擢右金都御史巡抚宣府,又升宣大总督,最终做到兵部尚书(俗称大司马)。陈新甲与杨嗣昌、傅宗龙、谢升四人是朝廷中主和派的主要人物,主和派的领袖实际就是崇祯帝。崇祯帝主和但又不挑明态度,任由主战、主和两派互相攻讦,终于酿成惨祸。

陈新甲常年为了和谈奔走,可谓千辛万苦。会战失败,洪承畴、祖大寿被围松锦,他派遣宁前道石凤台出使清国。得知"建虏意欲和",他喜出望外,驰书清军高层,清军将领回复说:和谈"本悫素心"。因为私下出使清国事先没有报备,石凤台回来后被崇祯帝下

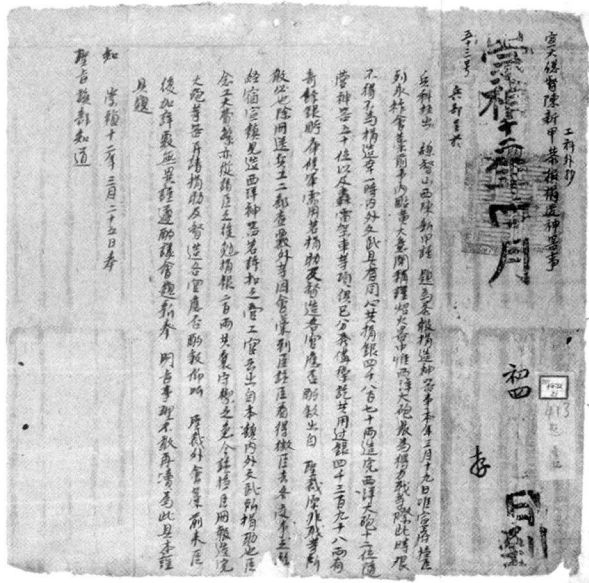

崇祯十二年(1639),宣大总督陈新甲为捐造火炮火器塘报
(保存于中国国家博物馆)

狱,仔细研究石凤台带回的信息后,廷议却是同意议和:"姑缓北兵,专力平寇",委托建极殿大学士兼吏部尚书谢升、兵部尚书陈新甲主持。"老狐狸"、内阁首辅周延儒不表态,准备"坐享其成,成则分功,败不及祸"。崇祯帝终于拍板定了早该定下的事情,但事后却"深密之",不向朝廷大臣公布,造成思想混乱,埋下陈新甲被杀祸根。

二、议约·毁约

崇祯十五年(1642)三月,明兵部职方郎中马绍愉使团冒着寒风行进在锦州通盛京(今辽宁沈阳)的大路上,沿路都受到清军严密监视和保护,人群中还有参将李维兰、周维墉等。他们尚未到达盛京,中途被勒令停止进发,人员在广宁(治今辽宁北宁)附近全遭软禁。

皇太极在盛京看到了一封令他莫名其妙的信,信上说:"据卿(指陈新甲)部奏,辽沈(指清国)有休兵息民之意,中朝未轻信者,亦因以前督抚各官未曾从实奏明。""今卿部累次代陈,力保其出自真心。我国家开诚怀远,是亦不难听从,以仰体上天好生之仁,以复还我祖宗联络之旧。今特谕卿便宜行事,差官宣布,取有的确信音回奏。"按照行文口气看写信者是崇祯帝,收信人是明朝兵部尚书陈新甲,但落款又盖有"大而且扁"的明朝"皇帝之宝"。

皇太极读完信满腹狐疑,并对真伪产生了怀疑。他说:"既然是明朝写给我国的国书,为什么要说是降谕兵部尚书?如果是给降谕明朝的兵部尚书,又为什么要盖上'皇帝之宝'?再说这个玉玺又大又扁,一看就是假印。"无论此信是真是假,皇太极尤其对信中"我国家开诚怀远,是亦不难听从,以仰体上天好生之仁"之类的话十分反感,说:"信中藐视我大清朝,视我们为狄夷,实没有讲和真心。谕令诸王贝勒将我的原话告知明使马绍愉。"原来,这封信确实是崇祯帝的亲笔信。但是朱由检觉得崇祯帝给昔日臣子皇太极直接写信降低了身份,但又不能不写,因此以给陈新甲下旨的方式委婉表达和谈之意。

皇太极将信出示降官洪承畴,洪承畴确认印鉴"皇帝之宝"是真印,字迹也确实是崇祯帝本人的。皇太极态度这才缓和下来,双方继续和谈,马绍愉等被送回明朝。

当年四月,崇祯帝密旨派遣马绍愉、朱济之为正副特使,带副将周维墉、鲁宗孔等一共99名官员组成的使团前往盛京议和。清国也派出特使到塔山迎接。一个月后到盛京,达尔汗、范文程等出面热情款待,皇太极命令准备进攻宁远的清军后撤30里,停止军事行动以创造和谈气氛,还说"议和甚幸。"

五月七日到六月三日,双方代表团经过艰苦的讨价还价,达成和平协议。

(1)清每年献给明人参、貂皮各5000斤。

(2)明每年献给清金10万两、白银200万两,然后双方息兵。

细读之后,窃以为这个协议至少能够给明朝一个战略缓冲,对于当时明朝来说还算不错。

清朝约定以九月为期限,过时不候,赏赐马绍愉等并礼送出境。马绍愉使团回京禀告崇祯帝。崇祯帝召见内阁首辅周延儒,再三询问意见,周延儒一言不发,崇祯帝愤而起身。崇祯帝希望让周延儒出面提议,然后自己居中顺水推舟,让周延儒承担责任。但周延儒看到陈新甲议和正在遭到朝臣攻击,为自己安危考虑就是不表态。而崇祯帝熟读宋史,生怕万世之后自己再落下一个"城下之盟"的骂名,迟迟不肯定夺,事情就此挂起来了。接下来一个家童的无心举动,要了陈新甲的命。

大雪纷飞的故宫太和门

四川人陈新甲的遭遇应了那句古话："天威难测"。

议和之事偷偷摸摸进行，但世间没有不透风的墙。崇祯十五年(1642)四、五月间，讲和使者奔波于途，反对之声沸反盈天，一些一味以天朝上国自诩的朝臣纷纷上疏说和谈"辱国伤体"，给事中方士亮、倪仁桢、廖国遴等都加入其中。他们不顾实情，火力全开毁谤和谈。为人直爽的吏部尚书谢升在压力之下失言道出实情："皇上的意思是主张议和的，希望你们不要多话。"言官一听大为吃惊，纷纷上书弹劾谢升。谢升罢官而去，崇祯帝大受刺激，更加不敢公开支持和谈。这种情况与甲午战争前"清议派"蛊惑光绪帝的一幕十分相像——都是不顾实情打着"爱国"的旗号煽动言路，至于后果如何？后果他们概不负责。

崇祯帝密使陈新甲与清国当局议和，"手诏往返数十纸"，崇祯帝都告诫陈新甲不要泄漏出去。"清议派"渐渐听到口风，却没有逮到真凭实据。

也是合该出事！这一天，受命参加议和的明兵部职方主事马绍愉从边关发回明清双方议和条件的密函，兵部尚书陈新甲置于案上。陈家家僮误以为一件普通的塘报(军事情报)，随手交给各省驻京办事处传抄，合议之事就此泄露于天下！这下子"清议派"逮到了物证，"言路哗然"。给事中方士亮带头举报陈新甲，崇祯帝认为陈新甲"见卖自己"，恼火极了，先把奏疏压在宫中不下发。过后颁发一道圣旨，严旨切责陈新甲，要他自我解释。

事情大白于天下，陈新甲反而觉得释然。奉旨为朝廷做事还要偷偷摸摸，失败还要背着骂名，他实在觉得憋屈。公开就公开！何况做的这一切都是为国为公、皇帝授意，自己问心无愧——他当时一定是这样想的，于是"回奏中绝不引罪"。崇祯帝更加愤怒，给事中马嘉植添油加醋，崇祯十五年(1642)七月二十九日，将陈新甲下诏狱。

陈新甲上书乞宥，崇祯帝不许。陈新甲试图捐钱买命，给事中廖国遴、杨枝起等都出面营救，首辅周延儒也出面疏救说："国法，敌兵不打到城下，不应杀兵部尚书。"崇祯帝却旧账重提说："别的不说，使我的七位亲王遇害、受辱，不比敌兵打到城下更严重吗？"("他且勿论，戮辱我亲藩七，不甚于薄城耶？")刑部侍郎徐石麒在一旁给皇帝帮腔："人臣无境外交。从来没有身在朝廷、不告君父擅自派出专使的，陈新甲跟敌人求和辱国，又失陷城寨，按律当斩。"于是陈新甲的命运走到了尽头。"九月二十二日，(陈新甲)斩于市"。此时距离明清双方约定的最后签字时间(当年九月)已近在眼前。

崇祯帝在生死存亡之际将"名声"凌驾于国运之上，视自己认可的明清和谈及双方使节辛苦达成的协议如无物，再次将责任推得一干二净，擅杀大臣，草菅人命。陈新甲蒙冤而死,明朝丧失了最后一次通过议和摆脱两线作战的机会。当年九月逾期没有得到明朝答复,清廷以明人毁约为由,加紧展开对吴三桂诱降的攻势,同时大举向明关宁军控制下的关外四城调兵遣将!

王宝山奇捷

皇太极派人轮番招降吴三桂不得。崇祯十五年(1642)十月中旬,就在孔有德、耿仲明引导清军深入鲁南的时候,皇太极命和硕豫亲王多铎率军攻击宁远以图牵制,于是发生了王宝山战役。

据《明清史料》乙编第五本记载,清军兵力强盛势在必得,"视宁远不啻几上肉"。皇太极一声令下,豫亲王多铎、郡王阿达礼指挥八旗铁骑万余踩着初冬的黑土横渡大小凌河,经过长途行军于十一月初四兵临宁远。清军主力五六千人配置于王宝山,两支偏师分别扎营于曹庄、海口(如图),宁远顿时成了一座孤城。

提督诸镇的宁远总兵官吴三桂、宁前兵备道韩昭宣初四集中将领会商对策。此时由于四处征调,宁远只有精兵3000(包括吴三桂20"领骑"),其他守城之兵寥寥且不堪野战。清军有万人之多,宁远形势严峻。

韩昭宣告诫众将,北房来势汹汹,不可懈怠。吴三桂决定:"乘其初至,定计决战,折其骄横",将全军骑兵2000余人分为头队、二队、三队,各赋诱阵、督阵、埋伏、策应、守城之责,步兵、骑兵、炮兵等安置有序。

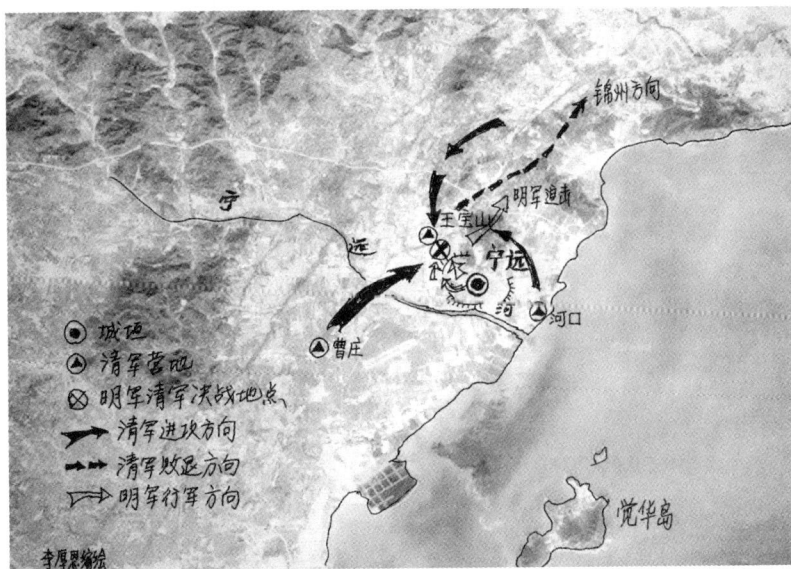

吴三桂、韩昭宣部"王宝山大捷"作战示意图(崇祯十五年十一月初五日)

部署已定,吴三桂再次申明:"敌众我寡,我军如不能以一当十用命死战,难以取胜。"又说:"明日,本镇亲自督战。遵照军令,只要让我发现有一人畏缩怯阵,不问是兵还是官,立斩于阵前,决不徇私纵容。"言辞掷地有声,全场鸦雀无声。想了想吴三桂又告诫:"奴众我寡,非用命死战,以一当十,难以取胜。明日本镇亲自督镇,但有一人逗怯退回者,以遵朝廷节制,并督抚军令,不问官目兵丁,立斩阵前,绝不徇纵。更不许一人下马割级,违者即斩。"任何人不许下马斩敌首级以延误作战。

次日五更将尽,吴三桂全身戎装("环甲督兵出城"),向王宝山清营进兵。骑在马上透过寒雾,远远可以眺望王宝山方向连绵起伏的山头。清军万人分作三路,犯了萨尔浒之战中明军的老毛病。吴三桂决心趁着清军两部偏师与主力合营之前率先击破清军大营,只要大营一破其他两部必然胆落("击其大队,各股自然站立不住")。清军见明军逼近列阵以待,双方队伍相距不到一里开始剑拔弩张,激战即将打响。

吴三桂从战靴拔出一支令箭:"何将军何在?"头队指挥、宁远标营参将何起凤得令率数百铁骑出阵诱敌。清军先头果然出营迎击,接近到一定距离,两支队伍一起勒马停了下来,都想引诱对方先冒进,就此相持着。吴三桂想:敌两支偏师一定在向此地进发,三股合营必将锐不可当,相持下去对我不利。于是示意头队冲阵,以督阵督司韩世骉"飞骑催战",命中军和后营都往前压,这一招奏了效。

明军飞驰涌来,清军也"罄大队飙驰来迎",正中吴三桂下怀,示意炮队开火。清兵更加接近了。双方大小火器几乎同时齐射,阵地前一齐腾起团团青烟。彼此都有骑兵中弹落马,后续骑兵不顾伤亡继续突击。吴三桂见势"贾勇一呼,诸将士迎头即砍",闪着寒光的无数把钢刀激烈地碰到一起,两军霎时砍作一团。

吴三桂拔出第二箭,问:"潘将军何在?"宁远镇标平夷左营参将潘勇昌之兵呼啸而出,冲向清军阵左肋。二队刚刚参战,不出所料,分兵冒进到曹庄、海口的两支清军分队匆匆赶来支援了!眼看清军三部将要"合营"。吴三桂果断地拔出了第三箭,一下子打出了三张王牌:派出了副将"奇兵"、参将"参营"、游击"游营",三队官兵一齐拔营合击将曹庄、海口方向赶来的清军,将他们死死拦在王宝山主阵地之外,使之不能与主力汇合,三股清军与三部关宁兵"俱砍作一堆"。

吴三桂手中还掌握着一张王牌,他从不多的3000精兵中预留了数百精兵为预备队,以锦州祖家的祖进忠将军(职宁远镇标左营副将)及镇标守备赵时振二人指挥。战前的动员果然没有白费。由于"关宁铁骑"训练有素,虽然三队每支人数都远远少于清军,但人人知道不死战别想活命,"用命死战、以一当十",临阵兵力虽少并没有落下风,少量骑兵与远道而来的清军混战一起。

是时候了!吴三桂示意最后一支预备队出击。副将祖进忠得令,400装甲骑兵分两队,每队200多人各由祖进忠、赵时振指挥飞驰而去,两队生力军如同两把钢刀插入清军两肋。"清军四面受敌,遭到箭中、刀砍","纷纷落马,势渐不支"。就在清军即将失利的时候,数十里外门家山后方的清军老营一部——这应是后卫掩护部队,本是用来防止明军抄后路的——听见前方尘土飞扬炮声激烈,派出两股兵,每股大约数百人"从北飞来救应"。毋庸置疑,在吴三桂打出最后一张牌之后,清军手中还握有一张牌,而且机动能力确实强。这两支清兵投入决战,即将取胜的明军形势骤然紧张。"关宁铁骑"以 2000 余人马抗击七八千八旗兵数个时辰已竭尽全力。明军制胜关键在于分兵布阵,继续硬拼下去明军以少击多的劣势就会显现。

"佟将军何在? 步队后劲何在? 火器营何在?"一连串的问号在吴三桂的头脑中快速回旋,他焦急地频频回首注视宁远城,望眼欲穿地寻找预先设伏在近城地带的步兵和重炮兵。千钧一发之际,吴三桂眼前一亮,只见一名明将大汗淋漓带着部下拖着数门大炮钻出了灌木丛,赫然出现在关宁军主将视野中。佟将军就是归属韩昭宣指挥的炮兵专家、抚标中营副将佟师圣。前方军情紧急,韩昭宣和守城的官员商议后,立即下令将佟师圣的千名步炮兵前进支援。他们的出现如同雪中送炭。佟师圣指挥火器营迅疾架起大炮,以杀伤威力大的霰弹向着清军麇集地带开火。大炮首轮发射"中敌中坚",八旗瞬间被炮火打得七零八落、死伤枕藉,活着的不顾炮火猛烈爬起来自动归队,军阵"开而复合"。明营的大炮一刻不停打击清军中营,增援的步营也终于赶到,挥舞着兵器加入砍杀,清军终于支持不下去("阵乱不支"),"个个拉尸跟跄奔溃,向北遁去"。

吴三桂下令追击,官兵奋勇追击 10 里到芹菜沟这个地方,见前方险峻而荒僻,疑遭清军伏击,鸣金收兵,宁远孤城欢声雷动。就这样,崇祯十五年(1642)十一月五日这一天,在宁远以北王宝山地区明军以少击多,以 3000 精兵和野营携炮战法击败了优势清军。

五日当夜,明军侦查员潜伏到清营附近闻到难闻的焚尸味道,发觉八旗兵"回营当夜,嚎哭焚尸","次日拔营遁去"。清军这次失败后不敢如实上报,由启心郎帕帕(翻译官)、高等侍卫喇世塔[努尔哈赤之侄,顺治八年(1651)封辅国公]上奏说"击败"吴三桂,获得骡马装备一宗。根据数天后吴三桂奉旨率其 2800 名官兵入关赴援的情况,对照王宝山战役前吴三桂部 3000 人,由此推断明军伤亡 200 人。而清军遭到吴三桂精锐骑炮兵夹击,大败溃逃伤亡数倍于明人,因此伤亡千人以上。为吴三桂出镇说过好话的巡按御史周卫胤沾沾自喜:我的荐书刚刚上奏不到十天,这小子就打了这样的大胜仗,真是不辜负我的推荐!(《明清史料》乙编、《八旗通志初集》)

早在辽代就有"女真不满万,满万不可敌"之说。此战吴三桂"贾勇一呼,诸将士迎头即砍",砍出了关宁军威风,将多铎麾下一万精锐八旗兵打的"跟跄奔溃",谁说明军不会打野战? 大捷塘报传来,明朝如同被打了一针强心剂,君臣上下交口称赞:"真数十年来,仅见此奇捷也!"

吴三桂虽然击退了辽西来犯,但由于孔有德等绕道蒙古高原东缘南下京畿、河北、山东等地,横冲直撞如入无人之境,残破中原 88 城,并有多名宗室藩王死亡。崇祯帝十分焦急,借故杀了陈新甲,调动关宁军倾巢南下。先是蓟辽总督范志完、总兵官李辅明,又调吴三桂镇戍部 1035 名,最后将刚刚打完王宝山战役的吴三桂连同亲兵 2800 名加上中协副将柏永馥(登州之战功臣、吴三桂战友)所部共 10 营兵力一起调入关内阻击清军。吴三桂等入关后只要对阵就有斩获,对比其他各部战绩十分可观。五月十五日,一贯简朴的崇祯帝破例在武英殿摆下丰盛宴会,宴请功臣吴三桂等。辽东出生的吴三桂十数年间屡建奇功,实现了"仕宦当作执金吾"的心愿。一时他的名字传遍大江南北,就连崇祯宠妃田贵妃之父田弘遇也不得不巴结这位冉冉升起的新星,来帖邀请其赴家宴。而这个宴会注定会给他一个惊喜并影响他的人生。

武英殿①

武英殿匾额

认识陈圆圆

"相见初经田窦家,侯门歌舞出如花。"崇祯十五年(1642)冬,而立之年的吴三桂在宁远城下与清军交手,苏州城却因一桩强夺女子的事情闹得沸沸扬扬,发生了千人上街围攻土豪的民哗。事情起因于一个吴门姑娘被抢。

天生丽质才冠江南的姑娘陈圆圆,被当地大亨窦霍的门客以金钱和暴力强行夺取。这个姑娘的遭遇激起了富有斗争精神的吴门百姓的公愤,"集千人哗",豪强虽横,众怒难犯。在这座具有觉醒意识和斗争精神的城市,上一次这样闹起来还是41年前的万历二十九年(1601),百姓不堪万历帝派来的税监孙隆的敲诈勒索,在葛贤领导下愤而暴动,付出极大代价,最终迫使万历帝撤回内监。

古人所绘陈圆圆像

打狗还要看主人。这一次吴门百姓将陈圆圆抢回藏匿,窦霍觉得丢了门客脸就是丢了自己脸,不惜重金贿赂当局,又用"大言挟诈"百姓说要残害姑娘的亲属,迫使吴门百姓

---

① 武英殿是始建于明代永乐年间的北京故宫建筑群,由武英门、武英殿、敬思殿、凝道殿、焕章殿、恒寿斋、浴德堂诸殿堂以及左右廊房63楹组成。与文华殿相对应,用于政务、仪典、文化活动。现为北京故宫博物院的典籍馆和书画馆的所在地。

不得不将姑娘交出,于是又"羊入虎口"。

跨越千山万水,经历悲欢离合,半年后的崇祯十五年(1642)五月里一天,陈圆圆却奇迹般出现在北京田贵妃之父、左都督田弘遇府邸。这一天田府珍馐杂陈,雅乐响起,嘉宾陶醉,而两年内经历了前任负心、豪强蹂躏、丧母殇痛的陈圆圆正奉左都督田弘遇之命,坐在一位英姿飒爽的男宾面前轻吟低唱。

"轻鬟纤履,绰约凌云,声如歌珠累累,兰馨迸发",这个带着江南淡淡哀怨的姑娘与在场的众多佳丽不同,"容辞娴雅,额秀颐丰",她一出场就引起吴三桂的注意。听着带有明显吴门南戏音调的曲子,征战沙场百死一生的吴三桂恍然产生了"同是天涯沦落人"的复杂感情。再抬头端详发觉竟是惊世之美,仿佛还有泪花挂在眼角。吴三桂"停杯流盼,属意接纳",而姑娘凭着女性敏锐的直觉也发现了这一穿着儒服但浑身盖不住英武之气的男子,其实一直在默默打量她。一曲唱毕她默默退下,留下余音在梁、幽香塞室,让提督总兵官吴三桂魂不守舍。

吴三桂问一脸蜡黄的主人:"田大人,这是谁?"田弘遇说她是陈圆圆,时年 19 岁。

"恸哭六军俱缟素,冲冠一怒为红颜。"吴梅村的《圆圆曲》历久而弥新,说明历尽风霜的国人内心依然珍藏着一个才子佳人之梦。关于陈圆圆的凄美身世,综合《圆圆曲》《圆圆传》等研判如下。

陈圆圆,本姓邢,名沅,字畹芬,约生于明天启三年(1623),江苏武进人。生父邢三是个庄稼人。陈圆圆很小的时候生母就去世了,邢三抚养不了幼小的女儿,就把她送给了常州奔牛镇的姨妈吴

姑苏烟雨

颖。从此,陈圆圆随姨夫陈泰然改姓陈,拜陈泰然为父,从此有了完整而快乐的家。吴颖颇有文化修养,陈泰然是个爱好音律的性情中人,喜欢昆曲到了痴迷的程度,常常召集"数十"善歌者"日夜讴歌不辍",家产耗尽,不得不以货郎为生,终于被人所害(或称瘟疫而死)。父亲死去,家贫无以为生,陈圆圆落身苏州桃花坞,改名"圆圆",既与本名"沅"谐音又取花好月圆之意。陈圆圆继承了吴颖的文学素养,又受到陈泰然爱好昆曲的熏陶,勤奋好学,能诗会画,尤擅长南戏弋阳腔,与名伶顾寿"并名噪一时","声甲天下之声,色甲天下之色。年方十八,隶籍梨园,每一登场,花明雪艳,独出冠时,观者魂断。"

北方动乱对富甲一方的江浙影响不大,昆曲正大行其道。钮琇《觚剩》载:"明崇祯末,流氛日炽,秦、豫之间,关城失守,燕都震动。而大江以南,阻于天堑,民物晏如,方极声色之娱,吴门尤盛。"旧时艺人多劫难,世家豪杰、贵胄公子无不慕陈圆圆之名光顾,刚刚出道的她被纷纭骚扰以致"生无宁日",与冒襄、贡若甫等江南公子有过几段有始无终的恋情,尝过甜头也吃尽苦头,然后被田贵妃之父田弘遇赎买北上。在遇到吴三桂前,她

昆曲剧目"青春版"《牡丹亭》剧照①

的际遇大致可归结为三:冒襄三访,若甫之聘,北上入宫。

一、冒襄三访

据《清史稿·冒襄传》载,冒襄,字辟疆,如皋人。十岁能诗,董其昌为序。一生著述颇丰,风流倜傥过人,其与桐城方以智、宜兴陈贞慧、商丘侯方域,并称"江南四公子"。而他在四子中"最有色情味道"。

冒襄初访。陈圆圆初恋冒襄是在崇祯十四年(1641)春,正置松锦会战吴三桂在锦州乳峰山击溃清军位列"首功"。冒襄与友人泛舟数次,慕名始见。冒襄眼中的陈圆圆"其人淡而韵,盈盈冉冉,衣椒茧时,背顾湘裙,真如孤莺之在烟雾","身口,如云出岫,如珠在盘,令人欲仙欲死"。(冒襄《影梅庵忆语》卷二)为陈圆圆才情迷恋,冒襄不知不觉至"漏下四鼓",风雨忽作,才"牵衣"作别,陈圆圆约公子半月后到光福看梅,依依不舍看着公子泛舟而去。半月后,冒襄公子没有来。

冒襄再访。崇祯十四年(1641)八月,当时松锦会战正在激烈进行,吴三桂等八总兵官在锦州松山陷围随后兵溃。当月,冒襄公子办事回程携母亲路过,再访陈圆圆。陈圆圆刚刚经历一场被恶霸劫掠的浩劫,靠着乡亲相救脱身不久,本应闭门谢客,但一听来者是冒公子立即与之欣然相见,两人互开玩笑,冒襄称她"如芳兰在幽谷",她笑着回敬"子非雨夜舟中访芳豹者也",如胶似漆直到黄昏。自始至终,陈圆圆没有一句责备公子爽约的话。数天煎熬,陈圆圆毅然淡妆到舟,面拜冒襄母"太恭夫人",正式吐露爱慕冒公子之情:"终身可托者,无出君右。"一个17世纪封建社会的女子放下身段主动向男子求婚,不是形势所迫情感所至怎会这样?奈何李自成军破襄阳,冒襄之父正在襄阳为官,公子急于探望乃父,婚嫁之事遂寝。陈圆圆不死心,临别表示"誓待君堂上书"。

冒襄三访。崇祯十五年(1642)春,吴三桂率残军救锦州不得,松山败局已定。孔有德、耿仲明、尚可喜的清军水师出没浪涛屡犯胶东登莱二府。冒襄三过吴门再访旧地,发现人去屋空。几经周折,他在水边找到一座叫作"双成馆"的小楼,陈圆圆在此隐居。冒襄报上名字叩响门扉,很久无人应答。

敲门再三,陈圆圆开门,冒公子一见十分吃惊。半年间物是人非。陈圆圆的母亲吴颖死了,留下一个弟弟"甚憨"。她不幸再一次"被势家所掠",身心经受了极大摧残,以至

---

① 昆曲是京剧的前身,发源于陈圆圆家乡吴门,2001年被联合国教科文组织列为"人类口述和非物质遗产代表作"。"青春版"昆曲《牡丹亭》改编自汤显祖《牡丹亭》,讲述南安太守杜宝女儿杜丽娘梦中与岭南书生柳梦梅幽会后一病不起,两人历经坎坷终成眷属的故事。2004年,由中国台湾作家白先勇主持制作,在世界巡演。陈圆圆属中国早期昆曲名伶。

"危病十有八日",几乎香消玉殒。可能正因为看陈圆圆病得厉害,掠其身的恶霸怕她死在自己手中招致民愤,陈圆圆方得脱身。

《影梅庵忆语》载:

> 姬忆,泪下曰:"曩君屡过余,虽仅一见,余母恒背称君奇秀,为余惜不共君盘桓。今三年矣,余母新死,见君忆母,言犹在耳。今从何处来?"便强起,揭帷帐审视余,且移灯留坐榻上。

这段文字告诉后人,听到冒公子来访,陈圆圆念及旧情,勉强开启门户,只见室内一片狼藉,"药饵满几榻"。陈圆圆卧床不起,"沉吟询何来",态度已经大起变化,她对与冒公子的姻缘已死心。陈圆圆拖着病体"具酒食、饮榻前",以尽地主之谊,"姬辄进酒,屡别屡留",直到冒公子说有要务,互相作别。

陈圆圆不仅色艺双全,而且待人诚恳善良、做事有主见,这一点与柳如是如出一辙。陈圆圆母亲吴颖已将冒襄作为可托付女儿终身之人,昔日陈圆圆以待字闺中之身赴舟向冒襄老母主动求婚应该就是出自吴颖的主意,可惜天不遂人愿。姻缘不成,女儿蒙难,吴颖带着很大遗憾辞世。母亲之愿压在心底,陈圆圆完全没必要编造此话。

陈圆圆最后一次见冒襄,她像老友一样提起这段往事是触景生情,已不再寄翼与冒襄共结连理,所以如此坦然。这段姻缘成空既有个人原因也与社会战乱有关。战乱暂且不提,冒襄一生与之做露水夫妻的有文献可考的女性就有十多位,与他有过恋爱关系的女性陈圆圆只是其中之一。其实人生不如意者十之八九。陈圆圆待冒襄,恰如柳如是待钱谦益,唯其人性解放当然是伟大意义上的思想解放,而柳如是比陈圆圆幸运。尽管明末社会控制有所松动,出现了自由恋爱,但在封建专制大环境下以"秦淮八艳"为代表的江南女子空怀绝世才貌,能修成正果的又有几人?如果没有田家一宴,另一才女马湘兰的悲剧就将是陈圆圆的命运。陈圆圆也许还不如马湘兰。"冒襄三访",陈圆圆以希冀开始,以深深挫败结束,但是她的遭遇还没有结束!

[清]徐扬《姑苏繁华图》①

---

① 《姑苏繁华图》,原名《盛世滋生图》,是宫廷画家徐扬描绘苏州风物的巨幅画作。

桃花坞里桃花庵,桃花庵下桃花仙。桃花仙人种桃树,又摘桃花换酒钱。
酒醒只在花前坐,酒醉还来花下眠。半醒半醉日复日,花落花开年复年。
但愿老死花酒间,不愿鞠躬车马前。车尘马足富者趣,酒盏花枝贫者缘。
若将富贵比贫贱,一在平地一在天。若将花酒比车马,他得驰驱我得闲。
别人笑我忒疯癫,我笑他人看不穿。不见五陵豪杰墓,无花无酒锄作田。

——[明]唐寅《桃花庵歌》

二、若甫之聘

自古红颜多薄命。遗民李介的《天香阁随笔》记载了陈圆圆与冒襄公子三晤永别后的另一变故:贡若甫,乃是浙江金衢道台贡二山(贡修龄,号二山)之子,曾经去金华看望父亲,路过苏州浒墅关,邂逅陈圆圆,喜欢非常,"输三百金赎之",纳为妾。谁知贡若甫领陈圆圆回家,原配不容,贡若甫无如之何。贡若甫之父为人善良,看到陈圆圆进退失据十分同情,并且老人似乎懂得相面,告诫贡若甫说:"此贵人,纵之去,不责赎金。"陈圆圆于是离开了贡若甫家。

作为梨园女子,陈圆圆"以色事人"在所难免。

《十美词纪·陈圆传》载:

陈圆者,女优也。少聪慧,色娟秀,好梳倭堕髻,纤柔婉转,就之如啼。演《西厢》,扮贴旦红娘脚色,体态倾靡,说白便巧,曲尽萧寺当年情绪。常在予家演剧,留连不去。后为田皇亲以二千金酬其母,挈去京师。闻又属之某王,宠冠后宫,入滇南终焉。

浓点啼眉,低梳坠髻,声骤平康。苔翠甤甤,花红锦毯,趁拍舞霓裳。双文遗谱,风流谁解?卿能巧递温凉。香犀挽生绡淡束,几疑不是当场。

星回斗转,芳筵已散,倦馀娇凭牙床。玉版填词,琼箫和曲,粉脂尚黦纱窗。钿车催去,燕台程远,鼓鼙进噪渔阳。风尘老,蛮烟远隔,信音渺茫。(《永遇乐》)

可贵的是,邹枢的《十美词纪·陈圆传》记载了陈圆圆此后的下落:"田皇亲以二千金酬其母,挈去京师。"

三、北上入宫

所谓"田皇亲"就是盛邀吴三桂出席家宴的田妃之父、左都督田弘遇。"二千金酬其母"的"母",不可能是陈圆圆母亲吴颖,而应该是梨园鸨母(吴颖最晚于崇祯十五年春之前去世)。胡介祉《茨村咏史新乐府》称:"崇祯辛巳年,田贵妃父弘遇进香普陀,道过金阊,渔猎声妓,遂挟沅以归。"而《甲申朝事小纪》记载:崇祯十五年(1642)初,田妃病重,田贵妃嘱托其父田弘遇去江南普陀山进香。田弘遇以63岁高龄携千人南下,沿途买掠艳女"数百余"。路上"凡遇到货船客载,掳掠一空","礼币方物,装满数百余船",致使"东南骚动"，"地方有司不敢诘问"。

田弘遇闻听陈圆圆之名，以两千金（一说八百金）赎买陈圆圆携带北进，六月返京。七月，田妃去世田弘遇生病。十月二十七日，田弘遇送陈圆圆入宫，本意是想借陈圆圆代替死去的女儿继续争宠。无奈崇祯帝并非陈后主，他为国事困局宵衣旰食，对女乐不感兴趣，陈圆圆入宫侍君不得，被遣回田府（"上念国事，不甚顾，遂命遣还"），由原来唱"弋阳腔"改为唱昆曲，并担任田府梨园班首。

从崇祯十五年（1642）十一月十八日到崇祯十六年（1643）五月十五日，崇祯帝赐宴武英殿。五个多月间，吴三桂入关阻击清军正在北京附近，而陈圆圆正在北京田家。田弘遇宴请是天赐良缘也是吴三桂见陈圆圆的唯一机会。此后，崇祯十六年（1643）六月到崇祯十七年（1644）三月，吴三桂守宁远，直到关门大战他再也没有机缘迈进京门一步。

还是让我们回到崇祯十六年（1643）五月的那个夜晚……

吴三桂赴田府家宴，酒意微醉，田家以女乐佐斛。酒席上一个个佳丽浓妆艳抹，唯领唱苏州姑娘一身"淡妆"，正如同戴望舒在《雨巷》中所说的："丁香一样的结着愁怨的姑娘"，哀而不伤。吴三桂看了一眼，"不觉其神移心荡也"。（陆次云《圆圆传》）

从田弘遇口中吴三桂确认她就是陈圆圆，"颇以风流自赏"的吴三桂心跳加快。几天前，崇祯帝廷对，吴三桂"慷慨受命以忠贞自许"。崇祯在武英殿宴吴三桂、马科、刘泽清，吴三桂曾"义气形于色，以忠孝自任也"，现在他似乎忘记了几天前对崇祯帝的誓言，竟然当即对田弘遇表示："能以圆圆见赠，吾当保公家先于保国也。"

"保公家先于保国"，这算是什么话？显然与吴三桂身份不符。滕绍箴狠狠批评："所谓'忠孝'，'忠孝'假面具，暴露无遗。"（《三藩史略》上卷）吴三桂"沈鸷多谋"不输周瑜，临阵勇猛不输张飞，而对国家的忠诚却远远不够。但是仔细观察非独吴三桂如此，除了周遇吉、黄得功、曹文诏、曹变蛟等少数将领，崇祯帝倚靠的陈洪范、刘泽清、马科、唐通都是如此。

田弘遇是个老油条，以女儿得隆遇混迹官场，从游击、锦衣卫指挥做到正一品左都督，他却没有带过一天兵打过一次仗。明朝没落与他们这类人有极大关系。田弘遇宴请吴三桂的目的就是一旦

古代武书所绘祖大寿之弟祖大弼①画像

有危险，希望手握精锐的吴三桂能够庇佑他。可是田弘遇对这桩送上门的买卖态度消极——他让陈圆圆以乐佐宴却并没打算把这个尤物送给吴三桂。以 63 岁高龄赴普陀山

---

① 关宁悍将祖大弼在崇祯五年（1632）八月到次年二月收复莱州登州之战中立功晋职，松锦会战失败在锦州随祖大寿降清。

上香,颠簸劳苦加上女儿田妃亡故之哀痛,本人"精血日亏,卧床不起,朝夕难延",而两个儿子正当年,他大约是想留着陈圆圆给他儿子。

田家一遇无果,吴三桂怏怏不快。他率兵过密云过蓟州,又过卢龙出关而去。关山逶迤,历历在望,关山之外就是宁远四城。崇祯帝以战功赐予白银 3000 两,赎买陈圆圆的钱他有,而田家并没有答应他的请求。离京出关奔宁远一路上因心事重重,他面色冷峻极少说话,偶尔仰天长叹,部属不敢多问。

陈圆圆心有灵犀。酒席上,她察觉这位客人不凡,后来得知这位"巨耳隆准,瞻视顾盼,尊严若神"的男子就是提督吴襄之子、祖大寿之甥吴三桂。陈圆圆心中立即觉得相比纨绔子弟,这个男人才是真正可依靠的。但乱世之中人命如转蓬,吴三桂走了没有给她留下一句话,从此,"陈圆圆以不得事吴怏怏也"。

从春暖花开到雪花飘飘,她躲在田府一边刻苦排戏一边暗自垂泪,感叹自己命苦!

以笔墨画饼成人之美是文人乐见。陆次云《圆圆传》等资料编造情节:田弘遇舍不得放走陈圆圆,陈圆圆竟趁敬酒借隋太师杨素侍妾"红拂女"私奔李靖(军事家、唐代元勋)旧事,当面劝田弘遇学习杨素做个大度人,成全她和吴三桂。还说,田弘遇尚在犹豫,吴三桂急呼:"有警!有警!"拉起陈圆圆就走,"择细马驰之去",双双逃之夭夭,留下田弘遇一个人发呆云云。情节编排的形同儿戏。

陆次云《圆圆传》载:

三桂不觉其神移心荡也,遽命解戎服,易轻裘,顾谓畹(田弘遇名畹)曰:"此非所谓圆圆耶?洵足倾人城矣!公宁勿畏而拥此耶?"畹不知所答。命圆圆行酒,圆圆至席,吴语曰:"卿乐甚!"圆圆小语曰:"红拂尚不乐越公,妾不迨越公者耶?"吴颔之。酣饮间,警报踵至,吴似不欲行者,而不得不行。畹前席曰:"设寇至将奈何?"吴遽曰:"能以圆圆见赠,吾当保公家先于保国也!"畹勉许之。吴即命圆圆拜辞畹,择细马驰之去。畹怅然无如何也。

实际上,吴三桂当天宴罢就离开了。不仅离开了田府,而且很快归镇关宁。崇祯十六年(1643)五月,清军正在关外步步紧逼,对四座孤城的攻势很快就要发动,而李自成大顺兵正在陕晋步步压迫。"守不守宁远""迁不迁都",朝臣激烈争论日复一日。而北京一别无论"家"还是"国"都发生了巨大变故,吴三桂、陈圆圆的再见之路千辛万苦!

第六章 离恨天

"三顺王入旗"

　　在日益强大的清国,能不能加入八旗成为衡量汉族归附者地位几何的标准。孔有德自崇祯六年(1633)投靠后金多次提出入旗要求,不得允许。松锦大战胜利结束,沈阳城八面击鼓,孔有德等来时机。

　　崇祯十五年(清崇德七年,1642)八月二十七日,叙"三顺王"、续顺公攻朝鲜、攻皮岛、两次进攻中原、松锦大战四次大功,皇太极谕旨:"恭顺王孔有德、怀顺王耿仲明、智顺王尚可喜、续顺公沈志祥奏请,以所部兵随汉军旗行走,上允其请。"一声令下,孔有德等四支叛变过去的明朝部队改旗易帜。原有旗帜被废弃,八旗军旗迎风飘扬;所有马匹、器物都打上满文烙印,军营内务改为满洲习俗,总兵官改"固山额真",副将(副总兵官)改为左、右梅勒额真,职官不再沿用明制,天佑兵、天助兵番号取消。

　　恭顺王孔有德所部并入汉军正红旗;怀顺王耿仲明所部并入汉军正黄旗;智顺王尚可喜所部并入汉军镶蓝旗;续顺公沈志祥所部并入汉军正白旗。

　　"牛录"是八旗基本单位。当时八旗内共编成汉军102个牛录,每牛录官兵300名,设牛录章京(汉名佐领)一员领之。一个牛录内部混编炮兵、枪兵等火器兵。当时,孔有德等4支汉军共约2万人,除少数(如沈志祥旧部郭光明部队)改编为牛录,多数没有改编,说明汉族官兵成为旗人,身份发生了质的变化,但指挥上依旧拥有相对独立性。

　　努尔哈赤于明万历二十九年(1601)正式在后金军中创四旗制度,四旗为黄旗、白旗、红旗、蓝旗。万历四十二年(1614),因"归服益广"将四旗改为正黄、正白、正红、正蓝,增设镶黄、镶白、镶红、镶蓝四旗,合称"八旗",统率满、蒙、汉军。规定:每300人为一牛录(人数有所变化),设牛录额真一人;五牛录为一甲喇(队),设甲喇额真(参领)一人;五甲喇为一固山,设固山额真(都统、旗主,相当于明总兵官、类今军级)一人,副职一人,称为左右梅勒额真(副都统,相当于明副总兵官)。

清末广州将军统领的广州驻防八旗兵

就在清国蒸蒸日上的时候,满族杰出的军事家、政治家和改革家皇太极积劳成疾,于清崇德八年(1643)八月初九与世长辞。他上台后革除努尔哈赤当政积弊,合理分配资源调解内部矛盾,大力利用汉官吸收汉文化,促进民族融合,整顿军事发展经济。皇太极虽然去世,但"斫大树"理论继续实施,各方面力量也已大大加强。

宁远明长城

吴襄廷对

"以辽人守辽土,以辽土养辽人。"关宁军历经袁崇焕、祖大寿等苦心经营,20多年间以辽西走廊为基地、以中国北方为舞台纵横驰骋在抗清前线。松锦会战失败,主力在锦州城下损失惨重,吴三桂、马科等六总兵官率残部3万退守宁远,"关宁铁骑"的指挥棒传到吴三桂手中。在他手中,关宁军昙花一现地抵抗了空前强大的清军,数次苦战将其挡在关外。但北京却沦陷于农民军之手,关宁军卷入滔滔洪流最终消失在历史长河中……

吴三桂,字长伯,又字月所、硕甫、延陵等,明朝辽东总兵官吴襄次子。吴三桂祖先原籍安徽徽州,迁居江苏高邮。先人"贩马为业"往来辽东内地间,此后流寓锦州。吴三桂祖父从锦州迁居关外前屯卫中后所,即今辽宁绥中。吴三桂称其祖父坟茔在中后所。吴三桂之父吴襄有四子:吴三凤、吴三桂、吴三柜、吴三辅。吴三桂生母佚名,继母是祖大寿"同怀之妹",因此《三藩史略》说他"有一个具有经济头脑的祖父;具有豪门世家的舅舅;头脑灵活、善于钻营的父亲"。资料显示,明末前屯卫中后所土地万亩都属吴家,吴家不折不扣是辽东大地主。吴三桂曾上疏请求留百名官兵种地,还说"庄田历来是靠军丁耕种"。(《吴三桂大传》)松锦大会战失败后,明朝山海关外只留下宁远城、前屯卫、前屯卫中后所、前屯卫中前所四座危城。

宁远城,位于今辽宁兴城老城。古城背倚辽西丘陵,南临渤海,雄踞辽西走廊中部咽喉之地,是辽东地区通往中原的交通要道。辽统和八年(990),始称兴城。明宣德三年(1428),明朝在此设卫建城,赐名"宁远"。城墙高约9米,底部为石砌,上包大青砖,4门中都建有城门楼。兴城古城历来是兵家必争之地。明天启六年(1626)和明天启七年(1627),明守将袁崇焕以不足2万人兵力击败努尔哈赤和皇太极的两次进攻,史称"宁远大捷"。清代称宁远州城。1914年,重新启用兴城之名,沿用至今。

前屯卫城,位于今辽宁绥中前卫镇。乾隆《盛京通志》记载:"前屯卫城,城西南一百三十里,本唐瑞州地

今兴城火车站前广场所立袁崇焕石像

……明洪武乙卯(1375),都指挥曹毅因旧址修土城。周围五里三十步,高三丈五尺。宣德、正统间,备御毕恭等前后包砌。池深一丈,阔二丈,周围六里二百步。门三,东曰崇礼,南曰迎恩,西曰武宁。"明正统年间(1436—1497),全卫兵民1.2万余人,设备御公署、按察兵备分司。驻骑兵3264名,步兵1934名,屯田军600名,煎盐军31名,炒铁军27名,战马2341匹,盔160顶,甲160副,腰刀160把,弓连弦80张,箭4800支,铜将军炮6门,铁将军炮3门,铜口炮8门,佛郎机214门,神枪34支,快枪800支。屯田62454亩,屯粮9300石,草14万捆,盐8.9万斤,铁1.2万余斤。

保存完善的辽宁绥中中前所城

中前所城城墙凸起的军事设施马面

中后所城,位于今辽宁绥中县城,在原广宁前屯卫东50里,全称"中后千户所"。"南襟渤海,北枕大河(六股河),西籍山海雄风,北收鱼盐乐利。"明宣德三年(1428),由总兵巫凯等主持修筑。面积较现存山东雄崖所城略小,城墙高于雄崖所,城高10米,周长2037.8米,城池深3.27米,宽6.54米。有四门,东为润和,西为说泽,南为歌薰,北为宁澜,与卫城互为犄角。

中前所城,位于今辽宁绥中前卫镇,全称"中前千户所"。明宣德三年(1428),前屯卫指挥叶兴在前急水河堡基础上所建。所城砖筑周长1778.6米,四角突出,上建敌楼,有瓮城,东为定远门,西为永望门,南为广定门,北面有石匾,上刻"中前所"三字。至今保存

较好。

吴三桂所部号称明朝"北门锁钥",经整编补充,到崇祯十六年(1643),拥有"精兵四万,辽民七八万"。其中,"夷丁突骑数千,尤悍"。所谓"夷丁"人数3000,大部分是蒙古兵兼少量满洲兵,战斗力很强。总的来说除随军辽民数万(这是潜在的兵员),真正能战官兵4万人。请看下面宁远四城城防力量配置一览表。

崇祯十六年(1643)八月关外宁远四城城防力量配置一览表

城池	今址	指挥官	兵力	其他
宁远卫	辽宁兴城	提督总兵官、团练总兵官、关宁军主将吴三桂	2万余人	配属大量火器
前屯卫	辽宁绥中前卫镇	总兵官李辅明、总兵官袁尚仁	6000余人	不详
中后所	辽宁绥中县城	游击将军吴良弼、都司王国安	4500人	铜将军6门,铁将军3门,铜口炮8门,佛郎机214门,神枪34支,快枪800支
中前所	辽宁绥中前所镇	总兵官黄色	约2000余人	不详

(数据来自《明清史料》《沈馆录》《小腆纪年附考》等)

祖大寿在锦州被俘后,替皇太极致信外甥吴三桂:"若率城来归,定有分茅裂土之封。"吴三桂不为所动。崇祯十六年(1643)正月,祖大寿献策"先取三海关五城",首攻中后所。他对当时已经病重的皇太极说,中后所是吴三桂老家,家眷都在中后所,养老赋闲的吴襄也在此地,打下中后所俘获全家,不愁以孝闻名的吴三桂不来归降。皇太极还没来得及下手,就突发疾病死了。

吴三桂从北京回镇宁远三个月,不时惦记陈圆圆的事情,前方侦探传来让他振奋的消息,据说大清"四王子"死了("四王子"是明人对皇太极的称呼)。九月十四日,他派兵600名驾驶渔船20只前往三岔河打探确切消息。这支明军在三岔河抓了大贝勒代善属下管35个牛录的高级军官大什力(职固山额真)。吴三桂亲审,大什力交代皇太极已死。同时他还交代了清国统治集团为争夺皇位继承权正在激烈内斗。(参看《明清史料》乙编)

吴三桂高兴之余,上报朝廷"胡运将终"。崇祯帝和明廷得到这个消息十分兴奋,看法与吴三桂惊人的一致,都认为"诸孽争立相杀",用间破敌的前景一片光明。崇祯帝和兵部命令吴三桂等宁远镇抚各官乘机进取"不必瞻顾",事成"不靳通侯赏赐"。让他们君臣万万没有想到的是,大清国辅政王济尔哈朗、多尔衮等人内部争论后决定:"你若取得关外四城,即让你坐。"谁率先打下关外四城,谁坐江山。(《明清史料》甲编、《清史列传·贰臣传》)明军还没有下手,刚刚殡葬完皇太极的清军却抢先一步对"关外四城"下手了。

崇祯十六年(1643)九月初九,郑亲王济尔哈朗、多罗武英郡王阿济格释丧服,十一日,率诸王贝勒、"三顺王"、续顺公"告庙"拜堂子,出征。6万大军10天急行军越过辽西走廊,绕过宁远不打,二十四日直抵中后所,据说吴三桂的家眷在此。

二十五日,集中所有红夷炮炮轰方圆三里的中后千户所,弹丸小城地动山摇。降将孔有德、耿仲明、尚可喜、沈志祥、刘之源、祖泽仁等与八旗正蓝旗都统图赖等协力破城,汉族部队被压上打前锋,战斗异常残酷。城破之后,游击吴良弼以下明将20员英勇牺牲,官兵除战死者均被俘,民人万余都成俘虏。

二十七日开始,前屯卫大战。总兵官李辅明率部殊死抵抗,但清军炮火麋集,明军寡不敌众。二十九日城破。两位总兵官李辅明、袁尚仁,祖姓、李姓两位副总兵,韩参将,陶游击等30员将领俱阵亡;4000官兵英勇战死。随后,郑亲王命清军护军统领阿格尼堪、布善等率八旗兵、蒙古兵各一半大约1.5万人,拖重炮薄中前所城,总兵官黄色出逃,城内官兵1000人被俘。

前屯卫中前所瓮城

火炮守卫的中前所西门永宁门

三城残破,剩下宁远一座孤城。济尔哈朗声东击西,派兵一支直取山海关企图吸引吴三桂弃城支援,吴三桂不为所动,声东击西之策失败。于是济尔哈朗只好率军正面进攻宁远。济尔哈朗根本不知道就在十月初他们的大军路过宁远西进的时候,吴三桂率兵出城5里埋伏在清军必经之路上,秘密布设火器,将数十门大炮"列于阵中";同时,在宁远城头布列大炮,与野战阵地的大炮刚好可以覆盖整个中间地带。然后吴三桂率部严阵以待。

十月初九,6万清军以排山倒海之势扑向宁远。崇祯十六年(1643)十月十七日的宁远攻防战是第三次宁远大战。十多年前,袁崇焕就是依托这批徐光启、孙元化、王徵早年购入的大炮两次让后金铩羽而归。现在,大炮又在吴三桂手中再次发威。不知明军阵中实情,清军连下三城气焰万丈,"蜂拥直前"进入伏击圈。吴三桂一声令下明军大炮突然开火,集中齐射"敌阵中坚",开花弹在人群密集区纷纷炸开。郑亲王济尔哈朗大为吃惊勒马后撤,旗兵则"纷纷落马",瞬间死伤累累。清军连忙以随营携带的各式火器与明军对射,试图以骑兵反击夺取明军野外阵地挽回颓势。骑兵刚刚发动,不料背后二三里外的宁远城突然传出滚雷式的轰鸣，城头数十门大炮一起发射，弹丸直透敌阵。郑亲王的数万清军遭到前后夹击。

吴三桂有备而来，战术依旧是袁督师的"野营携炮之法"。激战中，吴部"炮连发不断"中敌要害，关宁城内宁前道韩昭宣等也组织城防炮支援，清军暴露在开阔地带遭到两面夹击。虽然清军这次也是有备而来，配备了很多炮兵的孔有德部更是中坚力量，

有"第三八达岭"之称的辽宁绥中小河口长城①

但在攻打前屯卫、中前所、中后所的战斗中遭到明军激烈抵抗"已有相当消耗"，加上行军中遇到打击，阵地选择也不利于清军，当天在吴部野营炮和韩昭宣城防炮联合打击之下清军不支，"纷纷败阵"，"次日卯时，尽皆开营向东北遁去。"（民国《临榆县志》《明清史料》乙编）

以吴三桂铸造而得名的"定辽大将军"炮
（出自《三藩史略》）

清人这次最大的收获是夺取了关外三城和大量火器。明军实行了坚壁清野，前屯卫城破。清军攻宁远失败，清军"人马饥疲，悄悄无兴"。（《沈馆录》）清军此战损失严重，仅仅前屯卫一战，阵亡137人，负伤失踪倍于此数。中后所、中前所之战，清军以孔有德、耿仲明两部八旗汉兵打前锋，他们的伤亡倍于八旗。对于这场战役，多年后，顺治帝赞扬孔有德、耿仲明、尚可喜说："和硕郑亲王取中后所、前屯卫时，尔率所部兵协攻"，认为他们战功卓著。（《清世祖实录》）但此战清军两个战略目的：尽扫关外四城，奇袭俘获吴三桂家人以逼降吴三桂本人，都没有实现。济尔哈朗的皇帝梦就此破碎。

明军丢了关外四城之三，但在宁远击败清军，是胜是败已经无法论定。战后不久，一道圣旨降临宁远城：原辽东总兵官吴襄提督京军、总理京营戎政，着带所有家眷即日起程。儿子镇守边关，父亲提督京营，这是天大的好事，说明朝廷对吴氏父子莫大的信任。但是明眼人都知道，生性多疑的崇祯帝怎么肯将内外军权一并交给一个外姓家庭？吴襄"提督京营"实际上只是一个虚名。清国出兵宁远意图夺取吴三桂家属，崇祯帝就命吴襄

---

① 小河口长城始建于明洪武十四年（1381），是辽宁境内明长城的主干线，坐落在绥中县永安堡乡西沟村一带雄险陡峭的燕山山脉上，是辽宁省与河北省的分界线。小河口长城用青砖修建，约长8.9千米，至今依旧十分坚固，约有31座敌楼、18座战台、14座烽火台。

全家进京,实际是怕吴襄、吴三桂带家属一起降清。吴三桂带兵死守北疆,吴襄全家进京为人质,这是妇孺皆知的道理,吴襄、吴三桂焉能不知?

年关临近,一个难得的暖和上午。关外数百里宁远老城沉浸在暂时的平静中。临近而立之年的吴三桂飞骑来到宁远旧宅,老父吴襄、继母祖氏正带领全家打点行装预备进京。吴三桂上前问安,父子坐定,先问过家人启程之事,吴襄一一作答,然后父子相对沉默。见吴三桂心事重重,吴襄说:"我儿有话从实道来。"

吴三桂鼓起勇气,说:"慈父赴京,儿有一事相托。"吴襄注视着他一反常态的次子,吴三桂站起身一边鞠躬一边说:"陈姬圆圆,与儿情投意合……"

吴襄忘记了眼前的烦恼,听着次子的倾诉微微笑了,仿佛他也回到了数十年前在辽西走马观花的青春岁月!"营州少年厌原野,狐裘蒙茸猎城下。膺酒千钟不醉人,胡儿十岁能骑马。"吴襄耳边传来树上几声喜鹊的鸣叫。数天后,吴襄连同宁远城内和中后所的所有家眷启程赴京,宁远派出骑兵护送,约在崇祯十七年正月初十吴襄全家搬入北京,这一年就是甲申 1644 年。

相见初经田窦家,侯门歌舞出如花。许将戚里箜篌伎,等取将军油壁车。家本姑苏浣花里,圆圆小字娇罗绮。(吴梅村《圆圆曲》)

从崇祯十六年(1643)十一月十三日兵部下达辽镇旗鼓白含真、原辽镇总兵官吴襄进关之命,到次年正月吴襄举家进京,期间历时两个多月。此前,吴三桂在京偶然见到了江南才姬陈圆圆,当时吴襄家族在京并没有府邸,直到崇祯十七年(1644)正月初十日吴襄全家搬入北京。吴府在京何处?根据《香艳丛书》《清风冷月》《明季北略》可知,吴家府邸原就在北京王府二条胡同。1903 年,改为北京最大的农贸市场东安市场,谢冕在《东安旧话》中曾说:"那时游北京城,可以不去八达岭,不去十三陵,却不能不去东安市场。不到东安市场等于没到北京。"

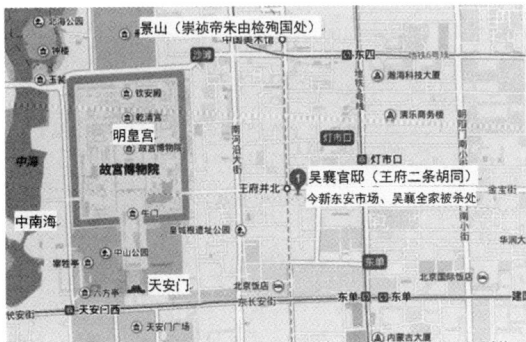

吴家府邸与皇宫、景山位置图①

1955 年的北京东安市场

---

　　①　出吴家西行 800 米就是东安门。

崇祯十七年(1644)正月,"庚寅朔,(北京)大风霾,(中都)凤阳地震",随之"南京地震"。三京齐灾,上天示警,坏消息一个个接踵而至。"是月,张献忠入四川",李自成以50万大军出陕西趋山西,直捣北京。崇祯帝忧甚:"庚子(正月二十六日),李建泰(吏部右侍郎兼东阁大学士)自请措饷治兵讨贼,(上)许之。""乙卯,(上)幸正阳门楼,饯李建泰出师。"(《明史·庄烈帝纪二》)出师不久,李建泰闻听老家山西已破,率部径直投降李自成,还攀上本家。

杀了不作为的周延儒,罢了阴险狡诈的温体仁,启用工部尚书范景文、礼部侍郎丘瑜并兼东阁大学士,预机务,这都为时已晚。总督京营戎政吴襄赋闲在家。京营此时名义上尚有兵10多万。京营戎政之职始设于嘉靖年间(1522—1566),嘉靖帝鉴于京营武备废弛,"诏改京营提督官名,曰总督京营戎政",任命咸宁侯仇鸾为首任总督京营戎政,打破了统兵权与调兵权分离的原则。吴襄名义是有府有印的总督京营戎政,实际既无府也无印,甚至京师的一兵一卒都不归他调遣,他和家人实为人质。吴襄端坐在与皇宫直线距离800米的王府二条胡同家中,峨冠博带,俨然做起了家居翁。不过说吴襄进京一事无成倒是冤枉了他,崇祯十七年(1644)正月吴襄有两件事留在史册:第一事是替子求娶陈圆圆,第二事是廷对。

"打起黄莺儿,莫叫枝上啼。啼时惊妾梦,不得到辽西。"唐代诗人金昌绪抒写儿女之情的诗《春怨》有深刻背景,用它来表达边塞相思苦十分贴切。一月里,皇亲田弘遇卧病不起,自知病入膏肓来日无多,关内外形势严峻,而膝下"幼子零丁",田弘遇已顾不得陈圆圆。他临死只关心一件事情:两个儿子尚未封荫,而他们的姐姐田贵妃撒手人寰。田弘遇上疏崇祯帝期望封荫二子,不果。

皇城四门之东安门①

苟延残喘之际,门人禀报:"辽东旧镇、京营总戎吴襄来访!"田弘遇连忙吩咐迎客,自己却只能在病榻上会客。

60多岁的老将吴襄须发斑白,坐定尚未开口,田弘遇已料到一半——他是为儿子提亲来了。果不其然,吴襄道出实情。这次田弘遇一口应承下来。两家一拍即合,剩下的就是聘礼、媒妁、迎娶日期等细节问题。吴襄登门索陈圆圆,《圆圆传》《平定三逆方略》《明季北略》《小腆纪年》和《明清史料》作了大致相同的记载。《明清史料》记载:崇祯十六年(1643)五月,吴三桂求赎买陈圆圆不得,"乘着其父吴襄入京之机,请父亲到田家将圆圆买回来"。而更早的《小

---

① 东安门位于老北京皇城东墙中间偏南处。

腆纪年》等记录更加详细："吴襄入京,三桂遣人持千金,随襄如田家购买圆圆。"吴襄并不是一个人去的,而是带着媒人一起去的。虽然这次娶的只是吴三桂的"如夫人",但"千姬易求,圆圆难得",吴家对此十分重视。后院田府梨园,歌舞领班陈圆圆正在排戏,突然风闻前堂吴大将军之父吴老将军登门提亲,她心花怒放。

择良辰吉日,吴襄以长者之尊亲携花轿登田府之门迎娶儿妾陈圆圆。北京城的形势已经一日紧似一日,新郎正在遥远的数百里外为一团乱麻的军务操心,大操大办显然不合时宜。毋庸置疑这是一场新郎缺席的简朴迎娶,陈圆圆却毫无怨言,穿好湘罗裙打点行装,拜过田都督,登轿而去……田家则得了吴家千银聘礼。二月初二,田家得旨:长子田敦吉授左都督,继子田吾贤授指挥佥事。数日后,田弘遇一命呜呼!

冥冥之中自有天意。就像私奔的崔莺莺,《柳毅传书》中的龙女,陈圆圆什么都不要,只要跟这个铁血男人在一起!陈圆圆前脚迈进了吴府,吴襄心中一块石头落了地,给吴三桂飞书报喜。数日后信使到达宁远,为"死心""惧心"和"思念心"折磨的吴三桂带去很大的安慰,从此关宁军主将的每一封家书都忘不了问上一句:"陈姬安好?""陈姬可好?""陈姬……"自从父亲全家进京为人质,他一刻也没有忘记吴家的危险处境;现在等待拜堂的"如夫人"也装进了这个"篮子"。无论如何,他觉得在这个乱世之中只要牢牢抓住军权,一切都会安然无恙。

一个王朝的灭亡,如同一个人的死亡,可以是一个漫长的过程,也可以由于某些因素突然加快进程。崇祯十七年(1644)正月,大明京畿处于农民军、清军南北夹击状态。关宁军以"野营携炮法"将清军暂时挡在宁远,而李自成的大顺军除了在榆林和宁武关遇到激烈抵抗,其余一路凯歌猛进如入无人之境。"前有狼后有虎",对于是先防狼还是先打虎,官员意见不一,崇祯帝迟疑不决。当年为捍卫北京,对付清军入侵,北起宁远(今辽宁兴城)南到保定,西起居庸关东到天津,明政府在京郊遍置军镇,纵横不过几百里的范围内,竟设了4都督、6巡抚,配置了8个野战集团军(称"某镇"),加上员额应有12万的京营"三大营"——五军营、三千营和神机营,5.4万守城兵,总兵力30万开外,看上去真是阵营整齐、固若金汤。

四大都督:关内都督、关外都督、昌平都督、保定都督。

六个巡抚(方面军政长官):宁远巡抚、永平巡抚(唐山一代)、顺天巡抚(京城)、保定巡抚、密云巡抚、天津巡抚。

八位总兵官麾下八镇:宁远镇、山海关镇、中协、西协、昌平镇、通州镇、天津镇、保定镇。

到明崇祯年间(1628—1644),这里面多数是空架子,并没有多少实际力量。实际上,自崇祯十四年至崇祯十五年(1641—1642)松锦大会战失败,北京附近除了摇摇即坠的京营,只剩下4支编制稍完整的部队,他们是宁远团练总兵官吴三桂部、辽东巡抚黎玉田部、蓟辽总督王永吉部、居庸关总兵官唐通部。而以上4部真正敢战的只有宁远总兵官吴三桂的4万兵,如果吴部运用得当,明朝不会灭亡得那么快!

崇祯十七年(1644),崇祯帝35岁,吴三桂33岁。从吴襄携全家入京为质,迎陈圆圆过门，再到李自成兵临城下的3个月里，吴三桂一方面牵挂家人生死，又眷恋仅仅见过一面的新娘，还要面对清军不知何时又要降临的军事打击，矛盾重重，度日如年。他盼朝廷放弃宁远调他进京。崇祯十七年(1644)二月初二，宁远总兵官吴三桂与蓟督王永吉、辽抚黎玉田联名合奏："请撤关外四城""谓前后屯失守，宁远孤悬二百里外，四面阻敌，防御极难，且寇氛日迫，三辅震惊。宜撤宁远……"(《庭闻录》卷一)

王、黎、吴并不是最早提出关宁铁骑入卫的人。就在两年前的崇祯十五年(1642)七月，"贼势大坏"，农民军在河南、湖北攻城略地，宗室亲王多被杀害，督师杨嗣昌畏罪自杀。兵部尚书陈新甲提议与清国讲和，"弃关外地、调吴三桂以宁远兵入恃"。崇祯帝内心赞成，但又不愿承担丢失国土的骂名，"既要丢土地，又要挽回面子"(《三藩史略》上卷)，希望由皇太极提出请求，他以一国之君居高临下顺水推舟，"德布告天下"。结果一拖再拖，和谈不成，陈新甲背着黑锅锒铛入狱又被杀害。宁远兵入卫的事也搁浅了。

第二次提议在崇祯十六年(1642)十二月。南京兵部尚书史可法、南京职方郎中万元吉、詹事府詹事掌南京翰林院事姜日广三人联名上疏，"急撤关宁吴三桂，俾随路迎击，可以一胜"。(计六奇《明季南略》卷四)在当年的廷议上，万元吉再次慷慨陈词撤宁远兵入关，无果。

就在吴三桂等联名题奏前，鉴于清军进攻被击退而"流寇"成为迫在眉睫的威胁，蓟辽总督王永吉单独上疏请撤宁远兵，"守关门，选士卒，西扼寇，即京师有警，且夕可援"。他的两全其美之策如下：①撤宁远兵，把守山海关，向西威慑流寇李自成等。②选择士兵加以训练，万一清军来攻，据关门守御；万一流寇来犯，从山海关到北京且夕可至。这个建议也得到了大臣吴麟征的支持，但是依旧没有下文。

吴襄的中军都督府都督、总督京营戎政徒有虚名，但儿子手握全军铁拳，吴襄言行也被世人关注。正月中旬，崇祯帝朱由检召见吴襄，嘉勉寒暄言归正题。《庭闻录》《平寇志》《小腆纪年》《滇事总录》记载他们之间的谈话如下。

帝问："爱卿之子保国之心何如？"

吴襄拱手作答："陛下，臣之子报国之心拳拳矣！"

帝又问："弃地而守关，则何如？"

吴襄十分警惕地回答："祖宗之地，尺寸不可弃。"他们父子承担不起失陷领土的罪名。

崇祯帝敏锐地觉得吴襄这个回答可能并非出自本心，因此他解释："此朕为国家计，非谓卿父子弃地也！"闻听此言，吴襄紧张的神经这才放松下来。

帝又问："贼势甚迫，料卿子方略足以制之乎？"

吴襄如释重负，这正是他想要的，忙说："臣揣贼据秦晋，未必即来，即来亦遣先驱尝我耳。若逆闯自来送死，臣子必生擒之以献。"

吴襄的弦外之音是只有吴三桂才能办贼。吴襄是多么渴望这个大混乱的时刻，一家人能够在一起，他的儿子能够提兵来援。那时，一家老小才有依靠。而此时的吴三桂更加焦虑，屡次上疏崇祯帝，"言切情危"。吏科给事中吴麟征从中看出端倪，上疏提醒皇帝说赶快调动吴三桂撤军入卫，否则明朝极有可能人地两空。

吴麟征说："守边之将，不能让他有畏惧之心，尤其不能让他有求死之心。而我读了吴三桂的上疏，一是感到他的话言切情危，好像有说不出来的苦衷，臣知道他有惧心；二是吴三桂的上疏开始以马首裹尸自任，最后落款为父亲兄弟乞恩，臣知道其有死心。"吴麟征说得很对：边臣有畏惧之心，就会屈膝投降；边臣有求死之心，就会出师未捷身先

边月之清辉

死。吴麟征又说："宁远孤城，其势必弃。今日弃之为弃地，他日弃之为弃人。弃地已不可，弃地兼弃人更不可。吴三桂勇将宜收用，勿委之敌人。今寇旦夕至，若使来捍京师，一举两得。"

崇祯帝同意吴麟征、吴三桂撤兵入卫的意见，但自己不敢承担责任，问内阁首辅陈演、内阁大学士魏藻德的意见。陈演却想：你现在事态紧急就听从王永吉的话撤兵放弃关外，等待秋后可能就会把放弃宁远的罪加到我头上，我不能上当！因此他对皇帝说："一寸山河一寸金。"大兵压境国事糜烂到了这种地步，身为一国首辅却苟且如此！非但如此，满朝文武，支持关宁军撤兵保卫北京的只有大学士范景文、兵部尚书张缙彦、兵部侍郎金之俊、左都御史李邦华、翰林学士倪元璐等寥寥数人，其余文武都噤若寒蝉。而那些口口声声寸土不让的人如陈演、魏藻德之流，最后却在农民军和清军面前最早屈膝投降。

崇祯帝没有办法，降谕陈演等说："弃宁远，守关城，诚属下策，然非得已。"陈演、魏藻德却嘴巴闭得更紧就是不表态。此时，崇祯帝完全应该支持范景文、吴麟征，一锤定音，但他却是拂袖而去。时光滴答作响，数十万怀揣"闯王来了不纳粮"梦想的大兵自太原向着北京日日推进，明朝的一线生机一点点流失，丧钟即将敲响！

周遇吉与宁武关

崇祯十七年(1644)正月一日，拥兵百万的农民军首领李自成建国"大顺"于西安。正月初八，李自成留襄阳守军7万，留西安、潼关等地守军41万，尽起50万大兵伐明。其中，除了大量民夫和"养育兵"，作战部队不下25万，三路分进合击于北京。明朝用于对付闯王的战略反攻力量，已随潼关失守而损失殆尽，沿途抵抗甚微，大顺势如破竹。"关宁铁骑"出身的山西总兵官、辽东锦州人周遇吉被推向家国命运的十字路口。

"将军百战死,壮士十年归。"如黄道周、史可法、张煌言、郑成功、李定国、瞿式耜等人,煌煌然青史留名;如孙传庭、周遇吉、曹文诏等人一度简单被冠以"封建地主阶级的保卫者"而一棍子打死也不妥。

关宁军悍将周遇吉(1600—1644),明末辽西锦州卫人,原名周时纯,原籍南直隶睢宁县凤虎山。为人勇武善射,加入行伍后在辽东抗击后金的作战中极为勇敢,逐渐从士卒提拔为京营游击。京营将领多是官宦子弟,靠家庭背景和裙带关系取得职位,作风比较坏,他们看不起朴实的周遇吉。周遇吉告诫他们:"各位平时为何不勤于操练以抱效国家,而愧对朝廷的俸禄呢?"("公等皆纨绔子,岂足当大敌。何不于无事时练胆勇,为异日用,而徒糜廪禄为?")惹来他们一阵哄笑。

《周遇吉》剧照

崇祯十五年(1642)冬,周遇吉任山西总兵官。赴任后,汰老弱,修兵器,强练兵,勤备战。此时明军主力被抽调去辽东,其余部队顶不住压力,在与农民军的几次关键战役中屡遭惨败,兵力丧失殆尽,失去了作战主动权。第二年冬,山西总兵官周遇吉与山西巡抚蔡懋德得知李自成取道山西向北京推进,加紧布置河防,并向京师求援。但北京已无兵可调,仅象征性地派遣副将熊通率2000士卒来援。周遇吉留下熊通防守黄河,亲自赶赴代州建立阻击阵地。

崇祯十七年(1644)正月二十八,李自成陷平阳(今山西临汾)。平阳守将陈尚智降李自成,又劝降河防副将熊通,并派熊通游说上司周遇吉投降。周遇吉怒斥熊通:"汝统兵两千不去杀贼,为何反而做说客?"挥剑怒斩熊通首级送京。二月初二,李自成攻陷汾州(今山西汾阳)。二月初五,兵临太原。

山西巡抚蔡懋德遣牛勇、王永魁、朱孔训等督兵5000人出战,众寡悬殊一战尽殁。二月初八(一说初七)凌晨,大顺军发动猛烈炮轰,以太原守将张雄做内应从迎泽门破城。看到大顺兵登城,巡抚蔡懋德面北朝拜,说:"吾学道有年,已勘了生死,今日吾致命时也。"部下拥簇其上马出逃,蔡懋德立遽下马说:"诸君欲陷我不忠耶?我当死封疆,诸君自去!"自入三立祠自缢,副总兵应时盛率兵力战,得知蔡懋德死亦拔剑自刎。晋王朱求桂等被生擒,大顺兵开始在晋中大肆杀戮明朝宗室。李自成在太原休整8天,继续沿着晋中河谷北上。二月十六攻陷忻州后,包围了代州(今山西代县),被当时的山西镇总兵周遇吉设计损伤了万余人。周遇吉在代州坚守数天粮尽援绝,随即率军向西突围,退守天险宁武关。

李自成攻宁武关

山西巡抚蔡懋德像

　　今天有人问既然宁武关如此难打,为什么李自成不从代州直取平型关北进,而要返身攻打背后的宁武关?请看这幅《晋西北地理形势图》。如果李自成不拿下周遇吉据守的宁武关而北进,他就会遭到宁武关和大同方向守军的侧击,交通线随时就会被断绝。

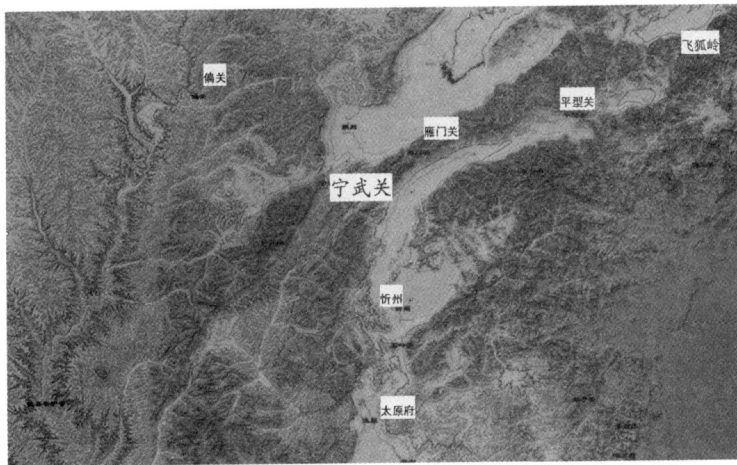

晋西北地理形势图①

　　"万里烽烟接地阍,三关遗恨见忠魂",空前残酷的宁武关血战就此开启。宁武关位于山西中部,传说由凤凰所变故别名"凤凰城"。这里是由太原北上大同的交通要道。明景泰年间(1450—1457),建筑关城,与偏关、雁门关一起成为防御鞑靼骑兵的山西三关之一,战略地位极为重要。代州之战后明军山西总兵官周遇吉之兵剩下不足万人,无论如何备战他都无法与50万大军相抗衡。

　　宁武关地势险要,农民军志在必得,战役中双方打得相当惨烈。农民军因为明军火

---

　　① 从上到下依次为偏关、朔州、雁门关、平型关、宁武关、忻州、石岭关、太原、晋中。其中,偏关、宁武关、雁门关对北正面形成三足鼎立的掎角之势。

炮猛烈轰击伤亡较重,曾以"五日不降者屠其城"迫使其投降。明军火药即将耗尽的时候,一些将领也曾劝说周遇吉改变策略不要一味硬拼,但被"一军皆忠义"的周遇吉断然拒绝。于是在城内设伏,出弱卒诱敌入城歼灭。

由于周遇吉顽强抵抗,李自成一度准备"还秦休息,以图后举",但手下将领们因为吃了大亏一再坚持,于是决定不计伤亡发起总攻。大顺农民军前队战死,后队马上跟进顶替,在火炮轰击下,关城不断坍塌,农民军终于破关。周遇吉继续指挥巷战,从战马上摔下来后又徒步奋战不止,在身中数箭被农民军生擒后,仍然破口大骂。《明史·周遇吉传》记载:"遇吉巷战,马蹶,徒步跳荡,手格杀数十人。身被矢如猬,竟为贼执,大骂不屈。贼悬之高竿,丛射杀之,复脔其肉。城中士民感遇吉忠义,巷战杀贼,不可胜计。其舍中儿,先从遇吉出斗,死亡略尽。"

城破之后,5000守军无一投降。其中,来自山东鳌山卫雄崖守御千户所(在莱州府即墨县境内)屯田正千户、武德将军王氏家族的王之仕、王之贤等29名成兵一战而尽。农民军"遂屠宁武,婴幼不遗"。(《雄崖所王氏族谱》《明季北略》)

硝烟散尽100多年,清人陆刚出任宁武关附近的偏关县知县,到宁武关挥笔题诗《谒周忠武墓》:

> 万里烽烟接地阃,三关遗恨见忠魂。勤王援绝孤臣泪,报国身惭圣主恩。
> 焰起楼台昏日月,芒寒幕府傲乾坤。同仇气并山河老,绛节云旗绕墓门。

今天在宁武关有两处周墓。

其一是周家墓。周家墓在今宁武县人民大街(原七百户)西口,粮食局院内。基高3米,东西宽10米,南北长13米。黄土堆积而成,表面砖砌。墓前有碑一通,周遇吉尽节墓。关城失陷当日,周母、周妻一面组织全家以飞箭抵御,一面动手纵火焚烧总兵府,阖家葬身火海,她们死后应是就地掩埋在此。

其二是栖凤公园内的周遇吉墓。

宁武火车站广场的周遇吉雕像

宁武县栖凤公园周遇吉墓

宁武县内原有周遇吉祠堂和忠武庙,因福王朱由崧在南京即位后追封周遇吉为太保,谥"忠武"。根据宁武文史资料显示,今县城东北郊大河堡村外(今大宁铸造厂院内)是原关城东门,为周遇吉与义军激战处,原有 3.5 米高土冢一座,碑四通,周遇吉被害后就埋葬于此。到了清代,宁武官吏为避免墓葬遭河水冲刷,将墓迁移到县城东郊二里处。墓冢为黄土堆积而成,表面青砖铺砌,顶部浑圆,墓前有红砂碑一通。1997 年,周遇吉墓迁移于栖凤公园内,发掘得到周遇吉遗骸。经过医学专家鉴定,周遇吉后脑有严重的刀伤裂痕,说明生命最后一刻颅脑遭到了刀削器重击。墓内陪葬物极少,从骨骼丈量可知周遇吉身高在 1.65 米以上。时光荏苒,世事沧桑,当地百姓从来没有忘记这个锦州人。这里世代流传京韵大鼓《宁武关》,而雄崖所王氏后人每当听闻这出戏都会掩面流涕而退。

宁武关一战,大顺损兵折将。二月二十九日,就在李自成以部下伤亡惨重犹豫不前之时,明镇朔将军大同总兵姜瓖遣使来降。李自成仰天大笑,奋其余勇。三月一日,大顺兵入大同,代王朱传𤈷、永庆王朱蕭钰及巡抚卫景瑗皆死。

宁武鼓楼①

民国时代的京韵大鼓《宁武关》剧照

李自成进入大同镇当天,昌平明军兵变,"京师戒严",九门全部关闭。三月四日,崇祯帝"诏天下勤王。命廷臣上战守事宜",又命襄城伯李国桢"提督城守"。数日后,又改以太监王承恩"提督城守",似乎"提督京营戎政"吴襄从来就不存在。

三月八日,大顺兵入阳和镇,明军副将姜瑄(姜瓖弟)、兵备道于重华望风而降。当天,崇祯帝派遣的援军前锋抵达距京师不到 400 里的"锁钥所寄"宣府(今河北张家口宣化区),并发御前银 3 万两犒军。三月九日,宣府巡抚朱之冯召集诸将于城楼,设置太祖武皇帝牌位,歃血为盟,誓死一战。如果部署得当,将士用命,至少可以阻挡一下大顺兵的进军步伐,为各路援军勤王赢得宝贵时间——尽管太迟。就在 4 天前的三月初五,宦官谢文举已经携诏书疾驰檄调王永吉吴三桂入卫。恰恰就在宣府巡抚朱之冯紧锣密鼓部署作战时,宣府监军、被崇祯帝一贯信任的太监杜勋却身穿蟒袍玉带,郊迎闯王于 30 里外;总兵官王承胤、白广恩也早已向大顺暗送秋波。大顺兵临宣府,朱之冯命令官兵发

___
① 宁武城为原宁武守御千户所城。

炮,左右官兵面面相觑无有应者。朱之冯愤然要亲自点火,有人从后面掣其肘,朱之冯长叹:"人心离散,一至于此!"写完遗书自缢而死,宣府要塞随即陷落……

面对八达岭天险,李自成久攻不下并中箭伤。就在他沮丧不已时,当地老农献计:八达岭天堑之西有一平行山谷,山上守军不多,如果一举拿下,则可攻占八达岭以西的石硖口,然后绕过八达岭而直取居庸关。李自成听后大喜,不顾箭伤,下令全军越过陈家堡,攻占石硖口,突破了明军的最后一道防线,大顺兵不血刃过柳沟。三月十四日,兵次居庸关,总兵官唐通(松山逃阵总兵之一)开门迎降。十六日,突入京畿昌平,总兵官李守镕殉难。十七日,大顺兵分东西两路直扑北京东城和西直门……

从吴襄进京短短3个月天翻地覆,北方究竟发生了什么。"鼎湖当日弃人间,破敌收京下玉关。恸哭六军俱缟素,冲冠一怒为红颜。"(吴梅村《圆圆曲》)历史真的能用一介武夫"冲冠一怒"来解释? 手握能战之兵的吴三桂、刘泽清、陈洪范、刘良佐此刻都去了哪里?

八达岭陈家堡长城

明代雕龙石碑首(现存中国国家博物馆)

大顺兵临城下之前,明廷并没有坐以待毙,而是做出种种努力:太子监国,迁都南京,宦官出镇,李建泰出征,撤关入卫。左都御史李邦华、右庶子李明睿请南迁及太子抚军江南,皆不许。"太子南下监国之议""迁都南京之议"因崇祯帝不积极而罢,等到兵临城下,想要落实为时已晚。"宦官出镇""建泰出征"则简直就是两出闹剧! 前者激起了的前线官兵极大反感,促进了前来勤王的总兵官唐通倒戈;后者不仅没有奇效,反而进一步加速了不可避免的灭亡。

二月初八,太原失守,崇祯帝颁下"罪己诏";三月初八,宣府沦陷,再颁"罪己诏"。奈何国运耗尽,民心尽失,奉诏南巡暗中为迁都准备的大臣、登州府莱阳人左懋第一路看到大地满目疮痍痛心疾首,上疏:"自静海抵临清,见人民饥死者三,疫死者三,为盗者四。米石银二十四两,人死取以食,惟圣明垂念。"(《明史·左懋第传》)"接闯王、不纳粮"正是被天灾和三饷加派搞得倾家荡产的百姓所希望的。久苦于"三饷加派"的百姓,只要不纳粮,管他是"草上飞""云里飞",遑论"李闯王""牛魔王",老百姓都是欢迎的。而李自成进兵途中采纳了李岩的建议,沿路以军纪好的李岩部为宣传队,高呼"吃他娘,喝他娘,开开大门迎闯王,闯王来了不纳粮!"

自左至右为李自成、高一功、刘宗敏
(出自《李自成》,上海人民美术出版社,1978年)

民心是水,水能载舟亦能覆舟。大顺兵在北进途中执行了良好的纪律,只要不予抵抗"一路不杀不劫,平买平卖",以至沿路披靡而降,真正的抵抗寥寥无几。正月二十六日,大学士李建泰自告奋勇督师,崇祯帝以"国朝未有之礼",饯行正阳门亲自敬酒三杯,赐龙节、尚方剑,告诫:"先生此去,如朕亲行。"恩隆亘古未有,却没有军饷可发。李建泰临时募兵,行至河间,"有兵万人",沿途求食形同乞丐。行到涿州,逃散士卒3000人。继续前行,断粮,官兵饥肠辘辘,李建泰本人"三日只得饭一餐"。

李建泰到达一县城,县城四门紧闭。李建泰遣人喊话,守城县令问:"汝为大明乎?为大顺乎?"

如果如实回答是大明兵,将其拒之门外,没有饭吃;如果冒充大顺兵,将"设食甚丰盛,饱餐而去"。广宗、定兴、保定府……无不如此。这也是明军军纪荡然的恶果。吃了多次闭门羹李建泰学乖了。这次到了东光县(今属河北沧州),他以数十骑打着闯王旗号,说着江湖黑话薄城招县令喊话,果然城门大开。东光县令缙绅迎接引导,酒食丰盛。吃饱喝足后,李建泰抽出尚方剑将县令缙绅10余人当场斩杀。

大势已倾,积习难挽。"在廷则门户纠纷,疆场则将骄卒惰。"崇祯帝在位17年,面对天下汹汹,心情悲凉。他在《罪己诏》中承认:"数年以来,练兵措饷,俱成乖忤,物力耗竭已尽,人心离散已极。"又哀叹:"愚民幸灾乐祸,俱言李公子至,贫人给银五两,往往如望岁焉!"意为民众被愚弄,盼李岩军就像盼望过年。

出逃南京?他觉得可耻。让16岁的太子朱慈烺监国?他说:"哥儿们孩子家,做得甚事?"唯一可行的救命稻草就是吴三桂麾下最精锐的"关宁铁骑",应该马上调动这4万精锐入卫。可是关键时刻吴三桂会从命吗?

"关宁铁骑"入卫

自有辽事,所用人鲜能有胜任者。当时所望成功,惟熊廷弼、袁崇焕、孙承宗为庶几;而武臣如刘綎、杜松、满桂、祖大寿、吴三桂,其最著也。

——夏允彝《幸存录》

燕山之春

　　烽火连三月。崇祯十七年(1644)春,大顺步步逼近,北京风声鹤唳。此时,明朝兵力"尚有百万之众",勤王首推吴三桂、左良玉、唐通、黄得功、刘泽清五部,他们多数出身关宁。崇祯帝急封宁远总兵官吴三桂为平西伯,平贼将军左良玉为宁南伯,密云总兵官唐通为定西伯,凤庐总兵官黄得功为靖南伯,临清总兵官刘泽清晋升一级;后又以"临青(清)近地可虑",封刘泽清为东平伯。其时吴三桂部、唐通部在京北,左良玉部在湖北,黄得功部在安徽,刘泽清部在鲁冀豫交界。三月初六,太监奉诏檄调五军入援京师,京人闻声,都说晚了,但对"关宁铁骑"还是暗存厚望。

　　皇室贵胄、满朝文武和黎民百姓百万人天天翘首期盼。10天后的三月十七日,城门关闭,交通断绝,一支军队瞬间开到城下,城坊盛传"吴三桂兵至",仔细一看原来是大顺兵,京人失望之心难以言表!明朝大将哪里去了?

　　一看刘泽清。刘泽清(？—1649),字鹤洲,兖州府曹县人,"少为家奴","素无赖",在乡里混不下去,出走充任曹州治安部队弓箭兵,又从地方兵抽调为辽东边兵。刘泽清乱世从军,无法无天的个性与大混乱时代结合的天衣无缝,在辽东累升宁远、前屯卫守备,又升山东都司金书,加参将。孔有德发动登莱兵变,他以山东团练总兵官率部平叛,途中逗留不进。后在朱大典严令下参与平度、黄县、招远、登州诸战立功,晋山东总兵官。

　　刘泽清为人"阴狠惨毒,睚眦必报"。平时在军中豢养两凶猿,指使"两猿当众袭杀他人,剜心取脑,和酒而食","颜色自若"。他虽然狡诈凶顽却贪图名声,召集诸生为其歌功颂德。崇祯十一年(1638),清军入寇山东,破济南,他收取清兵10万两银子的贿赂而拥兵不战,每天"八轿逍遥"跟在清军后向朝廷报信。崇祯十三年(1640)五月,山东曹州、濮州饥荒后灾民起义,命他与总兵官杨御蕃一起前往剿捕,他不出力被降职守山东海防。他不喜欢海防这项枯燥的工作,口口声声在山东待得太久,后被调到临清援剿。

　　他为官为将不学无术,"将略无所长","惟声色货利是好",很会拉关系。崇祯十四年(1641)二月,周延儒入阁,从家乡宜兴北上,刘泽清深知周延儒"贪鄙",乘机钻营。计算行程从临清赶到扬州,邀请周延儒自水路北上送银两万,并拍着胸脯保证首辅安全。周延儒八月进京,刘泽清果然重新起用为山东总兵官。

刘泽清虐民且报复心极强。《明季南略》记载:"各镇分队于村落打粮,刘泽清尤狠,扫掠民间几尽。"《明史·刘泽清传》载:"命(刘泽清)赴保定剿贼,不从,日大掠临清。率兵南下,所至焚劫一空。寇氛日急,给事中韩如愈、马嘉植皆谋奉使南归。如愈常劾泽清,过东昌,泽清遣人杀之于道,无敢上闻者。京师陷,泽清走南都,福王以为诸镇之一,封东平伯,驻庐州……都御史刘宗周劾诸将跋扈状,泽清遂两疏劾宗周,且曰:'上若诛宗周,臣即卸职。'朝廷不得已,温诏解之。又请禁巡按不得拿访追赃,请法司严缉故总督侯恂及其子方域,朝廷皆曲意从之。"刘泽清这样一个人品低劣的人怎会为国卖命?

二看左良玉。左良玉颇有武功,但骄横难制,《明史·左良玉传》称其"缓则养寇以贻忧,急则弃甲以致溃"。左良玉是山东临清人,生年不详,早年从军辽东。其人"长身赪面,骁勇,善左右射。目不知书,多智谋。"安抚士卒得其欢心,士卒用命,因此"战辄有功",累升车右营都司。崇祯元年(1628),爆发宁远兵变,左良玉被牵连削职返乡。后因辽东战事紧急又被召回部队。跟着游击曹文诏恢复遵化等四城有功,得到马世龙、侯恂提拔。后从曹文诏调入内地镇压农民军屡立战功,部队不断扩大,官至平贼将军、太子少保。但他自恃功高日益骄横不听指挥,跟他合作的领导熊文灿、杨嗣昌多受他欺负。后来到了南明时期,他号称以80万大军承担江防重任,却不顾抗清大局悍然发动内战,加速了南明南京政权倒台,那是后话。

到崇祯十六年(1643),左良玉拥兵10万,可谓兵力雄厚(真正的能战之兵大约5万),却不敢正面与李自成交锋。等待李自成撤退后,进驻武昌。崇祯十六年(1644)三月,诏封南宁侯,敕命勤王,他却按兵不动。此时的左良玉,俨然成为一个"勇于虐民、怯于迎敌"的军阀,对危局置若罔闻,何况京师距离湖北还有数千里。

三看黄得功。黄得功堪称一名忠勇双全的武将,《明史·黄得功传》将其与周遇吉、曹文诏三人并列,称三人者"秉骁猛之资,所向摧败,皆所称万人敌",而生不逢时,导致"大命既倾,良将颠踬","忠勇最著,死事亦最烈"。

黄得功(? —1645),号虎山,祖上安徽合肥,后来家族徙居辽东开原卫(今辽宁开原)。"少负奇气,胆略过人。"出身"关宁铁骑",历官守备、参将、京营副总兵官、凤庐总兵官,加封靖南伯。黄得功忠义豪爽,12岁那年把家酿的一坛熟酒"窃饮至尽",母亲批评,他笑嘻嘻地说:"不就是一坛子酒吗? 赔偿你很容易的。"后来当兵斩敌中赏银50两,他兴冲冲拿回家说:"母亲! 孩儿不争气,就拿这点小钱赔偿您的好酒吧!"其质朴风趣可见一斑。很多年后,清兵南渡,在安徽繁昌的那个苍茫之夜,伤痕累累的黄得功提刀护着弘光帝朱由崧激战荻港,后悲壮牺牲,令后世感慨!

黄部驻守在北京数千里外,他的兵大多是步兵,让他和左良玉两部长途赴援确实太晚了。刘泽清部在京南800里不救,松山逃阵的总兵官唐通倒是真的从居庸关带兵来了。

宽阔的居庸关城门洞

居庸关云台石雕天王像

元朝萨都剌①的《过居庸关》：

> 居庸关，关苍苍，关南暑多关北凉。
> 天门晓开虎豹卧，石鼓昼击云雷张。
> 关门铸铁半空倚，古来几多壮士死。
> 草根白骨弃不收，冷雨阴风泣山鬼。
> 道旁老翁八十余，短衣白发扶犁锄。
> 路人立马问前事，犹能历历言丘墟。
> 夜来芟豆得戈铁，雨蚀风吹半棱折。
> 铁腥惟带土花青，犹是将军战时血。
> 前年又复铁作门，貔貅万灶如云屯。
> 生者有功挂玉印，死者谁复招孤魂？
> 居庸关，何峥嵘！
> 上天胡不呼云丁，驱之海外消甲兵？
> 男耕女织天下平，千古万古无战争。

　　诗中先描绘了居庸关的险峻悲凉，继之通过老翁口述回顾古来此地频繁进行的残酷战争，引发出作者"男耕女织天下平，千古万古无战争"的人道主义情志。

　　四看唐通。蓟镇西协总兵官唐通驻居庸关，封为定西伯，紧急关头带着"勤王之兵"出现在京城下。暂不提他被列入《贰臣传》，且不说他在《甲申三百年祭》中被点名，此时唐通能够应诏而至已属难能可贵。

　　唐通，陕西人，明末重要将领。《清史列传·贰臣传》记载了唐通生平。崇祯七年（1634），任榆林守备，从总督陈奇瑜征剿张献忠于郧阳。不久，迁汉中游击。历宣府副

---

　　① 萨都剌(1272—1355)，元代诗人，字天锡，号直斋。先世回族答失蛮氏，雁门（今山西代县）人，官至燕南河北道肃政廉访司经历。"诗才清丽，名冠一时"，间有豪迈雄健之作。著有《雁门集》等。

将、密云总兵官。崇祯十四年(1641),清军围攻锦州,督师洪承畴领 13 万人援救,唐通屡败屡战。松山兵溃,唐通逃回。次年,松山失陷,唐通被贬官但仍镇密云。清军南下中原,破八十八城,唐通尾随其后不敢战。清军撤退,唐通与白广恩合兵截击于螺山,大败。崇祯十六年(1643),大学士吴甡往武昌剿张献忠,留下密云总兵官唐通协防京营,改蓟镇中协总兵官。清军入侵宁远,唐通来救,与吴三桂力战保住宁远。同年,改任西协总兵官。崇祯帝廷召,"称卿而不名,赐蟒服、玉带"。崇祯十七年(1644),唐通封定西伯,与吴三桂、左良玉、黄得功、刘泽清一起征召勤王。唐通接到奉诏之后,最初比较积极入卫,率领本军官兵 8082 名进驻京师齐化门(彰义门)外。

听说唐通入卫,崇祯帝很高兴,毕竟还是有听话的将军!唐通觐见,帝慰劳备至,赏白银 4000 两犒军,唐通表示要"捐躯报效"。(《小腆纪年》卷三)

可是事情仅仅过了一天,一道圣旨让情况大起变化。太监前来传旨:"命中官杜之轶监唐通镇军。"唐通一听十分反感,说:"皇上以大帅之礼对待我,让我镇守北京城却又用宦官监视我,难道我不如一个奴才?"上疏说,北京城地势开阔,敌人薄城则"众寡不敌",不如"设险以待"去守居庸关,还说自己"拜疏即行,不俟朝命",竟引本部扬长而去!

五军檄调主将封伯,其中四人都指望不上,现在就剩下吴三桂的关宁军……

1644 年,无论东方西方都可谓决定命运走向的一年。在不列颠岛,克伦威尔指挥的英国国会军于 7 月 2 日在马斯顿荒原一举击溃王军,导致 5 年后斯图亚特王朝的查理一世走上了断头台。万里之遥的中国,这一年史书上有 4 个年号纪年——明朝崇祯十七年、大顺永昌元年、大清顺治元年,以及大西朝大顺元年,各种军事政治人物就在四大力量间走马灯般投机。关键时刻往往有人被当作救命稻草寄予厚望。

从拉响战斗警报到兵临城下足足有四个月,崇祯帝和明廷本有机会弃城而走,为何最终与城俱亡?

一说崇祯帝顾及帝国尊严:"祖宗辛苦百战,定鼎此土,贼至而去,何以责乡绅士民之守城者。"一说爱惜十二陵寝和民众生命。二月二十六日,崇祯帝说:"……且朕,一人独去,如宗庙社稷何?如十二陵寝何?如京师百万生灵何?"一说首辅陈演不肯担责。崇祯帝是个别人不搭梯子他不下的主,内心渴望南迁却又必须"待举朝固请而许"。他所用的主要助手陈演、魏藻德等无不老奸巨猾,他们只为身家性命算计,根本不给他搭这样的梯子。一说路途兵阻。大顺南路军刘芳亮部进兵太快,他们的主力右翼一路进兵河南、山东,早春二月就占领了河南滑县,迫近济宁,从北京南下之路因此断绝。换个角度说,明军京南一线的防御垮得太快了……

除去以上种种说法,笔者认为不能忽视的一个重要原因在于明人对关宁军寄予厚望。崇祯二年(1629)"己巳之变"、崇祯四年到崇祯六年(1631—1633)"登莱兵变"都是在关宁军出现后才取得了胜利;"松山兵败"后,吴三桂照样在崇祯十五年(1642)取得王宝山奇捷,击退了来犯清军。关宁兵不是一次充当救火队员了,唐通、刘泽清、左良玉等几支部队指望不上,现在就看京东 800 里的吴三桂如何勤王。

一、拔营入援

宦官谢文举携加封和勤王两诏书自北京出发,约在三月八日即达宁远。总督王永吉、提督总兵官吴三桂听完诏书都颇为震惊,形势已经清清楚楚。关宁军现在面临的问题已不是"守不守关外"的问题,而是社稷存亡问题,是必须撤军挽救帝都的问题。

对比崇祯二年(1629)北京有警,袁崇焕率关宁军几天内就出现在北京广渠门外,并且挥剑高呼鼓励将士。朝廷怀疑后金与袁崇焕有密约,山海关副总兵刘文郁提醒袁崇焕:"督师,朝廷怀疑我们了,不能再前进了!""苟以国家生死以,岂因祸福避趋之",袁崇焕不顾忌个人安危下令继续前进。以《临刑口占》为证,他临死信念也没有动摇、后悔。

吴梅村批评吴三桂:"不以君亲来故国";郭沫若直呼:"吴三桂那样标准的机会主义者"(《甲申三百年祭》);20世纪还有人呼吁:"把民族败类吴三桂永远钉在了耻辱柱上。"(《吴梅村全传·序言》)其实其父吴襄以及还没有拜堂新妾陈圆圆一门30余口都在京,吴三桂比谁都焦急。对历史人物功则功之、过则过之,需要结合当时背景实事求是地看待。

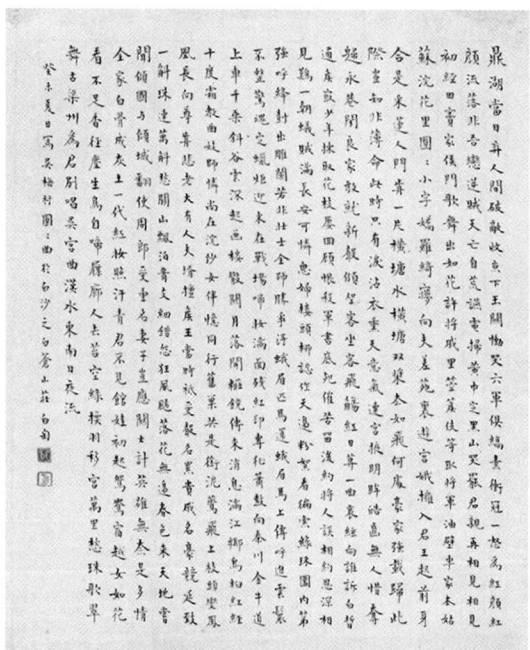

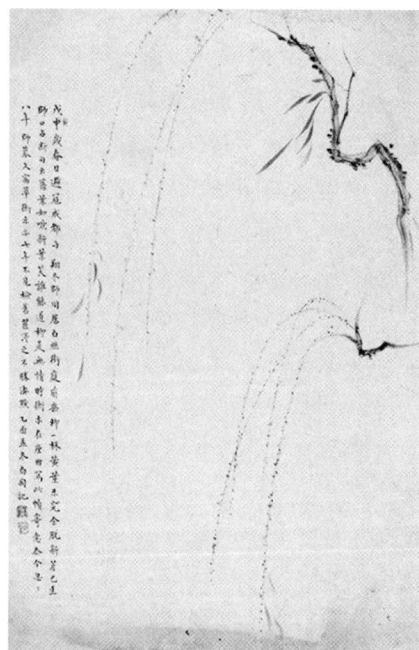

台静农旧藏吴白匋[1]楷书吴梅村《圆圆曲》

时光流逝,很多年后吴三桂提兵在秦岭山地汉中沟渠追逐李自成残部,戎马倥偬之际他却收到抄寄的一首流行长诗《圆圆曲》。往事如烟,又过了十几年,清平西亲王吴三桂坐在云岭滇池边,与友人聊起往事,他解释:"不以君亲来故国"是对我的冤枉,至于"冲

---

[1] 吴白匋(1906—1992),本名征铸,字白匋,扬州著名藏书家,扬州"吴氏四杰"之一。

冠一怒为红颜"更是污蔑。他活着的时候肯定要反复解释，不是对布衣黎民而是对达官贵人。除了父亲吴襄死前听到这番解释，还有陈圆圆、胡国柱、吴应麒、王辅臣……许许多多的人都听到了他的说辞。

根据正史记载，结合孟森、顾诚、滕绍箴、李治亭、阎崇年等的研究成果，崇祯十七年（1644）三月八日后的关宁城，接到撤兵入卫之旨后吴三桂和蓟辽总督王永吉基于对形势的判断采取了下列行动：①"奉诏入援，兵五万人，号称十五万"；②王永吉带一部先行；③吴三桂本人则不急不慢，携带全军精锐、武器辎重和 50 万老百姓一起

宁远古城的蓟辽督师府①

大搬家。《三潘史略》载："迁延不急行，简阅步骑，携挈人民，迁徙五十万众，日行数十里，十六日次山海关。"从宁远到山海关才 240 里，他们走了十来天，每天行进速度二三十里。考虑到军民、辎重混杂，"不是同一天出发，是水陆两途陆续出发"，"仅仅用了 10 到 11 天，竟能迁徙 50 万众，携家带口，谈何容易"。这么说，吴三桂的行进速度不算太慢。

有迹象显示，宁远明军精锐留作后卫掩护民众最后出发，时间约在三月十二日。宁远军民撤退留下一座空城，这时清军才觉有异。三月十六日，防守锦州的清朝镇国公艾度礼拦截了从南方而来的零星明朝民众，得知"宁远一代人心震恐，闻风而遁"，于是清廷下令备战中原，"整修军器，储糗（马料）秩马，俟四月初旬，大举进讨。"

三月十六日，关宁军前锋推进到山海关。这时，李自成大顺军前锋已突进北京西郊，山海关距北京还有 600 里，此时入卫已经晚了。如果如 15 年前的袁崇焕一样以急行军入关，吴三桂最少可以抢在李自成两天前赶到北京城下，鹿死谁手尚难定论。这就是为什么张廷玉等修《明史》说：袁崇焕一死，"明亡征决矣"！

5 万关宁军分作两部——先头是王永吉率领的 1 万多兵，后卫是吴三桂的 3 万多精锐，中间是 50 万关宁民众，军民汇集成一条巨大的河流自宁远向山海关缓缓流去……

阳春三月，百花盛开。巍巍雄关高高耸立，近处的瓮城、靖边楼、牧营楼、临闾楼、瑞莲阁，远处山区盘旋缭绕的角山长城和无数烽台墩堡都沐浴在春光中，静静俯瞰着京城土地，对人间的悲喜剧无动于衷。十七日凌晨，关宁军前锋在蓟辽总督王永吉麾下离开山海关继续向京师进发。

---

① 蓟辽督师府始建于明末，为兵部尚书袁崇焕受命督师蓟辽驻守宁远时所建，位于古城内春和街路北，占地万余平方米。清代改为宁远州衙，后毁。2001 年，兴城市政府于原址复修。"宁远大捷"是史上以少胜多的经典战例之一；"关宁铁骑"是史上十大常胜军之一；袁崇焕是史上十大儒将之一；宁远号称天下唯一没有被后金（清军）武力征服的城市。

根据《皇明九边考》，自山海关到北京城的驿道要经过抚宁、卢龙、丰润、玉田、蓟州、三河、通州等地，沿路有十多个驿站。

(1)山海关60里至抚宁榆关驿。榆关驿，位于今河北抚宁榆关镇。

(2)自榆关驿60里至芦峰口驿。康熙《永平府志》载："芦峰口驿，在(永平)府城东六十里"。

(3)自芦峰口驿60里至永平滦河驿。滦河驿，位于今河北卢龙老城。驿北2里有城，上列城楼，并迎恩、世英、冠英、尚义诸门。城中有永平府、卢龙县治。府城东南15里有汉将军李广射虎石遗迹。

(4)自滦河驿60里至七家岭驿(今河北迁安太平庄乡七家岭村，永乐后，为沙河驿)。

(5)自七家岭驿70里至义丰驿(位于今河北唐山丰润区银城铺镇板桥村)，"地多汀渚，时有凫鹭飞鸣"。

(6)义丰驿30里至丰润县(顺天府丰润县，今河北唐山丰润区老城)。

(7)丰润县40里至永济驿(位于河北唐山丰润区沙流河镇，旧称沙流河铺)。北宋军事家韩琦有《登永济驿楼》诗："远烟芳草媚斜阳，萧索邮亭一望长。尽日倚栏还独下，绿杨风软杏花香。"

(8)永济驿40里至玉田县(今河北玉田老城)。

(9)玉田县20里至阳樊驿(位于今河北玉田大安镇)。

(10)阳樊驿60里至蓟州渔阳驿。蓟州渔阳驿(位于今天津蓟县渔阳镇管驿村)，明代重要交通节点，由此路分为二：迤北经石门、遵化通往喜峰口；迤南经阳樊、玉田通往山海关。唐玄宗间(712—756)为唐军范阳、平卢、河东节度使安禄山旧地。白居易《长恨歌》提到此地："渔阳鼙鼓动地来，惊破霓裳羽衣曲。"

(11)蓟州渔阳驿70里至三河县。顺天府三河县地缘七渡、鲍丘、临洵三水，今河北三河老城。

(12)顺天府三河县70里至通州潞河驿。

明代北京—辽东镇驿路图

这就是吴三桂的行军路线,合计路程为580里。以骑兵倍道急行(日行约150里),全程需要3.87天。如果从宁远城到北京全程820里,则骑兵全程需要5.46天。当然这样的行军是十分辛苦的,但因沿途驿站密集(如图),这样的行军也是可行的。而自三月八日左右开始撤军撤民行动,到三月二十日,整整花了12天,王永吉的部队才到达山海关到北京的半程——蓟州丰润县,这里距京城300多里。

崇祯帝
(出自《李自成》,上海人民美术出版社,1978年)

就在这里,王永吉和官兵们发现了令他们震惊的一幕:自京师方向衣衫褴褛的百姓如潮水般涌来,他们扶老挈幼,荷担驱畜,络绎于途,妇孺的啼哭声震苍穹……

北京城已经在3天前(十七日)破城,这是逃出京城的难民。而二十日这一天,吴三桂还在山海关至永平途中。王永吉和官兵们又向前方行军40里到了玉田顿兵不进,等待吴三桂。7天以后也就是三月二十七日,吴三桂率主力到达玉田与王永吉合营,关宁军的北京之行就此终止了。崇祯帝和大学士范景文等300余名官员已殉难。吴襄等数千名官员及其数万名家眷(包括陈圆圆)投降或被俘,北京军民死伤无数。

保存至今的永平府城西门(门额题为"望京")

在此列出王永吉和吴三桂的行程。根据邹漪《明季遗闻》卷一:督臣永吉以三月初旬出关,徙宁远五十万众,日行数十里。十六日入关,二十日抵丰润,京师陷矣。吴三桂行程则是:三月十九日奉诏勤王,自宁远到达山海关,三月二十日至二十三日,山海关至永平途中;三月二十四日,到达永平;三月二十五到二十六日,永平至玉田途中;三月二十七日,到达玉田;三月二十八到二十九日,勒兵观望驻足不前。

二、"达变通权"

吴三桂在丰润得知北京城破。三月二十二日,接到吴襄家书。他决心归顺李自成,并编织了一个"封侯保家"之梦。到三月二十七日,他突然以一个180度的大转弯回师山海关,变化之迅速令世人咂舌。在玉田至山海关间逗留的6天,是他内心斗争十分激烈的6天,是影响整个国家和民族前途命运的6天。

"京师失陷如此之快!"吴三桂陷入矛盾痛苦中。他对崇祯帝的命运感到悲哀,对络绎不绝的难民倍感同情,正如他自己所说:"闻主上晏驾,臣民僇辱,不胜眦裂!"这些都无法挽回。相形之下,他更关心的是老父何在,家人何在,圆圆何在,他和关宁军的前途又何在。

"桂以父荫,熟闻义训",率军前进收复京师替君复仇,夺回太子朱慈烺扶上帝位再造明朝,似乎是他作为深孚众望的关宁军主将的天职。但权衡再三胜算不多,清军多次深入中原都没有打下北京,而大顺能够在短短数天内一举攻克说明其实力雄厚。关宁军是他最后的资本,他不愿意冒这样的险!而他夹在大顺百万之师和满洲铁骑两大势力之间,稍有不慎就会输得精光!

不久,吴三桂收到了老战友、降将唐通奉李自成之命写来的劝降信,招降专员李甲、陈乙也到达吴军。这时吴三桂的数十万军民脱离了经营多年的宁远基地,粮饷匮乏朝不保夕。投降李自成一来没有民族感情隔阂,二是可以解决关宁军的燃眉之急,无非是换了个主子和门庭。吴三桂主意已定,立即写信回复说:"为保家口,只得降顺。"又说:"闯王势大,唐通、姜瓖皆已降,我孤军不能自立",决意归顺。到二十五日,得知全家都投降李自成,他又写信回复老父吴襄,信中说:"知已归降。欲保家口,只得降顺,达变通权,方是丈夫。"最后八个字"达变通权,方是丈夫"揭示了他的内心。

如果吴三桂将安置迁移民众和部队家属的活儿交给文官王永吉,自己率"关宁铁骑"兼程而进,他是可以赶在大顺兵之前达到北京的。而初期薄城的大顺兵其实是唐通的明朝降兵,后续的五六万大顺兵长途奔袭疲惫不堪,攻城本来就是试探性质。在"关宁铁骑"的鼓舞下,明军背坚城依巨炮一战,崇祯帝和大明江山或有一线生机。但关宁统帅部本末倒置,以不怎么会带兵的文官王永吉率兵先行,吴三桂却整整花了7天时间安置辽民,使得本来还有机会的明朝坠落深渊!

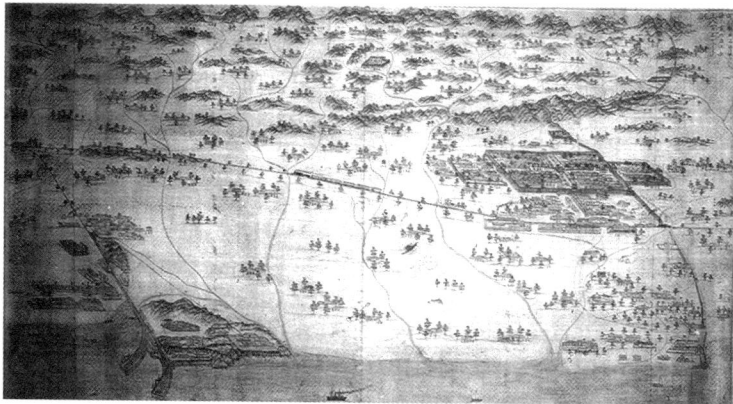

山海关古地图①

---

① 上面是群山,中间是道路、树木、关城和长城,下面暗色区域是渤海湾。出自《中国古地图精选》,中国世界语出版社,1995年。

李自成的“最后通牒”

关宁军调动过迟是北京城破的原因之一，崇祯帝对此负有不可推卸的责任。

在丰润得知城破，吴三桂、王永吉退兵山海关与监军高起潜汇合，同时与京城书信往还以观其变。在全家安危问题上，吴三桂对陈圆圆特别关心，每一封家书都提到“告知陈妾甚为念”。陈圆圆“绝世所稀”，想得到的大有人在，农民军领袖也不例外。老将吴襄从京城的焦糊气息中嗅到了某种味道，预感儿妾留京不妙，写信向吴三桂提出打算送陈圆圆骑马前往军中，当时吴三桂发妻张氏也在宁远，吴三桂却当即复信表示反对。《三藩史略》记载，吴三桂回复父亲：“唯有父亲大人在家书中提到：想让陈妾骑马来营一节，确是大大不妥。眼下正值兵荒马乱，圆圆如此一个小女子，岂可让她轻易出门！父亲何以失算至此？儿已经撤兵到了山海关，为此事实在不放心。”在登莱之战中，吴三桂眼见成千上万的女子被孔有德叛军掳掠的下场，不放心也在情理之中。除了路途不安全，身为主将他或许担心“妇人在军中，兵气恐不扬”，或许担心陈圆圆前来也为发妻张氏不容，吴襄送陈圆圆到军中一事遂寝。

北京城挤满了大顺兵，进城初期纪律尚可。但除了李岩等少数人，以李自成为首的大顺领导层并不准备将这种局面保持下去。他们一面开始报复运动，一面迅速腐化堕落，一门心思登基、拷掠财富和尽情享受女色，他们认为这是对他们艰苦征战的合理补偿。打进后宫之后，他们不是按照“替天行道”的初始纲领解放妃嫔宫女，而是将这些可怜人作为战利品按照级别分配。李自成、刘宗敏、李过等“首分”，每人分得30个宫女，“次分”“三分”分得几何无记录，于是他们“昼夜优觞”，“高踞几上，环而歌舞。喜则劳以大钱，怒则即杀之。”这些吴襄不可能没有耳闻，他送走陈圆圆之议终究没有成行。如果知道后来发生的一切，吴三桂一定会为他的决定倍感懊悔！

居庸关的唐通投降了，大同的姜瓖投降了，马科和白广恩也投降了，吴三桂并不想逆时而动。决定投降大顺后“三桂密之”，他需要先统一官兵思想。

吴三桂将关宁众将召集到军门，问道：“都城失守，先帝宾天，三桂受国厚恩，宜以死报国。然非籍将士力不能以破敌，今将若之何？”

诸将默不作声。吴三桂连问三次，依旧无人表态。

吴三桂胸有成竹，环视四周道：“闯王势大，唐通、姜瓖皆降，我孤军不能自立。”说到此，突然提高了嗓音喝道：“今闯王使至，其斩之乎，抑迎之乎？”

众将不约而同地发出了一个声音：“今日死生惟将军命！”蓟辽总督王永吉、蓟辽总监高起潜心有不甘也无可奈何。

于是水到渠成，吴三桂放手与李自成媾和。

滦河畔的滦州古城(今河北滦县滦州镇)①

　　三月二十四日,吴三桂在丰润东50里的滦州城接见大顺劝降使团。使团主要人员由三人组成:一为降将唐通,一为原明兵部官员、莱州府胶州人张若麒,一为原明吏部官员、登州府莱阳人左懋泰。吴三桂以洪承畴、张若麒为师。张若麒在松山促洪承畴进兵导致全军覆没,被俘逃回被明廷羁押;前不久他刚刚被大顺兵从监狱释放出来,被李自成任命为大顺山海关防御使。他们除携带4万两银子犒军还带来了一支部队,兵额记载从4000到2万人不一,兵员是大顺兵与唐通旧部混编。关宁军收下了犒银,吴三桂东行百里交出山海关防务,由张若麒携唐通接防,关宁军等待接受改编。《吴三桂纪略》《冷月清风》记载,当天,吴三桂高兴地写信给在京的父亲吴襄:"儿已退兵至关,预备来降。"他如约从山海关赴京"捲甲入朝",朝觐李自成并接受封侯之赏。从山海关到永平,吴三桂部大张旗鼓,在沿途城门关隘到处张贴告示,赫然写道:"本镇率所部朝见新君,所过之处,秋毫无犯。"

　　吴三桂骑着高头大马率精锐行进在进京路上。自从去年夏五月回镇关宁,很快迎来清军进攻。此后,关宁形势一直紧张,明廷陷入激烈争论,他和高起潜、王永吉都处于风口浪尖,一直没有机缘光临京师。崇祯十七年(1644)正月,父亲替他从田家迎娶陈圆圆,而今进京不仅全家得救,他与新妾也终将团聚。想到这些吴三桂不禁心花怒放,陪同的关宁副将夏登仕也是踌躇满志。夏登仕是陕西人,巴不得赶快投到老乡属下。一条光彩夺目的金光大道就在他们眼前熠熠生辉。

　　就在张献忠进军巴蜀时,李自成派出无数使节以游骑兵作掩护在中原腹地四处游荡,他们被有的州县拒之门外,更多的州县开门迎降。李自成得到了关宁军投诚的确切消息,写信劝说保持较完整的明朝刘泽清、左良玉、高杰、黄得功等四个镇。信中说:"大顺国主,应运龙兴,豪杰响应。唐通、吴三桂、左光先,知天命有在,回面革心。朕嘉其志,

---

　　① 崇祯十七年(1644)三月,王永吉、吴三桂在此接见大顺特使。

俱赐彩缎、黄金，所将兵卒给四月军粮，俟立功日升赏。"明将高杰与李自成原是同时起事的陕北米脂同乡。登莱兵变被镇压后的第二年，高杰拐跑了李自成妻子邢氏投明，在中原作战历升游击、副将。崇祯十七年（1644），晋升总兵官。明将左光先是烈臣左光斗之弟。《明史·左光先传》载："光先，枭将也，与贼角陕西，功最多。自辽左遣还，废不用。后闻广恩从贼，亦诣贼降。"

天有不测风云，吴三桂正在兴冲冲朝见李自成的途中，殊不知皇城根下王府二条胡同的吴襄官邸闹翻了天。约三月二十四日，权将军刘宗敏所部虎狼般围住吴府。刚刚成立几天的大顺"比饷镇抚司"凶狠，远逾锦衣卫镇抚司。他们得到确切消息，再次登门索要陈圆圆。上次来索要被吴家蒙混过关，这一次再也掩饰不下去。《庭闻录》记载："京师陷，刘宗敏踞宏遇宅，闻沅、寿名，索之。寿从优人私逸，而沅先为三桂购去。宗敏于是斩优人七，而击骧（吴襄）索沅。"吴襄被从家中带到刘宗敏面前，刘宗敏逼迫吴襄"交出陈沅"，吴襄具言"送宁远已久"，刘宗敏不信，对花甲之年的吴襄动刑，"拷掠备至"。

闭花羞月的陈圆圆还没有来得及与新郎拜堂，就被刘宗敏的大兵从吴府一处隐秘之处找出，被押上一顶小轿簇拥而去，留下吴家满门目瞪口呆。吴襄因为"助饷不力"和撒谎遭到羁押拷打，吴家被强行掠去 5000 两银子。"倾巢之下无完卵"，陈圆圆是否还能活下来难以逆料，人财两丢的吴府笼罩在恐怖的气氛中。吴襄被刘宗敏放回家，他满心悲凉给吴三桂写信，哀求儿子赶快进京救人。家书写完，吴襄遣手下旗鼓傅海山携带出京。傅将军前脚刚刚走，吴襄又被呼啸而至的大顺兵提走。

两天后的三月二十六日，"捲甲入朝"的吴三桂带兵抵达永平府西沙河驿，遇到吴府逃出的一双私奔者，男的是吴襄部下苍头，女的大约是吴府女佣。他们说："老将军被收监矣。一门皆为惊。"吴三桂闻声犹如被兜头泼了一盆凉水，正在将信将疑，吴襄旧将傅海山携带家书也赶到西沙河驿，吴三桂打开一看，吴襄虽只字没提被拷掠之事，但字里行间浸透凄苦之情，信末要求他尽快进京救人。

吴三桂阴沉着脸收起信问傅海山："老帅何在？"傅海山说："受刑将死。"

吴三桂闻声泪落，又问陈妾何在，对曰："被刘宗敏掠去。"

形势突变，心忧如焚的吴三桂派人快马加鞭到京打探，得到的消息纷纭不一：有的说老帅被拘押，有的说被严刑拷打，有的说或许已经死了。严酷的事实确凿无疑。大顺即将加封的所谓"通侯"一文不名！吴三桂像一头被困住的野兽，瞋目切齿在滦河边徘徊。突然又有人来报：大顺使节送来书信。须臾，一封京师来书赫然呈现在吴三桂面前。李自成侦知吴三桂的徘徊，吩咐大顺宰相牛金星写信来催。李自成意识到对吴襄过火，为安抚吴襄也为了向吴三桂示好，他批评了刘宗敏，还将吴襄接到宫中赐宴。

《庭闻录》载：

尔以皇命特简得专阃任，非有累战功也，不过谓强敌在前。非有异恩激劝，不足以诱致英士，此管子所以行赏罚之令，而汉高见韩、彭则予重任之类也。今尔徒饰军容，怯懦观望,使李兵长驱深入。既无批吭捣虚之谋,复无形格势禁之力。事势已失,天命难回,吾君已矣!尔父命在须臾。呜呼!识时务者,可以知所变计也。昔徐元直弃汉归魏,不为不忠;伍子胥违楚适吴,不为不孝。然以二者揣之,为子胥难,为元直易。我为尔计,不若反手衔璧,贯镰舁棺,及今早降,不失通侯之位,而犹全孝子之名。万一徒恃愤骄,全无节制,主客之势既殊,众寡之形不敌,顿甲坚城,一朝歼尽,使尔父无辜并受戮辱,身名俱丧,臣子均失,不亦大可悯哉!语云:知子莫若父。吾不能为赵奢,尔殆有疑于括也。

此信核心是劝告吴三桂"识时务者为俊杰",在吴三桂"捲甲入朝"时写这封信本来纯属多余。信的开头以嘲弄语气贬低吴三桂,说其军功多数掺水,"得专阃任"不过是明朝笼络之策。其次说关宁铁骑金玉其外,"徒饰军容,怯懦观望,使李兵长驱深入,既无批吭捣虚之谋,复无形格势禁之力"。引经据典威胁"事势已失,天命难回","尔父命在须臾",一家死活你看着办。最后胡萝卜加大棒,说:"及今早降,不失通侯之位,而犹全孝子之名。万一徒恃愤骄,全无节制,主客之势既殊,众寡之形不敌,顿甲坚城,一朝歼尽。"

此信一看就知是大顺兵政府的最后通牒。唐通又遣使来信,吴三桂看了唐通的信,内容也是劝他不要轻举妄动。吴三桂再次陷入进退两难的境地。闯王封他为侯,宣召进京,是看重他的军权。保住军权才有一切,没有军权就会失去一切,这是封建帝王和军阀政客的本性。所以吴三桂可以暂时舍弃国君、父亲、陈圆圆,唯独要牢牢掌握关宁军。而且在他看来,吴襄、陈圆圆等人的性命也系在这上面。他当然十分牵挂家人安危,一旦政治地位有了保证(如李自成封他为侯),家庭立即显得重要起来。

在这个时刻,错误判断形势的不止一人!黑漆漆的蓟州春夜,太阳的余温点点消逝,深深的寒意占据了这一片土地,吴三桂夜不能寐。一会儿想欺人太甚,可是转念又想父亲只是被拷掠,能够写信给他应该还没有被害。他又想起在京家产和陈圆圆,派人到北京城内问询,陈妾现在哪里呢?或者已经放她回吴府了吧,或者刘宗敏知道了她是我

德国人所摄滦州八景之一偏凉虚阁老照片①

的人,不会轻举妄动。他产生了幻觉。天下之大女人何处不有,大顺为什么要与吴某作对?他甚至想这会不会是李自成、刘宗敏故意演出的一幕戏,或者是刘宗敏自作主张抢了他的爱妾,李自成并不知晓。断断续续想着这些,心情随着营火跳跃七上八下,但他依然畏惧李自成的大顺兵势,自认"一经进兵反无生理",依然想"委曲求全"。总而言之整个夜晚辗转反侧。(《奇闻录》《国榷》)

———————————

① 偏凉虚阁在滦州城北五里,位于横山东侧靠近滦河峭壁之上。

柳堤柳堤，不系东行马首，空作千缕秋霜，凝泪思君断肠。

肠断肠断，又听催归声唤。

——陈圆圆

第二天，他在行营中得到了确切消息，首先是李自成对吴家的态度。《爝火录》和《崇祯长编》记载，大顺军师宋献策向李自成进言："三桂拥重兵镇守辽东，宜优待吴家，恤其家口，以招徕三桂，自成不听。"制将军李岩提出要"招抚吴三桂，许以大国，封明太子，得世祀朝贡。李自成不听"。既然如此，吴襄被拷掠后李自成出面安抚只是表面文章。

其次是北京城"助饷"惨状。自三月二十一日，"百官投职名，凡勋卫武臣聚一隅，不许星散。是日，斩诸平则门外，凡五百余人。"二十五日，开始拷掠百官。"中堂 10 万两，部院中堂、锦衣卫或 5 万两、3 万两，科道、吏部或 5 万两、3 万两。"就连大明翰林院这样的清水衙门也不放过，其人员按照级别也要交出 3 万两、2 万两、1 万两，部属以下"各以千计"。勋戚之家无定数，人财两尽而已。大将刘宗敏"赶造数十副"刑具，"木皆生棱，用钉相连，以夹人无不骨碎"。对内阁大学士魏藻德、陈演等以下 800 名官员，残酷刑讯，"血肉满前"。关宁军将领听得心惊不已。

关宁军侦探还向主帅汇报了二十五日夜发生在北京城耸人听闻的"淫掠民间"之事："贼之初入城也，禁淫掠，杀犯罪者四人；民间信之，嘻嘻自若。既而贼将距巨室籍子女为乐，而兵士以搜马、搜铜为名，沿门蜂聚，初曰'借锅爨'，少焉曰'借床眠'，顷之曰'借汝妻女姊妹作伴'。藏匿者，遍搜，不得不止。爱则搂置马上，或一贼挟三四人；不从则死，从而不当意亦死，一人而不堪众嬲者亦死。安福胡同一夜妇女死者三百七十余人……"（《小腆纪年》卷四）

北京城已然成为一座地狱。吴三桂虽然不动声色，但更加担心吴家女眷。

那么，陈妾呢？——他最后冷冷地问。侦探不敢言。

吴三桂把眼一瞪，侦探只好相告："闻……闻已收入宫中，已……已……"

"啊呀——！"吴三桂怒发冲冠大呼一声，抽刀将案几劈为两半："生为大丈夫竟不能保全一妾，活在世上何用？"

一面为其进官晋爵，一面拷掠其父夺其妻妾，大顺兵政权的做法毫无道理且自相矛盾。

李自成、刘宗敏等作为底层的代表，出身贩夫走卒、经历社会不公，与缙绅士大夫情感对立，对以崇祯帝为代表的上层统治者敌意满满，这正是每一次改朝换代大轮回中，后来者对前朝统治者恨不得赶尽杀绝的原因。恨之所至，殃及池鱼，不仅要从肉体上消灭他们，而且要将其老巢一把火烧掉。《阿房宫赋》的"戍卒叫，函谷举；楚人一炬，可怜焦土"不正是明证吗？近年考古工作者又说起义军当年烧的不是阿房宫而是咸阳宫，但这并不能改变事物的性质。这样的报复不仅存在于不同阶级之间，同一阶级内部竟然也如此残酷。例如明初"靖难之役"，本是皇室内斗，但永乐帝一攻克南京就秋后算账，诛杀齐泰、黄子澄、方孝孺并灭其族。其中，方孝孺竟因一句话被灭门"十族"，受牵连而死者 873

人，充军千余人；因黄子澄受牵连的有 345 人。铁铉等所谓罪臣的家属被流放、强迫做妓及以其他方式被惩罚的不计其数。史称他们"忠愤激发，视刀锯鼎镬甘之若饴，百世而下，凛凛犹有生气"，这难道不是中国人的一种悲哀吗？另外还有厚黑学的因素，"狡兔死、走狗烹"，用得着就用、用不着就杀，韩信、英布、岳飞等人实质都是这样的牺牲品，而闯王手下李信、李岩的结局同样如此。吴三桂与李自成合作的最终下场恐怕也是一样，只不过大顺政府对于前朝大将真实的态度暴露太早，这正是吴三桂先降复叛的原因，吴三桂一怒决定跟大顺血战到底。

从三月二十日到二十七日，吴三桂判断大顺不可信，"通侯之赏"一文不值，一旦深入京城就是自投罗网，李自成授意的这封信发挥了激反作用。郭沫若在《甲申三百年祭》中说："像吴三桂那样标准的机会主义者，在初对于自成本有归顺之心，只是尚在踌躇观望而已……假使李岩的谏言被采纳，先给其父子以高爵厚禄，而不是刘宗敏式的勒索绑票，三桂谅不至于'为红颜'而'冲冠一怒'。即使对于吴三桂要不客气，像刘宗敏那样的一等大将应该亲领人马去镇守山海关，以防三桂的叛变和清朝的侵袭，而把追赃的事让给刑官去干也尽可以胜任了。然而事实却恰得其反。防山海关的只有几千人，庞大的人马都在京城里享乐。"

作为一个成长中的新生政权，大顺没有建立起稳定的政权形态和连贯性的政策，为自己的疏忽大意和阶级局限性付出惨重代价。前期为招降吴三桂所做的种种努力——4万犒赏银和唐通等人的奔走——付诸东流。吴三桂从归顺李自成转变为决心抗击后回师夺关、作书绝情、关门誓约，他与李自成彻底决裂，而这将导致吴三桂戏剧性地与辽东抗金战友孔有德、耿仲明、尚可喜、沈志祥第二次握手。

2009 年元宵节的山海关　　　明成化八年(1472)进士萧显所书关门匾额

吴三桂反戈榆关

盖明之劲敌，惟在我国。而流寇复蹂躏中原，我国虽与明争天下，实与流寇角也。

——清国大学士范文程《启摄政王书》

在与大顺走向决裂的过程中，关宁主将吴三桂做了至关重要的三件事。

一、回师夺关

三月下旬与辽东提督总兵官吴三桂一起投降李自成的明朝官员，主要有蓟辽总督王永吉、辽东巡抚黎玉田、山海关总兵官马科等。吴三桂义父、总监中官高起潜一开始就不愿意跟李自成合作，干脆交出权力潜逃山西。原守山海关的黎玉田、马科及其 1 万明军在跟随吴三桂投降李自成后，立即被大顺抽调远征四川。接防山海关的是明军唐通旧部8000 余人和大顺士卒混编而成，大顺指挥官出任主官（正史只以"贼将"呼之），降将唐通为副职。

经过王永吉、吴三桂密商后一声令下，赴京路上的 3 万铁骑全体后转，后队变前队、前队变后队，目标山海关，任务"讨贼"。千军万马再次奔腾在自蓟州至山海关的路上，这是一条与大顺分道扬镳的路，一条本民族内部代表不同利益的社会集团间互相残杀的路！在民族矛盾取代阶级矛盾成为明末社会主要矛盾的大背景下出现这一幕实在有些不合时宜，但因为明朝残余势力的自私自利和中国农民阶级的固有缺点和农民革命的局限性，终因"冲冠一怒"而覆水难收。集天下九州之铁，不能铸此一错！

明崇祯十七年（大顺永昌元年，1644）四月初四，"关宁铁骑"返回山海关，大顺守关"贼帅"和唐通及其警备部队还没有明白怎么一回事就被"关宁铁骑"打得落花流水，大部就地投降，其他被切西瓜一样"斩杀殆尽"。"贼帅"只带 32 人负伤逃跑。唐通更惨，带着8 名骑兵逃跑了。8000 旧明军大部投了吴军。吴三桂率军追击到永平府西沙河边，拥兵2 万的大顺山海关防御集团军瞬间瓦解，大顺山海关防御使张若麒也随乱军逃走，"三桂遂据山海关"。

煮熟的鸭子也能飞。闻听吴三桂反戈山海关，李自成如梦方醒又暴跳如雷，再派兵政府侍郎左懋泰以及张若麒前去说降，吴三桂借坡下驴提出"愿一见东宫而即降"，或作"必得太子而后止兵"，又趁势寄书吴襄。

二、作书绝情

既然李自成能假借吴襄以及家人要挟吴三桂，吴三桂将计就计借答复父亲与李自成决裂。吴三桂奋笔疾书，先为自己为何没有及时参加京城保卫战做了辩护，然后"大义凛然"痛责其父不能守节，信中说：我记得父亲大人过去报效国家素负忠义，虽然京师城破大势已去，大人作为本朝大将自应拼死一搏，不成功便成仁；就算不能够做到这一点，国君罹难后位列九卿就该在皇宫阙下刎颈自杀。这样，孩儿可以为您披麻戴孝仗剑复仇，就算失败了也跟随您自杀，父子不也堪称忠孝两全？而今父亲大人隐忍偷生，以不义之词训我，既无韦孝宽御敌之才，也没有颜杲卿骂贼之勇；徐庶被曹操挟持因此背离了母亲的本心，陵苞二亲大义凛然一起列入英烈榜为世人传颂，您怎么还不如一个女流之辈？最后吴三桂郑重宣布：父亲不能做忠臣，又岂能责我作孝子？今天就此诀别。贼人就是把您置于热油沸腾的鼎俎旁要挟我,我也顾不上您了……

《庭闻录》载其信曰:

> 桂以父荫,熟闻义训,得待罪戎分,日夜厉志,冀得一当,以酬主眷。属边警方亟,宁远为国门户,沦陷几尽,桂方力图恢复,以为李贼猖獗,不久即当扑灭,恐往复道路,两失事机,故尔暂稽时日。不意我国无人,望风而靡,吾父督理御营,势非小弱,巍巍万雉,何至一二日便至失堕!使桂卷甲赴阙,事已后期,悲恨何极!侧闻主上晏驾,臣民僇辱,不胜眦裂!犹忆吾父素负忠义,大势虽去,犹当奋椎一击,誓不俱生;不则刎颈阙下,以殉国难,使桂亦缟素号恸,伏剑复仇,不济则以死继之,岂非忠孝媲美乎!何乃隐忍偷生,训以非义,既无孝宽御寇之才,复愧平原骂贼之勇。夫元直荏苒,为母罪人;陵苞二亲,并着英烈。我父矫矫王臣,反愧巾帼女子。父既不能为忠臣,儿安能为孝子乎?桂与父诀,请自今日。父不早图,贼虽置父鼎俎旁以诱之,桂不顾也。

此信表面看是写给吴襄,其实是写给李自成和刘宗敏看的——他得知父亲已经失去自由,信中责怪吴襄的话符合儒家思想,吴襄身为明朝一品大将、恩遇隆臣,自应与城共存亡。但他"在大顺军进入京师时,毫无忠义表现"(《三藩史略》上卷),不仅不能像大学士范景文、左都御史李邦华那样守节,反而时时为自己算计。

但吴三桂又有何资格责怪其父?他难道忘了10天前自己所说"闯王势大"之类的话?10天前如果他能够发出这样的声音,完全称得上正人君子;20天前他如果能够有这样的觉悟,北京城或许能够保全。在忠诚问题上他与父亲不过半斤八两。吴三桂此信一出,李自成招降之心绝矣!

三、关门誓约

先前归顺闯王有吴军布告搞得京畿人人皆知,这一点让吴三桂感到难堪。如果自始至终不向大顺低头他本可占领道德高地,而今先恭后踞如何服众?夺回山海关控制权之后第8天的四月十二日,吴三桂把将士们召集到位于山海关镇东门的明朝兵部分司。就在兵部分司大堂"为国安民"匾额之下,面对满堂武将他悲痛自责,从事情缘起一直讲到最近,越说越气愤、越来越激动,最后竟然顿足大呼:"吴某不忠不孝,尚何颜立天地之间?"吴三桂边说边抽出佩剑,属下随从多年都出生入死,怎能看着他自杀,何况数万将士和数十万民众前途命运系于吴三桂一身,大家七手八脚夺下其剑,劝慰说:"将军何至此!我辈当死战!"

明末降官累千盈万,如果吴三桂不是关宁主将,何去何从无足轻重。关宁副将夏登仕本欲投靠陕北老乡李自成,关宁军的陕西籍官兵大多都有此心,这虽然不合礼法也是预料之中。《小腆纪年》载:"登仕本秦人,有降贼心。"吴三桂要举兵反抗大顺,他对此不敢疏忽大意,他与夏登仕等人"歃血盟誓",并以次女"许字登仕,割袍定约",夏登仕从此死心塌跟随吴三桂冲锋陷阵,在此后与大顺的关门激战中立下了大功。战后清军统帅部叙功大书:"……又查游击鲁澄、副将陈时登、夏登仕、胡亮,保关御寇,宣力并著。而登仕、胡亮当关门抚道投贼求生之时,独能同仇战守,忠义可嘉。"(刘健《庭闻录》卷一)

内部团结下来,吴三桂面临的另一个棘手问题就是与大顺相比力量悬殊。大顺有百万大军,京师附近不下20万;反观关宁精锐3万,收编各部及唐通俘虏兵1万。原明山海关总兵官马科有兵1万,马科投降后当即被李自成派去四川,否则很可能加入吴三桂军。屈指一算,吴三桂只有4万精兵,可用精兵远远少于大顺军。和李自成决裂使吴三桂腹背受敌,军事打击旋踵而来,弹丸之地焉能自存?

山海关笼罩着恐怖的气氛,文人佘一元的叙事诗记载了当时的状态。其《述旧事五首》(其二)云:

> 吴帅旋关日,文武尽辞行。士女争骇窜,农商互震惊。
> 二三绅儒辈,早晚共趋迎。一朝忽下令,南郊大阅兵。
> 飞骑唤吾侪,偕来预参评。壮士贯甲胄,健儿拥旆旌。
> 将军据高座,貔貅列环营。相见申大义,誓与仇雠争。
> 目前缺犒费,烦为一赞成。

明朝气数已尽,趋利避害是士民的普遍心态,吴三桂"捲甲入朝"几乎没有阻力;而现在与大顺反目为仇,士民人心惶惶,以至"士女争骇窜,农商互震惊",吴帅所倚文武也"尽辞行"。吴三桂决心起兵抗击大顺之初与之合作的绅士寥寥无几,身边只有"二三绅儒辈,早晚共趋迎"。突然有一天,吴军飞骑来找佘一元去吴三桂大营议事,山海关内外传令:南郊大阅兵!

佘一元看到了这样的景象:关宁主力整整齐齐列营城外,刀枪、甲胄、床子弩、行营炮组成的钢铁丛林熠熠生辉;大明旌旗猎猎招展,四面列营八方布阵;帅位设在一处高地上,吴三桂看上去威风凛凛。一支令人望而生畏的铁甲军如同海市蜃楼一样出现在"天下第一关",明朝貌似又复活了!佘一元使劲揉了揉眼睛简直不敢相信这是真的。

看到缙绅名士凑得差不多了,吴三桂申明"大义",要求大家毁家纾国,关门士绅工商出钱助饷。按说这不会是一项轻松的任务,毕竟有钱人的银两也不是大海"潮"上来的。李自成在北京拷掠的消息无意中帮了吴三桂大忙。

接下来,《述旧事五首》(其三)描写了山海关临战前风声鹤唳的场景:

> 仓库净如洗,室家奔匿多。关辽五万众,庚癸呼如何。
> 事势不容诿,捐输兼敛科。要盟共歃血,士民尽荷戈。
> 逾日敌兵至,接战西石河。伪降诱贼帅,游骑连北坡。
> 将令属偏裨,尽歼副城阿。遥望各丧胆,逡巡返巢窝。
> 我兵亦退保,竟夜警巡呵。

山海关府库空空如也,原富商大户逃亡很多,5万铁骑一天物资消耗惊人,但推诿是不行的,不死于"贼"手难道不会死于"虏"手和大帅之手? 吴三桂下令山海关全民皆兵,在这片高地上他与缙绅父老歃血为盟,斩杀了大顺兵政府两位使节祭旗。这两首诗就这样描绘了当时草木皆兵的真实画面。

兵部分司灯火通明,关宁军将领议论方略。吴三桂说:"刘泽清来信了,大家看看吧。"距离关宁军比较近的明军是山东总兵官刘泽清部,当时驻军在冀鲁豫交界,至少也在2000里外,两军如

山海关兵部分司署①

果对进会合,中间如果没有阻击至少也需要七八天时间,而当时两地之间的保定、沧州、德州、临清、彰德、大名到处是大顺兵。刘泽清对吴三桂"期画合兵灭闯"之约态度暧昧。刘泽清的信另行提出一个奇怪的方案:"促使大顺与清议和,'勋勤两国'而后灭闯。"试想李自成岂是可以任意摆布者? 关宁军面临大战,刘泽清的方案只是隔靴搔痒,分明心怀奸诈不肯出力。王永吉、吴三桂这第一个方案即关宁军南下与明朝其他武装合兵抵抗大顺,实现的希望十分渺茫。

关宁军如果强行南下很容易在运动中被击破,原因如下。①南下必须经过京津一代咽喉,李自成重兵就守在京津。②南下必须经过河南、山东。李自成的大将军刘芳亮20万重兵就在河南一带以逸待劳。他正在这一带摧毁明朝残余、组织新政权。关于山东省情,史料记载:"山东郡县,寇贼克斥,临淄、济南尤甚,行道不通。伪将董学礼,奉权将军命,率兵南下。伪将白某往天津,一路催饷,而北直等处,皆有大小智勇果毅伪将军分驻。"除了胶东和临沂个别地方,到处都是李自成的兵。南下必须有粮草物资供给,而关宁军没有。③鱼儿离开水就是死路一条。吴三桂部以山海关一带为根据地,50万民众与5万关宁铁骑已形成命运共同体。孔有德已经洗劫了直隶、山东一带,此时如果南下,外部没有援兵、军中没有粮草,不是扰民劫掠就是自溃。

既然向西投靠大顺、向南联合明朝残余势力都行不通,怎么办? 众人不约而同地注视吴三桂。吴三桂只是正襟危坐。蓟辽总督王永吉发言力主南下,但是距离最近的明军也在鲁南,山东总兵官刘泽清也不响应不配合,王永吉的意见没有说服力。将军胡亮忽地站起来指着浑河之滨标注的沈阳城说:"既然如此,只有联合北方一条路了。"

向昔日的敌军投降? 此言一出,兵部分司衙门内如同洒了一锅沸水……

---

①　山海关兵部分司署是明朝兵部在地方设立的唯一分设机构,具有独特政治军事价值。兵部分司署位于关东门——"镇东门"北侧,周边密布关门军营,宣德九年(1434)设,崇祯十七年(1644)明亡废止。建筑毁于民国年间,2005年在原址复建。

不久,关宁军三位特使携吴三桂亲笔信出关,昼夜兼程去寻找昔日不共戴天的敌人。三人是关宁副将杨坤,游击郭云龙、杨文焕。王永吉当时不愿跟清军合作,但也提不出好办法。延宕到十七日,王永吉不打招呼自带30名骑兵间道南下绝尘而去。就在王永吉离开山海关南下的四月十七日,"李自成至永平"。

崇祯十七年(1644)春四月的关门,吴三桂与大顺决裂后战云四合,北方最精锐的3支陆军在山海关展开又一次生死角逐。吴三桂回师夺关同一天(四月初四),清国大学士、原明朝沈阳中卫生员范文程在盛京向摄政王多尔衮上书讲了四个战略问题。

明朝最后一任蓟辽总督、
清顺治朝兵部尚书王永吉①

一是明国必亡。明朝摇摇欲坠,"流寇距于西土,水陆诸寇缠于南服,兵民煽乱于北陲,我师燮代其东鄙"。

二是"流寇"必争。他敏锐地发现:"我国虽与明争天下,实与流寇角也",大清的强大敌人实质是李自成和张献忠。较以前清政府的思想——联合农民军夹击明朝,这是一个大转变。

三是良机难得。中原土地人民,不患不得,患得而不为我有,恐将落入农民军之手。如果处理不当,不争取人心,则有可能以己之力驱逐人民投往"流寇",那时大势就无可挽回了。他大声疾呼:"窃惟成丕业以垂休万禩者此时,失机会而贻悔将来者亦此时。"

四是改弦更张。他指出创"大业"必行王道,禁杀掠收人心。要视明朝人民为自己人民,这是一个思想的大转变。就在3个月前,摄政王多尔衮还派人联络李自成,但是李自成拒之不理。范文程的建议远胜大顺一筹,对清国夺取中原起了巨大作用。相形之下,大顺也有一批有勇有谋的人(如李岩等),但他们正确的建议李自成多不采用。

我们不妨看看后金前期联系农民军夹击明朝的"大联合"战略的实施过程。

第一次联系:天聪七年(1633)六月,后金国和硕贝勒豪格建议"遣人往招流贼",派密使到内地联系招揽农民军。

第二次联系:崇德六年(1641)十月,皇太极指令贝勒阿巴泰派军使到内地联络农民军,"以善言抚谕",试图组织统一战线。

第三次联系:顺治元年(1644)正月二十七日,就在李自成挥师北上势如破竹之际,皇太极已死,新任摄政王多尔衮再一次致书李自成,希望他们与清军合作,"协谋同力并取中原",打下天下后"倘混区宇,富贵共之"。三月初六开始,吴三桂兵撤宁远,关外再也没有

① 王永吉(1600—1659),字修之,号铁山,与吴三桂祖籍同为江苏高邮。起初他反对吴三桂投清,自山海关不辞而别,后来终没有逃脱仕清的命运。去世后,顺治帝以其为官清正,"勤劳素著",赠少保兼太子太保、吏部尚书,谥"文通"。

明朝一兵一卒。四月,清军不知道明朝已灭亡,还在策划大举伐明。

清廷内部不是没有矛盾,有时候彼此还剑拔弩张,但最终都通过一定渠道内部化解。例如皇太极暴崩,因皇位继承问题,满洲贵族内部爆发了危机。大贝勒代善的儿子、固山贝子硕托和代善的一个孙子多罗郡王阿达礼为了谋取私利,试图推翻众王大会的决定,谋立努尔哈赤第十四子——摄政睿亲王多尔衮。代善大义灭亲"发其谋",阿达礼、硕托伏诛。渡过自身危机的清廷得到明朝形势不稳的消息,顺治元年(1644)四月初七日,祭告太庙,授权多尔衮"躬统大军,前往伐明";初八日,授印;初九日,军出盛京。

清军统帅:多尔衮(代6岁的顺治帝行统帅权)。

宗室要员:和硕豫亲王多铎、多罗武英郡王阿济格、多罗衍禧郡王罗洛浑、多罗贝勒罗洛宏、固山贝子尼堪、辅国公满达海、奉国将军巴布泰、辅国将军务达海、镇国将军屯齐等宗室王公19人;"三顺王"孔有德(汉族)、耿仲明(汉族)、尚可喜(汉族)及续顺公沈志祥(汉族)共4人;都统12人:李国翰(汉族)、阿山、杜雷、谭泰、谭拜、石廷柱等(清都统:从一品或正二品)。副都统12人:李率泰(李永芳次子、汉族)、蓝拜等。统领、参领、佐领185员。

清军这次出征合计四品以上武官233人。兵力合计十三四万人,"号二十万"。

四月初十日,师次辽河以北60里处。

四月十一日,"师次辽河地方",在距辽河20里狼胥山驻营。

四月十二日,全军渡辽河。

清军开始以每天40里的平常速度行军。自十二日开始,知道了北京被李自成攻陷的消息,以每天60里的速度加速行军。摄政王一方面下令"疾行",一方面急忙征求意见。十三日,谕降臣洪承畴,又传在盖州温泉养病的大学士范文程到军。

洪承畴立即建议:转变战略思想。将进军口号由"征明"改为"讨贼",布告沿途各州县官员,凡开城投降者升官加级,以赢得汉族人民的支持。严明军事纪律,实行"三不政策"。除了对抵抗者武力粉碎,不屠杀老百姓,不焚烧房屋,不劫掠财物。兵贵神速,不可轻敌。洪承畴与农民军交手多年,素知农民军特点,断定李自成等人"今得京城,财足志骄,已无固志,一旦闻我军至,必焚其宫殿府库,遁而西行"。事实证明他判断不错。他指出大顺兵有骡马30万匹,"昼夜兼程可二三百里",担心李自成逃走清军扑空,"逆恶不得除"。估计李自成会以精兵"伏于山谷",步兵扼守要害。他建议清军"步兵在前,骑兵在后","贼走则疾行追剿",从蓟州、密云等处截击大顺兵,切断他们的归路和与山西、陕西方向的联系。

在盖州养病的大学士范文程"驿递"到军,可见急如星火。范文程到达前线,摄政王颇为忧心地说:我军三次包围京师,"不能递克,自成一举破之……"言下之意对大顺军有畏惧。范文程对多尔衮说:"大顺兵虽横,但必然失败。"

摄政王问:"何以见得?"范文程颇有见识地预测,有三件事注定了大顺政权的失败:一是"逼殒其主"(逼死崇祯帝);二是"刑辱缙绅"(屠杀士人);三是"掠人财货"(奸淫掳掠）。三者归结为一，就是不得人心。

摄政王说："将奈之何？"范文程道："要反其意而行之。"范文程提出：对待明朝故土要"体恤其士大夫，拯救其老百姓"；对明朝官吏军民，要做到"吏来归，复其位，民来归，复其业"。这与刘邦入关中的"约法三章"有异曲同工之妙，与洪承畴的战略思想也大致吻合，事态发展完全印证了他们的判断。

多尔衮会见关宁军特使的乌兰木图山①
（在今辽宁阜新境内）

崇祯十七年（1644）四月十五日凌晨，清军各部从辽西一个蒙古村落启程继续前进。军队络绎而进，蓝天白云映衬着高高耸立的乌兰木图山。乌兰木图山又称阿力玛图山，意思是"有梨之山"，盖以古代遍地生长野梨而得名。这里岩壁陡峭，沟谷幽深，十八座山峰峰峰各异，是一个"春有百花秋有月，夏有凉风冬有雪"的好地方。其东北是一望无际的科尔沁沙地，南方就是古称"懿州"的明广宁后屯卫，再往前就是山海关。

大队刚刚走了5里，到了一个叫作"翁后"的地方，看到一小队骑兵远远迎面而来。多尔衮端起西洋千里镜仔细观察，确认是明军。奇怪的是，他们见到清军不仅不撤退反而停下来招手呐喊。多尔衮正在疑惑如此少的明兵怎敢拦路，一名牛录章京来报："明兵求见王爷！"多尔衮问："来者何人？"回答是吴三桂属下。来者正是四月十一日吴三桂派出的特使杨坤一行。几位明将与清主力遭遇在阜新山区自动解除武装，脱下头盔丢下武器，被带到摄政王面前。

多尔衮骑在马上问来者何意，明副将杨坤上前跪拜奉上书函说道："我国奸党开门纳款，先帝不幸，九庙尽焚。今贼首僭称尊号，掠掳妇女……吴总镇以京东地小兵力未集，故特泣血求助！"（《清世祖实录》）

杨坤"泣血而诉"，告诉清国摄政王大顺在京的所作所为以及关宁军与山海关缙绅"借兵讨贼"之约，还说事成后明朝将以黄河为界，"裂土以酬"。摄政王和宗室亲王及身边侍卫都听得清清楚楚，多罗贝勒罗洛宏张大嘴巴惊得差点从马上掉下来。

多尔衮沉下脸问："既然此事为你等军民商定，你代表哪些民众和军队？"

杨坤盘点道："我关宁军参与者守备以上将领248名、同知及参谋5名，合计将领253员；参与其事的士兵千余人，代表山海关、辽东两镇官兵5万；还有当地名流童达行、吕鸣

---

① 杨坤、郭云龙在此呈递山海关军民联席会议信函。多尔衮对清国入主中原、稳定中国北方局势发挥了关键作用，后来却因强力推行"剃发令"严重激化了民族矛盾，使得本已归顺清朝的汉族军民纷纷起义。

章、冯祥聘、曹时敏、程印古、佘一元等'共事者'11人，他们都有官吏、举人、贡生、廪生、庠生等身份，代表关宁百姓50万。"

明朝引进的红夷大炮

多尔衮和多铎、阿济格凑在一起商量，都怀疑他们是吴三桂派来的诱饵。清军吃吴三桂的亏太多，为稳妥起见，多尔衮命留下明将杨坤为质，派妻弟拜然与明军游击郭云龙一起回山海关以探虚实。拜然很快复命确认了事实。多尔衮又惊又喜，传令在盛京的学士詹霸、来衮速来锦州待命，又令后方汉军将锦州的红夷大炮悉数发往前线，然后他令麾下13万清军下令加速前进。

四月四日吴三桂反戈榆关当天，李自成高踞大内御座，一面迫吴襄写信招吴三桂，一边让陈圆圆给他献艺助兴。《虞初新志》和《小腆纪年》均记载了当时的情况："襄进圆圆，自成惊且喜，遽命歌奏吴歈。"久闻陈圆圆之名，李自成一睹芳容后让她献吴越之音，陈圆圆咿咿呀呀唱了一段，不知当时唱的"弋阳腔"还是"昆曲"。大顺君主听罢皱起眉头道："何貌甚佳而音殊不可耐也？"

李自成一摆手，在场群姬齐刷刷操起阮、筝、琥珀词（一和乐器）等；他又一摆手，昂扬激越的秦腔拔地而起，震天动地般在大明故宫激荡回旋。李自成当了义军领袖以秦腔为军乐。他瞅着陈圆圆问："何如？"

陈圆圆立马奉承说："此曲只应天上有，非南鄙之人所及也。"

于是，李自成"甚嬖之"。

安塞腰鼓·吼秦腔

大顺悍将刘宗敏

《小腆纪年》卷四载：

> 闯向襄索圆圆，且籍其家，而命其作书以招子也。襄进圆圆，自成惊且喜，遽命歌奏吴歈。自成蹙额曰："何貌甚佳而音殊不可耐也？"即命群姬操阮、筝、琥珀，己拍掌以和之。顾圆圆曰："何如？"圆圆曰："此曲只应天上有，非南鄙之人所及也。"自成甚嬖之。

四月十二日，明平西伯吴三桂的《讨闯贼李自成檄》一夜间传遍北京。檄文洋洋洒洒700余字，批评大顺"罪行累累"："荡秽神京，弑我帝后，禁我太子，刑我缙绅，污我子女，掠我财物，戮我士庶"，号召军民"无分宦游，无分家食"，同仇敌忾，克襄大举，一举歼灭"闯贼"收复北京。又移檄远近称："闯贼李自成以么么小丑，荡秽神京；日色无光，妖氛吐焰"，"周命未改，汉德可思"，宣称"义兵所向，一以当千。试看赤县之归心，仍是朱家之正统！"

吴三桂高举复明大旗，声言勤王"精兵百万"旦夕将至，鼓动军民拥戴太子朱慈烺恢复都城，赢得京畿遗民普遍欢迎，山海关"城内士民酌酒相贺"。

李自成阅罢檄文震惊。牛金星下令闭门查奸，北京形势骤然紧张。大顺调兵加强北京城防，又向东北方派出警戒部队。当天大顺巡逻兵3000人在东郊通州与渗透过来的吴军前哨300人猝然遭遇。吴军以一当十将该部全部歼灭，"逃回不过数人"。十二日夜，东华门灯火通明，伤痕累累的内阁宰辅陈演、魏藻德、朱纯臣等投降的原明官员世勋60余人被五花大绑，一个挨着一个监押在东华门外道侧。大顺将校一声令下，大兵手中明晃晃的战刀齐刷刷举起……

今日之故宫东华门①

在出兵攻打吴三桂前，大顺兵政府还有两件事情正紧锣密鼓地进行。一是转运战利品。北京城破之前，明朝守军乏饷。崇祯帝要求文武大臣、皇亲国戚帮助出钱，大臣、皇亲避之唯恐不及。他无奈遣太监徐高去宣诏求助于国丈周奎，希望家产巨万的周奎做表率，出银3万两助饷。周奎哭穷报了5000两，找皇后说情又减去3000两，最后只交了2000两。太监徐高气愤地说："老皇亲如此鄙吝，朝廷万难措手，大事必不可为矣！"周奎投降李自成不久，全家都被捉拿，长子被打死，次子、侄子被严刑拷打，妻子、媳妇被迫自缢，女儿被征为奴。为了要钱，李自成让刘宗敏用大棍子夹他脑袋，夹得周奎头破血流，交出了60万两白银（有说70万、53万两不等），周奎也愤恨而亡。拷掠百官和百姓，大顺得金银3700万两，珠宝珍玩无数。又拘押了京城数百名银匠，将所掠金银铸成大砖，砖

---

① 《小腆纪年》记载："己巳（十二日）……自成乃杀陈演、魏藻德、朱纯臣等六十余人于东华门外。"图中路旁停车处就是大顺"骈斩"明朝60多名勋戚大臣所在。

中设孔串成一串,用 30 万匹骒马骆驼驮往老家陕西。

　　二是遣兵派将对付吴三桂。命刘宗敏、李过、李牟为出征大将。"刘、李耽乐已久,殊无斗志。"李自成亲自登门,"叩刘宗敏、李牟求其出御"。部下的许多大顺兵由于进京后耽于享乐,人心涣散,失去斗志,一听说又要打仗,"皆哭不愿去,杀之不能止"。李自成同时派出原明朝密云巡抚、大顺兵政尚书王则尧再去招抚吴三桂,做最后一次和平努力,王则尧被吴三桂扣押。

　　做完这一切,李自成命李牟、牛金星等负责守北京城,派刘宗敏、李过等"统领马步兵五万,声言十万",十三日五更天出长安门击吴。李自成自拣 7000 精锐跟在其后出城东进,随征辎重后勤兵数万,合计 10 余万人。他们还挟持了一大批人随军而行,有崇祯帝的三个孤儿:15 岁的太子朱慈烺、12 岁的定王朱慈炯、3 岁的永王朱慈炤,都着"绿衣"跟随;还有俘虏的明晋王、秦王、韩王、西德王、襄陵王、山阴王及吴三桂之父吴襄等,充当交涉砝码或人体盾牌。李自成对此战充满信心,公开宣称:"吴三桂兵仅三千,我三十万,以一百人捉一人,可用靴尖踢倒!"又判断说:"而且三桂与北兵(指清军)久相仇杀,必不相救。即使来救,北兵住满洲,衣粮马匹器械,尚须整顿而来,也得旷日累月。"(《甲申朝事小纪》)

　　因为携带了大量辎重火炮,加上将领轻敌、士兵怠战等原因,李自成部走得很慢,前队到了通州,后队还没走出北京城。军主力从十三日出发,十四日宿通州,十五日到密云,十六日至三河,十七日次永平。在三河,李自成遇到了吴部派遣的高选、李友松等 6人假投降使团,纠缠 2 天,导致老营与前锋脱节。小股吴军组织民人挖断桥梁道路,伐倒大树,阻挡大顺行军。到永平府,又遇到吴三桂一部。吴军且战且走,大顺且战且进,一连缠战三天三夜不分输赢。直到二十日,李自成老营才赶到山海关附近。就这样,600 里四五天的路,李自成、刘宗敏他们整整走了 8 天。

　　清军从吴部使节口中得知"流贼克北京"、崇祯和周后俱亡的时间,我国史料多作四月十五日,而出自随军翻译的朝鲜史料却记为四月十三日,时间稍有差异。清军从 600里外的辽西"翁后村"向山海关疾进。在山海关之西,李自成、刘宗敏、李过也提兵逼近关门,双方正在跟时间赛跑。最后的时刻和最后一段路,17 世纪中期的清军在士绅吕鸣章等导引下,行军速度竟达到了惊人的一昼夜 200 里!

　　期间,吴三桂一边与清军 8 次书信往来,讨价还价;一边虚张声势,动员百姓和民兵在山海关西城外修工事,"结虚营","诡称军士,多置旗鼓",假冒正规军迷惑李自成。二十一日白天,李自成对关内"虚营"发动进攻,将坚守营盘的民兵百姓杀戮一空,进兵围城。

　　四月二十日一早,清军距离山海关还有 200 里路,关城形势危在旦夕。就在李自成进攻吴军虚营的时候,清国摄政王多尔衮一声令下,13 万大军排山倒海一般向西南方推进,目标:山海关。清将激励士兵们说:"伙计们,一鼓作气到欢喜岭吃老罕王的榛子!"骑在马上的智顺王尚可喜远望熟悉的关山,督促部下快马加鞭。李自成没有想到关宁军背后还有一支大军正跟他赛跑。

关外欢喜岭，位于山海关城以东四五里，附近就是修于明正统三年(1438)的威远堡。欢喜岭名字的由来有两种说法。一说载于民国《临榆县志》，欢喜岭又名"凄惶岭"。此地系出征或罪戍关东之人离关必经之地，走出这里就算是"闯关东"了，因离开中原家乡而至塞外心情不免"凄惶"，因名凄惶岭；但戍人返回时同样必经此处，登上此岭山海关近在眼前，自然欣喜若狂，故称"欢喜岭"。还有一说此岭是老罕王努尔哈赤赐名。相传某年初秋，努尔哈赤率兵攻打兴京堡，走了七七四十九天才到兴京堡城下。由于人困马乏给养接济不上，被明兵杀的大败。逃了一天一夜来到一座岭下，后金兵个个饿得东倒西歪。这时，努尔哈赤发现一片榛林结着黄色果实，上前摘了一大把扒开皮，里面是黄焦焦的仁，扔嘴里一嚼又脆又香。于是他命令队伍都去摘果实吃。大伙填饱了肚子军威大振，重振旗鼓，一举攻克了兴京堡。老罕王努尔哈赤为了纪念这座救命岭，就起名叫"欢喜岭"。

清军以一天 200 里的急行军，二十一日当夜三更终于赶到了关城以东 5 里的欢喜岭威远堡。大顺兵赶在清军到来之前击破吴三桂军的时机就此错过了。对李自成和大顺政权而言，真是"一失足成千古恨"。

决战关门

"天下第一关"城楼"镇东门"

万历名将、登州卫人戚继光受命备边，作诗一首《出榆关》："前驱皆大将，列阵尽元戎。夜出榆关外，朝看朔漠空。"榆关即山海关，在今河北秦皇岛主城区东北 30 里。此关北倚燕山，南连渤海，故名山海关，又称"榆关""渝关""临闾关"。作为长城东部最重要的关隘，其与西端嘉峪关遥相呼应，元代以来素有"边郡之咽喉，京师之保障"之称。巍巍山海关也是华北和东北分界线，中原汉文化与游牧文化的交汇点。古代历史上各派势力在此演绎出一幕幕波澜壮阔的历史剧。往昔商纣王兄箕子遭受迫害出奔朝鲜、曹操北征乌桓消灭袁氏均行经此处，传说中的秦代孟姜女哭长城也发生在这里。北朝各族政权混战此地。隋开皇三年(583)，开始在今关城以西 60 里处筑渝关城。开皇十八年(597)隋文帝伐高丽、贞观十九年(645)唐太宗征高丽大军均进出渝关。至五代十国，"及晋王李存勖取幽州，使周德威为节度使。德威恃勇，不修边备，遂失渝关之险"，中原政权失去对渝关控制权。宋代渝关又沦入女真之手。明代洪武建政，中原王朝再一次将势力范围推进到北方大漠。洪武十四年(1381)，中山王徐达奉命修永平、界岭等关,他于永平府临榆县古渝关东 60 里、临榆县城东 10 里处移建新城,易名"山海关"。附近有永平府卢龙、抚宁、昌黎三县以及军队管辖的永平卫、山海卫。

时间到了清顺治元年(1644),新一轮角逐又发生在这山海间。参战三方为大顺、吴军、清军。守城吴军以逸待劳,依托若干城池、关口、门户所构成的完善的山海关防御体系,其结构以关城为防御核心地带。

关城兼山海卫城、临榆县城。周长 8 里,城高 14 米、厚 7 米,有 4 座主要城门:东"镇东门",西"迎恩门",南"望洋门",北"威远门"。"天下第一关"城楼就是镇东门,城台合城楼高 25.7 米,城楼分两层上覆灰瓦单檐歇山,北、东、南三面开箭窗 68 个,关门匾额为明成化八年(1472)进士萧显所书。与之相对称的关城西门"原亦有楼",与东门规模相同,原匾额题"祥霭榑桑",1953 年拆除。四门均有瓮城卫护。关城东南角旧有奎光楼,东北角旧有威远堂,东罗城南北两隅筑有牧营楼、临闾楼。除了固若金汤的山海关主城还有附廓五城做为主城的外围防御,山海关关城城墙向南有一段长城延伸到海为"老龙头",关城向西北伸出长城蜿蜒万里到甘肃嘉峪关。

山海关城及附廓各城复原图

关城附廓五城。

(1)东门外的东罗城。今存的东罗城周长约 4 华里,规模同千户所城。民国《临榆县志》载:"东罗城,傅大城之东关外。高二丈三尺,厚丈有四寸,周五百四十七丈四尺。门一,在城东,即关门,为东西孔道。建楼于上,曰服远。水门二,角楼二,附敌楼七。明万历十二年,(兵部)主事王邦俊、永平兵备副使成逊建。"根据记述可知,古人往往把东罗城的"服远门"视为真正的关门。

(2)西门外的西罗城。民国《临榆县志》载:"西罗城,傅大城之西关外。明崇祯十六年,巡抚朱国栋请建,工未毕通,改革中止……门一在城西,曰洪宸。"以蓟镇总兵官调任山海关巡抚的榆林卫人王国栋,于明朝灭亡的前一年,在副将杨元等人的工程基础上开工修建西罗城;到次年四月二十二日,吴三桂、李自成山海关大会战爆发,工程尚未最终竣工。今拱宸门、西罗城均毁。

（3）南翼城和北翼城。据民国《临榆县志》载：南北翼城分别在南门、内门外二里，形制相同，城墙高二丈有奇，城周三百七十七丈四尺九寸，城南北均各有一门。两城为明巡抚杨嗣昌建，今皆毁。

（4）威远堡城。此城在关城东2里欢喜岭上，为辽东团练总兵官吴三桂筑。周长614米。地处高岭，遥控四野，可分兵驻扎而与关城犄角策应。

另外，关城东3里长城"老龙头"有唯一的海堡宁海城，设守备一名，以龙武营驻守。

四月初四反戈关门后，吴军主力在山海关以逸待劳，派出小股武装干扰大顺兵行动。四月二十一日白昼，李自成大顺兵深入关城以西西石河，扫清西罗城门外吴军虚营，将民兵砍杀殆尽。四月二十一日夜间，清军达到山海关东门外欢喜岭威远堡。一场恶战迫在眉睫。风云激荡了半个多世纪，一战而天下走势廓清，短短的数天决定了数百年山河归属，真不亏"养兵千日用兵一时"。考查远如"官渡""淝水"，近如"萨尔浒""松锦"，失败的一方都出现了失误而被对手抓住。但是反复阅读顺治元年（1644）山海关大会战的详细经过，笔者感到参战各方在交战过程中都没有出现明显破绽，就是说都没有犯大的失误。那么，胜败结果就是由双方实力对比决定。这场大战三方实际投入多少兵力？

"老龙头"宁海城的古炮

山海关长城

吴军实力：关宁军正兵5万，民兵3万，宁远流民3万。

吴军实力比较明确。《明季北略》载："（吴）部下有精兵四万，辽民七八万，皆耐搏战。而夷丁突骑数千，尤为雄悍。敌望之辄遁。"吴部主力5万（其中本部关宁军3万，收编高第山海关守兵约1万，收编明朝降将唐通等人的降卒1万）；吴军宁远民兵3万；还有大约3万～5万跟随吴三桂的宁远流民组织起来也可参战。（《庭闻录》《甲申传信录》）二月初八，吴襄廷对崇祯帝询问关宁军实力时，吴襄交了底：敢战之兵3万，其中的中坚是3000精锐。吴襄说这些人是"非兵也"的"子侄辈"。其实吴家虽大，但哪里可能有3000子侄？以子侄视之也。这精兵3000就是吴三桂练就的杀手锏——20个"领骑"（每一个"领骑"相当于一个装甲骑兵连，有装甲骑兵50名），他们的俸饷和饮食都远远优厚于一般的骑兵和步兵，被视为吴家家兵，所以吴襄才说他们是"子侄辈"，这也就是《明季北略》中提到的"夷丁突骑数千",有的史料作"彝兵数千尤精悍"。

清军实力:满蒙汉兵力 13 万有余,厮役、奴仆数万,"号二十万"。

在"以汉制汉"之下,到顺治元年(1644)清军演变成一支以满蒙八旗为核心、以汉兵为主力的军队。按照《小腆纪年》《怀陵流寇始终录》《清朝全史》等记载,顺治元年(1644)四月初九,多尔衮出征大军中,满洲八旗兵、蒙古兵各三分之二,加石廷柱等汉军,再加"三顺王"孔有德、耿仲明、尚可喜及续顺公龚正祥等明军降部。按当时人口,八旗男丁共34.7 万。其中,满洲男丁只约占 16%,蒙古及察哈尔男丁约占 8%,剩下 75.75% 的八旗男丁都是汉族人。这些汉人分别有台尼堪(汉人)、尼堪(汉人)、汉军(加入八旗的汉族军人)、包衣阿哈(汉族奴仆)等类别。满洲八旗兵、蒙古察哈尔兵各三分之二合计 5 万,分隶阿济格 1 万、豫亲王 1 万、摄政王亲自指挥 3 万。汉军 165 个牛录共 3.3 万。以汉族兵补充后的孔有德等明军旧部共 4 万,全军合计不到"十四万骑,"另外还有数万随军服劳役的厮役、奴仆,所以清军对外"号二十万"。

大顺实力:精锐"正兵"6 万,后备兵、养育兵及民夫 10 万以上。

大顺参战兵力记载含混不清。清国大学士范文程估算"百万"显然不确;洪承畴估算"三十万",他与李自成交手多年应该有些依据。《清史稿》说大顺参战兵力"二十万";还有的文人笔记说"不到十万",或者"率兵六万,声言十万",估计根据就是《明季北略》中的"自成合刘宗敏、李过等步骑五万","简精锐七千自随"。实际情况到底如何?

李自成迭克襄阳、西安和京师的大顺进京之兵 20 到 30 万,乍一看真不少,而能够作战的士兵却不多,这与起义军兵民混杂的特点有关。据滕绍箴《三藩史略》考证,大顺兵分为"正兵""虚兵"两部分,对外不分虚实。"虚兵"是类似儿童团的"小儿兵",还有小厮、仆役等;"实兵""正兵"才是真正的步骑兵。"一名正兵常常带领(养子、厮役)10 人或 20人,少亦带领 6 人或 7 人"。洪承畴是把以上这些杂七杂八的人员都计算在内了。李自成带出北京参战的精锐步骑确实就是这 6 万多人,但是加上技术辅助和后勤人员就远远不是 6 万。按惯例以 1∶10 的比例配置,6 万"正兵"加上 60 万"虚兵"就是 66 万,以 1∶20 的最大比例配置就是 126 万人的大军。范文程大约就是这样测算出来的。当然,这跟历史记载不吻合也不是事实。

在山海关大战中,李自成率领的大顺军对外号称"二十余万",真正作战部队六七万人。有的人走向另一极端,认为大顺军一共就这六七万人,言外之意是兵力相差悬殊,大顺兵在极大弱势下对阵清吴联军因此失败。历史上哪有没有后勤保障人员的军队上阵?李自成出征山海关没有按照以往 1∶6 的最低比例配置"正兵""虚兵",但起码是配置了 2~3 倍的预备人员,大顺政权自称"二十余万大军"实空穴来风。实际上,大顺自北京出兵时战兵和后勤共 10 余万人,沿途扩兵拉伕又扩大数万,到关门前合计接近《清史稿》所说的 20 万。尽管如此,为什么"百万之众"的大顺只派了六七万能战之兵?

一、大顺轻敌

据清人所撰《吴三桂纪略》《定思小纪》可知,在处理吴三桂和关宁军问题上,李自成一开始就过于轻视,他似乎忘记了崇祯六年(1633)数万农民大军竟然被曹文诏"千余"关宁军击败逃亡的经历,对吴三桂扼守咽喉之地缺乏认识。当然制将军李岩、谋臣顾君恩都提出很好的意见,李自成固执不听,尤其是顾君恩指出南方明朝藩王自立皆不足为患,唯有"山海关外不可无虑"时,李自成随口搭话也说"可虑",实践中却没有认真对待。

大顺农民军入京后发生的"宋献策占卜"和"箭射承天门"两件事,充分暴露了李自成君臣的骄傲轻敌心态。①《小腆纪年》卷四记载:"乙巳(三月十七日),闯贼围明京师。"北京城尚未被攻破,大顺军师宋献策占卜之后说:"十八日大雨,十九日辰时破城。"后来果然成为现实,大顺上下都以"天意"使然,感到坐天下享清

明京师承天门(今天安门)老照片

福的时刻到了,而将建政任务的复杂艰苦和解放民众的责任使命弃置一边。②三月十九日,紫禁城破,李自成从西长安门入大内,明晃晃的金銮宝殿就在脚下,凌云之志已成,他仰天大笑,无端先发一箭"射中坊之南偏"。至承天门前,李自成回头顾诸将道:"我射一箭,如能射中中间的'天'字,我必一统天下。"于是就又发一箭,一箭却射中了"天"字的下边,李自成本人及其随扈都"愕然"。牛金星趋进打圆场说:"圣主射中了天字的下边,就是要中分天下。"李自成一听,投弓而笑。正因为大顺领导层认为天下已定,加上入京大军的粮草供给存在困难,他们占领北京后四处分兵,导致关门决战时兵力不足。

顺治元年(1644)山海关会战大顺军、吴三桂军、清军三方兵力组合比较表

组合	兵力数量	兵力比较	优势地位
吴三桂、李自成军联合对抗清军	吴李联合8万+7万=15万 清军13万	1∶0.87	优势一般
李自成军联合清军夹击吴三桂军	李清联合7万+13万=20万 吴三桂军8万	1∶0.4	优势较大
吴三桂军、清军联合对抗李自成	吴清联合8万+13万=21万 李自成军7万	1∶0.33	优势最大

请看"三方兵力假定组合比较表",数字仅采能战之兵,小厮、仆役不计在内,投入山海关的三方兵力中任何两方联合都能对第三方构成优势。

方案一:吴三桂、李自成军联合对抗清军,15万对13万,兵力之比是1∶0.87,优势一般。

方案二:李自成军与清军联合,20万对吴三桂军8万,兵力之比是1∶0.87,优势较大。

方案三:吴军与清军联合,21万对抗李自成军7万,兵力之比是1∶0.33,优势最大。

而实战中由于清军先采用了"坐山观虎斗"的后发制人战术,并没有使出全力。当然,这不会改变最终的结果。众所周知,以上三个方案本来都有实现的机会。当初最有可能的组合是两个汉族势力李、吴联合对抗清军。李自成和清军联合也不是没有机会,清军不知道北京沦陷,最初满洲领导层是想与李自成联合。关键时刻,三方究竟如何联合全靠三方的各自互动。最终的结局是吴军、清军联合对抗李自成,吴三桂兵力最少,但也与李自成临战的力量相当,所以吴清联手优势最大。以劣势兵力对抗吴清两军完全是李自成为首的大顺领导层的傲慢和轻敌所致。

不要忘记,决战前从实有兵力、土地、人口、社会财富等方面综合衡量,资源最多的是大顺,其次是清国和大西,最次是夹在强敌中的吴部关宁军。此时大顺"拥兵百万":崇祯十六年(1643)秋冬,襄阳留守7万;崇祯十七年(1644)正月,李自成出征,将军李友率13万留守西安;大将刘体纯、郝摇旗率兵20万留驻陕北,路应标带兵3万支援襄阳,潼关等西北各要地留守20万,出征北京兵民50万。大顺兵一路消耗一路招降纳叛,收编明京营溃兵和唐通、马科、白广恩的降兵,兵员不仅没有减少还增加数万。因此计六奇《明季北略》载:"贼兵入(京)城者四十余万"。李自成进京之日,至少有20万可用之兵。四月中,决定打吴三桂,留牛金星、李过部1万守北京,决战时大顺兵却只有6、7万堪战之兵,其他军队星散四方。

打下北京后感觉大局已定,大顺"兵渐分、粮不足"。分兵目的一是京畿经济遭到破坏,无力支撑数十万军队,另一方面也是略定各地和防御需要。《大顺史稿》《小腆纪年》《明史纪事本末》《怀陵流寇始终录》等记载了分兵的具体情况。

(1)原明朝花马池副将董学礼,投靠李自成出任大顺怀庆总兵官,率5000兵往淮安。

(2)大顺果毅将军董天成所部3000人,协同明朝降将白邦政部3000人派往苏北宿迁。

(3)白姓旗鼓官率大顺兵500进占青州府,百人派往德州,300人入济南、临清、滨州、武定、盐城。

(4)大顺将领郭升、张国柱率领五百屯济宁,另派400人沿河南下。

(5)大顺制将军某(佚名)率2000名军卒发往登州、莱州。(以上就是所谓"贼骑充斥"齐鲁。)

(6)下一城守一地,而督粮也要人马:将军白鸠鹤带数千人大部队去了天津。

(7)又设边防:大顺"刘将军"带兵数千去守蓟州镇三屯营,"白将军"率部数千派去守长城喜峰口。

(8)投降的明朝辽东巡抚黎玉田、原山海关总兵马科,率明军降兵1万远远被派去四川。

如此七分八分,李自成的大顺兵能直接控制和使用的兵力就有限了。

山海关大战前夕,大顺特使唐通再访吴三桂。唐通作战不是太行,做人却八面玲珑,尤善做"墙头草"。他起先被崇祯帝赐蟒袍玉带委以守居庸关重任,大顺兵至即降。李自成对投降文官态度恶劣,但对明军降将十分宽容。三月二十日到四月中,唐通凭借一起作战一起逃阵的战友情多次来关门劝降。本已大功告成,孰料刘宗敏等人对吴襄等人下手太狠,吴大将军冲冠一怒,派到山海关的唐通所部和大顺兵被"一窝端",使节王则尧被吴军斩杀,唐通再来招降必然冒着极大危险。吴三桂念旧予以款待。《明季北略》记载了这次会见。

唐通见吴三桂说:"吴大将军久在边关,劳苦功高,岂料奸臣败事国丧君亡,天下生灵涂炭太久了。"见三桂频频点头,唐通进而说:"今大顺国君慷慨豁达,求贤若渴,正在罗致天下英豪。他虽无尧舜之仁,却颇有汤武之德,十分仰慕将军的名望。您要是亲自去拜见,一见即当封拜,官位绝不在诸臣之下。"吴三桂佯装喜悦地说:"前日来使说话不靠谱,一时激怒了我,遂致决裂至此。现在家父被囚禁,恐怕性命旦夕不保,本镇正为自己的不理智不冷静而悔恨。幸亏唐将军大驾光临,本镇自应改弦易辙,共建百世之功。"唐通点头赞同。

吴三桂话题一转:"今大清压境势难挽回,我们逃是逃不掉的,唯有一战败之,然后可以卷甲趋朝面见新君。"唐通大喜说:"通虽驽弱,愿随鞭镫。"于是转而商量对清军如何"一战败之"。吴三桂告诉唐通,清军将从山海关北30里九门口山中暗道而来。暗道长2里,地势险峻,约唐通以一支兵力埋伏此地,他从东面迂回包抄就可使清兵有来无回。唐通一听信以为真,觉得计划真是好极了。商定,唐通兴冲冲离去。四月二十一日日落,降将唐通带大顺骑兵数百直取九门口,钉了铁掌的马蹄踏在石门土黄色的山石上不时溅起一串火星……

长城要隘九门口,古称一片石关,位于辽宁绥中李家乡境内,始建于北齐,明洪武十三年(1380)徐达奉旨再修,是蓟镇长城最东端和京秦交通要道。关隘倚高山临平原,九门河从关城向北流去。关城高大坚固,由墙体、

镇朔将军唐通①像

内城及关前九门河上护城泄水城门构成;周围不到2公里范围内设有敌楼12座、战台2座、哨楼2座、烽火台2座,并建有外墙、外壕等,构成完整的军事防御体系。唐通按照吴

---

　　①　唐通(? —1664),陕西泾阳人,明末重要将领。初任榆林守备,从总督陈奇瑜剿张献忠于郧阳,迁汉中游击,历宣府副将、密云总兵,参加松锦大会战。崇祯帝对其寄予厚望,但他立场反复不定,先降大顺后降清。列入《清史列传·贰臣传》。

三桂之约埋伏在此邀击清军。

吴三桂也派出一支数百人的队伍,携带火器向九门口进发。摄政王多尔衮刚刚到达山海关欢喜岭,得到情报不顾鞍马劳顿派出满将图赖率前锋兵直奔九门口,大顺军与清军的第一次交锋就这样开始了,幕后导演就是吴大将军。

骑在马上的唐通心花怒放,他要神不知鬼不觉打清兵一个措手不及,在李自成面前立下大功,不料措手不及的反是自己。沉沉夜色中,大顺骑兵懵懵懂懂撞上了埋伏的清军,一阵对射砍杀后唐通不敌败下阵来。后队突然又炮声大作,吴部悄悄摸上来开了火,本想与吴三桂夹击清军的唐通猝然遭受前后夹攻,数百骑兵大部伤亡,唐通带少数人仓皇逃回大营,报告李自成,李自成始知吴三桂终不可降。

当夜三更,孔有德、耿仲明、尚可喜各率汉兵开进欢喜岭。该部的军事骨干源自以火器见长的登莱明军,红夷大炮正在从锦州运来的途中,但该部携带了数量可观的大炮和火器,令人望之生畏。四十不惑的智顺王尚可喜一身甲胄和部下全天忙着赶路,此时早已饥肠辘辘,抬头望着黑漆漆的群山,再眺望夜色中的关城。故地重游,想起 20 年前的旧事——当年辽阳失陷家破人亡,自己独身一人来山海关寻找父亲的一幕犹在眼前;如今东江游击尚学礼早已为明朝马首裹尸,而儿子却阴差阳错委身满洲,不知老父在天之灵尚能容否……想到这,尚可喜不禁感喟连连!

九门口明军指挥部——九门提督府

九门口明长城①暗道入口

李自成兵临山海关,吴军使团的诈降戏再也演不下去,6 位代表高选、李友松、谭邃环、刘泰临、刘台山、董镇庵欲拔腿脱逃。闯王怒令斩之,5 人立马倒在血泊中,1 人"身中三箭"掉了一只鞋居然跑掉了。唐通被夹击本应引起高度警惕,李自成也许以为吴三桂跟清军血斗十数年无论如何不会放清军过来,也许他再调兵也来不及只能迎头而上。"一山不容二虎",自信大顺兵对关宁军有绝对优势,在对决清军前他想先全力击溃吴军

---

① 九门口明长城为明中山王徐达所建,关隘沿山势蜿蜒逶迤,大道为关,小道为口,防御体系中建有敌楼、哨楼、战台、信台、便民楼、烽火台等设施 20 余处,具有建筑结构种类多、变化大、军事设施密集的明代筑城特点。

拿下山海关,然后依托雄关坚城大战清军。

二十一日当夜,李自成在西河集结兵力准备攻城,夜间阵地活动不绝。布列的吴军大炮对着绰绰人影射击,大顺的大炮也还以颜色。半夜时分到下半夜,驻在关外高地上的清军将士只听得数里外吴军据守的山海关城"炮声大发不绝",烟尘弥漫夜空,红夷大炮射出的开花弹在夜空中划出一道道美丽的红色弧线飞向西南石河对岸,爆炸声伴着时隐时现的喊声不绝如缕,随征朝鲜翻译官夜不成寐。将战况记入《沈馆录》。

清摄政王多尔衮与亲王阿济格、多铎,"三顺王"孔有德、耿仲明、尚可喜等都难以入眠。多尔衮说:"莫非吴三桂知道我南来,故意设此圈套来引诱我上当?我大清兵三围北京不能攻克,李自成却一举破之。看来,此人智勇必大过一般人。现在他统大军亲至此地,志不在小。李自成是否有欲乘此战锐气窥我辽东之意?不如分兵固守、观察动静。"可见直到此时,多尔衮对吴三桂、李自成都心怀疑惑。为慎重起见,他命令清军驻扎欢喜岭,任凭吴三桂屡次求援屯兵不进。(《明季北略》卷二〇)

山海关城内,宁远总兵府灯火通明,一身戎装的吴三桂派佟副将、臧将军率精锐守西方石河要冲,派山海关副总兵冷允登扼守东罗城,派关宁军一部和乡勇若干守卫关城北方。部署已定,得到军使郭云龙的禀报,说清国摄政王多尔衮如约到达关外 4 里之欢喜岭。

关宁军祖宽等部在关内与农民军交手胜多败少,但关宁军主力一直用在关外防范清军,直至大部覆没于松锦。关宁余部随吴三桂勤王,行动太迟因此此前没有与攻破北京的大顺兵正面角逐。灭亡明朝的大顺兵是自崇祯十四年(1641)迅速扩展起来的队伍,基本战术素养不如关宁军,但也不像官军那样腐败,是一股作风顽强富于朝气的新兴力量。总之,这是两支汉军迟到的交锋。

箭在弦上不能不发,在场无论是吴军、大顺军还是清军,人人都知道这将是一个不眠之夜。第二天揭晓时刻即将来临,这就是崇祯十七年(1644)四月二十二,大幕徐徐拉开,演员都已到场,此时鹿死谁手尚难以料定。

冰海夕照映长城①

西石河位于关城西 4 里,是当时关门之战的主战场

---

① 延伸至海的山海关老龙头。

二、西石河之战

大顺永昌元年(1644)四月二十二日,月牙五更(凌晨三四点),大顺西石河大营。

李自成将昨夜从一片石逃回的唐通所部"增为两万",作为一支偏师规模十分可观了。再派唐通率部迂回 20 里到关城北山,然后"转兵向东,直扑东罗城",试图一举断掉吴军的逃路和外援。李自成、刘宗敏、李过率领主力向西石河吴军主阵地进发。

西石河即石河,位于山海关以西,古称"渝水",发源于河北抚宁马尾岭,由北向南流淌数十里,贯穿山海关古城西侧,自田庄村东汇入渤海。吴军列阵的这段石河位于关城以西,所以此战称"西石河之战"。《明季北略》记载,当天,"自成率众二十余万,自北山横亘至海,严阵以待"。自石河官道往东南经团练村至大海 10 里,从西石河往北经郭庄、北营子到青石沟亦为 10 里,李自成、刘宗敏将人马沿线 20 里战线排开,在关内外山海间撒下一张弥天大网,将除了威远堡、宁海城以外的关城主辅各城罩在其中。李自成以老营置于石河官道正面,遣刘宗敏主攻西罗城,以别将某(疑是制将军谷英)率有力一部强攻北翼城。部署已定,唐通率部先行。五更将近,东罗城方向骤然响起三声炮响,标志着唐通迂回到位,战斗随即全面打响。

大顺主攻方向在西方,西罗城城楼刚刚建好,城墙没有彻底完工,西石河一旦有失,大顺兵将直薄关城,因此吴三桂在西石河设置了坚固防线,以栅栏、鹿角、炮石设营,派"佟副将和臧将军"率部"列营排阵"。自龙王庙至谭家笪箩村,吴军除正规军外还投入吕鸣章、刘克礼等带领的乡勇 3 万余人,他们经过吴军教官的短期训练投入战场。当地士绅助饷白银 7850 余两,提供战马 120 余匹。(李光涛《明末流寇始末》下编)

大顺兵开始全线进攻,西石河果然首当其冲。骑兵在前步兵随后,刘宗敏率本部猛攻。飞箭流弹如同暴风骤雨扑向东岸,一度突破吴军防御阵地,大批吴军和乡兵纷纷被击毙在河沿,统带乡兵协防的生员李友松、谭有养、刘以祯等均被大顺兵击毙,吴部的教官则督率乡勇向大顺军发起一次次反攻。臧将军报告,他与其他将官带领前锋兵与农民军死战,"连杀数十余阵",彼此伤亡累累。农民军冲入佟营,佟副将急忙率兵抵御,费了九牛二虎之力总算将农民军击退。

吴军两镇官兵因河流布阵于石河西,与大顺兵对攻数十阵,尽管伤亡惨重仍然死战不退。吴军为什么不撄城而守而要与李自成野战?顾炎武在其诗《山海关》中说:"关外修八城,指挥烦内阁。杨公筑二翼,东西立罗郭。"当初设山海关的本意是防关外,没有考虑到要防御关内,因此东罗城早在万历十二年(1584)就建好,南、北翼城也在杨嗣昌任巡抚时建成,唯独关内副城西罗城一直拖到明亡前一年由山海关巡抚朱国栋主持动工,直到崇祯十七年(1644)四月战事爆发,城墙尚未竣工,是个"半拉子"国防工程。而此处一旦被突破,关城就会直接面对大顺兵的冲击,关城有失就会满盘皆输!在接下来的激战中,石河主阵地的吴军右翼被大顺兵轮番攻击,稍微退却。吴军右翼的这小小变化,被久经战阵的大顺兵左都督、汝侯刘宗敏立即发现了。

山海关的大炮

保存至今弹痕累累的山海关东关东罗城

"此处吴军有动摇迹象!"悍将刘宗敏招来心腹面授机宜。须臾,数名大顺将领带着数百(一说数千骑)骁勇善战的"嵩山毛葫芦兵"避开吴军正面,一下子从左侧翼绕到西罗城北方,"飞奔透阵","欲登(西罗)城",这里是西罗城和主城的结合点。见到农民军登城吴军"急击之",又向农民军喊话诈降。趁着喊话当口,吴军一名偏将率兵从北坡暗道鱼贯而下,"以其人之道还治其人之身",反过来一个侧翼包抄将突入城下的大顺兵包了饺子,城上守兵枪炮齐下,透阵突入的大顺兵被尽数歼灭,"寇营望见,气夺,不复来"。以上战况在康熙《永平府志》、民国《临榆县志》均有记录。西罗城暂时保住了,但是关门形势依然严峻。

除了南翼城在海边没有遭到攻击,东罗城和北翼城处境跟西罗城一样岌岌可危。东罗城"孤当贼冲,危机劳瘁,倍于两城",正在遭受唐通部大顺兵的折磨。唐通虽然无能,但屡次三番被吴三桂诈降忽悠,赴约"一片石"还差一点丢掉性命,他因为被激怒而焕发了斗志。东罗城落弹数千发,方圆不到一里的弹丸之地地动山摇,遭到了唐通2万兵的强攻,只是由于吴军和乡勇死战不退,东罗城才暂时没有失陷。山海关生员刘克礼、马维熙都在此带领数千乡勇协助吴军作战,他们为守卫家园而战,因此视死如归打得十分英勇。吴军北翼城守将冷允登也正在和部下陷入苦战。大顺兵猛攻数次均被守军击退,但大顺兵退而复进一直攻至城下。冷允登拼命堵截,关城派来援兵才将农民军暂时击退。(《明清史料》丙编第五本)

整个狭窄的关门如同沸水,李自成大顺兵和吴军双方合计30多万人马挤在纵横不过20里路的土地上对战,吴军主力散布在北、西北、西、西南五个方向上,几乎全部都在交火。吴三桂手中已经没有预备队。在大

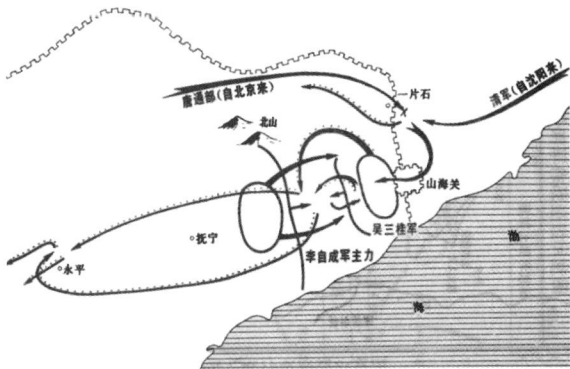

顺治元年(1644)山海关之战示意图

顺军一浪又一浪冲击下,吴军局部防线已多次出现动摇迹象,暂时都靠关宁军的顽强化险为夷。谁都知道,李自成有源源不断的兵力可供调遣,内地援兵如果到来,吴军必然难以持久。

此时,吴军请来的客人——13万大清兵就在东罗城外欢喜岭上作壁上观。吴三桂望眼欲穿地等待昔日的仇人出来救火,但任其千呼万唤就是不见人影,派遣去见摄政王多尔衮的山海关士绅冯祥聘、佘一元诸人迟迟不归。不仅他在等待,山海关军民都在期盼。心急火燎的吴三桂忘记了派遣诸生出关门还不过一个时辰,冯祥聘、佘一元五人正在急速返回关城,他们不仅带回"煌煌十数语"的慰问,还带来一位重要客人。

三、"启关元帅降"——清军入关

吴三桂得知清军已至欢喜岭,凌晨时分再次派出山海关士绅冯祥聘、吕鸣章、曹时敏、程邱古、佘一元五人为民意代表前去敦请,佘一元的《叙旧事诗》(其四)记录了经过:

> 清晨王师至,驻旌威远台。平西召我辈,出见勿迟回。
> 冯吕暨曹程,偕余五骑来。相随谒摄政,部伍无喧虺。
> 范公致来意,万姓莫疑猜。煌煌十数语,王言实大哉。
> 语毕复赐茶,还辔向城隈。

四月二十二日晨,吴三桂派五人去欢喜岭觐见清摄政王,嘱咐速去速回,急迫心情溢于言表。代表团抵威远台,清军大营"部伍无喧",多尔衮接见代表团,"赐坐赐茶,款接温蔼"。听完冯祥聘、吕鸣章的致辞,清方安排汉臣范文程先行致辞。范文程向代表团申明清军此次出兵的意图就是践行双方约定:"兴兵讨贼""为明帝报仇",并请他们转告山海关军民,"万姓莫疑猜"。由于双方敌对多年依然心存芥蒂,吕鸣章等明人诚惶诚恐。

多尔衮随即发表讲话,"煌煌十数语,王言实大哉"。话语虽然不多,却说的都是大事。但摄政王究竟说的是什么大事?根据民国《临榆县志》的记述,多尔衮申明了满洲统治集团的基本政策:

一是兴兵目的。目的为"底定国家,与民休息",平定中原解民倒悬,不是昔日入关的劫掠、杀戮。

二是申明军纪。约束清军沿途不杀不伐、秋毫无犯。此后,"除了极个别现象,八旗兵(在进军过程中)皆能严守纪律、军令如山倒"。(《三藩史略》上卷)

三是大肆赞扬吴三桂忠君爱国,大义可嘉。表示要夺回崇祯帝和周皇后灵柩为其隆重发丧——满洲集团都不知道吴三桂一度向李自成投诚之事。如吴三桂日后不叛清,即便知道了也会不再提及。

最后,佘一元和在场所有人听到摄政王说出最重要也是最富历史意义的一句话:"昔为敌国,今为一家。"军情紧急,又一次赐茶,代表团告辞,多尔衮派范文程随五人返回山海关。

焦急等待的吴三桂第一次见到了范文程。范文程（1597—1666），北宋名臣范仲淹第 17 世孙，字宪斗，号辉岳，辽东沈阳人。明朝万历四十三年（1615）在沈阳考取秀才，万历四十六年（1618）后金军攻克抚顺范文程被俘，以"聪颖敏捷"没有做刀下冤魂，反被努尔哈赤所用，逐渐从战俘成长为后金及清国要员。《清史稿》

清国纳汉人范文程之议开科取士①

记载："上（努尔哈赤）伐明，取辽阳，度三岔攻西平、下广宁，文程皆在行间。"

李自成的大炮猛轰关城，巨弹堕地万物化为粉齑。范文程直视吴三桂目光如炬："吴将军不可迟疑，当亲觐摄政王殿下歃血为盟！"吴三桂终于下定决心，点起十余员将官和数百精锐一起出东罗瓮城。正在围攻的唐通兵见到有兵出来立即蜂拥而来，吴三桂亲冒矢石大呼杀贼，关上放炮助威，数百人"拼杀突围"一口气驰至欢喜岭。《鹿樵纪闻》说吴三桂"从数骑"似不可信，在这种情况下吴三桂只带几个人出城形同送死。《沈馆录》记朝鲜麟坪大君所见，"（吴三桂）亲率百骑出城"；《平寇志》则说"将数百骑突围出关外"，证明他是率兵打出了唐通包围圈才到达清营的。多尔衮当天按兵作壁上观的目的是迫使吴三桂亲自出面归顺，他的目的达到了。

今日之山海关城厢②

山海关临闾楼③

站在欢喜岭高地上远远看到数百甲士簇拥当中一位大将由范文程陪同奔威远台而

---

① 《清史稿·范文程传》《清史稿·选举志》载：顺治元年（1644）学士范文程进言多尔衮"治天下在得民心，士为秀民。士心得，则民心得矣。请再行乡、会试，广其登进。"多尔衮立即定为将科举基本国策。顺治三年（1646），"始行科举法，在京会试举人"。"四月举行殿试，取进士四百人。宴诸进士于礼部。"

② 山海关于洪武十四年（1381）筑城，设山海卫，清乾隆二年（1737）撤卫，置临榆县。

③ 山海关临闾楼今辟为古代兵器展览馆。

来，多尔衮大喜说："天下在掌中矣！"

军容严整，号角呜咽，摄政王下令以满洲军礼迎接明平西伯吴三桂。洪承畴在一旁心情复杂，祖大寿、张存仁面露笑容，孔有德、耿仲明、尚可喜、沈志祥都按捺不住内心的激动，真是该来的都来了！多年以后，比吴三桂整整小了43岁的康熙帝提起这段陈年旧事也说："吴三桂乃本身投诚之人！"（《清世祖实录》《明清史料》）

清军入关已是大势所趋。四月十八日，山海关军民联席会议确定的"借兵复明""裂土以酬""黄河为界"一一成为泡影，清国要的绝不仅仅是黄河以北。吴三桂和关宁军已别无选择，剩下的就是降清"合兵灭闯"，然后"叨得王爵"。

关宁将校簇拥主帅吴三桂到了面前下马跪拜，多尔衮"受礼拜于阵中"，抚慰寒暄一起走到设置好的香案旁。吴三桂醒悟这是要按满俗"剃发盟誓"，他心中责怪多尔衮搞这些仪式无非是怕我没有诚意（"惟恐桂心不诚"），但岭下炮声阵阵，将士时刻在流血。八旗兵"斩乌牛、白马"，祖大寿、洪承畴一左一右陪同吴三桂跟多尔衮对天

雄伟壮丽的角山长城①

盟誓："中国所有悉归贵国。"多尔衮则对天承诺，吴三桂献关击闯，必得分封藩王裂土以酬。盟誓完毕临到剃发，吴三桂内心还是纠结，"砍头事小，剃头事大"的华夷之防根深蒂固，后来吴三桂在昆明回忆"那九王子犹虑桂心未尽，又令剃发胡服"，但当时他嘴上却说"盟誓剃发无恨"，总之内心并不情愿。

吴三桂正准备剃发间，几名骑士又驰上欢喜岭，带头的将校满身血污禀报吴三桂："总镇大人，我东罗城一部降贼！西石河营盘危急！"吴三桂、多尔衮都大吃一惊，举目遥看关城炮声震耳、黑烟弥天，众人心头揪紧，吴三桂二话不说剃发。有人批评他这一刻丧失了民族气节，评价也大致不错。如果农民军不犯下如此错误，吴大将军又何至于此？

主帅剃发意味着关宁军和清军从此成为一家，关宁军及关城百姓都应剃发，但关城外正在激战，这一点做不到。《清世祖实录》记载，多尔衮担心满洲兵辨不清吴兵和大顺兵恐致误杀，"裂白布三条"授予吴三桂，嘱咐"不及剃发者，裂白布缠身为识"。多尔衮说完，令吴三桂先行，随后传令清军准备入关。

　　　　不再控山海，尚存雄伟城。几回摩冷堞，想象昔陈兵。

---

① "自古尽道关城险，天险要隘在角山。长城倒挂高峰上，俯瞰关城在眼前。"海拔519米的角山是关城北山峦屏障的最高峰。角山长城距古城山海关北约3千米，建于明洪武(1368—1398)初年，有角山长城、敌台、角山寺、瑞莲捧日等景，人称"万里长城第一山"。

返回关城,吴三桂"急呼城中人尽剃发"。既然自己剃了发,要求别人毫不含糊。由于借兵降清酝酿已久,加上大顺的屠城威胁,山海关军民对吴三桂唯命是从。不及剃发的官兵白布缠肩,吴三桂就下令开城迎接清军。顺治元年(1644)四月二十二日上午八时,清军入关。左翼 1 万多人由英亲王阿济格、智顺王尚可喜指挥,从西水关入关城;右翼军 1 万多人由豫亲王多铎、恭顺王孔有德、怀顺王耿仲明指挥,从东水关入城;多尔衮自率精锐 3 万殿后,从中门入;留八旗兵 7 万余人为预备队守住关外 4 里欢喜岭。6 万清军浩浩荡荡奔山海关城而来,这座没有被正面攻破的关城就这样向昔日敌手敞开了大门。

吴三桂、孔有德、耿仲明、尚可喜早年都在辽东抗后金,孔、耿于崇祯六年(1633)率部叛变投清;崇祯七年(1634)春,吴三桂、尚可喜、陈洪范、刘泽清、刘良佐、金声垣、柏永馥等部水陆围攻登州,击溃孔、耿叛军将其赶下大海。10 年后的这个春天,吴三桂、柏永馥与孔有德、耿仲明的手握在了一起!此天意乎?殆人力乎?

四、决战红瓦店

清军入关,态势大变,作战双方由大顺和吴军一变而为大顺对决吴清联军,大顺军从力量上处于劣势,这是李自成不曾预料到的。战事进入白热化阶段,吴军野外列阵反击大顺兵,大顺兵与吴军短兵相接,展开两个时辰的残酷搏杀。李自成在红瓦店附近一处高地上督阵,以吴襄,明太子朱慈烺,永、宁二王等被拘押的人质陪同。黄罗伞下,李自成立马高埠眺望前方,关海形胜一览无余:西面是山海关通向蓟京方向大路;东南是巍巍雄关;向南至海一马平川,石河蜿蜒流淌,四月正是开春枯水季节,"人马涉水,如履平地"。

看到关宁军实在难打,站在高地庙前的李自成心潮难平。《明史纪事本末》记载他进军山海关时曾经夸下海口:"吴三桂兵仅三千,我三十万,以一百人捉一人,可用靴尖踢倒!"当众许诺,"等攻下山海关我再即位"。对清兵"因此全不提防"。"关宁铁骑"几进几出和清军大规模调动,要完全避开大顺耳目是不可能的,何况唐通前夜已经跟满洲兵打了一仗。不管李自成愿不愿意,他已经没有退路。

李自成观察完毕,稍调部署阵势,下令全军面向山海关布阵。大顺兵民 20 万众北迄北山、南至大海绵亘二三十里摆开。精锐数万作为中坚集中于"阵首","阵首"立于石河西岸红瓦店,战事就此进入第二阶段。李自成和吴三桂都认识到"成败决于一战",因此把所有精锐都投入了战场。清军则战可以进退可以守,将兵力一分为二:一部留在关外欢喜岭上的威远台堡,一部随多尔衮参战。

李自成观阵的时候多尔衮也正在山海关西门观阵。大顺兵来势汹汹,多尔衮回首告诫满将"不可轻敌",必待大顺兵疲惫而后击之。然后通过城堞继续眺望,看大顺之营"自北山横亘至海"座座相连,气势宏伟,多尔衮十分吃惊地说:"闯王果然势大!"再仔细观察,发现了破绽,大顺的战线拉得太长致"首尾不相顾"。这一幕与松锦会战的明军情况何其相似,多尔衮与皇太极所发现的漏洞也如出一辙。

　　发现大顺摆出20里"一字长蛇阵",多尔衮与吴三桂商定采取重点突破战术,分大军为左右两翼鳞次布阵,以吴三桂部啃"硬骨头"。吴军悉出精锐列在右翼阵首担负主攻,进出西石河一线,目标为李自成大纛所在的红瓦店。参战清军英、豫二亲王及"三顺王"所部则鳞次列阵在左翼西南沿海一带担任阵尾。这里是大顺兵薄弱处,且石河入海口地势平坦开阔,有利于满洲骑兵展开,因此《小腆纪年》记载:"是日(二十二日),自成兵二十万自北山横亘至海,我两军对贼而阵。三桂军其右,我军其左,尚不及贼阵之半。"

　　上午九时许,吴三桂军以重甲骑兵为前锋,精锐尽出。大军涉水渡过浅浅的石河直冲大顺右翼后部,大顺兵从山冈到低地层层叠叠。伴着渐渐强劲的西北风天色阴晦、日色无光,精神高度紧张的双方没有意识到一场沙尘暴即将来临!

　　吴三桂军很快接近大顺军,短暂的铳击箭射后短兵相接,两股洪流很快卷在一起,一场残酷的白刃血战开始。"(吴)三桂悉锐卒搏战,其侄(吴)国贵跃马陷阵,士卒无不一以当百,自卯历辰,杀贼数千人。"(《甲申传信录》《小腆纪年》)吴宁小将吴国贵率部在李自成军中东西驰突,无数大顺兵被刀劈马踏击倒在地,吴国贵率领骑兵一直冲到了龙王庙和谭家筐笭。大顺兵前者死、后者继,毫不示弱,见吴军深入,大顺兵阵后方突然响起隆隆战鼓声。伴随着鼓声,大顺兵两翼井然有序伸展开来,如同两支强有力的臂膀将深入阵中的吴军各部三面包围起来。站在庙岗观战的李自成,手擎大旗辅之战鼓亲自指挥。关宁兵东驰西突,李自成手中的大旗也跟着"左萦而右拂之","阵数十交,围开复合"。(刘健《庭闻录》)炮声如雷,矢集如雨,自辰时到午时,吴军和李自成军连续激战,吴军连破义军7营,交阵数十次,将对阵义军杀伤一半。但随着站在高岗上的李自成旗鼓调度,更多的大顺兵蜂拥而来,进攻的吴军也因为遭受重创失去锐利之气,渐渐力不能支……西石河到北山山麓,战场上浓烟滚滚,到处横七竖八散落着骡马军器,以及倒毙或奄奄一息的人。李自成立马观战屡下号令,要求部下"连营并进",向吴军发起反击。

　　临近中午时分,西北风越刮越猛,一场北国春日常见的沙尘暴不约而至。战场天色骤暗,飞沙走石尘土蔽空,战火与沙尘交织在一起,虽咫尺不辨面容。吴军、大顺兵杀红了眼,风声、枪炮声、呐喊声,声震云霄,设置在北山山坡上的大顺炮兵发炮助威,借着北风"飞丸乱射"。因为两军短兵交接不敢打得太近,结果弹丸呼啸着掠过两军头顶,一直打到数公里外的关城庙堂附近。(《沈馆录》)

　　时机到了。吴军已筋疲力尽,李自成老营也消耗得差不多了吧。列营于左翼的多尔衮下令清军预备出击。八旗子弟闻声,跨上骚动不安的战马齐刷刷抽出兵器,"刀枪并举","剑光闪烁",数万清军在风沙掩护下悄悄自左翼移兵到达右翼。

　　"出击!"伴随摄政王一声令下,满洲披甲和汉兵一齐发出三声呐喊,弓弩上箭,鸟铳上膛,无数钉了厚实铁掌的马蹄击打着饱经沧桑的大地,大地则发出痛苦的隆隆声。清军以正白旗铁甲骑兵为先锋,阿济格、多铎亲自率领两万八旗兵从吴军右侧插入鏖战核心地带,一直冲向红瓦店,"孔有德、耿仲明、尚可喜和沈志祥等率所部兵交战","万马奔腾不可止"。

　　大顺军已与吴军鏖战半日,忍饥挨饿,兵疲将惫,投入一线的精锐伤亡过半,战斗力急剧下降。昏天黑地中,他们只听得山崩地裂一样的马蹄声和呼喊声,接着飞蝗一样的箭矢迎面而来。待沙尘散开,装束有异于中原的骑兵以风卷残云之势压上来。李自成治军颇严,大顺兵不得命令不敢后退,他们正要死战,一些稍微懂得时局的士卒惊呼:"满兵来了!"话音未落,八旗的战刀已经在头顶盘旋。伤亡惨重的吴三桂军突然得到生力军增援,奋其余勇也前驱搏杀。

　　李自成发现一支白旗白甲的大军(正白旗)冲破军阵,亲自挥动大旗下令"后军迎击",但铁骑所至无不披靡,大顺后军数千士卒刚刚投入转瞬就被铁骑淹没。一支八旗兵看到大顺黄罗伞,径直朝着李自成旗鼓所在的庙前高地冲上来!

　　李自成惊诧之际,大顺随军和尚忙说:"大王,执白旗的不是关宁兵,他们一定是关东满兵。请大王应快回避!"李自成急急命人押上吴襄和崇祯三子,拨马"麾盖先走",权将军刘宗敏亦负重伤而走。帅旗一动上下顿失斗志,20里阵营就此崩溃,大顺兵卒纷纷丢弃兵器向西奔命,沿途自相践踏,死伤枕藉沟水尽赤……(《平寇志》卷一一、《庭闻录》卷一、《国榷》卷一○一)

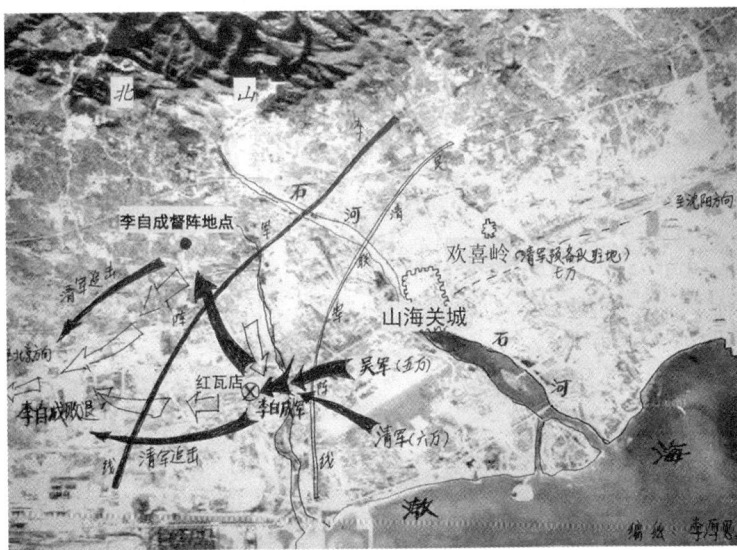

顺治元年山海关大战决战阶段作战经过示意图

　　顺治元年(1644)山海关大会战是17世纪影响深远的大事件,它如果是一个舞台,演员恰恰就是崇祯四年至崇祯六年(1631—1633)登莱兵变及平叛作战的主角:

　　吴三桂——平定"登莱兵变"中崭露头角的少壮派军人,"关宁铁骑"最后一任统帅,山海关大会战吴军统帅。

　　多尔衮——后金天聪八年(1634)奉兄长皇太极之命,代表后金国在镇江堡(位于今辽宁丹东境内)接受"登莱兵变"之明朝叛军孔有德、耿仲明残部投诚的后金国特使和后金国领导人,山海关大会战清军统帅。

孔有德——登莱兵变叛军领导人,降清后为清国将领,封恭顺王,山海关大会战亲历者。

耿仲明——登莱兵变叛军领导人,降清后为清国将领,封怀顺王,山海关大会战亲历者。

尚可喜——登莱兵变平叛明军水师将领,降清后为清国将领,封智顺王,山海关大会战亲历者。

还有两个不得不提的戏剧性人物。

李自成——原明军驿卒、山海关会战大顺政权领导人、农民军领袖。登莱兵变的同时,在陕北点燃暴动之火,与孔、耿、尚"三顺王"一起"协力"灭亡明朝。

吴襄——原辽东总兵官、吴三桂之父,登莱兵变入关剿援立功,山海关大会战作为李自成的人质旁观。

山海关大会战宣告了一个时代的结束,中国历史上最后一个汉族封建王朝,从万历四十六年(1618)萨尔浒之战后艰难维持的一统江山,就此不复存在。

山海关大会战标志着一个明亡清兴的新时代来临,元朝之后的第二个游牧民族再次统治了广袤的中国,山海关大战与稍早的北京城破既是明末农民战争的巅峰事件,也是改朝换代的重大事件,因而从战争性质、规模和历史影响看,它跟牧野之战、长平之战、巨鹿之战、垓下之战、赤壁之战、淝水之战等一样,被列入古代中国十大战役。

山海关大会战是绞肉机!这样一次拼实力拼消耗的大会战当然"并不是请客吃饭",角逐者付出惨重代价。清康熙年间(1662—1722),新任清军山海卫掌印守备陈廷横徜徉漫步在古战场。秋风扫过空旷的原野,卵石枯草啾啾作声,似有无尽冤魂盘桓不得返乡而哭泣,陈廷横作《石河吊古诗》一首:

> 二十年前战马来,石河两岸鼓如雷。至今河上留残血,夜夜青磷照绿苔。

他看到战场痕迹仍然鲜明:残破的兵器处处可寻,稍微动一下土就可见到弹丸箭镞;更加令人触目惊心的是,石河河岸大石上还留着斑斑残血,每到夜间青磷自燃的萤火照亮河滩的绿苔……长眠在此的不论南方人、北方人,他们都是爹娘所生的血肉之躯,真是应了那句话:"兴,百姓苦;亡,百姓苦!"

崇祯四年至崇祯六年(1631—1633)登莱兵变伤亡人口20万,其中山东15万。登莱兵变诱发的朝鲜丙子胡乱和皮岛之战损失人数更加庞大。松锦会战明朝损失约10万,其中被杀官兵3万,清军及老百姓损失不详,但双方伤亡合计不会超过7万人。山海关大会战的伤亡情况史料可以互相印证。《国榷》卷101载,农民军死数万人、大帅15人;吴军也死伤也不少。《明史·李自成传》载,双方留下的尸体"弥满大野",沟水尽赤。民国《临榆县志》卷六载,双方争夺最为激烈的西石河红瓦店,"凡杀数万人,暴骨盈野,三年收之未尽也"。

1. 李自成大顺军覆没

吴军、大顺军在战场杀红了眼,彼此几乎都不留战俘。此战出征山海关的大顺农民军部众 20 万几乎全部覆没。其中,"正兵"约 7 万几乎全部战死,从周围征调的民伕死亡也很多。李自成带领少数人一路狂奔 40 里至永平府才得以喘息。吴军又沿途追击直到北京城下。最后,李自成"剩余六十骑兵走还皇城",与三月十九日进城的威武之师判若云泥。

2. 吴军遭毁灭性打击

总兵官到都司一级中,高级军官战死苏尚义、郑辅、陈廷佑、李朝烈、左子佑、吴景懋六员;守备一级战死蒋守廉、王士华、刘辅朝、濮尚武、王宗武、祖孚望、朱起凤、王弘儒、赵应元、谈天授 10 员;参战的缙绅士大夫战死 10 人。与李自成军大小近百战(决战前数十战),相比之下吴军军官队伍保存还算比较完好,一般士卒就没有那么幸运了。

参战之前吴军原关宁一镇基干四五万,收编山海关镇及唐通降兵近 2 万,合计正规军六七万。战后吴军只剩下 1 万人,后来整编为清军 53 个佐领,"还是这一万人",其余 5 万人去哪里了?——战死在山海关了!

《清世祖实录》记载了山海关之战后,吴三桂部生存都司、守备两级将领名单,这就是吴三桂日后纵横南国的基本骨干。

《清世祖实录》载:

叙山海关归顺献城功:

授平西王属下都司刘世魁、刘登科、王承允、穆景贵、高及第、张怀珍、赵时振、王杰、张善政、李成功、李文耀、张梦绅、詹伯龙、周士登、张耀远、马介、张得义、朱克什土、娄声远、丁朝用、刘国相、刘芳、张国友、王顺贤、刘友直、韩邦宁、张勇、周宗尧、项朝辅、萧勋、陈旭、闵廷元、朱勇、曹凤云、蔡士龙、线惟明、刘应武、闵光先、马良,俱为拜他喇布勒哈番。

守备罗朝宸、董捍国、谈大纲、董永吉、郑材、张国纹、张蕴、秦大才、鲁廷良、傅天德、章师颜、张国文、张天成、王维屏、罗景先、张印、郑玺、陈弘道、叶时秀、魏云程、线志洁、唐懋德、魏民誉、董定邦、常友名、崔登科、高应武、于起龙、王承元、崔成福、王式选、汪起潜、李万良、盛振、姚彪、萧得功、张邦栋、朱景亮、蓝应龙、王治国、李承科、龙友名、梁天植、王登云、牟国栋、周成武、孙荣、程弘勋、刘国友、王钦明、靳裕国、滕善性,俱为拖沙喇哈番。

3. 清军付出一定代价

清军总兵力 13 万,进入关城 6 万,实战投入正白旗、镶黄旗等 2 万人,只用了一成半的战力就取得完胜,是战争最大的得益方。清军一出击,精疲力竭的大顺兵土崩瓦解,如果不计吴军伤亡——在决战阶段理论上吴军已属于清军——清军伤亡文武官员 185 人,士兵数倍于此,合计伤亡应不到千人。阵亡者职务最高者为镶黄旗拖沙喇哈番(汉名云骑尉,军职正六品)富察·托钮,他可能是乾隆孝贤纯皇后富察氏本家。其他参战人员则立功受赏。清军一次阵亡数百不是小数目,但较之大战的重要性来说只是小小代价。

山海关大战后大顺兵基本上打一仗败一场,丢城失地,人员辎重严重损失,力量由鼎盛时期急剧衰减。败退中的李自成不甘心,收集残部在永平红花店再次与追击的吴三桂军发生激战,大顺兵再次大败而走。四月二十三日,李自成杀吴三桂之父吴襄于永平西20里的范家庄(今河北卢龙双望镇范家庄村)。二十六日,仅仅"以六十骑"败退回到北京。当日,将吴襄一家30多口杀害于北京王府二条胡同,其中含吴三桂继母、弟弟、妹妹等人,只有兄长吴三凤得以逃生。

"煤山之哀"后短短数月,中原内部的阶级矛盾并没有让位于迅速激化的民族矛盾,南明、大顺、大清三方的斗争还在继续。直到清军南下,李自成、张献忠相继殒命,一批批民军先后觉醒,袁宗第、郝摇旗、马进忠、李过、李来亨、高一功、高夫人、孙可望、白文选、李定国、冯双鲤等麾下数十万民军在南方举起"反清归明"的旗帜,昔日被称为"流寇"者一跃成为捍卫家园和民族荣誉的典范。在抗击吴三桂、

吴襄殉难的永平府① 卢龙县范家庄附近

孔有德等南下清军的行列中,农民军旧部涌现出李定国这样的中流砥柱。而昔日明朝的将领,一批批倒向昔日关外的敌人,引导清军深入中原向老巢射出利箭。吴三桂与孔有德等一起并肩作战,他必将收复失去的领地并得到梦寐以求的地盘。

"辽海明月照榆关,铁骑飞将锁钥坚。儿女情长岂应计,忠孝自古难两全。"建州女真人努尔哈赤起兵反明,自称是宋太祖赵匡胤的后代,祖上因"靖康之耻"流落北国雪疆。《清朝全史》第三十三章收录清初一则民谚:"朱家面,李家磨,做得一个大馍馍,送与对巷赵大哥。"这个谚语意在揭示明朝、义军、清国三者之间戏剧性的命运转换。

200多年的明朝政府已彻底腐朽没落,而新兴的大顺政权因为迅速腐化和政策摇摆,导致进京短短41天就草草收场,相比之下最稳定的政权是清国。《明季北略》《小腆纪年》以及吴晗所辑《朝鲜李朝实录中的中国史料》均记载了李自成败退北京后的事。四月二十六日,李自成回到北京,与牛金星等商量,他心情忧郁地说:"北兵(指清兵)势大,城中人心未定,我兵岂可久屯于此? 即十个北京,不敌一秦中险固。今为之策,不若退处关西,以图坚守。"牛金星赞成说:"大内(指皇宫)金银搜刮已尽,但皇居壮丽,焉肯弃掷他人? 不如付之一炬,以作咸阳故事(指西楚霸王项羽焚咸阳)。即使后世议我辈者,亦不失为楚霸王之英豪。"大计遂定。

此前四月二十二日,红花店决战后吴三桂回到关城,多尔衮代表顺治帝立即封吴三桂为平西王,以马步兵一万隶麾下。《庭闻录》卷一载:"五月初一日……辇下喧传三桂从贼中夺太子以入,入即太子嗣立,延颈以待。而三桂兵至榆河,睿王檄其追贼。请入都,

---

① 明朝永平府属北平承宣布政使司,包括今河北秦皇岛、唐山大部、辽宁西南部。明朝辽东总兵官、提督京营戎政吴襄于顺治元年(1644)四月二十六日在此被败退的李自成杀害。

不许……是月初七日,国朝敕封吴三桂为平西王。"吴三桂是清国历史上加封的全部汉人王爷中的第四位,也是规格最高的一位。自明建州卫指挥、女真人努尔哈赤举旗叛明建国大金至 1912 年清朝灭亡,汉官封王爵的只有 6 人:恭顺王孔有德(后改定南王)、怀顺王耿仲明(后改靖南王)、智顺王尚可喜(后改平南王)、平西王吴三桂,再加上后来的义王孙可望。"平西亲王吴"并不是明朝平西王,而是清国平西王。崇祯帝死亡前加封吴三桂平西伯,跟开国元勋刘伯温(诚意伯)、平定朱宸濠之变的思想家王阳明(新建伯)一个级别。而摄政王在四月二十二日口头授予吴三桂王爵,这样也就出现了二十六日的榜文,五月七日得到小皇帝顺治正式册封,吴三桂位列辽东战友"三顺王"孔有德、耿仲明、尚可喜之上,"四藩"就此初步成型,开始了"四藩"替满洲"悉力南征"的进程。

四月二十三日清国宣布"灭贼安天下"和"勿杀无辜,勿掠财物,勿焚庐舍"的三不政策。吴三桂沿途张贴檄文,沿路百姓归潮如虹,追击大顺势如破竹。

面对吴军步步紧逼大顺兵开始备战。二十七、二十八两日,尽拆北京城外羊马墙及护城河旁房屋,又命刘宗敏、李过、李岩等出城拒战,以唐通为先锋官,大顺军连营 18 座阻击吴军入城。(《平寇志》卷一一)吴三桂挥兵先击,清军其他各部陆续赶到。两军接战,大顺军连失八营,伤亡 2 万,先锋官唐通被长矛刺中落马,与刘宗敏、李过、李岩等败退入城。"三桂兵至榆河,睿王檄其追贼。"

于是义军领袖李自成决定撤退回陕西。在此之前,他要以明宫为背景演出一幕大戏留之史册。二十九日午时,李自成在皇宫行登基大典,即帝位于武英殿,封高氏为皇后。仪式草草结束立即着手撤退。令全军整束行装,收拾宫中尚未运完的宝物随军带走。"午后,运草入宫,处处皆满"——用马骡驮薪木运至内殿,用车辆把大量硝磺、桐油等易燃物散放在薪木之上。通告百姓出城避难。夜里 10 时左右,下令放火、发炮。北京城转眼间处处燃起大火,农民军用大炮轰击宫殿,爆燃倒塌之声震天动地。九门雉楼及皇城宫殿笼罩在一片火海中,城外草场之火与宫中之火相映,彻夜如白日。到第二天天明,"宫殿及太庙俱被焚毁,止存武英一殿,宫女复逃出无数"。民人趁机纷纷闯入紫禁城劫掠,没被抢尽烧完的宫内器物,被"取攫无遗"。京城九门大火后,"止留大明门及正阳门、东西江米巷一带未烧,盖贼留一面出路也"。二十日,李自成挟明崇祯帝太子,永、宁二王出京城齐化门西奔。李自成仍穿箭衣,"但多一黄盖耳"。投降的明朝官员都在此叩头,李自成传话"免送"。负伤的大将刘宗敏躺在一张长椅上被兵卒抬走。大将谷大成、左光先帅万骑殿后,大顺兵"尽从齐化门出"、浩浩荡荡的人马携带物资络绎不绝朝卢沟桥撤退。有人看到崇祯帝的三个儿子也在大顺军中,但出城之后,自此从人世间失踪——他们多半是死于乱军之中。散落在京城各处放火、抢劫的大顺人员"未出者"2000 余人,"悉为百姓所杀"。

李自成在京委任的大顺官员只允许山陕、河南、北直隶人以及早先选用者随行,其余"见贼势衰败,四散逃归"。"自成率大队……途中大肆焚掠,妇女悬梁投井者无算。百姓官绅践踏死者,积尸成堆。"(《明季北略》卷二〇)

署名"平西亲王吴"的传单在北京附近到处散发:"平西亲王吴,为安抚残黎以救民生事:照得逆闯李自成戕主贼民,窥窃神器,滔天罪恶,罄竹难书。荷蒙大清朝垂念历世旧好,特命摄政王殿下大兴问罪之师,怀绥万邦,用跻和平之域。仁声所播,义无拂命,第虑遐远之区,讹传舛错。不特有辜大清戡暴安民之意,致黎庶反受执迷殒身之祸。今摄政王简选虎贲数十万,拥戴西洋大炮数百位,络绎南下,相应榜谕,以醒蒙愚。为此示仰一带地方官生军民人等,务期仰体大清朝安民德意,速速投诚皈命,各安职业,共保身家。毋得执拗迷谬,自罹玉石俱焚之惨。未便,特谕。顺治元年四月二十六日榜。"

六月三十日开始,一队队步骑兵和辎重队昼夜兼程向西南方进发。大顺兵马刚刚过去,吴三桂轻骑接踵而至。原明朝官员组成北京看守政府,以原兵部侍郎刘余佑管理北京事务,原任御史曹溶守城,原侍郎沈惟炳、原锦衣卫都指挥使骆养性、原锦衣卫指挥黄培设立崇祯帝牌位哭临,并根据吴三桂早先请兵讨贼、迎立太子的告示,"备法驾迎太子于朝阳门"。结果迎来的是的大清国摄政王多尔衮。

多尔衮入北京城,着手安排为崇祯帝发丧(李自成草草举行过一次),组织百官哭临,另启田贵妃墓葬之;上崇祯帝号怀宗端皇帝,周后端皇后;处理兵灾善后,安抚救济百姓;开始了清朝在北京268年的统治。4天前,吴家在京人员38口被大顺斩尽,吴三桂提出入城探家,摄政王不许,让他带兵继续追击,这也许是对他的一种精神保护。

"武安席上见双鬟"

乱世人生直如疾风吹纤草,陈圆圆能活下来是个奇迹。她与吴三桂劫后重逢靠的不完全是运气,也有灵活机智和随遇而安,这是她在吴门风月场养成的生存技能。《庭闻录》记载:"贼愤甚,杀之悬其首于竿,襄家三十八口,俱遭屠戮。盖延陵已有正室,亦遇害(不确,发妻张氏在关宁——笔者注);而圆圆翻以籍入无恙。"新妾陈圆圆没有拜堂就被刘宗敏掠走,又献给宫中。山海关大败,李自成迁怒于吴三桂杀了吴襄全家。如陈圆圆留在吴府,必定在劫难逃,被掠进宫反而救了她一命。

关于这段往事,吴梅村在《圆圆曲》中说:"若非壮士全师胜,争得蛾眉匹马还。蛾眉马上传呼进,云鬟不整惊魂定。蜡炬迎来在战场,啼妆满面残红印。"诗中准确指出一个事实:陈圆圆是吴三桂等人在京南一次大胜中解救出来的。《圆圆传》载:"自诚怒戮吴襄并其家三十余口。"李自成杀了吴家又要杀陈圆圆,陈圆圆灵机一动对李自成说:"听说吴将军就要卷甲而来,他这次只是因为我的缘故才兴兵反抗大王。我一个弱女子被您杀了没有什么可惜的,只恐怕吴将军从此要成为大王永生的死敌,对大王不利呀!"

李自成觉得有道理,但不甘心把她留给吴三桂,"欲挈圆圆去"。陈圆圆见势又说:"我当然很愿意跟大王一起走,只怕吴将军穷追不舍岂不是连累了大王。替大王着想,我想我还是留下来为好,到时我可以劝说吴将军不要追您,以此来回报大王的恩遇!"小女子这聪明的小伎俩没有得逞,李自成口头说好,但终究没有放过她,她和千千万万明朝妃嫔宫女被裹胁南逃。

五月一日开始，北京以南的涿州—定兴—徐水—保定一线和以东的卢沟桥—固安一线到处车轮滚滚、人马塞途，李自成残部取道保定、正定、井陉过太行，沿着来路撤回陕西，由于"骡马皆载重"，队伍拉得很长。师次京郊，吴三桂望城悲泣，悲痛唤起了寻找陈圆圆的强烈愿望！除了死里逃生的哥哥吴三凤，陈圆圆成了吴府劫后余生屈指可数的亲人。

他决心无论死活一定要找到她！命令传达到清军各部：一定要找到陈圆圆！在这兵荒马乱的岁月找个人形同大海捞针。清军兵分左右两路南下尾追李自成。李自成的人马散布在京南上百里的广阔土地上纷纷南逃，陈圆圆究竟混在哪一路中？以恭顺王孔有德、平西王吴三桂的汉兵为主力的清军左翼，在明军旧部基础上混编了满洲兵，战斗力极强，他们沿着卢沟桥、固安、雄县南下直取保定府。农民军逃跑自顾不暇，"自卢沟桥至固安，百里内所弃财物、妇女塞路"，但哪一个是陈圆圆？吴三桂大失所望。多铎的清军右翼从涿州到定兴追了几百里，沿途缴获义军辎重，其中有"彩缎数万匹"。正在抽穗的小麦地里、河沟里、荒村中，京城女子到处"潜身于僻地"。多铎鉴于右路军"人马疲困，不能追击"，在保定府以北结束了追击行动，满载而归，向吴三桂通报没有发现陈圆圆踪迹。

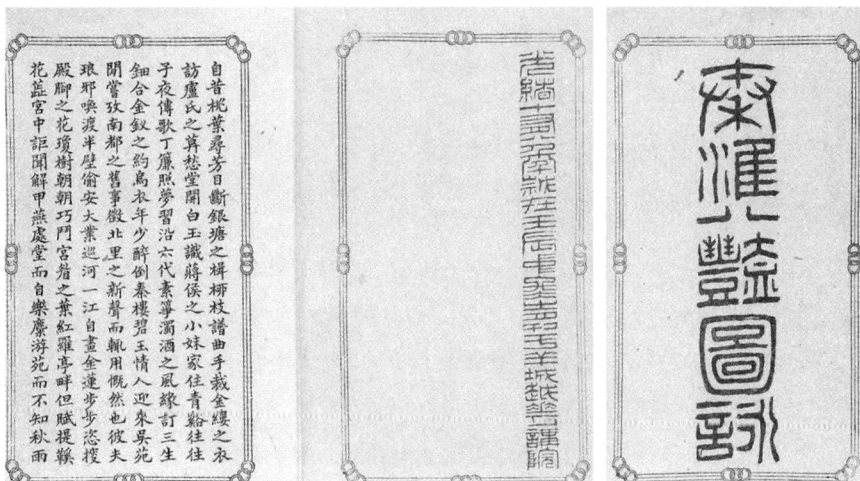

光绪版《秦淮八艳图咏》书影

吴三桂哪里知道陈圆圆就在他的前方，他只要再追击百八十里也许就能解救陈圆圆，但他下令停止了追击。好运又一次与陈圆圆失之交臂。如果吴三桂就此放弃，陈圆圆很有可能香消玉殒！

"全家白骨成灰土"，仇恨使吴三桂不顾清军右翼已停止军事行动，冒着孤军冒进的危险驱使左翼马不停蹄昼夜兼程。1万骑兵五月初一以行军姿态越过保定府，五月二日又渡过琉璃河，终于在保定西南50里的庆都（今河北望都）追上了大顺兵，截住了制将军左光先(原明军降将)、蓟侯制将军谷英(即谷大成)的后卫,一场激战骤然来临。吴三桂希望不仅能击破此敌而且能够找回陈圆圆。

在庆都城东,两军开战初期互有杀伤,不久之后吴部就占了上风。因急于撤退,大顺兵不敢恋战且战且走,吴军且战且进,缠斗到定州城北 10 里的清水铺,大顺兵再次被堵在清水河南岸难以逃脱。制将军谷英整理队伍就地反击,试图杀一个回马枪教训一下紧追不舍的吴三桂,无奈因为饥疲不堪加上连战连败,大顺军卒皆不从命,制将军谷英大怒,"连斩数人终不能止",吴军进击,阵斩谷英。左光先率部来救谷英,遭遇随左翼军行动的恭顺王孔有德、满洲镶黄旗都统谭泰、镶白旗都统准塔、正黄旗奉国将军巴布泰。孔有德和巴布泰冲上去砍断了左光先的马足,左光先从马上跌下来被护兵所救,护兵给左光先换了一匹坐骑,他痛得不能骑,护兵就把他扛着逃走。吴三桂、孔有德的左翼军全战大胜,"俘获(大顺)大将三人、杀数千、夺妇女两千",但陈圆圆还是杳无音信。

李自成即将撤退进入巍巍太行,一旦进入井陉山口追击就难了。吴三桂决定做最后的努力,挥军继续追击,在石垣(今河北石家庄)以北 20 里的真定(今河北正定)竟然追上了李自成老营。这里东去是衡水西去是山西阳泉,南边官道通向邢台和邯郸,是大顺撤退山西的必经之路。

李自成被吴三桂一路追杀十分懊恼,"乃勒精兵依山为阵",集中所有精锐向吴三桂反击。端午节当日,两军再次激战。《吴逆始末记》记载,李自成在阵前对吴三桂厉声高呼:"今日亲决死斗,不求人助,乃为豪杰耳!"吴三桂身负国仇家恨,见到李自成更是红了眼!

大战从上午 7 时打到日暮,互有杀伤。李自成被关宁军流矢射中肋下,带所部走固关入山西。吴三桂又追击一日到山前,遥望雄伟的太行山止步不前,仍然没有找到陈圆圆,于是撤军走到定州。吴三桂在定州为他的父亲设灵位,割谷英首级置于吴襄灵前祭祀,"泣血尽哀"。就在他对找回陈圆圆感到绝望的时候,突然传来重要消息……

冥冥之中,如有天助。正定大战击中了要害,重创大顺军,陈圆圆和一大批被大顺兵裹胁的高级妃嫔散落在战场。端午节当夜,李自成负伤西奔,一位面貌秀丽的江南女子白衣白衫孑然独立在旷野,不知自己该何去何从。连战连败的大顺将士个个急于逃命,携带大小包裹的兵卒从她身边骑马风驰而过。她穿着单薄的衣衫站在那里一动不动,夜风吹得她瑟瑟发抖,仰望北空那颗最亮的星,她又闭上眼睛,脑海中是去年这个时节提督总兵官吴三桂在田府饮酒的音容……一别整整一年,吴襄按照吴三桂嘱托将她赎买进门,都没有来得及拜堂成亲就遭遇国变,身世飘零。想起遥远的故乡江南,想到今生今世不能相见,泪水涟涟打湿了衣衫。难道这冀州荒野就是自己葬身之所?

诗人吴梅村在江南挥笔《杂感二十一首》(其十八)记下这段难忘的经历:

> 武安席上见双鬟,血泪青娥陷贼还。
>
> 只有群亲为故国,不因女子下雄关。
>
> 取兵辽海哥舒翰,得妇江南谢阿蛮。
>
> 快马健儿无限恨,天教红粉定燕山。

乾坤凌乱,遥看骑火一川明,无数男女被时代大潮裹挟掉进了漩涡。大顺兵刚刚过完,又一阵急促的马蹄声由远而近。伴随着噼噼啪啪燃烧的火把声,她听到一种陌生的话音,那是来自雪国的辽东话,有人喊:"快看,还有一个妹儿在此!"

当五月七日农民军撤过定州以西,追兵已到固关北侧核桃园,固关居晋冀之间,为战略要地。李自成调后营人马返回关上防守。《虎口余生记》吴军自山海关至固关,长驱2000里不间断地行军,马困人疲,险关面前不堪再战,吴三桂驻军定州祭过家人,收集缴获犒赏士卒,军使却突然来报:寻到如夫人,正护送至行营! 千里追击杳无音讯,乍听到这个好消息吴三桂喜出望外,大呼让亲兵"结五彩楼","备翟茀仪!"

五月七日夜,陈圆圆被骑兵护送到吴三桂行营。

跳动不定的烛光,映照着陈圆圆凌乱的头发和白皙的脸。吴梅村的叙事诗描述了吴三桂在左翼军刚刚接到她时的样子,"蛾眉马上传呼进","血泪青娥陷贼还",将其"迎来在战场",她"云鬟不整","惊魂(初)定",显然一路受了严重惊吓,脸上还留着泪痕。但生离死别后又得团圆,在蜡炬下见到吴三桂还是面露羞涩之色,这就是"啼妆满面残红印"。吴三桂当时并不知道兄长吴三凤还活着,以为陈妾是北京吴府数十口亲人中唯一活下来的。在定州的这个时刻他喜极而泣,拥着她等于是拥着全世界!

自此戎马倥偬间,吴、陈二人相濡以沫数十年。陆次云《圆圆传》云:"(吴三桂)旋受王封,建苏台、营郿坞于滇南,而时命圆圆歌。圆圆歌《大风》之章以媚之。吴酒酣,恒拔剑起舞,作发扬蹈厉之容,圆圆奉觞为寿,以为其神武不可一世也。"

崇祯二妃与崂山情结

国灭,君死之,正也。

——《公羊传·襄公六年》

故明山东省登莱青道莱州府东南沿海诸峰,曰巉山,曰鹤山,曰牢山(今称崂山),或依山面海,或居高临下,或深墅密林,或曲径通幽,为道教全真派静修圣地和道乐发祥地之一。自西汉上大夫张廉夫弃职筑庵而居带来南韵,到东汉经学家郑玄避乱筑书院演礼乐,历经名僧法显、尉迟恭、李白、苏轼、赵孟頫等名人光顾及吴筠、任新庭、李哲玄、刘若拙、邱处机、孙不二等道人共同努力,使崂山道教及道乐繁荣一时,逐渐形成了"崂山派道乐"。

崂山又是一座有着遗民情怀的名山。元代,旧宋宗室书法家赵孟頫在崂山偶遇宋度宗第三子、末代皇帝赵昺二妃谢丽、谢安,并欣赏了二妃演奏的古乐。宋兴祥二年(1279)三月十九日崖山一战失败,陆秀夫身负赵昺投海之际,谢丽、谢安化成渔家女从水路逃至崂山,在太平宫出家。二人均精通琴法音律,能演奏古琴和笙管笛箫。二妃为赵孟頫演奏了自制的《望海》《观潮》《听涛》三首琴曲,赵孟頫听完,肃然起敬,作《相见欢》共吐亡国之哀。赵孟頫与谢丽、谢安的创作,"使元初崂山内外琴曲和应风乐发展起来"。（孙文昌、张崇纲、孙守信等《崂山与名人》）崖山一战366年后相同的日子:顺治二年（1645）三月十九日,崇祯帝二妃步了赵昺二妃的后尘。

　　顺治二年春,坐落于崂山北麓铁骑山西南坡的道场百福庵,道长蒋青山迎来两女一男三位不速之客。两女为崇祯帝二妃养艳姬、蔺婉玉,半百老者为原崇祯内侍太监边永清（一说蔺婉玉叔叔蔺卿）。宋明两代,崂山都成为一双落难妃子的庇护所,巧哉!

青岛崂山北麓铁骑山西南坡的百福庵

百福庵位置图

　　养艳姬,晋北宁武才女,春秋时楚国大夫养由基后裔,擅长音乐,读过兵书,善于剑术。蔺婉玉,太监蔺卿侄女,才貌出众,精通音律。起初在宫中任乐舞,后来与养艳姬都为妃,两人情同姐妹。北京城陷落当日,养艳姬、蔺婉玉毕竟风华正茂,太监边永清也不甘坐以待毙,一男二女相携逃出宫中,装成流民辗转逃到崂山。同是天涯沦落人,相逢何必曾相识。前明知县蒋青山得知他们的来历后一见如故,当即收留他们出家修道。养艳姬、蔺婉玉出资依中空巨石建石室"萃园洞"并在此静修。蒋青山移居通真宫,一起合作研究琴法,改编民歌充实曲牌。养艳姬、蔺婉玉暂安崂山,但却挂念崇祯帝下落。过了一年,得知清廷对于明朝皇家旧属不再严加追索,二妃相携潜行回到京师,祭奠皇陵,找到明宫老太监某。见到旧人,二妃询问皇上下落。老太监掩面而叹息:"先帝已龙驭宾天矣!"尽管已经有所风闻,但听到确凿消息二妃依然落泪,倾听老太监诉说崇祯帝罹难的全部经过。

　　崇祯十七年（1644）三月十七日凌晨,宁远兵和吴三桂刚刚走到山海关,大顺兵已进围北京。早朝诸臣个个惶恐不言,44岁的崇祯帝含泪在御案上写下一行小字:"文武官个个可杀,百姓不可杀",然后示意太监王之心擦去。

　　大臣范景文、周凤翔、马世奇正在殿门口聚语,突然提督京营城守的襄城伯李国祯单人匹马飞驰而入,太监呵止。李国祯大喊:"此何时也?君臣即欲相见不多得矣!"于是放他进来。他进殿伏地大哭对崇祯帝说："守城的兵不听指挥了！鞭起一个，另一个又躺下，叫我有什么办法？"于是，"帝哭，诸臣亦哭"。

十七日临近中午时分，北京城远尘冲天，大顺游骑五六十人突至西直门，守卒亟发炮毙20骑，难民死数十人。守军刚刚进宫报告说贼过卢沟桥，"须臾，贼大至"。"平则、彰义各门炮弹如雨、火光际天"，守军和薄城大顺兵互相开火射击，李自成的大炮也运到城外布列。

十八日一早，北京城先是黄沙障天日月无光，忽然风雨雷雹交加，九门道上无行人。守军和大顺兵交火间隙，大顺兵放投降太监杜勋入城谈判，崇祯帝召见于明宫平台，内阁大学士魏藻德在场。杜勋代表大顺对崇祯帝说：闯王兵强马壮，希望朝廷割让西北，封他国王并犒军银百万，他愿意退守河南。崇祯帝无言，杜勋又言："闯王既受封王，愿为朝廷镇压各地的造反，尤其能以强兵帮助朝廷抗击'辽藩'（指大清），只要求不奉诏入觐。"兵临城下之际，相对于社稷倾颓宗庙俱焚，李自成开出的这个条件不算太坏，说明此时李自成并无破城把握。

崇祯帝对魏藻德说："事已急，可一言决之！"魏藻德默然俯首而已。崇祯帝忧惧异常，他眉头紧皱，倚着龙椅站立在椅后，再三询问魏藻德的意见，"藻德终无一词"。崇祯帝命杜勋回去听消息。杜勋出门而去，崇祯帝愤然将龙椅推倒在地，拂袖进了后室，魏藻德扯身溜走了。

不久，司礼监太监曹化淳等献出城门，北京外城失陷。崇祯帝听说外城破，当晚在提督内外京城、太监王承恩陪同下登万岁山远望，眼前是一幕末日景象：从西到东从南到北，北京城烽火烛天，伴随着城外炮声阵阵，靠近城池的官廨私舍顿时被夷为瓦砾，流矢如刺猬一样铺天盖地而来，纷纷坠落城中，透过高墙园囿他隐约听到民众哭声震天……

"苦我民也！"崇祯帝叹息下山回乾清宫，提笔写："成国公朱纯臣提督内外诸军事，夹辅东宫。"写完命太监将手令拿到内阁，内阁此时已空无一人。

明宫紫禁城角楼

北平行都指挥使司夜巡铜牌

崇祯帝回坤宁宫对34岁的周皇后说："大事去矣！尔为天下母，宜死。"替朱家生下太子朱慈烺、怀隐王朱慈烜、定哀王朱慈炯的贤惠女人周玉凤知道最后的时刻来临,恸哭不已:"妾事陛下十八年,卒不听一语。今日同死社稷,亦复何憾!"说完动身自缢,崇祯帝凄怆不复顾……

周后为人忠厚,亲操家务从不为难妃嫔,养、蔺二妃十分悲痛,只听老公公继续讲述。吩咐完皇后,崇祯帝随处一坐呼左右进酒。宫人个个噤若寒蝉,一连以金杯盛着烈酒十余大杯奉进,帝杯杯饮尽。宫人更加震恐,跪在地上一动不动。酒尽,崇祯帝面红耳赤,大声传旨让宫人督促东西两宫跟皇后一起自缢,还不忘让寡嫂懿安皇后张嫣自尽,说:"莫坏皇祖爷体面!"

然后,他吩咐宫人唤来三子。太子朱慈烺 15 岁,周皇后生;永王朱慈炤 12 岁,田贵妃生;定王朱慈炯 3 岁,周皇后生。三兄弟进来,一见他们还穿着平常的皇家衣服,崇祯帝说这都什么时候了,还不赶快换衣服?

宫人拿来百姓家旧衣,崇祯帝吩咐孩子换衣服,动手挨个给三个儿子系衣带。三岁的小儿子朱慈炯,不知道母亲已在后堂自缢,一脸稚气地抬头望着父亲给他换衣服,不明白大人的世界为什么突然变得乱糟糟……

崇祯帝眼含热泪,嘱咐太子朱慈烺并顺带告诫次子、幼子:"今日我大明江山社稷倾覆让天地祖宗震怒,这都是你父亲的罪过。然而我已竭尽全力,无可挽回。你今日为太子,明日就是老百姓,在乱离之中要隐姓埋名、处处低调,见年老的人以翁呼之、见年少的以伯叔呼之,希望你们万一保全下来,来报父母之仇,永远不要忘记我今天说的话!"

崇祯帝朱由检

话到此处,父子四人抱头痛哭,左右宫人也痛哭失声。崇祯帝吩咐宫人将太子和定王送往国丈周奎家、永王送到外公田家避难,宫人开始纷纷逃离。

正如《小腆纪年》卷四载:

……既而曰:"传主儿来!"谓太子,永、定二王也。太子、二王入,犹常服。明帝曰:"此何时,弗改装乎?"命持敝衣至,为解其衣换之,且手系其带而告曰:"社稷倾覆,使天地祖宗震怒,实尔父之罪也。然尔父亦已竭尽心力。汝今日为太子、明日为平人,在乱离之中匿形迹,藏名姓,见年老者呼之以翁,少者呼之以伯叔。万一得全,来报父母仇,无忘我今日戒也!"左右不觉哭失声,班始乱。

做完这一切,崇祯帝起身入坤宁宫后堂,见周后自经于梁上,"拔剑撞其悬而转之,知已绝"。自家女人不能留给"贼",两个女儿也决不能落入"贼"手!崇祯帝独自仗剑走进寿宁宫,15 岁的女儿长平公主正在哭泣,崇祯帝按剑叹息说:"你何故要生我家里?"挥剑砍之,公主断臂仆地昏死过去。崇祯帝又在昭仁殿砍死了 6 岁小女昭仁公主。

崇祯帝红了眼,按剑踉跄巡行到西宫(翊坤宫)。袁贵妃见他进来就跪下来,崇祯帝挥剑便砍杀,袁妃血流倒地,"复刃所御妃嫔数人"。

家事算是处理完了,皇帝冷静了下来,找小太监招呼王承恩进来说话。短短 4 个月间,先后换了 3 位首都卫戍总司令:吴三桂之父吴襄,崇祯十六年(1643)冬任命并调入,名"总督京营戎政";世勋襄城伯李国桢,崇祯十七年(1644)三月初四任命,名"提督京师城守";司礼监秉笔太监王承恩,北直隶(今河北省)邢台人,崇祯十七年(1644)三月十一日任命,名义为"提督内外京城、总督蓟辽"。后任明令发表,前任并未革职,于是一城三公并行,然而吴襄手下并无一兵一卒,李国桢"虚骄负气",王承恩并不知兵。江山糜烂王朝倾灭,官兵各谋出路都不服从,任命一百个城防司令又能如何?

说到此,老太监不禁慨然!他回忆:当时崇祯帝望着王承恩说话声音很低,没人知道说了些什么。过了一会儿,又让下面进酒对饮,君臣彼此不再说话,只是听着紫禁城外时紧时松的枪炮声、喊杀声伴随着民人宫人的呼喊,两人一杯接一杯闷声饮酒。

三鼓夜深,停下酒杯。崇祯帝"微服易靴",携王承恩一起手持三眼铳上马,数十名骑马持斧的内监跟从两人齐出东华门到了外城试图出京。大顺兵自西方而来,因此崇祯帝奔至外城东门齐化门(今朝阳门),又转到东南崇文门,门门紧闭,守门官兵跑的一个不剩。于是又转到了前门楼子(南门正阳门俗称),此地尚有守门官兵,怀疑内变炮矢相向,太监们大喊:"大驾在此!"守兵才停止了射击,但大前门城外少数忠诚的京营官兵正在与扑城的大顺兵激战,城外之路也已阻断,君臣也不能从这里出城。众人回转马头走至白家巷,远远望见城上悬起了三盏白灯。

"初,与守城官约以白灯三为城破之信也",这是约定的破城信号。崇祯帝丢下三眼枪,长叹"完矣!"这次毫无章法的突围到此为止。

元明之齐化门(今朝阳门)　　　　　　明代的三眼铳①

---

① 崇祯帝深夜出宫携带的正是这样一件火器。

王朝轮换周期律就是"其兴也勃焉,其亡也忽焉"。而每逢改朝换代,无不伴随着腥风血雨。此时,崇祯帝想到了什么?或许想到了苟且偷生的刘禅、孙皓、陈叔宝,想起了南唐后主的"一江春水",想起了魂断北疆的宋徽宗、宋钦宗。即位之初他剪除大奸亟思振作有为,可是自从大凌河之战诱发孔有德兵变,明朝的多米诺骨牌一张张倒下,国事家事江河日下。隋朝暴君杨广役空天下人力,南唐国主李煜纵情声色,败亡都在情理之中,可是朱某勤俭节约励精图治,为什么也落得一般下场?对于历史周期律老太监是说不清的,理解这一定律也超出17世纪两个中国小女子的思维能力,她们此时最急切的就是想知道皇上最终的下落。

老公公继续讲。崇祯帝当晚闯城门未果,路过白家巷见城上悬起白灯,又路过成国公朱纯臣府邸,他命人前去敲门。当日,崇祯帝欲加封朱纯臣"提督内外诸军事,夹辅东宫",却因内阁星散无人票拟而作罢。朱纯臣是驸马都尉,明第12代成国公,"靖难之役"为朱棣立功的大将朱能之后。太监敲门多次门人都作答说主人不在,出去喝酒未回。这样的时候谁还有心思外出饮酒会客?分明是躲着不愿相见(朱纯臣此时正在做投降的打算)。

崇祯帝无如之何。自三更启程,在王承恩及四五十个持斧的太监陪同下从东华门出紫禁城,先走北京东门朝阳门,再走东南崇文门,继奔南门正阳门,终奔北城安定门。而"门坚不可启,漏五下矣",半夜奔波告败。崇祯帝说:"朕志决矣!朕不能守社稷,朕能死社稷!"

他似有话交代百官,回到大内前殿乾清宫亲手敲钟召集百官,敲钟良久"无一至者"。崇祯帝遣散宫人任其逃命。就在太监宫女们纷纷四散出宫的时候,紫禁城被趁乱攻破,老太监特别说了两件事:一是"剪毛贼者"的突袭;二是原先力阻明廷迁都南京,信誓旦旦表示要与城共存亡的光时亨率先投降。

老太监说,三月十九日黎明,北京天空云雾四合,忽然先飘起冷雨,不久变成了雨夹雪,吹打在身上寒彻肺腑,似乎上苍在为古国悲伤!大家突然听到大内东北贞顺门外喤喤的砍树之声,继而大顺"孩儿军"——俗称所谓"剪毛贼者"(又称养育兵),从宫城东北搭着新造的梯子"猿升而上",登上了宫墙。造梯子的过程充分发挥了他们的智慧才干,就地取材,砍了故宫墙外的大杨树。登城打头阵的先锋就是一群孩儿。"孩儿军者,贼所选童子,习杀掠,闵不畏死,一云剪毛贼者也",也就是将阵亡将士的孩子或者战地俘获的孤儿抚养教育为战争机器。孩儿军无知无畏,一张白纸灌输什么就是什么,而且没有家庭和身后顾虑,以故临阵不怕死,作战表现有时比成人还要残忍。"守兵见孩儿军上"异常惊骇,紫禁城的守卫者们做梦也想不到遇到这样的敌手,纷纷"弃衣投刀避下城",于是"贼入东直门,光时亨降",大内各门次第开启,紫禁城就此陷落。

《小腆纪年》载:

昧爽,天忽雨,云雾四塞,俄微雪。贼砍杨树为云梯,使孩儿军从东北猿升而上。孩儿军者,贼所选童子,习杀掠,闷不畏死,一云剪毛贼者也。守兵见孩儿军上,即弃衣投刀避下城。贼入东直门,光时亨降。顷之,各门俱启……

老太监说:"光时亨和一帮太监献城之时,只见皇爷和王承恩一起骑马离去,这是皇爷生前留在世上最后的背影……皇爷走后他和其他宫人也走了。"养艳姬、蔺婉玉都睁大了眼睛,一起注视着一脸凝重的老太监,"皇爷究竟去了何处?"她俩同时脱口而出。老太监干咳了两声说,"此后一连两天都说皇爷宾天,可是谁也不知道下落,最后是在寿皇亭发现了一匹马……"

"一匹马?"老公公点头称是,"正是坐骑引导人们找到了皇爷宾天之处。"

"当初,皇爷将要以身殉国,示意武宦各归守大内诸门,而自己由提督城守的司礼监太监王承恩陪同骑马而去,以故皇爷驾崩之后众人皆不知其所终。到了己酉日(二十一日),有人在景山上发现了皇爷离开大内时乘坐的这匹马,可怜的马不知道主人已死,正在'蹄地啮草',原守卫寿皇亭的一名武宦认出了马儿,脱口而出:'此上所乘也!'"

春来景山(万岁山)

景山远眺①

"武宦的发现提醒了人们,顺着踪迹一路追寻,在皇家御苑万岁山东侧找到前不久刚刚建成用来检阅大内武备的寿皇亭侧,发现皇爷和王太监面对面自缢于海棠树上。皇爷之死,'以发覆面',穿着'白袷、短蓝衣,黑色绿边','白背心,白紬裤',左脚赤裸,右脚穿着绫袜和红方鞋。他的衣服前有自己写的血诏:朕登极十七年,致故人内地四次,逆贼直逼京师。虽朕薄德匪躬上干天咎,然皆诸臣之误朕也。朕死无面目见祖宗于地下,去朕冠冕,以发覆面,任贼分裂朕尸,勿伤百姓一人。《小腆纪年》

老太监话未说完,养、蔺二妃在一旁早已哭成泪人。

崇祯帝之死也,从帝而死者文武之臣30多人,内阁大学士范景文、翰林院学士倪元璐、太傅、新乐侯刘文炳与弟左都督文耀……布衣庶人无数。

① 景山在元代名青山,属大内后苑。明永乐间行在后军都督、胶州人薛禄主持修建北京时,曾在这里堆过煤故又称"煤山",山上曾种了许多果树,养过鹿、鹤等,入清后称景山。

明思宗朱由检殉国处(北京景山东侧)

故宫博物院所立明思宗殉国处碑

200年后,清代学者徐鼒在其《小腆纪年》卷四中做出了深刻而沉痛的评价:

先书帝崩而后城陷何? 见帝之从容殉国,而非戕于贼也。传曰:"国灭,君死之,正也。"思宗信任匪人,回惑大计,驯至祸败,岂无咎焉? 然而捐躯殉难,亡国之正,千古一人。观其徘徊南宫,酌卮便殿,洒泪而诀,蓺孤割爱而刃柔福,二百年后生气懔然。以视晋怀愍、宋徽钦之身为系虏,沦丧虽同,贤愚天壤矣! 忠良喋血,妇孺同仇,固人心之不死,亦王泽之孔长。九原之灵,复何恫哉?

明思陵①——十三陵之一

二妃得悉详情,悲痛欲绝。锦绣万里辞旧主,十二陵前添新坟。两人历经两天行程来到北京城北100里的昌平明皇陵,在陵区西南隅的鹿马山,千辛万苦找到了一座不大的陵墓,碑亭篆书"大明怀宗端皇帝陵",这就是明朝末代皇帝朱由检的归宿。此处原为北京沦陷前一年去世的崇祯帝田贵妃之墓,北京沦陷当年五月初八,清摄政王多尔衮为崇祯帝发哀三日,启田妃墓重新安葬崇祯帝和周后在此。因陵墓是在妃子墓基础上改建,又系新朝为旧主所建,所以规制比明朝其他十二陵明显小很多。

---

① 明思陵原为崇祯田妃墓,顺治帝敕命启墓葬入崇祯帝及周皇后,改建崇祯帝陵。学者谈迁的《北游录》记其规制:"周垣之南垣博六十步。中门丈有二尺,左右各户而钥其右……垣以内左右庑三楹,崇不三丈。几案供奉明怀宗端皇帝神位(此处当指享殿内)。循壁而北,又垣。其门、左右庑如前。中为碑亭。"

养艳姬、蔺婉玉在墓前哭祭,并烧香纸遥祭太祖,并祭奠永乐以来历代皇帝,事后快快返回崂山。养艳姬将满腔悲愤化为一词《离恨天》,蔺婉玉为这首词谱曲:

面前一丘土,遥望天边万重山,
山隔万重容易见,土隔一寸不团圆。
摆设诸供品,仰望离恨天,
香烟结云转,纸灰飞满天,
沉痛哀悼肝肠断,血泪染红素罗衫,
共登离恨天。
非是哀妃贪偷生,愿等汉土复中原。
王师北定中原日,殉国觅帝共君欢。
伴君共登离恨天。

"离恨天"是道教术语,即九重天之上,元始天尊之所居。养艳姬取为曲牌名,语意双关,寄托家国之恨。从此崇祯二妃就以崂山为家,双双在百福庵削发为尼,依百福庵道长蒋青山,修习道法、研习道乐。

道长蒋青山也是大有来历。蒋青山,字运石,号烟霞散人,明末江南进士,崇祯朝任河南祥符知县。北京城破,崇祯帝亡,蒋青山改名蒋迪南,弃官出奔到胶东即墨城西的马山道场平安殿出家为道士。迪南者,取追思故国之意。清顺治二年(1645),又至即墨城东南崂山山麓,将"马山龙门派"外山派道观百佛庵改建为"百福庵",在此主持修行。蒋青山文化修养极高,"能文章,工书法,通音律",带来大量书籍,潜心研究道乐,百福庵一时成为文人雅士荟萃之地,称"迪南书院"。

清顺治四年(1647)三月十九日,养、蔺二妃通过道长蒋青山等的帮助,组织即墨南乡百福庵、童真宫、天后宫及马山、灵山等外山派道士乐队,组织了崇祯帝遇难三周年大祭,在崂山演奏了这支大悲曲。悲壮激越的音律久久回荡在山海之间,开启了崂山祭祀活动使用大型道士乐队的先河。

此后,养艳姬、蔺婉玉潜心研究音律、改编民歌、充实道乐曲牌,还把宫廷中演奏过的古典乐曲《赏春》《山丹花》《青杨》《游湖》《泰山景》《将军令》《昭君》《归去来辞》《梅花三弄》等,传授给邻近寺院道士乐手和村里的民间艺人,百福庵成为北方道家音乐应风乐的中心,全国各地的道教乐师纷至沓来。至今青岛崂山民间依旧流传着这样一首民谣:"百福庵的笛子,大妙山的笙,马山的管子万般通。"前人有诗赞崂山道教应风乐:"箫管丝竹似凤鸣,步虚问天曲子成。借得天上应风韵,有缘时闻仙乐声。"

顺治十七年(1660),崇祯帝去世第 17 个年头,大明复国无望。此年二月,养艳姬又做一词《六问青天》,蔺婉玉再次为之谱曲。三月十九日,百福庵又举行了一次大型祭奠活动。养艳姬领唱,蔺婉玉领奏了《六问青天》。

即墨马山

道乐演奏

人死不能生，镜破不能圆。

人都说天地无私，人生悲欢各有别，稽首问青天。

偷生在人间，别驾十七年。

梦魂一次未团圆，幻想是渺然，稽首问青天。

月有圆缺花有残，阴阳有循环。

花谢开来年，江水东去不复返，稽首问青天。

挂起旧蒲团，脱下破衲衣。

随身相伴十七年，今日离别难。

稽首问青天。

曲调时而悲壮，时而婉转，时而奋激，时而沉郁，时而如脱缰野马，时而如秋日闲云，时而铿锵激越，时而如泣如诉，闻之无不垂泪。

当晚，以盛大曲乐祭奠崇祯帝之后，养艳姬和蔺婉玉自百福庵失踪。次日，在庵门对面的铁骑山前的一个山坳里发现了她们的尸体。死前她们换上了昔日明朝衣冠，盛装自缢在一株古松上。陪伴二妃17年的前明太监边永清随之失踪，次日清晨，也被发现在铁骑山中自尽。

斯人已去，古乐尚在。笔者叹曰：

家国情仇十七载，崂山古乐诉衷怀。

君问芳心何处去，铁骑碧草洒丹脉。

千古功罪话崇祯

崇祯悲剧既是社会悲剧也是个人悲剧。观其悲剧可概括如下：以励精图治、拨乱反正始，以天下大乱、身死国除终；以排斥太监、尽罢外珰始，以宦官监军、太监献城终；以英明决断、剪除大奸始，以优柔寡断、断送社稷终。

不似亡国之君而亡国的恰是他。有振作有为之志而无力挽狂澜之才，这是一个巨大的矛盾结合体。

天启七年(1627)八月丁巳日,17岁的朱由检以天启帝朱由校唯一的异母弟弟从太祖后裔中脱颖而出,接手的却是祖父万历帝、哥哥天启帝留下的"烂摊子"。在他之前,祖父数十年不理朝政,君臣互不信任,政治极度黑暗;父亲泰昌帝朱常洛登基一个月就死了,昙花一现的励精图治没能延续下去。少年登基的哥哥天启帝毫无治国经验,偏听偏信客氏和魏忠贤,热衷于制造冤狱,将国事一步步推入深渊。

从另一个角度看,崇祯帝从暴病而亡的天启帝手中接过权柄时帝国虽然积重难返,社会灾害与自然灾害交加,但帝国依旧保持了比较完整的版图,有一套勉力运转的官僚机构和一支尚有余威的军队,子民对于在新帝治下走向中兴依然抱有一丝期望,情况没有差到全然无法收拾。从崇祯元年(1627)到崇祯十七年(1644)他一共当了17年皇帝。在历代封建帝王中,17年不能算是太短。

就算不能力挽狂澜,他也本可不用上煤山;就算不能挽回大局,至少通过"南迁""合议"之策也可将国祚延续一段时间。① 17世纪中期的明朝处于大变动大变革前夜,古代社会正在向近代社会震荡过度,时代呼唤一位盖世英才,他却只有"中人之资",驾驭这艘船在惊涛骇浪中穿行超出了他的能力。他先是在崇祯三年(1630)自毁长城杀害了袁崇焕,从大凌河之战和登莱兵变爆发后又一错再错,将本有希望的棋局下成一盘死棋。

一、不似亡国之君

历代亡国之君多遭世人唾骂,唯有崇祯帝是个例外。清代张廷玉等撰《明史》里说他"慨然有为";就连李自成也说他"君非甚暗"。后人说起他多抱同情态度,这是为什么呢?

首先是艰难登基。《明史·庄烈帝纪》载:"庄烈愍皇帝,讳由检,光宗第五子也,万历三十八年十二月生。母贤妃刘氏,早薨。天启二年,封信王。"天启七年(1627年)八月,哥哥天启帝在客氏、魏忠贤等人的陪同卜到西苑泛舟饮酒,却被一阵狂风刮翻了小船,不小心跌入水中。虽被人救起,但经过这次惊吓却落下了病根,多方医治无效,身体每况愈下。预感到自己来日不多,天启

崇祯帝与田妃下棋图②

帝召唯一存世的五弟、信王朱由检说:"来,吾弟当为尧舜",不久就死了。信王朱由检跟把持国家大权的宦官魏忠贤历来不睦。魏忠贤极力阻挠朱由检登基,意欲拥戴朱由检的堂弟福王朱由崧抢班夺权;而朱由校的正妻、懿安皇后张嫣却捍卫丈夫遗愿,坚定支持小

---

① 参看习骅《崇祯本可不用上煤山》,《领导文萃》,2015年第9期。

叔子朱由检接班。其登基之路，真是凶险万端。崇祯帝在入宫当天，一夜未眠，取来宦官身上的佩剑以防身，又牢记皇嫂的告诫，不吃宫中的食物，只吃袖中私藏的麦饼。

其次是登基之后剪除大奸。《明史·庄烈帝纪二》载："即位之初，沈机独断，刈除奸逆，天下想望治平。"崇祯帝即位之时，魏忠贤以司礼秉笔太监提督东厂，魏忠贤亲信田尔耕为锦衣卫提督，亲信崔呈秀为兵部尚书，"朝廷内外遍布魏忠贤的死党"。崇祯帝先是韬光养晦，待根基稳固后步步为营，以一记漂亮干练的组合拳迅速解决了客氏和魏忠贤集团。"其政治手腕之娴熟，行政调动能力之强，堪与清圣祖康熙扳倒权臣鳌拜之手法相提并论。"（侯兴国《崇祯启示录》）

第三，他持家以正，注重修养。《烬宫遗录》等记载：崇祯帝容貌"白皙下丰、瞻眮非常"，为人性情急躁，文武全才，不拘言笑。与祖上不喜读书、荒诞嬉戏的正德帝等人不同，崇祯帝受过良好的教育，有很高的文化素养。他"读书日盈寸，手笔逼似欧阳（询）"。他善于骑射——在北京西苑试马，"从驾者莫能及"；射技高超，能挽三石强弓，发则命中，曾一弹击落双鸟。他擅长文艺——喜欢鼓瑟、弹琵琶，喜欢听黄梅戏。《彤史拾遗》记载，公务之余，崇祯帝常常来到承乾宫的"玩月台"，跟喜欢的田妃等一起来上那么一曲。他齐家有术——家庭生活讲求原则，对妻妾平等相待，多子多女家教很严。周皇后不仅天生丽质，且"严正自处，而性最仁"；田妃美丽，多才多艺；袁妃谦恭温良。她们三人为朱家生下子女9人，其中多数夭折。到崇祯十七年（1644）存世的只有太子，永、定二王，长平公主朱媺(měi)娖(chuò)和坤仪（一说昭仁）公主。对于未来帝国的接班人，崇祯帝"教太子、诸王准诸礼法"。对于偏爱的田妃也不放纵。田妃犯错忤逆周皇后，他令其独居启祥宫三月不见。大度的周皇后主动请田妃出宫，乃和好如初。田妃在明亡前的崇祯十五年（1642）七月十六日病逝，他"追悼田妃不置"。尽管田妃的妹妹一样的美貌出众，他"竟不求也"。陈圆圆入宫他也不为所动，可见他是个有原则有底线的人。

崇祯帝赠杨嗣昌
手书条幅

第四，他孜孜求治，勤俭节约。深感国事日蹙，他励精图治，勤勉几乎超过历朝历代的帝王。《明史·庄烈帝纪二》中给崇祯帝做的结论中说："在位十有七年，不迩声色，忧劝惕励，殚心治理"。《野史无文·烈皇帝遗事》则记载：他"鸡鸣而起，夜分不寐，往往焦劳成疾，宫中从无（大规模的）宴乐之事"，这与杨广、陈叔宝、李煜等亡国之君的做派大相径庭。无论正史或野史，这样的记载都很多，笔者不再一一列举。他长在明末深宫，从小

---

① 田妃为他生下永王和一个公主，但是他维护周后威信对待妃子不偏不倚，有一个史家公认的幸福家庭；出自上海美术版《李自成·崇祯借饷》。

识尽人间苍凉,懂得民间疾苦,即位后"内无声色狗马之好,外无神仙土木之营","不肯轻用一钱";发现宫中用香烟(明代从菲律宾传入中国),立马命令禁止,并叹息说"皇考、皇兄皆为此误也"。宫中曾经"免召买香烛节省三万两,加恩赏赉文武军民人等,赏赉边军"。(《石匮书后集》卷一、《三朝野纪》卷四)有人拿工部员外郎、管节慎库的赵士锦在《甲申纪事》一书中的说辞:"贼载往陕西金银锭上有历年字号,闻自万历八年以后,解内库银尚未动也。银尚存三千余万两,金一百五十万两",认为崇祯帝到死留下这么一大笔私房钱,这是个很大的误会。如果他真的有这么多钱,在崇祯十六年(1643)冬廷对吴襄时,不会为了100万两的部队开拔费为难,以致延误了调动关宁军入援的时机。李自成输送陕西的三千七百万两金银除了缴获明朝府库十几万两,主要是拷掠百官和民间所得。

尤其难能可贵的是他体恤民众,能够自我反省。崇祯七年(1634)二月,"振登、莱饥,蠲逋赋"。崇祯九年(1636)春,"振南阳饥,蠲山西被灾州县新旧二饷","免畿内五年以前逋赋"。崇祯九年十一月丁未,再"蠲山东五年以前逋赋"。崇祯十三年(1640)"闰正月乙酉,振真定饥。戊子,振京师饥民。癸卯,振山东饥"。这些灾害都发生在明末兵情危急、财政濒临崩溃的情况下。听到百姓疾苦,他往往流泪自责;"流贼"犯陵逼京,他为之罢食、屡下罪己诏。(《明史·庄烈帝纪》)有人以他的遗书中有"然皆诸臣误朕"说他推卸责任,笔者认为这是片面的。《明史·庄烈帝纪二》遗书原文为"朕凉德藐躬,上干天咎,然皆诸臣误朕……"在批评群臣误国之前他有一个前提,就是"朕凉德藐躬,上干天咎",他是首先检讨了自己失误的。"朕死无面目见祖宗,自去冠冕,以发覆面",恰恰说明他内心自责。

正因为以上种种有人把崇祯帝抬举到"千古圣主"的地步,如南明官员称其为说:"千古未有之圣主。"乾隆帝认为明之亡是因万历、天启二帝不理朝政,以致法度废弛,崇祯帝继位"国事已不可为"。我国著名史学家孟森也认为:"熹宗,亡国之君也。而不遽亡,祖泽犹未尽也。思宗而在万历之前,非亡国之君也;在天启之后,则必亡而已矣。"这些看法并非全无道理。

二、亡国之君

无论崇祯帝如何孜孜求治,明朝是在他手中丢了江山。对于失国的责任观点纷纭,反映了300多年来不同观察者的立场、视角和心境。

(一)崇祯失国"灾害说"

明末灾害来自两方面。

一是小冰河期导致的气候异常。地球周期性的冰河期大约每1500年会发生一次,每次持续几百年,由此导致王朝毁灭的不是没有先例。出现在公元前2200年—公元前2150年间的小冰河期诱发长时间大旱,阻止了尼罗河正常涨水,终结了古埃及王国。中国科学院兰州冰川冻土研究所根据高亚洲地区各山区中的树木年轮资料建立的年轮年表,重建了亚洲地区近500多年来的年平均温度距平序列,得出高亚洲地区的小冰期始于1430年,结束于1870年。在近500多年间,该地区有4次较大的冷暖交替。位于亚洲大陆东部的明王朝,正好处于这个冰河期的顶峰之中。① 为了应对自然灾害,明政府早在正统(1436—1449)、景泰(1450—1457)、天顺(1457—1464)年间,就推出以"冠带荣身"为中心的民众助饷赈灾政策,但随着同一主题的"国家动员"活动反复进行,效果每况愈下。到崇

埃及尼罗河畔的法老雕像②

祯年间(1628—1644)灾害进一步加剧,特别是崇祯十四年(1641)以来,中原"禾稼不登,人皆相食",城乡之间,饿殍遍野。(《清太宗实录》卷六五)

明洪武年间到正德年间(1368—1521)自然灾害统计表(单位:次)

灾害类型 年代	水灾	旱灾	风灾	冰雹	蝗灾	瘟疫	合计	年均
洪武	50	23	15	11	14		113	3.64
永乐	68	8		9	10	7	102	4.63
洪熙	7			1			8	8.00
宣德	32	30	1	4	11		78	7.80
正统	47	44	3	6	26	7	133	9.50
景泰	24	20	3	2	4	4	57	8.14
天顺	20	15	2		1	1	39	4.88
成化	81	67	20	14	6	2	190	8.26
弘治	47	68	16	34	6	2	173	9.61
正德	29	33	12	27	4	6	111	6.94

(资料来源:《明太祖实录》《明太宗实录》《明仁宗实录》《明宣宗实录》《明英宗实录》《明宪宗实录》《明孝宗实录》《明武宗实录》)

另一方面是肆虐蔓延的瘟疫。大灾往往伴随大瘟疫。学界普遍认为,明代尤其是明末异常寒冷的气候频繁带来水旱蝗灾和鼠疫等,诱发了波及全国范围的大瘟疫,成为明

---

① 康兴成《小冰期以来高亚洲地区的气候变化》,《冰川冻土》,1996年增刊。
② 4200年前的地球小冰河期诱发饥馑和动乱,终结了古埃及王国。与此相类,有人认为明朝也是亡于小冰河期的自然灾害。

朝灭亡的导火索。明末湖州农学家沈氏撰成的《奇荒纪事》详细记录了当时的水灾、旱灾和瘟疫灾害实况。《明史·左懋第传》记载，松锦大会战启端的崇祯十四年（1641），登州府莱阳人左懋第奉命下江南，道中驰疏崇祯帝："臣自静海抵临清，见人民饥死者三，疫死者三，为盗者四。米石银二十四两，人死取以食。惟圣明垂念。""人民饥死者三，疫死者三，为盗者四"，可见明朝北方在自然和社会灾害的夹击下已呈不可收拾之局面。

崇祯帝确实生不逢时，天灾导致流民蜂起、财政破产，这些确实加速了王朝灭亡，但却不能作为"崇祯失国"的主因。小冰河期影响的并不仅仅是明朝，中国东北是小冰河期的重灾区，其为何没能阻止清朝的兴起？

再比较一下欧洲的瘟疫。最初于 1338 年中亚一个小城中出现的黑死病（鼠疫），向南传到印度，向西沿商道传到俄罗斯。1345 年冬，鞑靼人进攻热那亚领地法卡，攻城中鞑靼人将黑死病患者尸体抛入城中，导致大多数法卡居民感染瘟疫死亡，极少数居民逃到了地中海地区，将瘟疫携带到欧洲大陆，揭开长达 3 个世纪的欧洲大瘟疫的序幕。意大利、西班牙、希腊、意大利、法国、英国、德国、俄罗斯等国家无一幸免，断送了约 2500 万人的生命，约占当时欧洲总人口的三分之一！在今后 300 年间，黑死病不断造访欧洲和亚洲的城镇，威胁着那些劫后余生的人们。这场瘟疫较明朝的自然灾害来得凶猛，米兰、佛罗伦萨等地都受到极大摧残，人口损失了大半，有的地方十室九空。意大利文艺复兴时期人文主义的先驱薄伽丘在 1348—1353 年写成的《十日谈》就是这场大瘟疫的见证，引言就以佛罗伦萨的严重疫情开端。瘟疫甚至一度使得英法百年战争打不下去，却没有导致这些国家解体，也没有阻止 14—17 世纪的文艺复兴运动。无疑，以自然灾害解释"崇祯失国"，显得证据不足。

（二）崇祯失国"天意说"

根据天人合一观，一个王朝灭亡如同一个生命的终结，其必有预兆。有人认为，明朝灭亡的预兆很多，仅举两例。

一是至今无解的"王恭厂大爆炸"之谜。

今天，中央音乐学院附近的北京城中南部（西城区辖区）承恩胡同至东智义胡同有一条光彩胡同（古称"棺材胡同"）。这里位于明代北京内城西南隅，在明代还有一个名字叫王恭厂，又称"火药局"，是明廷专供京营火药的兵工厂。明天启六年（1620）五月初六上午 9 时左右，22 岁的天启帝正在乾清宫吃早饭，忽然天空有声如吼，从东北方渐至京城西南角，灰气涌起，屋宇动荡。须臾，大震一声，天崩地塌，昏黑如夜。

眼看大殿震动，天启帝扔下饭碗，起身直奔交泰殿。逃生速度之快，内侍们一时都未来得及跟上，只有一个贴身侍卫扶着他。行到建极殿，砖石瓦砾从天而降，这名侍卫被砸中一命呜呼。天启帝喘息未定，一人跑入交泰殿，躲到大殿的一张桌子下，明宫内外到处一片狼藉。（《天变邸抄》）《明史·五行志二》载："（天启）六年五月戊申，王恭厂灾，地中霹雳声不绝，火药自焚，烟尘障空，白昼晦冥，凡四五里。"《国榷》《芜史》《畿辅通志》《绥寇纪略》《天府广记》《帝京景物略》都有记载。《天变邸报》的记载最详尽：

天启丙寅五月初六日巳时，天色皎洁。忽有声如吼，从东北渐至。京城西南灰气涌起，屋宇动荡。须臾，大震一声，天崩地塌，昏黑如夜，万室平沉，东自顺城（承）门大街，北至刑部街，长三四里，周围十三里，尽为齑粉，屋数万间，人二万余。王恭厂一带，糜烂尤甚，僵尸层叠，秽气熏天，瓦砾盈空而下，无从辨别街道门户。震声南自河西务，东至通州，北至密云、昌平，告变相同，城中屋宇无不震裂，举国狂奔，象房倾圮，象俱逸出。遥望云气，有如乱丝者，有如五色者，有如灵芝黑色者，冲天而起，经时方散。

中国地震局地质研究所徐好民副研究员认为，这次爆炸破坏半径大约为 580 米，面积达 2.25 平方千米。《天变邸报》记录是"（破坏区直径）长三四里，周围十三里尽为齑粉"，大爆炸塌屋数万间，死伤万人（一说死伤 2 万）。

此次灾变有预兆。灾变前数年，北京持续大旱；灾变前一月，"鬼车鸟"在观象台昼夜哀叫；灾变前 14 天，五月份竟"白露著树如垂棉日中不散"；灾变前 8 天午后，北京天空东北角"云气似旗，又似关刀"，白后红紫；灾变前 3 天，北京东北方红赤；灾变前 2 天，空中出现黑色云气，地上发现不明火球流窜……这都是地震前兆。"如果只是一次单纯的爆炸，绝不会有这么多的前兆。"徐好民解释说。

王恭厂大爆炸与 3600 多年前发生在古印度的"死丘事件"、1908 年西伯利亚"通古斯大爆炸"并称世界三大自然之谜。对这次奇灾直接的解释是王恭厂火药爆炸。为了弄清王恭厂爆炸的真正原因，在这次特大灾难事件的 360 周年纪念日，明史专家和从事天文、地理、地质、地震、军工、古兵器、

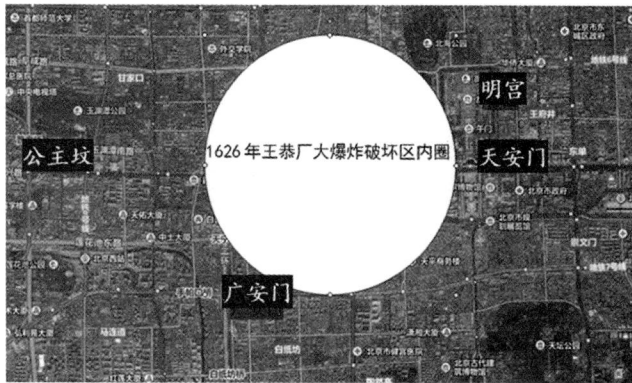

天启六年（1626）王恭厂大爆炸破坏区域图

科技史、新闻史等各方面研究的专家，于 1986 年 5 月 30 日在北京召开了王恭厂大爆炸学术研讨会，会后出版了论文集《王恭厂大爆炸——明末京师奇灾研究》。这次会议很多人倾向于地震说。综合起来，笔者认为是一次由地震或陨石降落诱发的火药爆炸，也不排除地震、陨石、兵工厂爆炸三者叠加。

王恭厂灾后，皇家钦天监有姓周的官员上奏说："地中洵洵有声，是谓凶象，其地有殃。地中有声混混，其邑必亡。"魏忠贤把姓周的捉来，说他妖言惑众，活活杖毙。事发一年，天启帝就死了，崇祯帝就在这种天怒人怨的奇诡氛围中登基……

二是令人谈之色变的明宫奇画。

崇祯帝之自缢煤山也，《小腆纪年》卷四记载："先是，有传帝启大内铁匦，得图一轴，

颇类圣容,跣足被发而中悬者,至是竟验云",这是记了个大概。《明季北略》记载,明宫紫禁城内有一个密室,门锁平时都是锁着的,就连皇帝也不知道室内的秘密。密室中有一个明初制作的铁匣子,"镴缝甚固"、坚不可摧。"驱除鞑虏,恢复中华"的明朝开国功臣、诚意伯刘基,生前在铁匣上留有秘记,告诫后人不是遇到大变故万万不能开启:"非大变勿启。"

什么是大变?"大变"在封建时代就意味着改朝换代。崇祯十六年(1643)秋,清军避开关宁军防线,绕道蒙古草原包围北京城,崇祯帝以为这是"大变",要求打开这个密室,一探究竟。掌印太监坚持劝阻,不听。打开密室之门,铁匣呈现在皇帝面前。内官再次劝阻说万万不能开启,崇祯帝则急于破解这个谜团,怒气冲冲吩咐打开。于是保存了两百多年的铁匣就此被砸开了,里面只有"绘图三轴"。只见前两幅:一绘"文武百官手执朝服朝冠,被(通披)发乱走";二绘"兵将倒戈弃甲,穷民负襁奔逃"。这都是天下大乱的亡国之象。

崇祯帝指着第一幅画诘问管理此处的宦官:"这是画的什么?"宦官不敢直言,轻描淡写地奏道:"这大约画的是官员太多了治理就会紊乱吧?"("或恐官多法乱")崇祯帝不动声色,又指着第二幅画问宦官这又是画的什么? 兵将倒戈弃甲,百姓争相逃命,这不就是登莱兵变、宁远兵变、固原兵变的一幕吗? 这次宦官不再掩饰,启禀说:"这画的岂不是官军倒戈叛乱?"("想军背叛也")

崇祯帝默默无言,打开第三幅画,刚刚看了一眼就"勃然变色"。大家只见画上一个人悬空吊着,披头散发,"身穿白背心",赤着左脚,右脚穿鞋;再仔细一看画中之人模样酷似崇祯帝。随从内监相顾大惊失色,崇祯帝似乎也有所醒悟,"怃然不乐而出"。(《烈皇小识》)

前两幅画恰恰就是明末社会黑暗状况的写照,这第三幅画不就是崇祯十七年(1644)三月十九日晨煤山上的一幕吗? 刘伯温韬略过人远见卓识,但他真的有这样的先知先觉吗? 但此事除了《烈皇小识》,《明季北略》《绥寇纪略补遗》《三朝野纪》也都做了记录。明宫奇画与工恭厂大灾,一个难证真伪,一个事实确凿,都被说成是崇祯帝命定自缢煤山的煌煌先兆。如果这是事实,那么崇祯帝所做的努力就变成了与命运的抗争,他的遭遇就如同莎士比亚笔下的哈姆雷特的遭遇一样令人同情。鉴于信奉唯心主义哲学者大有人在,这样的神秘和唯心主义宿命观将长期影响部分人对此事的认知。

(三)崇祯失国"必然说"

秉持唯物史观者也认同崇祯败亡是必然结论,但却并不认为是什么"天意",而是从明末政治经济军事社会等方面的客观形势出发分析得出以下观点。

第一,认为崇祯帝及其诸臣代表的是当时腐朽没落的封建地主阶级,走向灭亡是历史的必然。

《清代全史》称崇祯帝"一切努力归于失败,原因很简单,他所维护的正是当时社会上最黑暗的利益集团。"(王戎笙主编《清代全史》第二卷)按照这个逻辑,那么明王朝灭亡不仅是历史的必然,而且应该说是一件功德无量的大好事。明朝灭亡,出力最多的李自成集团、张献忠集团和满洲八旗集团,都应被视为替天行道、除暴安良的壮举。有人也确实是这样认为的。但从中国历史发展的大趋势来看,尤其结合当时西方正处于社会革命和工业革命的前夜,考虑到明朝相对先进的生产力、相对宽松的社会政策、相对开明的经济政策、相对开放的对外政策以及大力推动的技术革新(徐光启等),情况却未必如此简单。

第二,有观点认为亡国的种子早在万历、天启时已经埋下,崇祯帝是代祖、兄受过。

自公元221年秦始皇灭六国称帝,中国史上共422帝。若把秦始皇以前的夏朝、商朝、周朝也算进去,中国君主应该有505位。明万历帝在位48年,次于清康熙帝爱新觉罗·玄烨(在位61年)、清乾隆帝爱新觉罗·弘历(60年)、辽道宗耶律洪基(56年)、汉武帝刘彻(54年)、西夏崇宗李乾顺(54年)、辽圣宗耶律隆绪(49年),在位时间位居第七名。但他"因循牵制,晏处深宫,纲纪废弛,君臣否隔。于是小人好权趋利者驰骛追逐,与名节之士为仇雠,门户纷然角立",以至于"溃败决裂,不可振救"。因此张廷玉的结论是:"故论者谓明之亡,实亡于神宗。"(《明史·神宗纪二》)

确实,封建社会的历史周期律告诉我们万年帝国是不存在的,社会矛盾积累到一定程度,改朝换代就会成为现实。按照这个逻辑,到天启年即位,明朝实际已经无可挽救。但天启帝变本加厉地"垂尽元气,琢削无遗","妇寺窃柄,滥赏淫刑,忠良惨祸,亿兆离心",张廷玉说此时"虽欲不亡,何可得哉?"(《明史·熹宗纪》)

不幸接了这个烂摊子,崇祯帝所作种种努力犹如蚍蜉撼大树一般。这一派观点自明亡后就有了,近现代络绎不绝,如《石匮书后集》《论略》《爝火录》都持有这种观点。纵观崇祯帝在任的17年,兵荒四告,"流寇"蔓延,剜肉补疮,饮鸩止渴。尽管他废寝忘食殚心治理,终于不免失败的结局。说崇祯帝是"中兴令主"未免言过其实,说他遇到"亡国之运"则并不夸张。

后人不禁要问,崇祯帝对于"失国"就没有责任吗?有的。他的责任和过错不仅有而且还很大。其过错在崇祯三年(1630)杀害督师袁崇焕时就露出了端倪,到次年"登莱兵变"加深,后来更是一步步加速了明朝灭亡。

三、性格与失误

公平地说,崇祯帝失国,一当亡国之势,二为回天乏术。与崇祯帝同时代的英国散文家、哲学家弗朗西斯·培根(1561—1626)在《习惯论》中有一句富有哲理的话:"思想决定行为,行为决定习惯,习惯决定性格,性格决定命运。"一个人的悲剧往往与其自身性格密切相关,性格缺陷在特定环境下与形势交互作用,而性格很大程度上又是环境的产物。

朱由检贵为皇帝也是封建专制牺牲品。他生不逢时,幼年始终生活在阴霾之下,崇祯十七年(1644)三月十八日黄昏,当他在紫禁城哭着用剑砍杀自己的女儿长平公主时说:"汝何故生我家?"笔者相信他这句话也是说给他自己的,他一定后悔自己为什么要生在帝王之家。

朱由检幼年生活困厄。父亲泰昌帝朱常洛，早年不受祖父万历帝待见，朱常洛想见父亲一面都难。万历帝屡次要废朱常洛而立三子朱常洵为太子，如没有朝臣拼死抵制，朱常洛的太子之位几不保。朱由检的生母刘氏是父亲朱常洛所薄的婢妾。朱由检5岁时，其母刘氏得罪被其父下令杖杀。生母被活活打死这件事，对于他幼小的心灵是极大的摧残，这是必然的。母亲死后朱由检被交由庶母西宫李氏抚养。数年后西宫李氏生了女儿照管不过来，朱由检改由另一庶母东宫李氏抚养，宫廷生活绝不像有的小说和荧屏上展现的那样美妙！奥地利作家弗兰兹·卡夫卡的作品《在流放地》告诉我们：国家异化促使国家机器成为暴

描述明代宫廷生活的古画

力统治的血腥工具，在这架专制暴力统治机器面前无人可以幸免，封建帝王本身也会成为牺牲品。矛盾重重的家庭，被活活杖杀的生母，不亲近的祖父和不走运的父亲，宫廷斗争的血雨腥风，日益走向没落的国事……这就是崇祯帝朱由检成长的生活环境。

崇祯帝因此养成了阴暗猜疑、透过他人、急功近利的性格缺陷。当帝国统治权传到他手中时，这种性格缺陷表现为他治理国家中的"急于求治、率于用人、暗于度事"。（《三藩史略》上卷）面对明朝系统性危机，他刚愎自用，汲汲邀誉，动辄刑杀，以致"举措失当，制置乖方"，失国实在难辞其咎。

身为国君，崇祯帝在战略决策上出现四大失误，这几乎就是治国理政的基本面，所以这是致命的失误。

一失：举棋不定的政治。

执政之初，崇祯帝雷厉风行镇压阉党，这是昙花一现。但仅仅过了2年，孔有德"登莱兵变"彻底暴露了他在重大决策面前游移不定的风格。围剿还是安抚？从他以下到明廷上层举棋不定，结果孔有德假和平真叛变，将相对平静的山东搅的鸡犬不宁，两位巡抚为之殒命，十数万生灵涂炭，抗清（后金）的重要基地胶东半岛残破，致"三方布置"战略全盘失败。

崇祯十四年至崇祯十五年（1641—1642）松锦大会战，明军精锐尽出，赌上了老本，7个主力野战集团军全部派向锦州……兵部制定了不切实际的分兵之策，后被洪承畴的正确部署取代。等洪承畴到了前线，崇祯帝又被兵部左右，正确部署付诸东流，结局众所周知。

徙帅入卫、迁都南京和太子监国。三件事本来都可行，也有先例：西晋灭亡东晋南渡，北宋灭亡宋室南迁，都延续了国祚数百年，都为汉民族经济文化发展做出重大贡献。唐玄宗天宝十四年（755）"安史之乱"爆发，首都长安失守，唐玄宗李隆基奔蜀，太子（唐德宗）李亨监国灵武，形成强大的精神和军事抵抗轴心，唐朝得以逐步收复失地，最终戡平

内乱。临到崇祯帝面临西晋、北宋这样的局面,他又是怎么做的呢?

崇祯十七年(1644)正月,李自成从西安誓师,民兵 50 万以排山倒海之势向北京推进,满洲贵族也正在酝酿下一次大规模进攻,明朝形势严峻。正月,太常少卿吴麟征提议"徙帅入卫"——迁徙关宁军统帅吴三桂所部保卫京师。崇祯帝虽然觉得有道理,但却迁延不行。等到三月初六下达关宁军入卫命令,农民军已逼近京西宣府(今河北宣化)。正月初三,左春坊李明睿劝谏朱由检仿效明成祖出征漠北、明世宗幸承天府的先例,先自运河南下幸山东省,再以凤阳、闽中为行在,召集天下勤王破敌,大学士陈演阻挠,终于不行。也是在正月,大学士范景文、左都御史李邦华要求"迁国南都(南京)",虽然崇祯帝和朝廷已派遣胶东人左懋第以检查江防为名南下巡视,目的就是为南迁做准备,结果却又一次"议而不决"。三月初一,昌平兵变,宁武陷落,诸生张鑻在崇祯帝中左门接见时代表民意,强烈要求"请太子监国南京",范景文、李邦华、驸马都尉巩永固等再次建议"迁国南都"。北京能守朱由检照样坐镇,北京有失南京自有新主,可以号令天下以图恢复,崇祯帝依然拒绝。

直到三月十八日北京被围的铁桶一般,他才想起令皇太子朱慈烺南行,召见驸马都尉巩永固,命其"以家丁护太子南行"。可是已经太晚了!巩永固以"安敢畜(养)家丁"固辞。当晚朱由检打发太子等去外戚家逃命,自己手持三眼铳率数十名武装宦官意图突围,奔走一夜无果。想当初,正月里李明睿等提议南迁,李自成南路军主将刘芳亮还远在山西,京杭漕运一路畅通,沿途要地基本上还在明军手中,到了二月依然有南迁的时机,结果也被错过。从崇祯十六年(1643)到次年失国,徙帅入卫、迁都南京和太子监国三件事反复研究不能定论,时机就这样一次次溜走了。

二失:"三饷加派"的经济。

"三饷加派"指明末为增加朝廷财政收入,在正常税赋之外增加的"辽饷""剿饷"和"练饷"。明神宗万历四十六年(1618),因"辽事"紧急,明廷加派"辽饷",每年征收银 520 万两。崇祯帝不仅保留了辽饷,而且在原额 520 余万两的基础上又加征 140 余万两。崇祯十年(1637),明廷为镇压农民起义开征"剿饷",每年加派银 330 余万两。崇祯十二年(1639),因上年清兵内犯,再加上农民起义此起彼伏,为练兵而加征"练饷",数额达 730 万两之巨。"三饷"征银近 2000 万两,超过正赋数倍,天灾复有人祸,广大农民倾家荡产,走投无路。自万历以来,全国各地小规模农民起义不断发生,并最终星火燎原。"复增剿饷、练饷,先后增赋千六百七十余万。民不聊生,更起为盗矣。"(《明史·杨嗣昌传》)

大学士杨嗣昌说过加派的事情:"无伤也,加赋出于土田,土田尽归有力家,百亩增银三四钱,稍抑兼并耳。"而实际上,加派的担子最终落到劳苦大众头上,并没有发挥所说"抑兼并"的作用,这是驱民入水火。对后金作战、对农民军作战,确实使得明政府财政亏空,但是增加的军饷很大程度上却被各级官府和将领克扣,"在边军士多有衣不遮体,食不饱口,疲损羸弱,形容枯槁","坐窘于衣食,逃亡比比。"(谷应泰《明史纪事本末》)有朝臣批评杨嗣昌的加饷之策是虐民害政,崇祯帝一怒之下将提意见的朝臣下狱。

平心而论，"三饷加派"是迫不得已之举。但一项临时性政策却制度化延续下来，使崇祯帝的"善政""恤民"化为乌有。例如"剿饷"，按照崇祯帝最初的说法，加征是"勉从廷议，暂累吾民一年"（即原定只征一年）。一年过去，饷银用完，农民军却愈剿愈多，"剿饷"就年复一年地收下去，农民起义——加征赋税——民不聊生——更大的起义——赋税加重……要镇压起义就要增赋税，增赋税导致赤贫，诱发更加严重的农民起义，这样就形成恶性循环。可见，"三饷加派"是崇祯帝在经济上的重大失误，是明末社会矛盾激化、导致农民大起义的经济原因，而"蠲免三饷"又成为清朝统治者入主中原后津津乐道的一项"德政"。（王廷元《"三饷加派"考实》）

三失：两线作战的军事。

明末军事，敌手远不止后金与流民，还有西南土司、荷兰殖民者等等，但主要是后金与流民。明朝以马上得天下，洪武帝告诫子孙："处太平毋忘战"，没有一天忽视军队建设。从万历四十七年（1619）开始，无一日不用兵。明廷明军坐拥天下之力却失去民心，以故越打越弱。崇祯十七年（1644）大顺兵逼北京，几无可资守卫之兵，不亦悲夫！明之亡，亡于腐败，亡于宦官，亡于神宗，亡于熹宗，直接原因是亡于军事失败！

自明中叶以后，明朝军事积贫积弱，原因很多。①制度缺陷。明朝军制沿唐宋实行"居重驭轻"原则，这本没有错。但宦官监镇、文官带兵、文武相制，避免军官"造山头"，也严重削弱了军队的战斗力。"凡京营操练，统以文武大臣，皆科道官巡视之。"（《明史·职官志一》）都督府和兵部互相牵制，兵将分离。战时仓促组建队伍，兵将互不相识，彼此不能配合默契。②现实制约。屯田收入锐减，经济民生凋敝，后勤保障削弱，军队处处缺饷。由于国家财政困难，无力承担军饷，户部为筹措边费，绞尽脑汁挪借、加派，仍不敷边用[1]。③腐败原因。不法将校侵暴士卒，克扣军饷。管军器制造的官员侵吞料价，以致造出的军器不敷使用。

明朝军事的削弱突出表现在军队员额耗减上。明末，无论京营还是卫所都大部缺额。京营雄师明初有 30 到 40 万，明末号 12 万，能战兵员不到 5 万。班军制度被废弃。沿海 50 多卫应有兵力 30 多万，明末十不存一二。诸镇边军也是这样，如西北要塞固原镇原额 7.9 万，实存 1.1 万，兵员削减了 85%。

崇祯年间（1628—1644），明朝军事失败固然与军力严重削弱有关，但如能够合理使用不至于败的这样惨，其失败的一个重要原因是两线作战——即对农民军和后金同时作战两头消耗，使得国库财富渐尽，军队顾此失彼，最终不可收拾。

明朝在对后金几十年的战争里，其失败远多于胜利。但是孙承宗、袁崇焕等凭坚城和先进的红夷大炮，把战争局面打成相持，明朝国力要比后金大得多。采取休养生息办法，逐步整顿军事力量，引进西方先进经验，经济军事优势迟早要体现出来，可此时后方偏偏发生了登莱兵变和边卒农民大起义……

---

[1] 陈表义、谭式玫《明代军制建设原则及军事的衰败》，《暨南学报》（哲学社会科学），1996 年第 18 卷第 2 期。

明军从崇祯二年（1628）开始同农民军的血战接连不断。其间，明朝经历了数任总指挥官，从杨鹤、陈奇瑜到熊文灿、洪承畴。崇祯六年（1632），杀农民军领袖紫金梁。崇祯九年（1635），杀农民军领袖高迎祥。就在洪承畴指挥明军取得空前胜利的时候，关外清军突然发起进攻破喜峰口，攻占昌平威胁北京，崇祯帝挖肉补疮，从围剿农民军前线调走洪承畴和大量能战之兵，结果顾此失彼形势再一次逆转。

两线作战是古今大忌。以德国崛起为例，19世纪60年代以后的普鲁士王国在俾斯麦领导下采取各个击破的战术，先后击败丹麦、奥地利、法国，统一了德国。但是希特勒却反其道而用之，在20世纪同时开启了与西方和东方的战争，招致"第三帝国"覆灭。再看中国。汉高帝七年（前200），汉高帝刘邦一度被匈奴骑兵围困于白登山（今山西大同东北马铺山）七天七夜。刘邦采取和亲策略使

故宫雪夜图

得汉朝得到休养生息，等国力强大再反击，最终把匈奴打得落荒而逃。唐初突厥力量强大，一度突进到长安郊区，唐太宗也采取了忍让议和的手段。面对强敌，避其锋芒、暂且示弱并不是一件可耻的事情，而有数次机会结束两线作战，导致明军长期陷入两线作战的泥沼，与最高统帅崇祯帝有极大的关系，是倔强乃至于顽固的性格，或者说是"傲慢与偏见"毁灭了他和他的帝国。

从内心而言，崇祯帝熟读史书，"靖康之耻"给汉族人留下深刻心理阴影，"丧师失地"的责任压力太大，使得他不能放手与强敌满洲议和，迫不得已的议和也是偷偷摸摸、遮遮掩掩，不敢于正面承担责任。因此，明朝之亡，实亡于两线作战。

四失：朝令夕改的人事。

在崇祯帝所有的失误中，最鲜明的失误是用人不当。《石匮书后集·烈皇帝本纪》中说崇祯帝："即如用人一节，黑白屡变，捷如弈棋。求之老成而不得，则用新进；求之科目而不得，则用荐举；求之词林而不得，则用外任；求之朝宁而不得，则用山林；求之荐绅而不得，则用妇寺；求之民俊而不得，则用宗室；求之资格而不得，则用特用；求之文科而不得，则用武举。愈出愈奇，愈趋愈下。"

"用人一节，黑白屡变，捷如弈棋"，后世对此几乎众口一词。仅仅在登基之初的崇祯元年到崇祯二年（1628—1629）他出手惩治阉党起用东林党人，以钱龙锡、李标等正直大臣入阁，士林局面有所改观。但也就是好了一年半载，随着兵部尚书督师袁崇焕被杀，东林党以及朝中正直一点的大臣纷纷离去，圆滑钻营投机取巧之徒"竞进"，正直敢言实事求是的君子"日退"，"党同伐异，正外纷然"，较之爷爷万历帝、哥哥天启帝在位期间有过之无不及，这在崇祯帝还活着的时候就引起朝野关注。

明末动乱亲历者、有"小品圣手"之誉的文学家张岱的批评最为精辟。他在《石匮书后集·烈皇帝本纪》中痛切指出："先帝（指崇祯帝）焦于求治，刻于理财，渴于用人，骤于行法，以致十七年之天下三翻四覆、夕改朝更……用人太骤，杀人太骤。一言合，则欲加诸膝。一言不合，则欲坠诸渊。以故侍从之臣，只有唯唯诺诺，如鹦鹉学舌，随声附和已耳。"

出身仕宦之家的张岱，对明朝有着深厚感情。张岱本人虽然没有入官，但曾祖张元忭是隆庆五年（1571）状元，官至翰林院侍读、詹事府左谕德，祖父、父亲都在朝为官。崇祯五年（1632）隆冬，明朝已在内忧外患中苦苦挣扎。崇祯五年（1632）十二月，北方登莱地区正在发生激战，以关宁铁骑为核心的数万平叛大军正在吴襄、高起潜、吴三桂等指挥下向孔有德、耿仲明据守的登州猛攻。在这个寒冷的雪夜，有着强烈民族意识的张岱心事重重，穿着毛皮衣，带着火炉，撑着一叶小舟，独自前往西湖湖心亭看雪。

张岱[1]

崇祯帝自幼生活在这个大动荡的时代，耳闻目睹党争的激烈冷酷，一些人为达目的不择手段，使他从小对人际关系产生深深怀疑。天启二年（1622），他被册封为信王。天启七年（1627）登基。在他当政期间，与之博弈的既有皇太极、多尔衮等满洲豪杰，也有王嘉胤、李自成、张献忠等乱世枭雄。明朝这艘大船历经260多年的风雨侵蚀已腐败不堪，但少年崇祯帝血气方刚孜孜求治。形势越危险，他扭转乾坤、复兴大明的愿望越是迫切，而恰恰结果事与愿违，局面愈来愈坏。于是他怀疑臣子们不尽心用事，"一言合，则欲加诸膝；一言不合，则欲坠诸渊"。其猜忌心强、多疑善变、汲汲邀誉的性格，与天下汹汹的亡国之势交互作用，造成了用人极其不专的弊端。崇祯帝在位17年间换了50个宰辅，宰辅在任平均4个月，致有"崇祯五十相"之讥，这种现象不仅在中国历史上罕见，恐怕在世界史上也是绝无仅有。其他六部九卿大臣也难见久任者，例如刑部尚书在17年间就换了17人。时间最久的一任宰辅做了8年，竟是以"性阴险""学无经书"闻名的奸猾之徒温体仁——他就是制造冤案杀害袁崇焕的刽子手。周延儒助纣为虐，陈演、魏藻德都是不敢担当的小人，他们都被信用，推向前台……

登基之后，崇祯帝"临朝浩叹，慨然思得非常之材"，而"用匪其人"。亡国之前，他每每感叹"无人可用"；亡国之时，他愤于"文臣个个可杀"。其实被他"淘汰不用的宰辅中，大有人才"，如大学士韩爌、李标、刘安训、钱龙锡、孙承宗、徐光启、郑以伟、文震孟等都是

---

　　① 张岱（1597—1679），字宗子，又字石公，号陶庵，明末清初山阴（今浙江绍兴）人，寓居杭州，明末清初文学家、史学家。少为富贵公子，爱繁华，好山水，晓音乐、戏曲，精于茶艺鉴赏。明亡后不仕，曾参加过抗清斗争，后"披发入山"著书以终。张岱最擅长散文，多为描写江南山水风光，追忆往昔之繁华，处处流露出对亡明的缅怀。著有《石匮书》《琅嬛文集》《陶庵梦忆》《西湖梦寻》《三不朽图赞》《夜航船》等，被称为"都市诗人"。

"一时正人",他们一个个都被排挤出局。崇祯帝启用过杨嗣昌、孙承宗、袁崇焕、孙传庭、卢象升、傅宗龙、洪承畴、熊文灿和陈新甲等军事统帅,但这些人几乎没有一个有好下场。崇祯帝对边关将领疑心重重,派出宦官前去充任监军,文武大臣们都处于被监视之中,整日提心吊胆,勇于任事的人一天天少下去。如果有谁破例为国杀敌,崇祯帝反而怀疑他用心不良。例如,崇祯九年(1636)七月,清兵大举内犯。宗室唐王朱聿键自恃勇武知兵,亲自率王府护卫兵入援。崇祯帝以未经朝廷明令为由将唐王朱聿键废为庶人,囚禁于凤阳高墙。云南昆明人傅宗龙的故事也让人唏嘘。傅宗龙一度出任崇祯朝吏部尚书,因对洪承畴推荐的总兵官人选有不同意见被革职下狱。崇祯十四年(1641),李自成攻破洛阳,各地总督和巡抚闻风丧胆。崇祯帝不得已又起用傅宗龙,令其"总督陕西军事"。最后,傅宗龙力竭势穷被李自成部下俘虏,企图利用其骗开城门,他在阵前高呼:"此贼也!身是傅帅,不幸落贼手,城上速用炮击,毋堕狡计。"士兵当场砍断他的右肋,挖掉双目,割掉鼻子,炮烙头顶。李自成军退后,家人将奄奄一息的傅宗龙背入城内,他一时还没有绝气,所受之苦,难以想象。还有袁崇焕和陈新甲先后蒙冤而死,卢象升英勇战死却遭受诬陷,都是明末标志性事件。如此倒行逆施怎能不失天下之心?尽管李自成替朱由检辩护说"君非甚暗",正如山东大学晁中辰在《崇祯帝"君非甚暗"透析》一文中断言:崇祯帝用人方面可以说是"甚暗"!

总之,崇祯帝朱由检继承大明江山社稷,收拾残破江山,受了很多磨难,在治国理政中犯了一系列错误导致江山易主社稷倾覆。但他生前孜孜求治,临难守正以身殉国,临死不忘百姓安危,留下血诏一封告诫农民军"任贼分裂朕尸、勿伤百姓一人"。仅仅就这一点而言,他就是一位"不错的皇帝"(滕绍箴《三藩史略》上卷),何况他的优点并不止此。

三月十九太阳节

北京万岁山前有民国年间所立《明思宗殉国三百年纪念碑》,上曰:"余尝综观史籍,三代以下,得天下之正者,莫过于有明。及其亡也,义烈之声震铄天地,亦为历朝所未有。"封建专制下,胜者为王败者为寇,崇祯帝只有一条绝路。及其自缢,像范景文、倪元璐、李邦华、王承恩一样毅然随之死节的官员只有数十人,而投降的官员浩如烟海,仅北京城就有3000多文武官员一度到大顺兵政府门下报到,其中不乏像成国公朱纯臣,大学士陈演、魏藻德、李建泰、邱瑜,京营总戎吴襄等衮衮诸公,这是军事溃败政治腐败人心丢失的必然结果。而崇祯帝万万想不到,他死后很快遇到了知音。

清军以应明平西伯吴三桂借兵为名入关,采取与农民军完全不同的政策,为崇祯帝造陵发表,旌表死节诸臣,原官录用明朝旧人,废除"三饷加派",着手赈济贫民,尤其在对待崇祯帝的问题上表现大度,其中既有同情因素也是笼络人心的政治需要。

崇祯十七年(1644)五月初六到初八,清摄政王多尔衮设置灵棚,亲自为崇祯帝举哀三天,被压抑的明朝官民情绪得到宣泄,"百姓哀号、如丧考妣",这与李自成为崇祯帝发丧时群臣"睥睨过之"截然不同。遗民屈大钧作诗说:"先帝宵衣久,忧勤为万方。捐躯酬赤子,披发见高皇。风雨迷神路,山河尽国殇。御袍留血诏,哀痛何能忘?"厚葬前朝皇帝并不是绝无仅有的事情,但新朝开国之君竟是前朝亡国之君的知音确实出人预料。明末遗民李清《三垣笔记》载:"清世祖顺治十四年(1657),(顺治帝)谕工部曰:'朕念明崇祯帝孜孜求治,身殉社稷。若不急为阐扬,恐千载之下,意与失德亡国者同类并观。朕用是特制碑文一道,以昭悯恻。尔部即遵谕勒碑,立崇祯帝陵前,以垂不朽。又于所谥怀宗端皇帝加谥数字,以扬盛美。又尝登上(崇祯帝)陵,失声而泣,呼曰:'大哥大哥,我与若皆有君无臣。'上(崇祯帝)为后代所倦怀如此,况其臣民乎!"

　　这当然是野史传闻,究竟有多大的可信度值得存疑。不过顺治帝为崇祯修陵立碑确有其事,他说崇祯帝乃锐意求治之主,不可以无德败道的帝王视之,也见诸国史。说来可怜,顺治帝于顺治元年(1644)登大位时还是个 6 岁的娃娃,在摄政王多尔衮的实际掌控下他只是做着仪式上的皇帝。直到顺治七年(1650)他的十四叔多尔衮因病去世,才得以亲政。亲政后,他在施政中遭到来自母后及满洲贵族的多方掣肘,因此长期陷入苦闷,来到崇祯陵前,看到对方想到自己,嗟叹一番,也是合乎情理的事情。

　　自从崇祯帝朱由检死去,东南万里海疆冒出了一个"太阳节"(或称为"太阳生日""太阳会"),时在三月十九日。1925 年 3 月 15 日,鲁迅在给傅筑夫等的信中提及:"中国人至今未脱原始思想,的确尚有新神话发生,譬如'日'之神话,《山海经》中有之,但吾乡(浙江绍兴)皆谓太阳之生日为三月十九日,此非小说,非童话,实亦神话,因众皆信之也。"古代每逢三月十九日这一天,浙江绍兴百姓在门口插上蜡烛,妇女三五成群念佛宿山。在浙江湖州地区人们"认定三月十九日是太阳菩萨的生日",唱《太阳经》曰:"太阳明明珠光佛,四大神州照乾坤。太阳一出满天红,晓夜行来不住停。行得快来催人老,行得迟来不留存。家家门前都行过,碰着后生叫小名。恼了二神归山去,饿死黎民苦众生……"这个"太阳节"恰恰隐藏着对明清交替的历史记忆。

今之江苏东台太阳会

《台湾省通志稿》也记载:"(三月)十九日,传为'太阳诞辰'实则为明思宗殉国之日。以面制豚羊,豚九头,羊十六头,象征太牢之礼,望东祭之。家家点灯,欲其明也。盖遗民怀故国,借以寄思,历久遂成俗。"基隆、云林、台南、高雄各县志记载都基本类似。《台南县志》记载更详:"太阳公生(十九日),此日是'太阳神诞'。家家户户于早晨在庭前向东方设置香案,上置拜具一式,前列糕制小型猪九只、羊十六只为祭品,于是妇女们点烛焚香,望太阳礼祭。究其由来,据说在清统治下的明之遗民,假借太阳诞辰的美名遥祭大明崇祯皇帝于此日在煤山吊槐树殉难之遗俗,一直留传迄今,已有二百余年。"

除了台湾和浙江两地,在明军抵抗清军最久的其余地区如江苏、福建、广东、贵州、云南等地,各族人民以"太阳节"的形式纪念崇祯死难风俗。云南怒江傈僳族自治州、福贡、贡山等县有传统节日三月十九日"祭天节",实质与东南沿海"太阳节"并无二致。

超越时空的心灵对话

对于时议汹汹的"开门揖盗"之举,吴三桂的灵魂 380 余年来在不停辩解,请看其与"雄崖智叟"的对话。

智叟问:"自关门献城、梅村谱曲,为何后世之人皆说公不爱国?"

吴三桂答:"桂以父荫,熟闻义训,得待罪戎分,日夜励志,冀得一当,以酬主眷。"(《庭闻录》《明季北略》)

智叟再问:"京师当年是否危若累卵?"

吴三桂:"是的。"

智叟:"既然如此,当初为何不能抛下宁远呢?"

吴三桂:"属边警方亟,宁远为国门户,沦陷几尽。桂方力图恢复,以为李贼猖獗不久,即当扑灭。恐往复道路两失其机,放尔暂稽时日。"(《庭闻录》)

这是在说谎了! 他崇祯十六年(1643)春节前刚刚跟总督、巡抚一起上疏要求尽撤关外宁远之地守兵,现在却又说不能放弃宁远。

智叟三问:"即便不能一下子抛弃宁远,为何不能像袁督师一样带兵疾驰入京?"

吴三桂:"这正是我大惑不解并引以为憾的事情。"

智叟:"不妨说说看。"

吴三桂:"首先,李自成'流贼'一时猖獗但实际上没有什么可怕的,他们跟关宁兵交手没几次能囫囵着离开。我根本没把他们放在眼里,可惜我们一起打登州的祖宽替人顶罪被杀了……我不久当消灭他们。"

"其次,我父吴襄奉诏提督京营,京营应有 10 多万大军,守城兵还有 5 万,还有唐通好几万人……不料'我国无人,望风而靡',京师失陷之快超出了我的预料。"

吴三桂说的前一点是撒谎,他不是不在意大顺军,而是实际上有些畏惧。他明白在"大顺军"和"大清军"两强之间,稍有不慎他就会输得一干二净,因此希望别人先火中取栗、他后发制人。吴三桂说后一点倒比较接近真实。京师守城明军除京营贺珍、徐文朴等指挥的少数部队表现的像军人,其他部队表现实在太差了,但这也不能全怪他们。

智叟四问:"那关于女人的事情呢?"

吴三桂:"这个……"他脸红了。

实际上,吴梅村的《圆圆曲》让吴三桂相当难堪,他遣人找吴梅村说项买断著作权阻止流传,但被吴梅村一口回绝。从崇祯十七年(1644)到康熙十一年(1672)吴梅村辞世,手握重兵的清国平西王理论上完全有能力让吴梅村闭嘴,但他并没有这样做,仅仅因为吴梅村是他的"烟花连襟"吗?问题显然不是这么简单。

拒清、仕清的吴梅村与"秦淮八艳"之卞玉京①

---

① 吴梅村(1609—1672),字骏公,别署鹿樵生、灌隐主人、大云道人,汉族,江苏太仓人,明末清初著名诗人。崇祯四年(1631)进士,曾任明朝翰林院编修、左庶子等职。与钱谦益、龚鼎孳并称"江左三大家"。清顺治十年(1653)吴梅村被迫应诏仕清,授秘书院侍讲,升国子监祭酒。顺治十三年(1656)以奉嗣母之丧为由乞假南归,此后不复出仕。他是"娄东诗派"开创者,长于七言歌行,初学"长庆体",后自成新吟"梅村体"。(娶"秦淮八艳"之卞玉京为姜,夫妇唱和。)